Landesrecht
Baden-Württemberg

Nachbarrechtsgesetz Baden-Württemberg

Kommentar

von

Dr. Patrick Bruns

Rechtsanwalt in Baden-Baden

6. Auflage 2025

C.H.BECK

Zitiervorschlag:
Bruns BWNRG § 1 Rn. 1

beck.de

ISBN 978 3 406 82399 2

© 2025 Verlag C.H.Beck GmbH & Co. KG
Wilhelmstraße 9, 80801 München
info@beck.de
Druck: Beltz Grafische Betriebe GmbH
Am Fliegerhorst 8, 99947 Bad Langensalza

Satz: Druckerei C.H.Beck Nördlingen
Umschlag: Druckerei C.H.Beck Nördlingen

chbeck.de/nachhaltig
produktsicherheit.beck.de

Gedruckt auf säurefreiem, alterungsbeständigem Papier
(hergestellt aus chlorfrei gebleichtem Zellstoff)

Alle urheberrechtlichen Nutzungsrechte bleiben vorbehalten.
Der Verlag behält sich auch das Recht vor, Vervielfältigungen dieses Werkes
zum Zwecke des Text and Data Mining vorzunehmen.

Vorwort zur 6. Auflage

In der Neuauflage sind alle Erkenntnisse der Rechtsprechung und veröffentlichten Literatur auf dem neuesten Stand dargestellt. Änderungsbedarf war vor allem durch die Anfang 2023 in Kraft getretene Ergänzung des § 27 Satz 1 und das Ende 2023 durch Neufassung des § 55 I LBO stark geänderte Kenntnisgabeverfahren zu berücksichtigen, aber auch die erheblich ausgeweitete und an vielen Stellen neu durchdachte Kommentierung von *Pelka* hat sich an vielen Stellen in der hiesigen Kommentierung ausgewirkt. Rechtsprechung und Literatur sind bis November 2024 berücksichtigt. Für Hinweise und die Zusendung neuer Gerichtsentscheidungen ist der Verfasser immer dankbar (dr.bruns@gmx.de).

Baden-Baden, im Januar 2025 *Dr. Patrick Bruns*

Vorwort zur 1. Auflage

Im vorliegenden Kommentar wird der Bestand an baden-württembergischem Nachbarrecht erläutert, soweit er zivilrechtlicher Natur ist, also nicht auf öffentlich-rechtlichen Vorschriften beruht. Er ergänzt die im BGB enthaltenen Regelungen zum privaten Nachbarrecht (§§ 903 bis 924 BGB) und befasst sich daher nicht mit Immissionen (zB Blätterfall, Gerüche, Lärm), Grundstücksvertiefungen oder Notwegrechten, sondern mit landesrechtlich geregelten Spezialproblemen aus dem baulichen und pflanzlichen Nachbarrecht.

Das hier kommentierte Nachbarrechtsgesetz für Baden-Württemberg ist in seiner Ursprungsfassung am 1. Januar 1960 und damit als erstes NRG in Deutschland überhaupt in Kraft getreten. Es stellt eine Überarbeitung der bislang vor allem in Württemberg geltenden und zuletzt in Art. 194 ff. württ. AGBGB 1931 niedergelegten Vorschriften des privaten Nachbarrechts dar. Kernstück des Gesetzes sind zum Teil sehr ausdifferenzierte Abstandsvorschriften für grenznahe bauliche Anlagen und Pflanzungen.

Wie jedes Rechtsgebiet lebt auch das private Nachbarrecht von Gerichtsentscheidungen. Die Kommentierung stützt sich auf etwa 400 zT nicht veröffentlichte Gerichtsentscheidungen. Verlag und Autor sind für Hinweise und die Zusendung weiterer einschlägiger Gerichtsentscheidungen dankbar (e-mail: dr.bruns@gmx.de).

Bedanken möchte ich mich bei allen, die zu diesem Kommentar beigetragen haben. Dies gilt vor allem für Dipl.-Ing. Wolf Ackermann (Freigericht), der die Zeichnungen gefertigt hat, sowie Prof. Dr. Marcus Koch (Leiter des Botanischen Gartens in Heidelberg) für seine Hinweise zu pflanzlichen Zusammenhängen.

Baden-Baden, im Februar 2007 *Dr. Patrick Bruns*

Inhaltsverzeichnis

	Seite
Vorwort	V
Allgemeines Abkürzungsverzeichnis	XI
Verzeichnis der abgekürzt zitierten Literatur	XIX

Teil A. Einleitung 1

- I. Die Strukturen des Nachbarrechts 1
  1. Öffentlich-rechtliches und privates Nachbarrecht 1
  2. Bundes- und Landesrecht 3
- II. Rechte und Pflichten des Grundeigentümers 5
- III. Geltungsbereich des privaten Nachbarrechts 6
  1. Räumlicher Bereich der Nachbarschaft 6
  2. Persönlicher Bereich der Nachbarschaft 6
  3. Öffentliche Hand als Nachbar iSd NRG 8
- IV. Das nachbarliche Gemeinschaftsverhältnis – Vorrang der Vereinbarung 8
  1. Geltung von Treu und Glauben 8
  2. Vorrang der Vereinbarung 10
- V. Ansprüche im privaten Nachbarrecht 10
  1. Abwehransprüche (auf Beseitigung und Unterlassung) 10
     a) Beseitigungsanspruch 14
     b) Unterlassungsanspruch 16
  2. Duldungsansprüche 17
  3. Schadensersatzansprüche 19
     a) Schadensersatzansprüche aus dem NRG 19
     b) Schadensersatz gem. § 823 I BGB 19
     c) Schadensersatz gem. § 823 II BGB 19
  4. Weitere Geldansprüche nach NRG-Vorschriften 20
  5. Weitere Leistungsansprüche 20
  6. Nachbarrechtliche Ausgleichsansprüche 20
     a) Anspruch aus § 906 II 2 BGB 20
     b) Ausweitungen des Ausgleichsanspruchs 23
     c) Anspruch aus Immobiliarhaftung 24
     d) Mitverschulden 31
     e) Verjährung 32
     f) Verwirkung 32
  7. Nachbarschutz im WEG-Bereich 32
     a) Eigentumsschutz 32
     b) Besitzschutz 35
- VI. Rechtsverfolgung 36
  1. Überblick 36
  2. Außergerichtliche Streitschlichtung 36
  3. Zivilprozess 36
     a) Abwehransprüche 38
     b) Ansprüche auf Schadensersatz und andere Geldansprüche ... 43
     c) Weitere Leistungsansprüche 44
- VII. Geschichte des NRG 44

Inhalt

	Seite
Teil B. Kommentierung	49

1. Abschnitt. Gebäude

Vorbemerkungen zu §§ 1, 2 – Wassereinwirkungen	49
§ 1 Ableitung des Regenwassers und des Abwassers	57
§ 2 Traufberechtigung bei baulichen Änderungen	61
Vorbemerkungen zu §§ 3–5 – Fensterrecht	66
§ 3 Abstand von Lichtöffnungen	68
§ 4 Abstand von ausblickgewährenden Anlagen	77
§ 5 Lichtöffnungen und andere Gebäudeteile, die auf öffentliche Wege oder Plätze Ausblick gewähren	79
§ 6 Abstand schadendrohender und störender Anlagen	81
Vorbemerkungen zu § 7 – Privilegierung landwirtschaftlicher Betriebe	85
§ 7 Gebäudeabstände und Einfriedigungen bebauter Grundstücke im Außenbereich	87
Vorbemerkungen zu §§ 7a–7f – Grenzanlagen	94
§ 7a Gründungstiefe	95
§ 7b Überbau	99
§ 7c Überbau durch Wärmedämmung	105
§ 7d Hammerschlags- und Leiterrecht	112
§ 7e Benutzung von Grenzwänden	123
§ 7f Leitungen	128

2. Abschnitt. Aufschichtungen und Gerüste

§ 8 [Aufschichtungen und Gerüste]	141

3. Abschnitt. Erhöhungen

Vorbemerkungen zu §§ 9, 10 – Bodenerhöhungen	145
§ 9 Abstände und Vorkehrungen bei Erhöhungen	147
§ 10 Befestigung von Erhöhungen	149

4. Abschnitt. Einfriedigungen, Spaliervorrichtungen und Pflanzungen

1. Abstände

Vorbemerkungen zu §§ 11–22	153
§ 11 Tote Einfriedigungen	154
§ 12 Hecken	163
§ 13 Spaliervorrichtungen	174
§ 14 Rebstöcke in Weinbergen	177
§ 15 Waldungen	179
§ 16 Sonstige Gehölze	183
§ 17 Hopfenpflanzungen	203
§ 18 Begünstigung von Weinbergen und Erwerbsgartenbaugrundstücken	205
§ 19 Verhältnis zu landwirtschaftlich nicht genutzten Grundstücken	207
§ 20 Pflanzungen hinter geschlossenen Einfriedigungen	210
§ 21 Verhältnis zu Wegen, Gewässern und Eisenbahnen; Ufer- und Böschungsschutz	212
§ 22 Feststellung der Abstände	217

Inhalt

Seite

2. Überragende Zweige und eingedrungene Wurzeln

Vorbemerkungen zu §§ 23–25 – Beseitigung von Zweigen und Wurzeln 220
§ 23 Überragende Zweige 228
§ 24 Eingedrungene Wurzeln 233
§ 25 Bäume an öffentlichen Wegen 237

5. Abschnitt. Allgemeine Bestimmungen

§ 26 Verjährung 240
Vorbemerkungen zu §§ 27–29 – Öffentlich-rechtliches Nachbarrecht 246
§ 27 Vorrang von Festsetzungen im Bebauungsplan 249
§ 28 Erklärte Waldlage, erklärte Reblage und erklärte Gartenbaulage 253
§ 29 Erlaß von Gemeindesatzungen 257

6. Abschnitt. Einwirkung von Verkehrsunternehmen

§ 30 [Einwirkung von Verkehrsunternehmen] 260

7. Abschnitt. Übergangs- und Schlußbestimmungen

Vorbemerkungen zu §§ 31–37 – Übergangsrecht 262
§ 31 Durch Zeitablauf entstandene Fensterschutzrechte 262
§ 32 Alte Mauerrechte 263
§ 33 Bestehende Einfriedigungen, Spaliervorrichtungen, Pflanzungen und bauliche Anlagen 265
§ 34 Bäume von Waldgrundstücken 267
§ 35 Überragende Zweige und eingedrungene Wurzeln von bestehenden Obstbäumen 269
§ 36 Verweisung auf aufgehobene Vorschriften 270
§ 37 Inkrafttreten 271

Teil C. Anhang 273
I. Satzung der Landeshauptstadt Stuttgart über den Schutz von Landschaftsbestandteilen (Baumschutzsatzung) vom 5. Dezember 2013 273
II. Satzung der Stadt Karlsruhe zum Schutz von Grünbeständen (Baumschutzsatzung) 278
III. Länderaufteilung des heutigen Baden-Württemberg am 1. Januar 1900 281

Sachverzeichnis 283

Allgemeines Abkürzungsverzeichnis

aA	anderer Ansicht
aaO	am angegebenen Ort
abgedr.	abgedruckt
ABl.	Amtsblatt
abl.	ablehnend
Abs.	Absatz
abw.	abweichend
aE	am Ende
AEG	Allgemeines Eisenbahngesetz
aF	alte Fassung
AG	Amtsgericht
AGBGB	(Baden-Württembergisches) Ausführungsgesetz zum Bürgerlichen Gesetzbuch
AGFlurbAG	(Baden-Württembergisches) Gesetz zur Ausführung des Flurbereinigungsgesetzes
AgrarR	Agrarrecht (Zeitschrift)
AGVwGO	(Baden-Württembergisches) Gesetz zur Ausführung der Verwaltungsgerichtsordnung
AHB	Allgemeine Versicherungsbedingungen für die Haftpflichtversicherung
allg.	allgemein
Anh.	Anhang
Anm.	Anmerkung
AnwZert	AnwaltsZertifikatOnline (Zeitschrift)
ARB	Allgemeine Bedingungen für die Rechtsschutzversicherung
arg.	(lat. argumentum) Schlussfolgerung aus
Art.	Artikel
Aufl.	Auflage
bad.	badisch
BadAGBGB 1899	BadAGBGB v. 17.6.1899
BadAGBGB 1925	BadAGBGB v. 13.10.1925
BAnz.	Bundesanzeiger
BauGB	Baugesetzbuch
BauNVO	Verordnung über die bauliche Nutzung der Grundstücke (Baunutzungsverordnung)
BauO	Bauordnung
BauR	Baurecht (Zeitschrift)
BayAGBGB	(Bayerisches) Gesetz zur Ausführung des Bürgerlichen Gesetzbuchs
BayObLG	Bayerisches Oberstes Landesgericht
BayVBl.	Bayerische Verwaltungsblätter (Zeitschrift)
BB	Betriebs-Berater (Zeitschrift)
BBauG	Bundesbaugesetz (Vorgängerfassung des BauGB)
BBauG-E	Entwurf eines Bundesbaugesetzes v. 16.4.1958
BBergG	Bundesberggesetz

Allgemeines Abkürzungsverzeichnis

BbgNRG	Brandenburgisches Nachbarrechtsgesetz
BBodSchG	Gesetz zum Schutz vor schädlichen Bodenveränderungen und zur Sanierung von Altlasten (Bundes-Bodenschutzgesetz)
BeckOK	Beck'scher Online-Kommentar
BeckRS	Beck-Rechtsprechung, Rechtsprechungssammlung in beck-online
Beil.	Beilage
Beschl.	Beschluss
betr.	betreffend
BetrKV	Verordnung über die Aufstellung von Betriebskosten (Betriebskostenverordnung)
BFH	Bundesfinanzhof
BGB	Bürgerliches Gesetzbuch
BGBl.	Bundesgesetzblatt
BGH	Bundesgerichtshof
BGHZ	Entscheidungen des Bundesgerichtshofes in Zivilsachen
BImSchG	Gesetz zum Schutz vor schädlichen Umwelteinwirkungen durch Luftverunreinigungen, Geräusche, Erschütterungen und ähnliche Vorgänge (Bundes-Immissionsschutzgesetz)
BImSchV	Verordnung zur Durchführung des BImSchG
Bl.	Blatt
BNatSchG	Gesetz über Naturschutz und Landschaftspflege (Bundesnaturschutzgesetz)
BRAO	Bundesrechtsanwaltsordnung
BRS	Baurechtssammlung, Rechtsprechung des BVerwG, der Oberverwaltungsgerichte der Länder und anderer Gerichte zum Bau- und Bodenrecht
bspw.	beispielsweise
BT	Bundestag
BVerfG	Bundesverfassungsgericht
BVerwG	Bundesverwaltungsgericht
BW	Baden-Württemberg
BWaldG	Bundeswaldgesetz
BWGZ	Die Gemeinde, Organ des Gemeindetags Baden-Württemberg
BWLBO	Landesbauordnung für Baden-Württemberg
BWNotZ	Zeitschrift für das Notariat in Baden-Württemberg
BWStGH	Baden-württembergischer Staatsgerichtshof
bzw.	beziehungsweise
CC	Code Civil
DB	Der Betrieb (Zeitschrift)
dh	das heißt
Die Justiz	Amtsblatt des Justizministeriums Baden-Württemberg
DÖV	Die Öffentliche Verwaltung (Zeitschrift)
DS	Der Sachverständige (Zeitschrift)
Drs.	Drucksache
dt.	deutsch
DVO GemO	(Baden-Württembergische) Verordnung des Innenministeriums zur Durchführung der Gemeindeordnung
DWW	Deutsche Wohnungswirtschaft (Zeitschrift)
EG	Europäische Gemeinschaft
EGBGB	Einführungsgesetz zum Bürgerlichen Gesetzbuche

Allgemeines Abkürzungsverzeichnis

EGZPO	Gesetz, betreffend die Einführung der Zivilprozeßordnung
Einl.	Einleitung
EL	Ergänzungslieferung
EnEG	Gesetz zur Einsparung von Energie in Gebäuden (Energieeinsparungsgesetz)
EnEV	Verordnung über energiesparenden Wärmeschutz und energiesparende Anlagentechnik bei Gebäuden (Energieeinsparverordnung)
EnWG	Gesetz über die Elektrizitäts- und Gasversorgung (Energiewirtschaftsgesetz)
EnWZ	Zeitschrift für das gesamte Recht der Energiewirtschaft
ErbbauRG	Gesetz über das Erbbaurecht (Erbbaurechtsgesetz)
EuGVÜ	Übereinkommen über die gerichtliche Zuständigkeit und die Vollstreckung gerichtlicher Entscheidungen in Zivil- und Handelssachen
EuGVVO	Verordnung (EU) Nr. 1215/2012 des Europäischen Parlaments und des Rates vom 12. Dezember 2012 über die gerichtliche Zuständigkeit und die Anerkennung und Vollstreckung von Entscheidungen in Zivil- und Handelssachen
f., ff.	folgende, fortfolgende
FeuVO	(Baden-Württembergische) Verordnung des Wirtschaftsministeriums über Anforderungen an Feuerungsanlagen, Wärme- und Brennstoffversorgungsanlagen (Feuerungsverordnung)
FlurbG	Flurbereinigungsgesetz
Fn.	Fußnote
FPO	Feldpolizeiordnung für das Fürstenthum Hohenzollern-Hechingen v. 22.3.1845
FStrG	Bundesfernstraßengesetz
GBl.	Gesetzblatt für Baden-Württemberg
GBO	Grundbuchordnung
GE	Grundeigentum (Zeitschrift)
geänd.	geändert
gem.	gemäß
GemO	Gemeindeordnung für Baden-Württemberg
GewA	Gewerbe-Archiv (Zeitschrift)
GewO	Gewerbeordnung
GG	Grundgesetz für die Bundesrepublik Deutschland
ggf.	gegebenenfalls
GMBl.	Gemeinsames Ministerialblatt
GmS-OGB	Gemeinsamer Senat der obersten Gerichtshöfe des Bundes
GRUR	Gewerblicher Rechtsschutz und Urheberrecht (Zeitschrift)
GVBl.	Gesetz- und Verordnungsblatt
GVG	Gerichtsverfassungsgesetz
HBauO	Hamburgische Bauordnung
HBO	Hessische Bauordnung
HdB	Handbuch
HessNachbRG	Hessisches Nachbarrechtsgesetz
HPflG	Haftpflichtgesetz
Hs.	Halbsatz

Allgemeines Abkürzungsverzeichnis

IBR	Zeitschrift Immobilien- und Baurecht
idF	in der Fassung
idR	in der Regel
iErg	im Ergebnis
ieS	in engerem Sinne
IMR	Immobilien- und Mietrecht (Zeitschrift)
insbes.	insbesondere
iSd	im Sinne des/der
iSv	im Sinne von
ital.	italienisch
iVm	in Verbindung mit
JurBüro	Juristisches Büro (Zeitschrift)
Juris	Rechtsprechungs-Datenbank
JuS	Juristische Schulung (Zeitschrift)
JW	Juristische Wochenschrift
JZ	Juristenzeitung
KommJur	Kommunaljurist (Zeitschrift)
KrW-/AbfG	Gesetz zur Förderung der Kreislaufwirtschaft und Sicherung der umweltverträglichen Beseitigung von Abfällen (Kreislaufwirtschafts- und Abfallgesetz)
LAI	Bund/Länder-Arbeitsgemeinschaft Immissionsschutz
lat.	Lateinisch
LBO	Landesbauordnung für Baden-Württemberg
LBOAVO	Allgemeine Ausführungsverordnung des Wirtschaftsministeriums zur Landesbauordnung
LEisenbG	(Baden-Württembergisches) Landeseisenbahngesetz
LG	Landgericht
LKV	Landes- und Kommunalverwaltung (Zeitschrift)
LM	Lindenmaier/Möhring, Nachschlagewerk des BGH in Zivilsachen
LMK	Kommentierte BGH-Rechtsprechung Lindenmaier/Möhring
LLG	(Baden-Württembergisches) Landwirtschafts- und Landeskulturgesetz
LRS	Landrechtssatz (Vorschrift aus dem Badischen Landrecht von 1809)
Ls.	Leitsatz
LSANbG	Nachbarschaftsgesetz (Sachsen-Anhalt)
LT	Landtag
LuftVG	Luftverkehrsgesetz
LVG	Neufassung des (baden-württembergischen) Landesverwaltungsgesetzes
LVwVfG	Verwaltungsverfahrensgesetz für Baden-Württemberg (Landesverwaltungsverfahrensgesetz)
LWaldG	Waldgesetz für Baden-Württemberg (Landeswaldgesetz)
MDR	Monatsschrift für Deutsches Recht
MietRB	Mietrechts-Berater (Zeitschrift)
MittBayNot	Mitteilungen des Bayerischen Notarvereins, der Notarkasse und der Landesnotarkammer Bayern (Zeitschrift)
mwN	mit weiteren Nachweisen
Mot.	Motive der Kommission für die I. Lesung des Entwurfs des BGB, 1899
MüKo	Münchener Kommentar

Allgemeines Abkürzungsverzeichnis

NachbG Bln	Berliner Nachbarrechtsgesetz
NachbG NRW	Nordrhein-Westfälisches Nachbarrechtsgesetz
NachbG Schl.-H.	Nachbarrechtsgesetz für das Land Schleswig-Holstein
NatSchG	Gesetz des Landes Baden-Württemberg zum Schutz der Natur und zur Pflege der Landschaft (Naturschutzgesetz)
NdsRpfl	Niedersächsische Rechtspflege (Zeitschrift)
NdsVBl.	Niedersächsische Verwaltungsblätter (Zeitschrift)
nF	neue Fassung
NJOZ	Neue Juristische Online-Zeitschrift
NJW	Neue Juristische Wochenschrift
NJW-RR	NJW-Rechtsprechungs-Report Zivilrecht
NJW-Spezial	NJW-Spezial (Zeitschrift)
NK-BGB	Grziwotz ua, nach Literaturverzeichnis
NNachbG	Niedersächsisches Nachbarrechtsgesetz
NordÖR	Zeitschrift für Öffentliches Recht in Norddeutschland
NRG	Nachbarrechtsgesetz, ohne nähere Bezeichnung das baden-württembergische
NRWLWG	Wassergesetz für das Land Nordrhein-Westfalen (Landeswassergesetz)
NuR	Natur und Recht (Zeitschrift)
nv	nicht veröffentlicht
NVwZ	Neue Zeitschrift für Verwaltungsrecht
NVwZ-RR	NVwZ-Rechtsprechungs-Report Verwaltungsrecht
NZG	Neue Zeitschrift für Gesellschaftsrecht
NZI	Neue Zeitschrift für das Recht der Insolvenz und Sanierung
NZV	Neue Zeitschrift für Verkehrsrecht
oä	oder ähnlich(es)
OLG	Oberlandesgericht
OLGR	OLG-Report, Entscheidungssammlung zu einzelnen OLG-Bezirken
OLGZ	Entscheidungen der Oberlandesgerichte in Zivilsachen
OVG	Oberverwaltungsgericht
PBefG	Personenbeförderungsgesetz
PolG	(Baden-Württembergisches) Polizeigesetz
PrALR	Preußisches allgemeines Landrecht
Prot.	Protokolle der Kommission für die II. Lesung des Entwurfs des BGB, 1899
RdL	Recht der Landwirtschaft (Zeitschrift)
Rn.	Randnummer
RegBl.	Regierungsblatt
RegBegr.	Regierungsbegründung
RG	Reichsgericht
RGBl.	Reichsgesetzblatt
RGZ	amtliche Sammlung der Rechtsprechung des RG in Zivilsachen
RhPf.	Rheinland-Pfalz
RhPflNRG	Landesnachbarrechtsgesetz Rheinland-Pfalz
RhPflWG	Landeswassergesetz Rheinland-Pfalz
r+s	Recht und Schaden (Zeitschrift)
RVG	Gesetz über die Vergütung der Rechtsanwältinnen und Rechtsanwälte (Rechtsanwaltsvergütungsgesetz)

Allgemeines Abkürzungsverzeichnis

S.	Seite
s.	siehe
Saarl.	Saarland
SaarlNachbG	Saarländisches Nachbarrechtsgesetz
SächsNRG	Sächsisches Nachbarrechtsgesetz
SchlG	(Baden-Württembergisches) Gesetz zur obligatorischen außergerichtlichen Streitschlichtung (Schlichtungsgesetz)
SchlHLWG	Landeswassergesetz (Schleswig-Holstein)
sog.	sogenannte
str.	streitig
StrG	Straßengesetz für Baden-Württemberg (Straßengesetz)
TA Lärm	Sechste Allgemeine Verwaltungsvorschrift zum Bundes-Immissionsschutzgesetz (Technische Anleitung zum Schutz gegen Lärm) v. 26.8.1998
TA Luft	Erste Allgemeine Verwaltungsvorschrift zum Bundes-Immissionsschutzgesetz (Technische Anleitung zur Reinhaltung der Luft) v. 24.7.2002
ThürNRG	Thüringer Nachbarrechtsgesetz
TKG	Telekommunikationsgesetz
UmweltHG	Umwelthaftungsgesetz
ua	unter anderem
uÄ	und Ähnlich(es)
UN	United Nations (Vereinigte Nationen)
Urt.	Urteil
USt.	Umsatzsteuer
usw	und so weiter
uU	unter Umständen
v.	vom
VBlBW	Verwaltungsblätter für Baden-Württemberg
VersR	Versicherungsrecht (Zeitschrift)
VGH	Verwaltungsgerichtshof
vgl.	vergleiche
VO	Verordnung
VOB/B	Vergabe- und Vertragsordnung für Bauleistungen, Teil B: Allgemeine Vertragsbedingungen für die Ausführung von Bauleistungen
Vor	Vorbemerkung
VVG	Gesetz über den Versicherungsvertrag (Versicherungsvertragsgesetz)
VwGO	Verwaltungsgerichtsordnung
WaStrG	Bundeswasserstraßengesetz
WEG	Gesetz über das Wohnungseigentum und das Dauerwohnrecht (Wohnungseigentumsgesetz)
WeinG	Weingesetz
WG	Wassergesetz für Baden-Württemberg
WHG	Gesetz zur Ordnung des Wasserhaushalts (Wasserhaushaltsgesetz)
württ.	württembergisch
WürttAGBGB 1899	Württembergisches Ausführungsgesetz zum Bürgerlichen Gesetzbuch und zu anderen Reichsjustizgesetzen v. 28.7.1899

Allgemeines Abkürzungsverzeichnis

WürttAGBGB 1931	Württembergisches Ausführungsgesetz zum Bürgerlichen Gesetzbuch und zu anderen Reichsjustizgesetzen v. 29.12.1931
WürttGLN	(Württembergisches) Gesetz betreffend das landwirtschaftliche Nachbarrecht v. 29.6.1893
WürttNBO	(Württembergische) Neue allgemeine Bauordnung v. 12.10.1872
WuM	Wohnungswirtschaft und Mietrecht (Zeitschrift)
zB	zum Beispiel
ZfBR	Zeitschrift für deutsches und internationales Bau- und Vergaberecht
ZfIR	Zeitschrift für Immobilienrecht
ZfW	Zeitschrift für Wasserrecht
ZMR	Zeitschrift für Miet- und Raumrecht
ZPO	Zivilprozessordnung
ZRP	Zeitschrift für Rechtspolitik
zul.	zuletzt
ZUR	Zeitschrift für Umweltrecht
zw.	zweifelhaft
ZWE	Zeitschrift für Wohnungseigentumsrecht

Verzeichnis der abgekürzt zitierten Literatur

Bassenge/Olivet	Bassenge/Olivet, Nachbarrecht in Schleswig-Holstein, Kommentar, 13. Aufl. 2017
Bauer/Schlick	Bauer/Schlick, Nachbarrecht für Rheinland-Pfalz und das Saarland, Kommentar, 7. Aufl. 2017
BeckOK BGB	Hau/Poseck, Beck'scher Onlinekommentar Bürgerliches Gesetzbuch, 72. Edition, Stand: 1.11.2024
BeckOK UmweltR	Giesberts/Reinhardt, Beck'scher Onlinekommentar Umweltrecht, 72. Edition, Stand: 1.10.2024
Birk NachbarR BW	Birk, Nachbarrecht für Baden-Württemberg, Kommentar, 6. Aufl. 2017
BKL	Battis/Krautzberger/Löhr, BauGB, Kommentar, 15. Aufl. 2022
Breloer Bäume im NachbarR	Breloer, Bäume, Sträucher und Hecken im Nachbarrecht, 6. Aufl. 2002
Breuer/Gärditz WasserR	Breuer/Gärditz, Öffentliches und privates Wasserrecht, 4. Aufl. 2017
Dehner	Dehner, Nachbarrecht im Bundesgebiet (ohne Bayern), Kommentar, Loseblatt
DLS BauR BW	Dürr/Leven/Speckmaier, Baurecht Baden-Württemberg, 17. Aufl. 2020
Dorner/Seng	Dorner/Seng, Badisches Landesprivatrecht, 1906
EZBK	Ernst/Zinkahn/Bielenberg/Krautzberger, Baugesetzbuch, Kommentar, Loseblatt
Gern KommunalR BW	Gern, Kommunalrecht Baden-Württemberg, 9. Aufl. 2005
GLS NachbarR-HdB	Grziwotz/Lüke/Saller, Praxishandbuch Nachbarrecht, 3. Aufl. 2020
Grüneberg	Grüneberg, Bürgerliches Gesetzbuch, Kommentar, 84. Aufl. 2025
Grziwotz/Saller BayNachbarR	Grziwotz/Saller, Bayerisches Nachbarrecht, 4. Aufl. 2023
Habel	Habel, Wassergesetz für Baden-Württemberg, Kommentar, 1982
Hoppenberg/de Witt BauR-HdB	Hoppenberg/de Witt, Handbuch des öffentlichen Baurechts, Loseblatt, 62. EL Februar 2024
Horst NachbarR-HdB	Horst, Rechtshandbuch Nachbarrecht, 2. Aufl. 2006
Jarass BImSchG	Jarass, BImSchG, Kommentar, 15. Aufl. 2024
Lorenz/Will StrG BW	Lorenz/Will, Straßengesetz Baden-Württemberg, Kommentar, 2. Aufl. 2005
MüKoBGB	Münchener Kommentar zum Bürgerlichen Gesetzbuch, Band 8: Sachenrecht, 9. Aufl. 2023; Band 13: Internationales Privatrecht II, IntWR, Art. 50–253 EGBGB, 8. Aufl. 2021
MüKoZPO	Münchener Kommentar zur ZPO, 6. Aufl. 2020 ff.
NK-BGB	Ring/Grziwotz/Schmidt-Räntsch, BGB, Band 3, Sachenrecht, Kommentar, 5. Aufl. 2022

Verzeichnis der abgekürzt zitierten Literatur

Pelka NachbarR BW	Pelka, Das Nachbarrecht in Baden-Württemberg, 23. Aufl. 2024
PWW	Prütting/Wegen/Weinreich, BGB, Kommentar, 19. Aufl. 2024
Reich NRG BW	Reich, Gesetz über das Nachbarrecht Baden-Württembergs, Kommentar, 2008
Pöltl PolR BW	Pöltl, Polizeirecht Baden-Württemberg, 10. Aufl. 2024
Schäfer ThürNRG	Schäfer, Thüringer Nachbarrechtsgesetz, Kommentar, 2. Aufl. 2006
SFP NachbG NRW	Schäfer/Fink-Jamann/Peter, Nachbarrechtsgesetz für Nordrhein-Westfalen, Kommentar, 18. Aufl. 2022
Schlez BWLBO	Schlez, Landesbauordnung für Baden-Württemberg, Kommentar, 4. Aufl. 1996
Staudinger	Staudinger, Kommentar zum Bürgerlichen Gesetzbuch
VKKKK	Vetter/Karremann/Kahl/Kaiser/Kaiser, Nachbarrecht Baden-Württemberg, Kommentar, 19. Aufl. 2019
v. Lang BWSachenR-HdB	v. Lang, Handbuch des im Königreich Württemberg geltenden Sachenrechts, 2. Aufl. 1893
Zöller	Zöller, ZPO, Kommentar, 35. Aufl. 2024

Teil A. Einleitung

Das private Nachbarrecht ist der Inbegriff der Rechtssätze, die das Verhältnis von Grundstücksnachbarn regeln. 1

I. Die Strukturen des Nachbarrechts

1. Öffentlich-rechtliches und privates Nachbarrecht

Mit den Gegebenheiten an der Grundstücksgrenze beschäftigt sich zum einen das öffentliche, zum anderen das private Recht. Das öffentliche Recht regelt die Rechtsverhältnisse zwischen dem Staat und seinen Bürgern; Streitigkeiten in diesem Verhältnis werden vor den Verwaltungsgerichten ausgetragen. Da im Nachbarverhältnis immer zwei Parteien stehen, entsteht ein dreipoliges Rechtsverhältnis. Öffentliches Recht spielt für die Grenzverhältnisse etwa dann eine Rolle, wenn ein Grundeigentümer vom Staat verlangt, dem Nachbarn einen Grenzbau zu untersagen (dazu → Vor §§ 27 ff. Rn. 3). Das private Recht hingegen regelt das Verhältnis zwischen Bürgern (Nachbarn); hier entscheiden die Zivilgerichte. Ist der Staat selbst Nachbar, hängt es davon ab, ob er auf dem Grundstück in Ausübung öffentlich-rechtlicher Befugnisse (zB durch Betrieb einer Straße) tätig wird oder nicht. Im ersten Fall richtet sich das Nachbarverhältnis nach öffentlichem Recht; Abwehransprüche muss der Nachbar vor den Verwaltungsgerichten verfolgen. Dies gilt allgemein auch dann, wenn es um die Nutzung von Eigentum eines Hoheitsträgers geht (BGH 13.3.2008 – V ZB 113/07, NVwZ-RR 2008, 742 Rn. 7: Duldung des Anschlusses eines Grundstücks an einen auf dem Grundstück einer Gemeinde verlaufenden Weg). Im zweiten Fall gilt das Privatrecht, wobei Einschränkungen der Abwehrmöglichkeiten bei gemeinwichtiger Tätigkeit des Staates in Betracht kommen (dazu GLS NachbarR-HdB/Lüke Kap. 1 Rn. 80). Auch die Regelungen des NRG gehören zum Privatrecht. 2

Öffentliches und privates Recht stehen **gleichrangig** nebeneinander. Das kann dazu führen, dass über Facetten einer Problematik verschiedene Gerichte entscheiden. Das später angerufene Gericht wird sich bei Rechtshängigkeit des anderen Verfahrens nur dann für unzuständig erklären, wenn etwa der Störer einmal vor dem Zivilgericht als Grundeigentümer und daneben vor dem Verwaltungsgericht als Betreiber einer öffentlichen Einrichtung vom Nachbarn unmittelbar auf Unterlassung der Störung in Anspruch genommen wird, beide Verfahren also denselben Streitgegenstand haben (GLS NachbarR-HdB/Lüke Kap. 1 Rn. 88); in diesem Fall entscheidet das zuerst angegangene Gericht den Rechtsstreit unter allen in Betracht kommenden Gesichtspunkten (§ 17 II 1 GVG). Gilt diese Ausnahme nicht und ist das Zivilgericht mit der Sache befasst, muss es vorgreifliche Gesichtspunkte des öffentlichen Rechts berücksichtigen; öffentliches Recht legt es selbstständig aus (BGH 30.11.2006 – III ZR 352/04, BGHZ 170, 99 = NVwZ 2007, 485 Rn. 10). Ist eine bestandskräftige (und nicht unwirksame) Genehmigung erteilt, darf sich das Zivilgericht nicht darüber hinwegsetzen, wenn seine Entscheidung von den Genehmigungsvoraussetzungen abhängt (sog. **Tatbestandswirkung** der Genehmigung, s. etwa BGH 26.2.1993 – V ZR 74/92, BGHZ 122, 1 = NJW 1993, 1580 (1581) betr. Lärmauflage). In diesem Sinne hat das Zivilgericht zB bei der Prüfung des § 917 I BGB von der Ordnungsgemäßheit der Grundstücksnutzung auszugehen, sofern diese auf einer bestandskräftigen Baugenehmigung beruht (BVerwG 26.3.1976 – IV C 7/74, NJW 1976, 1987 (1989); BGH 7.7.2006 – V ZR 159/05, NJW 2006, 3426 Rn. 10). Gleiches gilt, wenn die Grundstückssituation Gegenstand eines Planfeststellungsverfahrens war, da dieses Verfahren die Rechte der Anlieger institutionell sichert (Krüger 3

Einl. Einleitung

ZfIR 2007, 2 (3)). Inwiefern eine solche Bindung Ansprüche zunichte macht, lässt sich nicht generell sagen. So ergeht eine Baugenehmigung nach § 58 III BWLBO unbeschadet Rechte Dritter (anders als nach § 16 II 1 WHG, § 14 S. 1 BImSchG). Eine Bindung ist im Regelfall auch dann zu verneinen, wenn es um Amtshaftungs- und Entschädigungsansprüche geht (BGH 15.11.1990 – III ZR 302/89, BGHZ 113, 17 = NJW 1991, 1168 (1169); s. aber auch BGH 30.11.2006 – III ZR 352/04, BGHZ 170, 99 = NVwZ 2007, 485 Rn. 9: Bindung an eine Veränderungssperre als Vorfrage für den Amtshaftungsanspruch). Ist die (vorgreifliche) Genehmigung noch nicht beantragt, prüft das Zivilgericht die Genehmigungsfähigkeit (für eine Ausnahmegenehmigung nach Baumschutzsatzung etwa → Rn. 150, → § 16 Rn. 61); ist die (vorgreifliche) Verwaltungsentscheidung noch nicht bestandskräftig, wird es das Verfahren bis zur Klärung gem. § 148 ZPO aussetzen. Auch **Satzungsrecht** hat das Zivilgericht seiner Entscheidung zugrunde zu legen, sofern die Satzung rechtswirksam ist und es für die Entscheidung auf den Satzungsinhalt ankommt. Gegebenenfalls lässt sich über zivilrechtliche Abwehransprüche auch die Einhaltung drittschützender öffentlich-rechtlicher **Auflagen** durchsetzen (hierzu Fritzsche NJW 1995, 1121).

4   Entsprechendes gilt im umgekehrten Verhältnis. Behörden und Verwaltungsgerichte entscheiden nur nach öffentlich-rechtlichen Vorgaben. Im Einzelfall sind dabei allerdings **private Belange** zu berücksichtigen, vor allem dann, wenn Bestimmungen anzuwenden sind, die Nachbarschutz vermitteln (vgl. VGH Mannheim 2.3.1988 – 8 S 535/98, BauR 1998, 1217 f., wonach das baurechtliche Gebot der Rücksichtnahme jedenfalls dann nicht verletzt ist, wenn zusätzlich zu den Abstandsvorschriften des öffentlichen Rechts die Regelung des § 7 beachtet wurde; s. ferner VGH Mannheim 27.7.2000 – 3 S 1664/99, AgrarR 2002, 193, wonach bei Ausweisung einer Wohnbebauung in einem Bebauungsplan die Vorschriften der §§ 12, 27 zu beachten sind, wenn auf einem angrenzenden Grundstück Intensiv-Obstanbau betrieben wird und der Bebauungsplan hierfür einen Pflanzstreifen mit einer Hecke von bis zu 6 m Höhe vorsieht). Ist offensichtlich, dass ein Bauvorhaben wegen entgegenstehender privater Belange nicht realisiert werden kann, darf die Baurechtsbehörde einen Bauantrag wegen fehlenden Sachbescheidungsinteresses zurückweisen (BVerwG 23.2.1973 – IV C 49/71, NJW 1973, 1518: keine Verpflichtung; vgl. ferner VGH Mannheim 2.3.1998 – 8 S 535/98, BauR 1998, 1217). Ist die Behörde zum Einschreiten gegen den Nachbarn aufgerufen, kann sie dies ablehnen, wenn der Antragsteller mit Mitteln des Privatrechts unmittelbar gegen den Nachbarn vorgehen darf (BVerwG 10.12.1997 – 4 B 204.97, BauR 1998, 319).

5   Um den Konflikt unterschiedlicher Maßstäbe von öffentlichem und privatem Recht zu mildern, bemühen sich die Gerichte, allgemeine Rechtsbegriffe möglichst **einheitlich auszulegen**; so wird etwa der Begriff der „wesentlichen Beeinträchtigung" in § 906 II 1 BGB ebenso verstanden wie der der „erheblichen Nachteile" bzw. der „erheblichen Belästigungen" iSd § 3 I BImSchG (s. einerseits BGH 23.3.1990 – V ZR 58/89, BGHZ 111, 63 = NJW 1990, 2465; andererseits BVerwG 29.4.1988 – 7 C 33/87, NJW 1988, 2396 (2397); instruktiv Hagen NVwZ 1991, 817 (819 f.); Krüger ZfIR 2007, 2; s. auch BT-Drs. 12/7425, 87). Die im Zivilrecht geltende Unterscheidung zwischen Verhaltens- und Zustandsstörer (→ Rn. 34) ist dem öffentlichen Recht entnommen. Auf der anderen Seite entstammt das im öffentlichen Baurecht angewandte Gebot der Rücksichtnahme dem nachbarlichen Gemeinschaftsverhältnis, einem Rechtsinstitut des Privatrechts (Dürr KommJur 2005, 201 (203 f.); vgl. BGH 24.1.2008 – IX ZR 216/06, NJW-RR 2008, 610 Rn. 22). Der Harmonisierung dient auch die (1994 eingeführte) Vorschrift des § 906 I 2 und 3 BGB. Inzwischen ist es daher so gut wie selbstverständlich, dass öffentlich-rechtliche Vorschriften mit Nachbarbezug (etwa § 22 Ia BImSchG, wonach Geräuscheinwirkungen, die von **Kindertageseinrichtungen** ausgehen, im Regelfall keine schädliche Umwelteinwirkungen sind) in das zivilrechtliche Nachbarrecht ausstrahlen, auch wenn es in § 906 BGB an einer textlichen Anbindung fehlt (vgl. BT-Drs. 17/4836, 4 f.; BGH 13.7.2012 – V ZR 204/11, NJW-RR 2012, 1292 Rn. 11). Ein weiteres Beispiel ist das sowohl im privaten als auch im öffentlichen Recht bestehende Recht, Störungsfolgen selbst zu beseitigen, wenn Abwehransprüche nicht mehr durchsetzbar sind oder nicht geltend gemacht werden sollen (s. einerseits BGH

28.1.2011 – V ZR 141/10, NJW 2011, 1068 Rn. 10 mAnm Bruns LMK 2011, 317531; 16.5.2014 – V ZR 181/13, NJW-RR 2014, 1043 Rn. 21; andererseits BVerwG 12.7.2013 – 9 B 12/13, NVwZ 2013, 1292 Rn. 5). Auf der anderen Seite bedarf es immer einer Begründung für die einheitliche Auslegung, da beide Rechtskreise grundsätzlich unterschiedlich sind. Regelmäßig ist eine gesonderte Auslegung aufgrund des verschiedenen Inhalts und der eigenen Zielrichtung der Normen veranlasst, wie etwa der Begriff des Abbruchs in § 7d I einerseits, § 50 III BWLBO andererseits veranschaulicht (→ § 7d Rn. 11). Die öffentlich-rechtliche Beurteilung erfolgt (als Maßnahme der Gefahrenabwehr) ex ante, die zivilrechtliche ex post, was den früheren Vorsitzenden des ua für das private Nachbarrecht zuständigen V. Zivilsenats des BGH Hagen zu der Einschätzung bewogen hat, die damit verbundene Möglichkeit, Fehlprognosen aufgrund besserer späterer Erkenntnis zu korrigieren, brauche nicht als Nachteil empfunden zu werden, da der Zivilrechtsschutz insofern als – willkommene – „Notbremse" zur Verfügung stehe (Hagen NVwZ 1991, 817 (820)).

Vom Grundsatz des Gleichrangs von öffentlichem und privatem Recht weicht das NRG **6** zugunsten eines generellen **Vorrangs des öffentlichen Rechts** ab, auch wenn dies nur in Einzelvorschriften (§§ 3 III, 4 II, 7 III, 7a I, 7b I, 7c I 1 Nr. 2, 7d I, 27, 30). Ausdruck findet. Diesen Vorrang herzustellen, war das Hauptziel der zum 1.1.1996 erfolgten Novellierung des NRG (hierzu → Rn. 181). Diese Neuordnung hat zu Friktionen geführt. So ist nach Einfügung des § 3 III 1 unklar, ob für § 3 überhaupt noch ein Anwendungsbereich verbleibt (dazu → § 3 Rn. 21).

2. Bundes- und Landesrecht

Gemäß Art. 70 I GG haben die Länder die Gesetzgebungskompetenz, soweit das Grund- **7** gesetz nicht dem Bund Gesetzgebungsbefugnisse verleiht. Im Bereich der konkurrierenden Gesetzgebung dürfen die Länder Gesetze erlassen, solange und soweit der Bund von seiner Zuständigkeit keinen Gebrauch macht (Art. 72 I GG). Mit der Föderalismusreform von 2006 (dazu Degenhardt NVwZ 2006, 1209) wurde die Bundesgesetzgebung wesentlich ausgeweitet. Dies hat bspw. für das private Wasserrecht massive Auswirkungen gebracht, das inzwischen vor allem im WHG geregelt und nur noch rudimentär im WG verblieben ist (zur früheren Rechtslage 1. Aufl.). Gemäß Art. 74 I Nr. 1 GG hat der Bund die konkurrierende Gesetzgebung auch auf dem Gebiet des bürgerlichen Rechts. Hierzu zählt das private Nachbarrecht, das der Bundesgesetzgeber im **BGB** wie folgt geregelt hat:

Zum **Inhalt des Eigentums** ist in § 903 BGB bestimmt, dass der Eigentümer einer Sache **8** mit dieser nach Belieben verfahren und andere von jeder Einwirkung ausschließen kann, soweit nicht das Gesetz oder Rechte Dritter entgegenstehen. Sachen sind auch Grundstücke mit ihren wesentlichen Bestandteilen, zB Gebäuden und Pflanzen (vgl. § 94 I BGB). Nach § 904 BGB ist der Eigentümer einer Sache nicht berechtigt, die Einwirkung eines anderen auf die Sache zu verbieten, wenn dies zur Abwendung einer gegenwärtigen Gefahr notwendig und der drohende Schaden gegenüber dem einwirkungsbedingten Schaden unverhältnismäßig groß ist. Dem Eigentümer steht hierfür Schadensersatz zu. Nach § 905 BGB erstreckt sich das Recht des Eigentümers eines Grundstücks auf den Raum über der Oberfläche und den Erdkörper unter der Oberfläche; der Eigentümer kann jedoch Einwirkungen nicht verbieten, die in solcher Höhe oder Tiefe vorgenommen werden, dass er an der Ausschließung kein Interesse hat. Diesen Vorschriften folgen in §§ 906–924 BGB einige speziell nachbarrechtliche Bestimmungen, die im Wesentlichen zu Eigentumsbeschränkungen führen. Diese Vorschriften betreffen
– Einwirkungen durch Dämpfe, Rauch, Geräusch, Erschütterungen usw (§ 906 BGB);
– die Herstellung oder das Halten gefährlicher Anlagen (§§ 907, 924 BGB): Hiernach kann der Eigentümer eines Grundstücks verlangen, dass auf den Nachbargrundstücken keine Anlagen hergestellt oder gehalten werden, von denen mit Sicherheit vorauszusehen ist, dass ihr Bestand oder ihre Benutzung eine unzulässige Einwirkung auf sein Grundstück zur Folge hat. Genügt eine Anlage den landesgesetzlichen Vorschriften, die einen bestimm-

Einl. Einleitung

ten Abstand von der Grenze oder sonstige Schutzmaßregeln vorschreiben, so kann die Beseitigung der Anlage erst verlangt werden, wenn sich die unzulässige Einwirkung realisiert. Bäume und Sträucher gehören gem. § 907 II BGB nicht zu diesen Anlagen, ebenso wenig Fenster und Bodenerhöhungen (→ Vor §§ 3–5 Rn. 1; → Vor §§ 9, 10 Rn. 2);
- die Gefahr des Einsturzes eines Gebäudes oder anderen Bauwerks (§§ 908, 924 BGB);
- die Vertiefung des Bodens (§§ 909, 924 BGB): Ein Grundstück darf nicht in der Weise vertieft werden, dass der Boden des Nachbargrundstücks die erforderliche Stütze verliert, es sei denn, dass für eine genügende anderweitige Befestigung gesorgt ist;
- das Abschneiden von Wurzeln und Zweigen von Bäumen und Sträuchern (§ 910 BGB);
- den Überfall von Früchten (§ 911 BGB);
- den Überbau (§§ 912–916, 924 BGB), wofür ggf. eine Entschädigung durch Zahlung einer Geldrente zu leisten ist;
- die Verpflichtung zur Duldung eines Notwegs (§§ 917, 918, 924 BGB), wofür gleichfalls ggf. eine Entschädigung anfällt;
- die Abmarkung durch Errichtung oder Wiederherstellung fester Grenzzeichen (§§ 909, 924 BGB); die Art der Abmarkung und das Verfahren bestimmt sich nach den Landesgesetzen, in BW nach dem VermessungsG (dazu Pelka NachbarR BW 34 ff.), hilfsweise nach der Ortsüblichkeit.
- die Ermittlung der Grenze im Falle einer Grenzverwirrung (§§ 920, 924 BGB);
- die Benutzung und Unterhaltung von Zwischenräumen, Rainen, Winkeln, Gräben, Mauern, Hecken, Planken und anderen dem Vorteil beider Grundstücke dienender Grenzeinrichtungen (§§ 921, 922 BGB);
- die Rechtsverhältnisse des Grenzbaums (§§ 923, 924 BGB).

9 Schon **vor Inkrafttreten des BGB am 1.1.1900** gab es in vielen Gebieten Deutschlands Regelungen zum privaten Nachbarrecht. Diese wichen im Einzelnen stark voneinander ab. Das heutige BW bestand aus den Ländern Württemberg und Baden, der preußischen Provinz Hohenzollern, die das gesamte Gebiet der Fürstentümer Hohenzollern-Hechingen und Hohenzollern-Sigmaringen umfasste, und einigen Exklaven wie dem preußischen Achberg und dem hessischen Bad Wimpfen (s. Abbildung Anh. III). Von diesen Ländern hatte **Württemberg** mit der Neuen Allgemeinen Bauordnung (WürttNBO) von 1872 und dem Gesetz betreffend das landwirtschaftliche Nachbarrecht (WürttGLN) von 1893 die ausführlichsten Regelungen. In **Baden** galt das Badische Landrecht, das sich weithin an den Code Civil anlehnte und in den LRS 671 ff. Vorschriften zum privaten Nachbarrecht enthielt. Die Regelungsdichte war viel geringer als die in Württemberg. Im Übrigen gab es auch im Fürstentum **Hohenzollern-Hechingen** gesetzliches privates Nachbarrecht. Dessen Feldpolizeiordnung (FPO) von 1845 enthielt einige Vorschriften zu Einzäunungen und bestimmte in § 71 Grenzabstände für Obstbäume „des schädlichen Ueberhängens und dabei ereignenden Ungelegenheiten willen". In allen Ländern gab es zudem lokales Nachbarrecht, meistens als örtliches Gewohnheitsrecht.

10 Soweit diese Vorschriften von den Regelungen des BGB abwichen, traten sie gem. Art. 55 EGBGB zum 1.1.1900 außer Kraft. Allerdings wurde mit dem BGB nicht der Versuch unternommen, die nach den regionalen Gepflogenheiten geregelten Nachbarrechte zu vereinheitlichen. Vielmehr trug das **EGBGB** durch Vorbehalte zugunsten der Landesgesetzgebung den örtlichen Verhältnissen Rechnung und beließ den Ländern entsprechenden Freiraum zur Gesetzgebung:
- Gemäß Art. 65 EGBGB blieben die landesgesetzlichen Vorschriften unberührt, die zum Wasserrecht zählten, sowie die Vorschriften zur Beförderung der Bewässerung und Entwässerung der Grundstücke; auf dieser (im Jahr 2009 außer Kraft gesetzten) Ermächtigung beruht § 1.
- Gemäß Art. 111 EGBGB blieben die landesgesetzlichen Vorschriften unberührt, die im öffentlichen Interesse das Eigentum in Ansehung tatsächlicher Verfügungen beschränkten. Während Enteignungsvorschriften Rechtsmacht entziehen oder beschränken, lässt Art. 111 EGBGB Einschränkungen durch tatsächliche Verfügungen im öffentlichen Interesse zu.

Einleitung

Das betrifft vor allem den Natur- und Landesschutz, die Kultur- und Denkmalpflege, das Ausgrabungswesen, das Bauordnungsrecht sowie das Wald- und Forstrecht. Aber auch §§ 24 II und 25 als Regelungen des privaten Nachbarrechts lassen sich auf diese Freistellung stützen (→ Vor §§ 23–25 Rn. 15, 16).
- Gemäß Art. 122 EGBGB blieben die landesgesetzlichen Vorschriften unberührt, welche die Rechte des Eigentümers eines Grundstücks in Ansehung der auf der Grenze oder dem Nachbargrundstück stehenden Obstbäume abweichend von den Vorschriften der §§ 910, 923 II BGB bestimmten; auf dieser Ermächtigung beruhen §§ 23 und 24 I.
- Gemäß Art. 124 EGBGB blieben die landesgesetzlichen Vorschriften unberührt, die das Eigentum an Grundstücken zugunsten der Nachbarn nach anderen als den im BGB bestimmten Beschränkungen unterwarfen. Dies galt insbes. für die Vorschriften, nach denen Anlagen sowie Bäume und Sträucher nur in einem bestimmten Abstand von der Grenze gehalten werden durften. So fußt auch ein Großteil der Bestimmungen des 4. Abschnitts des NRG (§§ 11–22) auf Art. 124 EGBGB. Der Inhalt der „anderen" Beschränkungen und somit die Reichweite der Ermächtigung ist allerdings nicht klar (dazu → § 7b Rn. 4), was dazu geführt hat, dass einige Vorschriften des NRG, vor allem §§ 7b und 7c, von einem Teil der Literatur als verfassungswidrig erachtet werden.
- Gemäß Art. 125 EGBGB blieben die landesgesetzlichen Vorschriften unberührt, welche „die Vorschrift des § 26 der Gewerbeordnung" (heute: § 14 BImSchG) auf Eisenbahn-, Dampfschifffahrts- und ähnliche Verkehrsunternehmungen erstreckten; auf dieser Ermächtigung beruht § 30.
- Gemäß Art. 183 EGBGB blieben zugunsten eines Grundstücks, das zur Zeit des Inkrafttretens des BGB mit Wald bestanden war, die landesgesetzlichen Vorschriften, die die Rechte des Eigentümers eines Nachbargrundstücks in Ansehung der auf der Grenze oder auf dem Waldgrundstück stehenden Bäume und Sträucher abweichend von den Vorschriften der §§ 910, 923 II, III BGB bestimmten, bis zur nächsten Verjüngung des Waldes in Kraft; auf dieser Ermächtigung fußt § 34.

Nach diesen Vorgaben bearbeiteten die Länder Württemberg und Baden ihre Nachbarrechte und stellten sie in Ausführungsgesetze zum BGB ein, die am selben Tag wie das BGB (1.1.1900) in Kraft traten. Diese Teile der Ausführungsgesetze bildeten später den Kernbestand des NRG. Sofern dabei Regelungen aus dem BadAGBGB oder WürttAGBGB geändert wurden, war auch dies vom EGBGB gedeckt (Art. 1 II EGBGB; zur Sondervorschrift des Art. 218 EGBGB, die sich nur auf Art. 157–217 EGBGB bezieht, → § 31 Rn. 2 und → § 34 Rn. 2). **11**

Am 1.1.1960 trat das NRG in Kraft, bundesweit als erstes seiner Art. Es folgte Hessen mit einem stark abweichenden Inhalt. Wenig später erließen die meisten anderen westlichen Bundesländer (nicht: Bayern, Hamburg und Bremen) ebenfalls Nachbarrechtsgesetze. Nach der Wiedervereinigung im Jahr 1989 verabschiedeten auch die neuen Bundesländer Nachbarrechtsgesetze, ausgenommen Mecklenburg-Vorpommern, dessen Nachbarrecht bis heute über eine Gesetzesinitiative (LT-Drs. 2/3620 v. 18.3.1998) nicht hinausgekommen ist. **12**

II. Rechte und Pflichten des Grundeigentümers

Das private Nachbarrecht handelt, wenn es nicht ausnahmsweise um Besitzer geht, vom Verhältnis der Eigentümer benachbarter Grundstücke. Diese können ihr Grundeigentum nach Belieben nutzen, es also zB bebauen, bewohnen, vermieten oder verkaufen; zudem sind sie berechtigt, andere von jeder Einwirkung auszuschließen (**§ 903 S. 1 BGB**). Hiervon sehen Vorschriften des öffentlichen Rechts (zB des Bauordnungs- oder Bauplanungsrechts) wie auch des Privatrechts (zB die §§ 904–923 BGB) **Ausnahmen** vor. Diese Regelungen beruhen auf dem Gedanken, dass eine ungehinderte Eigentumsausübung Belange anderer (der Allgemeinheit oder von Nachbarn) beeinträchtigen kann. Nach dem vom Philosophen Immanuel Kant formulierten kategorischen Imperativ müssen die Rechte der anderen zur **13**

Einl. Einleitung

Festlegung der Eigentümerbefugnisse berücksichtigt und im Rahmen einer Interessenabwägung Ausübungsgrenzen für das Eigentum bestimmt werden, sei es in typisierender Betrachtung oder von Fall zu Fall. Ähnlich, wenn auch nur gegen den Staat gerichtet, ist in **Art. 14 II GG** bestimmt, dass Eigentum auch verpflichtet: „Sein Gebrauch soll zugleich dem Wohle der Allgemeinheit dienen."

III. Geltungsbereich des privaten Nachbarrechts

14 Im Nachbarrecht dreht sich alles um den Grundstücksnachbarn. Wer Nachbar ist, lässt sich aber nicht einfach und einheitlich bestimmen. Zu unterscheiden ist insoweit nach dem räumlichen und dem persönlichen Bereich der Nachbarschaft.

1. Räumlicher Bereich der Nachbarschaft

15 Nachbar ist zunächst einmal der Angrenzer, also derjenige, dessen Grundstück sich unmittelbar an ein anderes anschließt. Nachbarschaft kann aber auch weiter gehen, wenn der Schutzzweck der Norm dies verlangt. Grundsätzlich gilt dabei ein weiter Nachbarbegriff. So ist etwa im Bereich des Lärmschutzes jeder abwehrberechtigt, der den Krach hört. Bei anderen Immissionen (zB giftigen Dämpfen) kann der Kreis der Geschützten sehr weit reichen. Auf der anderen Seite wird schon aus praktischen Gründen die Anwendbarkeit der nachbarrechtlichen Regelungen meistens auf die Angrenzer beschränkt sein. So wird etwa kaum einmal ein nicht angrenzendes Grundstück von herabfallendem Traufwasser betroffen sein. Vorschriften, die auf einen Grenzabstand Bezug nehmen, schützen ohnehin nur den Angrenzer. Im Einzelnen ist durch Hinterfragen der jeweiligen Vorschrift zu klären, wie weit der Schutz eines Verbots reicht.

2. Persönlicher Bereich der Nachbarschaft

16 Auch die Frage, welche Personen zur Nachbarschaft zählen, ist aufgrund der gesetzlichen Regelungen zu beantworten. Nach diesen richtet sich, wer Rechte und wer Pflichten hat, wer Ansprüche geltend machen darf und gegen wen sich Abwehr-, Duldungs- oder sonstige Ansprüche richten. Dabei ist nicht immer der Nachbar in die Pflicht genommen. Das NRG verpflichtet nur in §§ 3, 4, 23–25, 31 und 32 den Nachbarn, während er in §§ 1, 2, 5–7, 7a–7f, 9, 11, 12, 17, 22, 33 und 34 berechtigt wird. Hiernach könnte man sogar sagen, dass das Herz des NRG eher für den Nachbarn schlägt.

17 Im **BGB** sind Verpflichtete und Berechtigte auf verschiedene Weise gekennzeichnet. **Anspruchsberechtigt** sind einerseits der **Eigentümer** (§§ 908, 917, 918 BGB) bzw. der Eigentümer eines (Nachbar-)Grundstücks (§§ 906, 907, 910, 912, 913, 914, 919, 921 BGB), der **Nachbar** (§§ 912, 917, 922, 923 BGB) oder einfach nur der **Berechtigte** (§§ 915, 916 BGB). Sofern der Nachbar berechtigt wird, ist nur der Eigentümer gemeint, was sich für § 917 BGB aus der Verweisung auf § 913 BGB und für die §§ 922, 923 BGB aus der Nähe zu § 921 BGB ergibt. Nach § 1011 BGB sind dabei immer auch **Miteigentümer,** aufgrund des § 11 I 1 ErbbauRG ferner die **Erbbauberechtigten** erfasst. Bei **Wohnungseigentum** ist Eigentümer die Eigentümergemeinschaft, sofern gemeinschaftliches Eigentum (§ 1 V WEG) betroffen ist, ansonsten der Wohnungs- bzw. Teileigentümer, da es dann um sein Sondereigentum (§ 1 II, III WEG) geht. **Verpflichtet** sind einerseits der **Eigentümer** des (Nachbar-)Grundstücks (§§ 913, 919, 921 BGB), der **Nachbar** (§§ 912, 917, 922, 923 BGB; auch hier ist immer nur der Eigentümer (bei einer WEG der Sonder- oder Teileigentümer) bzw. – über § 11 I 1 ErbbauRG – der Erbbauberechtigte gemeint) oder einfach nur das Nachbargrundstück (§§ 907, 909, 911 BGB), andererseits der **Besitzer** des Nachbargrundstücks (§ 910 BGB), der **Schadensverantwortliche** (§ 908 BGB) oder der **Benutzer** (§§ 906, 918 BGB), also derjenige, der die Nutzungsart des Grundstücks bestimmt (BGH 30.5.2003 – V ZR 37/02, BGHZ 155, 99 = NJW 2003, 2377 (2378) – Wasserrohrbruch). Sofern das BGB

in § 910 BGB den Besitzer nennt, ist neben dem Eigentümer und dinglich Berechtigten (zB Nießbraucher) jeder erfasst, der das Grundstück oder eine Wohnung auf dem Nachbargrundstück aufgrund eines (nicht unbedingt wirksamen) schuldrechtlichen Rechtsverhältnisses zur Miete, Pacht oder Ähnlichem nutzt und dort (auch mittelbar) die tatsächliche Sachherrschaft ausübt. Sofern damit auch der (Nur-)Besitzer verpflichtet wird, handelt es sich um eine **spezielle Regelung,** die nicht zu verallgemeinern ist. Das ist auch nicht nötig, weil der Eigentümer über sein Rechtsverhältnis zum (unmittelbaren) Besitzer immer dafür sorgen kann, dass dieser Störungen unterlässt bzw. Nachbarbelange wahrt (s. etwa BGH 16.5.2014 – V ZR 131/13, NJW 2014, 2640 Rn. 13).

Auch das **NRG** bezeichnet Verpflichtete und Berechtigte auf verschiedene Weise. **Berechtigt** sind einerseits der **Eigentümer** des Grundstücks (§§ 3, 4, 5, 32) bzw. des Nachbargrundstücks, des begünstigten oder beanspruchten Grundstücks (§§ 7a, 7c III–V, 7f), des Gebäudes (§ 31) bzw. des Nachbargebäudes (§ 7b) oder einfach nur das Nachbargrundstück (§ 9), andererseits der **Nutzungsberechtigte** (§ 7c) oder der **Besitzer** des Grundstücks (§§ 23 I, 25) bzw. Obstbaumguts (§ 24) oder einfach nur der **Nachbar** (§§ 1, 2, 6, 7, 23 III). **Verpflichtet** sind einerseits der **Eigentümer** des fremden Grundstücks oder des Nachbargrundstücks (§§ 7b, 7c, 7f), des Waldgrundstücks (§ 34), des Gebäudes (§§ 1, 2, 7b, 7e), des Zauns (§ 11) oder einfach nur das Nachbargrundstück (§§ 3, 4), andererseits der **Nutzungsberechtigte** (§ 7c) oder der **Besitzer** des Nachbargrundstücks (§ 7d), der Hecke (§ 12 III), des Gehölzes (§ 16 III) oder des Baums (§ 23 III 1).

Soweit es auf die Stellung als **Eigentümer** ankommt, sind auch im Anwendungsbereich des NRG **Miteigentümer** (§ 1011 BGB) erfasst, aufgrund des § 11 I 1 ErbbauRG die **Erbbauberechtigten** und bei **Wohnungseigentum** gem. § 9a II WEG die Gemeinschaft der Wohnungseigentümer, sofern es um gemeinschaftliches Eigentum (§ 1 V WEG) geht, ansonsten nur die Sondereigentümer (→ Rn. 114). Darüber hinaus wird dieser Kreis durch § 1065 BGB auf Nießbraucher, durch §§ 1027, 1090 II BGB auf Dienstbarkeitsberechtigte und gem. § 11 ErbbauRG auf Erbbauberechtigte, mithin auf **dinglich Berechtigte** erstreckt, nicht hingegen auf Besitzer, auch wenn diese ein (dingliches oder schuldrechtliches) Nutzungsrecht haben. Der **Rechtsnachfolger** ist nur in § 9 I 2 genannt. Allerdings wird man diesen immer dann für verpflichtet halten müssen, wenn die Abwehrlage auf ein Verhalten des Eigentümers Bezug nimmt, das für eine dauerhafte Störung des Nachbarn gesorgt hat, die Beeinträchtigung letztlich also auf einen gefahrträchtigen Zustand des Nachbargrundstücks zurückzuführen ist (BGH 22.9.2000 – V ZR 443/99, NJW-RR 2001, 232).

Keine Sonderrolle spielen die §§ 7 und 7a, die hinsichtlich des Verpflichteten auf den **Bauherrn** bzw. **Erstbauenden** abstellen. Auch dort ist nur der Eigentümer des Baugrundstücks gemeint. Auf denjenigen, der das Grundstück tatsächlich nutzt, kommt es nicht an (→ § 7 Rn. 24; → § 7a Rn. 20).

Besitzer sind nach dem NRG nur dann aktiv- oder passivlegitimiert, wenn sie als solche ausdrücklich genannt sind. In diesen Fällen ist – wie im BGB – zum einen der Eigentümer gemeint, weil er immer zumindest mittelbarer Besitzer ist, zum anderen jeder, der das Grundstück, ggf. auch nur ein Gebäude oder eine Wohnung auf dem Grundstück besitzt. Dem wird regelmäßig ein (schuldrechtliches) Besitzmittlungsverhältnis (zB Miete, Pacht) zugrunde liegen, wobei dieses Verhältnis fehlerhaft, also auch nichtig sein kann. Die Einbindung des Eigentümers ist nicht nur aufgrund seiner mittelbaren Besitzstellung, sondern auch im Erstrecht-Schluss geboten, da die Regelungen umso mehr für den Eigentümer Sinn machen. Sie wird daher nicht dadurch ausgeschlossen, dass die – ohnehin erst später eingefügte – Regelung des § 7c (heute: § 7d) sowohl Eigentümer als auch Besitzer in die Pflicht nimmt und schon die früheren Rechtsordnungen den Unterschied von Eigentum und Besitz (im badischen Landesteil galt nur das Abstraktionsprinzip nicht, zu diesem Lieder JuS 2016, 673) kannten. Stehen sowohl der Eigentümer als auch der Besitzer in der Verantwortung, besteht Gesamtschuldnerschaft. Soweit das NRG den Besitzer in die Pflicht nimmt, ist allerdings fraglich, ob dies noch von Art. 124 EGBGB (ablehnend Bauer/Schlick Einl. Rn. 4) oder von Art. 122 EGBGB (ablehnend Dehner B § 21 III 1) gedeckt ist. Da es sich hierbei um Aus-

Einl.

nahmen handelt, ist das in der Tat zu verneinen. In diesen Fällen (§§ 23–25) ist allein auf den Grundstückseigentümer abzustellen.

22 Sofern das NRG in einigen Vorschriften nur einfach den **Nachbarn** als Berechtigten (§§ 1, 2, 6, 7 IV, 23 III) oder Verpflichteten (§ 32) nennt, fehlt ein einheitlicher Gegenpart. Dort steht meistens zwar der Eigentümer (§§ 1, 2, 32), aber auch der Bauherr (§ 7) oder der Besitzer (§ 23). Der Nachbarbegriff des NRG nimmt damit – im Gegensatz zum Nachbarbegriff im BGB – eine Art Auffangposition ein und ist jeweils individuell zu bestimmen. Dabei ist zu berücksichtigen, dass das NRG die Parteien **in den einzelnen Paragrafen einheitlich** bezeichnet, so dass die Nachbarbegriffe sich nur darüber hinaus unterscheiden.

23 Viele Vorschriften des NRG (vor allem die Abstandsvorschriften) sehen **keine Zuordnung von Rechten und Pflichten** vor. In diesen Fällen ist allein der **Eigentümer** gemeint, um dessen Grundstück es geht. Immer erforderlich sind für das Nachbarverhältnis unterschiedliche Grundstücke. **Zwischen Mietern** eines Anwesens gelten die Vorschriften des NRG nicht. Zur Rechtslage im **WEG-Bereich** → Rn. 113 ff.

3. Öffentliche Hand als Nachbar iSd NRG

24 Grundsätzlich gelten Abstandvorschriften und andere Anforderungen des NRG nicht für Grundstücke, die einer **hoheitlichen Zweckbindung** unterliegen, da der Staat privatrechtlichen Regelungen nicht unterworfen ist (BVerwG 29.5.1981 – 4 C 19/78, NVwZ 1982, 112; anders für das nachbarliche Gemeinschaftsverhältnis BGH 24.1.2008 – IX ZR 216/06, NJW-RR 2008, 610 (611)). Für die Rechtslage in Baden-Württemberg dürfte dies aufgrund der §§ 21 und 25 allerdings nicht gelten, da diese Vorschriften Ausnahmen für den Staat vorsehen und damit seine Beteiligung voraussetzen. Praktische Bedeutung hat die Frage nicht, da auch der Staat aufgrund seiner öffentlich-rechtlichen Bindungen einen Ausgleich der im Nachbarverhältnis vorkommenden Interessengegensätze suchen muss. Ohne direkte Anwendung ist die in den NRG-Vorschriften getroffene Abwägung nachzuzeichnen.

IV. Das nachbarliche Gemeinschaftsverhältnis – Vorrang der Vereinbarung

1. Geltung von Treu und Glauben

25 Das Nebeneinander von Grundstücken, also die bloße Nachbarschaft, reicht nach Auffassung des BGH nicht aus, um zwischen den Beteiligten eine schuldrechtliche Beziehung zu schaffen (BGH 28.6.1985 – V ZR 111/84, BGHZ 95, 144 = NJW 1985, 2944 (2945); 15.7.2011 – V ZR 277/10, NJW 2011, 3294 Rn. 7). Daher bestehen auch keine Nebenpflichten; § 278 BGB gilt ebenfalls nicht (BGH 15.7.2011 – V ZR 277/10, NJW 2011, 3294 Rn. 17). Allerdings steht das sog. **nachbarliche Gemeinschaftsverhältnis** nicht im rechtsfreien Raum. Vielmehr begründet es Pflichten zur Rücksichtnahme, die von Treu (zum Begriffsverständnis Simianer VBlBW 2002, 195) und Glauben (**§ 242 BGB**) geprägt sind (BGH 13.7.2018 – V ZR 308/17, NJW-RR 2019, 78 Rn. 11). Der Sache nach wird damit aber doch ein Rechtsverhältnis postuliert, da § 242 BGB nur bei Vorliegen einer Rechtsbeziehung Anwendung findet (BGH 5.6.1985 – I ZR 53/83, BGHZ 95, 274 = NJW 1986, 1244 (1245); Grüneberg/Grüneberg BGB § 242 Rn. 3; Maier/Bornheim JA 1995, 978 (983); krit. auch Kirchhof NZBau 2012, 206 (207)). Dass der BGH tiefer ansetzt, zeigt sich etwa daran, dass sich aus dem Gemeinschaftsverhältnis keine Rechte ergeben sollen, wenn die Problematik in den Landesnachbargesetzen verschieden geregelt ist (BGH 21.10.1983 – V ZR 166/82, BGHZ 88, 344 = NJW 1984, 729 (731)), was auch seine Qualität als Bundesrecht in Frage stellt (vgl. Art. 31 GG). Ein solches Gemeinschafts- oder Grenzverhältnis besteht nicht nur zwischen benachbarten Grundstückseigentümern; auch Besitzer und Nutzungsberechtigte sind eingebunden (BGH 24.1.2008 – IX ZR 216/06, NJW-RR 2008, 610 (612)). Dieses Verhältnis ist auch im öffentlichen Recht eine anerkannte Rechtsfigur (BGH 24.1.2008 –

IX ZR 216/06, NJW-RR 2008, 610 Rn. 22). **Keine Anwendung** findet es auf die Beziehung von **Mietern** untereinander (BGH 12.12.2003 – V ZR 180/03, BGHZ 157, 188 = NJW 2004, 775 (777)) und soweit **Gemeinschaftseigentum** betroffen ist, auch nicht im Verhältnis von Wohnungseigentümern untereinander (BGH 21.5.2010 – V ZR 10/10, BGHZ 185, 371 = NJW 2010, 2347, 2349 Rn. 21), wohl aber dann, wenn es nur um Sondereigentumsbereiche geht (BGH 25.10.2013 – V ZR 230/12, BGHZ 198, 327 = NJW 2014, 458 Rn. 12 ff.); mangels Grenzüberschreitung findet es überdies keine Anwendung zwischen **Bruchteilseigentümern** (BGH 10.2.2012 – V ZR 137/11, NJW 2012, 2343 Rn. 12). Umgekehrt schafft das nachbarliche Gemeinschaftsverhältnis keine Rechtsgemeinschaft iSd § 741 BGB, und zwar auch dann nicht, wenn sie über Jahre hinweg gelebt wird (BGH 13.7.2018 – V ZR 308/17, NJW-RR 2019, 78 Rn. 19).

Regelmäßig begründet der Gedanke von Treu und Glauben im Rahmen dieser Beziehung **26** keine selbstständigen Ansprüche, sondern wirkt nur als **Schranke der Rechtsausübung** (BGH 13.7.2018 – V ZR 308/17, NJW-RR 2019, 78 Rn. 11). Die Rechte und Pflichten von Grundstücksnachbarn sind insbes. in §§ 905 ff. BGB und den Nachbarrechtsgesetzen der Länder minutiös geregelt. Insofern besteht für auf § 242 BGB gestützte Beschränkungen der Rechtsausübung nur insofern Raum, als die bestehenden Regelungen unzureichend sind. Im Bereich des bauordnungsrechtlichen Abstandsflächenrechts und bei Verstößen gegen drittschützende Vorschriften des Bauplanungsrechts wird die Rechtsfigur des nachbarlichen Gemeinschaftsverhältnisses verbreitet als Hebel genutzt, um den Einwand eines Rechtsverstoßes zu versagen, falls der Beschwerdeführer selbst in mindestens gleichem Gewicht gegen Vorschriften vor allem des Abstandsrechts verstößt, und zwar unabhängig davon, ob ihm dieser Verstoß zuzurechnen ist und er sich noch abwehren lässt (VGH Mannheim 29.9.2010 – 3 S 1752/10, Juris Rn. 5 = BeckRS 2010, 55349). Abgesehen davon, dass sich die Bezugnahme auf § 242 BGB öffentlich-rechtlich kaum begründen lässt, geht sie wohl auch zu weit, zumal sie eine quantitative und qualitative Bewertung der Störungsanteile erfordert, die sich nicht verlässlich durchführen lässt. Für das Zivilrecht sollte diese Rechtsprechung kein Vorbild sein; eigene Verstöße des Nachbarn gegen Vorschriften des NRG vermögen ihm keine Abwehrrechte (zB aus Abstandsvorschriften) zu versperren (aA BGH 17.3.2023 – V ZR 140/22, NJW-RR 2023, 791 Rn. 31 für den WEG-Bereich). Es gibt auch keinen allg. Grundsatz, wonach sich niemand auf Treu und Glauben berufen darf, der sich nicht selbst daranhält (BGH 28.10.2009 – IV ZR 140/08, NJW 2010, 289 Rn. 21; Grüneberg/Grüneberg BGB § 242 Rn. 46); erst eine Abwägung im Einzelfall kann zu diesem Ergebnis führen; in jedem Fall ist hierfür eine schwerwiegende Pflichtverletzung des Anspruchstellers erforderlich (BGH 4.12.2014 – VII ZR 4/13, NJW 2015, 955 Rn. 33).

Nur ausnahmsweise kann das nachbarliche Rücksichtnahmegebot zu **Ansprüchen** füh- **27** ren. Dies muss **aus zwingenden Gründen** eines billigen Interessenausgleichs geboten sein (BGH 8.2.2013 – V ZR 56/12, NJW-RR 2013, 650 Rn. 6 mAnm Bruns LMK 2013, 344728; 13.7.2018 – V ZR 308/17, NJW-RR 2019, 78 Rn. 11; 7.5.2021 – V ZR 299/19, NJW-RR 2021, 1170 Rn. 37). Insbesondere darf dieses Rechtsinstitut nicht dazu führen, nachbarrechtliche Regelungen in ihr Gegenteil zu verkehren (BGH 13.7.2018 – V ZR 308/17, NJW-RR 2019, 78 Rn. 11). Der BGH bejaht etwa einen **Unterlassungsanspruch** hinsichtlich einer Grenzbebauung, wenn diese in unzumutbarer Weise Fenster eines Gebäudes auf dem Nachbargrundstück verdeckt (BGH 10.4.1953 – V ZR 115/51, BeckRS 1953, 31201676; s. auch BGH 22.2.1991 – V ZR 308/89, BGHZ 113, 384 = NJW 1991, 1671 (1673) – Kaltluftsee; ferner → Vor §§ 3–5 Rn. 3), sowie einen **Duldungsanspruch** hinsichtlich der Anbringung einer Antenne auf einem Hochhaus, das den Fernsehempfang auf dem benachbarten Anwesen stört (BGH 21.10.1983 – V ZR 166/82, BGHZ 88, 344 = NJW 1984, 729 (730 f.)), oder hinsichtlich der Benutzung eines Abwasserrohrs auf dem Nachbargrundstück (BGH 31.1.2003 – V ZR 143/02, NJW 2003, 1392; ähnlich BGH 17.10.2013 – V ZR 15/13, NZM 2014, 366 Rn. 10 – Schlammlawine). Unter denselben Voraussetzungen (s. etwa BGH 16.2.2001 – V ZR 422/99, NJW-RR 2001, 1208 (1209) – Mehltau: „nichts anderes gilt ..."), wenn auch viel seltener, lassen sich auf diesen Grundsatz auch **Handlungs-**

Einl. Einleitung

pflichten stützen (BGH 8.2.2013 – V ZR 56/12, NJW-RR 2013, 650 Rn. 6), zB auf **Kürzung eines Baums,** sofern der Nachbar wegen der Höhe des Baums ungewöhnlich schweren und nicht mehr hinzunehmenden Beeinträchtigungen ausgesetzt wird (BGH 14.11.2003 – V ZR 102/03, BGHZ 157, 33 = NJW 2004, 1037 (1038) – Kiefernadeln), oder sogar eine Pflicht zum **Geldausgleich** (BGH 22.2.1991 – V ZR 308/89, BGHZ 113, 384 = NJW 1991, 1671 (1673) – Kaltluftsee). Ferner lassen sich aus dem Nachbarverhältnis ggf. **Auskunftsansprüche** und Mitteilungspflichten herleiten, zB auf frühzeitige **Ankündigung** von Abrissarbeiten, die Stützungsmaßnahmen auf dem eigenen Grundstück erfordern (BGH 29.6.2012 – V ZR 97/11, NJW-RR 2012, 1160 Rn. 22; s. ferner BGH 28.1.2011 – V ZR 141/10, NJW 2011, 1068 Rn. 10 mAnm Bruns LMK 2011, 317531; zudem → § 16 Rn. 49). Verbreitet werden auch Ansprüche auf **Betreten** des Nachbargrundstücks auf das nachbarliche Gemeinschaftsverhältnis gestützt (s. nur OLG Hamm 2.12.1965 – 5 U 132/65, NJW 1966, 599; OLG Saarbrücken 24.7.2002 – 1 U 81/02-19, NJW-RR 2002, 1385). Für den Anwendungsbereich des NRG ist insoweit eine differenzierte Betrachtung geboten. Geht es um das Abschneiden von Wurzeln und Zweigen, besteht ein Betretungsrecht, wenn der Nachbar sonst sein Recht nicht ausüben, also nicht vom eigenen Grundstück aus beschneiden kann (→ Vor §§ 23–25 Rn. 6, 7). Heckenschneiden dagegen erfolgt nur im Interesse des anderen Teils, so dass dieser das Betreten seines Grundstücks verbieten darf (→ § 12 Rn. 34). Das nachbarliche Gemeinschaftsverhältnis verpflichtet den Grundeigentümer auch nicht allgemein dazu, die den Nachbarn schonendste Nutzungsmöglichkeit zu wählen. Das privatrechtliche Betretungsrecht ist vom Recht auf Betreten des Nachbargrundstücks im Wege der **Selbstvornahme** zu unterscheiden, die der Gläubiger betreiben darf, wenn sein Nachbar als Schuldner einem Beseitigungstitel keine Folge leistet (→ Rn. 154).

2. Vorrang der Vereinbarung

28 Keine der Vorschriften des NRG enthält zwingendes Recht. Die Nachbarn dürfen jederzeit und auch im Nachhinein abweichende Regelungen treffen. Sofern möglich und von Bedeutung (zB bei Inanspruchnahme von Wege- oder Leitungsrechten), ist dabei auch an die Einräumung einer Grunddienstbarkeit zu denken, da die Vereinbarung ansonsten nicht gegen einen Sonderrechtsnachfolger (zB Grundstückserwerber) wirkt (BGH 26.11.2004 – V ZR 83/04, NZM 2005, 318 – tropfende Linden; 24.4.2015 – V ZR 138/14, NJW-RR 2015, 1234 Rn. 7).

V. Ansprüche im privaten Nachbarrecht

29 Das NRG schafft nur teilweise Ansprüche. Darüber hinaus beschränkt es sich auf das Aufstellen von Geboten (zB Grenzabstände), selten auch von Verboten.

1. Abwehransprüche (auf Beseitigung und Unterlassung)

30 Unterlassungsansprüche gibt das **NRG** über Verbote wie in §§ 7f I 2, 11 IV, ansonsten über Gebote, wie sie sich in fast allen Paragrafen finden, mitunter erst nach entsprechendem Verlangen wie in §§ 7, 7a I, 7e II, III 2. Beseitigungsansprüche gibt das NRG in §§ 23, 25 I 1 (hinsichtlich herüberragender Zweige), 12 III und 16 III (betreffend Verkürzen bzw. Zurückschneiden von Hecken bzw. Bäumen). Richtigerweise ergibt sich die Anspruchsgrundlage aber auch dann aus diesen Vorschriften, wenn sie nur als Ge- oder Verbote formuliert sind (vor allem als Abstandsvorschriften, s. BGH 7.5.2021 – V ZR 299/19, NJW-RR 2021, 1170 Rn. 27 – Zypressen-Schatten), und nicht erst über § 1004 I 2 BGB, der nur konkrete Beeinträchtigungen sanktioniert (dazu → Rn. 31; → § 26 Rn. 13). Hiervon geht auch § 26 I 1 aus (→ § 26 Rn. 15).

31 Darüber hinaus erfasst **§ 1004 BGB** alle Eigentumsbeeinträchtigungen, die nicht in § 985 BGB geregelt sind, sich also nicht in einer Vorenthaltung oder dem Entzug des Besitzes er-

schöpfen. Diese sind gem. § 1004 I 2 BGB zu unterlassen bzw. zu beseitigen (§ 1004 I 1 BGB), sofern keine Duldungspflicht besteht (§ 1004 II BGB). **Beeinträchtigung** ist jeder dem Inhalt des Eigentums (§ 903 BGB) widersprechende Zustand (BGH 8.2.2013 – V ZR 56/12, NJW-RR 2013, 650 Rn. 4); auf das Ausmaß der Beeinträchtigung kommt es nicht an (BGH 22.9.2000 – V ZR 443/99, NJW-RR 2001, 232: „jegliche" Beeinträchtigung; s. bereits Mot. III S. 142, 392 f.; anders bei § 906 II 2 BGB, dazu → Rn. 70). Hierbei geht es meistens um Immissionen, also den Grenzübertritt unwägbarer Stoffe iSd § 906 BGB und von Grobkörpern (auch **Grobimmissionen** genannt, zB Steine, Baumwurzeln, Laub, Nadeln, Blüten, Zapfen, s. BGH 14.11.2003 – V ZR 102/03, BGHZ 157, 33 = NJW 2004, 1037, 1039 – Kiefernadeln, nicht aber wild zufließendes Wasser als solches, s. BGH 12.6.2015 – V ZR 168/14, NJW-RR 2016, 24 Rn. 9). Immer muss **Kausalität** vorliegen (vgl. LG Siegen 9.3.2009 – 3 S 80/08, Juris Rn. 16 = BeckRS 2010, 5093, wo sich der Kläger hinsichtlich behaupteter Wurzelschäden durch zwei Linden sagen lassen musste, dass die Kraftwirkung ihrer Wurzeln gegen Null tendiert, sobald sie auf starre Gegenstände treffen). Gelangen ohne den Willen des Eigentümers solche Gegenstände oder Stoffe auf sein Grundstück bzw. in dessen Erdreich, beeinträchtigen sie die dem Eigentümer nach § 903 BGB garantierte umfassende Sachherrschaft, zu der es auch gehört, fremde Gegenstände oder Stoffe vom eigenen Grundstück fernzuhalten. Deshalb sind sie bis zu ihrer Entfernung allein durch ihre Anwesenheit eine Quelle fortlaufender Eigentumsstörungen (BGH 4.2.2005 – V ZR 142/04, NJW 2005, 1366 (1367) – Bodenkontamination).

Zu keiner Beeinträchtigung führen sog. **negative Immissionen** wie Lichtentzug. Diese **32** werden durch eine Nutzung des Nachbargrundstücks verursacht, die sich auf dessen Fläche beschränkt und das betroffene Grundstück nur mittelbar beeinträchtigt. Sie fallen nach ganz herrschender Auffassung daher nicht in den Anwendungsbereich des § 1004 I BGB, der dem Eigentumsschutz dient und daher eine konkrete Eigentumsbeeinträchtigung fordert (BGH 11.7.2003 – V ZR 199/02, NJW-RR 2003, 1313 (1314) – Burganlage; 10.7.2015 – V ZR 229/14, NJW-RR 2015, 1425 Rn. 15 mAnm Bruns LMK 2015, 374724; 23.3.2023 – V ZR 97/21, NJW-RR 2023, 1252 Rn. 13); **Blendwirkungen** bzw. Lichtreflexe aufgrund von Photovoltaikanlagen, großflächigen Verglasungen oder glasierten Dachziegeln sind hingegen Beeinträchtigungen iSd § 1004 I BGB, deren Leuchtdichte sich messen lässt (in Landela pro Quadratmeter, gesundheitsschädlich ab etwa 100.000 cd/m^2), und die damit abwehrbar sind (BGH 23.3.2023 – V ZR 97/21, NJW-RR 2023, 1252 Rn. 15; s. auch OLG Karlsruhe 13.12.2013 – 9 U 184/11, NJOZ 2014, 1010 (1012); OLG Braunschweig 14.7.2022 – 8 U 166/21, BeckRS 2022, 25800 Rn. 27). Gleiches gilt für die Reflexion von Fernsehwellen (BGH 23.3.2023 – V ZR 97/21, NJW-RR 2023, 1252 Rn. 15) und das Abprallen von Schnee an einem auf dem Nachbargrundstück errichteten Grenzgebäude (BGH 23.3.2023 – V ZR 97/21, NJW-RR 2023, 1252 Rn. 15, aber zw.). Eine weitere Ausnahme stellen schwere und nicht mehr hinzunehmende Beeinträchtigungen dar, bei denen sich letztlich aus dem nachbarlichen Gemeinschaftsverhältnis bzw. Treu und Glauben ein Anspruch auf Beseitigung ergibt (→ Rn. 27). Nach der Rechtsprechung des BGH kann dies der Fall sein, wenn die negativen Einwirkungen zu nicht mehr hinzunehmenden Beeinträchtigungen führen würden, bei hohen grenzständigen Bäumen etwa zu einer ganzjährigen vollständigen Verschattung des Nachbargrundstücks (BGH 10.7.2015 – V ZR 229/14, NJW-RR 2015, 1425 Rn. 16 mAnm Bruns LMK 2015, 374724). Gleiches gilt für privatrechtliche **Abstandsvorschriften,** die nur abstrakte Gefährdungen verbieten. Während der BGH früher die Beseitigungs- und Unterlassungspflicht hinsichtlich des in den Abstand verwiesenen Objekts, also etwa eines Gehölzes, § 1004 I BGB entnommen hat (BGH 23.2.1973 – V ZR 109/71, BGHZ 60, 235 = NJW 1973, 703 (705); 14.11.2003 – V ZR 102/03, BGHZ 157, 33 = NJW 2004, 1037 (1039 f.) – Kiefernadeln), lehnte er die Anwendung des § 1004 I BGB auf solche Fälle später ab (BGH 10.6.2005 – V ZR 251/04, NJOZ 2005, 3210 (3211); vgl. BGH 4.3.2010 – V ZB 130/09, NJW-RR 2010, 807 Rn. 24 – Heckenrückschnitt; offen gelassen in BGH 29.4.2011 – V ZR 174/10, NVwZ 2011, 1148 Rn. 7), ist zur alten Position aber wieder zurückgekehrt (BGH 12.6.2015 – V ZR 168/14, NJW-RR 2016, 24 Rn. 7;

21.9.2018 – V ZR 302/17 NJW-RR 2019, 649 Rn. 12). Richtigerweise ist der (nach §§ 195, 199 I BGB verjährende) landesrechtliche Unterlassungs- bzw. Beseitigungsanspruch direkt auf die Abstandsvorschrift zu stützen (Dehner B § 38 I 1e, S. 12c; vgl. § 50 NachbG NRW, § 42 II NachbG Schl.-H.). Der BGH verkennt hier, dass das Bundesrecht immer eine konkrete Störung fordert, während die landesrechtlichen Abstandsgebote allesamt störungsunabhängig greifen. Auf der anderen Seite lassen sich die zur Durchsetzung des Beseitigungsanspruchs nach § 1004 I BGB gewonnenen Erkenntnisse, zB hinsichtlich der Erfüllung des Anspruchs oder der Fassung des Klageantrags, für den Beseitigungsanspruch, mit dem die Einhaltung der privatrechtlichen Abstandsvorschrift erreicht werden soll, nutzbar machen. Bei § 12 etwa geht der Anspruch auf Beseitigung und nicht auf Zurücksetzen der Hecke (AG Baden-Baden 13.12.2007 – 8 C 182/06, nv). Der Heckeninhaber hat aber die Möglichkeit, die Hecke zu erhalten, indem er sie auf einen gesetzmäßigen Abstand zurücksetzt oder entsprechend herunterschneidet; auch damit erfüllt er seine Beseitigungspflicht (→ Rn. 142). Gleiches gilt für den Rückbau grenznaher Anlagen iSd §§ 8, 11 oder die Beseitigung einer Bodenerhöhung iSd § 9.

33 Geht es um die Zuführung unwägbarer Stoffe (sog. Imponderabilien), sind abwehrbar gem. § 906 I 1 BGB nur **nicht unwesentliche** Beeinträchtigungen. Die Darlegungs- und Beweislast hierfür trägt derjenige, der sich auf die Unwesentlichkeit beruft (BGH 14.11.2003 – V ZR 102/03, BGHZ 157, 33 = NJW 2004, 1037 (1040) – Kiefernnadeln), also der Anspruchsgegner. Maßstab sind gem. § 906 I 2, 3 BGB amtlich festgelegte Grenz- oder Richtwerte (zB aus der TA Luft, TA Lärm; für den Bereich der Beeinträchtigung durch elektromagnetische Felder, zB durch Funkwellen, s. BVerfG 17.2.1997 – 1 BvR 1658/96, NJW 1997, 2509; BGH 13.2.2004 – V ZR 217/03, NJW 2004, 1317 (1318f.), nicht hingegen technische Regelwerke wie die VDI-Richtlinien oder die Hinweise der LAI, die aber immerhin als Orientierungshilfe dienen können (BGH 26.9.2003 – V ZR 41/03, NJW 2003, 3699 (3700)). Anders ist das im WEG-Bereich, wo aufgrund der besonderen Rücksichtnahmepflichten der Miteigentümer untereinander schon bloße Befindlichkeiten ausreichen, so BGH 24.1.2014 – V ZR 48/13, NJW 2014, 1233 Rn. 10, 12), ansonsten das Empfinden eines verständigen, nicht nur des normalen Durchschnittsmenschen. Das lässt Raum für wertende Momente und erfordert im Einzelfall eine Abwägung der widerstreitenden Interessen (BGH 5.2.1993 – V ZR 62/91, BGHZ 121, 248 = NJW 1993, 1656 (1658)). So führt etwa die Berücksichtigung der Grundrechtsposition nach Art. 3 III 2 GG dazu, dass im nachbarlichen Zusammenleben mit pflegebedürftigen Menschen ein erhöhtes Maß an Toleranzbereitschaft zu fordern ist; die Grenze ist erst dann erreicht, wenn dem Nachbarn die Belästigungen billigerweise nicht mehr zuzumuten sind (OLG Karlsruhe 30.3.2007 – 14 U 43/06, NJW 2007, 3443 (3444)).

34 Die Ansprüche aus § 1004 I BGB richten sich gegen den Störer. **Störer** ist, wer eine Beeinträchtigung durch sein Verhalten adäquat und zurechenbar veranlasst (**Verhaltensstörer**) oder einen beeinträchtigenden Zustand nicht unterbindet, obwohl er dies in zumutbarer Weise tun könnte (**Zustandsstörer**). Das kann **auch der Besitzer** (zB Mieter, Pächter) eines Grundstücks sein, von dem die Störung ausgeht (BGH 29.11.1995 – XII ZR 230/94, NJW 1996, 714; 7.4.2000 – V ZR 39/99, BGHZ 144, 200 = NJW 2000, 2901 (2902) – Drogenhilfezentrum). Der (Nur-)Besitzer kann allerdings nicht abhelfen, wenn sich die Störung nur durch einen Eingriff in die Sachsubstanz beseitigen lässt; er ist dann nur duldungspflichtig (LG Baden-Baden 11.4.2022 – 4 O 19/21, NJOZ 2023, 335 Rn. 23 f.). Zur Unterlassung von Störungen kann nach § 1004 I BGB auch ein **mittelbarer (Handlungs-) Störer** verpflichtet sein. Das setzt voraus, dass die unmittelbare Störung die adäquat kausale Folge eines Handelns des als mittelbarer Störer in Anspruch Genommenen oder eines von diesem unterhaltenen Zustands ist und er die auftretende Störung zu unterbinden vermag (BGH 7.4.2000 – V ZR 39/99, BGHZ 144, 200 = NJW 2000, 2901 (2902) – Drogenhilfezentrum; 4.2.2005 – V ZR 142/04, NJW 2005, 1366 (1368 f.) – Bodenkontamination; 2.12.2011 – V ZR 120/11, NZM 2013, 206 Rn. 10; zu den problematischen Störerdefinitionen instruktiv Katzenstein JZ 2008, 1129). Im WEG-Bereich ist Störer immer nur die WEG, wenn der Verwalter bspw. eigenmächtig Instandsetzungsmaßnahmen vornimmt (KG 16.11. 2001 – 24 W 20/01, NJOZ 2002, 1042 (1043)).

Für die Frage, gegen wen sich die Entstörungsansprüche richten, entscheiden die Umstände des Einzelfalls. In aller Regel wird der Eigentümer des störenden Grundstücks passivlegitimiert sein. Geht es bspw. um eine zu nahe an die Grenze gesetzte Rotfichte, deren Wurzelwerk auf das Mauerwerk der Nachbargarage zugreift, kann sich der Eigentümer des Baumgrundstücks nicht darauf berufen, er habe den Baum nicht selbst gepflanzt bzw. das Grundstück bereits mit dem Baum erworben. Auch Störungen, die allein auf natürlichen Vorgängen beruhen – hier etwa der Druck des Wurzelwerks gegen die Mauer – können dem Grundeigentümer zurechenbar sein. Er muss nicht nur dafür sorgen, dass Wurzeln nicht über die Grenze hinauswachsen und die Nutzung des Nachbargrundstücks beeinträchtigen (vgl. § 910 BGB); auch dann, wenn die Wurzeln nicht eindringen, aber unter dem Windeinfluss als zusätzlichem Naturereignis aufgrund der Hebelwirkung des Baums einen das Nachbargrundstück schädigenden Druck ausüben, kommt eine Verantwortung des Eigentümers des Baumgrundstücks in Betracht. Für die Störereigenschaft ist zu fragen, ob es Sachgründe gibt, dem Grundstückseigentümer oder -besitzer die Verantwortung für das störende Geschehen zuzuweisen. **35**

Dies ist dann zu bejahen, wenn sich aus der Art der Nutzung des Grundstücks, von dem die Einwirkung ausgeht, eine sog. **Sicherungspflicht,** also eine Pflicht zur Verhinderung möglicher Beeinträchtigungen, ergibt. Mit dieser ist keine Sorgfaltspflicht im schuldrechtlichen Sinne gemeint, die vom Grundstückseigentümer oder -besitzer verletzt worden sein muss. Vielmehr kommt es darauf an, ob er nach wertender Betrachtung für den gefahrenträchtigen Zustand seines Grundstücks verantwortlich ist, also zurechenbar den störenden Zustand herbeigeführt hat (BGH 9.2.2018 – V ZR 311/16, NJW 2018, 1542 Rn. 8 – Flachdachbrand; 20.9.2019 – V ZR 218/18, BGHZ 223, 155 = NJW 2020, 607 Rn. 8 – Birkenensemble). Regelmäßig wird dies davon abhängen, ob sich die Nutzung des störenden Grundstücks **im Rahmen ordnungsgemäßer Bewirtschaftung** hält (BGH 14.11.2003 – V ZR 102/03, BGHZ 157, 33 = NJW 2004, 1037 (1039) – Kiefernadeln; 20.9.2019 – V ZR 218/18, BGHZ 223, 155 = NJW 2020, 607 Rn. 8 – Birkenensemble), und der Eigentümer des störenden Grundstücks die **Gefahr** für das Nachbargrundstück **erkennen kann** (Wenzel NJW 2005, 241 (242)). Hält der Baum den gesetzlich bestimmten Grenzabstand nicht ein, begründet schon das die Störereigenschaft und damit eine Sicherungspflicht desjenigen, der den Baum unterhält, da sich eine solche Nutzung des Grundstücks nicht im Rahmen ordnungsgemäßer Bewirtschaftung hält (BGH 12.12.2003 – V ZR 98/03, NJW 2004, 1035 (1036) – Druckstempel; 20.9.2019 – V ZR 218/18, BGHZ 223, 155 = NJW 2020, 607 Rn. 13 – Birkenensemble). Dies gilt auch für andere Verstöße gegen Grenzabstandsvorschriften. Hat jemand ein Grundstück gemietet und baut hierauf eine Terrasse, durch die das Nachbargrundstück beeinträchtigt wird, haftet er gem. § 1004 I BGB auf Störungsabwehr, der Eigentümer des Terrassengrundstücks (neben einer etwaigen Beseitigungspflicht aus § 4 wegen Nichteinhaltung des Grenzabstands, die allein den Eigentümer des Terrassengrundstücks trifft, → § 4 Rn. 16), nur, wenn er als **mittelbarer Störer** zur Beseitigung herangezogen werden kann (→ Rn. 34), zB wenn er dem Bauvorhaben des Pächters zugestimmt hat. Weiß der Eigentümer nichts von dem Bau, ist er kein Störer. Geht der störende Zustand auf den Erwerber der gefährdenden Sache über, wird der **Rechtsnachfolger** nur dann zum Störer, wenn er die Störervoraussetzungen selbst erfüllt (vgl. BGH 22.9.2000 – V ZR 443/99, NJW-RR 2001, 232), zB die Störung nicht abstellt. **36**

Liegt eine **Gestattung** der Störung durch den Nachbarn vor, ist ohne Eintragung im Grundbuch oder konkrete Übernahme der Duldungspflicht durch den Nachfolger nur der Gesamtrechtsnachfolger daran gebunden (BGH 29.2.2008 – V ZR 31/07, NJW-RR 2008, 827 Rn. 7), nicht auch der Einzelrechtsnachfolger (zB der Erwerber). **37**

Richten sich die Abwehransprüche gegen mehrere Störer, darf der Gestörte **auswählen.** Zwischen ihnen besteht in aller Regel keine notwendige Streitgenossenschaft aus materiellrechtlichen Gründen iSd § 62 I Alt. 2 ZPO (dazu BGH 22.2.2019 – V ZR 136/18, NJW- **38**

RR 2019, 590 Rn. 5). Ob überhaupt mehrere stören, ist immer zu klären. Dies gilt auch bei einem **Grenzbaum**. Jedem Grundstückseigentümer gehört bei einem Grenzbaum der Teil des Baums, der sich auf seinem Grundstück befindet (vertikal geteiltes Eigentum). Infolgedessen ist jedem (Teil-) Eigentümer grundsätzlich nur die Beeinträchtigung als Störer zuzurechnen, die von seinem Baumteil ausgeht. Von ihm allein kann ein (dritter) Nachbar, der dadurch in der Benutzung seines Grundstücks beeinträchtigt ist, gem. § 1004 BGB Beseitigung der Eigentumsstörung verlangen, beispielsweise durch Rückschnitt der Äste, die von dem ihm gehörenden Teil des Grenzbaumes wachsen (BGH 22.2.2019 – V ZR 136/18, NJW-RR 2019, 590 Rn. 8).

39   **Gläubiger** der Ansprüche nach § 1004 I BGB ist **nur der Eigentümer** des beeinträchtigten Grundstücks, über § 11 I 1 ErbbauRG der Erbbauberechtigte, nicht aber der bloße Besitzer, auch wenn er zum Besitz berechtigt ist. Dieser kann jedoch nach § 862 I 1 iVm § 858 I BGB vorgehen und ist damit ganz ähnlich geschützt wie der Eigentümer (BGH 23.2.2001 –V ZR 389/99, BGHZ 147, 45 = NJW 2001, 1865 (1866)).

40   § 1004 I BGB setzt die **Rechtswidrigkeit** der Beeinträchtigung voraus und versagt daher, wenn die (wesentliche) Beeinträchtigung zu **dulden** ist (§ 1004 II BGB). Hierfür kommt vor allem die Regelung des § 906 II 1 BGB in Betracht. Dazu müssen die Immissionen auf einer ortsüblichen Benutzung des anderen Grundstücks beruhen und nicht durch wirtschaftlich zumutbare Maßnahmen (dazu ist nicht auf den konkreten Fall, sondern auf eine typische Betrachtung – „Benutzer dieser Art" – abzustellen) unterbunden werden können. Eine Duldungspflicht kann sich auch aus den Grundsätzen zum nachbarlichen Gemeinschaftsverhältnis ergeben (→ Rn. 27), zudem aus Landesrecht oder örtlichem Gewohnheitsrecht (BGH 12.11.1999 –V ZR 229/98, NJW-RR 2000, 537 (538)). Zu berücksichtigen sind ferner die allgemeinen Rechtfertigungsgründe (zB Einwilligung, Notstand).

41   Die Ansprüche aus § 1004 I BGB bestehen auch dann, wenn den Störer an der Beeinträchtigung **kein Verschulden** trifft (BGH 10.10.2005 – II ZR 323/03, NJW-RR 2006, 270 Rn. 7). Auf ein Verschulden ist auch dann nicht abzustellen, wenn gegen eine Sicherungspflicht verstoßen wird (→ Rn. 36).

42   **a) Beseitigungsanspruch.** Der Beseitigungsanspruch aus § 1004 I 1 BGB hilft bei gegenwärtiger Beeinträchtigung. Er richtet sich als Entstörungsanspruch auf Wiederherstellung des ursprünglichen Zustands (BGH 7.3.1986 – V ZR 92/85, BGHZ 97, 231 = NJW 86, 2640 (2641); 28.11.2003 –V ZR 99/03, NJW 2004, 603 (604) – Betonplatte; 4.2.2005 –V ZR 142/04, NJW 2005, 1366 (1367 f.) – Bodenkontamination) und besteht bei baulichen Anlagen oder einer Bodenkontamination in deren Entfernung und der Wiederherstellung der beeinträchtigten Grundstücksgestaltung (BGH 24.1.2003 – V ZR 175/02, NJW-RR 2003, 953 (954)), auch wenn dies über die reine Störungsbeseitigung hinausgeht (BGH 4.2.2005 –V ZR 142/04, NJW 2005, 1366 (1367) – Bodenkontamination: Entfernung der Störungsquelle umfasst bei Bodenverunreinigungen die Beseitigung und Entsorgung des Erdreichs); bei Überwuchs durch Baumwurzeln richtet sich der Anspruch auf die Entfernung der Wurzeln, die Feststellung der durch sie verursachten Schäden (zB Gutachterkosten für die Ermittlung des zusätzlichen Reinigungsaufwands) und deren Beseitigung (BGH 28.11.2003 –V ZR 99/03, NJW 2004, 603 (604) – Betonplatte); sind Bäume zu beseitigen, hat dies vollständig, also samt Baumresten bzw. Wurzeln zu geschehen (LG Bielefeld 13.9.2001 – 20 T 33/01, NJW-RR 2002 (525), aber zw.). Der Gestörte darf durch diese Maßnahmen nicht bessergestellt werden, so dass ggf. ein finanzieller **Ausgleich „neu für alt"** geboten sein kann (BGH 13.1.2012 –V ZR 136/11, NJW 2012, 1080 Rn. 11). Weitere Folgen der primären Störung lassen sich nur über eine (dann verschuldensabhängige) **deliktische Haftung** ausgleichen (BGH 12.12.2003 – V ZR 98/03, NJW 2004, 1035 (1036); 4.2.2005 – V ZR 142/04, NJW 2005, 1366 (1368) – Bodenkontamination). Zur Prüfung eines Beseitigungsanspruchs kann der Beeinträchtigte vom Störer **Auskunft** verlangen (Grüneberg/Herrler BGB § 1004 Rn. 27). Die Kosten der Beseitigung hat der Störer zu tragen (BGH 24.1.2003 – V ZR 175/02, NJW-RR 2003, 953 (955)). Im Rahmen des § 1004 I

BGB ist bei einer Mitverantwortung des gestörten Eigentümers grundsätzlich die Vorschrift des § 254 BGB entsprechend anzuwenden. Das hat zur Folge, dass die Verurteilung zur Beseitigung durch die Feststellung beschränkt wird, dass sich der beeinträchtigte Eigentümer in Höhe seiner Haftungsquote an den Kosten der Beseitigung zu beteiligen hat (BGH 18.4.1997 – V ZR 28/96, BGHZ 135, 235 = NJW 1997, 2234 (2235); → Rn. 148). Wird der Beseitigungsanspruch gem. § 1004 BGB nicht innerhalb einer gesetzten Frist erfüllt, kann der Berechtigte auch **Schadensersatz** statt der Leistung **entsprechend § 281 I BGB** fordern und ist nicht darauf verwiesen, vorab einen Titel auf Beseitigung der Störung zu erwirken und nach § 887 ZPO vorzugehen (OLG Karlsruhe 17.1.2012 – 12 U 143/11, NJW 2012, 1520 Rn. 26 ff.).

Geht es um **überwachsende Wurzeln,** kommt zunächst ein Beseitigungsanspruch nach § 1004 I 1 BGB in Betracht. Außerdem darf der gestörte Grundstückseigentümer die vom Störer geschuldete Beseitigung der Eigentumsbeeinträchtigung gem. § 910 I 1 BGB gleich **selbst vornehmen** und kann die dadurch entstehenden **Kosten** nach Bereicherungsgrundsätzen vom Nachbarn **erstattet** verlangen (BGH 21.10.1994 – V ZR 12/94, NJW 1995, 395 (396); 28.11.2003 – V ZR 99/03, NJW 2004, 603 (604) – Betonplatte; 4.2.2005 – V ZR 142/04, NJW 2005, 1366 (1367) – Bodenkontamination), weil er ein Geschäft des Störers besorgt hat (§§ 683, 684 BGB) oder, wenn sich die Voraussetzungen einer Geschäftsführung ohne Auftrag nicht feststellen lassen, weil der Störer unter Ersparung eigener Aufwendungen von seiner Beseitigungspflicht frei geworden und deshalb ungerechtfertigt bereichert ist (§§ 812 I 1 Alt. 2, 818 II BGB). 43

Anders ist das wegen der nach § 910 I 2 BGB zu setzenden Abhilfefrist **bei überwachsenden Zweigen:** Insofern gilt nicht anders als im privaten Baurecht (BGH 11.10.1965 – VII ZR 124/63, NJW 1966, 39 (40); 8.10.1987 – VII ZR 45/87, NJW-RR 1988, 208 (209)), im Kaufrecht (BGH 23.2.2005 – VIII ZR 100/04, BGHZ 162, 219 = NJW 2005, 1348 (1349)) und im Mietrecht (BGH 16.1.2008 – VIII ZR 222/06, NJW 2008, 1216 Rn. 22), dass die fehlende Aufforderung zur Mängelbeseitigung mit einem Verlust der Ersatzansprüche sanktioniert wird (BeckOGK BGB/Vollkommer BGB § 910 Rn. 28). 44

Bei unverhältnismäßig hohem Beseitigungsaufwand kann sich der Störer nach dem Rechtsgedanken des § 251 II 1 BGB auf **Unzumutbarkeit** berufen. In diesem Fall ist nur ein angemessener Geldbetrag als Ausgleich geschuldet (BGH 15.10.1999 – V ZR 77/99, BGHZ 143, 1 = NJW 2000, 512 (514); s. aber BGH 30.5.2008 – V ZR 184/07, NJW 2008, 3122 Rn. 21: keine Unzumutbarkeit bei Verschulden, arg. § 275 II BGB). So kann statt der Beseitigung einer in zu geringem Abstand errichteten Stützmauer (vgl. § 10) uU nur eine Entschädigung in Geld verlangt werden (OLG Karlsruhe 21.12.1979 – 6 U 232/78, Die Justiz 1980, 142 (143), im Anschluss an BGH 10.12.1976 – V ZR 263/74, MDR 1977, 568; ähnlich nach Einführung des § 275 II BGB BGH 30.5.2008 – V ZR 184/07, NJW 2008, 3122 Rn. 17). 45

Der Beseitigungsanspruch aus § 1004 I 1 BGB **verjährt** gem. § 195 BGB in **drei Jahren,** wobei die Verjährungsfrist mit dem Schluss des Jahres beginnt, in dem der Anspruch entstanden ist und der Berechtigte von den Anspruchsvoraussetzungen erfahren hat bzw. erfahren konnte (§ 199 I BGB). Geht es um Überwuchs, kommt es für den Beginn der Verjährung nicht auf den Zeitpunkt der Anpflanzung an, sondern auf den Zeitpunkt, in dem die konkrete Beeinträchtigung einsetzt (BGH 23.2.1973 – V ZR 109/71, BGHZ 60, 235 = NJW 1973, 703 (705); 14.6.2019 – V ZR 102/18, NJW-RR 2019, 1356 Rn. 17); nach Auffassung des BGH entsteht die Störung auch nicht mit jedem Nachwachsen neu, so dass – anders als bei einer Dauerstörung (als einheitliche Dauerhandlung oder wiederholte Störung) oder bei Verstößen gegen Vorgaben zu Höhen und Abständen grenznaher Gehölze – der Beseitigungsanspruch nach drei Jahren abschließend verjährt (BGH 22.2.2019 – V ZR 136/18, NJW-RR 2019, 590 Rn. 15 mAnm Bruns LMK 2019, 417828; 14.6.2019 – V ZR 102/18, NJW-RR 2019, 1356 Rn. 17). 46

Das Problem liegt hier im subjektiven Element aus § 199 I Nr. 2 BGB. Wer sich auf Verjährung beruft, muss im Bestreitensfall darlegen und beweisen, wann die Grundstückgrenze 47 passiert wurde und wann die Störung begonnen hat. Nach Auffassung des BGH muss der Nachbar bei objektiver Betrachtung die Verletzung des Grenzabstands ggf. unter Zuhilfenahme geeigneter Messhilfen erkennen können. Ist eine Grenzabstandsverletzung bei objektiver Betrachtung zweifelhaft, **beginnt** die Verjährung erst, wenn die **Verletzung eindeutig** wird (BGH 2.6.2017 – V ZR 230/16, NJW-RR 2017, 1427 Rn. 10). § 902 I 1 BGB findet keine Anwendung (BGH 23.2.1973 – V ZR 109/71, BGHZ 60, 235 = NJW 1973, 703 (704); 22.2.2019 – V ZR 136/18, NJW-RR 2019, 590 Rn. 13). Etwas anderes gilt nur für Beseitigungsansprüche, die die Verwirklichung eines Rechts sichern sollen (zB die Beseitigung von Bäumen, die die Ausübung eines Fahrtrechts hindern; die Verjährung beträgt hier 30 Jahre (BGH 18.7.2014 – V ZR 151/13, NJW 2014, 3780 Rn. 23). § 26 greift nur dann, wenn es um Ansprüche geht, die unmittelbar auf Regelungen im NRG fußen (BGH 22.2.2019 – V ZR 136/18, NJW-RR 2019, 590 Rn. 20); ist der Beseitigungsanspruch direkt auf § 1004 BGB gestützt, vermag § 26 als landesrechtliche Vorschrift den Anspruch nicht einzuschränken (BGH 22.2.2019 – V ZR 136/18, NJW-RR 2019, 590 Rn. 22; → § 26 Rn. 15). Steht die zu beseitigende Anlage als Überbau auf dem Nachbargrundstück, ist der Beseitigungsanspruch nicht Teil des Herausgabeanspruchs aus § 985 BGB und damit nicht der Regelverjährung nach § 195 BGB unterworfen (§ 197 I Nr. 2 BGB), sondern als (verjährbarer) Anspruch nach § 1004 I 1 BGB gesondert zu verfolgen (BGH 28.1.2011 – V ZR 147/10, NJW 2011, 1069 Rn. 24; 11.12.2015 – V ZR 180/14, NJW 2016, 1735 Rn. 6).

48 Ungeachtet der Verjährung ist der gestörte Eigentümer berechtigt, die Störung (auf eigene Kosten) **selbst zu beseitigen** (BGH 28.1.2011 – V ZR 141/10, NJW 2011, 1068 Rn. 10 mAnm Bruns LMK 2011, 317531; 16.5.2014 – V ZR 181/13, NJW-RR 2014, 1043 Rn. 21; 22.2.2019 – V ZR 136/18, NJW-RR 2019, 590 Rn. 14). Dieses Recht beruht auf der aus § 903 S. 1 BGB folgenden Rechtsmacht; § 903 S. 1 BGB ist keine Anspruchsgrundlage und begründet keinen – zur Ausübung des Rechts auch nicht erforderlichen – Duldungsanspruch gegen den Störer (der sonst im Übrigen ebenso wie der Beseitigungsanspruch der Verjährung unterläge). Vielmehr muss es der Störer hinnehmen, dass im Zuge der Selbstbeseitigung (auch) in sein Eigentum – nämlich in die mit dem fremden Grundstück verbundenen Scheinbestandteile – unter Umstanden nach vorheriger Ankündigung (BGH 5.7.2019 – V ZR 149/18, NJW 2020, 42 Rn. 11; s. auch → Rn. 54, → § 7c Rn. 18) eingegriffen wird. Eine gerichtliche Klärung kann der Eigentümer ggf. durch Feststellungsantrag herbeiführen (BGH 5.7.2019 – V ZR 149/18, NJW 2020, 42 Rn. 11). Das Selbstbeseitigungsrecht hängt nicht von der Verjährung des Beseitigungsanspruchs ab, da das in § 903 S. 1 BGB verankerte Ausschließungsrecht des Eigentümers nicht dadurch begrenzt, dass etwaige Abwehransprüche gegen Dritte bestehen (BGH 5.7.2019 – V ZR 149/18, NJW 2020, 42 Rn. 11). Insofern stellt das Selbstbeseitigungsrecht in vielen Fällen einen effektiven „B-Plan" dar.

49 Neben der Verjährung kommt ein Rechtsverlust uU aufgrund **Verwirkung** in Betracht. Ein Anspruch ist verwirkt, wenn sich der Schuldner wegen der Untätigkeit seines Gläubigers über einen gewissen Zeitraum bei objektiver Beurteilung darauf einrichten darf und eingerichtet hat, dieser werde sein Recht nicht mehr geltend machen, und deswegen die verspätete Geltendmachung gegen Treu und Glauben verstößt (BGH 16.3.2007 – V ZR 190/06, NJW 2007, 2183 Rn. 8). Dazu bedarf es eines Umstands- und eines Zeitmoments, wobei mit der Dauer des Untätigbleibens die Schutzwürdigkeit des Gegners wächst, das Recht werde nicht mehr ausgeübt werden (BGH 10.10.2017 – XI ZR 393/16, NJW-RR 2018, 47 Rn. 9; 19.2.2019 – XI ZR 225/17, BeckRS 2019, 3501 Rn. 14). Allein der Umstand, dass ein Eigentümer die Inanspruchnahme seines Grundstücks durch einen Nachbarn jahrzehntelang gestattet hat, führt aber noch nicht dazu, dass er das Recht verliert, die Gestattung zu widerrufen und anschließend seine Ansprüche aus § 1004 BGB geltend zu machen (BGH 16.5.2014 – V ZR 181/13, NJW-RR 2014, 1043 Rn. 21; 24.1.2020 – V ZR 155/18, NJW 2020, 1360 Rn. 7).

50 **b) Unterlassungsanspruch.** Der Unterlassungsanspruch aus § 1004 I 2 BGB findet im Bereich des NRG Anwendung sowohl auf Verbote (§§ 7f I 2, 11 IV) als auch zur Durchsetzung

Einleitung **Einl.**

geforderter Zustände wie etwa der zahlreichen Abstandsgebote (§§ 8, 11 ff.), also zur Abwehr künftiger Beeinträchtigungen. Der Anspruch setzt **Wiederholungsgefahr** voraus; das ist die auf Tatsachen gegründete ernstliche Besorgnis weiterer Störungen. Vorausgegangene rechtswidrige Störungen lassen eine Wiederholungsgefahr vermuten (BGH 12.12.2003 – V ZR 98/03, NJW 2004, 1035 (1036) – Druckstempel). Trotz des Gesetzeswortlauts in § 1004 I 2 BGB („weitere") genügt aber eine erstmals ernsthaft drohende Beeinträchtigung; der gefährdete Rechtsgutsinhaber braucht nicht zuzuwarten, bis sich eine Beeinträchtigung realisiert hat. Unterlassung kann auch dann verlangt werden, wenn der Störer zur Erfüllung der Unterlassungsverpflichtung Beseitigungsmaßnahmen ergreifen muss (BGH 20.11.1992 – V ZR 82/91, BGHZ 120, 239 = NJW 1993, 925 (926) – Froschteich). Der Beeinträchtigte muss hier also nicht zum Beseitigungsanspruch greifen. Anders ist das nur bei einmaligen, nicht wiederholbaren Sondersituationen (BGH 8.2.1994 – VI ZR 286/93, NJW 1994, 1281 (1283); 14.11.2017 – VI ZR 534/15, NJOZ 2018, 194 Rn. 17, beides betr. Verletzungen des Persönlichkeitsrechts). Geschuldet wird nicht nur Untätigkeit, sondern auch ein Verhalten, das die Realisierung der Beeinträchtigungsgefahr verhindert, mithin ein positives Tun (BGH 12.6.2015 – V ZR 168/14, NJW-RR 2016, 24 Rn. 27; Grüneberg/Herrler BGB § 1004 Rn. 34).

Der Unterlassungsanspruch aus § 1004 I 2 BGB **verjährt** gem. § 195 BGB in drei Jahren, **51** wobei die Verjährungsfrist mit dem Schluss des Jahres beginnt, in dem die Zuwiderhandlung erfolgt und der Berechtigte hiervon erfahren hat bzw. erfahren konnte (§ 199 I, V BGB; BGH 12.12.2003 – V ZR 98/03, NJW 2004, 1035 (1036) – Druckstempel: Zeitpunkt des erstmaligen Auftretens von Mauerwerksschäden); § 902 I 1 BGB findet auch hier keine Anwendung (→ Rn. 47). § 26 greift nur dann, wenn es um Ansprüche geht, die unmittelbar im NRG fußen (→ § 26 Rn. 15); ist der Unterlassungsanspruch direkt auf § 1004 BGB gestützt, vermag § 26 als landesrechtliche Vorschrift den Unterlassungsanspruch nicht zu beeinflussen (→ Rn. 47). Sollen wiederholte gleichartige Störungen abgewehrt werden, die zeitlich unterbrochen auftreten (zB durch Nachwachsen einer zunächst beschnittenen Hecke), löst jede neue Störung (im Heckenbeispiel also das Wachsenlassen über den zulässigen Abstand hinaus) einen neuen Anspruch aus, der eigenständig verjährt (BGH 6.10.2011 – V ZB 72/11, NJW-RR 2012, 82 Rn. 7; 2.6.2017 – V ZR 230/16, NJW-RR 2017, 1427 Rn. 11). Die Rechtslage ist damit eine andere als bei einem Gehölz, dessen Äste über die Nachbargrenze hinauswachsen und deshalb zu einer Störung führen (→ Rn. 46). Gegebenenfalls ist abzugrenzen: Liegt bei Vorliegen einer Vereinbarung zur Grundstücksnutzung der **Schwerpunkt** der Störung nicht in der Aufnahme, sondern in der dauerhaften Aufrechterhaltung der unerlaubten Nutzung, richtet sich der Abwehranspruch gegen eine Dauerverpflichtung und kann während des Bestehens des Vertragsverhältnisses schon begrifflich nicht verjähren, weil er während dieses Zeitraums gleichsam ständig neu entsteht (BGH 19.12.2018 – XII ZR 5/18, BGHZ 220, 323 = NJW 2019, 1062 Rn. 23).

2. Duldungsansprüche

Das NRG gibt in §§ 7b I, II, 7c I 1, 7d I, 7e I, II, 7f I 1, 34 I Ansprüche auf Duldung. **52** Weitere Duldungspflichten können sich nur aus dem Bundesrecht ergeben, nämlich aus dem nachbarrechtlichen Gemeinschaftsverhältnis (→ Rn. 27) oder aus § 1004 I BGB (dazu → Rn. 53).

Um Duldung kann es gehen, wenn der Eigentümer als Verhaltensstörer gegenüber einem **53** Nachbarn zur Beseitigung einer von ihm verursachten Störung durch sein Grundeigentum verpflichtet ist, das er derzeit aber vermietet hat. In diesem Fall wird der Nachbar den Eigentümer auf Beseitigung verklagen und den Mieter auf Duldung der Beseitigung, sofern auch der Mieter Störer ist. Der Mieter ist Zustandsstörer, wenn er die Störung willentlich aufrechterhält. Ebenso wie ein Mieter das Mietobjekt gem. § 985 BGB an den wahren Eigentümer herausgeben muss, wenn es dem Vermieter nicht gehört und dieser auch nicht zur Vermietung berechtigt ist (vgl. § 986 I BGB), beschränkt ein gegen den Vermieter gerichteter – mit dem Herausgabeanspruch des § 985 BGB eng verwandter – Eigentumsstörungsan-

Einl. Einleitung

spruch aus § 1004 BGB das Recht des Mieters am ungestörten Besitz des Mietobjekts und verpflichtet ihn, die Beseitigung einer vom Mietobjekt ausgehenden Störung zu dulden (BGH 1.12.2006 – V ZR 112/06, NJW 2007, 432 (433); 4.3.2010 – V ZB 130/09, NJW-RR 2010, 807 Rn. 14 – Heckenrückschnitt). Daran kann der Mietvertrag, der unter Umständen zur Nutzung im bestehenden Zustand berechtigt, nichts ändern; der Vertrag wirkt nur im Verhältnis zwischen Mieter und Vermieter (BGH 1.12.2006 – V ZR 112/06, NJW 2007, 432 (433)). Dabei kann der Anspruch aus § 1004 I 1 BGB auf bloße Duldung der Beseitigung des beeinträchtigenden Zustands gerichtet sein, auch wenn der Wortlaut dieser Vorschrift nur von Beseitigung und Unterlassung handelt. Mit der Duldung besteht eine mildere Form der Verpflichtung. Eine solche beschränkte Inanspruchnahme kommt insbesondere in Betracht, wenn mehrere Störer für die Beeinträchtigung verantwortlich sind, da jeder Störer nur in dem Maße haftet, wie er in zurechenbarer Weise an der Beeinträchtigung mitwirkt (BGH 1.12.2006 – V ZR 112/06, NJW 2007, 432 (433)). Der Anspruch richtet sich gegen jeden einzelnen Störer; diese schulden Unterlassung nicht nur insgesamt einmal, sondern jeder für sich (BGH 27.11.2020 – V ZR 121/19, NZM 2021, 321 Rn. 35).

54 Besondere Probleme stellen sich bei der Durchsetzung von Duldungsansprüchen. Während Eingriffe nach § 7a II 2 und § 7d II **anzukündigen** sind, fehlt es an entsprechenden Vorschriften für Duldungsansprüche nach §§ 7b I, II, 7e I, II und 7f I 1. Diese Normen sind insoweit ebenso gefasst wie § 912 BGB. Speziell § 172 III BBauG-E, der in § 7d (= § 7e neu) übernommen wurde (dazu → Vor §§ 7a–7f Rn. 3), hatte noch eine Anzeigepflicht vorgesehen, die nur entfallen sollte, wenn die Anzeige nach öffentlich-rechtlichen Vorschriften, wie zB Kehrordnungen für Schornsteinfeger, entbehrlich ist oder es um die Abwendung einer gegenwärtigen Gefahr geht. Das NRG hat diese Regelung nicht übernommen, was aber daran liegen mag, dass eine Ankündigungspflicht für Duldungsmaßnahmen als selbstverständlich oder bereits bundesrechtlich geregelt angesehen war. Grundsätzlich fordert die Rechtsprechung bei Duldungsansprüchen, die auf § 242 BGB fußen – Gleiches dürfte für den Duldungsanspruch aus § 1004 I BGB gelten – die Ankündigung der beabsichtigten Maßnahmen, sofern es sich dabei nicht um Notmaßnahmen handelt (BGH 4.3.2009 – VIII ZR 110/08, NJW 2009, 1736; 29.6.2012 – V ZR 97/11, NJW-RR 2012, 1160 Rn. 22: Pflicht zur rechtzeitigen Ankündigung von Abrissarbeiten, die Stützungsmaßnahmen auf dem eigenen Grundstück erfordern, auch → Rn. 27). Die Dauer der Ankündigung richtet sich nach den Umständen des Einzelfalls, der Dringlichkeit und dem Umfang der Maßnahme. Zumindest sind Beginn, Art und Umfang der Baumaßnahme mitzuteilen. Nach Zugang (§ 130 I BGB) der vollständigen Mitteilung muss der Nachbar die Unterlagen prüfen und sich ggf. dagegen zur Wehr setzen können. Der Nachbar seinerseits ist nach Treu und Glauben verpflichtet, soweit erforderlich, an einer baldigen Terminsabstimmung mitzuwirken, damit die zu duldende Maßnahme zeitnah durchgeführt werden kann (BGH 4.3.2009 – VIII ZR 110/08, NJW 2009, 1736 Rn. 16). Regelmäßig dürfte für diese Arbeiten eine Ankündigungsfrist von **vier Wochen** ausreichen (vgl. § 55 II 1 BWLBO; s. aber auch § 7d II 1: zwei Wochen, allerdings für eher eilbedürftige Maßnahmen). Da die Ankündigungspflicht bundesrechtlich besteht, kann sie durch den Landesgesetzgeber nicht beeinflusst werden. Allerdings kann dieser eine solche Pflicht als Annex ausformen. So ist in § 10a II HessNachbRG vorgegeben, welchen Mindestinhalt die Anzeige haben muss und dass eine einmonatige Vorlauffrist zu beachten ist. Verstreicht die Ankündigungsfrist ohne Reaktion, darf der Berechtigte auch nicht einfach loslegen, sondern muss einen Duldungstitel erwirken, um die Baumaßnahme durchsetzen zu können (OLG Karlsruhe 11.12.1991 – 6 U 121/91, NJW-RR 1993, 91). Aufgrund der Ankündigungspflicht muss der Duldungsklage ein gescheiterter **Einigungsversuch** zwischen den Nachbarn vorangegangen sein; erst dann ist der Duldungsanspruch auch durchsetzbar (vgl. Staudinger/Roth BGB § 917 Rn. 3).

55 Duldungsansprüche **verjähren nicht,** da die Verpflichtung immer wieder neu entsteht. Anders verhält es sich nur bei Duldungsansprüchen, die – wie bei § 1004 I BGB – von einer Beseitigungspflicht abhängen; sie verjähren dann wie der Beseitigungsanspruch (BGH 1.12.2006 – V ZR 112/06, NJW 2007, 432 Rn. 18; Ellenberger in Grüneberg BGB § 195 Rn. 15).

Einleitung **Einl.**

Dies hat nichts mit dem Fall zu tun, dass der Störer auch bei verjährtem Beseitigungsanspruch dulden muss, dass der Nachbar sich hinsichtlich der Störungsfolgen auf seinem Grundstück selbst behilft (→ Rn. 48).

3. Schadensersatzansprüche

Schadensersatzansprüche sind im Bereich des privaten Nachbarrechts mit und ohne Verschulden denkbar. 56

a) Schadensersatzansprüche aus dem NRG. Zum einen gibt das NRG **verschul-** 57 **densunabhängige** Schadensersatzansprüche, nämlich aufgrund §§ 7b III 1, 7c V 1, 7d III 1, 7e III und 7f III 1 und damit für den Bereich des baulichen Nachbarrechts. Nach allgemeinen schadensrechtlichen Grundsätzen bedarf jede Schadensersatznorm eines Korrektivs, um eine uferlose Haftung zu vermeiden (s. auch → Rn. 93). Bei Gefährdungshaftungen ist dies die summenmäßige Höchstbegrenzung, bei den anderen Tatbeständen das Verschulden. Aus diesem Grund ist zu bezweifeln, ob es sich bei den genannten Ansprüchen überhaupt um Schadensersatzansprüche handelt. Richtig dürfte ihre Qualifizierung als **Ausgleichsansprüche** sein (ähnlich Jarass BImSchG § 14 Rn. 21, zu § 14 S. 2 BImSchG: Aufopferungsanspruch). Sie stehen damit in sachlichem Zusammenhang zu dem in → Rn. 80 behandelten Anspruch gem. § 906 II 2 BGB analog. Wie dieser (dazu → Rn. 82) gehören die Schadensersatzansprüche aus dem NRG zu den gesetzlichen Haftpflichtbestimmungen privatrechtlichen Inhalts iSd Ziff. 1.1 AHB und sind daher von der **Haftpflichtversicherung** gedeckt (Dehner B § 43 D III 1h).

Hinsichtlich der **Schadenshöhe** gelten §§ 249 ff. BGB. Der Geschädigte hat also die Wahl, 58 ob er den Schaden durch den Schädiger wiedergutmachen lässt (zB Austausch von Pflanzen, die durch Ausübung des Leiterrechts gem. § 7d zerstört wurden), oder ob er Geldersatz gem. § 249 II 1 BGB verlangt.

Die Ansprüche **verjähren** gem. § 195 BGB in drei Jahren, wobei die Verjährungsfrist mit 59 dem Schluss des Jahres beginnt, in dem der Schaden entstanden ist und der Berechtigte von den Anspruchsvoraussetzungen erfahren hat bzw. erfahren konnte (§ 199 I BGB).

b) Schadensersatz gem. § 823 I BGB. Schadensersatzansprüche können ferner **ver-** 60 **schuldensabhängig** aufgrund von § 823 I iVm § 249 BGB bestehen. Im nachbarlichen Verhältnis hat dies etwa Bedeutung für **Überwachungsmaßnahmen.** Geschütztes absolutes Recht iSd § 823 I BGB ist hier das allg. Persönlichkeitsrecht des Nachbarn (Eigentümer und/oder Besitzer). Dieses ist nicht nur dann verletzt, wenn Filmaufzeichnungen mittels Videokamera das Nachbargrundstück erfassen, sondern bereits dann, wenn der Nachbar eine Überwachung durch Videokameras objektiv ernsthaft befürchten muss, also ein sog. Überwachungsdruck besteht (BGH 16.3.2010 – VI ZR 176/09, NJW 2010, 1533 (1534)). Damit sind auch Videokamera-Attrappen erfasst.

c) Schadensersatz gem. § 823 II BGB. Zum anderen kann ein Schaden, der sich auf- 61 grund Verletzung eines im NRG geregelten Verbots ergibt, über **§ 823 II BGB** zu ersetzen sein. Voraussetzung hierfür ist neben einem Verschulden, dass dem Verbot die Funktion eines Schutzgesetzes iSd § 823 II BGB zukommt. **Schutzgesetz** in diesem Sinne ist jede Rechtsnorm (Art. 2 EGBGB), die zumindest auch den Schutz des Geschädigten bezweckt. Unerheblich ist, ob sie als Verbot oder Gebot formuliert ist. Die Bestimmung der Schutzgesetzqualität ist oft schwierig. Vor allem soll der Schutz nach § 823 II BGB nicht greifen, wenn die Belange des Geschädigten „anderweit ausreichend abgesichert" sind (BGH 5.2.1980 – VI ZR 169/79, NJW 1980, 1792 (1793)). Schutzgesetze sind dennoch die meisten Vorschriften des baulichen Nachbarrechts, ferner § 37 WHG. Ein solches Schutzgesetz ist zwar keine Anspruchsgrundlage, da es keine Rechtsfolgenanordnung enthält. Da es aber ein Verbot ausspricht, kommt es über § 823 II BGB als Anspruchsgrundlage für einen Schadensersatzanspruch in Betracht.

Der Anspruch **verjährt** gem. § 195 BGB in drei Jahren (→ Rn. 62). 62

Einl.

4. Weitere Geldansprüche nach NRG-Vorschriften

63 Weitere auf Geld gerichtete Ansprüche normiert das NRG in §§ 7a II 1 (auf Kostenerstattung), 7a II 3 (auf Vorschuss) und § 7c III 1 (auf Wertausgleich). Mittelbar leitet sich auch aus § 7fV (Kostenverteilung) ein Geldanspruch ab, obwohl der eigentliche Ausgleichsanspruch sich erst in §§ 257, 670 BGB findet (→ § 7f Rn. 38).

64 Diese Ansprüche **verjähren** gem. §§ 195, 199 I BGB ebenfalls in drei Jahren mit Anlaufhemmung zum Jahresende (Regelverjährung).

5. Weitere Leistungsansprüche

65 Leistungsansprüche, die nicht auf Geld gerichtet sind, normiert das NRG in §§ 7 IV (auf Einzäunung), 7a I (auf ausreichende Gründung eines Bauwerks), 7f I 3 (auf Leitungsanschluss), 7f IV (auf Leitungsherstellung), 7c IV, 7e II (auf Durchführung von Erhaltungs- bzw. Schutzmaßnahmen), 7a II 3, 7b III 2, 7d III 2, 7e III, 7f III 2 (auf Sicherheitsleistung). Diese Ansprüche unterliegen nicht der Verjährung.

6. Nachbarrechtliche Ausgleichsansprüche

66 Erhebliche Bedeutung für den Schutz gegen Einwirkungen auf dem Nachbargrundstück hat der auf Geld gerichtete nachbarrechtliche Ausgleichsanspruch, der in seiner Grundform in § 906 II 2 BGB geregelt ist. § 906 II 2 BGB wurde im Jahre 1959 eingeführt, um einen Ausgleich für die massiven Verunreinigungen durch Kohlestaub im Ruhrgebiet zu schaffen (hierzu Bruns ZMR 2016, 344f.). Er knüpft an § 1004 BGB an, wonach der Eigentümer Störungen durch Beseitigungs- bzw. Unterlassungsklage abwehren darf. Immissionen sind hiervon ausgenommen, wenn sie unwesentlich sind (§ 906 I BGB) oder, obwohl erheblich, als ortsübliche Immissionen geduldet werden müssen (§ 906 II 1 BGB). Im zweiten Fall gibt § 906 II 2 BGB dem gestörten Eigentümer Anspruch auf angemessenen Ausgleich in Geld. Im öffentlichen Recht würde man hier von einem Aufopferungsanspruch oder – moderner – von einem Ausgleichsanspruch wegen enteignenden Eingriffs sprechen. In Anlehnung dazu wird der in § 906 II 1 BGB normierte Anspruch als bürgerlich-rechtlicher Aufopferungsanspruch oder als nachbarrechtlicher Ausgleichsanspruch bezeichnet. Immer geht es darum, einen Ausgleich dafür zu schaffen, dass der Grundstückseigentümer Beeinträchtigungen von außen nicht ausweichen kann, und es Fälle gibt, in denen sich ein solcher Ausgleich aufdrängt. Dies ist vor allem dann anzunehmen, wenn die Beeinträchtigungen die Kehrseite einer Medaille bilden, weil sie zu einer Grundstücksnutzung gehören, die der Störer veranlasst, weil sie ihm nützt. Da auf beiden Seiten ein Grundstücksbezug besteht, ist der Anspruch nachbarrechtlicher Natur. Dabei kann es je nach Art der Beeinträchtigung auch sein, dass beide Grundstücke weit auseinanderliegen (etwa BGH 13.2.1976 – V ZR 55/74, BGHZ 66, 70 = NJW 1976, 797 (798) – Steinbruch: Entfernung 230 bis 250 m; allg. BGH 5.7.2019 – V ZR 96/18, NZM 2019, 893 Rn. 23 – Weltkriegsbombe).

67 **a) Anspruch aus § 906 II 2 BGB.** Direkt anzuwenden ist § 906 II 2 BGB, wenn Immissionen iSd § 906 I BGB (zB Lärm, Gestank) ortsüblich sind oder sich nicht durch wirtschaftlich zumutbare Maßnahmen verhindern lassen. Gemäß § 906 II 1 BGB sind sie dann zwar zu dulden, die betroffenen Nachbarn aber finanziell zu entschädigen. Dieser Anspruch ist **nicht von einem Verschulden abhängig**. Er knüpft an ein **rechtmäßiges Verhalten**, nämlich an eine Rückausnahme zu einem störendenden, also nach § 1004 I BGB abwehrbaren und damit rechtswidrigen Verhalten an und ist daher als **privatrechtlicher Aufopferungsanspruch** richtig bezeichnet. Im öffentlichen Entschädigungsrecht ist das Pendant dazu die Entschädigung wegen enteignenden Eingriffs. Erfolgt der Eingriff durch einen Hoheitsträger, ist der Aufopferungsanspruch demgegenüber auf den Ausgleich von Beeinträchtigungen nichtvermögenswerter Rechtsgüter wie Leben und Gesundheit beschränkt.

68 **aa) Eingriff von außen.** Da der Anspruch auf der Situationsgebundenheit der Grundstücke beruht, ist die **Überschreitung der Grundstücksgrenze** wesentlicher Bestandteil

des Anspruchs. Dies handhabt die Rechtsprechung strikt. Ein Mieter kann einen anderen Mieter im Haus nicht auf nachbarrechtlichen Ausgleich in Anspruch nehmen (BGH 12.12.2003 – V ZR 180/03, BGHZ 157, 188 = NJW 2004, 775; § 906 BGB vermag aber die mietvertraglichen Rechte und Pflichten zu konkretisieren, dazu BGH 29.4.2015 – VIII ZR 197/14, BGHZ 205, 177 = NJW 2015, 2177 Rn. 43 – Bolzplatz). Gleiches gilt im Verhältnis zwischen Bruchteilseigentümern, selbst wenn sie für den ihnen jeweils zugeordneten Bereich ein (schuldrechtliches oder dingliches) Alleinnutzungsrecht vereinbart haben, da solche Rechte das nur ideelle Bruchteilseigentum nur ausgestalten (BGH 10.2.2012 – V ZR 137/11, NJW 2012, 2343 Rn. 12; 25.10.2013 – V ZR 230/12, BGHZ 198, 327 = NJW 2014, 458 Rn. 20 – Schlauchverbindung). Auch ein Wohnungseigentümer hat gegen einen Miteigentümer keinen Anspruch auf nachbarrechtlichen Ausgleich, wenn es um Gemeinschaftseigentum geht (BGH 21.5.2010 – V ZR 10/10, BGHZ 185, 371 = NJW 2010, 2347 (2348) mAnm Bruns JZ 2010, 902; aA Dötsch/Schultzky/Zschieschack, WEG-Recht, 2021, Kap. 4 Rn. 52). Demgegenüber ist ein Ausgleichsanspruch hinsichtlich Einwirkungen auf Sondereigentum möglich, obwohl die Immissionen (meistens geht es um Wasser) dazu erst das Gemeinschaftseigentum passieren müssen (BGH 25.10.2013 – V ZR 230/12, BGHZ 198, 327 = NJW 2014, 458 Rn. 11 – Schlauchverbindung). Auf eine Analogie zu § 14 III WEG abzustellen, bringt keinen Gewinn (aA BeckOK BGB/Fritzsche BGB § 906 Rn. 91, 100; BeckOK WEG/Müller WEG § 14 Rn. 135). Mit Blick auf das Sondereigentum verwirklicht sich damit der Grundsatz, dass es sich bei dem grundstücksgleichen Recht des Wohnungseigentums um „echtes Eigentum" iSv § 903 S. 1 BGB handelt (BGH 25.10.2013 – V ZR 230/12, BGHZ 198, 327 = NJW 2014, 458 Rn. 15 – Schlauchverbindung). Großzügig ist die Rechtsprechung auch dann, wenn es um den vertikalen Bereich des Grundstücks geht. In diesem Fall gibt sie den Ausgleichanspruch bei einer nicht abwehrbaren Tiefennutzung (BGH 19.9.2008 – V ZR 28/08, BGHZ 178, 90 = NJW 2009, 762 Rn. 7 – Bergbau).

bb) Beeinträchtigung nur infolge privatrechtlicher Grundstücksbenutzung? 69
Nach einer verbreiteten Formulierung gilt der Ausgleichsanspruch analog § 906 II 2 BGB für Beeinträchtigungen, die **im Rahmen privatrechtlicher Benutzung** eines Grundstücks entstehen (BGH 15.6.1967 – III ZR 23/65, BGHZ 48, 98 = NJW 1967, 1857 (1858); 30.5.2003 – V ZR 37/02, BGHZ 155, 99 = NJW 2003, 2377 (2378) – Wasserrohrbruch). Damit stellt sich die Frage, welche Folgen Immissionen haben, die von der öffentlichen Hand stammen. Grundsätzlich ist bei solchen Immissionen zu unterscheiden zwischen Entschädigungsansprüchen aus enteignendem oder enteignungsgleichem Eingriff und Ausgleichsansprüchen unter dem Gesichtspunkt der ausgleichspflichtigen Inhalts- und Schrankenbestimmung des Art. 14 GG (BVerwG 29.4.1988 – 7 C 33/87, NJW 1988, 2396 (2397): Geldausgleich für Maßnahmen des passiven Lärmschutzes; 19.1.1989 – 7 C 77/87, NJW 1989, 1291: Geldausgleich für passiven Immissionsschutz; ebenso wohl BGH 30.5.2003 – V ZR 37/02, BGHZ 155, 99 = NJW 2003, 2377 (2378) – Wasserrohrbruch: „nicht identisch"). Diese Unterscheidung hat der Gesetzgeber zum Anlass genommen, § 40 II 1 VwGO mit Wirkung ab dem 1.1.2002 um einen Halbsatz zu ergänzen, mit dem die Gerichtszuständigkeit neu geordnet wurde (BT-Drs. 14/6854, 2); zuständig für Fragen der Entschädigung für Eingriffe unterhalb der enteignungsrechtlichen Zumutbarkeitsschwelle (nach der Begrifflichkeit des ua für das private Nachbarrecht zuständigen V. Zivilsenats des BGH ist das der Bereich der fachplanungsrechtlichen Erheblichkeitsschwelle, s. etwa BGH 27.10.2006 – V ZR 2/06, NJW-RR 2007, 168 Rn. 15) sind hiernach die Verwaltungsgerichte. Gleichwohl entscheidet der III. Zivilsenat des BGH weiterhin (und trotz seiner eigenen Unterscheidung) auch Fälle, in denen es um Immissionen von Hoheitsträgern geht, die die Enteignungsschwelle nicht überschreiten wie zB in einer Entscheidung vom 19.1.2006 (III ZR 121/05, BGHZ 166, 37 = NVwZ 2006, 1086 – Regenrückhaltebecken), wo es um einen Schaden von wenigen tausend EUR ging. Da die Zuständigkeit nach § 40 II 1 Hs. 2 VwGO nicht prorogationsfähig ist (BGH 7.11.1996 – IX ZB 15/96, NJW 1997, 328), ist dies nur zulässig, wenn solche Eingriffe in den Anwendungsbereich des enteignenden oder enteignungsgleichen Eingriffs hochgezont werden, wozu die weitere Überlegung gehört, solche Ansprüche

als (zivilrechtliche) Aufopferungsansprüche zu sehen (s. etwa BGH 15.12.1994 – III ZB 49/94, BGHZ 128, 204 = NJW 1995, 964 (965)), für die nach der Neuregelung des § 40 II 1 Hs. 2 VwGO auch weiterhin die Zivilgerichte zuständig sind. Vorliegend kann die Zuständigkeitsfrage indes offenbleiben, da beide Gerichtszweige auch für solche Eingriffe, meist in Form unerwünschter Begleiteffekte wie zB einer Überschwemmung, auf eine Analogie zu § 906 II 2 BGB zurückgreifen (BVerwG 19.1.1989 – 7 C 77/87, NJW 1989, 1291 einerseits, BGH 10.12.2004 – V ZR 72/04, BGHZ 161, 323 = NJW 2005, 660 (661) andererseits). Im Ergebnis kommt es somit nicht drauf an, ob die Grundstücksnutzung auf privatrechtlicher oder öffentlich-rechtlicher Grundlage erfolgt.

70 cc) **Wesentlichkeit der Beeinträchtigung.** Nach § 906 II 2 iVm S. 1 BGB sind nur wesentliche Beeinträchtigungen entschädigungspflichtig. Um den Duldungsbereich abzusichern und für eine Harmonisierung von privatem und öffentlichem Immissionsschutzrecht zu sorgen, wurde § 906 I BGB im Jahr 1994 um zwei Sätze ergänzt, wonach von einer nur unwesentlichen Beeinträchtigung idR auszugehen ist, wenn die in amtlichen Vorschriften stehenden Grenzwerte für Lärm usw. nicht überschritten sind. Im Übrigen und auch zur Nachbewertung dieser Werte gilt ein differenziert-objektiver Maßstab in dem Sinne, dass auf das Empfinden eines „verständigen Durchschnittsmenschen" abzustellen ist, wobei Raum verbleibt, den besonderen Umständen des Einzelfalls Rechnung zu tragen. Denn die Lästigkeit eines Geräuschs, die rechtlich für das Immissionsschutzrecht entscheidend ist, hängt nicht allein von Messwerten (zumal von Mittelungspegeln), sondern von einer Reihe anderer Umstände ab, für die es auf das eigene Empfinden des Tatrichters ankommt (BGH 6.7.2001 – V ZR 246/00, BGHZ 148, 261 = NJW 2001, 3119 (3120) – Hammerschmiede). Liegt eine notwendige öffentlich-rechtliche Genehmigung vor, wird dadurch indiziert, dass die Beeinträchtigung unwesentlich und schon deshalb nicht abwehrbar (und schon gar nicht entschädigungspflichtig) ist (BGH 30.10.1998 – V ZR 64/98, BGHZ 140, 1 = NJW 1999, 356 (357 f.); 21.10.2005 – V ZR 169/04, NJW-RR 2006, 235 (237)). Abzustellen ist auf die Beeinträchtigung, nicht auf den Erfolg (s. etwa BGH 23.3.2023 – V ZR 97/21, NJW-RR 2023, 1252 Rn. 16: unwesentliche Beeinträchtigung verursacht Kosten von über 50.000 EUR).

71 dd) **Qualifizierte Kausalität.** Die wesentliche Beeinträchtigung des Nachbargrundstücks muss durch eine **ortsübliche Benutzung** des Grundstücks herbeigeführt worden sein. Ortsüblich ist eine Nutzung des störenden Grundstücks dann, wenn in der Umgebung eine Mehrzahl von Grundstücken nach Art und Umfang einigermaßen gleich genutzt wird (BGH 6.2.1986 – III ZR 109/84, BGHZ 97, 97 = NJW 1986, 2309 (2310) – Kläranlage; 23.3.1990 – V ZR 58/89, BGHZ 111, 63 = NJW 1990, 2465 (2467) – Volksfestlärm). Die Kriterien hierfür sind nicht von vornherein festgelegt, sondern richten sich nach den Erfordernissen der wirtschaftlichen Entwicklung, den Fortschritten des Verkehrs und der Technik sowie den Anschauungen der beteiligten Bevölkerungskreise (Wenzel NJW 2005, 241 (245)). Allerdings kann auch ein einzelner Betrieb oder eine einzelne Einrichtung den Charakter der Umgebung prägen (BGH 6.2.1986 – III ZR 109/84, BGHZ 97, 97 = NJW 1986, 2309 (2310 f.) – Kläranlage; 23.3.1990 – V ZR 58/89, BGHZ 111, 63 = NJW 1990, 2465 (2467) – Volksfestlärm). Auf der anderen Seite spielt es keine Rolle, wenn nur einzelne Bestandteile der Immissionen nicht ortsüblich sind (BGH 26.10.1978 – III ZR 26/77, BGHZ 72, 289 = NJW 1979, 164 (165) – Grundstücksvertiefung). Die Abgrenzung des Vergleichsgebiets ist Sache des Gerichts, also Rechtsfrage (Wenzel NJW 2005, 241 (245)). In der Regel ist das Gemeindegebiet zu betrachten, bei einer gebietsprägenden Nutzung können weitere Räume einzubeziehen sein (Grüneberg/Herrler BGB § 906 Rn. 23). Was öffentlich-rechtlich genehmigungsfähig ist, ist idR auch ortsüblich (Wenzel NJW 2005, 241 (245); Grüneberg/Herrler BGB § 906 Rn. 22).

72 ee) **Unterbindung der Folgen wirtschaftlich nicht möglich.** Weitere Voraussetzung des Ausgleichsanspruchs ist, dass die wesentliche Beeinträchtigung nicht durch Maßnahmen verhindert werden kann, die Benutzern dieser Art wirtschaftlich zumutbar sind. Dies ist unter Berücksichtigung der nachbarlichen Verhältnisse, der Vor- und Nachteile und der Leistungsfähigkeit eines durchschnittlichen (nicht des konkreten) Benutzers festzustellen (BGH

18.9.1984 – VI ZR 223/82, BGHZ 92, 143 = NJW 1985, 47 (48) – Kupolofen; Grüneberg/Herrler BGB § 906 Rn. 25).

ff) Unzumutbarkeit der Duldung. Als weitere Voraussetzung des Entschädigungsanspruchs muss die Einwirkung eine ortsübliche Benutzung des anderen Grundstücks oder dessen Ertrag über das zumutbare Maß hinaus beeinträchtigen (§ 906 II 2 BGB). Die Zumutbarkeitsgrenze bestimmt sich nach dem Empfinden eines verständigen durchschnittlichen Benutzers des Grundstücks in seiner konkreten Beschaffenheit, Ausgestaltung und Zweckbestimmung (BGH 27.10.2006 – V ZR 2/06, NJW-RR 2007, 168 Rn. 13 – Eisenbahnlärm; 19.9.2008 – V ZR 28/08, BGHZ 178, 90 = NJW 2009, 762 Rn. 33 – Bergbau). Gegenstand der Bewertung sind die Dauer, Art, Intensität sowie die Auswirkungen der Beeinträchtigung und überhaupt alle Umstände des Einzelfalls (BGH 31.5.1974 – V ZR 114/72, BGHZ 62, 361 = NJW 1974, 1869 (1871) – Zugangssperre). 73

(1) Behinderung ortsüblicher Nutzung. Ebenso wie die ortsübliche Nutzung auf Seiten des Anspruchsgegners eine Rolle spielt, bestimmt sie auch den Umfang der Ausgleichspflicht. Es sind nur Nutzungen geschützt, die ortsüblich sind. Für den Begriff der Ortsüblichkeit gilt dasselbe wie auf Seiten des Anspruchsgegners, nur dass es hier auf das betroffene Grundstück als Bezugsgröße ankommt (BeckOK BGB/Fritzsche BGB § 906 Rn. 81). 74

(2) Behinderung des Ertrags. Legalen Ertrag zu generieren ist immer geschützt, damit auch bei nicht ortsüblicher Nutzung. Soweit der Ertrag durch die Beeinträchtigungen in nicht mehr zumutbarem Umfang gemindert wird, sind die Verluste auszugleichen. 75

gg) Rechtsfolge: angemessener Ausgleich in Geld. Auszugleichen ist nur der unzumutbare Teil der Beeinträchtigung, weil Einwirkungen bis zur Grenze der Unzumutbarkeit hingenommen werden müssen (BGH 31.5.1974 – V ZR 114/72, BGHZ 62, 361 = NJW 1974, 1869 (1871) – Zugangssperre; 19.9.2008 – V ZR 28/08, BGHZ 178, 90 = NJW 2009, 762 Rn. 33 – Bergbau). Sozialadäquate Beeinträchtigungen (vor allem Straßenlärm) sind deshalb folgenlos bis zur Zumutbarkeitsgrenze zu dulden. Dies liegt daran, dass der Grundeigentümer aufgrund der Sozialpflichtigkeit seines Eigentums immer mit Beeinträchtigungen leben muss. Diese können situationsbedingt, zB in der Nähe einer hochfrequentierten Straße, Bahntrasse oder Flugschneise ein hohes Ausmaß erreichen. Erst mit Überschreiten der Duldungsgrenze und auch nur in diesem Umfang hat der Grundeigentümer Anspruch auf Vorkehrungen gegen die Beeinträchtigungen oder auf Geldausgleich nach § 906 II 2 BGB. Die Zumutbarkeitsgrenze bestimmt sich nach demselben Maßstab, der für die Beurteilung der Wesentlichkeit einer Beeinträchtigung iSd § 906 I 1 BGB gilt (BGH 27.10.2006 – V ZR 2/06, NJW-RR 2007, 168 Rn. 13 – Eisenbahnlärm). Der Gesichtspunkt der Zumutbarkeit hat damit eine Doppelrolle. Er dient zum einen als Anspruchsvoraussetzung, zum anderen begrenzt er – aus demselben Grund – den Anspruchsumfang. 76

hh) Aktiv- und Passivlegitimation. Nach der Rechtsprechung können auf beiden Seiten des Anspruchs sowohl Eigentümer als auch Besitzer auftreten. 77

78

b) Ausweitungen des Ausgleichsanspruchs. Nach Einführung des § 906 II 2 BGB wurde ein Bedürfnis zur Ausweitung des Anspruchs auf andere als die in § 906 II 1 BGB genannten Immissionen erkannt. Dementsprechend gewährte der BGH den Ausgleichsanspruch einerseits für **Grobimmissionen** (BGH 18.9.2009 – V ZR 75/08, NJW 2009, 3787 – Feuerwerksrakete; 10.2.2012 – V ZR 137/11, NJW 2012, 2343 Rn. 8 – Wasser), andererseits für **Zuführungen,** die **nicht wahrzunehmen** sind wie die Beeinträchtigung des „Kontakts nach außen" durch Bauarbeiten (BGH 31.5.1974 – V ZR 114/72, BGHZ 62, 361 = NJW 1974, 1869 (1871); 10.11.1977 – III ZR 157/75, BGHZ 70, 212 = NJW 1978, 373, 374 – Saalbau). Er findet auch auf Schädigungen wegen **unzulässiger Grundstücksvertiefung** (§ 909 BGB) Anwendung (BGH 26.11.1982 – V ZR 314/81, BGHZ 85, 375 = NJW 1983, 872 (874 f.); 23.2.2001 – V ZR 389/99, BGHZ 147, 45 = NJW 2001, 1865 (1866 f.) – Lagerhalle). Ferner erstreckt die Rechtsprechung den Ausgleichsanspruch entgegen der Fassung des § 906 II 1 BGB auf **nicht ortsübliche Benutzungen** des Nachbargrundstücks (BGH 15.6.1967 – III ZR 23/65, BGHZ 48, 98 = NJW 1967, 1857 (1858); 8.2.1972 – VI

Einl. Einleitung

ZR 155/70, BGHZ 58, 149 = NJW 1972, 724 (726) – Dammkrone). **Keine** Anwendung findet der Anspruch auf sog. **negative Einwirkungen** (BGH 23.3.2023 – V ZR 97/21, NJW-RR 2023, 1252 Rn. 13, 15).

79 Immer erforderlich ist ein **Zurechnungszusammenhang**, um eine Rückführung auf das nachbarliche Gemeinschaftsverhältnis zu ermöglichen. Hierfür ist es zunächst erforderlich, reine **Naturvorgänge** und **Einwirkungen Dritter auszuschließen** (zum Ausschluss von Naturvorgängen s. BGH 23.4.1993 – V ZR 250/92, BGHZ 122, 283 = NJW 1993, 1855 (1856) – Wiebke; 17.10.2013 – V ZR 15/13, NZM 2014, 366 Rn. 10 – Schlammlawine). Da ein Grundstück nicht allein durch seinen Zustand Schäden verursacht, verbleibt als Verantwortlicher nur derjenige, der das Grundstück beherrscht. Positiv gewendet ist die Zurechenbarkeit aufgrund einer „wertenden Betrachtung" festzustellen (BGH 11.6.1999 – V ZR 377/98, BGHZ 142, 66 = NJW 1999, 2896 (2897) – Dielenbrand). Bei **natürlichen Immissionen** kommt es darauf an, ob sich die Nutzung des störenden Grundstücks im Rahmen ordnungsgemäßer Bewirtschaftung hält (BGH 9.2.2018 – V ZR 311/16, NJW 2018, 1542 Rn. 8 – Flachdachbrand). Sind die landesrechtlich bestimmten Pflanzabstände für Gehölze nicht eingehalten, ist der Eigentümer dieses Grundstücks als Zustandsstörer für Immissionen dieser Pflanzen auch dann verantwortlich, wenn er sie nicht angepflanzt hat oder das Grundstück erst zu einem Zeitpunkt erworben hat, als er sie nicht mehr entfernen durfte, ihn also kein Verschulden trifft (BGH 14.11.2003 – ZR 102/03, BGHZ 157, 33 = NJW 2004, 1037 (1039f.) – Kiefernadeln; 28.11.2003 – V ZR 99/03, NJW 2004, 603 (604) – Gehwegplatten; 12.12.2003 – V ZR 98/03, NJW 2004, 1035 (1036) – Rotfichte). Sind die für Anpflanzungen geltenden landesrechtlichen Abstandsregelungen hingegen eingehalten, ist der Eigentümer der Gehölze hinsichtlich der von diesen ausgehenden Immissionen kein Störer und für die dadurch auf dem Nachbargrundstück entstehenden Beeinträchtigungen somit nicht ausgleichspflichtig (BGH 20.9.2019 – V ZR 218/18, BGHZ 223, 155 = NJW 2020, 607 Rn. 13, 29 mAnm Bruns LMK 2020, 428164 – Birkenensemble).

80 **c) Anspruch aus § 906 II 2 BGB analog (Immobiliarhaftung).** Nach Auffassung des BGH besteht ein nachbarrechtlicher Ausgleichsanspruch in analoger Anwendung des § 906 II 2 BGB, „wenn von einem Grundstück im Rahmen privatwirtschaftlicher Benutzung rechtswidrige Einwirkungen auf ein anderes Grundstück ausgehen, die der Eigentümer oder Besitzer des betroffenen Grundstücks nicht dulden muss, jedoch aus rechtlichen oder ... tatsächlichen Gründen nicht gem. §§ 1004 I, 862 I BGB unterbinden kann, sofern er hierdurch Nachteile erleidet, die das zumutbare Maß einer entschädigungslos hinzunehmenden Beeinträchtigung übersteigen" (BGH 5.7.2019 – V ZR 96/18, NZM 2019, 893 Rn. 22 – Weltkriegsbombe).

81 **aa) Dogmatische Herleitung.** § 906 II 2 BGB hat nur einen engen Anwendungsbereich. Ausgleichsbedarf in Aufopferungsfällen besteht in weit höherem Maße. Deshalb hat die Rechtsprechung schon vor Schaffung des § 906 II 2 BGB einen solchen Anspruch bejaht (s. nur BGH 28.2.1955 – III ZR 136/54, BGHZ 16, 366 = NJW 1955, 747 (748) – Bienenflug: § 1004 BGB analog). Analog zu § 906 II 2 BGB soll der Anspruch bestehen, wenn es um grundsätzlich abwehrbare, also **rechtswidrige Beeinträchtigungen** geht. Warum dies auf eine analoge Anwendung dieser Norm gestützt wird, ist nirgendwo erklärt. Sieht man einmal davon ab, dass der BGH seit Einführung des § 906 II 2 BGB nicht mehr fordert, dass der Ausgleichsanspruch nur bei drohender Existenzvernichtung oder schwerer Beeinträchtigung des wirtschaftlichen Fortkommens besteht (BGH 22.12.1967 – V ZR 11/67, BGHZ 49, 148 = NJW 1968, 549 (550) – Straßenlärm), hat er bislang in keiner Entscheidung die Anspruchsmerkmale danach ausgerichtet, was in § 906 II 2 BGB bestimmt ist, so dass auf diese Bezugnahme auch verzichtet werden kann. In jedem Fall sollte § 906 II 2 BGB nicht auf Entschädigungsansprüche für rechtswidrige Eingriffe erstreckt werden. Diese haben mit der klassischen Aufopferung nichts zu tun, sondern führen im Ergebnis zu einem Anspruch aus einer Haftung wegen störender Grundstücksbenutzung, der eine eigene Bezeichnung verdient (zB als Immobiliarhaftung, ähnlich Ringshandl JZ 2018, 684: „Gefährdungshaftung mit

Immobiliarbezug im Nachbarbereich"). Die dogmatische Herleitung des Anspruchs ist nicht ganz klar. Am besten lässt sich der Anspruch aus einem Erst-recht-Schluss herleiten, da ein Ausgleichsanspruch schon bei zu duldenden Einwirkungen besteht (Dötsch NZM 2004, 177 (178); Wenzel NJW 2005, 241 (246); Neuner JuS 2005, 487 (491); Koch MDR 2018, 961 (962)).

Wann der BGH zum ersten Mal eine Entschädigung wegen schuldunabhängiger rechts- **82** widriger Grundstücksbeeinträchtigung für möglich erachtet oder sogar bejaht hat, lässt sich nicht genau verorten, da in den fraglichen Fällen nicht genau gesagt werden kann, ob ein rechtswidriges Verhalten für den Ausgleichsanspruch eine Rolle spielte (den Anfang machte wohl das Urteil vom 8.2.1972 (VI ZR 155/70, BGHZ 58, 149 = NJW 1972, 724 (726 f.) – Dammkrone; s. auch BGH 26.11.1982 – V ZR 314/81, BGHZ 85, 375 = NJW 1983, 872 (874) – Bodenerschütterungen). Gleichwohl ist das der Punkt, der für eine Einordnung des Anspruchs in eine Haftung sorgt, weil die Verursachung eines Schadens niemals rechtmäßig sein kann. Da die Einführung einer Gefährdungshaftung nach dem Enumerationsprinzip dem Gesetzgeber vorbehalten ist (BGH 25.1.1971 – III ZR 208/68, BGHZ 55, 229 = NJW 1971, 607 (608)) und in der Vergangenheit nur der bürgerlich-rechtliche Aufopferungsanspruch als verschuldensunabhängiger Anspruch auf eine Analogie zu § 74, 75 Einl. PrALR von 1794 gestützt wurde (§ 74: „Einzelne Rechte und Vortheile der Mitglieder des Staats müssen den Rechten und Pflichten zur Beförderung des gemeinschaftlichen Wohls, wenn zwischen beyden ein wirklicher Widerspruch (Collision) eintritt, nachstehn." § 75: „Dagegen ist der Staat denjenigen, welcher seine besondern Rechte und Vortheile dem Wohle des gemeinen Wesens aufzuopfern genöthigt wird, zu entschädigen gehalten"), erschien es dem BGH ratsam, den Ausgleichsanspruch aufgrund schuldunabhängiger rechtswidriger Grundstücksbeeinträchtigungen aus dem Kontext des § 906 II 2 BGB heraus zu entwickeln. Dies führt in semantischer Hinsicht dazu, dass der gängige Begriff des Schadens als Störfall faktischer Duldung erscheint. Eine rechtssichere Auslegung der Anspruchsmerkmale wird dadurch indes sehr erschwert. Immerhin ist der Anspruch selbst von denen, die ihn gefunden haben, als „richterrechtliches Gewohnheitsrecht" bezeichnet worden (vor allem Hagen AcP 202 (2002), 996 (997 f.); ebenso Wenzel NJW 2005, 241 (246)). Flankierend dazu hat das BVerfG schon 1988 befunden, dass die Grenzen zulässiger richterlicher Rechtsfortbildung durch diese Analogie nicht überschritten werden (BVerfG 22.12.1988 – 2 BvR 206/88, BeckRS 1988, 113341 Rn. 1). Sofern dogmatische Unschärfen verbleiben, rechtfertigt das nicht, von dieser Variante des Ausgleichsanspruchs abzugehen. Auch wenn der Anspruch in der Praxis zumeist eine Überbrückungsfunktion hat, weil die Entschädigung gem. Ziff. 1.1 AHB zum Umfang der **Haftpflichtversicherung** gehört (BGH 11.6.1999 – V ZR 377/98, BGHZ 142, 66 = NJW 1999, 2896 (2897) – Dielenbrand: „für das Schadensersatzrecht charakteristischer Ausgleich"; 11.12.2002 – IV ZR 226/01, BGHZ 153, 182 = NJW 2003, 826 (827); s. auch § 17 S. 4 NachbG NRW) und mit dem Grundstückseigentümer ein Ausgleichspflichtiger vorhanden ist, der den Rückgriff auf einen inzwischen vielleicht insolventen Schädiger erspart (s. den Fall BGH 9.2.2018 – V ZR 311/16, NJW 2018, 1542 – Flachdachbrand), geht es doch in erster Linie darum, dem Grundstückseigentümer einen Lastenausgleich abzufordern, weil eine ihm nützende Tätigkeit auf seinem Grundstück zu schwerwiegenden negativen Einwirkungen auf einem Nachbargrundstück geführt hat (BGH 19.10.1965 – V ZR 171/63, NJW 1966, 42 – Spundwand; 9.2.2018 – V ZR 311/16, NJW 2018, 1542 Rn. 8 – Flachdachbrand; Hagen FS Lange, 1992, 483 (501)).

Im Bestreben, das Versagen des § 1004 BGB in diesen Fällen nicht aus den Augen zu **83** verlieren, scheut die Rechtsprechung derzeit noch jeden Bezug zu einer Haftung (s. immerhin Hagen FS Lange, 1992, 483 (499): Anspruch rückt in die Nähe einer Gefährdungshaftung; ebenso Lüneborg NJW 2012, 3745 (3748)). Tatsächlich schlägt die Störung in den hier erörterten Fällen aber in einen Schaden um. Hiergegen kann sich der Nachbar ebenso wenig schützen wie gegen die Störung selbst. Wenn die Störung aber zu einem Schaden führt, wechselt sie in ein anders Sanktionssystem. Damit ändern sich indes nur die Rechtsfolgen, die auch nicht auf den Grund der Haftung zurückwirken. Daher ist das Enumerati-

Einl. Einleitung

onsprinzip in Wahrheit nicht berührt. Auch sachlich geht es nicht um Gefährdungen, mithin abstrakt gefährliche Tätigkeiten, sondern um konkrete Beeinträchtigungen, die nur zufälligerweise in einen Schaden münden. Das zeigt sich auch daran, dass nicht immer genau gesagt werden kann, wann es sich noch um eine Beeinträchtigung und wann schon um einen Schaden handelt (s. etwa BGH 8.2.1972 – VI ZR 155/70, BGHZ 58, 149 = NJW 1972, 724 – Dammkrone: Teile eines Behelfsdammes lösen sich und werden auf ein Grundstück abgeschwemmt, wo sie gewerblich betriebenen Obstanbau behindern). Unabhängig davon besteht für den Anspruch ein sehr schmales Anforderungsprofil mit zahlreichen Voraussetzungen, die einer uferlosen Haftung wirksam vorbeugen.

84 **bb) Anspruchsmerkmale.** Um einen nachbarrechtlichen Ausgleichsanspruch analog § 906 II 2 BGB bejahen zu können, müssen nach der Rechtsprechung 11 Voraussetzungen gegeben sein:

85 **(1) Grundstücksbezogene oder -gebundene Tätigkeit.** Erforderlich ist zum einen eine grundstücksspezifische Tätigkeit. Diese kann in der Ausführung von Installationsarbeiten bestehen, in der Bodenbearbeitung, dem Anpflanzen von Bäumen oder dem Unterhalten eines Froschteichs. Auch das Recyceln von Bauschutt auf einem Gewerbegrundstück ist eine grundstückbezogene Tätigkeit (BGH 5.7.2019 – V ZR 96/18, NZM 2019, 893 Rn. 33 – Weltkriegsbombe). Nicht grundstücksspezifisch ist das Benutzen eines Grundstücks als Ausgangspunkt für ein Feuerwerk, das ebenso gut einige Schritte weiter auf der Straße oder auf einem anderen Grundstück durchgeführt werden könnte (BGH 18.9.2009 – V ZR 75/08, NJW 2009, 3787 Rn. 21 – Neujahrsrakete). An einem spezifischen Grundstücksbezug fehlt es auch bei **vorsätzlichen** Schädigungen (MüKoBGB/Brückner BGB § 906 Rn. 204).

86 **(2) Risikoverwirklichung.** Erforderlich ist nach der BGH-Rechtsprechung weiterhin, dass sich ein zu erwartendes oder auch eher ungewöhnliches Risiko verwirklicht, das in der Nutzung oder in dem Zustand des Grundstücks angelegt ist (BGH 5.7.2019 – V ZR 96/18, NZM 2019, 893 Rn. 37 – Weltkriegsbombe). Die Hanglage eines Grundstücks reicht hierfür bspw. nicht aus. Hinzukommen muss eine Belastung mit Chemikalien, die das Wasser auf das Unterliegergrundstück schwemmt. Dieses Anspruchsmerkmal ist nicht einfach zu handhaben.

87 **(3) Berechtigte Grundstücksnutzung.** Die Benutzung muss durch den Grundstückseigentümer oder einen berechtigten Nutzer, zB den Pächter erfolgen.

88 **(4) Tätigkeit privatrechtlicher Art.** Aufgrund der Konkurrenz zu den öffentlich-rechtlichen Ausgleichsansprüchen, die an eine Tätigkeit der öffentlichen Hand anknüpfen, ist eine Trennung beider Bereiche geboten (BGH 15.6.1967 – III ZR 23/65, BGHZ 48, 98 = NJW 1967, 1857 – Staubentwicklung; 26.10.1978 – III ZR 26/77, BGHZ 72, 289 = NJW 1979, 164 (165) – Grundstücksvertiefung; 4.5.2012 – V ZR 71/11, NJW 2012, 2263 Rn. 21). Allerdings gelten jedenfalls für Eingriffe unterhalb der Enteignungsschwelle dieselben Kriterien (→ Rn. 69), so dass der Anspruch nur allgemein eine Grundstücksnutzung auf privatrechtlicher oder öffentlich-rechtlicher Grundlage voraussetzt.

89 **(5) Nachteilige Auswirkungen.** Als Ausgleichsregelung für Störungen sanktioniert der nachbarrechtliche Ausgleichsanspruch Folgen der in § 906 I 1 BGB genannten Imponderabilien (Gase, Dämpfe, Gerüche, Rauch, Ruß, Wärme, Geräusche, Erschütterungen und ähnliche von einem anderen Grundstück ausgehende Einwirkungen). Die Rechtsprechung hat diese Störungen aber schon früh auf sog. Grobimmissionen wie Pflanzenteile und auf sonstige Störungen wie Wasser oder Feuer erstreckt, die nicht einmal selbst Immissionen sind (deutlich schon BGH 26.11.1982 – V ZR 314/81, BGHZ 85, 375 = NJW 1983, 872 (874) – Bodenerschütterungen: „nachbarrechtlicher Ausgleichsanspruch auch für andere als durch Immissionen herbeigeführte Beeinträchtigungen"; s. auch → Rn. 78). Damit ging einher, dass die ausgleichspflichtigen Beeinträchtigungen nicht mehr nur subtiler Art sein mussten, sondern sich handfest in Schäden äußern konnten, wie schon der berühmte Funkenflugfall des Reichsgerichts (RGZ 58, 130 (134 f.); s. auch RGZ 101, 102 (105)) zeigt. Letztlich geht es auch da um einen Ausgleich für den Verlust von Abwehrrechten, die über § 1004 BGB dem Eigentümer und über § 862 BGB dem berechtigten unmittelbaren Besitzer zustehen

Einleitung **Einl.**

(zum Besitzschutz BGH 23.2.2001 – V ZR 389/99, BGHZ 147, 45 = NJW 2001, 1865 (1866) – Lagerhalle).

Da der Entschädigungsanspruch der Situationsgebundenheit des Grundeigentums Rechnung tragen soll, sind nur Nachteile ausgleichspflichtig, die speziell mit dessen Gebundenheit zusammenhängen. Damit werden Schäden an **beweglichen Sachen** nur erfasst, wenn die Sachen direkt der Grundstücksnutzung zugeordnet sind wie etwa Inventar, Warenvorräte und ähnliche Betriebsmittel (BGH 1.2.2008 – V ZR 47/07, NJW 2008, 992 Rn. 11). Nicht geschützt sind Eigentum und Besitz von Personen, die ihre Fahrzeuge auf dem Grundstück abgestellt haben, auch wenn sie dort nachhaltig (zB als Arbeitnehmer) tätig sind (BGH 18.9.1984 – VI ZR 223/82, BGHZ 92, 143 = NJW 1985, 47 – Kupolofen; 1.2.2008 – V ZR 47/07, NJW 2008, 992 Rn. 14). Ganz außen vor lassen darf man diesen Fahrnisschutz schon deshalb nicht, weil sonst kaum erklärbar wäre, warum ein Ausgleich für vergiftete Pflanzen auf dem Nachbargrundstück gerechtfertigt sein soll, nicht aber für Tiere, die dort gehalten werden und ebenfalls kontaminiert wurden (zutreffend Larenz/Canaris, Schuldrecht II/2, 13. Aufl. 1994, 662 f.). 90

(6) **Grenzüberschreitung (Eingriff von außen).** Mit dem nachbarrechtlichen Ausgleichsanspruch können nur Beeinträchtigungen kompensiert werden, die von einem anderen Grundstück stammen. Insofern gilt das in → Rn. 68 Gesagte auch hier. 91

(7) **Rechtswidrigkeit.** Der Entschädigungsanspruch analog § 906 II 2 BGB setzt die Rechtswidrigkeit der Ursache voraus (BGH 2.3.1984 – V ZR 54/83, BGHZ 90, 255 = NJW 1984, 2207 (2208) – Pestizidabschwemmung; 18.12.2020 – V ZR 193/19, NJW-RR 2021, 610 Rn. 8). Damit ist gemeint, dass die störende bzw. Schaden bringende Tätigkeit auf dem Nachbargrundstück ihrer Art nach (nicht auch konkret) gem. §§ 1004, 862 BGB für den Eigentümer bzw. Besitzer abwehrbar sein muss. Indem die Rechtsordnung die Beeinträchtigung nicht toleriert, fordert sie auch nicht, dass der Beeinträchtigte seine Rechtsgüter dafür opfert. Der Entschädigungsanspruch wird daher zu einem Schadensersatzanspruch, wie ihn auch § 14 S. 2 BImSchG vorsieht. Inwieweit eine Beeinträchtigung rechtswidrig ist, lässt sich nicht immer eindeutig klären. So sind Grobimmissionen im Prinzip rechtswidrig (BGH 20.4.1990 – V ZR 282/88, BGHZ 111, 158 = NJW 1990, 1910 (1911) – Schrotblei), können aufgrund des nachbarlichen Gemeinschaftsverhältnisses aber gerechtfertigt sein (BGH 8.10.1958 – V ZR 54/56, BGHZ 28, 225 = NJW 1959, 97 (99); 8.2.1972 – VI ZR 155/70, BGHZ 58, 149 = NJW 1972, 724 (726) – Dammkrone). In den hier zu behandelnden Schadensfällen ist Rechtswidrigkeit immer gegeben. 92

(8) **Zurechenbarkeit (Störereigenschaft).** Für die Zurechenbarkeit ist ein innerer Grund erforderlich, dem Grundstückseigentümer eine Entschädigungspflicht für Beeinträchtigungen des Nachbargrundstücks zuzuweisen, die von einem Ereignis auf seinem Grundstück herrühren. Die Zurechenbarkeit (Störereigenschaft) folgt nicht allein aus dem Eigentum oder Besitz an dem Grundstück, von dem die Einwirkung ausgeht. Erforderlich ist vielmehr, dass die Beeinträchtigung des Nachbargrundstücks wenigstens mittelbar auf den Willen des Eigentümers oder Besitzers zurückgeht. Ob dies der Fall ist, kann nicht begrifflich, sondern nur in wertender Betrachtung von Fall zu Fall festgestellt werden. Entscheidend ist, ob es jeweils Sachgründe gibt, dem Grundstückseigentümer oder -besitzer die Verantwortung für ein Geschehen aufzuerlegen (BGH 18.12.2020 – V ZR 193/19, NJW-RR 2021, 610 Rn. 10; s. bereits → Rn. 36). Letztlich geht es dabei um die Kriterien, die für die Begründung schuldunabhängiger Haftungen auch sonst zum Tragen kommen, nämlich die Veranlassung, die Gefahrenbeherrschung und die Vorteilsziehung (BGH 30.5.2003 – V ZR 37/02, BGHZ 155, 99 = NJW 2003, 2377 (2379) – Wasserrohrbruch; 9.2.2018 – V ZR 311/16, NJW 2018, 1542 Rn. 12 – Flachdachbrand; 18.12.2020 – V ZR 193/19, NJW-RR 2021, 610 Rn. 10; Hagen FS Lange, 1992, 483 (501); speziell der Utilitätsgedanke spielte als Zurechnungsgesichtspunkt schon im römischen Recht eine Rolle, s. Marton AcP 162 (1963), 1 (20)), ohne dass diese alle zusammen vorliegen müssen (OLG Saarbrücken 30.3.2023 – 10 U 33/23, NJOZ 2023, 1036 Rn. 27). Der Begriff der Veranlassung meint die anspruchsbegründende Kausalität. Diese liegt vor, wenn der Grundstücksnutzer den Schaden auf dem Nachbar- 93

grundstück durch eigene Handlungen ermöglicht oder durch ein pflichtwidriges Verhalten herbeigeführt hat (BGH 17.10.2013 – V ZR 15/13, NZM 2014, 366 Rn. 10 – Schlammlawine). Sachgründe, die es rechtfertigen, dem Grundstückseigentümer oder -besitzer die Verantwortung für ein Geschehen aufzuerlegen und ihn damit als Störer zu qualifizieren, bestehen etwa dann, wenn Wasser infolge eines Rohrbruchs auf das Nachbargrundstück gelangt oder ein Haus infolge eines technischen Defekts seiner elektrischen Geräte oder Leitungen in Brand gerät (BGH 18.12.2020 – V ZR 193/19, NJW-RR 2021, 610 Rn. 11). Auch wenn konkret kein Anlass für ein vorbeugendes Tätigwerden bestanden haben mag, beruhen diese Störungen auf Umständen, auf die grundsätzlich der Grundstückseigentümer bzw. -besitzer, und nur dieser, Einfluss nehmen konnte. Stammt die Störung aus einem vermieteten Bereich, kann der Vermieter nur dann als mittelbarer Handlungsstörer verantwortlich gemacht werden, wenn er dem Mieter den Gebrauch seiner Sache mit der Erlaubnis zu störenden Handlungen überlassen hat oder es unterlässt, ihn von einem fremdes Eigentum beeinträchtigenden Gebrauch abzuhalten. Der vermietende Eigentümer haftet auch nicht als Zustandsstörer, wenn der Schaden zwar von einem in seinem Eigentum stehenden Bauteil bzw. Gerät ausgeht, aber allein auf eine fahrlässige oder vorsätzliche Handlung des Mieters zurückzuführen ist; nur wenn feststeht, dass die Beschaffenheit des Bauteils bzw. Geräts nicht ordnungsgemäß war und für den Schadenseintritt zumindest mitursächlich gewesen sein kann, kann der Schaden in wertender Betrachtung (auch) dem Eigentümer zuzurechnen sein. Denn nur dann kann ein primärer Abwehranspruch (auch) gegen den Eigentümer bestanden haben, der nicht durchgesetzt werden konnte und dessen Kompensation der nachbarrechtliche Ausgleichsanspruch dient (BGH 18.12.2020 – V ZR 193/19, NJW-RR 2021, 610 Rn. 14 f.). Sind die Verursachungsanteile von Eigentümer und Mieter nicht, auch nicht unter Zuhilfenahme von § 287 ZPO voneinander abgrenzbar, kann § 830 I 2 BGB entsprechend angewendet werden (BGH 18.12.2020 – V ZR 193/19, NJW-RR 2021, 610 Rn. 15).

94 **Keine Zurechnung** erfolgt wie bei jeder anderen schuldunabhängigen Haftung auch, sofern der Schaden auf **höherer Gewalt** beruht (BGH 23.4.1993 – V ZR 250/92, BGHZ 122, 283 = NJW 1993, 1855 (1856)). Ein solch allgemeines Risiko kann sich an jedem anderen Ort ereignen und ist nicht Ausdruck der Situationsgebundenheit eines Grundstücks (BGH 9.2.2018 – V ZR 311/16, NJW 2018, 1542 Rn. 8 – Flachdachbrand; 18.12.2020 – V ZR 193/19, NJW-RR 2021, 610 Rn. 11).

95 **(9) Abwehr rechtlich oder tatsächlich unmöglich.** Das Kriterium der tatsächlichen Unmöglichkeit der Abwehr bzw. der faktischen Duldung hat eine Doppelfunktion. Zum einen soll es als Anspruchsvoraussetzung absichern, dass der Entstörungsanspruch aus §§ 1004 I, 862 I BGB substituiert wird; nur hier macht auch die Analogie zu § 906 II 2 BGB Sinn. Zum andern bildet es nach dem Vorgesagten ein Synonym für den Schaden, der zur Ersatzpflicht führt.

96 Zu einer anderen Akzentuierung führt die Beurteilung von Fällen, in denen ein Unterlassungsanspruch aus §§ 1004, 862 BGB rechtlich nicht durchsetzbar ist. Grund für diesen Ausschluss sind zB Nachbarrechtsgesetze, die Verjährungsfristen für die Entfernung von Gehölzen vorsehen, die nicht abstandskonform an der Nachbargrenze wachsen, und nach Eintritt der Verjährung eine Entstörung verhindern (BGH 27.10.2017 – V ZR 8/17, NJW 2018, 1010 Rn. 18 mAnm. Bruns – Laubrente), oder aber Baumschutzsatzungen, die die Beseitigung auch störender Gehölze verhindern (BGH 13.1.2005 – V ZR 83/04, NZM 2005, 318 (319)). Auch in diesen Fällen ist ein Entschädigungsanspruch denkbar (Stichwort: Laubrente).

97 **(10) Bewirkung erheblicher Nachteile für Eigentümer oder Besitzer.** Nur größere Nachteile rechtfertigen eine Entschädigungspflicht. Anders als das Prinzip der Totalrestitution, das sich die Rigidität des vollen Schadensausgleichs leisten kann, weil es vom Korrektiv des Verschuldens flankiert wird, steht die Nachteilszufügung beim Entschädigungsanspruch allein. Daher hat das PrALR der Entschädigungspflicht in § 75 Einl. das Gebot vorgelagert, dass einzelne Rechte und Vorteile der Mitglieder des Staats im Konfliktfall den Rechten und Pflichten zur Beförderung des gemeinschaftlichen Wohls nachstehen müssen (§ 74 Einl. PrALR). Eine solche Toleranzgrenze ist auch hier zu überschreiten, um den entschädigungs-

pflichtigen Bereich zu erreichen. Nach der Ursprungsformel sind nur Einwirkungen auszugleichen, „die – weil nicht nur unwesentlich und nicht auf ortsüblicher Benutzung des störenden Grundstücks beruhend – über das Maß dessen hinausgehen, was ein Grundstückseigentümer nach § 906 BGB ... entschädigungslos hinzunehmen hat" (BGH 8.2.1972 – VI ZR 155/70, BGHZ 58, 149 = NJW 1972, 724 (726) – Dammkrone). Schlägt die Störung in einen Schaden um, ist der Bereich der entschädigungslos zu duldenden Beeinträchtigungen indes fast immer verlassen (BGH 26.10.1978 – III ZR 26/77, BGHZ 72, 289 = NJW 1979, 164 (165) – Grundstücksvertiefung). Im Grunde reicht hierfür jede nicht ganz geringfügige Vermögenseinbuße.

(11) Keine Subsidiarität. Die Frage der Subsidiarität ist bei der Immobiliarhaftung der schwierigste Punkt. Nach der Rechtsprechung dürfen komplex ausgewogene („abgeschlossene") Regelungsmechanismen durch Zubilligung eines Entschädigungsanspruchs nicht ausgehöhlt werden (BGH 26.10.1978 – III ZR 26/77, BGHZ 72, 289 = NJW 1979, 164 (165) – Grundstücksvertiefung; 9.2.2018 – V ZR 311/16, NJW 2018, 1542 Rn. 14 – Flachdachbrand). Das betrifft im Wesentlichen den Bereich des § 89 II WHG und die Planfeststellungsverfahren (§ 74 II VwVfG), zB für Flughäfen (§ 8 I LuftVG), nicht aber für Militärflughäfen, s. § 30 I 2 LuftVG). Ob auch die Regelung in § 114 I BBergG dazugehört, ist unklar (dafür BGH 17.5.2001 – III ZR 249/00, BGHZ 148, 39 = NJW 2001, 3049 (3052); 30.5.2003 – V ZR 37/02, BGHZ 155, 99 = NJW 2003, 2377 (2380) – Wasserrohrbruch; 27.2.2020 – III ZR 41/19, GRUR-RS 2020, 534 Rn. 2; dagegen BGH 19.9.2008 – V ZR 28/08, BGHZ 178, 90 = NJW 2009, 762 Rn. 26 – Bergbau). Aus weiteren Vorschriften hat der BGH eine solche Sperre bislang nicht abgeleitet. Einige Instanzgerichte haben weitere Fälle bejaht (OLG Brandenburg 30.7.2009 – 5 U 133/08, BeckRS 2009, 21997: Ausschluss gegenüber § 52 BbgNRG; OLG Schleswig 14.11.2018 – 12 U 48/18, NJOZ 2019, 1612 Rn. 34: Ausschluss gegenüber § 26 NachbG Schl.-H.); ohne dass es sich aufdrängt, sollte ein solcher Ausschluss jedenfalls nicht angenommen werden.

Sofern der BGH in einzelnen Entscheidungen (BGH 20.11.1992 – V ZR 82/91, BGHZ 120, 239 = NJW 1993, 925 (927) – Froschteich: „Der Ausgleichsanspruch ist gegenüber dem Schadensersatzanspruch subsidiärer Natur") eine Entschädigungspflicht abgelehnt hat, wenn ein anderweitiger Ersatzanspruch besteht, handelte sich nicht um die generelle Linie der Rechtsprechung, die immer schon eine **Anspruchskonkurrenz** zwischen Schadensersatzansprüchen und dem nachbarrechtlichen Ausgleichsanspruch bejaht hat (s. etwa BGH 8.2.1972 – VI ZR 155/70, BGHZ 58, 149 = NJW 1972, 724 (726) – Dammkrone; 9.2.2018 – V ZR 311/16, NJW 2018, 1542 Rn. 14 – Flachdachbrand; 18.12.2020 – V ZR 193/19, NJW-RR 2021, 610 Rn. 7, 16 zu § 2 HPflG). Subsidiär ist der Anspruch auch gegenüber einem Anspruch aus § 1004 I 1 BGB (OLG Saarbrücken 22.3.2017 – 2 U 7/16, NJOZ 2018, 572 Rn. 40), da der Anspruch analog § 906 II 2 BGB letztlich aus § 1004 I BGB abgeleitet wird.

Eine **Ausnahme** macht der BGH, soweit es um naturschutzrechtliche Belange geht. In diesen Fällen ist der nachbarrechtliche Ausgleichsanspruch grundsätzlich ausgeschlossen, wenn das Naturschutzrecht dem Störer verbietet, die Einwirkung auf das Grundstück des Gestörten zu unterlassen oder abzustellen. Hätte der Störer einen Ausgleich zu leisten, müsste er eine Entschädigung für die Folgen einer gesetzlichen Regelung zahlen, die der Gesetzgeber nicht im Interesse des Störers, sondern im Allgemeininteresse für notwendig hält, was das Gesetz nicht vorsieht (BGH 27.10.2017 – V ZR 8/17, NJW 2018, 1010 Rn. 21 – Laubrente; 19.7.2019 – V ZR 177/17, BeckRS 2019, 22578 Rn. 67 – Auswilderung). Paradoxerweise führt hier gerade das anspruchsbegründende Merkmal der fehlenden Abwehrbarkeit zur Versagung des Anspruchs. Diese Rechtsprechung ist aber auch abzulehnen, da die Möglichkeit, Naturschutz auf Kosten des Nachbarn zu betreiben, im Nachbarrecht ein sachfremdes Element darstellt (Wenzel NJW 2005, 241 (246); s. auch BGH 17.9.2004 – V ZR 230/03, BGHZ 160, 232 = NJW 2004, 3701 (3703) – Teilrodung).

Die **Subsidiarität** besteht nur **insoweit,** als der Nachbar die Möglichkeit hat, im Rahmen des alternativen Bezugssystems (Planfeststellungsverfahren) seine Abwehr- und Ausgleichsan-

Einl. Einleitung

sprüche in einem förmlichen Verwaltungsverfahren bzw. einem sich eventuell anschließenden verwaltungsgerichtlichen Verfahren wahrzunehmen (BGH 10.12.2004 – V ZR 72/04, BGHZ 161, 323 = NJW 2005, 660 (662). Das ist nicht der Fall, wenn es um Folgen eines Eingriffs geht, der aus einer Zeit stammt, als dieses Regelungsgefüge noch nicht bestand (BGH 25.3.1993 – III ZR 60/91, BGHZ 122, 76 = NJW 1993, 1700 (1701); 27.10.2006 – V ZR 2/06, NJW-RR 2007, 168 Rn. 12). Allein der Umstand, dass es innerhalb dieses Verfahrens zu Fehlern gekommen ist, die Rechte des Nachbarn verkürzen, oder dass der Vorhabenträger nachbarschützende Planvorgaben nicht einhält, reicht nicht aus, die Subsidiarität aufzuheben (BGH 30.10.2009 – V ZR 17/09, NJW 2010, 1141 Rn. 27 – City Tunnel Leipzig). In grenzüberschreitenden Kontexten in der Europäischen Union ist auch das Recht des Nachbarlandes mit zu berücksichtigen (EuGH 27.10.2009 – C-115/08, NVwZ 2010, 107 Rn. 140; BeckOK BGB/Fritzsche BGB § 906 Rn. 17).

102 **cc) Aktiv- und Passivlegitimation.** Gläubiger des Ausgleichsanspruchs (aktivlegitimiert) sind der Eigentümer und der berechtigte Besitzer des Grundstücks, auf dem sich die Störung auswirkt, also der Schaden ereignet hat, kraft gesetzlicher Anordnung auch der Nießbraucher, Dienstbarkeits- und Erbbauberechtigte (MüKoBGB/Brückner BGB § 906 Rn. 199). Schuldner des Ausgleichsanspruchs (passivlegitimiert) ist derjenige, der die Nutzungsart des beeinträchtigenden Grundstücks bestimmt (BGH 30.5.2003 – V ZR 37/02, BGHZ 155, 99 = NJW 2003, 2377 (2378) – Wasserrohrbruch). Erforderlich ist ein eigener Entscheidungsspielraum. Lässt der Eigentümer oder Pächter Arbeiten auf dem Grundstück durchführen, ist der Handwerker weisungsgebunden, so dass für die Frage der Grundstücksbenutzung nicht auf diesen abzustellen ist (BGH 16.7.2010 – V ZR 217/09, NJW 2010, 3158 Rn. 16; 5.7.2019 – V ZR 96/18, NZM 2019, 893 Rn. 26 – Weltkriegsbombe).

103 **dd) Rechtsfolge: Schadensersatz.** Inhalt und Umfang des Anspruchs bestimmen sich nach Auffassung des BGH „unter Abwägung aller Umstände nach den Grundsätzen der Enteignungsentschädigung", wobei der Anspruch „je nach Art und Weise der Einwirkung auf vollen Schadensersatz gehen" kann (BGH 18.12.2015 – V ZR 55/15, NJW-RR 2016, 588 Rn. 24 – Grenzwand). Sofern der BGH im Rahmen da § 906 II 2 BGB dafürhält, dass nur der unzumutbare Teil der Beeinträchtigung auszugleichen ist (BGH 19.9.2008 – V ZR 28/08, BGHZ 178, 90 = NJW 2009, 762 Rn. 33 – Bergbau), macht dies beim Anspruch aus Immobiliarhaftung keinen Sinn, da diese Einschränkung schon im Rahmen des analog anzuwendenden § 249 BGB (Differenzhypothese) berücksichtigt wird (iErg MüKoBGB/Brückner BGB § 906 Rn. 214).

104 In der Rechtspraxis kommen die Gerichtsentscheidungen ganz schnell auf ein Ergebnis, so dass es nicht verwunderlich ist, dass sich selbst die ausführlichsten Kommentierungen des § 906 BGB zu den Rechtsfolgen in dürren Sätzen erschöpfen. Wenn allerdings im Hinblick auf den Gewinnausfall einer Drogerie wegen einer eineinhalb Jahre andauernden Baustelle auf dem Nachbargrundstück gesagt wird, der Anspruch des Eigentümers sei am Verkehrswert der entzogenen Substanz und nicht an einer hypothetischen Vermögensentwicklung auszurichten, macht es nicht viel Sinn, wenn am Ende (ohne Einholung eines Verkehrswertgutachtens) doch das ausgeurteilt wird, was sich auch nach §§ 249 ff. BGB ergeben würde, nämlich der Ersatz des vollen Ertragsverlustes (so in BGH 31.5.1974 – V ZR 114/72, BGHZ 62, 361 = NJW 1974, 1869 (1872) – Zugangssperre). Für **Besitzverletzungen** gilt nichts anderes; auch hier geht es um einen Ausgleich von Kosten und Gewinneinbußen (BGH 23.2.2001 – V ZR 389/99, BGHZ 147, 45 = NJW 2001, 1865 (1867 f.) – Lagerhalle) und damit um schadensrechtliche Parameter. Dies liegt daran, dass sich die Entschädigungsgrundsätze nur auf den Ausgleich von Störungslagen, also Dauerbeeinträchtigungen anwenden lassen; auf Schäden passen sie nicht, wie auch eine Gegenüberstellung der §§ 912 II 1, 917 II 1 BGB einerseits, §§ 904 S. 2, 962 S. 3, 867 S. 2 BGB andererseits zeigt. Tatsächlich wird der vom BGH angestrebte „Ausgleich der widerstreitenden nachbarlichen Interessen" (BGH 31.5.1974 – V ZR 114/72, BGHZ 62, 361 = NJW 1974, 1869 (1871) – Zugangssperre) bei Eintritt eines Schadens durch das schadensrechtliche Prinzip der Totalrestitution (§ 249 I BGB) am besten verwirklicht, weil der Geschädigte alles, aber auch nicht mehr ersetzt bekommt als beeinträchtigt

wurde (Stichwort Bereicherungsverbot; iErg Jauernig/Berger, BGB, 17. Aufl. 2018, § 906 Rn. 15; NK-BGB/Staudinger, 10. Aufl. 2019, § 906 Rn. 16; Wilhelm, Sachenrecht, 6. Aufl. 2019, Rn. 783; aA MüKoBGB/Brückner § 906 Rn. 188; Popescu/Majer NZM 2009, 181 (183)). Zudem geht es bei dem hier in Rede stehenden Anspruch um die Sanktionierung rechtswidrigen Verhaltens, was eine weitere Parallele zum Deliktsrecht aufzeigt (s. auch BGH 30.5.2003 – V ZR 37/02, BGHZ 155, 99 = NJW 2003, 2377 (2378) – Wasserrohrbruch).

Besteht die Einwirkung – wie gewöhnlich, wenn es um Schäden geht – in einer Substanzschädigung, kann der Entschädigungsanspruch daher auch nach Auffassung des BGH auf **vollen Schadensersatz** gehen (s. auch BGH 22.7.1999 – III ZR 198/98, BGHZ 142, 227 = NJW 1999, 3633 (3635) – Dielenbrand: „vielfach" gleiche Ergebnisse). Die Struktur des Anspruchs bringt es mit sich, dass nicht immer genau nach Schäden und sonstigen Beeinträchtigungen unterschieden werden kann (s. etwa BGH 13.2.1976 – V ZR 55/74, BGHZ 66, 70 = NJW 1976, 797 – Steinbruch, betr. Bodenerschütterungen). Das rechtfertigt es aber nicht, dies für die Ermittlung der angemessenen Entschädigung offen zu lassen (so aber BGH 26.10.1978 – III ZR 26/77, BGHZ 72, 289 = NJW 1979, 164 – Grundstücksvertiefung). Vielmehr muss der Rechtsanwender der haftungsbegründenden Kausalität nachgehen und die ausgleichspflichtigen Beeinträchtigungen in das richtige Sanktionssystem einordnen. Zu ersetzen sind im Wege der Immobiliarhaftung somit vor allem die Reparaturkosten und die Kosten für die Ermittlung dieses Aufwands, ferner die vorgerichtlichen Rechtsanwaltskosten (OLG Saarbrücken 22.3.2017 – 2 U 7/16, NJOZ 2018, 572 Rn. 46; OLG Zweibrücken 26.6.2018 – 5 U 85/17, NJOZ 2019, 123 Rn. 13). **105**

Ein **Vorschussanspruch** lässt sich auf diese Anspruchsgrundlage indes **nicht** stützen (OLG Saarbrücken 22.3.2017 – 2 U 7/16, NJOZ 2018, 572 Rn. 37). **106**

Die Rechtsprechung greift auch in anderen Punkten auf schadensrechtliche Kategorien zurück, zB auf §§ 830 I 2, 840 BGB bei einem **gemeinsam verursachten Schaden** (BGH 26.10.1978 – III ZR 26/77, BGHZ 72, 289 = NJW 1979, 164 (165 f.) – Grundstücksvertiefung; 26.11.1982 – V ZR 314/81, BGHZ 85, 375 = NJW 1983, 872 (875) – Bodenerschütterungen; 18.12.2020 – V ZR 193/19, NJW-RR 2021, 610 Rn. 15), auf die Grundsätze zum **Abzug „neu für alt"** (BGH 25.6.1992 – III ZR 101/91, NJW 1992, 2884; in BGH 24.10.2013 – III ZR 82/11, BeckRS 2013, 20079 Rn. 23 – Kanalbau, wird dieser Gesichtspunkt auf § 254 BGB gestützt) bzw. zum **Vorteilsausgleich** (BGH 18.9.1987 – V ZR 219/85, NJW-RR 1988, 136 (138) – Hangabrutsch; 14.9.2001 – V ZR 291/00, NJOZ 2001, 2196 – Gartenhaus), auf die Berücksichtigung des **Werkstatt- bzw. Prognoserisikos** (OLG Zweibrücken 26.6.2018 – 5 U 85/17, NJOZ 2019, 123 Rn. 16), auf **§ 252 BGB** (BGH 23.2.2001 – V ZR 389/99, BGHZ 147, 45 = NJW 2001, 1865 (1867) – Lagerhalle; aus neuerer Zeit OLG Hamm 18.11.2021 – 24 U 74/16, BeckRS 2021, 35277 Rn. 111) und **§ 254 BGB** (→ Rn. 109). **107**

Nach Einführung des § 253 II BGB gehört die Frage des **Schmerzensgeldes** nur noch zur Schadenshöhe, so dass der Entschädigungsanspruch auch auf Zahlung von Schmerzensgeld gerichtet sein kann (aA BGH 23.7.2010 – V ZR 142/09, NJW 2010, 3160 Rn. 9: der Entschädigungsanspruch (analog § 906 II 2 BGB) sei kein Schadensersatzanspruch). Für den Bereich der öffentlich-rechtlichen Aufopferung, also bei Eingriffen in nicht-vermögensrechtliche Rechtspositionen, hat der BGH den Anspruch auf Schmerzensgeld nicht abgelehnt und gemeint, die Rechtslage sei eine andere, wenn es wie beim Anspruch aus § 906 II 2 BGB um eine „aus dem Grundstückseigentum abgeleitete Forderung" gehe (BGH 7.9.2017 – III ZR 71/17, BGHZ 215, 335 = NJW 2017, 3384 Rn. 18). Der BGH verkennt damit, dass nur der Gegenstand des Anspruchs ein anderer ist, die Rechtsgrundlage aber dieselbe bleibt, nämlich der allgemeine Lastenausgleich, den der allgemeine Aufopferungsanspruch ebenso zu erreichen sucht wie § 906 II 2 BGB bzw. der Anspruch aus Immobiliarhaftung im Besonderen. **108**

d) **Mitverschulden.** Auch im Rahmen des verschuldensunabhängigen nachbarrechtlichen Ausgleichsanspruchs ist § 254 I BGB anwendbar, selbst bei einer bloßen **Mitverursachung.** Geht es um Vertiefungsschäden, kann daher der schadensanfällige Zustand eines Ge- **109** bäudes, das durch die Vertiefung des Nachbargrundstücks geschädigt wird, ein im Rahmen des § 254 I BGB berücksichtigungsfähiger Umstand sein (BGH 14.9.2001 – V ZR 291/00, NJOZ 2001, 2195 – Gartenhaus; 23.4.2015 – III ZR 397/13, NVwZ 2015, 1317 Rn. 35). Geht es um rechtliche Gegebenheiten, die einem Anspruch nach §§ 1004 I, 862 I BGB entgegenstehen, kann ein Mitverschulden auch darin liegen, dass der Nachbar es unterlässt, zumutbare Rechtsbehelfe einzulegen. Bei Durchführung eines Planfeststellungsverfahrens wird das Haftungsfilter des Mitverschuldens allerdings durch das insoweit schärfere Kriterium der Subsidiarität (→ Rn. 100 f.) ersetzt (BGH 10.12.2004 – V ZR 72/04, BGHZ 161, 323 = NJW 2005, 660 (662)).

110 **e) Verjährung.** Der nachbarrechtliche Ausgleichsanspruch **verjährt** in allen seinen Ausprägungen gem. § 195 BGB in drei Jahren (Grüneberg/Herrler BGB § 906 Rn. 36), wobei die Verjährungsfrist mit dem Schluss des Jahres beginnt, in dem der Anspruch entstanden ist und der Berechtigte von den Anspruchsvoraussetzungen erfahren hat bzw. erfahren konnte (§ 199 I BGB). Der Anspruch entsteht, sobald die Auswirkungen der Störung greifbare Form annehmen.

111 **f) Verwirkung.** Neben der Verjährung kann auch eine Verwirkung den Anspruch zu Fall bringen. Ein Anspruch ist verwirkt, wenn sich der Schuldner wegen der Untätigkeit seines Gläubigers über einen gewissen Zeitraum bei objektiver Beurteilung darauf einrichten darf und eingerichtet hat, dieser werde sein Recht nicht mehr geltend machen, und deswegen die verspätete Geltendmachung gegen Treu und Glauben verstößt (BGH 16.3.2007 – V ZR 190/06, NJW 2007, 2183 Rn. 8). Dazu bedarf es eines Umstands- und eines Zeitmoments. Im Gegensatz zur Verjährung, auf die sich der in Anspruch Genommene ausdrücklich berufen muss, ist die Verwirkung von Amts wegen zu berücksichtigen (BGH 10.11.1965 – Ib ZR 101/63, NJW 1966, 343 (345); 20.11.2015 – V ZR 284/14, BGHZ 208, 29 = NJW 2016, 473 Rn. 30). Vor allem das Umstandsmoment wird nur selten vorliegen.

7. Nachbarschutz im WEG-Bereich

112 Mit inzwischen 10 Mio. Wohnungseigentumseinheiten in 2 Mio. Wohnanlagen befinden sich bundesweit 22 % aller Wohnungen in Wohnungseigentum (Zahlen aus BT-Protokoll 19/157, 19469 und 19471 vom 7.5.2020). Insofern ist zu beachten, dass es in diesem Bereich Sonderregeln für die Störungsabwehr nach § 1004 I BGB bzw. dem WEG gibt. Will ein Wohnungs- oder Teileigentümer gegen Störungen vorgehen, die vom Nachbargrundstück oder aus einem anderen Bereich der Wohnanlage stammen, ist dies mit den Vorgaben aus dem WEG abzustimmen. Zur Rechtslage bei Übertragung von Wohnungseigentum und Gesamtrechtsnachfolge s. Bruns NJW 2011, 337 (341 f.), zu Fragen der Störungsabwehr nach öffentlichem (Bau-)Recht → Vor §§ 27–29 Rn. 4, 5, zum nachbarrechtlichen Ausgleichsanspruch im WEG-Bereich gilt das in → Rn. 68 Gesagte.

113 **a) Eigentumsschutz.** Im Bereich der WEG sind verschiedene Eigentumssphären zu unterscheiden. An Wohnungen kann das Wohnungseigentum, an nicht zu Wohnzwecken dienenden Räumen das Teileigentum begründet werden (§ 1 I WEG). Alles weitere ist gemeinschaftliches Eigentum (§ 1 V WEG). Wohnungseigentum ist das Sondereigentum an einer Wohnung iVm dem Miteigentumsanteil an dem gemeinschaftlichen Eigentum, zu dem es gehört (§ 1 II WEG). Teileigentum ist das Sondereigentum an nicht zu Wohnzwecken dienenden Räumen iVm dem Miteigentumsanteil an dem gemeinschaftlichen Eigentum, zu dem es gehört (§ 1 III WEG). Träger der Entstörungsansprüche ist seit Inkrafttreten der Gesetzesnovelle zum 1.12.2020 allein die Gemeinschaft der Wohnungseigentümer als rechtsfähige Person (§ 9a I 1, II Alt. 1 WEG; s. auch § 18 I WEG; dazu BT-Drs. 19/18791, 46; zum Verbot der actio pro socio BGH 9.2.2024 – V ZR 6/23, NJW-RR 2024, 815 Rn. 13; zur früheren Rechtslage s. Vorauflage. Einl. Rn. 100). Dies gilt auch dann, wenn dadurch der Verkehrswert des Sondereigentums sinkt oder dessen Vermietbarkeit erschwert wird (BGH 28.1.2022 – V ZR 106/22, NJW-RR 2022, 664 – Feuerwehrzufahrt).

Für ihr Sondereigentum bleiben die Wohnungs- bzw. Teileigentümer forderungsberechtigt **114** (aktivlegitimiert). Dies ist dem in Art. 14 I GG verbürgten Eigentumsrecht geschuldet, da es sich beim Sondereigentum um Eigentum iSd Art. 14 GG handelt (BGH 25.10.2013 – V ZR 230/12, BGHZ 198, 327 = NJW 2014, 458 Rn. 15: „eine Art Ersatzgrundstück") und jedem Miteigentümer damit ein rudimentärer Bestand an disponiblen Entstörungsansprüchen verbleiben muss (BGH 24.7.2015 – V ZR 167/14, NJW 2015, 2874 Rn. 12; 26.10.2018 – V ZR 328/17, NJW 2019, 1216 Rn. 11; vgl. BT-Drs. 19/18791, 47) Insofern gilt auch weiterhin die bisherige Rechtslage (BGH 24.1.2020 – V ZR 295/16, NJW-RR 2020, 894 Rn. 18 – Medizintouristen; s. bereits BT-Drs. 16/887, 61 (62)). Das Gesetz lässt es auch in der Neufassung nicht zu, dass sich der Verband um Störungen im Sondereigentum kümmert. Aus § 18 II Nr. 2 WEG ergibt sich nichts anderes. Diese Regelung meint mit der Bezugnahme auf das Sondereigentum nicht den Fall der Störungsabwehr, sondern die Festlegung der Gebrauchsgrenzen durch entsprechende Beschlussfassung, bspw. zur Begründung eines nächtlichen Duschverbotes. Eine solche Nutzung betrifft zwangsläufig auch das Sondereigentum. Wenn es dann zu Störungen kommt, gilt wieder das normale, hier beschriebene Interventionskonzept (BT-Drs. 19/18791, 59 f.). Dies gilt vor allem für den (überaus häufigen) Fall, dass es zu Überschneidungen mit Störungen des gemeinschaftlichen Eigentums kommt (BGH 11.6.2021 – V ZR 41/19, NJW-RR 2021, 1166 Rn. 13 – Verbauter Elbe-Blick). Wann Sondereigentum beeinträchtigt ist, lässt sich manchmal nur schwer bewerten. Verlangt eine Wohnungseigentümer von einem Grundstücksnachbarn die Beseitigung der auf dem Nachbargrundstück angepflanzten Gehölze, da diese den vorgeschriebenen Grenzabstand zu dem im gemeinschaftlichen Eigentum der Wohnungseigentümer stehenden Grundstück nicht einhalten, macht er nur Rechte geltend, die sich aus dem gemeinschaftlichen Eigentum der Wohnungseigentümer ergeben; das ist ihm nach § 9a II Alt. 1 WEG versperrt (BGH 7.5.2021 – V ZR 299/19, NJW-RR 2021, 1170 Rn. 7 – Zypressen-Schatten). Im Einzelfall kann sich der Wohnungs- bzw. Teileigentümer dabei auch auf die Verletzung seines Persönlichkeitsrechts berufen (s. etwa LG Karlsruhe 17.5.2024 – 11 S 163/23, BeckRS 2024, 22130 Rn. 6 – Türspion).

Im **Innenverhältnis** gilt nach § 14 II Nr. 1 WEG, dass ein in seinem Sondereigentum **115** gestörter Eigentümer gegen einen störenden Miteigentümer nur insoweit vorgehen darf, als sich die Störung nach den Erfordernissen eines geordneten Zusammenlebens vermeiden lässt. § 1004 I BGB verlangt eine Beeinträchtigung bzw. einen nicht zu duldenden Nachteil. Nur konkrete und objektive Beeinträchtigungen zählen darunter; entscheidend ist, ob sich ein Sondereigentümer nach der Verkehrsanschauung in entsprechender Lage verständlicherweise beeinträchtigt fühlen kann (BGH 19.12.1991 – V ZB 27/90, BGHZ 116, 392 = NJW 1992, 978 (979) – Dachluke). Dieser Anspruch besteht nach der Wertung des § 14 II Nr. 1 WEG mit der Einschränkung, dass die Belastungsgrenze in § 1004 II BGB hineinzulesen ist.

Wie nach früherem Recht (dazu Vorauf. → Rn. 104) darf der Sonder- bzw. Teileigentü- **116** mer Schadensersatzansprüche mit Gemeinschaftsbezug selbst verfolgen, wenn dieselbe Rechtsfolge erstrebt wird wie mit einem Beseitigungsanspruch (BGH 26.10.2018 – V ZR 328/17, NJW 2019, 1216 Rn. 8, 14). Über diese Mischfälle wird der Einzelne letztlich dann doch vielfach das Recht erlangen, Störungen des Gemeinschaftseigentums selbst abzuwehren.

Ergänzend muss in Überschneidungsfällen hinzukommen, dass der Sondereigentümer ge- **117** gen die Störung tatsächlich vorgehen will. Da der Verband einschreiten muss und die anderen Miteigentümer nach § 18 II Nr. 1 WEG insoweit Druck auf den Verband ausüben können, muss sich der gestörte Sondereigentümer umgehend positionieren. Der Verwalter wird ihm dazu eine angemessene Frist setzen, wofür im Regelfall zwei Wochen ausreichen werden. Lässt der Sondereigentümer diese Frist ungenutzt verstreichen, handelt er treuwidrig (§ 242 BGB), wenn er sich später darauf beruft, gegen den störenden Dritten selbst vorgehen zu wollen.

Bei **Sondernutzungsflächen,** also Bereichen des Gemeinschaftseigentums, die einem **118** Sondereigentümer durch Gebrauchsregelung iSd § 18 II Nr. 2 WEG bzw. durch Änderung

Einl. Einleitung

des Mitgebrauchsrechts (regelmäßig bereits in der Teilungserklärung) zur ausschließlichen Nutzung überlassen sind (meistens geht es um Garten- oder Rasenflächen), dürfte der Einzelne wie bisher (BGH 28.9.2007 – V ZR 276/06, BGHZ 174, 20 = NJW 2007, 3636 Rn. 12 – Koniferen; 4.3.2010 – V ZB 130/09, NJW-RR 2010, 807 Rn. 21 – Heckenrückschnitt) ebenfalls eine eigene Verfolgungskompetenz haben. Denn das Recht zum Alleingebrauch schafft eine rechtliche Rechtsstellung, die dem Sondereigentum gleichkommt. Daher stehen demjenigen, der hinsichtlich einer Gartenfläche sondernutzungsberechtigt ist, auch die Selbsthilferechte aus § 910 I BGB zu (BGH 18.9.2007 – V ZR 276/06, BGHZ 174, 20 = NJW 2007, 3636 Rn. 9). Im Übrigen gilt für Störungen des gemeinschaftlichen Eigentums auch hinsichtlich der Selbsthilferechte die alleinige Ausübungszuständigkeit der Gemeinschaft der Wohnungseigentümer; Rechte aus § 910 I 1 BGB sind mithin solche iSd § 9a II WEG.

119 Ein Beseitigungsanspruch kommt nicht in Betracht, wenn die Beseitigung dem Störer **nicht möglich** oder nicht erlaubt ist (BGH 4.3.2010 – V ZB 130/09, NJW-RR 2010, 807 Rn. 14 – Heckenrückschnitt). Das ist bei den meisten Baumaßnahmen der Fall.

120 Hat der Störer als Sondereigentümer ohne Zustimmungsbeschluss der Wohnungseigentümer Baumaßnahmen getätigt, die das Gemeinschaftseigentum erfassen, darf er den **Rückbau** grds. nicht eigenmächtig betreiben, sondern benötigt hierfür einen Mehrheitsbeschluss, da es sich dabei um eine Instandsetzungsmaßnahme iSd § 19 II Nr. 2 WEG handelt. Andererseits ist er zum Rückbau verpflichtet, wenn die Baumaßnahme nicht dem vorgeschriebenen Erscheinungsbild entspricht, wenn sie so wesentlich von der Baugenehmigung abweicht, dass sie sich nicht als das genehmigte, sondern als ein anderes Bauvorhaben („aliud") darstellt (BGH 8.3.2024 – V ZR 119/23, NJW 2023, 1817 Rn. 24), oder wenn der Wohnungseigentümer zwar bei der Durchführung der baulichen Veränderung die Maßgaben für die Gestattung (zB zur Tragung von Folgekosten) erfüllt, sich dann aber weigert, sie einzuhalten (BGH 15.5.2020 – V ZR 64/19, NJW-RR 2020, 1022 Rn. 22f.). Ganz selten einmal kann der Rückbauanspruch aus § 1004 I BGB nach Treu und Glauben versperrt sein (BGH 17.3.2023 – V ZR 140/22, NJW-RR 2023, 791 Rn. 29). Das führt dazu, dass die Eigentümergemeinschaft den Rückbau nur im Wege eines nachträglichen Gestattungsbeschlusses blockieren kann.

121 Regelmäßig wird der Störer den Rückbau aber nicht betreiben, sondern dies gerade verweigern. In diesem Fall muss die Eigentümergemeinschaft einen entsprechenden **Mehrheitsbeschluss** fassen, mit dem der Störer **zum Rückbau aufgefordert** bzw. verpflichtet wird. Das verstößt nicht gegen das Verbot der Begründung von Leistungspflichten (BGH 18.6.2010 – V ZR 193/09, NJW 2010, 2801 Rn. 11 – Gitterbox; allg. zu Leistungspflichten in der Wohnungseigentümergemeinschaft Bruns NZM 2012, 737; ders. NZM 2015, 191), da die Eigentümergemeinschaft damit nur eine gesetzliche Verpflichtung wiedergibt. Zum selben Ergebnis kommt der BGH, wenn er anknüpfend an die Rechtsprechung, dass die Wohnungseigentümer einzelnen Wohnungseigentümern eine Frist zur Herbeiführung des als rechtmäßig erachteten Zustands setzen dürfen (BGH 18.2.2011 – V ZR 82/10, NJW 2011, 1221 Rn. 17), dafürhält, dass sie auch eine Aufforderung zur Unterlassung oder Beseitigung aussprechen dürfen; in einem solchen Beschluss sei „nächstliegend ein solcher Aufforderungsbeschluss zu sehen" (BGH 21.7.2023 – V ZR 215/21, NJW 2023, 2945 Rn. 21).

122 **Passivlegitimiert** ist bei den Entstörungsansprüchen derjenige, der für die Störung verantwortlich ist. Das ist der Sondereigentümer, aus dessen Wohnungs- oder Teileigentumsbereich die Störung herrührt (BGH 11.12.2015 – V ZR 180/14, NJW 2016, 1735 Rn. 15). Dies gilt auch für Störungen, die aus einem **Sondernutzungsbereich** stammen. Gegebenenfalls besteht eine Verantwortlichkeit als Zustandsstörer (BGH 4.3.2010 – V ZB 130/09, NJW-RR 2010, 807 Rn. 14 – Heckenrückschnitt), wenn der Sondernutzungsberechtigte derjenige ist, durch dessen maßgebenden Willen der beeinträchtigende Zustand aufrechterhalten wird (zu diesem Gesichtspunkt BGH 14.11.2014 – V ZR 118/13, NJW 2015, 2027 Rn. 14).

Einleitung   **Einl.**

Wird ein Sondereigentümer in Anspruch genommen, weil die Störung aus einer von ihm 123
vermieteten Eigentumswohnung stammt, kann der **Mieter** auf **Duldung der Störungsbeseitigung** in Anspruch genommen werden; denn der Mieter leitet sein Besitzrecht an der Wohnung vom vermietenden Wohnungseigentümer ab und kann gegenüber Dritten, die dingliche Ansprüche in Bezug auf die Wohnung geltend machen, keine weitergehenden Rechte haben als der Vermieter (BGH 1.12.2006 – V ZR 112/06, NJW 2007, 432 Rn. 18; 24.1.2020 – V ZR 295/16, NJW-RR 2020, 894 Rn. 18 – Medizintouristen). Die Anspruchsberechtigten haben die Wahl, gegen wen sie vorgehen. Bei Baumaßnahmen werden sie sich zweckmäßigerweise an beide wenden und vom Sondereigentümer im Vollstreckungsweg nach § 887 II ZPO Vorschuss verlangen. Bei gärtnerischen Belangen werden sie sich nur an den Nutzer halten, da ihm das Bestimmungsrecht hinsichtlich der Art der Beseitigung zukommt. Stimmt der Nutzer, der die Störung nicht veranlasst hat, von vornherein zu, verbleibt der Handlungsstörer als Anspruchsgegner.

Beschlüsse, die nach bisherigem Recht aufgrund einer gekorenen Wahrnehmungsbefugnis 124
gefasst wurden, sollen mit Inkrafttreten des neuen WEG ohne weiteres für die Zukunft ihre Wirkung verlieren (BT-Drs. 19/18791, 47). Zur Begründung wird in der Gesetzesbegründung auf die Rechtsprechung zu gesetzlichen Verboten Bezug genommen. Dieser Vergleich überzeugt nicht. Das bisherige Recht wird auch als obsoletes Recht nicht unwirksam. Vielmehr gilt wie im öffentlichen Recht, dass allein der Wegfall einer Ermächtigungsgrundlage die Wirksamkeit einer darauf gegründeten Rechtsnorm unberührt lässt (BVerfG 10.5.1988 – 1 BvR 482/84, NJW 1988, 2290 (2292); BVerwG 6.10.1989 – 4 C 11/86, NJW 1990, 849; aA, wenngleich mit beachtlichen Gründen Kotulla NVwZ 2000, 1263 (1264)). Andernfalls wäre auch das nach Art. 20 III GG geschützte Vertrauen im Hinblick auf retroaktiv wirkende Gesetze (dazu Grzeszick in Dürig/Herzog/Scholz, Grundgesetz, 104. EL April 2024, Art. 20 VII Rn. 72) erschüttert. Demnach bleiben bereits gefasste Vergemeinschaftungs-beschlüsse gültig; dies gilt auch dann, wenn sie bei Inkrafttreten des neuen WEG am 1.12.2020 noch nicht bestandskräftig waren. Der Verwalter muss allerdings darüber aufklären, dass die Rechtslage bis zur höchstrichterlichen Klärung zweifelhaft geworden ist.

b) Besitzschutz. Im Innen- wie auch im Außenverhältnis kommt dem Sondereigentü- 125
mer aufgrund seines **Sondereigentums** oder eines **Sondernutzungsrechts,** das die übrigen Sondereigentümer vom Mitgebrauch des gemeinschaftlichen Eigentums ausschließt, alleiniger Teilbesitz iSd § 865 BGB und damit Besitzschutz gem. §§ 861, 862, 858, 1007 BGB zu (BayObLG 30.4.1990 – BReg. 1b Z 20/89, NJW-RR 1990, 1105 (1106); Bruns NZM 2020, 912; Elzer ZWE 2022, 149 (151)). Erforderlich ist hierfür eine nicht ganz geringfügige, objektiv feststellbare Beeinträchtigung seines Teilbesitzes (Horst DWE 2008, 4 (6)).

Im Hinblick auf das **Gemeinschaftseigentum** sind die Sondereigentümer Mitbesitzer 126
(BayObLG 30.4.1990 – BReg. 1b Z 20/89, NJW-RR 1990, 1105 (1106)). Im **Innenverhältnis** findet gem. § 866 BGB kein Besitzschutz statt. Der beeinträchtigte Sondereigentümer kann aber gem. §§ 16 I 3, 18 I, II Nr. 2, 14 II Nr. 1 WEG verlangen, dass er das Gemeinschaftseigentum im Rahmen der geltenden Gebrauchsregelungen benutzen darf (ebenso zum früheren Recht OLG München 16.11.2007 – 32 Wx 111/07, NJW-RR 2008, 247 (249)). Wird ihm der Besitz am Gemeinschaftseigentum vorenthalten, besteht Anspruch auf (Wieder-)Einräumung des Mitbesitzes (BGH 14.1.1959 – V ZR 82/57, BGHZ 29, 372 = NJW 1959, 1364 (1365)). Sofern der Mitgebrauch durch Vereinbarung oder Beschluss eingeschränkt ist, liegt eine Gestattung iSd § 14 I Nr. 2, II Nr. 2 WEG iVm § 858 I Alt. 2 BGB vor (Elzer ZWE 2022, 145 (154)). Für die Durchsetzung dieser Ansprüche gilt ggf. das soeben vorgestellte, auf den Besitzschutz analog anwendbare Konzept des Eigentumsschutzes. Prozessual ist gem. § 432 I BGB auf Herausgabe an die übrigen Sondereigentümer zu erkennen. Soweit dem beeinträchtigten Sondereigentümer ein Sondernutzungsrecht zusteht, kann er die Einräumung des Alleinbesitzes fordern (KG 4.12.2006 – 24 W 201/05, ZWE 2007, 237 (238); LG München I 29.3.2010 – 1 S 17989/09, NJOZ 2010, 2362). § 866 BGB schließt eine Anwendung des § 823 I BGB nicht aus (BGH 26.3.1974 – VI ZR 103/72, BGHZ 62,

Einl. Einleitung

248 = NJW 1974, 1189 (1190)), der den berechtigten Besitz als absolutes Recht auch im Verhältnis von Mitbesitzern zueinander schützt (BGH 4.11.1997 – VI ZR 348/96, BGHZ 137, 89 = NJW 1998, 377 (380)).

127 Im **Außenverhältnis** ist jedes Mitglied der Eigentümergemeinschaft im Hinblick auf sein Gemeinschaftseigentum Mitbesitzer iSd § 865 BGB. Als solcher kann er gegen Dritte, die außerhalb der Eigentümergemeinschaft stehen, alle Besitzschutzrechte geltend machen; § 1011 BGB wird insoweit analog angewandt (PWW/Englert BGB § 1011 Rn. 2; BeckOK BGB/Fritzsche BGB § 1011 Rn. 4). Für die Durchsetzung der Entstörungsansprüche gilt analog das oben zu a) vorgestellte Konzept des Eigentumsschutzes.

VI. Rechtsverfolgung

1. Überblick

128 Steht ein nachbarschaftliches Problem an, werden die Betroffenen regelmäßig versuchen, es einvernehmlich zu lösen. Stößt dies auf Schwierigkeiten, weil die Rechtslage unklar ist oder die Parteien sich nicht einigen wollen, ist der Rechtsweg zu den Gerichten eröffnet.

129 Nachbarrecht ist eine schwierige Materie. Dies zeigt nicht nur die vorliegende Kommentierung. Auch prozessual sind Hürden zu überwinden. Selbst wenn regelmäßig die Amtsgerichte zu entscheiden haben, vor denen die Parteien selbst auftreten können, ist eine anwaltliche Vertretung schon aufgrund der Komplexität der Materie ratsam. Darüber hinaus möchten die Betroffenen gerade im Nachbarrechtsstreit gut aussehen und lassen ihre Rechte daher lieber durch einen Rechtsanwalt verfolgen.

2. Außergerichtliche Streitschlichtung

130 Mit § 15a EGZPO hat der Bundesgesetzgeber den Bundesländern die Möglichkeit gegeben, eine Klageerhebung in bestimmten Fällen von der vorherigen Durchführung eines speziellen Einigungsverfahrens abhängig zu machen. Baden-Württemberg hat von dieser Möglichkeit zunächst Gebrauch gemacht und ein **Schlichtungsgesetz** erlassen, das ab 2000 galt (2. Aufl., → Einl. Rn. 96 ff.; Kothe/Anger, Schlichtungsgesetz Baden-Württemberg, 2001). Dieses wurde mit Wirkung **zum 1.5.2013 aufgehoben** (GBl. 2013, 49 (53)), weil es sich nicht in erhofftem Maße bewährt hatte (zu den Hintergründen Vorauf. → Rn. 116).

3. Zivilprozess

131 Der **Zivilprozess** dient der Durchsetzung und Feststellung von Ansprüchen. Zu den im Nachbarverhältnis in Betracht kommenden Ansprüchen → Rn. 30 ff. Ist der Staat **Nachbar** und auf dem Grundstück **hoheitlich tätig** (auch schlicht hoheitlich im Rahmen der Daseinsfürsorge), ist er von der Beachtung nachbarrechtlicher Regeln nicht freigestellt (→ Rn. 24). Allerdings müssen die Ansprüche vor dem **Verwaltungsgericht** geltend gemacht werden (BGH 21.11.1996 – V ZB 19/97, NJW 1997, 744; BVerwG 19.1.1989 – 7 C 77/87, NJW 1989, 1291 – Sportplatzlärm; VG Freiburg 16.12.1991 – 4 K 391/91, BWGZ 94, 684 – Beseitigung eines Straßenbaums). Die Zuständigkeitsfrage kann im Einzelfall Probleme bereiten, zumal der Staat die Wahl hat, ob er seine Aufgaben hoheitlich oder mit Mitteln des Privatrechts erfüllt. Ansonsten sind immer die Zivilgerichte zuständig, auch dann, wenn zur Anspruchserfüllung eine behördliche Genehmigung erforderlich ist oder sich der Störer zur Rechtfertigung der Beeinträchtigung auf eine solche beruft (BGH 21.11.1996 – V ZB 19/97, NJW 1997, 744 (745)).

132 **Sachlich zuständig** für zivilgerichtliche Klagen im Nachbarverhältnis sind je nach Streitwert das Amtsgericht oder das Landgericht. Das Amtsgericht ist für Streitwerte bis zu 5000 EUR zuständig (§ 23 I Nr. 1 GVG), das Landgericht für Streitwerte, die darüber liegen (§ 71 I GVG). Sofern keine auf Geld gerichteten Ansprüche geltend gemacht werden, richtet

Einleitung **Einl.**

sich der **Streitwert** nach § 3 ZPO, wonach der Wert des Anspruchs maßgeblich ist. In der Praxis übernehmen die Gerichte im Rahmen ihres freien Ermessens meistens den Streitwertvorschlag des Klägers, auch bei nur rudimentärer Begründung. Mit den Rechtsschutzversicherern lässt sich bei nicht vermögensmäßigen Streitigkeiten oftmals ein Gegenstandswert von 5000 EUR vereinbaren. Regelmäßig deckt sich der Zuständigkeitsstreitwert mit dem **Gegenstandswert**, der für die Bemessung des **Rechtsanwaltshonorars** maßgeblich ist, wenn nichts anderes vereinbart ist (sog. Gebührenstreitwert). Dieser richtet sich nach § 32 I RVG iVm §§ 39 ff. GKG. Fehlen Sondervorschriften, führt der Weg über § 48 I GKG zu §§ 3 ff. ZPO, nach denen der Zuständigkeits- und Rechtsmittelstreitwert (Beschwer oder Beschwerwert) bestimmt werden.

Wenn keine Anhaltspunkte für eine Schätzung bestehen, gilt für den **Gebührenstreitwert** 133 der Auffangwert des § 23 III 2 RVG (5.000 EUR). Vorrangig ist damit immer eine konkrete Einschätzung. Geht es etwa um die **Ableitung von Oberflächenwasser,** erscheint ein Betrag von 2.000 EUR sachgerecht (LG Potsdam 29.5.2015 – 1 S 35/12, BeckRS 2015, 17524). Für die Frage der Ausübung des **Lichtrechts** hinsichtlich eines in einer Grenzwand angebrachten Fensters, kann sich der Streitwert auf 50.000 EUR belaufen (OLG Köln 18.1.2006 – 2 U 113/05, BeckRS 2006, 04116). Das AG Rastatt hat in einem Fall, bei dem es um die Entfernung eines überdachten Vorbaus und einer Beschilderung sowie um ein Zufahrtsrecht ging, für den Vorbau 4.000 EUR, für die Schilder 500 EUR und für das Zufahrtsrecht 4.000 EUR festgesetzt (Beschl. v. 18.4.2006 – 2 C 658/03, nv). Für die Entfernung einer Stahlbrücke als Ausblick gewährender Anlage iSd § 4 kann ein Wert von 30.000 EUR angemessen sein (OLG Karlsruhe 14.4.1999 – 6 U 229/98, Die Justiz 1999, 490 (491)). Geht es um die **Entfernung** einer Werbetafel als **Überbau** an einer Straße, kann bei durchschnittlicher Verkehrsfrequenz ein Betrag von 5.000 EUR, im Fall ihrer abendlichen Beleuchtung von 6.000 EUR angemessen sein (VGH Mannheim 7.10.1982 – 3 S 1255/82, nv). Für die Geltendmachung des **Hammerschlags- und Leiterrechts** ist auf die Kosten der Maßnahme abstellen, die aufgrund der Duldung durchgeführt werden soll (LG Potsdam 29.5.2015 – 1 S 35/12, BeckRS 2015, 17524: Baukosten von 2.300 EUR). Wird ein **Notleitungsrecht** aus § 7f geltend gemacht, kann der Streitwert 10.000 EUR betragen (OLG Stuttgart 9.4.2003 – 3 U 121/01, IBRRS 2003, 1116); analog zum Notwegrecht (dazu BGH 12.12.2013 – V ZR 52/13, NZM 2015, 99 Rn. 8) entspricht der Wert dieses Duldungsrechts in entsprechender Anwendung des § 7 Alt. 1 ZPO der Wertsteigerung, welche das Grundstück durch die Gewährung des Notleitungsrechts erfährt, nicht dagegen – obwohl viel besser zu berechnen – den Herstellungskosten. Für die Frage der Beseitigung bzw. des **Rückschnitts** von Gehölzen ist die Bestimmung des Streitwerts anhand des Beseitigungsaufwands bzw. der Wiederherstellungskosten zu treffen (OLG München 8.8.2016 – 34 AR 92/16, Rn. 11, 17, NZM 2017, 93 Rn. 11, 17). Das AG Cuxhaven hat in einem Fall folgende Werte festgesetzt: 3 × 500 DM für das **Zurückschneiden** von drei Kiefern, 750 DM für das Beseitigen von Überhang der Kiefern, 5.000 DM für das Beseitigen einer Hecke (Beschl. v. 19.11.2002 – 5 C 207/01, nv). Für das Verkürzen zweier Haselnussbüsche hat das LG Stuttgart (Beschl. v. 24.8.2022 – 4 S 98/22, nv) 5.000 EUR als Streitwert festgesetzt. Das AG Köln hat für den Rückschnitt einer Fichte 750 EUR als Streitwert festgesetzt (Urt. v. 21.6.2005 – 133 C 103/05, BeckRS 2006, 01511). Für die Beseitigung von Beeinträchtigungen durch mehrere Eichen und eine Kiefer hat das OLG Brandenburg 10.000 EUR festgesetzt, für die Beseitigung von Beeinträchtigungen durch einen Kompostbehälter 500 EUR (Urt. v. 17.8.2015 – 5 U 109/13, NJW-RR 2015, 1427 Rn. 29). Das AG Baden-Baden hat für das Kürzen einer größeren Hecke 4.000 EUR (Beschl. v. 13.7.2010 – 7 C 110/10, nv) bzw. 5.000 EUR (Beschl. v. 18.2.2011 – 19 C 62/10, nv) angesetzt, für das Kürzen einer etwa 10m langen Hecke nebst Entfernen eines Überhangs von zwei Kirschbaumzweigen ebenfalls 5000 EUR (Urt. v. 9.7.2013 – 7 C 40/13, nv). Für die **Beseitigung** von 3 ca. 18 m hohe Birken hat das LG Karlsruhe (Urt. v. 1.8.2018 – 19 S 3/16, BeckRS 2018, 48257 Rn. 121) 1.500 EUR festgesetzt. Das AG Oberkirch hat für das Beseitigen von 7 Sträuchern pro Pflanze 200 EUR angesetzt (Beschl. v. 19.12.2007 – 1 C 111/05, nv), in einem anderen Verfahren für das Beseitigen von 4 größeren Pflanzen, darunter einem

Einl. Einleitung

5 m hohen Baum, 3.000 EUR (Beschl. v. 4.12.2007 – 1 C 175/07, nv). Das LG Siegen hat für die Beseitigung der Äste und Entfernung der Wurzeln von zwei Linden jeweils 1.000 EUR festgesetzt (Urt. v. 9.3.2009 – 3 S 80/08, Juris Rn. 20 = BeckRS 2010, 5093). Das LG Köln hat für das Beschneiden einer Platane 500 EUR und für die Entfernung einer Buchenhecke weitere 500 EUR festgesetzt (Urt. v. 8.5.2009 – 6 S 253/06, Juris Rn. 35, 36 = BeckRS 2010, 13512).

134 **Örtlich zuständig** ist grundsätzlich das für den **Wohnort** des Beklagten zuständige Gericht (§§ 12, 13 ZPO). Für alle Abwehrklagen nach § 1004 BGB oder nach Vorschriften des NRG gilt allerdings **zwingend** der **Gerichtsstand der belegenen Sache** (§ 24 I ZPO, sog. dinglicher Gerichtsstand). In diesem können auch Duldungs- und Geldansprüche geltend gemacht werden, die sich aus dem NRG ergeben (§ 26 ZPO), sofern der Gläubiger hierfür nicht das Wohnsitzgericht des Schuldners anrufen will.

135 Für **internationale** (grenzüberschreitende) Bezüge besteht seit dem 1.3.2002 der Wahlgerichtsstand des Art. 5 Nr. 3 EuGVVO (zuvor galt inhaltlich nicht anders das EuGVÜ; für Rechtsfälle mit Bezügen zur Schweiz, mit der als einzigem Nachbarstaat Deutschlands eine andere Zuständigkeitsvereinbarung besteht, s. LG Frankfurt a. M. 15.7.2010 – 2-03 O 471/09, BeckRS 2010, 26487), wonach der Beeinträchtigte die Wahl hat, ob er für die Störungsabwehr die Gerichte am Ort der Störungsursache oder diejenigen am Ort der Auswirkungen der Störung anruft (BGH 24.10.2005 – II ZR 329/02, NJW 2006, 689 Rn. 6). Auf den dinglichen Gerichtsstand des Art. 22 Nr. 1 S. 1 EuGVVO ist insoweit nicht abzustellen (BGH 18.7.2008 – V ZR 11/08, NJW 2008, 3502 Rn. 11).

136 Bei **Miteigentum auf Schuldnerseite** kann sich die Klage gegen einzelne Miteigentümer richten, wenn keine **notwendige Streitgenossenschaft** (§ 62 ZPO) besteht, also keine Leistung gefordert wird, die sich ihrem Inhalt nach nur von den Rechtsinhabern gemeinschaftlich erbringen lässt (BGH 29.11.1961 – V ZR 181/60, BGHZ 36, 187 = NJW 1962, 633 (634f.)). Ein Fall notwendiger Streitgenossenschaft liegt zB dann vor, wenn von den Miteigentümern eine Verfügung (zB Bestellung einer Grunddienstbarkeit, s. BGH 29.11. 1961 – V ZR 181/60, BGHZ 36, 187 = NJW 1962, 633 (634f.)), eine Verwaltungsmaßnahme (zB die Einräumung eines Notleitungsrechts, vgl. BGH 4.5.1984 – V ZR 82/83, NJW 1984, 2210) oder die Beseitigung einer gemeinschaftlichen Anlage begehrt wird. Wird hingegen Unterlassung (zB der Ausübung eines Notleitungsrechts) gefordert, ist das eine der gemeinschaftlichen Disposition der Miteigentümer nicht unterworfene Maßnahme (OLG Karlsruhe 13.11.1985 – 6 U 56/85, NJW-RR 1986, 1342).

137 Umgekehrt kann bei **Miteigentum auf Gläubigerseite** gem. § 1011 BGB regelmäßig jeder Miteigentümer allein gegen den Nachbarn vorgehen. Dies ist nur anders, wenn mit der Inanspruchnahme im Gegenzug Zahlungspflichten auch für die anderen Miteigentümer entstehen, etwa in Form einer Notwegrente nach § 917 II BGB (BGH 7.7.2006 – V ZR 159/05, NJW 2006, 3426 Rn. 6). Im WEG-Recht gilt eine differenzierte Betrachtungsweise (→ Rn. 113).

138 Mitunter kann der Gläubiger **vorläufigen Rechtsschutz** in Anspruch nehmen und insoweit den Erlass einer einstweiligen Verfügung gem. §§ 935, 940 ZPO beantragen. Allerdings lassen sich Verfügungsanträge nur in engen Grenzen durchsetzen. Erforderlich ist neben einem Anspruch (Verfügungsanspruch) noch ein Eilbedürfnis (Verfügungsgrund). Die Angelegenheit muss so dringend sein, dass dem Anspruchsteller ein Zuwarten bis zu einer Entscheidung im normalen Gerichtsgang nicht zugemutet werden kann. Im Nachbarrecht wird dies nur selten einmal der Fall sein. Zudem darf die vorläufige Entscheidung die Hauptsache nicht vorwegnehmen, also keine vollendeten Tatsachen schaffen. Über allem schwebt die Gefahr, dass der Verfügungskläger gem. § 945 ZPO den Vollstreckungsschaden zu ersetzen hat, wenn sich die einstweilige Verfügung als ungerechtfertigt erweist, also in der nächsten Instanz aufgehoben wird.

139 **a) Abwehransprüche.** Abwehransprüche sind Beseitigungs- und Unterlassungsansprüche (hierzu → Rn. 39 ff.). Prozessual ist Folgendes zu berücksichtigen:

Einleitung **Einl.**

aa) Beseitigungsansprüche. Gemäß § 253 II Nr. 2 ZPO muss der Anspruch im Klage- 140
antrag genau bezeichnet sein, zB:

„Der Beklagte wird verurteilt, die auf seinem Grundstück Hofstraße 5, …, an der Grenze zum Grundstück des Klägers Hofstraße 3, …, stehende, etwa 1,30 m hohe Granitsteinmauer zu entfer-nen."

„Die Beklagte wird verurteilt, den auf ihrem Grundstück Friedensstraße 3, …, an der Grenze zum Grundstück des Klägers, Friedensstraße 1, …., stehende Kirschbaum in der Zeit vom 1.10. bis zum 1.3. des Folgejahres einmal im Jahr auf eine Höhe von 4 m zu kürzen."

Im Anwendungsbereich des § 1004 BGB darf der Beklagte (Störer) selbst bestimmen, auf 141
welche Weise er beseitigt (BGH 12.12.2003 – V ZR 98/04, NJW 2004, 1035 (1036) –
Druckstempel; 26.11.2004 – V ZR 83/04, Juris Rn. 14 = NZM 2005, 318 (319) – tropfende
Linden; 29.5.2009 – V ZR 15/08, NJW 2009, 2528 Rn. 7; BVerfG 6.10.2009 – 2 BvR
693/09, NJW 2010, 220 Rn. 26), im letztgenannten Beispiel also, ob er die Hecke ganz beseitigt oder auf einen korrekten Abstand zurückversetzt. Die Ursache der Störung muss nicht
genannt sein. Diese **Wahlbefugnis** besteht solange, bis der Gläubiger im Rahmen der
Zwangsvollstreckung nach § 887 ZPO mit einer nunmehr von ihm gewählten Maßnahme
begonnen hat (§ 264 I Hs. 1 BGB). Besteht nur eine sinnvolle Möglichkeit, muss diese umgesetzt werden (BGH 22.10.1976 – V ZR 36/75, BGHZ 67, 252 = NJW 1977, 146;
12.12.2003 – V ZR 98/03, NJW 2004, 1035 (1037) – Druckstempel; BGH 10.6.2005 –
V ZR 251/04, NJOZ 2005, 3210 (3211)). Bei einer festen Zahl von Alternativen können
diese, wie im letztgenannten Beispiel, zum Gegenstand der Klage gemacht werden (Dehner
B § 20 I 5b; Büttner in Harz/Riecke/Schmid, Handbuch des Fachanwalts Miet- und Wohnungseigentumsrecht, 6. Aufl. 2018, Kap. 25 Rn. 27). Dies unterfällt nicht dem Verbot der
alternativen Klagehäufung, da hiernach nur die Anspruchsbegründung, etwa der Schadensgrund, nicht variieren darf (BGH 24.3.2011 – I ZR 108/09, BGHZ 189, 56 = GRUR 2011,
521 Rn. 8). Sollte das Gericht dies anders sehen, reicht eine Präzisierung im Antrag dergestalt,
dass der Beklagte verurteilt wird, „dadurch einen nachbarrechtskonformen Zustand herzustellen, dass er entweder … oder …". Im Zweifel sollte mit Haupt- und Hilfsantrag gearbeitet
werden. Wird der Nachbar aufgrund des Klageantrags nur zum Zurückschneiden von an der
Grundstücksgrenze gepflanzten Sträuchern verurteilt, kann der Kläger aus diesem Urteil
nicht die Verpflanzung oder Beseitigung der Sträucher verlangen (LG Mannheim 4.3.1976 –
4 T 6/76, ZMR 1978, 152 (153)). Umgekehrt geht der Beseitigungsanspruch bei Pflanzen
dahin, dass nicht nur deren sichtbarer Teil entfernt wird. Bei konkret gefassten Beseitigungsansprüchen, zB gem. §§ 23 I, 25 I, hat sich der Klageantrag von vornherein (handlungsorientiert) auf spezifizierte Maßnahmen zu richten.

Bei **Dauerverpflichtungen** wie dem Zurückschneiden einer Hecke nach § 12 II 1 oder 142
dem Verkürzen eines Gehölzes nach § 16 III sollte der Kläger seinen Antrag ausdrücklich auf
die Zukunft ausrichten (im vorigen Beispiel: „einmal im Jahr"). Zwar müssen zeitliche Beschränkungen im Urteil ihren Niederschlag finden, weil die Vollstreckungsorgane mit den
im Vollstreckungsverfahren zu Gebote stehenden Mitteln ansonsten nicht feststellen könnten,
ob eine dem Wortlaut nach unbeschränkte Verpflichtung in Wirklichkeit auf eine Durchsetzung in bestimmten Zeiträumen beschränkt sein soll (BGH 6.10.2011 – V ZB 72/11, NJW-RR 2012, 82 Rn. 15). Das würde im Extremfall bedeuten, dass aus einem Titel, der den
Rückschnitt einer Hecke anordnet, trotz ordnungsgemäßen Rückschnitts sogar mehrmals im
Jahr vollstreckt werden kann, wenn dies nicht, zB durch Herausnahme der Vegetationszeit,
wenigstens mittelbar ausgeschlossen wird (BGH 6.10.2011 – V ZB 72/11, NJW-RR 2012,
82 Rn. 16). Gleichwohl nehmen einige Gerichte an, dass das Urteil nach einmaligem Schneiden verbraucht ist (OLG Karlsruhe 8.10.1990 – 6 W 29/90, OLGZ 1991, 448 (449); LG
Baden-Baden 10.2.2015 – 1 T 3/15, BeckRS 2015, 05364), so dass der Zusatz „einmal im
Jahr" Sinn macht. Dieser Zukunftsantrag ist im Gegensatz zu einer Klage nach § 259 ZPO
auch ohne Besorgnis der Nichterfüllung zulässig (§ 258 ZPO). Da das Gesetz in § 12 III (wie
in § 16 III) zwar eine konkrete Handlung (Verkürzung) fordert, in § 12 I aber auch ein entsprechendes Abstandsgebot normiert, steht es dem Nachbarn frei, die Einhaltung der Grenz-

Einl. Einleitung

höhe durch Unterlassungsklage zu verfolgen. Es ist dann Sache des beklagten Heckenbesitzers, die Einhaltung der Grenzhöhe durch Verkürzen sicherzustellen, ohne gegen das Naturschutzrecht (Schonzeiten) zu verstoßen. Letztlich wird er die zulässige Heckenhöhe daher nicht ganz ausreizen können. Im Unterlassungsantrag ist nur anzugeben, welche Höhe nicht überschritten werden darf. Anders ist das, wenn ein Handlungsgebot durchgesetzt werden soll (LG Freiburg 7.12.2017 – 3 S 171/16, NJW-RR 2018, 271 Rn. 22; → § 12 Rn. 27).

143 Geht es um die Abwehr von Immissionen, genügt ein Antrag mit dem Gebot, allgemein Störungen bestimmter Art zu unterlassen, dem Bestimmtheitsgebot des § 253 II Nr. 2 ZPO (BGH 26.11.2004 – V ZR 83/04, NZM 2005, 318 (319) – tropfende Linden).

144 Da für die Voraussetzungen des Beseitigungsanspruchs der Zeitpunkt der letzten mündlichen Verhandlung vor Gericht maßgeblich ist, steht es dem Störer frei, unterdessen Maßnahmen treffen, die den Beseitigungsanspruch hinfällig werden lassen (LG Saarbrücken 3.2.1988 – 17 S 79/87, MDR 1988, 777). Da der Beseitigungsanspruch die Abwehr einer bereits eingetretenen, aber fortwirkenden Beeinträchtigung zum Gegenstand hat, führt der Wegfall des Störungszustands zum Erlöschen des Anspruchs (BGH 14.12.2017 – I ZR 184/15, GRUR 2018, 423 Rn. 17). Der Anspruchsteller wird die Klage dann zweckmäßigerweise (insoweit) **für erledigt erklären,** so dass der Störer ggf. die Verfahrenskosten zu tragen hat.

145 Besteht die Möglichkeit, dass sich der Beklagte auf die **Unzumutbarkeit** der Beseitigung beruft (hierzu → Rn. 45) und der Kläger damit nur Anspruch auf Zahlung eines angemessenen Geldbetrags hat, sollte der Beseitigungsantrag, falls die Klage vor dem Amtsgericht geführt wird, gem. § 510b ZPO mit einem entsprechenden Hilfsantrag verbunden werden, zB:

„Hilfsweise wird beantragt werden zu erkennen:
Der Beklagte wird verurteilt, an den Kläger eine in das Ermessen des Gerichts gestellte Entschädigung in einer Mindestgrößenordnung von 2.000 EUR nebst Zinsen in Höhe von 5 Prozentpunkten über dem Basiszinssatz seit Rechtshängigkeit zu zahlen."

146 Der Beklagte muss aber wissen, dass damit nur die eingeforderte Beseitigung erledigt wird. Einer Unterlassungsklage steht auch bei Zahlung der Entschädigung der Einwand der Rechtskraft nicht entgegen, selbst wenn es letztlich um dieselbe Störung geht (BGH 23.6.2023 – V ZR 158/22, NJW-RR 2023, 1242 Rn. 8 – Hoftorschlüssel).

147 Bei Klagen auf Leistung einer Geldzahlung gehört zur Bestimmtheit iSd § 253 II Nr. 2 ZPO die Angabe des Betrags. Hiervon werden Ausnahmen zugelassen, wenn die Bestimmung des Betrags von einer gerichtlichen Schätzung nach § 287 ZPO oder – wie im Fall des § 255 I ZPO – vom billigen Ermessen des Gerichts abhängt (Zöller/Greger ZPO § 253 Rn. 14). Der Kläger muss aber alle Schätzungsgrundlagen und die Mindestgrößenordnung nach seiner Vorstellung angeben; dies ist schon deshalb nötig, um bestimmen zu können, ob die Entscheidung des Gerichts die nötige Beschwer für eine Berufung aufweist oder nicht. Der Zinsanspruch ergibt sich aus §§ 291, 288 I 1, 2 BGB.

148 Hat der beeinträchtigte Eigentümer die Störung **mitverursacht,** weil er zB Abwehrmaßnahmen unterlassen hat (vgl. BGH 18.4.1997 – V ZR 28/96, BGHZ 135, 235 = NJW 1997, 2234 (2235 f.)) oder sich die beeinträchtigte Sache in einem schlechten Zustand befand (vgl. BGH 25.10.1974 – V ZR 47/70, BGHZ 63, 176 = NJW 1975, 257 (258)), gilt § 254 I BGB entsprechend. Die Verurteilung zur Beseitigung wird in diesem Fall (als „Minus") durch die **Feststellung** beschränkt, dass sich der beeinträchtigte Eigentümer quotal an den Kosten der Beseitigung zu beteiligen hat (BGH 18.4.1997 – V ZR 28/96, BGHZ 135, 235 = NJW 1997, 2234 (2235)). Bestehen keine Anhaltspunkte für eine genauere Verteilung, wird das Gericht die Kosten gem. § 287 ZPO hälftig quoteln (vgl. KG 15.7.2008 – 7 U 180/07, NJW 2008, 3148 (3149); LG Köln 8.5.2009 – 6 S 253/06, Juris Rn. 20 = BeckRS 2010, 13512).

149 Da der Beseitigungsanspruch ähnlich wirkt wie ein Schadensersatzanspruch (auch im haftpflichtversicherungsrechtlichen Sinne, s. BGH 8.12.1999 – IV ZR 40/99, NJW 2000, 1194 (1195)), finden auf ihn auch die Grundsätze über den **Abzug „neu für alt"** Anwendung (→ Rn. 42). Wird etwa durch Wurzelwerk ein Hausanschlusskanal auf dem Nachbargrund-

Einleitung **Einl.**

stück beschädigt, muss der Störer zwar die Aufwendungen für die Wiederherstellung des Kanals ersetzen, allerdings nur bis zur Höhe des Zeitwerts der Anlage (BGH 13.1.2012 – V ZR 136/11, NJW 2012, 1080 Rn. 11).

Steht die Beseitigung einer durch **Baumschutzsatzung** oder **-verordnung** geschützten 150 Pflanzung in Frage, haben die Zivilgerichte zu prüfen, ob eine Ausnahmegenehmigung für die Beseitigung der Störungsquelle beantragt werden kann (BGH 11.6.2021 – V ZR 234/19, NJW 2021, 2882 Rn. 29). Ergibt die Prüfung, dass die verlangte Maßnahme nach der Baumschutzsatzung grundsätzlich verboten ist und eine Befreiungsmöglichkeit nicht besteht, scheidet eine Verurteilung zur Beseitigung aus (BGH 14.6.2019 – V ZR 102/18, NJW-RR 2019, 1356 Rn. 15). Einen solchen Fall dürften die Zivilgerichte kaum einmal bejahen. Ansonsten steht zwar die Störereigenschaft nicht in Frage (BGH 14.6.2019 – V ZR 102/18, NJW-RR 2019, 1356 Rn. 14). Wegen der verwaltungsrechtlichen Implikationen, die das Zivilgericht gem. Art. 111 EGBGB beachten muss (OLG Hamm 6.11.2007 – 3 Ss OWi 494/07, NJW 2008, 453), wird es jedoch einen entsprechenden **Vorbehalt** („unter dem Vorbehalt behördlicher Genehmigung") aufnehmen müssen (BGH 20.11.1992 – V ZR 82/91, BGHZ 120, 239 = NJW 1993, 925 (927) – Froschteich; 26.11.2004 – V ZR 83/04, NZM 2005, 318 (319) – tropfende Linden; 14.6.2019 – V ZR 102/18, NJW-RR 2019, 1356 Rn. 15). Dies gilt selbst dann, wenn der Kläger dies nicht beantragt hat, weil die Verurteilung insoweit als „formell notwendiges Weniger" ergeht (BGH 26.11.2004 – V ZR 83/04, NZM 2005, 318 (319) – tropfende Linden; 14.6.2019 – V ZR 102/18, NJW-RR 2019, 1356 Rn. 15). Denn nur die Verwaltungsbehörde kann das generelle Verbot aufheben. In der Praxis scheitern Beseitigungsvorhaben dann nicht selten an der fehlenden verwaltungsgerichtlichen Freigabe (s. etwa VGH Mannheim 2.10.1996 – 5 S 831/95, NJW 1997, 2128; OVG Saarlouis 29.9.1998 – 2 R 2/98, BeckRS 1998, 13401; VGH München 9.11.2012 – 14 ZB 11.1597, NVwZ-RR 2013, 93). Der Vorbehalt verhindert widersprüchliche Entscheidungen. Eine Aussetzung des Verfahrens nach § 148 ZPO ist weder möglich noch geboten (so aber SFP NachbG NRW/Fink-Jamann Vor §§ 40–48 Rn. 79; GLS NachbarR-HdB/Lüke Kap. 2 Rn. 361; Horst NachbarR-HdB Rn. 983); die Erteilung der Ausnahmegenehmigung ist dann im Zwangsvollstreckungsverfahren zu klären (BGH 26.11.2004 – V ZR 83/04, NZM 2005, 318 (319) – tropfende Linden).

Um der Gefahr zu begegnen, dass der Nachbar das erforderliche Genehmigungsverfahren 151 nicht einleitet, und will der Kläger die Genehmigung nicht selbst beantragen, ist es zweckmäßig, die Beseitigungsklage mit dem Antrag zu verbinden, den Beklagten zu verurteilen, einen Befreiungsantrag bei der zuständigen Naturschutzbehörde (idR die Gemeinde) zu stellen (vgl. BGH 20.11.1992 – V ZR 82/91, BGHZ 120, 239 = NJW 1993, 925 (927) – Froschteich). Dies verhindert auch, dass der Nachbar die Behörde von einer Genehmigung abzubringen sucht. Der Klageantrag sollte dann zB wie folgt formuliert werden:

„Der Beklagte wird unter Vorbehalt der Erteilung einer erforderlichen behördlichen Genehmigung verurteilt, die auf seinem Grundstück Hofstraße 5, …, an der Grenze zum Grundstück des Klägers Hofstraße 3, …, stehende Pappelgruppe zu entfernen. Der Beklagte wird verurteilt, hierzu eine Befreiung von den Vorschriften der Baumschutzsatzung der Stadt A. zu beantragen."

Erst mit Bestandskraft der behördlichen Genehmigung ist der titulierte Beseitigungsan- 152 spruch durchsetzbar.

Nicht alle Fälle von Beseitigungsverlangen, die einen eingeschränkten Inhalt haben, erfor- 153 dern einen solchen Vorbehalt. So geht das Verbot aus § 6 zwar nur auf Fernhaltung Schaden drohender oder störender Anlagen in einer ausreichenden Entfernung zur Grenze (s. auch § 9). Der Beseitigungsantrag erfolgt hier aber unbedingt und nicht mit dem Vorbehalt, wonach der Verpflichtete diejenigen Umstände ausräumen darf, die der Klage Erfolg bescheren (Staudinger/Roth BGB § 907 Rn. 48). Das Beseitigungsverlangen muss nur allgemein durchsetzbar sein; die Beseitigung darf also weder unmöglich noch unzumutbar sein (§ 275 BGB). Wird die Anlage nach Prozessende wieder in zulässiger Weise gehalten oder genutzt, ist es Sache des Beklagten, sich im Wege der Vollstreckungsgegenklage nach § 767 ZPO

Einl. Einleitung

gegen eine gleichwohl vorgenommene Vollstreckung zu wehren (MüKoBGB/Brückner § 907 Rn. 28; Staudinger/Roth BGB § 907 Rn. 33). Gleiches gilt für Beseitigungsansprüche aufgrund zu hoch gewachsener Pflanzen. Hier kann sich der Schuldner durch Rückschnitt oder Zurücksetzen der Pflanzen gegen die Zwangsvollstreckung wenden.

154 Urteile, mit denen ein Beseitigungsanspruch tituliert wird, werden nach § 887 ZPO **vollstreckt,** da es dabei um vertretbares, also auch von Dritten erfüllbares Verhalten geht. Allein die Tatsache, dass Dritte grundsätzlich nicht befugt sind, die zur Beseitigung der Immissionen (zB Eindringen von Wasser auf das Nachbargrundstück) notwendigen Maßnahmen durchzuführen, steht ihrer Einordnung als vertretbare Handlung iSd § 887 I ZPO nicht entgegen. Das Vollstreckungsgericht kann in dem den Gläubiger ermächtigenden Beschluss (§ 891 S. 1 ZPO) zur Vornahme der erforderlichen Handlung(en) Anordnungen treffen, etwa dem Schuldner aufgeben, das Betreten seines Grundstücks zur Vornahme der Arbeiten zu dulden (OLG Düsseldorf 9.2.1998 – 9 W 7/98, NJW-RR 1998, 1768 (1769)).

155 **bb) Unterlassungsansprüche.** Gemäß § 253 II Nr. 2 ZPO muss bei einem Unterlassungsanspruch die zu unterlassende Handlung im Klageantrag so genau bezeichnet sein, dass sie jedermann verständlich ist, zB:

„Der Beklagte wird verurteilt, es zu unterlassen, die auf dem Grundstück des Beklagten Hofstraße 5, ..., an der Grenze zum Grundstück des Klägers Hofstraße 3, ..., befindliche Mauer gegen das Grundstück des Klägers abzudachen."

156 Grundsätzlich darf im Klageantrag nur die zu unterlassende Beeinträchtigung, also die störende Einwirkung angegeben sein; § 1004 I 1 und 2 BGB bezeichnen nur den vom Störer zu bewirkenden Erfolg. Besteht indes nur eine Möglichkeit, kann der Unterlassungsanspruch direkt auf Beseitigung (zB von Bäumen) gerichtet sein (s. etwa BGH 12.12.2003 –V ZR 98/03, NJW 2004, 1035 (1036) – Druckstempel; 10.7.2015 – V ZR 229/14, NJW-RR 2015, 1425 Rn. 11). Sind immer wieder Maßnahmen zu treffen, um dem Unterlassungsgebot gerecht zu werden, lässt sich dies mitbeantragen (OLG Düsseldorf 11.6.1986 – 9 U 51/86, NJW 1986, 2648 (2649); OLG Frankfurt a. M. 7.11.1996 – 15 U 173/95, NJW-RR 1997, 657):

„... durch geeignete Maßnahmen ähnliche Schäden in der Zukunft zu verhindern."

157 Unterlassungsansprüche werden, soweit sie durch ein Unterlassen zu verwirklichen sind (ansonsten gilt § 887 oder § 888 ZPO), bei Zuwiderhandlung nach entsprechender Androhung (§ 890 II ZPO) durch Festsetzung eines Ordnungsgeldes oder von Ordnungshaft vollstreckt. Die Androhung sollte zur Zeitersparnis gleich in der Klageschrift mitbeantragt werden. Die Androhung muss, um wirksam zu sein, Art und Höchstmaß des angedrohten hoheitlichen Zwangs nennen (BGH 23.10.2003 – I ZB 45/02, BGHZ 156, 335 = NJW 2004, 506 (507)). Der vollständige Klageantrag würde im vorgenannten Beispiel demnach bspw. wie folgt lauten:

„Der Beklagte wird verurteilt, es bei Meidung eines vom Gericht für jeden Fall der Zuwiderhandlung festzusetzenden Ordnungsgeldes bis zu 10.000 EUR, ersatzweise Ordnungshaft bis zu vier Wochen, oder einer Ordnungshaft bis zu zwei Monaten zu unterlassen, die auf dem Grundstück des Beklagten Hofstraße 5, ..., an der Grenze zum Grundstück des Klägers Hofstraße 3, ..., befindliche Mauer gegen das Grundstück des Klägers abzudachen."

158 Die Abänderung eines rechtskräftigen Unterlassungstitels kann nicht im Wege der Klage nach § 323 ZPO verlangt werden; nachträglich entstandene Einwendungen muss der zur Unterlassung verurteilte Schuldner mit der Vollstreckungsabwehrklage nach § 767 ZPO geltend machen (BGH 14.3.2008 – V ZR 16/07, BGHZ 176, 35 = NJW 2008, 1446 Rn. 13 ff.).

159 **cc) Duldungsansprüche.** Gemäß § 253 II Nr. 2 ZPO ist bei einem Duldungsanspruch die Duldung im Klageantrag so genau zu bezeichnen, dass der Antragsinhalt jedem verständlich ist. Dazu muss der geforderte Umfang der Duldung angeben sein, also etwa ein zeitlich befristetes Benutzungsrecht zu einem bestimmten Zweck (OLG Frankfurt a. M. 6.2.2009 –

Einleitung   **Einl.**

4 W 72/08, BeckRS 2009, 08071 für ein Vorgehen nach § 917 BGB), oder aber der Leitungsverlauf im Fall des § 7f, zB:

„Die Beklagte wird verurteilt, es bei Meidung eines vom Gericht für jeden Fall der Zuwiderhandlung festzusetzenden Ordnungsgeldes bis zu 10.000 EUR, ersatzweise Ordnungshaft bis zu vier Wochen, oder einer Ordnungshaft bis zu zwei Monaten zu dulden, dass der Kläger eine Abwasserleitung über ihr Grundstück Hofstraße 5, …, zum Abwasserrohr der Gemeinde P. nach Maßgabe der als Anlage K 1 beigefügten Planskizze verlegt und unterhält."

Werden mehrere Bruchteilseigentümer eines Grundstücks auf Duldung eines Notwegs **160** oder einer grenzüberschreitenden Wärmedämmung (§ 7c) in Anspruch genommen, sind sie notwendige Streitgenossen iSd § 62 I Alt. 2 ZPO. Denn die Duldungspflicht betrifft nicht die ideellen Miteigentumsanteile, sondern das Eigentum als Ganzes (BGH 12.11.2021 – V ZR 115/20, NJW-RR 2022, 92 Rn. 3). Anders ist das, wenn die Störung aus vermietetem Eigentum herrührt. Geht es darum, dass der Vermieter (zB als WEG-Eigentümer) durch eine bauliche Maßnahme in der vermieteten Wohnung die Miteigentümer stört, der Mieter sich aber weigert, den Rückbau zu ermöglichen, kann der Klageantrag gegen den Mieter beispielsweise wie folgt lauten (nach KG 21.3.2006 – 4 U 97/05, NJW-RR 2006, 1239):

„Der Beklagte wird verurteilt, in der von ihm angemieteten Wohnung den Rückbau des Wintergartens und des Balkons sowie die Herstellung des ursprünglichen Zustands durch einen freischwebenden Balkon zu dulden."

Duldungsansprüche werden bei Zuwiderhandlung nach Androhung durch Festsetzung ei- **161** nes Ordnungsgeldes oder durch Ordnungshaft vollstreckt (§ 890 I 1 ZPO). Die Androhung nach § 890 II ZPO sollte schon im Erkenntnisverfahren beantragt werden (→ Rn. 161). Die Verurteilung zu einer Duldung kann eine ebenfalls nach § 890 ZPO vollstreckbare Verpflichtung zu einem positiven Tun enthalten, auch wenn dies im Urteil nicht ausdrücklich ausgesprochen ist. Dies kann anzunehmen sein, wenn der Schuldner der Pflicht, etwas zu dulden, nur gerecht werden kann, indem er neben der Duldung auch positive Handlungen vornimmt, ohne die der rechtmäßige Zustand nicht zu erreichen ist. Die Zwangsvollstreckung würde unzumutbar erschwert, wenn der Gläubiger stattdessen auf einen Leistungstitel verwiesen werden könnte, zumal sich Art und Umfang solcher Handlungen kaum abschließend bestimmen lassen. Der Schuldner wird auch nicht über Gebühr belastet, wenn auf einen ausdrücklichen Urteilsausspruch verzichtet wird (BGH 25.1.2007 – I ZB 58/06, NJW-RR 2007, 863 Rn. 17). So beinhaltet etwa die Verurteilung des Beklagten zu dulden, dass im Innenhof seines Anwesens an der Außenwand des Nachbarhauses Verputzarbeiten vorgenommen werden, die Verpflichtung, den Durchgang in den Innenhof durch Öffnen der Tür(en) zu ermöglichen; anders kann er seiner Duldungspflicht nicht sinnvoll nachkommen (BGH 25.1.2007 – I ZB 58/06, NJW-RR 2007, 863 Rn. 16).

b) Ansprüche auf Schadensersatz und andere Geldansprüche. Die Fassung des Kla- **162** geantrags ist hier relativ unproblematisch, zB:

„Der Beklagte wird verurteilt, an den Kläger 2.860 EUR nebst Zinsen in Höhe von 5 Prozentpunkten über dem Basiszinssatz seit Rechtshängigkeit zu zahlen."

Bei Klagen auf Geldzahlung gehört zur Bestimmtheit iSd § 253 II Nr. 2 ZPO nur die **163** Angabe des Betrags und ggf. des Zinslaufs. Der Anspruch auf Prozesszinsen ergibt sich aus §§ 291, 288 I 1, 2 BGB.

Ist bei einem Schadensersatzanspruch die Schadenshöhe noch offen oder vorerst nur zu **164** einem Teil bestimmbar, besteht ein Feststellungsinteresse gem. § 256 I ZPO (BGH 15.1.2008 – VI ZR 53/07, NJW-RR 2008, 1520 Rn. 6). Der Kläger ist weder gehalten, den bei Klageerhebung berechenbaren Schaden zu beziffern oder nachträglich seinen Feststellungsantrag in einen Leistungsantrag zu ändern, wenn dies aufgrund der Schadensentwicklung im Laufe des Rechtsstreits möglich erscheint, noch ist ihm das versperrt, wenn er einen allgemeinen Feststellungsantrag stellt (BGH 28.9.1999 – VI ZR 195/98, NJW 1999, 3774 (3775)). Der Feststellungsantrag kann zB folgenden Wortlaut haben:

Einl. Einleitung

„Es wird festgestellt, dass der Beklagte verpflichtet ist, dem Kläger sämtlichen Schaden zu ersetzen, der durch die Anschließung der auf dem Grundstück des Beklagten Hofstraße 5, ..., befindlichen Wasserleitung durch den Beklagten entsteht, sofern der Ersatzanspruch nicht gem. § 86 I 1 VVG auf einen Versicherer übergegangen ist oder übergeht."

165 c) **Weitere Leistungsansprüche.** Gemäß § 253 II Nr. 2 ZPO müssen die Ansprüche im Klageantrag genau bezeichnet sein, zB:

„Der Beklagte wird verurteilt, sein Grundstück Hofstraße 5, ..., zum Grundstück des Klägers Hofstraße 3, ..., hin einzufriedigen."

166 Da der Beklagte gem. § 7 IV selbst entscheiden kann, wie er die Leistung erbringt, kann ihm das Gericht das auch nicht vorschreiben. Erst im Vollstreckungsweg darf und muss eine Konkretisierung erfolgen. Dies setzt aber voraus, dass der Schuldner dem Urteil keine Folge leistet und der Gläubiger daher gem. § 887 ZPO zur Ersatzvornahme schreiten darf (BGH 10.8.2006 – I ZB 110/05, NJW-RR 2007, 213 Rn. 18).

167 Geht es um einen Anspruch auf **Rückschnitt** von Anpflanzungen, ist darauf zu achten, dass die störenden Pflanzen nach Art und Standort hinreichend bezeichnet werden (OLG Köln 12.12.2003 – 19 U 63/03, MDR 2004, 532; OLG Koblenz 7.2.2008 – 7 S 87/07, NJOZ 2008, 2004 (2005)).

168 Wird vor dem Amtsgericht auf Vornahme einer vertretbaren oder unvertretbaren Handlung geklagt, ist der Beklagte nach § 510b ZPO auf Antrag für den Fall, dass die Handlung nicht binnen einer vom Gericht zu bestimmenden Frist vorgenommen ist, zur Zahlung einer Entschädigung zu verurteilen; das Gericht hat die Entschädigung nach freiem Ermessen festzusetzen. In vielen Fällen übernimmt das Gericht hierfür den vom Kläger angegebenen Vorschlag zur Höhe der Entschädigung. Verstreicht die Frist ungenutzt, ist der Kläger auf die Entschädigung zurückgeworfen, kann die Handlungspflicht also nicht mehr durchsetzen; insoweit hat er auch kein Wahlrecht (§ 888a ZPO). Allerdings ist ihm der Weg einer Entstörungsklage damit nicht versperrt. Der Beklagte kann sich somit nicht darauf verlassen, dass mit der Zahlung der Entschädigung alles erledigt ist.

Beispiel (nach BGH 23.6.2023 – V ZR 158/22, NJW-RR 2023, 1242):
A und B sind Miteigentümer eines Grundstücks. B versperrt zu Unrecht den Zugang zum Eigentum (Hoftor). A verklagt ihn auf Herausgabe des Schlüssels und geht im Wege des § 510b ZPO vor. Das Amtsgericht legt einen Betrag von 7.500 EUR als Entschädigung fest. B zahlt den Betrag. Danach reicht A Entstörungsklage ein. Dem steht der Einwand der Rechtskraft nicht entgegen. B muss nicht nur die Entschädigung zahlen, sondern auch den Schlüssel herausgeben.

VII. Geschichte des NRG

169 **1.** Nach dem 2. Weltkrieg kamen in einigen Bundesländern Bestrebungen auf, die landeseigenen privaten Nachbarrechte zu kodifizieren. Erste Regelungsansätze erfolgten durch das saarländische Baugesetz vom 19.7.1955 (ABl. S. 1159). Die erste Gesamtregelung erstellte BW, indem es am 14.12.1959 das hier kommentierte NRG verabschiedete (GBl. S. 171). Wenig später folgte Hessen mit einem in vielen Punkten abweichenden, von Hodes verfassten Konzept (dazu hess. LT-Drs. Abt. 1, IV/1092, 3293). Inzwischen bestehen in fast allen Bundesländer Nachbarrechtsgesetze. Diese weichen mehr oder weniger voneinander ab. Anders als für den Bereich des Bauordnungsrechts (hier werden seit 1959 von einer Bund-Länder-Kommission Musterbauordnungen entworfen, die den Bundesländern als Vorlage für ihre Bauordnungen dienen, dazu Dürr BauR BW Rn. 5) wird bis heute kein Versuch unternommen, diese Vorschriften zu harmonisieren.

170 **2.** Regelungen zum privaten Nachbarrecht hatten zuvor die ehemaligen Länder Baden und Württemberg durch ihre Ausführungsgesetze zum BGB getroffen. Während Art. 8–19 BadAGBGB 1925 eingehende Bestimmungen über die Rechte an gemeinsamen Mauern, über das Fensterrecht, über Schaden drohende Anlagen auf dem Nachbargrundstück und

Einleitung

über das Traufrecht enthielten, fehlten im badischen Rechtsgebiet eingehende Bestimmungen über Grenzabstände von Pflanzungen. Demgegenüber regelte das WürttAGBGB 1931 in Art. 191–224 gerade diese und andere damit zusammenhängende Fragen in allen Einzelheiten. Das badische Nachbarrecht wurde seit langem besonders von der Landwirtschaft wegen der darin vorgesehenen verhältnismäßig geringen Abstände für Bäume und Waldanlagen als nicht befriedigend empfunden. Seitens der interessierten Berufskreise war deshalb lange vor Bildung des Landes Baden-Württemberg immer wieder der Wunsch geäußert worden, die württembergischen Vorschriften zu übernehmen. Da sich eine landesweite Kodifizierung nicht erreichen ließ, hatte eine große Zahl von badischen Landkreisen und Gemeinden mittels bezirks- und ortspolizeilicher Verordnungen, die auf § 145 Ziff. 3 des badischen Polizeistrafgesetzbuchs gestützt waren, in Anlehnung an die württembergischen Vorschriften erhöhte Abstände für Pflanzungen von Bäumen und Sträuchern in der Feldmark eingeführt (RegBegr. vom 12.12.1958, Beil. 2220 zur 2. Legislaturperiode, S. 3553).

Nach Bildung des Landes Baden-Württemberg hatten vor allem die Landwirtschaft, der **171** Obst- und der Gartenbau der badischen Landesteile nachdrücklich die Forderung erhoben, die württembergischen Vorschriften über Grenzabstände von Bäumen und Sträuchern auf die badischen Landesteile auszudehnen. Die berufsständischen Organisationen waren mit entsprechenden Entschließungen an die Landesregierung herangetreten. Tatsächlich bestand für eine eingehende Regelung des landwirtschaftlichen Nachbarrechts in Baden-Württemberg ein besonderes Bedürfnis. Die dichte Besiedlung weiter Landesteile, das Ineinandergreifen landwirtschaftlicher, städtebaulicher und gewerblicher Interessen, die starke Zersplitterung des Grundbesitzes sowie die vielfältige und durchweg intensive Nutzung der Grundstücke mit vielen Spezialkulturen verlangten eine besondere Rücksicht auf die nachbarlichen Belange, wenn empfindliche Nachteile und Schäden vermieden werden sollten. Nachteile zeigten sich beispielsweise, wenn Grundbesitzer, wie es in zunehmendem Maße geschah, dazu übergingen, mitten in der Ackerflur gelegene Grundstücke extensiv durch Aufforstung, insbes. durch Anpflanzung von schnell wachsenden Pappeln, zu nutzen. Brauchten sie mit den Bäumen, wie es das BadAGBGB vorschrieb, nur 3 m oder unter Umständen nur 1,80 m Abstand vom Nachbargrundstück einzuhalten, so behinderte dies die ackerbauliche Nutzung des Nachbargrundstücks und beschädigte dort empfindliche Kulturen (RegBegr. vom 12.12.1958, Beil. 2220 zur 2. Legislaturperiode, S. 3553).

3. Deshalb hielt es der Gesetzgeber für geboten, den nachbarrechtlichen Teil der Ausfüh- **172** rungsvorschriften zum BGB zu harmonisieren, auch wenn ein einheitliches Ausführungsgesetz zum BGB, insbesondere wegen der Verschiedenartigkeiten der Notariats- und Grundbuchverfassung innerhalb der einzelnen Landesteile, noch nicht geschaffen werden konnte. In der Regierungserklärung vom 30.5.1956 wurde ohne Widerspruch im Landtag die Neuregelung des landwirtschaftlichen Nachbarrechts als vordringlich bezeichnet und ein Gesetzentwurf in Aussicht gestellt. Da die übrigen nachbarrechtlichen Vorschriften, wie sie in den verschiedenen Landesteilen galten, im Wesentlichen übereinstimmten und bisher nicht zu Beanstandungen geführt hatten, konnte das Nachbarrecht innerhalb des Landes auch insoweit ohne besondere Schwierigkeiten vereinheitlicht werden. Dabei ging der Gesetzgeber davon aus, dass wichtige Teile des privaten baulichen Nachbarrechts, wie zB die Vorschriften über Nachbar- und Grenzwände, über die Gründungstiefe, die Höherführung von Schornsteinen und Lüftungsleitungen, das Hammerschlags- und Leiterrecht sowie Vorschriften über die Duldung von Leitungen, abschließend bundesrechtlich in einem Bundesbaugesetz geregelt würden, so dass entsprechende landesrechtliche Vorschriften nicht aufgenommen wurden (RegBegr. vom 12.12.1958, Beil. 2220 zur 2. Legislaturperiode, S. 3553). Im Übrigen folgte der Gesetzgeber weitgehend den Regelungen der Art. 191–224 WürttAGBGB 1931, die wiederum hinsichtlich des Gebäudenachbarrechts zu einem Gutteil auf den Regelungen der Art. 56–62 WürttNBO, hinsichtlich des land- und forstwirtschaftlichen Nachbarrechts vor allem auf den Vorschriften der Art. 1–28 WürttGLN, mithin auf Vorschriften aus dem 19. Jahrhundert beruhten.

Einl. Einleitung

173 Hinsichtlich der das land- und forstwirtschaftliche Nachbarrecht betreffenden Fragen waren von den berufsständischen Organisationen der Landwirtschaft, des Garten-, Obst- und Weinbaus sowie von den Kleingärtnern und Siedlern die bestehenden württ. Vorschriften als gute Vorlage für eine einheitliche Landesregelung bezeichnet worden. Demgegenüber hatte sich die Forstkammer gegen die nach ihrer Auffassung übertrieben hohen Abstände für Waldanlagen und die unübersichtliche Vielfalt und Komplexität des württ. Rechts gewandt. Der Gesetzgeber lehnte sich deshalb zwar an die württ. Regelungen an, berücksichtigte aber die Änderungen der Verhältnisse seit Erlass dieser Vorschriften sowie die neuesten fachlichen Erkenntnisse und versuchte, berechtigten Einwänden gegen die bisherige württembergische Rechtslage Rechnung zu tragen. Das besondere Anliegen des Gesetzgebers war es, die Materie abschließend und so einfach und übersichtlich wie möglich zu regeln (RegBegr. vom 12.12.1958, Beil. 2220 zur 2. Legislaturperiode, S. 3553f.).

174 Hinsichtlich der Grenzabstände bei Einfriedigungen (= Einfriedungen) und Pflanzanlagen bemühte sich der Gesetzgeber um ein einprägsames System und wich deshalb verschiedentlich vom bestehenden Recht ab. Die Möglichkeit, durch Gemeindesatzung abweichende Grenzabstände festzulegen, wie sie das württ. Recht schon lange kannte (vgl. Art. 17 WürttGLN), sah der Gesetzgeber nicht vor (anders nunmehr § 27 S. 1). Andererseits bestand ein Bedürfnis dafür, den Gemeinden die Möglichkeit zu geben, für ihr Gebiet einige rechtserhebliche Abgrenzungen von Nutzungsflächen vorzusehen. Dem trug der Gesetzgeber durch Einführung einer entsprechenden gemeindlichen Satzungskompetenz Rechnung (vgl. § 28). Dabei sollte im Wesentlichen die Richtschnur gelten, dass die höherwertige Zweckbestimmung oder intensivere Kulturart im Rahmen des sachlich Vertretbaren einen gewissen Vorrang verdienen (RegBegr. vom 12.12.1958, Beil. 2220 zur 2. Legislaturperiode, S. 3554).

175 Einer eingehenden Prüfung bedurfte die Frage, welche Abstände für Waldanlagen vorzusehen waren. Hier kollidierten die Interessen des Feldbaus mit denen des Waldbaus. Die Landwirtschaft betonte die Nachteile, die der Wald für die angrenzenden, landwirtschaftlich genutzten Grundstücke hat (Schattenwirkung, Eindringen der Wurzeln, das „Brennen" an der Südseite des Waldes usw). Die Forstwirtschaft hob die allgemeinen Wohlfahrtswirkungen des Waldes und seinen volkswirtschaftlichen Nutzen hervor und bezeichnete es als ein dem Waldeigentümer nicht zumutbares Opfer, einen größeren Streifen an der Grenze liegen zu lassen, der anderweitig kaum genutzt werden könne. Außerdem lägen in der Nähe des Waldes idR nur kleinere Felder, bei deren steuerlichen Einschätzung und allgemeiner Wertbestimmung ohnedies die Nachbarschaft des Waldes zum Ausdruck komme. Der Gesetzgeber ging davon aus, dass es möglich und zweckmäßig sei, durch Gemeindesatzung die Gebiete, in denen die Landwirtschaft den Vorrang haben sollte, von denen mit forstwirtschaftlichem Vorrang abzugrenzen (sog. erklärte Waldlage). Im ersten Fall sollte ein größerer, ansonsten ein geringerer Abstand gelten (RegBegr. vom 12.12.1958, Beil. 2220 zur 2. Legislaturperiode, S. 3554).

176 Die Weinberge sollten die bisherige Sondervergünstigung des württ. Rechts (erhöhte Abstände von benachbarten Anlagen, vgl. Art. 204 WürttAGBGB 1931) nur genießen, wenn sie in einer erklärten Reblage, dh in einem Gebiet liegen, das durch Gemeindesatzung in erster Linie dem Weinbau gewidmet ist (RegBegr. vom 12.12.1958, Beil. 2220 zur 2. Legislaturperiode, S. 3554).

177 Die gleiche Begünstigung wie den Weinbergen gebührte nach Auffassung des Gesetzgebers den Erwerbsgartenbaugrundstücken in den durch Gemeindesatzung besonders hervorgehobenen Gartenbaulagen, wenn diese Grundstücke für den unter Verwendung ortsfester Kulturvorrichtungen betriebenen Erwerbsgartenbau besonders geeignet sind (RegBegr. vom 12.12.1958, Beil. 2220 zur 2. Legislaturperiode, S. 3554).

178 Abstände von Pflanzungen, die nicht Gehölze sind, wollte der Gesetzgeber nicht vorsehen. Zwar sollte sich die Vorschrift über Spaliervorrichtungen (vgl. § 13) dahingehend auswirken, dass auch mit Pflanzen, die am Spalier gezogen werden, ein gewisser Abstand von der Grenze einzuhalten ist. Im Übrigen wollte der Gesetzgeber aber ein Bedürfnis, für Sonnenblumen, Bohnen oä Grenzabstände vorzuschreiben, wie gelegentlich angeregt worden war, nicht an-

Einleitung   **Einl.**

erkennen. Derartige Pflanzen erreichten ihre größte Ausdehnung erst im Laufe des Sommers, ihre Schattenwirkung sei dann nicht mehr bedeutend, auch sonstige Nachteile würden kaum ins Gewicht fallen (RegBegr. vom 12.12.1958, Beil. 2220 zur 2. Legislaturperiode, S. 3554).

Bei der Neuregelung der übrigen Fragen wie derjenigen von überhängenden Zweigen, **179** eingedrungenen Wurzeln und der Verjährung der Ansprüche folgte der Gesetzgeber stärker den württ. Bestimmungen (Art. 213–217 WürttAGBGB 1931), die sich nach allgemeiner Auffassung bewährt hätten. Sie wurden teilweise redaktionell neu gefasst und genauer auf die Vorbehalte des EGBGB abgestimmt. Der Verjährung (§ 26) sollte abweichend von der bislang geltenden württ. Regelung auch der Anspruch wegen Nichteinhaltung des vorgeschriebenen Abstands bei neuen Waldanlagen unterliegen (RegBegr. vom 12.12.1958, Beil. 2220 zur 2. Legislaturperiode, S. 3553).

4. Nach Inkrafttreten des NRG musste der Gesetzgeber erkennen, dass die von vornherein **180** für dringlich erachteten Regelungen über die Gründungstiefe, den Überbau, das Hammerschlags- und Leiterrecht, die Benutzung von Grenzwänden sowie die Duldung von Leitungen nicht in das zwischenzeitlich verabschiedete Bundesbaugesetzbuch (heute: BauGB) aufgenommen worden waren. Dies machte ein Ergänzungsgesetz notwendig (dazu RegBegr. vom 20.8.1963, Beil. 3300 zur 3. Legislaturperiode, S. 6607), das als § 114 BWLBO am 1.1.1965 in Kraft trat (Gesetz vom 6.4.1964, GBl. 151, 187ff.). Die Regelungen wurden im Anschluss an § 7, also am Ende des 1. Abschnitts („Gebäude"), als §§ 7a–7e in das NRG eingefügt.

5. Das NRG wurde die nächsten 30 Jahre so gut wie nicht geändert. Anfang der 90er **181** Jahre erfolgten Bestrebungen, das NRG mit den Bestimmungen des (öffentlich-rechtlichen) Bauordnungsrechts zu harmonisieren, soweit dort ähnliche Sachverhalte geregelt waren. Darüber hinaus sollte für bestimmte Regelungen der Vorrang von Festsetzungen in Bebauungsplänen geregelt werden. Dies erschien dem Gesetzgeber sachgerecht, da bei der Aufstellung eines Bebauungsplans den örtlichen Gegebenheiten besser Rechnung getragen werden könne als mit dem Erlass landesweiter Vorschriften. Wegen der veränderten Verhältnisse, vor allem durch die wesentlich geringere durchschnittliche Größe von Baugrundstücken und wegen der gewandelten ökologischen Auffassungen, sollten ferner die Grenzabstände für Pflanzungen teilweise verkürzt werden. Zudem sollten die Rechte der Nachbarn im Interesse der Erhaltung bestehender Bäume etwas eingeschränkt werden (Gesetzentwurf v. 1.3.1993 – LT-Drs. 11/1481, 11; im weiteren Gesetzgebungsverfahren erfolgten noch Änderungen der §§ 3 III, 7 II und 27, dazu Beschussempfehlung und Bericht des Ständigen Ausschusses, LT-Drs. 11/6201, 1ff.). Nach diesen Vorgaben verabschiedete der Gesetzgeber am 26.7.1995 (GBl. 605) eine umfangreiche NRG-Novelle, die als „Gesetz zur Änderung des Nachbarrechtsgesetzes" am 1.1.1996 in Kraft trat.

6. Das Verwaltungsstruktur-Reformgesetz vom 1.7.2004 (GBl. 469; Begründung in LT- **182** Drs. 13/3201) brachte mit Wirkung zum 1.1.2005 Änderungen der §§ 7, 19 und 28 IV mit sich. Diese waren im Wesentlichen kosmetischer Natur.

7. Durch einstimmig verabschiedetes Gesetz vom 4.2.2014 (GBl. 65) wurde das NRG **183** wiederum erheblich verändert. Betroffen waren vor allem zwei ‚Filetstücke' des NRG, nämlich die Grenzabstände für Gehölze und die Frist für die Verjährung der entsprechenden Beseitigungsansprüche. Die für Gehölze geltenden Grenzabstände wurden für die Innerortslagen (§ 12 II 2) verdoppelt. Verdoppelt wurden zudem die Verjährungsfristen für gewisse Beseitigungsansprüche nach dem NRG. Gemäß Art. 2 I dieser Novelle trat das Gesetz am Tag nach seiner Verkündung in Kraft, mithin am 12.2.2014. Für an diesem Tag bereits bestehende Gehölze gilt gem. Art. 2 II des Gesetzes § 16 II in der bisherigen Fassung (→ 3. Aufl., § 16 Rn. 34). Die Verjährungsvorschrift (§ 26) ist in der Neufassung auf alle am Tag des Inkrafttretens dieses Gesetzes bestehenden und noch nicht verjährten Ansprüche anzuwenden (Art. 2 III). Diese Änderungen werden in der Regierungsbegründung (LT-Drs. 15/4384) wie folgt erläutert:

184 „Die aus ökologischer und insbesondere klimaschutzpolitischer Sicht wünschenswerte Erzeugung von Energie aus regenerativen Quellen erfolgt im innerörtlichen Bereich ua mit Photovoltaik- und sonstigen Solaranlagen, die auf Gebäudedächern und -fassaden angebracht sind. Ihr wirtschaftlicher Betrieb setzt eine hinreichende Sonneneinstrahlung voraus, die durch einen hohen grenznahen Bewuchs des Nachbargrundstücks verhindert werden kann. Die Sonneneinstrahlung auf Grundstücke im innerörtlichen Bereich wird mit der zunehmenden Verbreitung der Nutzung solarer Energie mithin immer wichtiger. Dem wird nicht gerecht, dass sich der einzuhaltende Grenzabstand im Innerortsbereich nach geltender Rechtslage zum Teil auch für nicht höhenbeschränkte Bäume deutlich ermäßigt. Diese Privilegierung soll deshalb für neu gepflanzte und neu gezogene Gehölze aufgehoben werden."

185 Ergänzend erklärte der baden-württembergische Justizminister Stickelberger am 23.1.2014 im Ständigen Ausschuss, an den das Gesetz nach der 1. Lesung im Landtag überwiesen worden war, in den vorangegangenen Legislaturperioden seien auf Bundesebene immer wieder Maßnahmen zur Erleichterung der baulichen Nachverdichtung in Wohngebieten ergriffen worden, was zu einer Erhöhung der Bevölkerungsdichte in den entsprechenden Gebieten geführt habe. Im Zuge dieser Veränderungen würden auch neue Formen der Begrünung angestrebt. Nach den Erkenntnissen der Landesregierung gebe es genug moderne Planungs- und Realisierungsansätze für eine Durchgrünung in Stadtbereichen, die mit den Zielen des vorliegenden Gesetzesvorhabens vereinbar seien (LT-Drs. 15/4632, 2).

186 Um den Rechtsschutz des Nachbarn insbesondere gegen rechtswidrig zu nahe an der Grundstücksgrenze gepflanzte Bäume effektiver zu gestalten, sollte die **Verjährungsfrist** für Beseitigungsansprüche bezüglich artgemäß mittelgroßer und großwüchsiger Gehölze „maßvoll" **von bisher fünf auf zehn Jahre verlängert** werden (§ 26 I 2). Damit sollte insbesondere vermieden werden, dass Beseitigungsansprüche in vielen Fällen bereits verjährt sind, wenn das betroffene Gehölz eine Ausdehnung erreicht hat, in der es seine – auch im Hinblick auf eine effiziente Nutzung solarer Energie – störende Wirkung zu entfalten beginnt und der Nachbar dadurch auf dieses Gehölz aufmerksam wird (LT-Drs. 15/4384, 8). Diese Regelung gilt **für Neuanpflanzungen ab dem 12.2.2014.**

187 Ferner wurde mit dem Gesetz vom 4.2.2014 § 7b eine Vorschrift angefügt. Der neue § 7c soll nachträgliche Wärmeschutzüberbauten ermöglichen. Dadurch erhielten die nachfolgenden §§ 7c, 7d und 7e neue Bezeichnungen als §§ 7d, 7e und 7f.

188 Praktischen Bedürfnissen folgend wurde überdies – auch im Hinblick auf den ökologischen Nutzen von Kurzumtriebsplantagen – der Abstand, der mit Pappeln in Kurzumtriebsplantagen mit verkürzter Umtriebszeit von der Grundstücksgrenze einzuhalten ist, auf 4m verkleinert (§ 16 I Nr. 4c). Zudem wurde geregelt, dass die Bewirtschaftung landwirtschaftlich genutzter Grundstücke nicht durch vom Nachbargrundstück herüberragende Zweige beeinträchtigt werden darf (§ 23 I).

189 8. Durch Art. 15 des Gesetzes zur Digitalisierung des Hinterlegungswesens, zur Anpassung des Landesrechts an das Gerichtsdolmetschergesetz und zur Änderung weiterer Vorschriften vom 6.12.2022 wurde § 27 S. 1 dahingehend ergänzt, dass sich der Vorbehalt des öffentlichen Rechts auch auf Satzungen nach § 74 LBO bezieht. Hintergrund war eine Kontroverse in der Kommentarliteratur, die darauf beruhte, dass § 27 S. 1 einen Vorrang gemeindlicher Bestimmungen zu Böschungen, Aufschüttungen, Einfriedungen, Hecken oder Anpflanzungen nur für den Fall vorsah, dass diese in Bebauungsplänen und sonstigen Satzungen nach dem Baugesetzbuch (BauGB) bzw. Maßnahmengesetz zum BauGB enthalten waren. Nicht genannt waren die als Gestaltungssatzung zu erlassenden örtlichen Bauvorschriften nach § 74 LBO. Diese enthalten aber typischerweise Vorgaben insbesondere zu toten Einfriedungen wie Mauern, Zäunen oder Sichtschutzwänden, die von der hierzu bestehenden Regelung in § 11 abweichen können. In Bebauungsplänen sind Vorgaben dieser Art in Baden-Württemberg demgegenüber nicht (mehr) erlaubt. Der Gesetzgeber wollte klarstellen, dass sich der Vorrang des öffentlichen Rechts auch auf diese Rechtsnormen bezieht (LT-Drs. 17/3436, 5).

190 9. Weitere Änderungen des NRG stehen derzeit (Ende 2024) nicht an.

Teil B. Kommentierung

Gesetz über das Nachbarrecht
(Nachbarrechtsgesetz – NRG)

In der Fassung der Bekanntmachung vom 8. Januar 1996 (GBl. S. 54),
zul. geänd. durch G v. 6.12.2022 (GBl. S. 617, 622)

Die ersten 3 Abschnitte des NRG (§§ 1–10) befassen sich mit dem **baulichen Nachbarrecht** (betr. Gebäude, Aufschichtungen und Gerüste sowie Bodenerhöhungen).

1. Abschnitt. Gebäude

Vorbemerkungen zu §§ 1, 2 – Wassereinwirkungen

Parallelvorschriften: Bayern: –; Berlin: –; Brandenburg: §§ 52–54 BbgNRG; Bremen: –; Hamburg: –; Hessen: §§ 26, 27 HessNachbRG; Mecklenburg-Vorpommern: –; Niedersachsen: §§ 45, 46 NNachbG; Nordrhein-Westfalen: §§ 27, 28 NachbG NRW; Rheinland-Pfalz: §§ 37, 38 RhPfLNRG; Saarland: §§ 41, 42 SaarlNachbG; Sachsen: § 25 SächsNRG; Sachsen-Anhalt: § 33 LSANbG; Schleswig-Holstein: § 26 NachbG Schl.-H.; Thüringen: §§ 37, 38 ThürNRG.

I. Regelungen im NRG

Aufgrund der naturgesetzlichen Gegebenheit, dass Wasser bergab fließt und den natürlichen Geländeverhältnissen folgt, entstehen nachbarrechtlich relevante Fragestellungen: Darf der Grundeigentümer Wasser, das vom Nachbargrundstück abfließt, abwehren? Ist er daran aufgrund einer Traufberechtigung des Nachbarn gehindert? Welche Einwirkungen auf das Grundwasser sind erlaubt? Das NRG regelt nur einen Teil der Fragen. Es trifft in §§ 1 und 2 nur Bestimmungen, die mit dem Ablaufen von Wasser auf das Nachbargrundstück nicht direkt zu tun haben. In § 1 geht es um die Form der Ableitung von Niederschlagswasser und Abwasser auf dem eigenen Grundstück, § 2 bestimmt die eingeschränkte Durchsetzbarkeit von Dienstbarkeiten, die ein Traufrecht begründen. Grundsätzlich gilt, dass das private Nachbarrecht vom privaten Wasserrecht abzugrenzen ist. Das private Wasserrecht ist seit 2010 vornehmlich im WHG, mithin bundesrechtlich geregelt und erfasst die Folgen von Wasser, das unmittelbar auf den unversiegelten Boden fällt (sog. wild abfließendes Wasser). Demgegenüber regelt das NRG das sog. Baulichkeits- oder Traufwasser, Wasser also, das auf ein Gebäude bzw. eine bauliche Anlage fällt und sich von dort seinen Weg bahnt. Ergänzende Regelungen zu diesem Wasser finden sich in §§ 54ff. WHG, dort einfach als Abwasser bezeichnet (§ 54 I 1 Nr. 2 WHG). 1

II. Ergänzende Vorschriften

1. Das Nachbarrecht des BGB trifft keine Regelungen zum Wasserrecht. Das WHG gab zunächst lediglich Regelungen, die mit der Einwirkung auf Grundwasser zusammenhängen. Inzwischen regelt das WHG in § 37 auch Einwirkungen **durch** Wasser (dazu → Rn. 4ff.). Diese Bestimmungen werden durch § 1004 I BGB für den Eigentumsschutz und § 862 I 2

Vor §§ 1, 2 1. Abschnitt. Gebäude

BGB für den Schutz des Besitzers flankiert. Erforderlich sind in beiden Fällen nicht unerhebliche Einwirkungen auf das Nachbargrundstück, zB durch den Bau eines Mischwasserkanals, der dazu führt, dass Drainwasser an ein Nachbargebäude drückt und es zu beschädigen droht (OLG Nürnberg 9.1.2002 – 4 U 281/00, BeckRS 2002, 30231165). Das nachbarrechtliche Gemeinschaftsverhältnis kann zu Einschränkungen führen (→ Einl. Rn. 26). Dies muss aus Rücksicht auf die nachbarrechtlichen Sonderregelungen aber eine aus zwingenden Gründen gebotene Ausnahme bleiben (BGH 20.4.2023 – III ZR 92/22, BGHZ 237, 46 = ZfBR 2023, 551 Rn. 29). Das nachbarrechtliche Gemeinschaftsverhältnis kann nur dann zur Anwendung kommen, wenn ein über die gesetzliche Regelung hinausgehender billiger Ausgleich der widerstreitenden Interessen dringend geboten erscheint, auch wenn es nur um Schutz gegen **Spritzwasser** geht (VGH München 28.8.1997 – 8 B 96.2787, NVwZ 1998, 536). Gleiches gilt unter dem Gesichtspunkt der deliktischen Verkehrssicherungspflicht. So sind **Schneefanggitter** ohne Vorliegen **besonderer baulicher Umstände** (dazu OLG Karlsruhe 27.6.1986 – 14 U 269/84, NJW-RR 1986, 1404: Kirchendach; OLG Stuttgart 13.10.1971 – 4 U 77/71, VersR 1973, 356: Traufseite des Dachs weist zur Straße hin und hat eine Neigung von über 45°; OLG Hamm 14.8.2012 – 9 U 119/12, NJW-RR 2013, 25 (26 f.): glasierte Dachpfannen, Gauben, Einrichtung eines Parkplatzes am Haus) nur dort zu fordern, wo dies gesetzlich vorgeschrieben oder ortsüblich ist, vor allem in höheren Berglagen (BGH 8.12.1954 – VI ZR 289/53, NJW 1955, 300; ähnlich OLG Karlsruhe 18.3.1983 – 15 U 280/82, NJW 1983, 2946; OLG Jena 20.12.2006 – 4 U 865/05, NJOZ 2007, 1246). Unabhängig von der Frage, ob feste Einrichtungen zum Schutz gegen abstürzenden Schnee vorzusehen sind, besteht ggf. die Pflicht zu **anderweitigen Vorkehrungen.** Dies kann allerdings ebenfalls nur bei Vorliegen besonderer Umstände verlangt werden. Solche Vorkehrungen können nach der allgemeinen Schneelage des Ortes, der Beschaffenheit und Lage des Gebäudes, den konkreten Schneeverhältnissen und der Art und des Umfangs des gefährdeten Verkehrs erforderlich sein (OLG Jena 18.6.2008 – 2 U 202/08, NJW-RR 2009, 168; OLG Düsseldorf 6.6.2013 – 10 U 18/13, NJW-RR 2013, 1491 (1492); Strauch NZM 2012, 524). Geschuldet sind auch dann nur **geeignete und zumutbare Maßnahmen** zur Störungsabwehr, zB durch Aufstellen eines Hinweisschildes (OLG Naumburg 11.8.2011 – 2 U 34/11, NJW-RR 2011, 1535) oder Montage einer Abtauanlage am Dach eines Hochhauses.

3   2. Ausgangspunkt der Regelungen zu Wasserwirkungen ist der aus dem gemeinen Recht stammende, inzwischen in § 37 WHG normierte **wasserrechtliche Grundsatz** der actio aquae pluviae arcendae, wonach Oberlieger und Unterlieger den **natürlichen Wasserfluss hinzunehmen** haben (BGH 18.4.1991 – III ZR 1/90, BGHZ 114, 183 = NJW 1991, 2770 (2772); OLG Hamm 18.2.2008 – 5 U 115/07, NJOZ 2008, 2142 (2144), jeweils zu § 115 NRWLWG aF). Dieses Prinzip wiederum ist eine Ausprägung des Rechtssatzes, wonach Grundeigentümer für Naturereignisse auch dann nicht einstehen müssen, wenn die Gefahr von ihrem Grundstück ausgeht (BGH 12.2.1985 – VI ZR 193/83, NJW 1985, 1773 (1774) – Felssturz). Daher darf und muss Wasser, das auf ein Grundstück trifft, nicht aufgehalten werden. Für den Nachbarn führt dies zu einer Duldungspflicht, die Ausdruck der in Art. 14 I 2, II GG normierten Sozialbindung des Eigentums ist. Auf der anderen Seite können Unterlieger berechtigt sein, auf dem höher gelegenen Grundstück Maßnahmen (etwa durch Anlegen eines Rohres) zum Schutz ihrer (bebauten) Grundstücke vor wild abfließendem Oberflächenwasser zu fordern (→ Rn. 19) oder sogar selbst zu treffen (dazu → § 7d Rn. 37).

4   Zu **Einwirkungen durch wild abfließendes Wasser,** also Wasser, das aus Quellen und Niederschlägen stammt und wild, dh ungesammelt außerhalb von Gewässerbetten, Gräben und Leitungen dem natürlichen Gefälle folgend oberirdisch abfließt (BGH 29.4.1976 – III ZR 185/73, VersR 1976, 985; 9.5.2019 – III ZR 388/17, NJW-RR 2019, 1035 Rn. 19; auch Hochwasser: BGH 6.12.1973 – III ZR 49/71, VersR 1974, 365 (367); auch Niederschlagswasser, solange es nicht nach § 54 I 1 Nr. 2 WHG aus dem Bereich von bebauten oder befestigten Flächen gesammelt abfließt und daher als Abwasserbeseitigung §§ 54 ff. WHG unterfällt: BGH 9.5.2019 – III ZR 388/17, NJW-RR 2019, 1035 Rn. 19), trifft **§ 37 WHG** seit der WHG-Novelle vom 31.7.2009 (BGBl. I 2585) folgende Regelungen:

§ 37 Wasserabfluss

(1) [1] *Der natürliche Ablauf wild abfließenden Wassers auf ein tiefer liegendes Grundstück darf nicht zum Nachteil eines höher liegenden Grundstücks behindert werden.* [2] *Der natürliche Ablauf wild abfließenden Wassers darf nicht zum Nachteil eines tiefer liegenden Grundstücks verstärkt oder auf andere Weise verändert werden.*

(2) [1] *Eigentümer oder Nutzungsberechtigte von Grundstücken, auf denen der natürliche Ablauf wild abfließenden Wassers zum Nachteil eines höher liegenden Grundstücks behindert oder zum Nachteil eines tiefer liegenden Grundstücks verstärkt oder auf andere Weise verändert wird, haben die Beseitigung des Hindernisses oder der eingetretenen Veränderung durch die Eigentümer oder Nutzungsberechtigten der benachteiligten Grundstücke zu dulden.* [2] *Satz 1 gilt nur, soweit die zur Duldung Verpflichteten die Behinderung, Verstärkung oder sonstige Veränderung des Wasserabflusses nicht zu vertreten haben und die Beseitigung vorher angekündigt wurde.* [3] *Der Eigentümer des Grundstücks, auf dem das Hindernis oder die Veränderung entstanden ist, kann das Hindernis oder die eingetretene Veränderung auf seine Kosten auch selbst beseitigen.*

(3) [1] *Aus Gründen des Wohls der Allgemeinheit, insbesondere der Wasserwirtschaft, der Landeskultur und des öffentlichen Verkehrs, kann die zuständige Behörde Abweichungen von den Absätzen 1 und 2 zulassen.* [2] *Soweit dadurch das Eigentum unzumutbar beschränkt wird, ist eine Entschädigung zu leisten.*

(4) Die Absätze 1 bis 3 gelten auch für wild abfließendes Wasser, das nicht aus Quellen stammt.

§ 37 WHG gilt für alle oberirdischen Gewässer iSv § 3 Nr. 1 WHG und außerdem für das in § 37 IV WHG geregelte wild abfließende Wasser. Der Bundesgesetzgeber hat mit § 37 WHG von seiner (neuen) konkurrierenden Gesetzgebungszuständigkeit für den Wasserhaushalt nach Art. 74 I Nr. 32 GG Gebrauch gemacht. Bislang hatte der Bund insoweit nur die Kompetenz zur Rahmengesetzgebung. Als Ausgleich für die durch die Föderalismusreform von 2006 (Gesetz zur Änderung des Grundgesetzes vom 28.8.2006, BGBl. I 2034) in Fortfall geratene Rahmenausfüllungsbefugnis wurde den Ländern in Art. 72 III 1 Nr. 5 GG das (kaum bedeutsame) Recht zur Abweichung vom Wasserrecht des Bundes gewährt, soweit nicht stoff- oder anlagenbezogene Regelungen betroffen sind. Obschon die privatrechtlichen Teile des § 37 WHG keine stoff- oder anlagenbezogenen Regelungen enthalten, unterliegen sie als auf Art. 74 I Nr. 1 GG (Bürgerliches Recht) gestütztes Bundesrecht nicht der Befugnis zur Abweichungsgesetzgebung nach Art. 72 III 1 Nr. 5 GG, zumal auch der Vorbehalt privaten Landeswasserrechts (Art. 65 EGBGB) mit der Novellierung des WHG vom 31.7.2009 beseitigt worden ist (Czychowski/Reinhardt, 13. Aufl. 2023, WHG § 37 Rn. 3). Bis zum Inkrafttreten des § 37 WHG am 1.3.2010 war die rechtliche Behandlung wild abfließenden Wassers landesrechtlich in § 81 WG aF geregelt. Beide Regelungen unterscheiden sich allein darin, dass das Selbsthilferecht des beeinträchtigten Eigentümers bzw. Nutzungsberechtigten gem. § 37 II 3 WHG auf eigene Kosten auszuüben ist und die Entschädigungspflicht für Folgen polizeilicher Anordnungen in § 37 III 2 WHG auf eine dogmatisch sichere Grundlage gestellt wurde, indem sie nicht schon (wie nach § 81 IV 2 WG aF) bei Eintritt nicht nur unerheblicher Schäden greift, sondern – wie im Bereich des nachbarlichen Ausgleichsanspruchs analog § 906 II 2 BGB (→ Einl. Rn. 80 ff.) – erst bei unzumutbaren Eigentumsbeschränkungen. § 37 WHG hat zwar auch wasserwirtschaftliche Bedeutung, ist aber wie § 81 WG aF eine Vorschrift des zivilrechtlichen Nachbarrechts (BT-Drs. 16/12275, 62). Die Neuregelung verdrängt landesrechtliche Parallelvorschriften insgesamt, da es sich bei § 37 WHG um eine vollständige, aus sich heraus anwendbare Regelung handelt, mit der der Bundesgesetzgeber von seiner konkurrierenden Gesetzgebungskompetenz iSd Art. 74 I Nr. 1 und Nr. 32, Art. 72 I GG abschließend Gebrauch gemacht hat (BT-Drs. 16/12275, 82). Daher dürfte landesrechtlich zB auch keine Schadensersatzpflicht (über die Entschädigungspflicht aus § 37 III 2 WHG hinaus) eingeführt werden. In BW gilt seit dem 1.10.2014 ein neues Wassergesetz (vom 3.12.2013, GBl. 389), das nach dem Vorgesagten keine Regelungen zu wild abfließendem Wasser mehr enthält. § 37 WHG verdrängt als spezielle Regelung zudem § 907 BGB (BGH 9.5.2019 – III ZR 388/17, NJW-RR 2019, 1035 Rn. 26). Handelt es sich um ein planfestgestelltes Vorhaben, ist die **Ausschlusswirkung des § 75 II 1 VwVfG** zu beachten, falls es tatsächlich zur Durchführung kommt (BGH 9.5.2019 – III ZR 388/17, NJW-RR 2019, 1035 Rn. 27).

6   Der natürliche Ablauf wild abfließenden Wassers richtet sich nach den aktuellen Boden- und Geländeverhältnissen. Frühere künstliche Eingriffe in die Vorflutverhältnisse ändern nichts am natürlichen Ablauf, sofern dies mit Einwilligung des Unterliegers erfolgte oder von ihm über einen längeren Zeitraum widerspruchslos hingenommen wurde (BGH 26.1.2017 – III ZR 465/15, NJOZ 2018, 29 Rn. 16; 9.5.2019 – III ZR 388/17, NJW-RR 2019, 1035 Rn. 20). Spätestens ein Jahr nach dem ersten (hingenommenen) Wasserübertritt dürfte ein Widerspruch verwirkt sein. Da insbesondere Bebauungen die natürliche Geländebeschaffenheit verändern können, ist nicht allein auf den ieS natürlichen Ursprungszustand, sondern auch darauf abzustellen, ob der vorhandene Zustand in seiner Gesamtheit rechtmäßig besteht und damit zugleich den Zustand des natürlichen Gefälles mitbestimmt (BGH 9.5.2019 – III ZR 388/17, NJW-RR 2019, 1035 Rn. 20).

7   Wasser fließt auch dann wild ab, wenn es mit **Schlamm** vermischt ist. Die wasserrechtliche Sonderregelung erfasst hingegen nicht die Beeinträchtigung durch Einschwemmen und Ablagerung von Bodenbestandteilen. Deshalb dürfen Bodenbestandteile nicht in einem Maß abgeschwemmt werden, das über eine bloße Verschmutzung des Wassers hinausgeht (vgl. BGH 21.2.1980 – III ZR 185/78, NJW 1980, 2580 (2581), zur Parallelvorschrift des § 78 I 1 NRWLWG aF; 18.4.1991 – III ZR 1/90, BGHZ 114, 183 = NJW 1991, 2770 (2771), zur Parallelvorschrift des § 115 NRWLWG aF). Gleiches gilt für **Abfälle**. Gelangen Abfälle durch Naturvorgänge (Sturm, Überschwemmung oder Ähnliches) bzw. durch höhere Gewalt auf nicht frei zugängliche Grundstücke, ist es nach §§ 5 II 1, 11 I, 13 I KrW/AbfG Sache des Eigentümers oder Besitzers dieser Grundstücke, sie zu verwerten, zu beseitigen oder institutionellen Entsorgungsträgern zu überlassen (BVerwG 11.12.1997 – 7 C 58/96, NJW 1998, 1004 (1005)). Nicht etwa darf er den Abfall an den Nachbarn zurückreichen. Tut er dies gleichwohl, kann der Nachbar ihn gem. § 1004 BGB auf Beseitigung in Anspruch nehmen. Der Eigentümer kann den Fall allerdings der Abfallbehörde melden. Insofern ist anerkannt, dass es in Fällen, in denen der Verursacher einer illegalen Abfallablagerung greifbar ist, geboten sein kann, diesen durch ordnungsrechtliche Verfügung zur Wiederaufnahme des Abfallbesitzes zu verpflichten (BVerwG 11.12.1997 – 7 C 58/96, NJW 1998, 1004 (1006)).

8   Das **Abdämmungsverbot** des **§ 37 I 1 WHG** soll die natürliche Wasseraufnahmelast eines Grundstücks im Interesse der höher gelegenen Grundstücke sicherstellen. Es richtet sich gegen den Grundeigentümer, nicht gegen den Unternehmer, der Abdämmungsarbeiten ausführt (BeckOK UmweltR/Riedel WHG § 37 Rn. 12). Hier kommt allerdings eine Beteiligungshaftung nach § 830 II BGB in Betracht (OLG Düsseldorf 7.2.1992 – 22 U 178/91, NJW-RR 1992, 912, zu § 115 NRWLWG aF), bis zur Beendigung der Arbeiten zudem eine Störerhaftung (OLG Nürnberg 9.1.2002 – 4 U 281/00, BauR 2003, 732 (735)).

9   Das Abdämmungsverbot des § 37 I 1 WHG betrifft nur wild abfließendes Wasser. Bei Wasser, das bei einem **Rohrbruch** freigesetzt wird, ist das nicht der Fall (BeckOK UmweltR/Riedel WHG § 37 Rn. 6). § 81 I 2 WG aF stellte dies klar (Habel WG § 81 Anm. 8); § 37 WHG regelt den Fall des künstlich hergeleiteten Wassers in Abs. 4 („nicht aus Quellen") nur noch undeutlich. Bei einem Rohrbruch darf der Unterlieger den Wassereinfall auf sein Grundstück unterbinden, auch wenn dadurch das Oberliegergrundstück beeinträchtigt wird. Ergänzend bestimmt § 1 Alt 2 eine Ableitungspflicht auf dem eigenen Grundstück, sofern der Rohrbruch innerhalb eines Gebäudes erfolgt (→ § 1 Rn. 6). Entsteht durch einen Rohrbruch ein Wasserschaden auf dem Nachbargrundstück, kann der Nachbar gem. § 2 I 1 HPflG (BGH 14.7.1988 – III ZR 225/87, NJW 1989, 104 (105)) bzw. über § 836 BGB (BGH 25.1.1971 – III ZR 208/68, BGHZ 55, 229 = NJW 1971, 607) Schadensersatz verlangen, unabhängig davon Geldausgleich in entsprechender Anwendung des § 906 II 2 BGB (BGH 19.4.1985 – V ZR 33/84, WM 1985, 1041; 30.5.2003 – V ZR 37/02, BGHZ 155, 99 = NJW 2003, 2377 (2378f.)). – Wasserrohrbruch; 15.7.2011 – V ZR 277/10, NJW 2011, 3294 Rn. 20; auch → Einl. Rn. 80ff.).

Das **Veränderungsverbot** des § 37 I 2 WHG ist dem Verbotstatbestand des § 37 I 1 10
WHG räumlich entgegengesetzt und schützt die unterliegenden Grundstücke vor künstlich
verstärktem oder verändertem Wasserablauf. Erfasst sind nur quantitative, nicht auch qualitative Veränderungen, zB aufgrund von Verunreinigungen mit Herbizitrückständen (ebenso
BGH 2.3.1984 – V ZR 54/83, BGHZ 90, 255 = NJW 1984, 2207 (2208), für die Parallelvorschrift des § 82 I RhPfLWG aF; hier greift aber die allg. Störerhaftung nach § 1004 BGB,
s. BGH 4.2.2005 – V ZR 142/04, NJW 2005, 1366 (1367); 12.6.2015 – V ZR 168/14, NJW-RR 2016, 24 Rn. 9; s. ferner § 4 V 1 BBodSchG; für den Fall, dass Grundwasser betroffen ist,
→ Rn. 20). Das Veränderungsverbot greift auch dann, wenn der Oberlieger Wasser durch
Grabungen und Bohrungen erst zutage gefördert oder es zu Betriebszwecken künstlich hergeleitet hat (vgl. Dorner/Seng 301). Dabei sind alle tiefer liegenden Grundstücke geschützt,
die durch eine Zuleitung betroffen sein können. Das Veränderungsverbot gilt für jede (nachteilige, → Rn. 13) Veränderung und wird nur durch die Möglichkeit einer behördlichen
Ausnahmegenehmigung gem. § 37 III 1 WHG relativiert.

Die Wasserrechte einiger Bundesländer nahmen Veränderungen des Wasserablaufs infolge 11
veränderter wirtschaftlicher Grundstücksnutzung ausdrücklich aus (zB § 81 WG aF;
§ 115 I 2 NRWLWG aF, § 60 II SchlHLWG aF). Ohne eine solche Ausnahme würde die
wirtschaftliche Nutzung von Grundstücken, vor allem die landwirtschaftliche Nutzung abschüssiger Anbauflächen, erheblich erschwert. Diese Einschränkung fehlt zwar in § 37 I 2
WHG. Dass der Gesetzgeber an der für die landesrechtlichen Vorgängernormen dergestalt
ausgeformten Rechtslage nicht mehr festhalten wollte, lässt sich aber weder dem Wortlaut
des § 37 WHG noch der Gesetzesbegründung entnehmen (vgl. BT-Drs. 16/12275, 62). Daher ist diese Einschränkung trotz ihrer fehlenden Erwähnung in § 37 I 2 WHG im Gesetz
mitzulesen (BGH 20.4.2023 – III ZR 92/22, BGHZ 237, 46 = ZfBR 2023, 551 Rn. 26).
Grundsätzlich sind alle zulässigen wirtschaftlichen Nutzungen anzuerkennen, ohne dass es
sich dabei um wirtschaftlich sinnvolle oder technisch richtige Maßnahmen handeln muss
(BGH 6.6.2007 – III ZR 313/06, NVwZ-RR 2007, 597 Rn. 4; 20.4.2023 – III ZR 92/22,
BGHZ 237, 46 = ZfBR 2023, 551 Rn. 31), zB die Anschüttung von Erdreich im Zusammenhang mit der Errichtung von Gebäuden (OLG Düsseldorf 4.12.2006 – 9 U 76/06, Juris
Rn. 12 = BeckRS 2007, 16789), die Errichtung von Einfriedigungen (OLG Köln 1.7.1994
– 6 U 181/93, VersR 1995, 666, 667: Palisadenzaun) oder Hangstützmauern, Einebnungen
zur Erleichterung der Bewirtschaftung, Aufschüttungen zur Lagerung von Bodenaushub
(OLG Hamm 5.3.2012 – 5 U 160/11, BeckRS 2012, 10505), Anpflanzung von Bäumen und
Sträuchern, Pflasterung von Hofräumen und Wegen, Rodung von Waldflächen und die landwirtschaftliche Bodennutzung mit wechselnder Fruchtfolge bzw. das Wechseln von Wiesen-
zur Ackernutzung (BGH 18.4.1991 – III ZR 1/90, BGHZ 114, 183 = NJW 1991, 2770,
2771; 20.4.2023 – III ZR 92/22, BGHZ 237, 46 = ZfBR 2023, 551 Rn. 30). So hat der
BGH es als veränderte wirtschaftliche Nutzung iSd § 115 I 2 NRWLWG aF gebilligt, dass
ein höher gelegenes Spargelfeld während der Wintermonate zusätzlich mit Plastikfolie geschützt wurde, obwohl dadurch die Niederschläge in Richtung des Unterliegers abgeleitet
wurden und dort (Gewächshaus) zu einem großen Schaden führten (BGH 6.6.2007 – III
ZR 313/06, NVwZ-RR 2007, 597 f.). **Einschränkungen** können allerdings unter dem Gesichtspunkt des nachbarlichen Gemeinschaftsverhältnisses (dazu → Einl. Rn. 26 ff.) geboten
sein. Deshalb darf eine Änderung des Abflusses wild ablaufenden Oberflächenwassers auch
im Rahmen einer berechtigten Änderung der wirtschaftlichen Nutzung eines Grundstücks
nur erfolgen, wenn und soweit sie notwendige Folge dieser Nutzungsänderung ist. Führen
daher der Anbau einer bestimmten Pflanzenart und/oder die Art ihrer Kultivierung zu einer
Änderung in den Ablaufverhältnissen, etwa, weil das Wasser schlechter gebunden wird, ist dies
vom Unterlieger hinzunehmen. Dies gilt auch, soweit abweichend von der bisherigen Nutzung (erstmalig oder in veränderter Weise) Pflanzfurchen zu ziehen sind, die die Gefahr der
Kanalisierung des ablaufenden Wassers in sich bergen können. Ist es jedoch zur sinnvollen
Aufzucht der Pflanzen und für eine zumutbare, betriebswirtschaftlich vernünftige Bewirtschaftung der Ackerflächen ohne Bedeutung, ob die Ackerfurchen in einer bestimmten

Richtung verlaufen, kann es in abschüssigen Gegenden geboten sein, diese aus Rücksicht auf den Unterlieger und zu dessen Schutz gegen die und nicht mit der Gefällerichtung anzulegen (BGH 20.4.2023 – III ZR 92/22, BGHZ 237, 46 = ZfBR 2023, 551 Rn. 29 f.).

12 **Erhöhungen** der Grundstücksoberfläche sind wie auch Flächenverdichtungen (etwa durch Straßenbaumaßnahmen, s. etwa BGH 9.5.2019 – III ZR 388/17, NJW-RR 2019, 1035 Rn. 24) Eingriffe, die regelmäßig den Abfluss von Wasser auf andere Grundstücke verstärken. Erhöhungen sind nicht deshalb freigestellt, weil § 9 I, der die Zulässigkeit von Erhöhungen regelt, Wasserschäden nicht erfasst. Auch hier kommt es darauf an, ob die Erhöhung in zulässiger Weise wirtschaftlich bedingt ist. Für die öffentliche Hand gilt ein strengerer Maßstab (BGH 6.6.2007 – III ZR 313/06, NVwZ-RR 2007, 597 Rn. 4); hoheitlich betriebene Straßenbaumaßnahmen, die für tiefer gelegene Grundstücke die Gefahr der Überschwemmung mit erheblichen Schadensfolgen begründen, sind jedenfalls dann keine anzuerkennende wirtschaftliche Nutzungsänderung, wenn sie nicht den anerkannten Regeln der Straßenbautechnik und der Wasserwirtschaft entsprechen (BGH 29.6.2006 – III ZR 269/05, NVwZ-RR 2006, 758 Rn. 8).

13 Sowohl das Abdämmungs- als auch das Veränderungsverbot setzen einen **Nachteil** oder die **Gefahr eines Nachteils** für das geschützte Grundstück voraus. Ob ein Nachteil vorliegt oder droht, ist objektiviert grundstücksbezogen (und nicht nur subjektiv) zu beurteilen. Die Nutzbarkeit des betroffenen Grundstücks muss gegenüber dem bisherigen Zustand eingeschränkt und es muss eine Belästigung des Grundstückseigentümers entstanden sein, die von einigem Gewicht und spürbar ist und sein Grundstück erheblich beeinträchtigt (BGH 9.5.2019 – III ZR 388/17, NJW-RR 2019, 1035 Rn. 21). Geringfügige Einwirkungen schaffen aufgrund der Situationsgebundenheit des Eigentums noch keinen solchen Nachteil (BeckOK UmweltR/Riedel WHG § 37 Rn. 8a). Zu beurteilen ist die Lage, wie sie ohne Abdämmung oder Veränderung des Wasserlaufs bestünde. Dabei ist ein außergewöhnlich starker Anfall von wild abfließendem Wasser zu unterstellen, weil sich danach der Schutzbereich und damit der Verbotsinhalt bestimmt (BGH 9.5.2019 – III ZR 388/17, NJW-RR 2019, 1035 Rn. 21; ähnlich Bauer/Schlick RhPfLNRG Vor §§ 37–38 Rn. 8, für die inhaltsgleiche Regelung des § 38 SaarlNachbG). Allerdings ist ein Nachteil idS zu verneinen, wenn eine Beeinträchtigung des betroffenen Grundstücks nur bei einem ganz ungewöhnlichen und seltenen Starkregen (Katastrophenregen) zu erwarten ist. Ebenso wie zB bei der Anlagenhaftung gem. § 2 III HPflG oder der Haftung aus enteignendem Eingriff verwirklicht sich in einem solchen Fall weniger die durch den Rückstau von Niederschlags- oder sonstigem wild abfließendem Wasser geschaffene latente Gefahr, sondern die in einem Katastrophenregen zum Ausdruck kommende höhere Gewalt. Bei der Beurteilung wird es indes ebenfalls eine Rolle spielen, ob ein (drohendes) Schadensereignis nicht gleichwohl mit wirtschaftlich zumutbaren Mitteln abgewendet werden kann (BGH 9.5.2019 – III ZR 388/17, NJW-RR 2019, 1035 Rn. 22). Für die Annahme einer Gefahr kommt es zwar auf die Eintrittswahrscheinlichkeit ebenso wenig an wie auf den Umfang des drohenden Nachteils. Nur drohende Nachteile reichen aber nicht aus, sie müssen mit an Sicherheit grenzender Wahrscheinlichkeit zu erwarten sein (BGH 26.1.2017 – III ZR 465/15, NJOZ 2018, 29 Rn. 11; 9.5.2019 – III ZR 388/17, NJW-RR 2019, 1035 Rn. 21).

14 Geschützt sind alle **Eigentümer,** deren höhenverschiedene Grundstücke durch die Veränderung oder Verstärkung des Wasserflusses einen Nachteil erfahren können. Auf unmittelbare Nachbarschaft kommt es nicht an (BeckOK UmweltR/Riedel WHG § 37 Rn. 7). Geschützt ist auch der Erbbauberechtigte (§ 11 I 1 ErbbauRG), ferner der **Nutzungsberechtigte** (zB Nießbraucher, Mieter oder Pächter, zumal er in § 37 II WHG (ähnlich § 81 III WG aF: „Besitzer") eigens genannt ist.

15 **§ 37 II 1 WHG** normiert ein **Selbsthilferecht** des Eigentümers oder Nutzungsberechtigten eines Grundstücks für den Fall, dass ohne Verschulden des duldungspflichtigen Nachbarn (ähnlich § 81 III WG aF: „zufällig"), also durch natürliche Ereignisse oder nicht mehr feststellbares Verhalten Dritter, ein Hindernis für den Wasserfluss entstanden ist und sich dadurch die Abflusssituation in für den Eigentümer bzw. Nutzungsberechtigten nachteiliger

Weise verändert hat. Diese Regelung eröffnet eine Abhilfemöglichkeit, wenn mangels Eigenverschuldens des Nachbarn eine Beseitigung der Veränderung nach § 37 I WHG nicht verlangt werden kann. In diesem Fall muss dem Eigentümer bzw. Nutzungsberechtigten die Beseitigung des Hindernisses erlaubt sein. § 37 II 3 WHG sieht vor, dass das Hindernis bzw. die eingetretene Veränderung **auf eigene Kosten** zu beseitigen ist; auch eine Kostenteilung zwischen den beteiligten Grundstückseigentümern bzw. -nutzern ist damit nicht vorgesehen. Zu dulden sind alle für die Beseitigung des Hindernisses bzw. der eingetretenen Veränderung **notwendigen Maßnahmen**.

Die Regelungen in § 37 I, II und IV WHG tragen als (wasser-)nachbar-rechtliche Bestimmungen **privatrechtlichen** Charakter (BT-Drs. 16/12275, 62; Reinhardt DÖV 2011, 135 (140); GLS NachbarR-HdB/Saller 3. Teil Rn. 276; Fassbender NVwZ 2015, 97 (98); ebenso BGH 18.4.1991 – III ZR 1/90, BGHZ 114, 183 = NJW 1991, 2770 (2771), zur Parallelvorschrift des § 115 NRWLWG aF). Verstöße gegen § 37 I, IV WHG führen daher zu **Unterlassungs-** bzw. **Beseitigungsansprüchen** gem. § 1004 BGB (BeckOK UmweltR/Riedel WHG § 37 Rn. 15). Ferner kommen **Schadensersatzansprüche** über § 823 II BGB in Betracht, da es sich bei § 37 I, IV WHG um ein **Schutzgesetz** iSd § 823 II BGB handelt (BGH 20.4.2023 – III ZR 92/22, BGHZ 237, 46 = ZfBR 2023, 551 Rn. 13). Zudem sind schuldhafte Verstöße gegen § 37 I, IV WHG **bußgeldbewehrt** (§ 103 I Nr. 5 WHG). 16

Aus Gründen des Allgemeinwohls darf das Landratsamt als untere Wasserbehörde (§ 80 I, II Nr. 3 WG, § 15 BWLVG) nach pflichtgemäßem Ermessen („kann") Abweichungen von § 37 I, II WHG anordnen. Die allg. Ordnungsbehörde hingegen darf aufgrund des Spezialitätsgrundsatzes (dazu Ruder/Schmitt, Polizeirecht Baden-Württemberg, 8. Aufl. 2015, Rn. 297; s. auch VGH Mannheim 8.12.1995 – 1 S 1789/95, BB 1996, 399 (400)) nicht nach § 3 PolG einschreiten, obwohl das Hindernis zu einer Störung für die öffentliche Sicherheit iSd § 1 I 1 PolG führt; unzuständig ist auch die Bauordnungsbehörde (BeckOK UmweltR/Riedel WHG § 37 Rn. 15 mwN). Verwaltungsakte, die die untere Wasserbehörde zur Gefahrenabwehr erlässt, haben privatrechtsgestaltende Wirkung (BeckOK UmweltR/Riedel WHG § 37 Rn. 21). Praktisch ist damit die Rechtsdurchsetzung auf dem Zivilrechtsweg subsidiär, da das **Einschreiten der Wasserbehörde** gegen den Nachbarn den Grundeigentümer auch dann nichts kostet, wenn er selbst den wasserrechtswidrigen Zustand der Behörde gemeldet hat. Unabhängig davon kommt § 37 I, IV WHG drittschützende Wirkung zu (ebenso Habel WG § 81 Anm. 1, 4, zu § 81 WG aF; aA GLS NachbarR-HdB/Saller 3. Teil Rn. 290; Fassbender NVwZ 2015, 97 (98)), so dass der Nachbar den Behördenträger insoweit auf Ausübung fehlerfreien Ermessens verklagen bzw. sogar einstweiligen Rechtsschutz gem. § 80a VwGO in Anspruch nehmen kann. Da es sich insoweit um eigene Pflichten der Behörde handelt, kann sie den Betroffenen nicht nach § 2 II PolG darauf verweisen, seine Rechte gegen den Nachbarn im Zivilrechtsweg zu verfolgen (so aber Heiland, Wassergesetz für BW, 2006, Erl. zu § 81 WG). Unabhängig davon steht es dem Eigentümer bzw. berechtigten Nutzer des beeinträchtigten Grundstücks frei, zivilrechtlich gegen den Störer vorzugehen. 17

Ist der Wasserlauf durch eine hoheitliche Maßnahme verändert worden, kommt ein Anspruch aus **enteignungsgleichem Eingriff** in Betracht (BGH 29.4.1976 – III ZR 185/73, VersR 1976, 985). Darüber hinaus normiert § 37 III 2 WHG eine Entschädigungspflicht, sofern durch behördliche Anordnung nach § 37 III 1 WHG das Eigentum des Störers unzumutbar beeinträchtigt wird. Art, Umfang und Verfahren der Entschädigung richten sich nach §§ 96–99 WHG. Aufgrund der natürlichen Gegebenheiten und der damit verbundenen Situationsgebundenheit des beeinträchtigten Grundstücks (vgl. Art. 14 I 2 GG) werden behördliche Anordnungen nach § 37 III 1 WHG aber nur selten einmal über eine entschädigungsfreie Konkretisierung dieser Grundrechtsbindung hinausgehen (BeckOK UmweltR/Riedel WHG § 37 Rn. 23). 18

Zu prüfen ist im Einzelfall auch ein **Amtshaftungsanspruch** nach § 839 I BGB iVm Art. 34 GG. So ist eine Gemeinde unter dem Gesichtspunkt des Hochwasserschutzes und der 19

Verkehrssicherung verpflichtet, die Wohngrundstücke eines Baugebiets im Rahmen des Zumutbaren vor Gefahren zu schützen, die durch Überschwemmungen auftreten können (BGH 18.2.1999 – III ZR 272/96, BGHZ 140, 380 = NVwZ 1999, 689). Führen Fehler bei der Planung, Herstellung und dem Betrieb einer Anlage zur Abwasserentsorgung zu einem Überschwemmungsschaden an einem Wohnhaus, weil nach jedem starken Niederschlagsereignis wild von einer Ackerfläche abfließendes Regenwasser nach Vermischung mit Oberflächenwasser auf einer Straße eine Überschwemmung des Hausgrundstücks verursacht, haftet die Gemeinde dem Grundstückseigentümer nach Amtshaftungsgrundsätzen auf Schadensersatz. (OLG Düsseldorf 20.12.2017 – 18 U 195/11, BeckRS 2017, 154913 Rn. 15 ff.).

20   3. Anders als das private Nachbarrecht anderer Bundesländer (zB § 20 HessNachbRG, § 38 NNachbG) gibt das NRG keinen Schutz vor **Veränderungen des Grundwasserspiegels**, etwa durch physikalische oder chemische Mittel. Schutz vermittelt diesbezüglich nur das Bundesrecht, vor allem in § 89 WHG (→ Rn. 22) und aufgrund der öffentlich-rechtlichen Bestimmungen in §§ 46–49 WHG. **§ 909 BGB** verbietet Grundstücksvertiefungen, durch die der Boden des Nachbargrundstücks die erforderliche Stütze verliert. **Vertiefung** im Sinne dieser Vorschrift ist jede Einwirkung auf das Grundstück, die zur Folge hat, dass der Boden des Nachbargrundstücks in der Senkrechten den Halt verliert oder dort die Festigkeit der unteren Bodenschichten in ihrem waagrechten Verlauf beeinträchtigt (BGH 27.5.1987 – V ZR 59/86, BGHZ 101, 106 = NJW 1987, 2810 (2811)). Das kann auch durch den Entzug bzw. die Absenkung von Grundwasser geschehen (BGH 27.5.1987 – V ZR 59/86, BGHZ 101, 106 = NJW 1987, 2810 (2811)), und zwar unabhängig davon, ob dies zielgerichtet erfolgt wie bei der Trockenlegung größerer Baugruben oder beiläufig etwa aufgrund des Betriebs einer Wassergewinnungsanlage (BGH 5.11.1976 – V ZR 93/73, NJW 1977, 763). Ein derartiger Entzug kann auch darin bestehen, dass ein Kanalgraben ausgehoben wird, die Schädigung des Nachbargrundstücks aber erst durch die Drainwirkung der in den Boden eingelegten Rohre erfolgt (BGH 10.11.1977 – III ZR 121/75, NJW 1978, 1051 (1053)). Da es sich bei § 909 BGB um ein Schutzgesetz iSd § 823 II BGB handelt (BGH 17.7.2009 – V ZR 95/08, NJW-RR 2009, 1393 Rn. 5), kann ein **Schadensersatzanspruch** gem. § 823 II iVm § 909 BGB gegeben sein. Die Rechtsprechung zeigt allerdings, dass die Feststellung des hierfür erforderlichen Verschuldens oft problematisch ist, wenn es sich nicht um Baugruben handelt. So wird regelmäßig eine erhöhte Gefahrenlage zu fordern sein (BGH 27.5.1987 – V ZR 59/86, BGHZ 101, 106 = NJW 1987, 2810 (2811): bejaht für moorigen Baugrund). Zu berücksichtigen ist auch, dass Schadensersatzansprüche ausgeschlossen sind, sofern eine wasserrechtliche Erlaubnis (§ 16 I WHG; hier besteht immerhin ein Anspruch auf Schaffung von Vorkehrungen, dazu BeckOK UmweltR/Guckelberger WHG § 16 Rn. 9) oder eine wasserrechtliche Bewilligung (§ 16 II WHG) vorliegt. Hier kommen nur Ansprüche gegen die Behörde in Betracht. Wird der Grundwasserstand durch Anschüttungen oder eine sonstige Zuführung von Wasser erhöht und der Boden des Nachbargrundstücks dadurch unsicher, greift § 909 BGB nicht (Breuer/Gärditz WasserR Rn. 1398).

21   4. Weder durch das WHG noch vom NRG erfasst ist der Fall, dass der Oberlieger sein Grundstück durch eine Drainage entwässert, die an der Grenze zum Unterliegergrundstück mündet, so dass dieses Grundstück (unterirdisch) zusätzliches Wasser aufnehmen muss. Wird der Boden des Unterliegergrundstücks dadurch saturiert, so dass Niederschläge dort nicht mehr genügend versickern können und zu Nachteilen bzw. Schäden auf diesem Grundstück führen, liegt darin jedoch eine dem Oberlieger zurechenbare Eigentumsstörung, die der Unterlieger nach § 1004 I BGB abwehren darf (OLG Koblenz 18.6.2014 – 5 U 399/14, NJOZ 2014, 1571 Rn. 8).

22   5. Gemäß § 89 I 1 **WHG** haftet derjenige, der in ein Gewässer **Stoffe einbringt** oder auf andere Weise die Beschaffenheit des **(Grund-)Wassers** nachteilig verändert, verschuldensunabhängig und unbeschränkt (dazu Breuer/Gärditz WasserR Rn. 1455 ff.). Nach der Rechtsprechung muss er insoweit zweckgerichtet handeln (BGH 31.5.2007 – III ZR 3/06,

BGHZ 172, 287 = NVwZ-RR 2007, 754 Rn. 12). Das ist bspw. der Fall, wenn falscher Kraftstoff getankt und dieser sodann in der Natur abgelassen wird. Auch das Unterlassen gebotener Sicherung nach einem Unfall, bei dem schädliche Stoffe austreten, kann unter den Tatbestand dieser Norm fallen. § 89 II WHG verpflichtet auch ohne Verschulden (arg. § 89 II 3 WHG, wonach die Ersatzpflicht nicht eintritt, wenn der Schaden durch höhere Gewalt verursacht wird, und damit eine Gefährdungshaftung normiert) und ohne Haftungshöchstgrenze (!) zum Schadensersatz, wenn **Stoffe aus einer Anlage in ein Gewässer eingeleitet** werden, die die Wasserbeschaffenheit nachteilig verändern, und es hierdurch zu einem Schaden kommt (allg. hierzu BGH 31.5.2007 – III ZR 3/06, BGHZ 172, 287 = NVwZ-RR 2007, 754 Rn. 15 ff.; Breuer/Gärditz WasserR Rn. 1496 ff.). Dies ist etwa der Fall, wenn aus einer Tankanlage Öl austritt und das Erdreich des Nachbargrundstücks kontaminiert (BGH 22.7.1999 – III ZR 198/98, BGHZ 142, 227 = NJW 1999, 3633). Zu ersetzen sind dann alle Aufwendungen im Zusammenhang mit der Beseitigung der Ölverschmutzungen im Boden und Grundwasser einschließlich der Kosten für das Ausbaggern und den Abtransport des verschmutzten Bodens (BGH 22.7.1999 – III ZR 198/98, BGHZ 142, 227 = NJW 1999, 3633 (3634)). Haftungsrechtlich verantwortlich ist derjenige, der die tatsächliche Verfügungsgewalt über die Anlage hat (BGH 22.7.1999 – III ZR 198/98, BGHZ 142, 227 = NJW 1999, 3633 (3634)). Ferner kommt eine Haftung nach § 2 HPflG in Betracht, sofern durch Flüssigkeiten, die von einer Rohrleitungsanlage oder einer Anlage zur Abgabe der Flüssigkeiten ausgehen, Schaden entsteht (BGH 14.6.1993 – III ZR 135/92, NJW 1993, 2740 (2741)). Für Großtankanlagen mit einem Fassungsvermögen ab 100 Tonnen besteht ggf. eine Haftung nach §§ 1, 2 UmweltHG.

6. Gemäß § 55 I WHG sind Abwässer so zu beseitigen, dass das Wohl der Allgemeinheit nicht beeinträchtigt wird. Diese Vorschrift normiert eine Aufgabe der Daseinsvorsorge (Landmann/Rohmer, Umweltrecht/Ganske WHG § 55 Rn. 4) und richtet sich an die Gemeinden (§ 46 I 1 WG). 23

7. In § 33 I 1 BWLBO ist bestimmt, dass bauliche Anlagen (§ 2 I BWLBO) nur errichtet werden dürfen, wenn die einwandfreie Beseitigung des Abwassers und des Niederschlagswassers dauernd gesichert ist. Ist die Ableitungsweise nicht genehmigungsfrei und hat die Bauordnungsbehörde keine Ausnahme gem. § 56 IV BWLBO oder Befreiung nach § 56 V BWLBO erteilt, besteht ein baurechtswidriger Zustand, gegen den die Behörde nach §§ 64, 65 BWLBO einschreiten muss. Tut sie das nicht, macht sich der Träger der Behörde gem. § 839 BGB schadensersatzpflichtig. Praktisch ist damit die Rechtsdurchsetzung auf dem Zivilrechtsweg subsidiär, da das **Einschreiten der Bauordnungsbehörde** gegen den Grundeigentümer den Nachbarn auch dann nichts kostet, wenn er selbst den baurechtswidrigen Zustand der Behörde gemeldet hat. Unabhängig davon kommt § 33 I 1 BWLBO drittschützende Wirkung zu (ebenso VGH Kassel 31.1.2002 – 4 UE 2231/95, BauR 2003, 866 (867), für die Parallelvorschrift des § 42 I HBO), so dass der Nachbar den Behördenträger insoweit auch auf Ausübung fehlerfreien Ermessens verklagen bzw. sogar einstweiligen Rechtsschutz gem. § 80a VwGO in Anspruch nehmen kann. Aufgrund seiner nachbarschützenden Wirkung ist § 33 I 1 BWLBO überdies **Schutzgesetz** iSd § 823 II BGB, so dass der Verstoß auch von daher einen Schadensersatzanspruch auslösen kann. 24

8. Zum Anschlusszwang für Wasserleitungen und Abwasserbeseitigung s. § 11 GemO. 25

9. Zum Notleitungsrecht s. die Erläuterungen zu § 7 f. 26

§ 1 Ableitung des Regenwassers und des Abwassers

Der Eigentümer eines Gebäudes hat das von seinem Gebäude abfließende Niederschlagswasser sowie Abwasser und andere Flüssigkeiten aus seinem Gebäude auf das eigene Grundstück so abzuleiten, daß der Nachbar nicht belästigt wird.

§ 1

I. Inhalt der Regelung

1   Die Vorschrift begründet die Pflicht des Grundeigentümers, Niederschläge, die auf sein Gebäude heruntergehen, sowie Abwässer aus dem Gebäude ohne Belästigung des Nachbarn auf dem eigenen Grundstück zu entsorgen. Hiergegen wird häufig verstoßen.

II. Normgebung

2   Die Regelung beruht auf Art. 24 BadAGBGB 1899 (= Art. 19 BadAGBGB 1925), der wiederum auf LRS 681 fußt, sowie auf Art. 219, 221 WürttAGBGB 1899 (= Art. 191, 193 WürttAGBGB 1931), die ihrerseits auf den Regelungen der Art. 56 und 58 WürttNBO gründen. Der Gesetzgeber fasste den wesentlichen Inhalt dieser Vorschriften zusammen. Der Ausdruck „Niederschlagswasser" wurde deshalb gewählt, um auch das Schneewasser zu erfassen. Soweit der Nachbar durch abrutschenden Schnee belästigt wird, sollte die Vorschrift entsprechend angewandt werden (RegBegr. vom 12.12.1958, Beil. 2220 zu den Sitzungsprotokollen der 2. Legislaturperiode, S. 3555).

III. Anmerkungen

3   **1.** Die Vorschrift hält sich im Rahmen des Vorbehalts des Art. 65 EGBGB (ebenso Dorner/Seng 297, für die badische Vorgängerregelung) und verstößt damit nicht gegen Bundesrecht, auch wenn sie über § 1004 I BGB hinausgeht. An der Rechtsgrundlage hat sich auch nichts dadurch geändert, dass Art. 65 EGBGB gem. Art. 13 des Gesetzes zur Neuregelung des Wasserrechts vom 31.7.2009 (BGBl. I 2585) aufgehoben wurde (vgl. BT-Drs. 16/12275, 82; BVerfG 23.3.1982 – 2 BvL 13/79, NJW 1982, 2859 (2861); auch → Vor §§ 1, 2 Rn. 5). Insbesondere wird § 1 durch keine Vorschrift des WHG verdrängt, weil sich das WHG nicht mit baulichen Bezügen des Wasserrechts beschäftigt.

4   Die Vorschrift betrifft zum einen **Niederschlagswasser.** Gemeint sind Niederschläge, die trotz der Überschrift „Regenwasser" unabhängig vom Aggregatzustand und der Ausformung (Regen, Schnee, Eis, Graupel, Hagel) auf eine bauliche Anlage treffen. Das Niederschlagswasser wird in seiner flüssigen Form auch Baulichkeitswasser genannt und steht damit im Gegensatz zum wild abfließenden Wasser, das unmittelbar auf den unversiegelten Boden fällt (BGH 12.6.2015 – V ZR 168/14, NJW-RR 2016, 24 Rn. 10). Bezeichnet wird es ferner als **Traufwasser,** weil es sich bei Gebäuden mit Schrägdächern an der parallel zum First verlaufenden Tropfkante (Traufe) sammelt und von dort abläuft (nach BGH 12.6.2015 – V ZR 168/14, NJW-RR 2016, 24 Rn. 20 umfasst der Begriff des Traufwassers auch das Niederschlagswasser, das über Dachrinnen und Fallrohre abgeleitet wird); an der Traufe befindet sich deshalb meistens eine Regenrinne. Nach Sinn und Zweck des § 1 besteht der Schutz auch dann, wenn das Niederschlagswasser im Rahmen einer Bewässerungsmaßnahme abfließt (OLG Karlsruhe 11.4.2007 – 6 U 141/05, NJOZ 2007, 3416 (3418) – Pflanzbeet).

5   § 1 bestimmt, dass nur **abfließendes** Niederschlagswasser belästigungsfrei zu entsorgen ist. Allerdings zeigen schon die Gesetzesmaterialien, die sich für eine Anwendung der Vorschrift auf abrutschenden Schnee aussprechen (→ Rn. 2), dass auch fallendes Traufwasser gemeint ist. Selbst ein Teil des Regenwassers wird nicht abfließen, sondern von der Traufkante gebrochen hinunterfallen. Dem Wortlaut zufolge („abfließendes") geht es um die Abwehr von Wasser in seiner flüssigen Form. Allerdings zeigt das Beispiel des abrutschenden Schnees, dass der Aggregatzustand hier ebenfalls keine Rolle spielen soll. Dafür spricht auch der Zweck der Vorschrift, den Nachbarn möglichst weit vor Ableitungsfolgen auf seinem Grundstück zu schützen. **Schneebretter** und **Eiszapfen,** die sich vom Dach lösen, werden von der Vorschrift damit ebenfalls erfasst. Ohnehin fallen sie dort herunter, wo auch das Wasser auftreffen würde, und stören damit genauso.

6   § 1 betrifft in Alt. 2 **Abwässer.** Abwasser ist Wasser unabhängig vom Verschmutzungsgrad nach seinem häuslichen, gewerblichen, landwirtschaftlichen oder sonstigen Gebrauch zB als Spül- oder Kühlwasser, ferner ungebrauchtes Wasser, das nur entsorgt werden soll. Dazu zählt

auch Grundwasser, das sich im Keller sammelt, sowie Wasser, das aus gebrochenen Rohren strömt. Da Abwasser leitungsgebunden oder über den Boden abgeleitet wird, geht es allein um Wasser in seiner flüssigen Form, nicht auch als Eis oder Dampf.

In § 1 Alt. 3 geht es um **andere Flüssigkeiten** aus einem Gebäude. Gemeint sind vor allem Flüssigkeiten, die in Produktionsstätten anfallen, also Galvanisierungsbäder, Öl oder Jauche. Auch bei diesen Flüssigkeiten geht es nur um Stoffe, die in flüssiger Form anfallen (Reich NRG BW Rn. 6). 7

Niederschläge, Abwässer und andere Flüssigkeiten sind zu entsorgen, sofern sie Bezug zu einem **Gebäude** haben. Niederschlagswasser, das direkt auf den Boden trifft oder von unbebauten Flächen abläuft, ist nicht erfasst. 8

Der Begriff des Gebäudes findet sich schon in Art. 56 WürttNBO, knüpft aber nicht an die Vorschriften des Bauordnungsrechts, heute also an § 2 II BWLBO, an. Sofern es um die Ableitung von Niederschlägen geht, bezweckt das Gesetz eine Regelung für die Fälle, in denen durch raumgreifende Bauten der Boden als Ableitungsraum versiegelt wird und durch die Ableitung Geräusche oder andere Nachteile entstehen können. Gebäude ist damit **jede bauliche Anlage mit einer erheblichen räumlichen Ausdehnung,** so dass etwa Terrassen und asphaltierte Parkplätze, die an ein Nachbargrundstück heranreichen, unter den Gebäudebegriff des § 1 fallen (OLG Karlsruhe 27.3.1990 – 6 U 245/89 – befestigter Hofraum; OLG Karlsruhe 11.4.2007 – 6 U 141/05, NJOZ 2007, 3416 (3418) – Pflanzbeet; Birk NachbarR BW Anm. 2b; aA Dehner B § 26 I, III 4a cc; VKKKK Rn. 1; Reich NRG BW Rn. 3). Erfasst sind auch Stützmauern, die mit verdichtetem Erdreich angefüllt sind und so einen Grenzübertritt von Oberflächenwasser ermöglichen (aA LG Ellwangen 28.2.2024 – 1 S 78/23, NJOZ 2024, 362 Rn. 49). 9

Für Abwässer und andere Flüssigkeiten kommt es auf den Versiegelungsgesichtspunkt nicht an. Vielmehr geht es hier um eine abfallbezogene Betrachtung. Gebäude ist hiernach **jede bauliche Anlage, die die Herstellung, Aufbewahrung oder Durchleitung von Flüssigkeiten ermöglicht** (iErg wohl Birk NachbarR BW Anm. 4). Das sind vor allem Gebäude iSd § 2 II BWLBO, kann aber auch ein Tank sein. Es spielt aus Sicht des Nachbarn keine Rolle, ob sich zB der Tank, aus dem Flüssigkeiten austreten, in einem Haus befindet oder nicht. Auch im Rahmen des § 912 BGB wird der Gebäudebegriff weit ausgelegt und auf größere Bauwerke wie etwa eine Siloanlage, den Damm eines Fischweihers oder eine Ufermauer erstreckt (BGH 27.3.2015 – V ZR 216/13, BGHZ 204, 364 = NJW 2015, 2489 Rn. 28). Fest ist nur der Bezug zu einer baulichen Anlage. Wäscht jemand auf seinem unbebauten Grundstück ein Fahrzeug und fällt dadurch Abwasser an, findet § 1 keine Anwendung. Ob das Gebäude zum Aufenthalt von Menschen geeignet ist oder nicht, ist ohne Bedeutung. 10

Die Niederschläge, Abwässer und anderen Flüssigkeiten sind auf dem eigenen Grundstück **abzuleiten.** Wie die Ableitung geschieht, ist Sache des Verpflichteten, solange dies nicht zu einer Belästigung des Nachbarn führt (→ Rn. 14). Abgeleitet wird Niederschlagswasser auch dann, wenn es (zunächst) fällt, also durch die Luft geleitet wird (→ Rn. 5); damit beginnt die Ableitungspflicht schon an der Traufe. Der Verpflichtete darf Flüssigkeiten der Kanalisation oder einem Gewässer zuführen, in Behältnissen (zB Tonnen) sammeln oder auf dem Grundstück (ggf. in einer Grube) versickern lassen. Das muss auch bei einem starken Anfall von Niederschlags- oder Abwasser funktionieren, sofern dies nicht auf einem völlig ungewöhnlichen Naturereignis beruht. 11

Abzuleiten ist **„auf das eigene Grundstück".** Dachkonstruktionen leisten dies nicht, wenn sie waagerecht an die Grenzwand des Nachbargebäudes stoßen, so dass sich das Oberflächenwasser seinen Weg entlang dieser Außenwand sucht. Bei einem **Überbau** muss die Ableitung auf das Stammgrundstück erfolgen (Birk NachbarR BW Anm. 7). Ob der Überbau rechtswidrig ist oder nicht, spielt keine Rolle. Die Pflicht zur störungsfreien Ableitung besteht dann auch, wenn der Nachbar den Überbau nach §§ 912 ff. BGB zu dulden hat (ebenso Dorner/Seng 298, hinsichtlich der vormaligen badischen Regelung). 12

Die Pflicht zur Ableitung reicht **bis zum Erdboden** („auf" das Grundstück) und damit nicht so weit wie nach anderen Landesnachbargesetzen, die dem Eigentümer eine Garanten- 13 pflicht dafür aufbürden, dass ihr Baulichkeitswasser nicht auf das Nachbargrundstück gelangt (etwa § 37 I RhPfLNRG, dazu BGH 12.6.2015 – V ZR 168/14, NJW-RR 2016, 24). Der Verpflichtete muss also keine Vorsorge dagegen treffen, dass das Niederschlags- oder Abwasser, das im Erdreich auf eine wasserundurchlässige Schicht trifft, nicht seinen Weg auf das Nachbargrundstück nimmt (OLG Karlsruhe 11.4.2007 – 6 U 141/05, NJOZ 2007, 3416 (3419) – Pflanzbeet; s. auch LG Ellwangen 28.2.2024 – 1 S 78/23, NJOZ 2024, 362 Rn. 43), oder den Boden des Nachbargrundstücks unterirdisch durchfeuchtet. Dies gilt auch für **Hangdruckwasser,** also kurzfristig versickertes und wieder an die Oberfläche zu Tage tretendes Wasser (Reich NRG BW Rn. 9; aA OLG Köln 3.5.1989 – 13 U 299/88, NVwZ-RR 1989, 642 zur inhaltsgleichen Regelung des § 115 NachbG NRW; zu einer Ausnahme → Vor §§ 1, 2 Rn. 19). Gleiches gilt für Wasser, das zunächst auf eigenes Gelände fällt und (direkt) auf das Nachbargrundstück hinüberläuft (so bereits Dorner/Seng 301 f.; ebenso BGH 25.3.1982 – III ZR 202/80, BeckRS 1982, 31070384, zur inhaltsgleichen Regelung des § 27 I NRWLWG aF). Erst recht muss der Verpflichtete das Wasser nicht bis in ein Gewässer leiten. Die Pflicht geht nur auf störungsfreies Ableiten, nicht auf Beseitigung. Auf der anderen Seite ist der Tatbestand auch dann erfüllt, wenn Niederschlagswasser aufgrund der Undichtigkeit eines Wandabschlussblechs am Nachbarhaus nicht abgeleitet wird, sondern dort in das Mauerwerk eindringt (BGH 15.7.2011 – V ZR 277/10, NJW 2011, 3295 Rn. 17, zur Parallelvorschrift des § 26 I HessNachbRG). Nach den Grundsätzen zum nachbarschaftlichen Gemeinschaftsverhältnis (dazu → Einl. Rn. 25 ff.) sind allerdings nur **zumutbare Maßnahmen** zur Störungsabwehr auf dem eigenen Grundstück erforderlich (vgl. BGH 13.12.1984 – III ZR 20/83, NJW 1985, 1774 (1775), zur Parallelvorschrift des § 27 I NachbG NRW; auch → Vor §§ 1, 2 Rn. 2); der zuleitende Eigentümer muss seine Dachrinnen daher nicht mit einer Heizung versehen, um zu verhindern, dass Wasser in Form von Eiszapfen auf das Nachbargrundstück fällt, wenn es sich im Winter den Weg durch das zugefrorene Fallrohr nicht mehr bahnen kann (LG Stuttgart 20.7.2011 – 4 S 92/11, nv). Besteht keine Möglichkeit zu wirtschaftlich zumutbaren Abwehrmaßnahmen, kommt ein Ausgleichsanspruch analog § 906 II 2 BGB in Betracht (→ Einl. Rn. 80 ff.).

14 Die Ableitungsweise darf nicht zu **Belästigungen** des Nachbarn führen. Belästigung ist – ebenso wie im Rahmen des § 118 I OWiG – jede Handlung, die bei einem anderen ein nicht nur geringfügiges körperliches oder seelisches Unbehagen auslöst. Ob eine Belästigung vorliegt, richtet sich nicht nach dem Urteil einer besonders empfindlichen Person, sondern nach objektiven Maßstäben im Sinne eines durchschnittlich veranlagten Gemütsmenschen (vgl. OLG Oldenburg 16.9.2015 – 2 Ss (OWi) 163/15, NJW 2016, 887 Rn. 12). Zu verhindern sind Gerüche oder physische Einwirkungen (Befeuchtung, Schmutz), aber auch Geräusche wie Tropfenfall oder Rauschen (Birk NachbarR BW Anm. 7b; VKKKK Rn. 4; aA Dehner B § 26 III 4a cc: nur Belästigungen durch Feuchtigkeitseinwirkung). Die Eingriffsschwelle für eine Belästigung liegt unterhalb derjenigen für eine Beeinträchtigung iSd § 906 I 1 BGB (VKKKK Rn. 4). Erst recht zu vermeiden sind Schädigungen. Erfasst sind auch Gefahren iSd BImSchG (Dehner B § 26 III 4a cc). Andererseits muss die Beeinträchtigung fühlbar, also objektiv feststellbar sein. Verboten sind Belästigungen allgemein, also andauernde wie auch kurzfristig wiederkehrende (Birk NachbarR BW Anm. 7b). Unerheblich ist, ob sie beabsichtigt sind oder nicht. Mitverursachung reicht aus (Birk NachbarR BW Anm. 7b). Der Schutz besteht auch dann, wenn der Nachbar die Störung durch Gegenmaßnahmen leicht abwenden könnte.

15 Die Ableitungsweise muss den **Vorgaben des öffentlichen Rechts** (§ 33 BWLBO, § 17 BWLBOAVO, § 11 GemO) genügen. Dies gibt dem Nachbarn die Möglichkeit, bei Verstößen ein behördliches Eingreifen anzuregen. Abwehrrechte leiten sich für ihn daraus nicht ab, da diese Vorschriften keine nachbarschützende Funktion haben.

16 2. Verstöße gegen die Verpflichtung des § 1 führen zu einem **Unterlassungs- oder Beseitigungsanspruch** (Birk NachbarR BW Anm. 9; VKKKK Rn. 6), auch schon zur Abwehr einer bloßen Belästigung (→ Rn. 14). Ein Rückgriff auf § 1004 BGB ist hierzu weder nötig

noch überhaupt möglich (→ Einl. Rn. 30; aA Birk NachbarR BW Anm. 9). Ferner kommen **Schadensersatzansprüche** über § 823 II BGB in Betracht, da es sich bei § 1 um ein **Schutzgesetz** iSd § 823 II BGB handelt (ebenso BGH 13.12.1984 – III ZR 20/83, NJW 1985, 1774 (1775), zur Parallelvorschrift des § 27 I NachbG NRW; BGH 15.7.2011 –V ZR 277/10, NJW 2011, 3295 Rn. 10, zur Parallelvorschrift des § 26 I HessNachbRG).

3. Verpflichtet ist der „Eigentümer eines Gebäudes". Mit dieser Bezeichnung übernimmt 17 das Gesetz den Wortlaut des Art. 56 WürttNBO, der die Regelungen der §§ 94 I 1, 93 BGB, wonach Gebäude nicht Gegenstand besonderer Rechte sein können, noch nicht kannte. Verpflichtet ist damit der **Eigentümer des Gebäudegrundstücks,** also auch der Miteigentümer (§ 1011 BGB), aufgrund des § 11 I 1 ErbbauRG der Erbbauberechtigte und bei Wohnungseigentum in erster Linie die WEG, sofern es sich um gemeinschaftliches Eigentum (§ 1 V WEG) handelt, ansonsten der Wohnungseigentümer, wenn das Ableiten von seinem Sondereigentum (§ 1 II, III WEG) ausgeht (Birk NachbarR BW Anm. 1), was indes kaum denkbar ist.

Zur Abwehr **berechtigt** ist der Nachbar. Unmittelbare Nachbarschaft ist nicht gefordert. 18 Nachbar kann damit jeder sein, der zum Einwirkungsbereich des Grundstücks gehört (Birk NachbarR BW Anm. 8a; aA Reich NRG BW Rn. 8; anders auch Bauer/Schlick RhPflNRG § 37 Rn. 3, zur Parallelvorschrift des § 37 RhPflNRG: nur direkte Nachbarn). Entgegen Reich NRG BW (Rn. 8) ergibt sich etwas anderes auch nicht aus der Singularbezeichnung im Wortlaut („der Nachbar"), da diese Formulierung nur einen Gattungsbegriff meint. Freilich wird nur selten einmal – zB bei schmalen Zwischengrundstücken – ein anderer als der unmittelbare Nachbar durch eine Wasserableitung belästigt sein. **Nachbar** in diesem Sinne ist der **Eigentümer,** ferner der Miteigentümer (§ 1011 BGB), aufgrund des § 11 I 1 ErbbauRG der Erbbauberechtigte und bei Wohnungseigentum die Eigentümergemeinschaft, sofern es um gemeinschaftliches Eigentum (§ 1 V WEG) geht, ansonsten der Wohnungseigentümer, nicht dagegen der bloße Besitzer, auch wenn er zum Besitz berechtigt ist (→ Einl. Rn. 21; aA Birk NachbarR BW Anm. 8b; Reich NRG BW Rn. 8).

§ 2 Traufberechtigung bei baulichen Änderungen

¹Ist der Eigentümer eines Gebäudes auf Grund einer Dienstbarkeit verpflichtet, das vom Gebäude des Nachbarn abfließende Niederschlagswasser durch seine eigenen Rinnen und Ablaufrohre abzuleiten, so darf eine Veränderung des Gebäudes, durch welche die Dienstbarkeit beeinträchtigt wird, nur in der Weise geschehen, daß der Nachbar an der Anbringung eigener Rinnen und Ablaufrohre nicht gehindert ist. ²Dem Nachbarn sind die durch die Abänderung entstehenden Kosten zu ersetzen.

I. Inhalt der Regelung

Ist der Grundeigentümer gegenüber dem Nachbarn (das ist im Gegensatz zu § 1 derjenige, 1 auf dessen Gebäude das Niederschlagswasser fällt) aufgrund einer Dienstbarkeit verpflichtet, sich nicht gegen übertretendes Niederschlagswasser zu wehren, weil er es in sein Ableitungssystem integrieren kann, muss er dem Nachbarn die Möglichkeit geben, eine Alternative zu schaffen, wenn das Leitungssystem aufgehoben oder so geändert wird, dass die vom Nachbargrundstück stammenden Niederschläge nicht mehr (hinreichend) abgeleitet werden können. Für die dadurch entstehenden Kosten hat der verpflichtete Grundeigentümer aufzukommen.

II. Normgebung

Der Gesetzgeber übernahm in § 2 den wesentlichen Inhalt des Art. 220 WürttAGBGB 2 1899 (= Art. 192 WürttAGBGB 1931), der wiederum auf Art. 57 II WürttNBO zurückging.

III. Anmerkungen

3 1. Die Vorschrift ist von Art. 1 II, 115 EGBGB gedeckt und verstößt damit nicht gegen höherrangiges Recht (Dehner B § 26 III 4b).

4 2. Satz 1 knüpft trotz des insoweit missverständlichen Wortlauts **nicht** an eine **Ableitungspflicht** (aA Reich NRG BW Rn. 3) an, **sondern** an die Pflicht, übertretendes Niederschlagswasser zu **dulden**, weil es im eigenen Rinnen- und Rohrsystem aufgefangen werden kann. Anders wäre nicht zu verstehen, dass es dem Eigentümer des belasteten Grundstücks nach S. 1 unbenommen bleibt, sein Gebäude in einer Weise zu verändern, durch welche die Störung wieder zutage tritt, was der Gesetzgeber etwas ungenau als Beeinträchtigung der Dienstbarkeit (s. auch die Überschrift „Traufberechtigung") bezeichnet. Satz 1 setzt diese Pflicht voraus und trifft Folgeregelungen, ersetzt sie aber nicht. **Gebäude** iSd § 2 sind die Baulichkeiten, auf die sich die Dienstbarkeit bezieht, und zwar sowohl auf dem begünstigten als auch auf dem dienenden Grundstück. Einer näheren Bestimmung des Gebäudebegriffs bedarf es hierzu nicht.

5 Die Vorschrift setzt ein **Traufrecht** („Traufberechtigung") voraus (ansonsten gilt § 1), also das Recht, Niederschlagswasser (nicht jedoch Abwässer und andere Flüssigkeiten wie in § 1) auf dem Nachbargrundstück abzuleiten; früher wurde dieses Recht auch als **Traufgerechtigkeit** (Servitus stillicidii et fluminis recipiendi) bezeichnet (v. Lang BWSachenR-HdB 472). Das Traufrecht ist hier aber insoweit **modifiziert**, als der Nachbar das Wasser nicht nur auf das benachbarte Grundstück ableiten, sondern auch sicherstellen darf, dass die Ableitung dieser Niederschläge über Rinnen und Ablaufrohre erfolgt. In der Regel grenzen beide Grundstücke aneinander, was schon deshalb erforderlich ist, weil das Recht durch eine Dienstbarkeit abgesichert sein muss (→ Rn. 6) und sich sonst kein Nutzen für das begünstigte Grundstück ergeben kann (vgl. § 1019 S. 1 BGB); die Grundstücke müssen aber nicht zwingend eine gemeinsame Grenze aufweisen (aA Reich NRG BW Rn. 5).

6 Das Traufrecht muss durch eine Dienstbarkeit abgesichert sein. **Dienstbarkeiten** (Servitute) sind auf ein Dulden oder Unterlassen gerichtete Rechte am Belastungsgegenstand. Solche Dienstbarkeiten können vielfältig sein (Grunddienstbarkeit, Nießbrauch usw). Da die in § 2 geregelte Dienstbarkeit eine konkrete Belastung meint, grundstücksbezogen ist und nur einem bestimmten Grundstück nutzt, meint der Gesetzgeber damit nur die **Grunddienstbarkeit** (anders VKKKK Rn. 2 und Birk NachbarR BW Anm. 2a, die auch eine beschränkte persönliche Dienstbarkeit iSd §§ 1090 ff. BGB für möglich halten; aA auch Reich NRG BW Rn. 2, der die Vorschrift auf beschränkte persönliche Dienstbarkeiten und den Nießbrauch iSd §§ 1030 ff. BGB anwendet). Damit deckt sich der Begriff der Dienstbarkeit mit dem der Grunddienstbarkeit in § 31.

7 Dienstbarkeit iSd § 2 ist zum einen eine Grunddienstbarkeit gem. **§ 1018 Alt. 3 BGB**, wonach der Eigentümer des dienenden Grundstücks gegenüber dem Eigentümer und zum Vorteil des herrschenden Grundstücks mit der Ausübung eines Rechts ausgeschlossen ist, das sich aus dem Eigentum am belasteten Grundstück dem anderen Grundstück gegenüber ergibt (hier: gem. § 1004 I BGB die grenzüberschreitende Ableitung von Niederschlagswasser und ein entsprechendes System von „Rinnen und Ablaufrohren" zu verhindern). Mit einer Dienstbarkeit darf im Gegenzug keine Leistungspflicht begründet werden (BGH 25.2.1959 – V ZR 176/57, BeckRS 1959, 31204909; 14.3.2003 – V ZR 304/02, NJW-RR 2003, 733 (735)). Daher kommt eine BGB-Dienstbarkeit hier nur in Betracht, wenn keine Ableitungsverpflichtung vorliegt, sondern nur ein Ausschluss des Abwehranspruchs in Gestalt einer entsprechenden Duldungspflicht. Die Vorschrift meint aber auch keine Handlungspflicht, da es dem Eigentümer des belasteten Grundstücks nach S. 1 unbenommen bleibt, sein Ableitungssystem zu entfernen (→ Rn. 4); dulden muss er nur die Ableitung der Niederschläge auf sein Grundstück, auch leitungsgebunden bis in den Boden. Die Begründung einer solchen Dienstbarkeit erfolgt gem. § 873 BGB durch Einigung und Eintragung ins Grundbuch des belasteten Grundstücks, so dass sie immer dokumentiert ist. Das Recht erlischt nach § 875 BGB durch Aufhebung oder dann, wenn die Rechtsausübung aufgrund Änderung der tatsächlichen Verhältnisse dauernd unmöglich wird. § 2 trifft eine Folgeregelung auch für den Fall der Unmöglichkeit.

Der Begriff der Dienstbarkeit in § 2 erfasst ferner **altrechtliche Dienstbarkeiten** iSd 8 Art. 187, 189 EGBGB, wie sie bis zur Einrichtung der Grundbuchämter Anfang des 20. Jahrhunderts begründet werden konnten. Gemeint sind auch hier Grunddienstbarkeiten, nur eben auf der Grundlage vormaligen Rechts (zu den Beweisanforderungen s. OLG Saarbrücken 4.7.2007 – 1 U 451/06, NJW-RR 2008, 104; OLG Karlsruhe 23.12.1977 – 14 U 29/76, OLGZ 1978, 471 (473 f.); enger für eine öffentlich-rechtliche Widmung VGH Mannheim 19.11.2009 – 5 S 1065/08, BeckRS 2009, 42509). Art. 128 und Art. 184 EGBGB lassen solche Dienstbarkeiten nach Inkrafttreten des BGB weitergelten. Allerdings mussten solche Belastungen bis zu einem bestimmten Zeitpunkt (in Württemberg-Hohenzollern bis zum 31.12.1952 aufgrund Gesetzes vom 9.1.1951 (RegBl. 11), in Baden bis zum 31.12.1977 gem. § 31 I 1 BWAGBGB) zur Eintragung ins Grundbuch angemeldet werden, um sie gem. § 892 BGB am öffentlichen Glauben des Grundbuchs teilhaben zu lassen; ohne Eintragung ist damit seit den genannten Stichtagen auch hinsichtlich altrechtlicher Dienstbarkeiten ein **gutgläubig lastenfreier Erwerb** des Grundeigentums möglich (OLG Stuttgart 4.7.1997 – 2 U 248/95, NJW-RR 1998, 308; OLG Karlsruhe 27.1.1988 – 6 U 58/87, BWNotZ 1988, 94 (95); OLG Karlsruhe 12.1.1983 – 6 U 4/82, Die Justiz 1983, 115 (117)). Dies gilt selbst dann, wenn der Erwerber Kenntnis von der etwa im Servitutenbuch eingetragenen Dienstbarkeit gehabt haben sollte (BGH 21.10.2011 – V ZR 10/11, NJW-RR 2012, 346 Rn. 30). Häufig sind solche Rechte inzwischen aus diesem Grund erloschen (vgl. OLG Karlsruhe 7.1.2013 – 12 U 205/11, NJOZ 2013, 1481 (1482)). Andernfalls bleiben sie erhalten und sind damit noch heute eintragungsfähig (V KKKK Rn. 1), wenn auch nicht eintragungspflichtig, sofern keiner der Beteiligten die Eintragung verlangt (Art. 187 I EGBGB). Die Eintragung einer altrechtlichen Grunddienstbarkeit ist ein Sonderfall der Grundbuchberichtigung (§ 22 GBO) und nach deren Regeln abzuwickeln (OLG München 16.1.2017 – 34 Wx 380/16, BeckRS 2017, 100526 Rn. 8). Liegt eine Bewilligung (§ 19 GBO) des Eigentümers des belasteten Grundstücks vor, bestehen keine verfahrensrechtlichen Besonderheiten. Fehlt die Bewilligung, setzt die Eintragung den vollen Nachweis ihres Fortbestehens voraus, unabhängig davon, wie die Beweislast in einem Prozess über den Berichtigungsanspruch des § 894 BGB verteilt wäre. Jedoch bleiben entfernt liegende, rein theoretische Möglichkeiten des Erlöschens außer Betracht (OLG München 1.8.2013 – 34 Wx 62/13, NJOZ 2013, 2082; 17.2.2016 – 15 U 3001/14, NJOZ 2016, 560 Rn. 101). Hinsichtlich des anwendbaren Rechts ist nach den einzelnen Landesteilen zu unterscheiden:

Im Geltungsbereich des **Badischen Landrechts,** dem ehemaligen Land Baden (hierzu 9 → § 31 Rn. 4; s. zur Gebietsübersicht Anh. III; zum Badischen Landrecht auch → Einl. Rn. 9), konnten Grunddienstbarkeiten zum einen **durch Gesetz** begründet werden (LRS 640–685). Ferner konnten Grunddienstbarkeiten **vertraglich** (durch sog. Vergünstigung) entstehen. Solche Rechte wurden durch Eintragung des Erwerbs im damaligen Grundbuch wirksam (Behaghel, Das badische bürgerliche Recht und der Code Napoléon, 1869, 310). Bei mangelhafter Grundlage war der Erwerb über ein Anerkenntnis möglich (LRS 695). Dies setzte ebenfalls eine urkundliche Erklärung voraus (Behaghel, Das badische bürgerliche Recht und der Code Napoléon, 310); allerdings lässt die Rechtsprechung inzwischen Zeit eine stillschweigende Anerkennung genügen (BGH 12.7.1971 – V ZR 46/69, NJW 1971, 2071 (2072); OLG Karlsruhe 23.12.1977 – 14 U 29/76, Die Justiz 1978, 275 (276) mwN). Wurde eines von mehreren in einer Hand vereinigten Grundstücken zum Vorteil eines anderen genutzt und dann veräußert, konnte eine entsprechende Servitut auch durch **„Widmung"** ohne rechtsgeschäftliche Begründung entstehen (LRS 692–694). Schließlich konnte eine Servitut aufgrund **Ersitzung** begründet werden (LRS 690). Dies setzte voraus, dass sie „fortwährend" war und „ins Auge fiel" (vgl. LRS 691). So war etwa das Recht auf Unterhaltung einer Wasserleitung (conduite d'eau) ersitzbar, ein Wegerecht (droit de passage) hingegen nicht (OLG Karlsruhe 7.7.1970 – 11 U 56/69, Die Justiz 1970, 341; Dehner B § 36 II 2). Auch das von § 2 erfasste Recht war damit ersitzbar, da die Fremdnützigkeit der

Ableitung fremden Traufwassers offensichtlich ist. Voraussetzung der Ersitzung war ein 30 Jahre andauernder, nicht auf Gewalt, Heimlichkeit oder Gefälligkeit beruhender Besitzstand (LRS 690; Dehner B § 36 II 3, 5, 6c). Gefälligkeit war zu vermuten, wenn die beteiligten Grundstücke nahen Verwandten gehörten. Nicht jede Einholung einer Erlaubnis lässt auf Gefälligkeit des Eigentümers schließen (aA Dehner B § 36 II 5). Da sich die Umstände der Besitzbegründung heute nur noch selten ermitteln lassen und die Beweislast für eine die Ersitzung ausschließende Gefälligkeit, Heimlichkeit oder Gewalt denjenigen trifft, der sich gegen das Entstehen der Grunddienstbarkeit wendet, wird heute in der Regel die Ersitzungszeit über die Begründung einer Dienstbarkeit entscheiden. Hingegen können solche Dienstbarkeiten nicht auch auf dem Rechtsinstitut der **unvordenklichen Verjährung** beruhen. Die unvordenkliche Verjährung begründete allein kein Recht, sondern schaffte nur eine auf Aussagen von Zeitzeugen beruhende **widerlegliche Vermutung** des Inhalts, dass ein seit geraumer Zeit mit dem äußeren Anschein des Rechts bestehender Zustand von rechtlicher Bedeutung in der Vergangenheit in rechtswirksamer Weise begründet worden ist (BGH 4.2.1955 – V ZR 112/52, BGHZ 16, 234 (238) = NJW 1955, 587 – Ls.; OLG Frankfurt a.M. 21.9.1988 – 19 U 239/86, OLGZ 1989, 88 (90f.); OLG Hamm 3.3.2016 – 5 U 125/15, NJW-RR 2016, 1112 Rn. 37). Die Anerkennung dieses Rechtsinstituts verstößt auch nicht gegen Art. 14 I GG (BVerfG 15.4.2009 – 1 BvR 3478/08, NVwZ 2009, 1158 (1159ff.)). Entscheidend ist jedoch, dass dieses Rechtsinstitut nach Inkrafttreten des Badischen Landrechts im Jahr 1810 nicht mehr angewendet wurde (vgl. Zachariae, Handbuch des Französischen Zivilrechts, Bd. 4, 4. Aufl. 1847, § 774 in Fn. 2; Brauer, Erläuterungen über den Code Napoléon und die Großherzoglich Badische bürgerliche Gesetzgebung, 4. Band, 1810, 349; anders für den Bereich des Straßenrechts BVerfG 15.4.2009 – 1 BvR 3478/08, NVwZ 2009, 1158 (1160)). Dienstbarkeiten konnten nach diesem Zeitpunkt nur durch Vergünstigung (LRS 691 Abs. 1 und 2), mithin vertraglich (so), nicht auch durch unvordenkliche Verjährung erworben werden (OLG Karlsruhe 23.12.1977 – 14 U 29/76, OLGZ 1978, 471; ebenso bereits zum Code Civil RG 20.11.1884 – II 269/84, RGZ 12, 340 (348)). Grunddienstbarkeiten **erloschen** zum einen bei einvernehmlicher Aufhebung oder durch Vereinigung der Grundstücke. Spiegelbildlich zur Ersitzung erlosch eine Grunddienstbarkeit auch durch sog. Versessung, indem sie nach letztmaliger Betätigung 30 Jahre ununterbrochen nicht mehr ausgeübt wurde (LRS 703 ff.).

10   Im Geltungsbereich des gemeinen Rechts, das bis zum Inkrafttreten des BGB in **Württemberg** wie auch in **Hohenzollern** galt (dazu → Einl. Rn. 9), konnten Grunddienstbarkeiten wie die Traufberechtigung (als Gebäudedienstbarkeit, s. v. Lang BWSachenR-HdB 472) zum einen **vertraglich** begründet werden. Zu ihrer Wirksamkeit bedurfte es einer Genehmigung durch die zuständige Behörde der freiwilligen Gerichtsbarkeit (regelmäßig der Gemeinderat). Hinsichtlich solcher Dienstbarkeiten war auch ein gutgläubiger Erwerb möglich; hierfür bedurfte es aber einer behördlichen oder gerichtlichen Anerkennung (v. Lang BWSachenR-HdB 404 f.). Des Weiteren konnte eine derartige Servitut durch **Ersitzung** entstehen (OLG Karlsruhe 16.9.1983 – 11 W 37/83, Die Justiz 1983, 457 (458), betr. Anwendbarkeit gemeinen Rechts). Hierfür musste sie eine Reihe von Jahren hindurch durchgehend ausgeübt werden. Die Ersitzungszeit betrug 10 Jahre unter Anwesenden und 20 Jahre unter Abwesenden (v. Lang BWSachenR-HdB 412). Konnte dies nicht für die gesamte Zeit bewiesen werden, half eine Vermutung, sofern der unbewiesene Zeitraum nicht größer war als der nachweisbare (v. Lang BWSachenR-HdB 411, aber str.). Wurde die Servitut nicht auf diesem Weg ersessen, konnte dennoch eine Ersitzung begründet werden, aber erst nach 30 Jahren und nur dann, wenn die Rechtsausübung in gutem Glauben erfolgte (v. Lang BWSachenR-HdB 415). Hierbei konnte die Vermutungsregel der **unvordenklichen Verjährung** (dazu → Rn. 9) helfen (v. Lang BWSachenR-HdB 417; OLG Karlsruhe 16.9.1983 – 11 W 37/83, Die Justiz 1983, 457 (458)). Grunddienstbarkeiten **erloschen** durch Aufhebung oder Vereinigung der Grundstücke. Spiegelbildlich zur Ersitzung erlosch eine Grunddienstbarkeit auch durch sog. Verjährung, wenn sie nach der letzten Ausübungshandlung 10 Jahre unter Anwesenden, 20 Jahre unter Abwesenden nicht mehr ausgeübt wurde (v. Lang

BWSachenR-HdB 508). Bei ständigen Dienstbarkeiten wie dem Traufrecht musste hinzukommen, dass der Eigentümer des dienenden Grundstücks während dieser Zeit in gutem Glauben war, also nicht etwa böswillig Veränderungen an der Rohrleitung vorgenommen hatte (v. Lang BWSachenR-HdB 509 f.). Die bloße Veränderung der dienenden Sache mit der Folge, dass die Dienstbarkeit nicht mehr ausgeübt werden konnte, bewirkte nicht ohne weiteres ein Erlöschen der Dienstbarkeit; vielmehr lebte sie wieder auf, wenn die Funktionstüchtigkeit der Anlage innerhalb der Verjährungszeit wiederhergestellt wurde (v. Lang BWSachenR-HdB 506, 512).

Sowohl die altrechtlichen Dienstbarkeiten als auch die BGB-Grunddienstbarkeit sind **dinglicher** Natur, gehen also bei einem Eigentumswechsel ohne Weiteres auf den neuen Eigentümer über, sofern das Grundstück nicht gem. § 892 I BGB gutgläubig lastenfrei erworben wird. 11

Regelmäßig darf der Eigentümer des dienenden Grundstücks nichts unternehmen, was die **Dienstbarkeit beeinträchtigt.** Sofern er bauliche Veränderungen am Gebäude vornimmt, an dem sein Rinnen- bzw. Rohrsystem angebracht ist (zB höher baut), lässt dies das Traufrecht, das als Duldungsrecht keine feste Ableitungsweise verlangt, zunächst unberührt (vgl. BGH 20.5.1988 – V ZR 29/87, NJW-RR 1988, 1229 (1230); Gleiches gilt für die altrechtlichen Dienstbarkeiten, so auch Grüneberg/Herrler BGB § 1027 Rn. 3). Die Pflicht zur Einrichtung oder Beibehaltung eines bestimmten Ableitungssystems könnte durch Grunddienstbarkeit nicht abgesichert werden, da es zuviel Gewicht gegenüber der Duldungspflicht aufweist. Die in S. 2 bestimmte Ersatzpflicht hingegen wäre als bloße Nebenpflicht (dazu BGH 25.2.1959 – V ZR 176/57, BeckRS 1959, 31204909; s. auch MüKoBGB/Mohr BGB § 1018 Rn. 44; zur Abgrenzung GLS NachbarR-HdB/Grziwotz Kap. 4 Rn. 219) eintragungsfähig. 12

Für den Fall, dass der Eigentümer des dienenden Grundstücks das **Ableitungssystem beseitigt,** bestätigt S. 1 zunächst, dass solche Maßnahmen grundsätzlich **zulässig** sind, also nicht abgewehrt werden dürfen (VKKKK Rn. 1). Da die Grunddienstbarkeit ein gesetzliches Schuldverhältnis mit entsprechenden Nebenpflichten schafft (BGH 28.6.1985 – V ZR 111/84, BGHZ 95, 144 = NJW 1985, 2944 (2945)), steht dem Nachbarn vor Durchführung der Bauarbeiten nur ein **Auskunftsanspruch** zum geplanten Umfang zu. Gemäß § 2 muss darüber hinaus aber sichergestellt sein, dass der Nachbar eine **Ableitungsalternative** erhält, nach dessen Wahl auf seinem oder dem Nachbargrundstück (Birk NachbarR BW Anm. 6; Reich NRG BW Rn. 4). In Betracht kommt vor allem der Anschluss an eine neue Dachentwässerung. Die Anpassung erfolgt auf Kosten des Eigentümers des dienenden Grundstücks (→ Rn. 14), muss aber durch den Nachbarn vorgenommen werden (Reich NRG BW Rn. 4; abw. Birk NachbarR BW Anm. 7: ggf. Anspruch auf „Selbstausführung"). In jedem Fall hat der Nachbar darauf zu achten, dass er diese Anlage in ordnungsgemäßem Zustand erhält, soweit das Interesse des Eigentümers dies erfordert (§ 1020 S. 2 BGB). Das geht aber nicht soweit, dass er die Anlage bestehen lassen muss; gibt er sie auf, hat er sie insgesamt zu entfernen (ähnlich GLS NachbarR-HdB/Grziwotz Kap. 4 Rn. 266, der eine Erkennbarkeit nach außen fordert). 13

3. Sofern der Nachbar wegen der Gebäudeveränderung Rohre oder Rinnen anbringt, hat der Eigentümer des dienenden Grundstücks ihm gem. **S. 2** die hierfür aufgewandten **Kosten zu ersetzen.** Erfasst sind damit auch Kosten für die eigene Arbeitskraft (Reich NRG BW Rn. 6). Sicherheit steht dem Nachbarn nicht zu, ebenso wenig Vorschuss (aA Birk NachbarR BW Anm. 7, der dem Verpflichteten dementsprechend auch Anspruch auf Rechnungslegung – besser wohl: Rechenschaft – gibt). Nach allgemeinen Grundsätzen des Aufwendungsersatzrechts sind nur die **notwendigen** Kosten zu ersetzen (§ 670 BGB analog; ähnlich VKKKK Rn. 1; Reich NRG BW Rn. 6: zu wählen ist die kostengünstigste Variante). Hierzu gehören auch etwaige Folgekosten (aA Reich NRG BW Rn. 6). Dabei steht dem Nachbarn eine Einschätzungsprärogative zu. Aufwendungen, die sich als vergeblich erweisen, können damit ebenfalls ersatzfähig sein. 14

15   **4. Duldungsberechtigt** ist der Nachbar. Das ist der Eigentümer des (herrschenden) Nachbargrundstücks bzw. der ihm gleichgestellte Miteigentümer, Erbbauberechtigte und Sondereigentümer (ebenso wohl Birk NachbarR BW Vor Anm. 1). Zudem ist gem. § 1029 BGB der Rechtsbesitzer, also der Besitzer, der die für den Eigentümer bestehende Dienstbarkeit ausübt, aktiv legitimiert.

16   Zur Duldung und Zahlung **verpflichtet** ist der Eigentümer des Gebäudes auf dem dienenden Grundstück, also des Gebäudegrundstücks, damit auch der Miteigentümer (§ 1011 BGB), gem. § 11 I 1 ErbbauRG der Erbbauberechtigte und bei Wohnungseigentum in erster Linie die WEG (→ Einl. Rn. 113), sofern nicht nur Sondereigentum betroffen ist, nicht aber der bloße Besitzer, auch wenn er zum Besitz berechtigt ist (→ Einl. Rn. 19; dieser darf das Ableitungssystem deshalb auch nicht ohne Zustimmung des Eigentümers beseitigen). Die Verpflichtung trifft auch den **Rechtsnachfolger**. Sofern Reich NRG BW Rn. 4 dies unter Hinweis auf § 9 I 2 verneint, überschätzt er den systematischen Gehalt dieser Norm, zumal sie auch in einem anderen Abschnitt des Gesetzes steht.

Vorbemerkungen zu §§ 3–5 – Fensterrecht

Parallelvorschriften (Fenster- und Lichtrecht): Bayern: Art. 43–45 BayAGBGB; Berlin: –; Brandenburg: §§ 20–22 BbgNRG; Bremen: –; Hamburg: –; Hessen: §§ 11–13 HessNachbRG; Mecklenburg-Vorpommern: –; Niedersachsen: §§ 23–25 NNachbG; Nordrhein-Westfalen: §§ 4–6 NachbG NRW; Rheinland-Pfalz: §§ 34–36 RhPflNRG; Saarland: §§ 35–37 SaarlNachbG; Sachsen: –; Sachsen-Anhalt: –; Schleswig-Holstein: §§ 22–24 NachbG Schl.-H.; Thüringen: §§ 34–36 ThürNRG.

I. Einführung

1   **1.** Aufgrund des in § 903 BGB und Art. 14 GG normierten Eigentumsrechts darf der Eigentümer sein Grundstück bebauen, **Ausblick gewährende Anlagen** errichten und bauliche Anlagen mit Lichtöffnungen bzw. Fenstern versehen. Ein spezielles Recht, Fenster anzubringen (sog. Fensterrecht), ist hierfür nicht nötig. Das Eigentumsrecht bewahrt andererseits nicht davor, dass der Nachbar durch die Baumaßnahmen geschaffene Ausblicksmöglichkeiten und Lichteinlässe verbaut. Hiervor schützen auch die §§ 3, 4 nicht. Bundesrechtlich werden Störungen, die durch die Einblicksmöglichkeiten erfolgen, als sog. negative Immissionen nicht von §§ 1004, 905, 906 BGB erfasst (BGH 10.7.2015 – V ZR 229/14, NJW-RR 2015, 1425 Rn. 13 mAnm Bruns LMK 2016, 374724; Dehner B § 25 A; → Einl. Rn. 32). Gegen das Hinauswerfen von Sachen oder Ausgießen von Flüssigkeiten schützt zwar die negatorische Klage (§ 1004 BGB), der Bestand der Fenster bleibt davon aber unberührt. Auch § 907 BGB ist nicht anwendbar, da das Hinauswerfen usw. einen Missbrauch, nicht aber die bestimmungsgemäße Nutzung des Fensters darstellt. Fenster sind auch deshalb keine Gefahr drohenden Anlagen iSd § 907 BGB, weil sie nicht der Übermittlung von Geräuschen oder Ähnlichem dienen, sondern Licht und Luft hereinlassen sollen (Dehner B § 25 A). Andere rechtliche Gesichtspunkte lassen einen derartigen Schutz ebenfalls kaum zu.

2   **Beispiel** (nach BGH 11.7.2003 –V ZR 199/02, NJW-RR 2003, 1313):
Die Parteien sind Eigentümer benachbarter Grundstücke, auf denen sich Gebäude einer Burg befinden. Die Kläger bewohnen auf ihrem Grundstück das Haupthaus, die Beklagten unmittelbar daneben einen auf ihrem Grundstück stehenden niedrigeren Anbau. Die Beklagten beabsichtigen, auf dem Dach ihres Gebäudes direkt vor der angrenzenden Wand des Hauses des Klägers einen Wintergarten zu errichten. Die dafür erforderliche Brandmauer würde zwei Fenster des Hauses der Kläger verdecken. Die Kläger verlangen von den Beklagten Unterlassung der geplanten Baumaßnahme.

3   Nach Auffassung des BGH steht den Beklagten ein Unterlassungsanspruch gem. §§ 906 I, 1004 I 2 BGB nicht zu. Eine unmittelbare Anwendung scheitere daran, dass der Lichtentzug keine Einwirkung iSd § 906 I BGB sei; hierunter seien nur positiv die Grundstücksgrenze überschreitende, sinnlich wahrnehmbare Einwirkungen zu verstehen. Ebenfalls nicht als Eigentumsbeeinträchtigung abwehrbar seien ideelle Einwirkungen, die durch Handlungen auf dem eigenen Grundstück hervorgerufen werden, welche das ästhetische Empfinden des Nachbarn verletzen und/oder den Verkehrswert des Nachbargrundstücks mindern, hier etwa eine ästhetische Beeinträchtigung des Gesamteindrucks der Burganlage. Eine analoge Anwendung der §§ 906, 1004 BGB scheide mangels Gesetzeslücke aus. Schließlich sei auch ein Unterlassungsanspruch nach § 907 I 1 BGB zu verneinen, da nicht geplant sei, die Anlage auf das Nachbargrundstück hinüberzubauen. Soweit die Kläger Besorgnis hinsichtlich einer erhöhten Brandgefahr zeigten, seien dies keine Gesichtspunkte, die mit Sicherheit eine unzulässige Einwirkung auf das Nachbargrundstück erwarten ließen. Eine solche Prognose sei nur dann gerechtfertigt, wenn die zu erwartende Einwirkung Folge des normalen Zustands und ordnungsgemäßer Benutzung der Anlage sei. Allerdings könne sich ein Unterlassungsanspruch nach den Grundsätzen des **nachbarlichen Gemeinschaftsverhältnisses** ergeben (→ Einl. Rn. 27; s. auch BGH 10.4.1953 – V ZR 115/51, BeckRS 1953, 31201676). Gesichtspunkte, die für einen derartigen Anspruch sprächen, seien hier der Umstand, dass es sich früher um ein einheitliches Grundstück handelte und daher zunächst keine Vorkehrungen für einen derartigen Konflikt getroffen werden mussten, sowie eine durch die Brandmauer entstehende erhebliche Wertminderung des Grundstücks der Beklagten. Auf der anderen Seite werde nicht das gesamte Licht entzogen, da der Raum, in welchem sich die beiden Fenster befinden, noch 2 weitere Fenster habe, die einen ausreichenden Lichteinfall gewährleisteten. Zur weiteren Klärung der Angelegenheit verwies der BGH die Sache an das Berufungsgericht zurück (zum Az. V ZR 94/05, BeckRS 2005, 14900, beschäftigte die Angelegenheit wegen eines Gehörverstoßes den BGH später noch einmal).

Effektiven Schutz kann der Eigentümer damit im Regelfall – abgesehen von der Sonderregelung des § 31 – nur erhalten, wenn er mit dem Nachbarn eine entsprechende Vereinbarung trifft und so ein Recht gegen solche Einwirkungen, insbesondere durch Verbauen oder Hochziehen einer Grenzmauer (sog. **Licht-** bzw. **Fensterschutzrecht**), begründet. Um eine solche Regelung auf Dauer zu erhalten, sollte hierfür eine Grunddienstbarkeit bestellt werden, da die Vereinbarung ansonsten über die Parteien nicht hinauswirkt. 4

2. Ein Sonderproblem behandelt **§ 922 S. 3 BGB.** Dieser Vorschrift ist zu entnehmen, dass in einer **Grenzmauer** grundsätzlich keiner der Nachbarn ohne Zustimmung des anderen Fenster oder sonstige Lichtöffnungen anbringen darf (Dorner/Seng 288 in Fn. 2). 5

3. Das **NRG** enthält zum Licht- bzw. Fensterschutzrecht direkt nur eine Übergangsregelung in § 31. Darüber hinaus kommt §§ 3 und 4 (mit einer Rückausnahme in § 5) die Funktion zu, Schutz vor Einblick durch Abstandsvorschriften zu schaffen. Diese Vorschriften sind von Art. 124 EGBGB gedeckt, verstoßen also nicht gegen Bundesrecht. 6

II. Ergänzende Vorschriften

§§ 3–5 sind Schutzgesetze iSd **§ 823 II BGB,** da sie das Eigentum am begünstigten Grundstück schützen (Reich NRG BW § 3 Rn. 5; ebenso SFP NachbG NRW/Fink-Jamann NachbG NRW § 1 Rn. 33, für die vergleichbare Rechtslage in NRW). Hält der Nachbar die geforderten Abstände schuldhaft nicht ein, macht er sich dem Eigentümer des begünstigten Grundstücks gegenüber schadensersatzpflichtig. Die Vorschrift des § 823 II BGB geht insofern über § 823 I BGB hinaus, als sie auch davor schützt, dass der Eigentümer des Nachbargrundstücks Besitzmittlungsverhältnisse so ausgestaltet, dass der Nutzungsberechtigte (zB Mieter, Pächter) die Vorschriften der §§ 3–5 nicht einhalten muss. 7

§ 3 Abstand von Lichtöffnungen

(1) **Der Eigentümer eines Grundstücks kann verlangen, daß vor Lichtöffnungen in der Außenwand eines Nachbargebäudes, die einen Ausblick auf sein Grundstück gewähren, auf dem Nachbargrundstück Abstandsflächen eingehalten werden, die, recht-**

winklig zur Außenwand und in Höhe der Lichtöffnung gemessen, eine Tiefe von mindestens 1,80m haben und in der Breite auf jeder Seite mindestens 0,60m über die Lichtöffnung hinausreichen.

(2) Das Verlangen nach Absatz 1 kann nicht gestellt werden für Lichtöffnungen, die verschlossen sind und nicht geöffnet werden können und entweder mit ihrer Unterkante mindestens 1,80m über dem Fußboden des zu erhellenden Raumes liegen oder undurchsichtig sind.

(3) [1]Das Verlangen nach Absatz 1 kann nicht gestellt werden, wenn keine oder nur geringfügige Beeinträchtigungen zu erwarten sind oder das Vorhaben nach öffentlich-rechtlichen Vorschriften, insbesondere nach den §§ 5 und 6 der Landesbauordnung, zulässig ist. [2]Nach Ablauf von zwei Monaten seit Zugang der Benachrichtigung nach § 55 der Landesbauordnung ist das Verlangen ausgeschlossen. [3]Die Frist wird auch dadurch gewahrt, daß nach § 55 der Landesbauordnung Einwendungen oder Bedenken erhoben werden.

I. Inhalt der Regelung

1   Lichtöffnungen in Außenwänden eines Gebäudes, aus denen auf ein Nachbargrundstück geschaut werden kann, müssen Mindestabstände zur Grundstücksgrenze aufweisen, wenn mehr als nur geringfügige Beeinträchtigungen zu erwarten sind und das Vorhaben nicht nach öffentlich-rechtlichen Vorschriften zugelassen ist. Die in Abs. 3 zitierten Vorschriften der BWLBO lauten in der seit dem 1.8.2019 geltenden Fassung, die unter anderem Änderungen des § 5 VI 2, VII Nr. 2 und des § 55 II mit sich brachte (GBl. 2019, 313), wie folgt:

§ 5 Abstandsflächen

(1) [1] Vor den Außenwänden von baulichen Anlagen müssen Abstandsflächen liegen, die von oberirdischen baulichen Anlagen freizuhalten sind. [2] Eine Abstandsfläche ist nicht erforderlich vor Außenwänden an Grundstücksgrenzen, wenn nach planungsrechtlichen Vorschriften

1. an die Grenze gebaut werden muß, es sei denn, die vorhandene Bebauung erfordert eine Abstandsfläche, oder

2. an die Grenze gebaut werden darf und öffentlich-rechtlich gesichert ist, daß auf dem Nachbargrundstück ebenfalls an die Grenze gebaut wird.

[3] Die öffentlich-rechtliche Sicherung ist nicht erforderlich, wenn nach den Festsetzungen einer abweichenden Bauweise unabhängig von der Bebauung auf dem Nachbargrundstück an die Grenze gebaut werden darf.

(2) [1] Die Abstandsflächen müssen auf dem Grundstück selbst liegen. [2] Sie dürfen auch auf öffentlichen Verkehrsflächen, öffentlichen Grünflächen und öffentlichen Wasserflächen liegen, bei beidseitig anbaubaren Flächen jedoch nur bis zu deren Mitte.

(3) [1] Die Abstandsflächen dürfen sich nicht überdecken. [2] Dies gilt nicht für Abstandsflächen von Außenwänden, die in einem Winkel von mehr als 75° zueinander stehen.

(4) [1] Die Tiefe der Abstandsfläche bemisst sich nach der Wandhöhe; sie wird senkrecht zur jeweiligen Wand gemessen. [2] Als Wandhöhe gilt das Maß vom Schnittpunkt der Wand mit der Geländeoberfläche bis zum Schnittpunkt der Wand mit der Dachhaut oder bis zum oberen Abschluss der Wand. [3] Ergeben sich bei einer Wand durch die Geländeoberfläche unterschiedliche Höhen, ist die im Mittel gemessene Wandhöhe maßgebend. [4] Sie ergibt sich aus dem arithmetischen Mittel der Höhenlage an den Eckpunkten der baulichen Anlage; liegen bei einer Wand die Schnittpunkte mit der Dachhaut oder die oberen Abschlüsse verschieden hoch, gilt dies für den jeweiligen Wandabschnitt. [5] Maßgebend ist die tatsächliche Geländeoberfläche nach Ausführung des Bauvorhabens, soweit sie nicht zur Verringerung der Abstandsflächen angelegt wird oder wurde.

(5) Auf die Wandhöhe werden angerechnet

1. die Höhe von Dächern oder Dachaufbauten mit einer Neigung von mehr als 70° voll und von mehr als 45° zu einem Viertel,

2. die Höhe einer Giebelfläche zur Hälfte des Verhältnisses, in dem ihre tatsächliche Fläche zur gedachten Gesamtfläche einer rechteckigen Wand mit denselben Maximalabmessungen steht; die Giebelfläche beginnt an der Horizontalen durch den untersten Schnittpunkt der Wand mit der Dachhaut,

3. bei Windenergieanlagen nur die Höhe bis zur Rotorachse, wobei die Tiefe der Abstandsfläche mindestens der Länge des Rotorradius entsprechen muss.

(6) [1] Bei der Bemessung der Abstandsfläche bleiben außer Betracht

1. untergeordnete Bauteile wie Gesimse, Dachvorsprünge, Eingangs- und Terrassenüberdachungen, wenn sie nicht mehr als 1,5 m vor die Außenwand vortreten,

Abstand von Lichtöffnungen §3

2. Vorbauten wie Wände, Erker, Balkone, Tür- und Fenstervorbauten, wenn sie nicht breiter als 5 m sind, nicht mehr als 1,5 m vortreten

und von Nachbargrenzen mindestens 2m entfernt bleiben. ²Außerdem bleibt die nachträgliche Wärmedämmung eines bestehenden Gebäudes außer Betracht, wenn sie einschließlich der Bekleidung nicht mehr als 0,30 m vor die Außenwand tritt; führt eine nachträgliche Dämmung des Daches zu einer größeren Wandhöhe, ist die zusätzlich erforderliche Abstandsfläche auf dieses Maß anzurechnen. ³Satz 2 gilt für die nachträgliche Anbringung von Anlagen zur photovoltaischen oder thermischen Solarnutzung entsprechend.

(7) ¹Die Tiefe der Abstandsflächen beträgt
1. allgemein 0,4 der Wandhöhe,
2. in Kerngebieten, Dorfgebieten, urbanen Gebieten und in besonderen Wohngebieten 0,2 der Wandhöhe,
3. in Gewerbegebieten und in Industriegebieten, sowie in Sondergebieten, die nicht der Erholung dienen, 0,125 der Wandhöhe.

²Sie darf jedoch 2,5 m, bei Wänden bis 5 m Breite 2 m nicht unterschreiten.

§ 6 Abstandsflächen in Sonderfällen

(1) ¹In den Abstandsflächen baulicher Anlagen sowie ohne eigene Abstandsflächen sind zulässig:
1. Gebäude oder Gebäudeteile, die eine Wandhöhe von nicht mehr als 1m haben,
2. Garagen, Gewächshäuser und Gebäude ohne Aufenthaltsräume mit einer Wandhöhe bis 3 m und einer Wandfläche bis 25 m²,
3. bauliche Anlagen, die keine Gebäude sind, soweit sie nicht höher als 2,5 m sind oder ihre Wandfläche nicht mehr als 25 m² beträgt,
4. landwirtschaftliche Gewächshäuser, die nicht unter Nummer 2 fallen, soweit sie mindestens 1 m Abstand zu Nachbargrenzen einhalten.

²Für die Ermittlung der Wandhöhe nach Satz 1 Nr. 2 ist der höchste Punkt der Geländeoberfläche zugrunde zu legen. ³Die Grenzbebauung im Falle des Satzes 1 Nr. 2 darf entlang den einzelnen Nachbargrenzen 9 m und insgesamt 15 m nicht überschreiten.

(2) Werden mit Gebäuden oder Gebäudeteilen nach Absatz 1 dennoch Abstandsflächen eingehalten, so müssen sie gegenüber Nachbargrenzen eine Tiefe von mindestens 0,5 m haben.

(3) ¹Geringere Tiefen der Abstandsflächen sind zuzulassen, wenn
1. in überwiegend bebauten Gebieten die Gestaltung des Straßenbildes oder besondere örtliche Verhältnisse dies erfordern oder
2. Beleuchtung mit Tageslicht sowie Belüftung in ausreichendem Maße gewährleistet bleiben, Gründe des Brandschutzes nicht entgegenstehen und nachbarliche Belange nicht erheblich beeinträchtigt werden.

²In den Fällen der Nummer 1 können geringere Tiefen der Abstandsflächen auch verlangt werden.

§ 55 Nachbarbeteiligung

(1) ¹Soll eine Abweichung, Ausnahme oder Befreiung von Vorschriften des öffentlichen Baurechts, die auch dem Schutz des Nachbarn dienen, erteilt werden, benachrichtigt die Gemeinde auf Veranlassung und nach Maßgabe der Baurechtsbehörde die Eigentümer angrenzender Grundstücke (Angrenzer) innerhalb von fünf Arbeitstagen ab dem Eingang der vollständigen Bauvorlagen über das Bauvorhaben. ²Die Benachrichtigung ist nicht erforderlich bei Angrenzern, die
1. eine Zustimmungserklärung in Textform abgegeben oder die Bauvorlagen unterschrieben haben oder
2. durch das Vorhaben offensichtlich nicht berührt werden.

³Bei Eigentümergemeinschaften nach dem Wohnungseigentumsgesetz genügt die Benachrichtigung des Verwalters.

(2) ¹Einwendungen sind innerhalb von vier Wochen nach Zustellung oder sonstiger Bekanntgabe der Benachrichtigung bei der Gemeinde elektronisch in Textform oder zur Niederschrift vorzubringen; für die Benachrichtigung gilt § 9 Absatz 1 des Onlinezugangsgesetzes vom 14. August 2017 (BGBl. I S. 3122, 3138), das zuletzt durch Artikel 16 des Gesetzes vom 28. Juni 2021 (BGBl. I S. 2250, 2261) geändert worden ist, in der jeweils geltenden Fassung, entsprechend. ²Die vom Bauantrag benachrichtigten Angrenzer werden mit allen Einwendungen ausgeschlossen, die im Rahmen der Beteiligung nicht fristgemäß geltend gemacht worden sind und sich auf von der Baurechtsbehörde zu prüfende öffentlich-rechtliche Vorschriften beziehen (materielle Präklusion). ³Auf diese Rechtsfolge ist in der Benachrichtigung hinzuweisen. ⁴Die Gemeinde leitet die bei ihr eingegangenen Einwendungen zusammen mit ihrer Stellungnahme innerhalb der Frist des § 54 Abs. 3 an die Baurechtsbehörde weiter.

(3) Bei der Errichtung von
1. einem oder mehreren Gebäuden, wenn die Größe der dem Wohnen dienenden Nutzungseinheiten insgesamt mehr als 5.000 m² Brutto-Grundfläche beträgt,

2. *baulichen Anlagen, die öffentlich zugänglich sind, wenn dadurch erstmals oder zusätzlich die gleichzeitige Nutzung durch mehr als 100 Personen zu erwarten ist, und*

3. *Sonderbauten nach § 38 Absatz 2 Nummer 5, 6, 8, 12, 14 und 17*

ist eine Öffentlichkeitsbeteiligung nach § 23b Absatz 2 BImSchG durchzuführen, wenn die Bauvorhaben innerhalb des angemessenen Sicherheitsabstands gemäß § 3 Absatz 5c BImSchG eines Betriebsbereichs im Sinne von § 3 Absatz 5a BImSchG liegen und dem Gebot, einen angemessenen Sicherheitsabstand zu wahren, nicht bereits auf der Ebene der Bauleitplanung in einem öffentlichen Verfahren Rechnung getragen wurde.

II. Normgebung

2 1. Das badische Recht enthielt eingehende Vorschriften über die Abstände von Aussichtsfenstern gegenüber den Nachbargrundstücken sowie über die Einrichtung und Verschließung von Lichtöffnungen (LRS 675–678, übernommen in Art. 19, 20 BadAGBGB 1899 = Art. 14, 15 BadAGBGB 1925). Für das württembergische Rechtsgebiet traf Art. 222 WürttAGBGB 1899 (= Art. 194 WürttAGBGB 1931) im Anschluss an Art. 59 WürttNBO Bestimmungen über die sog. Verwahrung von Lichtöffnungen. Dem Gesetzgeber erschien es zweckmäßig, insoweit nur die Vorschriften des badischen Rechts, die einen ausreichenden Rechtsschutz gewährten, im Wesentlichen zu übernehmen. Nach Auffassung des Gesetzgebers war die Heranziehung der württembergischen Vorschriften überflüssig, da, wenn gegenüber einer Lichtöffnung, die einen Ausblick gewährt, ein gewisser Abstand eingehalten werden muss, eine zusätzliche Verwahrung derselben nicht mehr erforderlich sei. Deshalb sollte vor der Lichtöffnung oder sonstigen Ausblick gewährenden Anlage auf dem das Gebäude tragenden Grundstück eine rechteckige Fläche frei bleiben, deren Tiefe rechtwinklig zur Außenwand und in Höhe der Lichtöffnungen gemessen mindestens 1,80 m und deren Breite mindestens die Länge der Lichtöffnung oder Anlage zuzüglich 2 × 0,60 m misst. Um eine übersichtliche Regelung zu erhalten, wurden die Bestimmungen über die Lichtöffnungen in § 3 und, getrennt davon, die über die sonstigen, einen Ausblick auf das Nachbargrundstück gewährenden Anlagen in § 4 zusammengefasst (RegBegr. vom 12.12.1958, Beil. 2220 zu den Sitzungsprotokollen der 2. Legislaturperiode, S. 3555).

3 Nach dem zuvor geltenden badischen Recht waren die Ansprüche gegenüber dem Nachbarn hinsichtlich der Einhaltung der Abstände nicht der Verjährung unterworfen (Art. 18 BadAGBGB 1925). Dies konnte für den Bauenden zu großen Einschränkungen führen. Der Gesetzgeber sah sich deshalb zur Einführung einer Ausschlussfrist veranlasst. Um nicht die Errichtung von Bauten unangemessen zu verzögern, erschien ihm hierfür eine Frist von zwei Monaten ausreichend (RegBegr. vom 12.12.1958, Beil. 2220 zu den Sitzungsprotokollen der 2. Legislaturperiode, S. 3555).

4 2. Durch Art. 1 Nr. 1 des Gesetzes zur Änderung des NRG vom 26.7.1995 (GBl. 605) wurde Abs. 3 mit Wirkung zum 1.1.1996 neu gefasst. Nach Auffassung des Gesetzgebers sollte das Recht des Nachbarn, die Einhaltung eines Grenzabstandes mit Fenstern und sonstigen Ausblick auf das Nachbargrundstück gewährenden Anlagen verlangen zu können, gegenüber dem bisherigen Rechtszustand eingeschränkt und insoweit ein **Vorrang der bauordnungsrechtlichen Vorschriften** vorgesehen werden. Zwar schreibe das Bauordnungsrecht (insbesondere aus Gründen des Brandschutzes) grundsätzlich erheblich größere Nachbarabstände als das Nachbarrecht vor, lasse jedoch andererseits, insbesondere im Interesse einer sinnvollen Nutzung bestehender Gebäude im innerörtlichen Bereich, Ausnahmen von den vorgeschriebenen Grenzabständen zu. Sofern derartige Ausnahmeregelungen eingreifen, sollte auch der private Anspruch des Nachbarn, einen bestimmten Mindestabstand vor Fenstern einzuhalten, ausgeschlossen sein. Dies erschien gerechtfertigt, weil bei der Prüfung der Zulässigkeit einer Ausnahme nach den bauordnungsrechtlichen Vorschriften auch die Belange des Nachbarn zu berücksichtigen sind. Darüber hinaus hielt der Gesetzgeber es für angemessen, das nachbarrechtliche Verlangen auf Einhaltung einer Abstandsfläche dann auszuschließen, wenn mit der Realisierung des geplanten Bauwerks für den Nachbarn keine oder nur geringfügige Beeinträchtigungen zu erwarten sind. Ferner sollte der Beginn der

Abstand von Lichtöffnungen § 3

Ausschlussfrist für die Geltendmachung des nachbarrechtlichen Unterlassungsanspruchs präzisiert und hierfür auf den Zeitpunkt abgestellt werden, in dem der Nachbar gem. § 55 BWLBO über das Baugesuch unterrichtet wird. Damit sollte ausgeschlossen werden, dass an Bauwerken, die nicht den Regelungen des Nachbarrechts entsprechen, nachträglich nur deshalb Veränderungen vorzunehmen sind, weil der bauwillige Nachbar die beabsichtigte Bauausführung nicht hinreichend konkret mitgeteilt hat. Andererseits sollte durch den neuen Abs. 3 S. 3 eine Fristwahrung auch dadurch erreicht werden, dass der Nachbar nicht gegenüber dem Bauherrn, sondern gegenüber der Gemeinde oder Baugenehmigungsbehörde Einwendungen wegen des zu geringen Abstands erhebt (RegBegr. vom 1.3.1993, LT-Drs. 11/1481, 11).

III. Anmerkungen

1. Die Abstandsregelung des § 3 gilt **nicht** für Lichtöffnungen, die auf einen öffentlichen 5
Weg oder einen öffentlichen Platz weisen, der an das Grundstück angrenzt (§ 5).

2. **Abs. 1** begründet die Pflicht zur Einhaltung von Abstandsflächen vor Lichtöffnungen 6
in der Außenwand eines Nachbargebäudes.

Lichtöffnungen sind alle Arten von Wandeinlässen, durch die bestimmungsgemäß Licht 7
von außen in das Gebäude dringt; das sind vor allem Fenster, aber auch rahmenlose Durchblicke oder verglaste Türen. Auf die Größe kommt es nicht an.

Außenwand ist jede Art von Raumabschluss ins Freie unabhängig von Material und Be- 8
schaffenheit und ohne Rücksicht darauf, ob sie den nach der BWLBO an Außenwände zu stellenden Anforderungen entsprechen (Dehner B § 25 H I 1c; Birk NachbarR BW Anm. 2). Dächer gehören nicht zu den Wänden. Daher bezieht sich das Abstandsgebot weder auf in der Dachschräge liegende Fenster noch auf Gaubenfenster (Dehner B § 25 H I 1c; aA Reich NRG BW Rn. 3 und LG Kassel 1.12.1995 – 10 S 455/95, BauR 1996, 565 zu § 11 I HessNachbRG).

Ein **Gebäude** ist ein Bauwerk, dessen bestimmungsgemäße Nutzung auf die Zuführung 9
von Tageslicht angewiesen ist. Der Begriff des Gebäudes knüpft insoweit nicht an die Bestimmung des § 2 II BWLBO an, sondern ist nach dem Schutzzweck des § 3 eigenständig zu entwickeln.

Ausblick auf ein Grundstück **gewährt** eine Lichtöffnung, wenn hieraus auf die Grund- 10
stücksgrenze geschaut werden kann. Ob der Nachbar sich dazu aus der Lichtöffnung hinauslehnen muss oder nicht, spielt keine Rolle. Allerdings müssen die dadurch geschaffenen Gefahren für die Privatsphäre des Nachbarn substantieller Art sein; geringfügige Ausblicksmöglichkeiten sind nicht erfasst (ebenso OLG Koblenz 5.1.2006 – 5 U 1172/05, VersR 2006, 1418 (1419), zu § 34 IV RhPflNRG).

Abstandsflächen sind an der Grundstücksgrenze gelegene Flächen, auf denen sich mit 11
Lichtöffnungen versehene Gebäudewände nicht befinden dürfen (Abs. 1). Die Regelung des Abs. 1 folgt der sog. **Rahmentheorie,** wonach um das Grundstück herum ein Rahmen liegt, der nicht unerlaubt überbaut werden darf. Demgegenüber folgt das Bauordnungsrecht dem Schuhschachtel-Modell, wonach rund um das Haus nach Art einer Schuhschachtel mit aufgeklappten Seitenwänden Flächen liegen, die nicht überbaut werden dürfen (Dürr, Baurecht Baden-Württemberg, 14. Aufl. 2013, Rn. 180). Nach Bauordnungsrecht dürfen in den Abstandsflächen nur die in § 6 I 1 BWLBO genannten Kleinbauten (zB kleinere Garagen und Gewächshäuser, Terrassen, Treppen, Rampen, Einfriedigungen oder Stützmauern) errichtet werden. Im Bauordnungsrecht dienen die Abstandsflächen, wie § 6 III 1 Nr. 2 BWLBO zeigt, vor allem dem Brandschutz und dem Schutz der Bewohner des Hauses davor, dass die Wohn- und Aufenthaltsräume nicht ausreichend belüftet, belichtet und besonnt werden, aber auch nachbarlichen Belangen wie dem Schutz vor Entzug von Licht, Luft und Sonne (DLS BauR BW Rn. 206). Soweit nach bauplanungsrechtlichen Vorschriften an die Grenze gebaut werden muss (Festsetzung der geschlossenen Bauweise gem. § 22 I BauNVO bzw. bei § 34 BauGB eine geschlossene Bauweise in der Umgebung), ist gem. § 5 I 2 Nr. 1 BWLBO eine

§ 3   1. Abschnitt. Gebäude

Abstandsfläche nicht erforderlich und auch gar nicht möglich. Gleiches gilt nach § 5 I 2 Nr. 2 BWLBO, wenn nach bauplanungsrechtlichen Vorschriften an die Grenze gebaut werden darf und öffentlich-rechtlich, mithin durch Baulast, gesichert ist, dass der Nachbar ebenfalls (ggf. an anderer Stelle der Grenze) einen Grenzbau (nicht nur eine Grenzgarage) errichtet (DLS BauR BW Rn. 207).

12 Die **Tiefe der Abstandsfläche** wird in Höhe der Lichtöffnung und senkrecht zur Außenwand gemessen (Abs. 1). Sie beträgt vor den beiderseits um 0,60 m verbreiterten Lichtöffnungen 1,80 m bis zur Grundstücksgrenze.

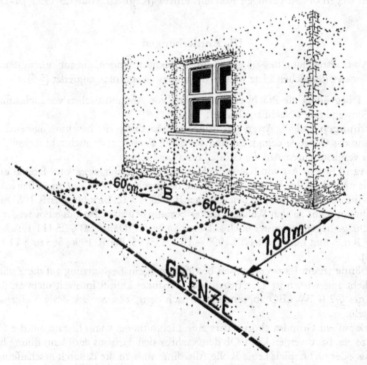

Abstandsflächen bei Lichtöffnungen in der Außenwand
des Nachbargebäudes mit schrägem Grenzverlauf

13 Gemessen wird rechtwinklig zur Außenwand – nicht wie bei § 22 senkrecht zur Grenze –, so dass die Wand mit der Lichtöffnung aufgrund der beiden konkreten Messpunkte an einem Ende unter Umständen näher an die Grenze rückt. Befindet sich ein **Splittergrundstück** zwischen dem Bau- und dem Nachbargrundstück, kann diese Fläche nach dem Schutzzweck des Abs. 1 (vgl. auch die Einschränkungen in den Absätzen 2 und 3 S. 1) einberechnet werden (so auch Birk NachbarR BW Anm. 4, der für die Messung § 22 II 1 heranzieht), so dass die mit Lichtöffnungen versehene Außenmauer auch insoweit näher an das Nachbargrundstück rücken mag.

14 Die nach dem NRG geforderte Tiefe der Abstandsfläche bleibt seit den Änderungen des § 5 BWLBO zum 1.3.2010 (GBl. 2009, 516) iErg nicht mehr hinter den Vorgaben des Bauordnungsrechts zurück. Nach § 5 IV und VII BWLBO beträgt die geforderte Tiefe allgemein nur noch 40%, in Baugebieten mit intensiver baulicher Nutzung 20% bzw. 12,5% der Höhe der Außenwand, mindestens jedoch 2,50 m, bei Wänden bis 5 m Breite 2 m (zum verbleibenden Geltungsbereich des § 3 → Rn. 21).

15 **3.** Dem Abstandgebot nicht ausgesetzt sind nach **Abs. 2** Lichtöffnungen, bei denen durch technische Maßnahmen ein Hindurchschauen unmöglich gemacht wurde. Diese Vorschrift

dient allein der Klarstellung, da die entsprechend gestalteten Öffnungen gerade keinen Ausblick gewähren. Das betrifft Lichtöffnungen, die verschlossen (nicht nur geschlossen) sind und nicht (zB mit einem Schlüssel oder Klappmechanismus) geöffnet werden können. Hinzukommen muss aber, dass sie entweder im zu erhellenden Raum **hoch angebracht** (Unterkante mindestens 1,80 m über dem Fußboden bzw. Standbereich, also regelmäßig über Augenhöhe) oder undurchsichtig sind. **Undurchsichtig** bedeutet, dass der Betrachter im zu erhellenden Raum durch die Lichtöffnung hindurch nichts Konkretes zu erkennen vermag. Gemeint sind Glasbausteine (so auch SFP NachbG NRW/Peter NachbG NRW § 4 Rn. 2, für die vergleichbare Regelung des § 4 I NachbG NRW; aA Reich NRG BW Rn. 6) oder Fenstereinsätze in Milchglas, Plexiglas oder Ähnlichem.

4. Abs. 3 S. 1 regelt **zwei materielle Ausschlussgründe.** Abs. 3 S. 1 enthält insofern auch eine gesetzliche Beweislastregelung („wenn keine"), wonach der Nachbar als Anspruchsgegner das Vorliegen der Ausschlussgründe darzulegen und bei Bestreiten zu beweisen hat.   16

Zum einen ist der Anspruch ausgeschlossen, wenn **keine oder nur geringfügige Beeinträchtigungen zu erwarten** sind. Auf Befindlichkeiten des Grundeigentümers kommt es nicht an; es zählen nur **objektive** Beeinträchtigungen. Hinsichtlich der **Intensität** reicht eine geringfügige Beeinträchtigung nicht aus. Der Maßstab ist derselbe wie bei § 906 I 1 BGB (nicht nur „unwesentliche Beeinträchtigung"; Dehner B § 25 H I 9). Ergänzend ist die Wertung des Abs. 1 zu berücksichtigen, wonach im Regelfall die Unterschreitung des Abstands Rechtsfolgen nach sich ziehen soll (Birk NachbarR BW Anm. 5a). Dies macht auch Sinn, da der Betrachter damit in die Lage versetzt wird, in das Nachbargrundstück aus einem anderen, für ihn günstigen Winkel zu schauen. Ob eine Beeinträchtigung auch bei Einhaltung des Abstands gegeben wäre, ist hiernach irrelevant (OLG Karlsruhe 14.4.1999 – 6 U 229/98, Die Justiz 1999, 490 (491)). Die Prüfung erfolgt daher nicht durch Abwägung der nachbarlichen Interessen, sondern ist eine reine Gewichtsprüfung. Der Ausschluss greift somit, wenn eine Grenzmauer vorhanden ist, die Schutz vor Einsicht bietet, die Lichtöffnung aber so tief angebracht ist, dass keine nennenswerte Aussicht auf das Nachbargrundstück möglich ist, und wenn das Nachbargrundstück nicht (nennenswert) genutzt wird.   17

Zum anderen ist der Abwehranspruch ausgeschlossen, wenn das **Bauvorhaben nach öffentlich-rechtlichen Vorschriften,** insbesondere nach §§ 5, 6 BWLBO, **zulässig** ist. Fraglich ist, ob diese Bezugnahme auch Änderungen des Gesetzestextes umfasst, wie sie zuletzt mit Wirkung zum 1.3.2010 (GBl. 2009, 516; dazu LT-Drs. 14/5013, 38) und zum 1.3.2015 (GBl. 2014, 501; dazu LT-Drs. 15/5294, 17) vorgenommen wurden. Zur Antwort reicht die Feststellung, der Gesetzgeber habe Abs. 3 in der Folgezeit nicht geändert und damit zum Ausdruck gebracht, dass die jeweilige Fassung der Bezugsnormen anzuwenden ist, nicht aus. Denn die Reichweite der Bezugnahme ist seither nicht erkennbar diskutiert worden und war dem Gesetzgeber damit bislang auch nicht als Problem bewusst. Nach allg. Gesetzgebungslehre ist, soweit sich die Art der Verweisung nicht schon aus dem Normtext hinreichend klar ergibt, im Wege der Auslegung zu ermitteln, ob nach Sinn und Zweck der Verweisungsvorschrift sowie des sie umgebenden Normgefüges auf eine überholte oder auf die jeweils geltende Fassung der in Bezug genommenen Vorschriften verwiesen werden soll (BGH 22.11.1954 – III ZR 111/53, BGHZ 15, 221 = NJW 1955, 181; BVerwG 28.6.1967 – VIII C 61.66, BeckRS 1967, 30438628). Da der Gesetzgeber einen allgemeinen Vorrang des öffentlichen Baurechts bestimmen und damit eine Harmonisierung vornehmen wollte (→ Rn. 4), ist Abs. 3 als **dynamische Verweisung** zu verstehen; Abs. 3 nimmt damit auf die aktuelle Fassung der §§ 5, 6 BWLBO Bezug.   18

Das öffentliche Recht trifft keine Regelungen zur Zulässigkeit von Lichtöffnungen (wohl aber fordert es Lichtöffnungen, vgl. § 34 II 1, IV BWLBO) bzw. zum Grenzabstand von Lichtöffnungen in Außenmauern. Die Zulässigkeitsprüfung beschränkt sich hinsichtlich der Abstandsfrage auf die **bauliche Anlage** schlechthin und erfasst damit auch die in den Außenwänden befindlichen Lichtöffnungen. Zulässig ist ein Bauvorhaben nach den öffentlich-   19

§ 3 1. Abschnitt. Gebäude

rechtlichen Vorschriften, wenn die **Abstandsflächen nach §§ 5, 6 BWLBO** eingehalten sind, oder aber, wenn in zulässiger Weise davon abgewichen wird. So sieht § 6 III BWLBO **Ausnahmen** vor, die bis zu einer Reduzierung des Abstands auf Null gehen können (VGH Mannheim 22.5.1985 – 3 S 2267/83, VBlBW 1986, 24, 25). Gemäß § 6 III 1 Nr. 1 BWLBO muss eine geringere Abstandfläche zugelassen werden, wenn die Gestaltung des Straßenbildes oder besondere örtliche Verhältnisse dies erfordern. Hierfür reicht jeder vernünftige Grund (vgl. BVerwG 9.6.1978 – 4 C 54/75, NJW 1979, 939 (940)), zB ein dicht bebautes Gebiet im Stadtkern (DLS BauR BW Rn. 213). Nach § 6 III 1 Nr. 2 BWLBO muss eine geringere Abstandfläche zugelassen werden, wenn eine ausreichende Belichtung und Belüftung sowie der Brandschutz gewährleistet sind, sofern nachbarliche Belange nicht erheblich beeinträchtigt werden. Die zum 1.3.2010 neu eingefügte Nr. 3 des § 6 III 1 BWLBO fordert die Zulassung geringerer Tiefen bei nachträglichen Maßnahmen zur Verbesserung der Wärmedämmung eines Gebäudes. Ergänzend trifft das NRG in § 7c eine Regelung zu nachträglichen Wärmeschutzüberbauten.

20   Unabhängig davon sind die **bauplanungsrechtlichen Vorschriften** über die offene Bauweise bzw. die im Bebauungsplan festgesetzten seitlichen Baugrenzen einzuhalten. Insoweit ist auch zu berücksichtigen, dass die Gemeinden nach § 74 I 1 Nr. 7 BWLBO andere als die in § 5 VII BWLBO vorgeschriebenen Maße bestimmen dürfen, soweit dies zur Verwirklichung von Festsetzungen einer städtebaulichen Satzung erforderlich ist und eine ausreichende Belichtung gewährleistet ist. Die Gemeinden können zudem regeln, dass § 5 VII BWLBO keine Anwendung findet, wenn durch die Festsetzungen einer städtebaulichen Satzung Außenwände zugelassen oder vorgeschrieben werden, vor denen Abstandsflächen größerer oder geringerer Tiefe als nach diesen Vorschriften liegen müssten (§ 74 I 1 Nr. 7 BWLBO).

21   Da Abs. 3 S. 1 Abwehransprüche unter den **Vorbehalt des öffentlichen Rechts** stellt, das öffentliche Baurecht Abstände aber für alle Grenzbauten regelt, bleibt nur wenig Raum für eine Anwendung des § 3. Dies ist auch das erklärte Ziel des Gesetzgebers, weil für größere Bauten das öffentliche Recht ein umfangreiches Prüfungsprogramm vorsieht, das auch die Nachbarbelange berücksichtigt (→ Rn. 4). Hierzu gehört vor allem die Beachtung der öffentlich-rechtlichen Abstandsflächen (vgl. VGH Mannheim 20.12.1984 – 3 S 2738/84, NVwZ 1986, 143 (144); Hoppenberg/de Witt BauR-HdB/Hoppenberg/Paar/Schäfer Kap. H Rn. 360). Die Lösung kann nicht darin bestehen, § 3 in das öffentliche Recht zu ziehen. Die Baugenehmigung ergeht nach § 58 III BWLBO „unbeschadet privater Rechte Dritter". Dieser Grundsatz gilt allgemein für die Prüfung von Vorschriften durch die Baurechtsbehörde, so dass § 3 als Vorschrift des Privatrechts auch nicht im Rahmen des § 6 III I Nr. 2 BWLBO bei den nachbarlichen Belangen zu prüfen ist (Birk NachbarR BW Anm. 5b; missverständlich insoweit die Gesetzesbegründung, → Rn. 4). Raum für die Anwendung des § 3 verbleibt auch dann nicht, wenn ein Bebauungsplan rechtswidrig erlassen wurde oder die Baurechtsbehörde (§§ 46, 48 I BWLBO) zu Unrecht eine Ausnahme nach § 6 III BWLBO gewährt hat, ohne dass ein Nichtigkeitsgrund vorliegt (aA Birk NachbarR BW Anm. 5a). Mit Bestandskraft dieser Entscheidungen soll die Frage der öffentlich-rechtlichen Zulässigkeit des Bauvorhabens nicht mehr aufgeworfen werden können; dies würde aber geschehen, wenn im Rahmen des § 3 doch wieder über die öffentlich-rechtliche Zulässigkeit entschieden würde. Sofern es dabei um die Anwendung nachbarschützender Vorschriften geht, ist der Eigentümer auch nicht rechtlos gestellt, da er die Möglichkeit hat, sich am Verwaltungsverfahren zu beteiligen. Zwar darf er gegen Maßnahmen der Gemeinde bzw. der Baurechtsbehörde nicht vorgehen, sofern er um ihn nicht schützende Festsetzungen im Bebauungsplan oder die in § 6 III BWLBO genannten, ebenfalls nicht drittschützenden Kriterien „Gestaltung des Straßenbildes", „besondere örtliche Verhältnisse", „Beleuchtung mit Tageslicht" oder „Belüftung" geht (vgl. DLS BauR BW Rn. 302). Mit dem Vorbehalt in Abs. 3 S. 1 hat der Gesetzgeber aber bestimmt, dass der Nachbar nur im Rahmen drittschützender Regelungen gegen eine Entscheidung der Baurechtsbehörde vorgehen darf und sich ansonsten auch im Rahmen des § 3 mit der Bestandskraft der Baugenehmigung abfinden muss (vgl.

OLG Karlsruhe 14.4.1999 – 6 U 229/98, Die Justiz 1999, 490 (491); aA Dehner B § 25 H I 9, wonach gem. § 3 Verletzungen von öffentlich-rechtlichen Vorschriften ohne nachbarschützenden Charakter angegangen werden dürfen; ebenso GLS NachbarR-HdB/Lüke Kap. 2 Rn. 441).

Der in Abs. 3 S. 1 Alt. 2 geregelte Zielkonflikt besteht auch dann, wenn die Baumaßnahme **22** iSd Abs. 3 dem **Kenntnisgabeverfahren** nach § 51 BWLBO bzw. dem zum 1.3.2010 neu eingeführten (GBl. 2009, 615) **vereinfachten Baugenehmigungsverfahren** nach § 52 BWLBO unterfällt, oder wenn es sich um ein **verfahrensfreies Vorhaben** nach § 50 I BWLBO iVm Nr. 1 Anh. zu § 50 I BWLBO bzw. um von den öffentlich-rechtlichen Abstandsregeln freigestellte **Grenzgaragen** und **Kleinbauten** (§ 6 I 1 Nr. 1–4 BWLBO) handelt. Auch in diesen Fällen gilt das materielle öffentliche Recht mit seinem Vorrang (BGH 29.4.2011 – V ZR 174/10, NVwZ 2011, 1148 = NZM 2013, 244 Rn. 12). Die Verantwortung trägt nach der Konzeption des Kenntnisgabeverfahrens der Entwurfsverfasser, den der Bauherr nach § 42 I BWLBO zur Vorbereitung, Überwachung und Ausführung zu bestellen hat und der nach § 43 I BWLBO dafür Sorge tragen muss, dass die Bauvorlagen den öffentlich-rechtlichen Vorschriften entsprechen. Will der Bauherr dieses Risiko nicht in Kauf nehmen oder nicht auf den möglichen Ausgleich in Geld verwiesen werden, muss er die von § 51 V BWLBO eröffnete Möglichkeit eines Baugenehmigungsverfahrens nutzen. Der Bauherr kann weder aus dem Unterbleiben einer Mitteilung nach § 53 VI BWLBO noch aus unterbleibenden Bedenken nach § 55 III 2 BWLBO folgern, dass das Vorhaben den Anforderungen des öffentlichen Baurechts entspricht oder von den Angrenzern akzeptiert wurde. Ist das nicht der Fall, darf die Baurechtsbehörde auch nach Ablauf der Fristen aus § 59 IV BWLBO und sogar noch nach Ausführung des Vorhabens auf Grundlage der §§ 47, 65 BWLBO tätig werden, um rechtmäßige Zustände herbeizuführen. Das kann bis zur Anordnung des vollständigen Abbruchs gehen. Die Baurechtsbehörde muss das aber nicht anordnen. Sie kann zB annehmen, dass der in § 3 geregelte Konflikt in einer Gesamtwürdigung der öffentlichen Anliegen zurücktritt, so dass sie gegen den Verstoß nicht vorgeht oder (was nur im Rahmen des vereinfachten Genehmigungsverfahrens geht) mit Ausnahmen und Befreiungen arbeitet. Greift sie nicht ein, bleibt **Raum für die Anwendung des § 3** (und die auf Abs. 3 Bezug nehmenden §§ 4 und 5), so dass den §§ 3 ff. eine gewisse Auffangfunktion zukommt (anders Birk NachbarR BW Anm. 5a: nur bei Verstößen gegen das öffentliche Baurecht; ebenso Pelka NachbarR BW 125).

5. Nach **Abs. 3 S. 2** ist der Abwehranspruch auch dann ausgeschlossen, wenn er nicht **23** innerhalb von **zwei Monaten seit Zugang der Benachrichtigung nach § 55 BWLBO geltend gemacht** wird. Dieser **formelle Ausschlussgrund** soll sicherstellen, dass der Bauherr nicht noch viele Monate nach Beendigung des Bauvorhabens einen Anspruch auf Abwehr von Lichtöffnungen gewärtigen muss. Auf der anderen Seite erspart die Regelung die Prüfung, inwiefern der Abwehranspruch verwirkt ist, wenn er nicht sofort geltend gemacht wird. Die Frist kann voll ausgeschöpft, der Anspruch also noch unmittelbar vor Fristablauf geltend gemacht werden. Der Zugang beim Nachbarn (Bauherrn) entscheidet; Rechtshängigkeit ist nicht verlangt.

Zu berücksichtigen ist allerdings, dass der Gesetzgeber das Kenntnisgabeverfahren durch **24** Gesetz zur Digitalisierung baurechtlicher Verfahren vom 20.11.2023 (GBl. S. 422 f.) mit Wirkung zum 25.11.2023 stark eingeschränkt hat. Nach § 55 I BWLBO nF sollen die Angrenzer über Bauvorhaben nur noch in Baugenehmigungsverfahren und nur dann informiert werden, wenn eine Abweichung, Ausnahme oder Befreiung von Vorschriften des öffentlichen Baurechts erteilt werden soll, die zumindest auch dem Schutz des betroffenen Nachbarn dienen. Nur in diesen Fällen wird der Angrenzer innerhalb von 5 Arbeitstagen ab dem Eingang der vollständigen Bauvorlagen durch die Gemeinde informiert. Einwendungen sind nunmehr gem. § 55 II 1 BWLBO elektronisch in Textform oder zur Niederschrift vorzubringen. In der Praxis bedeutet dies, dass auch die unmittelbaren Angrenzer künftig nur noch in Ausnahmefällen von der Gemeinde über Bauvorhaben auf dem Nachbargrundstück informiert werden. Das bedeutet jedoch nicht, dass die Nachbarn in ihren sie selbst betreffenden schützenswerten Rechten gänzlich eingeschränkt werden. Ihnen bleibt der Rechtsweg offen, sie können gegen die dem Nachbarn erteilte Baugenehmigung Widerspruch und nach Zurückweisung des Widerspruchs Anfechtungsklage erheben. Freilich wird ein solches Vorgehen erschwert, weil der Nachbar vom Baugenehmigungsverfahren unter Umständen erst bei Baubeginn erfährt und damit erst sehr viel später die Möglichkeit erhält, Rechtsschutz zu erlangen. Darüber hinaus entfalten Widerspruch und Anfechtungsklage keine aufschiebende Wirkung, so dass der Bauherr auch vor Bestandskraft der Baugenehmigung bereits mit dem Bau beginnen darf. Will der Nachbar dies verhindern, muss er im Wege des vorläufigen Rechtsschutzes vorgehen. Abs. 3 S. 2 wurde in diesem Zuge nicht angepasst, sodass der Abwehranspruch **in Fällen nicht erforderlicher bzw. nicht vorgenommener Benachrichtigung** seitens der Gemeinde ausgeschlossen ist, wenn er nicht innerhalb von **zwei Monaten seit Kenntnis vom Bauvorhaben** geltend gemacht wird. Das Bauvorhaben beginnt, sobald das Baugrundstück abgesteckt wird und der Nachbar Gelegenheit hatte, Einsicht in die Bauakte zu nehmen, idR zwei Wochen später. Freilich riskiert der Bauherr hier, dass der Bau aufgrund berechtigter Einwände seiner Nachbarn durch die Baubehörde gestoppt wird und dem NRG damit eine gesonderte Kontrollfunktion zukommt, die durch die Harmonisierung mit dem öffentlichen Recht im Jahr 2014 gerade beseitigt werden sollte. (→ Einl. Rn. 181). Der Bauherr tut damit gut daran, die Nachbarn frühzeitig auf eigene Faust zu informieren, so dass die 2-Monats-Frist ab diesem Zeitpunkt beginnen kann.

25   Erfolgt eine Kenntnisgabe, ist der Fristbeginn wesentlich einfacher zu berechnen. Für den **Fristbeginn** stellt Abs. 3 S. 2 nämlich auf den Tag ab, an dem der Grundeigentümer (Angrenzer) **seitens der Gemeinde** (bis zum 1.1.1996 war nur die Information durch die Baurechtsbehörde maßgebend, s. OLG Karlsruhe 19.9.1991 – 4 W 40/91, Die Justiz 1992, 128) vom Bauvorhaben **erfährt.** Wird der Eigentümer zB aufgrund einer Änderung des Bauantrags erneut gehört, setzt dies die Frist nur hinsichtlich der Änderungen nochmals in Gang, da der Eigentümer auf der geänderten Grundlage beurteilen können muss, ob er widerspricht oder nicht (VGH Mannheim 20.10.2004 – 8 S 2273/04, NVwZ-RR 2005, 160). Die Benachrichtigung kann auch durch die Baurechtsbehörde erfolgen. Bei Miteigentum sind alle Eigentümer zu informieren (VGH Mannheim 30.11.1966 – II 646/66, nv), bei Wohnungseigentum genügt die Benachrichtigung des Verwalters (§ 55 I 4 BWLBO). Eigentümer iSd § 55 BWLBO sind auch dinglich Gleichgestellte wie Erbbauberechtigte, Nießbrauchberechtigte und Begünstigte uneingeschränkter Dienstbarkeiten. Gegenstand der Benachrichtigung ist nur das Bauvorhaben, nicht auch die konkrete Bauausführung. Die Benachrichtigung muss nicht (wie früher) in Schriftform, sondern kann **in Textform** (§ 126b BGB), also auch per E-Mail erfolgen. Da die Gemeinde gem. § 55 II 3 LBO in der Benachrichtigung nur auf die Fristen des § 55 BWLBO hinweisen muss, beginnt die Ausschlussfrist auch dann, wenn die Gemeinde in der Benachrichtigung nicht auf die Frist des Abs. 3 S. 2 hinweist (Birk NachbarR BW Anm. 5b; Dehner B § 25 H I 9). Die Benachrichtigung muss auch nicht die Belehrung nach § 55 II 3 BWLBO enthalten, um die Präklusionswirkung nach Abs. 3 S. 2 herbeizuführen (aA Dehner B § 25 H I 9). **Unterbleibt die Benachrichtigung,** weil sie gem. § 55 I 2 BWLBO entbehrlich ist, da der Einbau der Lichtöffnung ein verfahrensfreies Vorhaben nach § 50 I BWLBO ist, von dem die Gemeinde selbst keine Kenntnis hat, oder weil die Benachrichtigung schlichtweg vergessen wurde, genügt auch eine **andere Art der Kenntniserlangung,** zB durch Mitteilung des Nachbarn oder Beginn der Bauarbeiten (BGH 29.4.2011 – V ZR 174/10, NVwZ 2011, 1148 Rn. 13; Birk NachbarR BW Anm. 5c; VKKKK Rn. 7: Fall der Verwirkung).

26   6. Die Zweimonatsfrist ist auch dann gewahrt, wenn der Eigentümer **gegenüber der Gemeinde** „nach § 55 BWLBO Einwendungen oder Bedenken erhoben" hat **(Abs. 3 S. 3).** Durch die Stellung des Wortes „nach" im Gesetz ist klargestellt, dass die Bezugnahme auf § 55 BWLBO nur die zeitliche und verfahrensmäßige Regelung des § 55 II 1, III 2 BWLBO meint, nicht auch die Einwendungen oder Bedenken. Obwohl die Baurechtsbe-

Abstand von Lichtöffnungen § 3

hörde sich mit § 3 I und den dort geregelten Abständen von Lichtöffnungen in Außenwänden nicht zu beschäftigen hat, ist die Präklusionsfrist des § 55 II 1 BWLBO im Übrigen selbst dann gewahrt, wenn der Eigentümer gegenüber der Gemeinde allein Bedenken nach § 3 äußert (VKKKK Rn. 8; vorsichtig bejahend Dehner B § 25 H I 9). Nur muss er sich dabei an die zeitliche Vorgabe des § 55 BWLBO halten (VKKKK Rn. 8); gem. § 55 BWLBO sind Einwendungen innerhalb von **vier Wochen** nach Benachrichtigung durch die Gemeinde vorzubringen. Aufgrund des klaren Wortlauts des § 55 II 1 BWLBO ist die Präklusionsfrist des § 55 II 1 BWLBO nicht gewahrt, wenn der Eigentümer seine Bedenken innerhalb der Vierwochenfrist nur gegenüber der Baurechtsbehörde äußert, auch wenn er von ihr benachrichtigt wurde und diese über die Einwendungen des Angrenzers letztlich entscheidet (vgl. § 55 II 4, III 3 BWLBO). Die Baurechtsbehörde muss die Einwendungen zwar an die Gemeinde (zeitnah) weiterleiten; entscheidend ist aber auch dann nur der Zugang bei der Gemeinde. Ist ein Baugenehmigungsverfahren eingeleitet, bedeutet die Anwendbarkeit des § 55 BWLBO, dass die Einwendungen in Textform (§ 126b BGB) erfolgen müssen (§ 55 II 1 BWLBO). Im Rahmen der Einleitung eines Kenntnisgabeverfahrens gilt dies nicht, da § 55 III 2 BWLBO keine Textform vorsieht. Sind die Voraussetzungen des Abs. 3 S. 3 (Anmeldung von Bedenken gegenüber der Gemeinde binnen vier Wochen) nicht erfüllt, muss der Grundeigentümer sein Verlangen nach Abs. 1 zur Meidung der Präklusionsfolge direkt gegenüber dem Nachbarn vorbringen, darf dabei aber die Zweimonatsfrist nicht verpassen. Bringt er seine Einwände nach § 3 I nur gegenüber der Gemeinde vor, sollte er daher die Grundfrist im Auge behalten und sich innerhalb der zwei Monate bei der Gemeinde erkundigen, ob seine Eingabe dort auch eingegangen ist.

7. § 3 I normiert einen **Abwehranspruch** des Grundeigentümers („kann verlangen") gegen den Nachbarn, der ein Gebäude mit auf die Grenze weisenden Lichtöffnungen errichtet, ohne den gebotenen Abstand einzuhalten. 27

Berechtigt sind der Grundeigentümer (Angrenzer), damit auch der Miteigentümer (§ 1011 BGB), aufgrund des § 11 I 1 ErbbauRG die Erbbauberechtigten und bei Wohnungseigentum die Eigentümergemeinschaft, sofern es um gemeinschaftliches Eigentum (§ 1 V WEG) geht, ansonsten die Wohnungseigentümer. 28

Verpflichtet sind der Eigentümer des zu bebauenden Nachbargrundstücks, die Miteigentümer (§ 1011 BGB), aufgrund des § 11 I 1 ErbbauRG die Erbbauberechtigten und bei Wohnungseigentum in erster Linie die WEG, sofern es nicht nur um Sondereigentum geht. Der Besitzer des Nachbargrundstücks ist ebenso wenig passivlegitimiert wie der Unternehmer, der die Baumaßnahme umsetzt (aA Reich NRG BW Rn. 3). Andererseits ist der **Rechtsnachfolger** des Eigentümers auch dann passivlegitimiert, wenn er die Baumaßnahme nicht zu verantworten hat; einer Vorschrift wie § 9 I 2 bedarf es dazu nicht (aA Reich NRG BW Rn. 5). 29

8. Sofern der Anspruch auf Beseitigung geht, bestimmt sich die **Verjährungsfrist** nach § 26 (Dehner B § 25 H I 9). Gleiches gilt für den Unterlassungsanspruch (→ § 26 Rn. 14; aA Reich NRG BW Rn. 5: Verjährung gem. § 195 BGB). 30

9. Das NRG trifft **keine Übergangsregelungen** für Lichtöffnungen, die bei Inkrafttreten des NRG am 1.1.1960 schon vorhanden waren. Das vormalige Recht, das im BadAGBGB und WürttAGBGB Regelungen zu den einzuhaltenden Abständen traf, gilt seither nicht mehr (§ 37 II). § 33 I 2 ist nicht anzuwenden, da weder die Art. 14, 15 BadAGBGB noch Art. 194 WürttAGBGB als Vorgängervorschriften dem Eigentümer mehr Freiraum iSd § 33 I 1 ließen. Für diese Lichtöffnungen galt fortan der Abwehranspruch aus § 3, der innerhalb der Regelfrist (damals: in 30 Jahren) verjährte (BGH 29.1.1982 – V ZR 157/81, NJW 1982, 2385); § 902 I BGB findet keine Anwendung (vgl. → Einl. Rn. 47). Da diese Verjährung mit Inkrafttreten des NRG begann (BGH 29.1.1982 – V ZR 157/81, NJW 1982, 2385 f.; OLG Karlsruhe 27.1.1988 – 6 U 58/87, BWNotZ 1988, 94 (95); vgl. auch Art. 169 II 1 EGBGB), haben Lichtöffnungen, die zu diesem Zeitpunkt bereits bestanden, 31 seit dem 1.1.1990 Bestandsschutz, sofern die Verjährung nicht gehemmt wurde oder neu angelaufen ist.

32 Gemäß Abs. 3 S. 2, der aufgrund Art. 4 des Gesetzes zur Änderung des NRG vom 26.7.1995 (GBl. 605 (608)) seit dem 1.1.1996 gilt, dürfen Abwehransprüche nur in engem zeitlichen Zusammenhang mit der Erstellung der Lichtöffnungen geltend gemacht werden. Nach dieser Bestimmung kommt es auf Verjährungsregeln nicht mehr an. Für die bis zum 1.1.1996 erstellten Lichtöffnungen gilt hingegen noch die Verjährungslösung (aA Birk NachbarR BW Anm. 5d: Abs. 3 analog). Hierbei ist jedoch zu berücksichtigen, dass die Regelverjährungsfrist des § 195 BGB aF mit der Schuldrechtsmodernisierung verkürzt worden ist. Es gilt nun eine dreijährige Verjährungsfrist (§§ 195, 199 BGB), die bei Altfristen mit dem 1.1.2002 begann (Art. 229 § 6 I 1, IV 1 EGBGB). Ohne einen Hemmungs- oder Unterbrechungstatbestand bestehen heute somit keine Lichtöffnungen mehr, die nicht der Ausschlussfrist des Abs. 3 S. 2 unterfallen.

§ 4 Abstand von ausblickgewährenden Anlagen

(1) **Der Eigentümer eines Grundstücks kann verlangen, daß vor Balkonen, Terrassen, Erkern, Galerien und sonstigen begehbaren Teilen eines Nachbarhauses, die einen Ausblick auf sein Grundstück gewähren, auf dem Nachbargrundstück Abstandsflächen eingehalten werden, die in der Tiefe mindestens 1,80 m über die Vorderkante und in der Breite auf jeder Seite mindestens 0,60 m über die Seitenkante der genannten Gebäudeteile hinausreichen.**

(2) **§ 3 Abs. 3 findet entsprechende Anwendung.**

I. Inhalt der Regelung

1 Die Vorschrift erstreckt den Abwehranspruch aus § 3 auf begehbare Teile von Gebäuden, die Ausblick auf ein Nachbargrundstück gewähren.

II. Normgebung

2 Das badische Recht regelte Abstände von Ausblick gewährenden Anlagen gegenüber Nachbargrundstücken (Art. 19 BadAGBGB 1899 = Art. 14 BadAGBGB 1925). § 4 knüpft wie § 3 an diese Vorschrift an. Insofern gelten die Ausführungen in → § 3 Rn. 2 auch hier.

III. Anmerkungen

3 1. Die Abstandsregelung gilt nicht für Gebäudeteile, die Ausblick auf einen öffentlichen Weg oder einen öffentlichen Platz bieten, der an das Grundstück grenzt (§ 5).

4 2. **Abs. 1** begründet die Pflicht zur Einhaltung von Abstandsflächen vor Balkonen, Terrassen, Erkern, Galerien und sonstigen begehbaren Teilen eines Nachbarhauses, die einen Ausblick auf sein Grundstück gewähren.

5 **Balkone** (von altdt. balko = Balken) sind zum Betreten bestimmte Flächen, die an den Außenseiten eines Wohngebäudes vorspringen. Die konstruktive Form (Stützen vor der Außenwand oder Auflagerung in der Außenwand) ist ohne Bedeutung. Auch überdachte Flächen können Balkone sein (Bauer/Schlick RhPfLNRG § 34 Rn. 5; aA Schlez BWLBO § 5 Rn. 32). Nicht zu den Balkonen zählt die Loggia, die freien Ausblick gewährt, aber von Boden, Wänden und Decke umschlossen ist und damit wie eine Lichtöffnung iSd § 3 zu behandeln ist (aA Reich NRG BW Rn. 3).

6 **Terrassen** (von lat. terra esse = Erde sein) sind gepflasterte oder mit Platten belegte, am Wohnhaus angelegte Flächen, die zum Verweilen von Menschen bestimmt sind und Freisitz (hierzu OVG Schleswig 1.2.2011 – 1 LA 1/11, NordÖR 2011, 149) oder überdachter Sitzplatz sein können (aA SFP NachbG NRW/Fink-Jamann NachbG NRW § 2 Rn. 11). Die Frage, ob der Platz erhöht sein muss oder ebenerdig sein kann, wird unterschiedlich beant-

wortet (eine Erhöhung fordern Dehner B § 25 H I 7; GLS NachbarR-HdB/Lüke Kap. 2 Rn. 433 in Fn. 1049; Bauer/Schlick RhPfLNRG § 34 Rn. 5; dagegen lassen Ebenerdigkeit ausreichen LG Landau 11.11.2014 – 1 S 67/14, NJOZ 2015, 332; Reich NRG BW Rn. 3; Bassenge/Olivet NachbG Schl.-H. § 22 Rn. 5). Richtigerweise kommt es nur darauf an, dass der Außenbereich, der zum Aufstellen von Tischen und Stühlen geeignet ist, ausschließlich dem angrenzenden Wohnraum zugeordnet ist; erhöht sein muss er deshalb nicht, so dass auch eine Kellerwohnung eine Terrasse haben kann. Der Terrasse vorgelagerte, bepflanzte Flächen gehören nicht dazu; dies gilt auch dann, wenn sie sich auf der gleichen Höhe befinden wie die Terrasse und gemeinsam mit einer Mauer oder Ähnlichem umfasst sind (Bauer/Schlick RhPfLNRG § 34 Rn. 16).

Erker (von nordfrz. arquière = Schützenstand, Schießscharte) sind geschlossene, über- 7 dachte, ein bis mehrere Geschosse umfassende Vorbauten an der Fassade eines Wohnhauses (Schlez BWLBO § 5 Rn. 32). Im Gegensatz zur Auslucht (Utlucht) steigen sie nicht vom Boden auf, sondern werden von einer auskragenden Balkanlage oder Konsole getragen. Reine Fenstererker sind nicht erfasst, weil sie nicht zu den begehbaren Teilen eines Hauses gehören (Reich NRG BW Rn. 3).

Galerie (von ital. galleria = langer Säulengang) bezeichnet einen mit Geländer oder Brüs- 8 tung versehenen Gang an der Außenseite eines Wohngebäudes, der (meistens an der Nordseite) einzelne Wohneinheiten eines Gebäudes erschließt.

Sonstige begehbare Teile eines Hauses sind mit diesem (unmittelbar) fest verbundene, 9 meistens im Freien befindliche, begehbare Bereiche, zB eine Brücke vom Haus zu einem höher gelegenen Garten (OLG Karlsruhe 14.4.1999 – 6 U 229/98, Die Justiz 1999, 490) oder ein Treppenaufgang zur Haustür, aber auch mit den gesetzlichen Regelbeispielen vergleichbare Einrichtungen wie etwa Veranden, Altanen oder Söller (Reich NRG BW Rn. 3). Erforderlich ist zudem, dass durch Begehung dieser Gebäudeteile die **Sicht** auf das Nachbargrundstück **verbessert** wird (OLG Stuttgart 4.7.1997 – 2 U 248/95, NJW-RR 1998, 308). Dies setzt eine gewisse Höhe der Unterlage voraus.

Der Begriff des **Hauses** ist im Zusammenhang mit den in der Vorschrift genannten, zum 10 Haus zählenden Balkonen, Terrassen, Erkern und Galerien zu sehen. Hiernach ist ein Haus ein Gebäude, das zum Wohnen bestimmt ist. Der Begriff des Hausteils bzw. Gebäudeteils umfasst auch Außenanlagen wie die Terrasse und ist daher funktionell zu verstehen.

Hinsichtlich der einzuhaltenden **Abstandsflächen** gelten die Ausführungen zu § 3 auch 11 hier. Trotz der gegenüber § 3 I abweichenden Formulierung wird im Rahmen des § 4 die Tiefe der Abstandsfläche ebenfalls in Höhe des Bauteils und senkrecht zur Außenwand gemessen (vgl. § 3 I; aA Reich NRG BW Rn. 4). Sie beträgt von der Vorderkante der beiderseits um 0,60 m erweiterten Bauteile 1,80 m bis zur Grundstücksgrenze.

3. Abs. 2 verweist auf die Regelung des § 3 III. Damit gelten auch für die in § 4 ange- 12 führten baulichen Anlagen zwei materielle Ausschlussgründe (§ 3 III 1): Zum einen besteht der Abwehranspruch nicht, wenn **keine oder nur geringfügige Beeinträchtigungen zu erwarten** sind. So müssen Terrassen keinen Grenzabstand wahren, wenn ihre Nutzung keinen relevanten Blickkontakt zum Nachbargrundstück ermöglicht (vgl. OLG Koblenz 5.1. 2006 – 5 U 1172/05, VersR 2006, 1418 (1419), zur Parallelregelung des § 34 IV RhPfLNRG). Zum anderen ist der Abwehranspruch ausgeschlossen, wenn das **Vorhaben nach öffentlich-rechtlichen Vorschriften,** insbesondere nach §§ 5, 6 BWLBO, **zulässig** ist.

Mit der Verweisung auf § 3 III ist zudem bestimmt, dass auch der Abwehranspruch nach 13 § 4 ausgeschlossen ist, wenn er nicht innerhalb von **zwei Monaten seit Zugang der Benachrichtigung nach § 55 BWLBO erhoben** wurde (§ 3 III 2). Zu den Anforderungen an die Geltendmachung → § 3 Rn. 23–25. Hilfsweise reicht die Kenntnis vom Bauvorhaben. Daher kommt eine Abwehrmaßnahme nach § 4 meistens zu spät.

4. Abs. 1 normiert einen **Abwehranspruch** („kann verlangen") des Grundeigentümers 14 (Angrenzer) gegen den Nachbarn, der ein Gebäude mit begehbaren Teilen errichtet, die Aussicht auf sein Grundstück ermöglichen, ohne den gebotenen Abstand einzuhalten (s. aber

§ 5   1. Abschnitt. Gebäude

OLG Karlsruhe 14.4.1999 – 6 U 229/98, Die Justiz 1999, 490, wonach sich der Anspruch aus § 1004 BGB ergeben soll).

15 **Berechtigt** sind der Grundeigentümer, Miteigentümer (§ 1011 BGB), aufgrund § 11 I 1 ErbbauRG der Erbbauberechtigte und bei Wohnungseigentum die Eigentümergemeinschaft, sofern der Blick auf gemeinschaftliches Eigentum (§ 1 V WEG) eröffnet ist, darüber hinaus der Sondereigentümer, sofern der Blick auf sein Sondereigentum fallen kann.

16 Wer **verpflichtet** ist, sagt das Gesetz nicht. Richtigerweise sind dies der Eigentümer des Nachbargrundstücks, damit auch Miteigentümer (§ 1011 BGB), aufgrund § 11 I 1 ErbbauRG der Erbbauberechtigte und bei Wohnungseigentum die WEG, da es immer nur um gemeinschaftliches Eigentum (§ 1 V WEG) geht. Der bloße Besitzer (zB Mieter, Pächter) ist nicht passivlegitimiert.

17 5. Hinsichtlich der Abwehrmöglichkeiten gegenüber bei Inkrafttreten des NRG bzw. der Neuregelung des § 3 III bestehenden Anlagen gelten die Ausführungen in → § 3 Rn. 31, 32 entsprechend.

§ 5 Lichtöffnungen und andere Gebäudeteile, die auf öffentliche Wege oder Plätze Ausblick gewähren

(1) Die in § 3 Abs. 1 genannten Lichtöffnungen und die in § 4 Abs. 1 genannten Gebäudeteile sind den Beschränkungen der §§ 3 und 4 nicht unterworfen, soweit sie auf einen öffentlichen Weg oder einen öffentlichen Platz, der an das Grundstück angrenzt, Ausblick gewähren.

(2) Verliert ein Weg oder Platz die Eigenschaft der Öffentlichkeit, so behalten die Eigentümer der angrenzenden Grundstücke das Recht auf Fortbestand von vorhandenen, in den § 3 Abs. 1 und § 4 Abs. 1 genannten Anlagen.

I. Inhalt der Regelung

1   Die Vorschrift sieht die Nichtanwendbarkeit der §§ 3 und 4 vor, sofern es um Lichtöffnungen bzw. Gebäudeteile geht, die auf einen öffentlichen Weg oder Platz weisen.

II. Normgebung

2   Die Vorschrift knüpft an die Regelung des Art. 21 BadAGBGB 1899 (= Art. 16 BadAG-BGB 1925) an. Der Gesetzgeber ging davon aus, dass Lichtöffnungen und andere Gebäudeteile, die auf öffentliche Wege oder Plätze Ausblick gewähren, den Bestimmungen der §§ 3 I und 4 I nicht unterworfen werden müssten. Im Hinblick auf die Wichtigkeit der hier geregelten Verhältnisse würden die Beteiligten im Interesse klarer Festlegung des Rechtszustandes wie bisher entsprechende Dienstbarkeiten im Grundbuch eintragen lassen (RegBegr. vom 12.12.1958, Beil. 2220 zu den Sitzungsprotokollen der 2. Legislaturperiode, S. 3555). Schon zur Begründung des Art. 16 BadAGBGB 1925 wurde ferner darauf hingewiesen, dass die Bestimmung allgemeinen Grundsätzen entspreche: Öffentliche Wege und Plätze seien dem Gemeingebrauch gewidmet und die Regelung der Beziehungen zu den Angrenzern wie zur Allgemeinheit sei Gegenstand des öffentlichen Rechts; die Regelungen des privaten Nachbarrechts seien dafür ohne Bedeutung (Dorner/Seng 294). Den öffentlichen Wegen und Plätzen war sonstiges Gemeindegut, das nicht dem Gemeingebrauch dient (sog. Allmend) nicht gleichgestellt, s. dazu LRS 680a: „Allmend ist nicht Nachbargut, hindert also die Anlage der Aussichtsfenster nicht; vielmehr wo in der Folge durch Veräußerung in lebende Hand das Allmendgut zu Nachbargut wird, muß Jenem, der darauf Aussichtsfenster hatte, dieses Fensterrecht ungesperrt bleiben, und von dem neuen Nachbarn bei seinen Anlagen die im Satz 678 beschriebene Entfernung beobachtet werden." Der in Bezug genommene LRS 678 lautet: „Man darf nach dem Grundstück seines Nachbarn hin, es sey geschlossen oder nicht, seiner Aussicht in gerader Richtung, keines Fensters, das dazu dient, weder Altanen, noch

offene Erker sich anmaßen, wenn die Mauer, in oder auf welcher man sie anbringt, von dem besagten Grundstück nicht sechs Fuß entfernt ist." Die Ausdehnung auf Allmend wurde im damaligen Gesetzgebungsverfahren ausdrücklich verworfen (Dorner/Seng 294 in Fn. 27).

III. Anmerkungen

1. Abs. 1 bestimmt Ausnahmen zur Abstandshaltungspflicht aus §§ 3 und 4. 3

Wege sind (nicht unbedingt befestigte) Bodenverläufe, die Menschen die Möglichkeit ge- 4
ben, sich von Ort zu Ort fortzubewegen. Dies setzt eine gewisse Ausdehnung voraus; ein Trampelpfad ist noch kein Weg (iErg Birk NachbarR BW Anm. 2). Wege sind nicht unbedingt für den motorisierten Verkehr ausgelegt. Diese Funktion erfahren Wege erst als **Straßen.** Das sind nach allg. Sprachgebrauch befahrbare, glatte und befestigte Landverkehrswege (iErg VKKKK Rn. 5). Der Straßenbegriff des StrG geht weiter (vgl. § 2 I StrG): Während die Straße dort der Oberbegriff ist, ist es in § 5 II der Weg. Aus dem Umstand, dass mit Art. 1 des Gesetzes zur Änderung des NRG vom 26.7.1995 (GBl. 605) nur in § 21 die Bezeichnung „öffentliche Wege" in „öffentliche Straßen" geändert wurde, lässt sich nichts anderes herleiten (VKKKK Rn. 5).

Plätze sind besonders gestaltete und umbaute, mehr oder weniger freie Flächen, die dem 5
öffentlichen Leben, also der Begegnung von Menschen dienen.

Öffentlich ist ein Weg oder Platz, wenn er dem Publikumsverkehr dient. Die Eröffnung 6
erfolgt regelmäßig durch öffentlich-rechtliche **Widmung** (§ 2 I FStrG; §§ 2 I, 5 I StrG). Die Widmung ist ein Verwaltungsakt, der öffentlich bekannt zu machen ist (§ 2 V FStrG; § 5 IV StrG). Neben der straßenrechtlichen Widmung ist auch eine Ausweisung durch Bebauungsplan möglich; diese gilt als Widmung, sobald der Weg bzw. Platz dem Verkehr übergeben bzw. „endgültig" überlassen worden ist (§ 2 IV FStrG; § 5 VI 1 StrG). Auch ein im Privateigentum stehender Weg bzw. Platz kann dem öffentlichen Verkehr gewidmet sein. Umgekehrt reicht es nicht aus, wenn der Weg bzw. Platz nur in öffentlichem Eigentum steht (Allmend, → Rn. 2). Auch **ohne öffentlich-rechtliche Widmung** kann ein Weg oder Platz „öffentlich" sein. Hierzu muss er faktisch durch die Allgemeinheit zu Verkehrszwecken genutzt werden (sog. tatsächlich-öffentliche Straße, vgl. Lorenz/Will StrG BW StrG § 1 Rn. 12; § 2 Rn. 13 mN). Darunter fallen auch sog. Interessentenwege, die von einem bestimmten Personenkreis genutzt werden (zB als Erschließungsweg, Wirtschaftsweg).

Angrenzend ist ein Weg oder Platz, wenn er unmittelbar neben dem Grundstück gelegen 7
ist, auf dem sich das Gebäude mit den Lichtöffnungen oder Aussicht gewährenden Teilen befindet, mit ihm also eine gemeinsame Grenze hat. Befindet sich ein **Splittergrundstück** zwischen dem Gebäude- und dem Nachbargrundstück, kann diese Fläche außer Betracht bleiben, so dass das Gebäudegrundstück dennoch als angrenzendes Grundstück gilt (Birk NachbarR BW Anm. 3; vgl. → § 3 Rn. 13 zur Einrechnung von Kleinstgrundstücken; aA Reich NRG BW Rn. 2).

Die Freistellung gilt nur gegenüber öffentlichen Wegen und Plätzen. Weist eine Lichtöff- 8
nung oder ein Aussicht gewährender Gebäudeteil in mehrere Richtungen (sog. **Ecksituation**), können für die anderen Richtungen die Abstandvorschriften der §§ 3 und 4 anwendbar sein (Birk NachbarR BW Anm. 4; aA Reich NRG BW Rn. 3). Bei Gebäuden mit langer Ausdehnung beschränkt sich die Befreiung auf die Gebäudeteile, die effektiv auf öffentliche Wege und Plätze weisen (Abs. 1: „soweit").

2. Abs. 2 trifft eine Regelung für den Fall, dass der öffentliche Zweck wegfällt, indem der 9
als Straße iSd § 2 I StrG gewidmete Weg bzw. Platz gem. § 7 StrG (§ 2 IV FStrG) **eingezogen** wird (diese Entwidmung ist ebenfalls Verwaltungsakt, der öffentlich bekannt gemacht sein muss: § 7 IV StrG, § 2 V FStrG); Gleiches gilt für den Fall, dass ein bislang als tatsächlich-öffentliche Straße genutzter Bereich diese Funktion verliert. Fällt der öffentliche Bezug weg, besteht hinsichtlich der zum Zeitpunkt der Widmung bzw. Inbetriebnahme als tatsächlich-öffentliche Straße vorhandenen Lichtöffnungen oder Aussicht gewährenden Gebäudeteile **Bestandsschutz.**

§ 6 Abstand schadendrohender und störender Anlagen

(1) **Schadendrohende oder störende Anlagen dürfen nur in solcher Entfernung von der Grenze und nur unter solchen Vorkehrungen angebracht werden, daß sie den Nachbarn nicht schädigen.**

(2) **Anlagen im Sinne des Absatzes 1 sind insbesondere Lager für Chemikalien sowie im Freien gelegene Aborte, Treib- und Brennstoffbehälter, Waschkessel, und Backöfen, Bienenstöcke, Futtersilos, Düngerstätten, Jauchegruben und Ställe.**

Parallelvorschriften: Die Nachbarrechtsgesetze der anderen Bundesländer enthalten keine entsprechenden Vorschriften.

I. Inhalt der Regelung

1   Die Vorschrift sieht vor, dass gefährliche oder störende Anlagen einen sicheren Abstand zur Grundstücksgrenze einhalten müssen bzw. nur unter Beachtung ausreichender Vorkehrungen an die Grenze gesetzt werden dürfen.

II. Normgebung

2   Die Vorschrift beruht auf Art. 18 BadAGBGB 1899 (= Art. 13 BadAGBGB 1925) und Art. 223 WürttAGBGB 1899 (= Art. 195 WürttAGBGB 1931), dem wiederum Art. 62 I WürttNBO zugrunde liegt. Schaden drohende und störende Anlagen durften sowohl nach badischem als auch nach württembergischem Recht nur in angemessener Entfernung von der Grenze bzw. unter besonderen Vorkehrungen errichtet werden.

3   Obwohl der durch die Auswirkungen solcher Anlagen beeinträchtigte Nachbar schon nach den allgemeinen bürgerlich-rechtlichen Vorschriften (§§ 823, 862, 1004 BGB) in der Regel Schadensersatz-, Unterlassungs- und Beseitigungsansprüche haben wird, erschien es dem Gesetzgeber im Interesse des nachbarlichen Friedens und zur Vermeidung späterer Schadensersatz-, Beseitigungs- oder Unterlassungsklagen zweckmäßig, von vornherein klarzustellen, dass schon bei Errichtung derartiger Anlagen auf die Belange des Nachbarn Rücksicht zu nehmen ist (RegBegr. vom 12.12.1958, Beil. 2220 zu den Sitzungsprotokollen der 2. Legislaturperiode, S. 3555).

4   Nach Ansicht des Gesetzgebers sollte für die Auslegung des Abs. 2 auch der oben genannte Gesichtspunkt des vorbeugenden Rechtsschutzes herangezogen werden müssen (RegBegr. vom 12.12.1958, Beil. 2220 zu den Sitzungsprotokollen der 2. Legislaturperiode, S. 3555).

III. Anmerkungen

5   1. Zum Vorrang öffentlich-rechtlicher Satzungsbestimmungen → § 27 Rn. 2 ff.

6   2. Die Vorschrift stellt grenznahe störende Anlagen frei, sofern sie in einem solchen Abstand zur Grundstücksgrenze bzw. unter solchen Vorkehrungen errichtet werden, dass eine Schädigung des Nachbarn ausgeschlossen ist. Damit geht sie inhaltlich nicht über § 907 I 1 BGB hinaus, der insoweit „unzulässige" Einwirkungen verbietet (→ Rn. 19). Andererseits beschränkt § 907 I 2 BGB die Abwehransprüche aus § 907 I 1 BGB auf einen Beseitigungsanspruch, sofern landesgesetzliche Vorschriften bestehen, die „einen bestimmten Abstand von der Grenze oder sonstige Schutzmaßregeln" vorschreiben. Dies betrifft vor allem die Abstandsvorschriften der Bauordnungen der Länder, aber auch Regelungen wie § 6 (Birk NachbarR BW Anm. 1c; BeckOK BGB/Fritzsche BGB § 907 Rn. 11; aA Pelka NachbarR BW 65), die den präventiven Schutz ausgestalten. Da § 6 „sonstige Schutzmaßregeln" iSd § 907 I 2 BGB vorsieht, ist es auch unschädlich, dass § 6 keine numerischen Grenzabstände bestimmt (zweifelnd Birk NachbarR BW Anm. 1c; aA Dehner B § 18 I 2). § 907 I 2 BGB greift erst ein, wenn dieser Schutz – etwa aufgrund Verjährung des Anspruchs aus § 6 (→ Rn. 16) – nicht mehr besteht. Da auf diese Weise die Rechtsstellung desjenigen, auf dessen Grundstück die Anlage errichtet wird, nur geringfügig weitergehenden („anderen") Be-

schränkungen unterworfen wird als nach dem BGB, steht § 6 mit Art. 124 S. 1 EGBGB in Einklang (zur Reichweite des Art. 124 EGBGB → § 7b Rn. 4; aA Dehner B § 18 I 2; GLS NachbarR-HdB/Saller 3. Teil Rn. 157 in Fn. 564; Pelka NachbarR BW 65; wohl auch Albrecht in Staudinger EGBGB Art. 124 Rn. 8). Zudem nimmt Art. 124 S. 2 EGBGB hiervon alte Abstandvorschriften für Anlagen (hier: Art. 62 I Württ-NBO) aus. Da es dem Landesgesetzgeber freisteht, diese Vorschriften dem gegenwärtigen Bedarf anzupassen (Albrecht in Staudinger EGBGB Art. 124 Rn. 10) und dies in Art. 18 BadAGBGB 1899 (= Art. 13 BadAGBGB 1925) und Art. 223 WürttAGBGB 1899 (= Art. 195 WürttAGBGB 1931) bzw. nunmehr in § 6 geschehen ist, bestehen an der Geltung dieser Vorschrift auch von daher keine Bedenken (ebenso Dorner/Seng 287 für die Vorgängerregelung des Art. 18 BadAG-BGB). § 6 ersetzt sämtliche Altvorschriften.

3. Abs. 1 verpflichtet zu Schutzmaßnahmen für Schaden drohende oder störende Anlagen, die sich an der Nachbargrenze befinden. 7

Der Begriff der **Anlage** bestimmt sich zum einen nach dem Sprachgebrauch, zum anderen 8 nach dem Schutzzweck der Norm. Aufgrund des identischen Sprachgebrauchs und Schutzzwecks deckt er sich mit dem Anlagenbegriff des § 907 BGB, was auch im Hinblick auf § 907 I 2 BGB sinnvoll ist, nicht aber mit dem des § 3 V BImSchG. Nach § 907 BGB sind Anlagen von Menschenhand geschaffene Werke von gewisser Selbstständigkeit und Dauer, vornehmlich ein Bau oder Bauteil (BGH 30.4.1965 – V ZR 17/63, BB 1965, 1125); Bäume und Sträucher zählen nicht dazu (§ 907 II BGB). Voraussetzung ist zudem, dass dem Nachbargrundstück greifbare oder doch sinnlich wahrnehmbare Stoffe unmittelbar zugeführt werden können; das ist zB bei einer bloßen Bodenerhöhung nicht der Fall (RG 30.4.1902 – V 52/02, RGZ 1951, 251 (253 f.); BGH 11.10.1973 – III ZR 159/71, NJW 1974, 53 (54); 21.2.1980 – III ZR 185/78, NJW 1980, 2580 (2581)).

§ 6 gilt auch dann, wenn die Anlage öffentlich-rechtlichen Vorschriften genügt (VKKKK 9 Rn. 1; Birk NachbarR BW Anm. 1d), nicht aber für Anlagen, die nach dem BImSchG genehmigungsbedürftig sind, da die Genehmigung zum Ausschluss zivilrechtlicher Ansprüche führt (§ 14 BImSchG).

4. In **Abs. 2** sind von der Grenze **fernzuhaltende Anlagen** beispielhaft aufgezählt. Da- 10 bei geht es um Anlagen mit Gefahrenpotential nach Abs. 1, vor allem um geräusch- und geruchsintensive Einrichtungen. Neben den in Abs. 2 genannten Lagern für Chemikalien sowie im Freien gelegenen Aborten, Treib- und Brennstoffbehältern, Waschkesseln, Backöfen, Bienenstöcken, Futtersilos, Düngerstätten (zum Lagern von Festmist auf einer umbauten wasserundurchlässigen Bodenplatte), Jauchegruben und Ställen kommen als (emittierende) Anlagen zB in Betracht: Schweinemästereien, Froschteiche (RG 27.4.1910 – 319/09 V, JW 2010, 654), Hundezwinger, Taubenschläge (OLG Düsseldorf 27.6.1979 – 9 U 64/79, OLGZ 80, 16 (18)), Kamine, Wurstbuden, Entlüftungsanlagen, Kfz-Waschplätze mit Hebebühne (OLG München 11.1.1954 – 5 U 1736/53, NJW 1954, 513 (514)), freistehende Motoren (Kompressoren), Druckgasbehälter, Steinbrüche, Rampen (RG 13.7.1934 – VII 33/34, RGZ 145, 107 (115)), Tennisplätze und Wasserleitungen (GLS NachbarR-HdB/Saller 3. Teil Rn. 158; so bereits Art. 195 WürttAGBGB 1931). Immer ist erforderlich, dass die als Anlagen in Betracht kommenden Bauwerke **fest mit dem Erdboden** verbunden sind (aA Reich NRG BW Rn. 1; Birk NachbarR BW Anm. 3a). Damit sind Komposthaufen, die mit dem Erdboden nur durch ihr Gewicht verbunden sind, keine Anlagen (aA VKKKK Rn. 3; aA wohl auch LG München I 23.12.1986 – 23 O 14452/86, NJW-RR 1988, 205 (206) – verglichen in der Berufungsinstanz: NJW-RR 1991, 1472; für Komposthaufen s. aber § 8 I) und unterfallen zB die im Gesetz genannten **Brennstoffbehälter** nur dann dem Anlagenbegriff, wenn sie in Haltevorrichtungen dauerhaft eingefasst sind.

Schaden drohend ist eine Anlage, wenn eine physisch messbare Minderung des Vermö- 11 gens bzw. eine Körperverletzung, also ein echter Schaden iSd § 249 BGB droht. An die Eintrittswahrscheinlichkeit sind keine hohen Anforderungen zu stellen; es reicht, wenn sie höher ist als die Wahrscheinlichkeit für den Nichteintritt. Je höher der drohende Schaden, desto geringer muss die Eintrittswahrscheinlichkeit sein Insofern gilt nichts anderes als zum Gefahrenbegriff im Polizeirecht (dazu Voßkuhle JuS 2007, 908).

12 **Störend** ist eine Anlage, wenn ihr Betrieb Belange des Eigentümers des Nachbargrundstücks beeinträchtigt. Der Gegenstand der Störung ist weit zu fassen. Gemeint sind aber nur positive Immissionen, die geeignet sind, Schäden herbeizuführen, nicht also etwa bloßer Lichtentzug oder eine unschöne Farbgebung (Reich NRG BW Rn. 2). Die Einwirkungen müssen noch nicht (vollständig) eingetreten sein (ebenso wohl VKKKK Rn. 3), da § 6 auch vorbeugend wirken soll (→ Rn. 4).

13 Die **Anbringung** störender und Schaden drohender Anlagen muss unter Einhaltung eines ausreichenden Grenzabstands oder („und") ausreichender Schutzvorkehrungen erfolgen, wenn ansonsten Schädigungen des Nachbarn eintreten. Der Grenzabstand richtet sich unabhängig vom Gebietscharakter (aA wohl Reich NRG BW Rn. 12) nach den konkreten Gefährdungen und ist im Einzelfall sachverständig abzuklären. Gleiches gilt für die Bestimmung der erforderlichen Schutzvorkehrungen (zB Lärmschutzwand, engmaschiges Bienengitter). Ist – etwa bei Bienenstöcken – keine Maßnahme zur Abhilfe geeignet oder ausreichend, kann der Anspruch dahin gehen, die Nutzung auf dem Nachbargrundstück ganz zu verbieten (LG Ellwangen 21.6.1985 – 1 S 48/85-10, NJW 1985, 2339, betr. Allergiefall). Insofern werden auch besondere Veranlagungen des Nachbarn (zB Gesundheitsprobleme) berücksichtigt, wenn hierfür ein objektiv anerkennenswertes Bedürfnis besteht.

14 Aufgrund des Grenzabstands bzw. der getroffenen Schutzmaßnahmen müssen **Schädigungen** des Nachbarn **ausgeschlossen** sein. Hierzu ist eine Prognose zu treffen. Für den Ausschluss ist Sicherheit im Sinne einer praktisch zu vernachlässigenden Eintrittswahrscheinlichkeit erforderlich (ähnlich Birk NachbarR BW Anm. 1c).

15 5. § 6 schützt vor bestehenden wie auch vor konkret geplanten Anlagen. Entspricht die Planung bzw. die Anlage (derzeit) nicht den Anforderungen des § 6, besteht ein **Unterlassungs- oder Beseitigungsanspruch** (VKKKK Rn. 4). Ein Rückgriff auf § 1004 BGB ist hierzu weder nötig noch überhaupt möglich (→ Einl. Rn. 30 ff.; aA Birk NachbarR BW Anm. 5). Für einen **Auskunftsanspruch** besteht nur Raum, wenn der Gefährdungs- bzw. Störungstatbestand geklärt ist, es mithin allein um den Umfang des Abwehranspruchs geht (ebenso BGH 6.2.1962 – VI ZR 193/61, NJW 1962, 731, für den Bereich des § 824 BGB; GLS NachbarR-HdB/Saller 3. Teil Rn. 171).

16 Der Unterlassungs- bzw. Beseitigungsanspruch aus § 6 I **verjährt** in der Frist des § 26 I I, mithin nach 5 Jahren (Pelka NachbarR BW 66; aA (für Unverjährbarkeit gem. § 924 BGB wie bei § 907 BGB) Birk NachbarR BW Anm. 7; Reich NRG BW Rn. 1).

17 **Berechtigt** ist der Nachbar. Wie meistens im NRG, wenn nicht – wie zB in § 24 I – von angrenzenden Grundstücken die Rede ist, ist unmittelbare Nachbarschaft nicht gefordert. **Nachbar** kann damit jeder sein, der in den Einwirkungsbereich des Grundstücks fällt (VKKKK Rn. 2). Nachbar ist zum einen der **Eigentümer** des betroffenen Grundstücks, der Miteigentümer (§ 1011 BGB), aufgrund des § 11 I 1 ErbbauRG der Erbbauberechtigte und bei Wohnungseigentum die Gemeinschaft der Wohnungseigentümer, da es hierbei immer um Gemeinschaftseigentum geht, der Sonder- bzw. Teileigentümer stattdessen aber dann, wenn es auch um sein Sonder- bzw. Teileigentum geht und er auf eine Rechtsverfolgung nicht verzichtet (→ Einl. Rn. 113).

18 Wer **verpflichtet** ist, sagt das Gesetz nicht. Richtigerweise sind dies nur der **Eigentümer** des Grundstücks, auf dem die Anlage steht, der Miteigentümer (§ 1011 BGB), wegen § 11 I 1 ErbbauRG der Erbbauberechtigte und bei Wohnungseigentum die WEG (→ Einl. Rn. 113; anders GLS NachbarR-HdB/Saller 3. Teil Rn. 173, für den Anwendungsbereich des § 907 BGB: jeder Störer, bei Auseinanderfallen von Anlageneigentum und Nutzungsberechtigung der Eigentümer hinsichtlich der Anlagenbeseitigung, der Nutzer im Hinblick auf die Unterlassung der Benutzung). Der Anspruch sanktioniert wie bei §§ 3, 4 eine Zustandsstörung. Daher ist der Besitzer des Nachbargrundstücks ebenso wenig passivlegitimiert wie der Unternehmer, der die Baumaßnahme umsetzt (aA Reich NRG BW Rn. 1). Andererseits ist der

Rechtsnachfolger des Eigentümers auch dann passivlegitimiert, wenn er die Baumaßnahme nicht zu verantworten hat; einer Vorschrift wie § 9 I 2 bedarf es dazu nicht.

IV. Ergänzende Vorschriften

1. § 907 I 1 BGB gibt einen Unterlassungs- und Beseitigungsanspruch („kann verlangen") gegenüber Anlagen auf dem Nachbargrundstück, von denen mit Sicherheit zu erwarten ist, dass sie zu unzulässigen Einwirkungen führen. Sofern § 6 einschlägig ist, ist ein Rückgriff auf § 907 BGB für den vorbeugenden Rechtsschutz ausgeschlossen (§ 907 I 2 BGB; → Rn. 6). 19

2. Ist der Betroffene bei privatrechtlich betriebenen Anlagen aus rechtlichen oder tatsächlichen Gründen an der Abwehr gehindert, steht ihm ggf. ein **nachbarrechtlicher Ausgleichsanspruch** zu (hierzu → Einl. Rn. 80 ff.). 20

3. Wird die Anlage auf öffentlich-rechtlicher Grundlage betrieben, kommen **Ansprüche aus enteignendem oder enteignungsgleichem Eingriff** in Betracht (zu diesen Rechtsgrundlagen Ossenbühl NJW 2000, 2945 (2948 ff.)). 21

4. Bei Ausschluss des Abwehranspruchs nach § 14 S. 1 BImSchG besteht ggf. ein **Schadensersatzanspruch aus § 14 S. 2 BImSchG** (hierzu → § 30 Rn. 5). 22

5. Bei Ausschluss von Unterlassungs- oder Beseitigungsansprüchen nach § 75 II 1 BWLVwVfG im Rahmen eines Planfeststellungsverfahrens kommt ein **Anspruch auf Abhilfe der Störung, hilfsweise auf Schadensersatz nach § 75 II 4 BWLVwVfG** in Betracht (GLS NachbarR-HdB/Saller 3. Teil Rn. 180). 23

6. Über § 823 II BGB kommt ein **Schadensersatzanspruch** in Betracht, da es sich bei § 6 um ein **Schutzgesetz** iSd § 823 II BGB handelt (BGH 21.2.1980 – III ZR 185/78, NJW 1980, 2580 (2581); 16.2.2001 – V ZR 422/99, NJW-RR 2001, 1208 (1209) – Mehltau; jeweils zur gleich gerichteten Vorschrift des § 907 BGB). 24

Vorbemerkungen zu § 7 – Privilegierung landwirtschaftlicher Betriebe

Das NRG privilegiert landwirtschaftliche Nutzung auf verschiedene Weise: § 7 I regelt, dass landwirtschaftlich genutzte Grundstücke einen gegenüber § 5 VII Nr. 1 BWLBO höheren Abstand bei Grenzbebauungen einhalten dürfen. § 10 II sieht vor, dass Befestigungen von Erhöhungen der Grundstücksoberfläche gegenüber landwirtschaftlich genutzten Grundstücken einen Grenzabstand von 0,50 m einhalten müssen. § 12 II stellt Eigentümer landwirtschaftlich genutzter Grundstücke in Innerortslage (zB Gärtnereien) davon frei, Hecken bis zu 1,80 m Höhe auf die Hälfte des in § 12 I angegebenen Abstands zurückzuschneiden. § 27 S. 2 stellt aus Gründen des Bestandsschutzes landwirtschaftlich genutzte Grundstücke von Festsetzungen im Bebauungsplan frei. 1

Der in § 7 seit 1995 in Bezug genommene **§ 201 BauGB** definiert die Landwirtschaft und damit auch den **landwirtschaftlichen Betrieb** enumerativ und konkreter als in § 585 I 2 BGB wie folgt: 2

Landwirtschaft im Sinne dieses Gesetzbuchs ist insbesondere der Ackerbau, die Wiesen- und Weidewirtschaft einschließlich Tierhaltung, soweit das Futter überwiegend auf den zum landwirtschaftlichen Betrieb gehörenden, landwirtschaftlich genutzten Flächen erzeugt werden kann, die gartenbauliche Erzeugung, der Erwerbsobstbau, der Weinbau, die berufsmäßige Imkerei und die berufsmäßige Binnenfischerei.

§ 201 BauGB zählt einige (heterogene) Bereiche landwirtschaftlicher Betätigung auf. Soweit es um **Ackerbau** (dazu zählt auch die Erzeugung von Biomasse: BVerwG 11.12.2008 – 7 C 6.08, NVwZ 2009, 585 (586 f.)), **Wiesen- und Weidewirtschaft einschließlich Tierhaltung**, **Erwerbsobstbau** und **Weinbau** oder vergleichbare Tätigkeiten geht, ist eine **unmittelbare Bodenertragsnutzung** erforderlich, bei der der Boden zum Zwecke der 3

Nutzung seines Ertrags eigenverantwortlich bewirtschaftet wird (BKL/Battis BauGB § 201 Rn. 3). Das Erfordernis der unmittelbaren Bodennutzung schließt in gewissem Umfang **Produktions- und Veredelungsstufen** ein (BVerwG 19.4.1985 – 4 C 13/82, NVwZ 1986, 201 (202): reiterliche Erstausbildung als Veredelungsstufe der Tierhaltung; VGH Mannheim 15.2.1996 – 3 S 233/95 - 1/98, AgrarR 1999, 228 (229): Selbstvermarktung, Selbstpflücker). Landwirtschaftliche Hilfsbetriebe (zB Werkstatt für Landmaschinen, Lohnfuhrunternehmen, Lagerhalle einer Genossenschaft oder „Ferien auf dem Bauernhof") nutzen den Bodenertrag hingegen nicht unmittelbar (BVerwG 16.3.1993 – 4 B 15/93, NVwZ-RR 1993, 396:: genossenschaftliche Lager- und Verkaufsstelle; VGH Mannheim 1.9.1994 – 8 S 86/94, NuR 1995, 143: Mosterei; BKL/Battis BauGB § 201 Rn. 3).

4   Weil das BauGB Land- und Forstwirtschaft nebeneinander (§ 35 I Nr. 1 BauGB) und an anderer Stelle (§ 107 II BauGB) die Landwirtschaft allein regelt, ist **Forstwirtschaft** als planmäßige Waldbewirtschaftung durch Anbau, Pflege und Abschlag (BVerwG 19.2.1996 – 4 B 20.96, ZfBR 1996, 230 (231)) keine Landwirtschaft iSd § 201 BauGB (BKL/Battis BauGB § 201 Rn. 3).

5   Für die **gartenbauliche Erzeugung** bedarf es keiner unmittelbaren Bodenertragsnutzung; erfasst sind damit auch Tisch- bzw. Hydrokulturen oder die Champignonzucht (OVG Lüneburg 30.4.1982 – 6 A 38/81, BauR 1983, 348 (349); BKL/Battis BauGB § 201 Rn. 5; s. auch BGH 11.4.2003 – V ZR 323/02, NJW-RR 2003, 1235 (1236), wonach unter den Begriff der Landwirtschaft auch der erwerbsgärtnerische Anbau von Blumen und Zierpflanzen fällt, jedenfalls dann, wenn er überwiegend in Freilandkulturen und nicht überwiegend in Gewächshäusern betrieben wird). Zudem gilt auch hier die Erweiterung auf (betriebswirtschaftlich sinnvolle) Produktions- und Veredelungsstufen (BVerwG 30.11.1984 – 4 C 27.81, DÖV 1985, 830; BKL/Battis BauGB § 201 Rn. 5).

6   **Tierhaltung** ist landwirtschaftliche Nutzung iSd § 201 BauGB, wenn die Tiere überwiegend durch Futter ernährt werden, das auf den zum Betrieb gehörenden landwirtschaftlichen Flächen erzeugt werden kann; dies erfasst auch die Pensionstierhaltung, also die Unterbringung und Fütterung fremder Weidetiere gegen Entgelt (BKL/Battis BauGB § 201 Rn. 4); die im Jahr 2004 erfolgte Auswechslung des Wortes Pensionstierhaltung durch Tierhaltung sollte den Anwendungsbereich des Gesetzes nur erweitern. Keine Landwirtschaft, sondern Gewerbe wird in auf Stallhaltung beschränkten Tieranlagen betrieben (BVerwG 4.7.1980 – 4 C 101.77, BauR 1980, 446 (448); BKL/Battis BauGB § 201 Rn. 4).

7   **Imkerei** ist Bienenzucht. **Binnenfischerei** iSd § 201 BauGB betreibt nur, wer sich in natürlichen Gewässern wild lebende Tiere aneignet (BKL/Battis BauGB § 201 Rn. 6). Forellenproduktion in Mastbehältnissen (zB Abfischbassin) fällt nicht darunter, ebenso wenig die Sportfischerei (BVerwG 4.11.1977 – IV C 30.75, BauR 1978, 118 (119); BKL/Battis BauGB § 201 Rn. 6). Überdies ist zu berücksichtigen, dass Binnenfischerei nur mit einer wasser- oder fischereirechtlichen Erlaubnis landwirtschaftlicher Betrieb iSd § 201 BauGB sein kann (BVerwG 4.11.1977 – IV C 77.76, BauR 1978, 121 (122)).

8   Trotz der verschiedenen Bezeichnungen in § 7 einerseits (landwirtschaftliche Betriebe), in §§ 10 II, 12 II, 19 I, II, 27 andererseits (landwirtschaftlich genutzte Grundstücke), gilt die Legaldefinition des § 7 auch für die Bestimmung des landwirtschaftlich genutzten Grundstücks (→ § 7 Rn. 19). Damit muss es sich hier wie dort um **betriebliche Nutzung** handeln. Dazu müssen mehrere Produktionsfaktoren (zB Boden, Tiere, Geräte, menschliche Arbeit, Kapital) zu einer **organisatorischen Einheit** zusammengefasst und planmäßig für längere Zeit **(nachhaltig)** zur **Gewinnerzielung** eingesetzt werden (BVerwG 16.12.2004 – 4 C 7/04, NVwZ 2005, 587 (588); VKKKK § 7 Rn. 6). Wird die Landwirtschaft auf fremdem Grund und Boden betrieben (Familienbesitz ist in diesem Sinne nicht fremd: VGH München 4.1.2005 – 1 CS 04.1598, NVwZ-RR 2005, 522 (523)) ist die Nachhaltigkeit nur über die Vorlage eines Pachtvertrags mit einer Laufzeit von über 10 Jahren oder durch Umstände belegbar, die es nahelegen, dass dem Betrieb überwiegende Interessen des Verpächters iSd § 595 I BGB für die Zukunft aller Voraussicht nach nicht entgegenstehen (VGH Mannheim 3.11.1994 – 8 S 976/94, NuR 1995, 355).

Allen Landwirtschaftsformen gemein ist das Erfordernis der **Erwerbsmäßigkeit**. Dies gilt 9 auch für die in § 201 BauGB genannten Produktionsformen gartenbauliche Erzeugung und Obstbau. Für den dort aufgeführten Weinbau ist das allerdings umstritten (dafür BKL/Battis BauGB § 201 Rn. 3; dagegen VGH Mannheim 21.4.1982 – 3 S 2066/81, BRS 39, 166 (168); EZBK/Söfker BauGB § 201 Rn. 21). Erwerbsmäßiges Handeln ist auch auf **Nebenerwerbsstellen** möglich, sofern die Erträge neben den Einkünften aus dem Hauptberuf noch ein gewisses Eigengewicht haben (VGH Mannheim 3.11.1994 – 8 S 976/94, NuR 1995, 355). Das Verhältnis der Einnahmen aus diesem Betrieb zu den sonstigen Betriebseinnahmen ist für die Einordnung als landwirtschaftlicher Betrieb ohne Bedeutung (BKL/Battis BauGB § 201 Rn. 3). Um diese Tätigkeit von bloßer Liebhaberei und Eigenbedarfsdeckung unterscheiden und eine missbräuchliche Nutzung des § 35 BauGB verhindern zu können, ist eine ernsthafte, Erfolg versprechende Planung nötig (BVerwG 11.4.1986 – 4 C 67/82, NVwZ 1986, 916; BKL/Battis BauGB § 201 Rn. 3), hinter der auch für den Nebenerwerb die **Absicht ständiger Gewinnerzielung** steht (BVerwG 16.12.2004 – 4 C 7/04, NVwZ 2005, 587 (588)).

Unschädlich für die Einordnung als landwirtschaftlicher Betrieb ist der Umstand, dass einzelne Betätigungen, die nicht als Landwirtschaft zu beurteilen sind, durch ihre Zuordnung zur landwirtschaftlichen Tätigkeit dennoch als Teil des landwirtschaftlichen Betriebs anzusehen sind (sog. **mitgezogene Betriebsteile**; abzustellen ist insoweit auf das Gesamterscheinungsbild (EZBK/Söfker BauGB § 35 Rn. 28). Einbeziehen lassen sich damit die Vermarktung und Weiterverarbeitung landwirtschaftlicher Produkte, aber auch die Vermietung von Ferienwohnungen (VGH München 15.5.1984 – 1 B 84 A. 248, BayVBl. 1984, 567 (568)) oder etwa Trainingsställe für Rennpferde, sofern diese Erwerbsquellen dem landwirtschaftlichen Betrieb dienen (BVerwG 18.12.1995 – 4 B 286.95, BeckRS 1995, 31223319; VGH Mannheim 3.11.1994 – 8 S 976/94, NuR 1995, 355 (356)). 10

§ 7 Gebäudeabstände und Einfriedigungen bebauter Grundstücke im Außenbereich

(1) [1]Bei der Errichtung oder Veränderung eines Gebäudes im Außenbereich ist der Bauherr auf Verlangen des Nachbarn verpflichtet, zu Gunsten von Grundstücken, die durch landwirtschaftliche Betriebe im Sinne des § 201 des Baugesetzbuches landwirtschaftlich oder gartenbaulich genutzt werden (landwirtschaftliche Nutzung), mit jeder der Nachbargrenze zugewandten Außenwand einen mittleren Grenzabstand einzuhalten, welcher der Höhe der Außenwand entspricht; der Abstand ist senkrecht zur Außenwand zu messen. [2]Der Abstand darf nirgends weniger als 2m betragen.

(2) Für die Berechnung der Höhe der Außenwand gilt § 5 Abs. 4 Sätze 2 bis 4 und Abs. 5 der Landesbauordnung entsprechend.

(3) § 3 Abs. 3 Sätze 2 und 3 ist entsprechend anzuwenden.

(4) Der Bauherr ist auf Verlangen des Nachbarn verpflichtet, sein Grundstück einzufriedigen, soweit es zum Schutz des Nachbargrundstücks erforderlich ist und öffentlich-rechtliche Vorschriften nicht entgegenstehen.

Parallelvorschriften: Eine dem Abs. 4 vergleichbare Vorschrift findet sich in §§ 35, 36 NachbG Schl.-H. Weitergehende, nicht auf den Außenbereich begrenzte Einfriedungspflichten bestehen in vielen anderen Bundesländern, zB in Hessen (§§ 14 ff. HessNachbRG), daran angelehnt in Nordrhein-Westfalen (§§ 32 ff. NachbG NRW), ferner in Berlin (§§ 21 ff. NachbG Bln), Brandenburg (§§ 28 ff. BbgNRG), Niedersachsen (§§ 27 ff. NNachbG), Rheinland-Pfalz (§§ 39 ff. RhPfLNRG), im Saarland (§§ 43 ff. SaarlNachbG), in Sachsen-Anhalt (§§ 22 ff. LSANbG) und Thüringen (§§ 39 ff. ThürNRG).

I. Inhalt der Regelung

Die Vorschrift bestimmt, dass Gebäude, die im Außenbereich gelegen sind, einen bestimm- 1 ten Abstand zur Grundstücksgrenze wahren müssen, sofern das Nachbargrundstück land-

§ 7
1. Abschnitt. Gebäude

wirtschaftlich genutzt wird und der Nachbar dies rechtzeitig verlangt. Diese Abstände werden in Abhängigkeit von der Höhe der dem Nachbargrundstück zugewandten Außenwand des Gebäudes bestimmt. Die nach Abs. 2 für die Berechnung der Außenwandhöhe maßgebliche Vorschrift des § 5 IV 2–4 und V BWLBO lautet:

(4) ... [2] Als Wandhöhe gilt das Maß vom Schnittpunkt der Wand mit der Geländeoberfläche bis zum Schnittpunkt der Wand mit der Dachhaut oder bis zum oberen Abschluss der Wand. [3] Ergeben sich bei einer Wand durch die Geländeoberfläche unterschiedliche Höhen, ist die im Mittel gemessene Wandhöhe maßgebend. [4] Sie ergibt sich aus dem arithmetischen Mittel der Höhenlage an den Eckpunkten der baulichen Anlage; liegen bei einer Wand die Schnittpunkte mit der Dachhaut oder die oberen Abschlüsse verschieden hoch, gilt dies für den jeweiligen Wandabschnitt. ...

(5) Auf die Wandhöhe werden angerechnet
1. *die Höhe von Dächern oder Dachaufbauten mit einer Neigung von mehr als 70° voll und von mehr als 45° zu einem Viertel,*
2. *die Höhe einer Giebelfläche zur Hälfte des Verhältnisses, in dem ihre tatsächliche Fläche zur gedachten Gesamtfläche einer rechteckigen Wand mit denselben Maximalabmessungen steht; die Giebelfläche beginnt an der Horizontalen durch den untersten Schnittpunkt der Wand mit der Dachhaut,*
3. *bei Windenergieanlagen nur die Höhe bis zur Rotorachse, wobei die Tiefe der Abstandsfläche mindestens der Länge des Rotorradius entsprechen muss.*

2   Ferner ist das Grundstück zum Schutz des Nachbargrundstücks einzufrieden, sofern der Nachbar dies verlangt und öffentlich-rechtliche Vorschriften nichts anderes bestimmen.

II. Normgebung

3   **1.** Nach Auffassung des Gesetzgebers sollten im **Interesse der Bewirtschaftung landwirtschaftlich oder gärtnerisch genutzter Grundstücke** Bestimmungen über Grenzabstände für den Fall getroffen werden, dass Gebäude im Außenbereich (→ Rn. 14) neu errichtet, erweitert oder erhöht werden. Art. 224 WürttAGBGB 1899 (= Art. 196 II 2 WürttAGBGB 1931) traf im Anschluss an Art. 60 WürttNBO für diese Fälle bereits eine Regelung, wonach der Grenzabstand der Wandhöhe der dem Nachbargrundstück gegenüberstehenden Trauf- oder Giebelseite des Gebäudes gleichkommen musste, falls ein „Ortsbaustatut" nichts anderes bestimmte.

4   Diese Regelung führte zu Unklarheiten, weil nicht festgelegt war, wie die **Höhe der Außenwand** gemessen werden sollte. Vor allem aber brachte sie eine nicht notwendige Härte mit sich, da lediglich dafür Sorge zu tragen war, dass das Nachbargrundstück nicht zu stark beschattet wird. Da der Gebäudeschatten sich im Laufe eines Tages hinsichtlich der Länge und Lage dauernd verändert, hielt es der Gesetzgeber nunmehr für ausreichend, wenn sowohl die Höhe der Außenwand als auch der Grenzabstand nur im Mittel gemessen werden (sog. verglichene Messung) (RegBegr. vom 12.12.1958, Beil. 2220 zu den Sitzungsprotokollen der 2. Legislaturperiode, S. 3555 f.). Ferner legte der Gesetzgeber fest, dass der Grenzabstand nirgends weniger als 2 m betragen durfte. Damit sollte vermieden werden, dass zB bei schräg zur Grenze verlaufenen Außenwänden die Gebäudeecken zu nah an die Nachbargrenze gesetzt werden (RegBegr. vom 12.12.1958, Beil. 2220 zu den Sitzungsprotokollen der 2. Legislaturperiode, S. 3556).

5   **2.** Durch Art. 1 Nr. 2 des Gesetzes zur Änderung des NRG vom 26.7.1995 (GBl. 605) wurde § 7 neu gefasst:

6   Abs. 1 wurde sprachlich geglättet und an die Terminologie des öffentlichen Baurechts angepasst. Für den bislang verwandten Begriff der landwirtschaftlichen oder gärtnerischen Grundstücksnutzung sollte mit der Bezugnahme auf § 201 BauGB, und zwar mit Geltung für das ganze NRG, eine bessere Klarheit und Einheitlichkeit erreicht werden. Dabei sollte stets das Bestehen eines (landwirtschaftlichen oder gartenbaulichen) Betriebs vorausgesetzt sein (RegBegr. vom 1.3.1993, LT-Drs. 11/1481, 12). Ferner wurde in Anlehnung an §§ 3–5 vorgesehen, dass der Bauherr den vorgeschriebenen erhöhten Grenzabstand nur auf Verlangen des Nachbarn einhalten muss (RegBegr. vom 1.3.1993, LT-Drs. 11/1481, 12).

Gebäudeabstände im Außenbereich § 7

In Abs. 2 sollte wegen der Art der Berechnung der Höhe der Außenwand nunmehr auf vergleichbare Regelungen in der BWLBO verwiesen werden; dies sollte der wünschenswerten Einheitlichkeit der sich auf vergleichbare Sachverhalte beziehenden Regelungen dienen (RegBegr. vom 1.3.1993, LT-Drs. 11/1481, 12). 7

Eingefügt wurde ein neuer Abs. 3, der einen Ausschlussgrund für Abwehransprüche beinhaltet. Im Interesse möglichst baldiger Sicherheit für den Bauherrn, ob und wie er den geplanten Bau realisieren darf, erschien es dem Gesetzgeber angemessen, für das Verlangen des Nachbarn eine zeitliche Beschränkung von zwei Monaten zu bestimmen (RegBegr. vom 1.3.1993, LT-Drs. 11/1481, 12). 8

Die im bisherigen Abs. 3 getroffene Bestimmung über die Verpflichtung des Bauherrn zur Einfriedigung wurde in sprachlich veränderter Form zu Abs. 4. Dazu stellte der Gesetzgeber klar, dass die Einfriedigung nur errichtet werden darf, wenn öffentlich-rechtliche Vorschriften (insbesondere des Natur- und Landschaftsschutzes) nicht entgegenstehen (RegBegr. vom 1.3.1993, LT-Drs. 11/1481, 12). 9

III. Anmerkungen

1. § 7 I mit seinen Zusatzregelungen in den Folgeabsätzen sowie § 7 IV stellen landesrechtliche Bestimmungen dar, die das Grundeigentum des Bauherrn nur geringfügig mehr beschränken als die Regelung des § 903 BGB. Daher ist der gesamte Regelungsinhalt des § 7 von Art. 124 EGBGB gedeckt (zur Reichweite des Art. 124 EGBGB → § 7b Rn. 4), verstößt also nicht gegen Bundesrecht. 10

2. Abs. 1 findet Anwendung, wenn ein Gebäude im Außenbereich errichtet oder verändert wird. Die Vorschrift weist enge Bezüge zum öffentlichen Baurecht auf (→ Rn. 6f.). Daher ist der Begriff des **Gebäudes** nicht eigens zu bestimmen, sondern § 2 II BWLBO zu entnehmen. Hiernach sind Gebäude „selbstständig benutzbare, überdeckte bauliche Anlagen, die von Menschen betreten werden können und geeignet sind, dem Schutz von Menschen, Tieren oder Sachen zu dienen". Daher sind auch **Gewächshäuser** einbezogen (Birk NachbarR BW Anm. 1; s. auch Dehner B § 18 II 2a, wonach ein Raum vorhanden sein muss, der sowohl durch Seitenwände als auch durch ein Dach nach außen abgegrenzt wird). Wie das Gebäude genutzt wird, spielt keine Rolle. 11

Errichtung eines Gebäudes meint dessen (vollständige) Herstellung. 12

Veränderung eines Gebäudes bedeutet jede Änderung des Gebäudezustands durch eine bauliche Maßnahme. Nach dem Schutzzweck muss es dabei um die dem Nachbargrundstück zugewandte Außenwand des Gebäudes gehen (Birk NachbarR BW Anm. 1; aA Reich NRG BW Rn. 1); Umbaumaßnahmen im Gebäude oder bloße Nutzungsänderungen sind nicht erfasst. Im Hinblick auf den Zweck des Gesetzes, störende Gebäudeauswirkungen zu unterbinden, sind zudem nur Veränderungen gemeint, die zu einer Erhöhung bzw. Erweiterung des Gebäudes führen (vgl. → Rn. 3). 13

Außenbereich sind wie im Bauplanungsrecht alle Flächen, die sich weder im räumlichen Anwendungsbereich eines (wirksamen) qualifizierten oder vorhabenbezogenen Bebauungsplans (§ 30 I, II, § 34 IV 1 Nr. 3 BauGB) noch im unbeplanten Innenbereich (§ 34 BauGB) befinden (Birk NachbarR BW Anm. 1 in Fn. 1; VKKKK Rn. 3; ebenso § 19 I Nr. 3 BauGB aF, auf den § 7 zunächst Bezug nahm). 14

3. Abs. 1 legt eine eigene, im Ansatz nicht auf Abstandvorschriften der BWLBO Bezug nehmende Formel für den **Grenzabstand** fest. Hiernach muss das Gebäude zur Grundstücksgrenze einen Abstand einhalten, der der Höhe jeder der Nachbargrenze zugewandten **Außenwand** entspricht und senkrecht zu dieser gemessen wird **(Abs. 1 S. 1)**. Verläuft das Gebäude nicht parallel zur Grenze, ist der Abstand zu mitteln (Abs. 1 S. 1; zur Begründung → Rn. 4). Der Abstand beträgt **mindestens 2m (Abs. 1 S. 2)**. Der Mindestabstand ist senkrecht zur Grenze, nicht zur Außenwand zu messen (VKKKK Rn. 8; Birk NachbarR BW Anm. 5b). 15

§ 7

16 Die Außenwandhöhe bestimmt sich gem. Abs. 2 nach den Vorschriften des § 5 IV 2–5 und V BWLBO. Diese Bezugnahme ist als dynamische Verweisung zu verstehen (vgl. → § 3 Rn. 18), erfasst also auch Änderungen des Gesetzestextes, wie sie mit Wirkung zum 1.3.2010 (GBl. 2009, 516; dazu LT-Drs. 14/5013, 38) und zum 1.3.2015 (GBl. 2014, 501; dazu LT-Drs. 15/5294, 17) vorgenommen wurden (→ Rn. 18). Gemessen wird vom Boden bis zu dem Punkt, an dem die Wand bzw. deren gedachte Fortsetzung an die Dachoberfläche (zB Ziegel) stößt (§ 5 IV 2 BWLBO). Bei verschieden hohen Gebäudeteilen sind entsprechende Wandabschnitte zu bilden (§ 5 IV 4 Hs. 2 BWLBO).

17 § 5 V BWLBO gibt für **Dächer** und **Dachaufbauten** besondere Anrechnungsvorschriften. Nimmt der obere Abschluss der Außenwand einen schrägen Verlauf (zB bei einer Giebelseite), wird ab der Höhe, in der sich die Wandbreite verjüngt (Dachbeginn), nur noch ein Viertel der Höhe berechnet, wenn der Neigungswinkel über 45° beträgt; bei einer Neigung von über 70° wird die Höhe nicht gekürzt (§ 5 V Nr. 1 BWLBO). Daraus folgt, dass bei einem Neigungswinkel von unter 45° keine Anrechnung erfolgt (VGH Mannheim 8.10. 1996 – 8 S 2566/96, BauR 1997, 92 (94); VKKKK Rn. 14). Ferner ist zu berücksichtigen, dass die Vollanrechnung auch dann erfolgt, wenn die Nachbarwand nicht traufseitig ist; im Ergebnis wird der Grenzabstand in diesem Fall also noch erhöht. Der zum 1.3.2010 in Kraft getretene § 5 V Nr. 2 BWLBO bereinigt die bislang unbefriedigende Situation bei der Berechnung der anzurechnenden Wandhöhe von **Giebelflächen** (LT-Drs. 14/5013, 38). Bei diesen wird im Regelfall nicht mehr auf die Dachneigung abgestellt, die zu zahlreichen Ungereimtheiten, vor allem bei unregelmäßigen Dachformen, geführt hatte. Bezugspunkt ist nunmehr die Flächenrelation, die die Giebelfläche im Vergleich zu einer fiktiven rechteckigen Wand aufweist, die dieselbe maximale Breite und Höhe hat wie die Giebelfläche. Im Verhältnis, in dem die Giebelfläche zu der gedachten Wandfläche steht, wird auch deren Höhe für die Abstandsfläche berechnet. Dies vereinfacht zum einen die Berechnung, weil Flächeninhalte geometrisch leicht auszurechnen sind und die bisher oftmals erforderliche und vielfach kritisierte Differenzierung nach einzelnen Giebelabschnitten in Abhängigkeit von den jeweils angrenzenden Dachneigungen entfällt. Zum anderen liegt hier ein deutlich gerechterer Bemessungsmaßstab vor, da der Zweck der Abstandsflächenregelungen, nämlich die Verschattung des Nachbargrundstücks zu minimieren (→ Rn. 4), in direkter Relation zur jeweiligen Wandfläche steht. Um keine Vergrößerung der Abstandstiefen zu erhalten, erfolgt die Anrechnung nur zur Hälfte, was in der praktischen Anwendung weit gehend auf die Anrechnung zu einem Viertel (wie bisher) hinausläuft. Bei steileren Dächern als 70° ergibt sich sogar eine Erleichterung. Unregelmäßige Dachformen, zB versetzte Satteldächer uÄ, unterfallen daher regelmäßig vollständig der Berechnung nach § 5 V Nr. 2 Hs. 2 BWLBO. Im Übrigen ist grundsätzlich auch keine vertikale Aufteilung der Wand- und Giebelflächenfläche bei der Berechnung vorzunehmen (LT-Drs. 14/5013, 38). Durch Gesetz vom 11.11.2014 (GBl. 501) wurde § 5 V Nr. 2 BWLBO mit Wirkung zum 1.3.2015 wiederum geändert und dadurch bewirkt, dass bei der Berechnung der einzuhaltenden Abstandsflächen die Giebel aller Dächer künftig in gleicher Weise berücksichtigt werden. Bisher blieben die Höhen von Giebelflächen unberücksichtigt, soweit kein Teil der Dachfläche eine größere Neigung als 45° aufweist. Durch die Änderung wurden Ungereimtheiten beseitigt, die zB dadurch entstehen, dass bei einem Satteldach mit bis zu 45° Dachneigung die Giebelfläche gar nicht angerechnet wird, während der kleinere Giebel eines gleich hohen Daches mit versetzten Dachflächen (wegen der 90°-Neigung der Versatzfläche) voll zur Anrechnung kommt (LT-Drs. 15/5294, 17). Der zum 1.3.2010 in Kraft getretene § 5 V Nr. 3 BWLBO trägt dem Umstand Rechnung, dass die in erster Linie für Gebäude konzipierten Berechnungsregeln nur bedingt auf **Windenergieanlagen** anwendbar sind und zu unbefriedigenden Ergebnissen, insbesondere übergroßen Abstandstiefen führen, was nicht im Sinne einer Förderung regenerativer Energieträger ist. Seither erfolgt eine erleichterte Berechnung, da klargestellt wird, dass die Rotorblätter bei der Höhenermittlung nicht mitzurechnen sind. Der Mindestabstand von der Länge der Rotorblätter ergibt sich daraus, dass diese nicht, auch nicht zeitweise über Nachbargrundstücke ragen sollen (LT-Drs. 14/5013, 38).

Liegt der **Boden** höher oder tiefer als das Nachbargrundstück, wird diese Differenz zur Höhenbestimmung nicht herangezogen, da die Geländeoberfläche am Fuß der Außenmauer allgemein, also auch im Verhältnis zur Oberfläche des Nachbargrundstücks, gilt (§ 5 IV 2 BWLBO; Birk NachbarR BW Anm. 5a; Reich NRG BW Rn. 6; vgl. dagegen unten → § 11 Rn. 26, 27; → § 12 Rn. 25). Verläuft der Boden entlang der Wandbreite auf- oder absteigend, ist die Höhe zu mitteln (§ 5 IV 3 BWLBO). Andere Unregelmäßigkeiten, etwa eine wellige Bodenbeschaffenheit, sind ohne Bedeutung, da gem. § 5 IV 4 Hs. 1 BWLBO das arithmetische Mittel aus den Höhen der beiden Eckpunkte der baulichen Anlage zu bestimmen ist (vgl. VGH Mannheim 8.10.1996 – 8 S 2566/96, BauR 1997, 92 (93)). Sofern diese Punkte durch künstliche Aufschüttung verändert wurden, ist die dadurch erreichte Wandverkürzung allerdings nur dann maßgeblich, wenn ausgeschlossen werden kann, dass dies nicht erfolgte, um die Abstandsvorschrift zu umgehen. Das hat der Gesetzgeber durch Schaffung des § 5 IV 5 BWLBO mit Wirkung zum 1.3.2015 klargestellt (Art. 1 Nr. 3a und Art. 3 des Gesetzes zur Änderung der Landesbauordnung für BW v. 11.11.2014, GBl. 501; dazu LT-Drs. 15/5294, 17; → Rn. 16). Ein rechtfertigender Grund kann etwa darin liegen, dass der bisherige Geländeverlauf einer sinnvollen Bebauung entgegenstand oder ein den Sicherheits- und Gestaltungsanforderungen widersprechender Zustand zu vermeiden war; andernfalls gilt der vorige (natürliche) Geländeverlauf (VGH Mannheim 8.10.1996 – 8 S 2566/96, BauR 1997, 92 (93); VGH Mannheim 29.11.2010 – 3 S 1019/09, NVwZ-RR 2011, 272). Ein Flachdach wird auch durch Begrünung oder Aufschüttung nicht zur „Geländeoberfläche" iSd § 5 IV 2 BWLBO, solange das Gebäude aus Sicht des Nachbargrundstücks noch als oberirdisches Gebäude mit Außenwand erscheint (VGH Mannheim 20.2.2004 – 8 S 336/04, BauR 2004, 1918 (1919)). 18

4. Die so berechneten Abstände sind größer als nach öffentlichem Baurecht gefordert (§ 5 VII Nr. 1 BWLBO: 0,6 der Wandhöhe, davon Nachbar schützend 0,4 der Wandhöhe, mindestens jedoch bei Wänden mit 5 m Breite 2 m, über 5 m Breite 2,50 m), dafür aber nach Abs. 1 S. 1 **nur zugunsten von Grundstücken** einzuhalten, die durch **landwirtschaftliche Betriebe iSd § 201 BauGB** (→ Vor § 7 Rn. 2 ff.) landwirtschaftlich oder gartenbaulich genutzt werden. Der Gesetzgeber bezeichnet solche Nutzungen als **„landwirtschaftliche Nutzung"** und verwendet diesen Begriff auch in §§ 10 II, 11 I 1. Ebenso wie § 201 BauGB erfasst § 7 nur die **betriebliche** Nutzung (→ Rn. 6). Im Gegensatz zum Baugrundstück muss das landwirtschaftlich genutzte Grundstück nicht im Außenbereich liegen (Birk NachbarR BW Anm. 4); es muss auch nicht bebaut sein. 19

Sofern § 7 I 1 fordert, dass das Grundstück **landwirtschaftlich oder gartenbaulich genutzt** wird, wird dadurch der Anwendungsbereich des § 201 BauGB eingeschränkt. Nicht erfasst sind damit Grundstücke, auf denen Bienenzucht oder Fischerei betrieben wird (aA VKKKK Rn. 4). 20

Das **EU-Recht** trifft eine Reihe landwirtschaftlicher Fördermaßnahmen, die zu einer zeitweiligen **Stilllegung von Ackerflächen** führen (hierzu VKKKK Rn. 5). Damit die Privilegierung landwirtschaftlicher Betriebe in dieser Zeit nicht verloren geht, bestimmt das Bundesrecht in den Gesetzen zur Umsetzung dieses EU-Rechts (Art. 5 des Gesetzes vom 21.7.1988, BGBl. I 1053; § 1 des Gesetzes vom 10.7.1995, BGBl. I 910), dass die für die Landwirtschaft geltenden Vorschriften weiterhin Anwendung finden, die infolge der Stilllegung geänderte Beschaffenheit der Grundstücke also unberücksichtigt bleibt (hierzu VKKKK Rn. 5). Sofern Stilllegungsmaßnahmen nicht erfasst sind, lässt sich dieser Regelung der allgemeine Rechtsgedanke entnehmen, dass auf Grundlage staatlicher Förderung erfolgte, zeitlich beschränkte Stilllegungsmaßnahmen nicht zu einer Änderung der Qualifikation als landwirtschaftlich genutzte Fläche führen (Birk NachbarR BW § 19 Anm. 4; aA Reich NRG BW Rn. 5; einschränkend VKKKK Rn. 5, wonach der Schutz nach mehreren Jahren entfällt). Darüber hinaus wird man anzunehmen haben, dass eine vorübergehende Stilllegung auch dann unbeachtlich ist, wenn sie nicht aufgrund staatlicher Anreize erfolgt. 21

5. Abs. 1 S. 1 begründet eine Pflicht des Bauherrn zur Einhaltung des Grenzabstands. Diese Pflicht ruht zunächst und wird erst „auf Verlangen" des Nachbarn aktiviert. Ist der Abstand 22 nicht eingehalten, ergibt sich ein mit dieser Pflicht korrespondierender **Unterlassungs-** bzw. **Beseitigungsanspruch** (hierzu → Einl. Rn. 30 ff., 39 ff.). Für diese Ansprüche gilt die fünfjährige Verjährungsfrist des § 26 I 1. Nach Verjährungseintritt kann allenfalls noch (in engen Grenzen, → Einl. Rn. 27) mit einem Schutzanspruch aus dem nachbarlichen Gemeinschaftsverhältnis geholfen werden.

23 **Berechtigt** ist der **Nachbar.** Das ist derjenige, auf dessen Grundstück ein landwirtschaftlicher Betrieb unterhalten wird und das an das im Außenbereich liegende Grundstück grenzt, auf dem bauliche Maßnahmen stattfinden. Der Betrieb an sich muss nicht durch den Grundeigentümer, sondern kann auch durch einen Pächter geführt sein (Birk NachbarR BW Anm. 3; VKKKK Rn. 6). Auf der anderen Seite gibt das Gesetz nicht genug Anhaltspunkte für eine Berechtigung des Betriebsinhabers als solchem (s. auch → Einl. Rn. 20; aA Reich NRG BW Rn. 4, 12). Berechtigt ist neben dem Eigentümer auch der Erbbauberechtigte (§ 11 I 1 ErbbauRG).

24 **Verpflichtet** ist der **Bauherr.** Hierfür kommen nur der Eigentümer bzw. – über § 11 I 1 ErbbauRG – der Erbbauberechtigte in Betracht (→ Einl. Rn. 20; aA Birk NachbarR BW Anm. 2: auch derjenige, der mit Zustimmung des Eigentümers baut), da dem Nachbarn nicht angesonnen werden kann herauszufinden, wer nun konkret für die Baumaßnahme verantwortlich ist. Zudem ist in Abs. 4 hinsichtlich des Bauherrn von „seinem" Grundstück die Rede; dies belegt, dass nur der Grundeigentümer gemeint ist. Unabhängig davon ist zweifelhaft, ob Art. 124 EGBGB überhaupt Beschränkungen des Besitzers zulässt (→ Einl. Rn. 21). Die Verpflichtung geht auf den Erben des Bauherrn über (§ 1922 I BGB). Der Umstand, dass § 9 I 2 einen Anspruch aus dem NRG ausdrücklich vererblich stellt, bildet eine zu schwache Grundlage für einen Gegenschluss (aA Reich NRG BW Rn. 7).

25 6. Nach **Abs. 3** iVm § 3 III 2 ist der Abwehranspruch **ausgeschlossen,** wenn er nicht innerhalb von **zwei Monaten seit Zugang der Benachrichtigung nach § 55 BWLBO gestellt** wurde. Alternativ reicht die Kenntnis vom Bauvorhaben aus, um die Zweimonatsfrist anlaufen zu lassen. Insofern gelten die Ausführungen zu → § 3 Rn. 23 ff. hier gleichermaßen.

26 7. Für Abstände von Gebäuden, die schon bei Inkrafttreten des NRG am 1.1.1960 vorhanden waren, trifft das NRG in § 33 I 2 eine **Übergangsregelung.** Eine weitere ergibt sich aus Art. 2 I des Gesetzes zur Änderung des NRG v. 26.7.1995 (GBl. 605 (608)) für Gebäude, die vor 1996 errichtet oder geändert wurden. Hiernach gilt § 33 I 1 und damit das aufgehobene Recht entsprechend, soweit es den Eigentümer weniger belastet. Zu einer stärkeren Beschränkung, also größeren Grenzabständen, hat für bestimmte Dachformen die Vollanrechnung nach Abs. 2 iVm § 5 V BWLBO (Dächer mit Neigung von über 70°) geführt (VKKKK Rn. 19). Für diese Gebäude gilt also noch die alte Berechnungsweise (s. die Kommentierung zu § 7 bei VKK 16. Auflage). Allerdings sind Unterlassungs- und Beseitigungsansprüche, die gegen die Nichteinhaltung des Grenzabstands gerichtet sind, inzwischen verjährt.

27 Entscheidend für das Entstehen des Anspruchs auf Abstandswahrung ist die bauliche Maßnahme. Wird das Nachbargrundstück erst später einer landwirtschaftlichen Nutzung zugeführt, bleibt ein vorher errichteter Bau selbst dann rechtmäßig, wenn er die in § 7 bestimmten Abstände nicht einhält (Dehner B § 18 II 2a).

28 8. **Abs. 4** verpflichtet den Bauherrn, also denjenigen, der ein Gebäude errichtet oder verändert (s. Abs. 1 und → Rn. 24), zur **Einfriedigung** seines Grundstücks, sofern der Nachbar dies verlangt. Aufgrund der Stellung des Abs. 4 im Gefüge des § 7 und ausweislich der zum Gesetzestext gehörenden Überschrift zu § 7 bezieht sich die Einfriedigungsverpflichtung nur auf Baugrundstücke im **Außenbereich** (Birk NachbarR BW Anm. 7a; Reich NRG BW Rn. 12; VKKKK Rn. 17); erforderlich ist ferner, dass das Nachbargrundstück iSd § 201 BauGB **landwirtschaftlich genutzt** wird (Birk NachbarR BW Anm. 7a). Die Regelung dient dazu, den im Außenbereich häufigen Grenzübertritt von freilaufenden Tieren zu un-

terbinden, hat mit Baumaßnahmen an sich also nichts zu tun. Dennoch ist der Anspruch wegen der Verpflichtung des „Bauherrn" und aufgrund der Stellung des Abs. 4 im Gefüge des § 7 auf den **baulichen Zusammenhang** zu begrenzen (Dehner B § 9 III 2c: Begriff soll zum Ausdruck bringen, dass die Einzäunung schon bei Beginn der Bauarbeiten errichtet werden muss; dagegen zu Recht VKKKK Rn. 17: kein zeitliches Limit; auch → Rn. 35).

Ein allgemeines Einfriedigungsgebot sieht das NRG nicht vor (auch kein Einfriedigungs- 29 recht oder Einfriedigungsverbot). Da bebaute Grundstücke im Außenbereich besonders schutzbedürftig sind und deshalb meistens ohnehin eingefriedet werden, ist der Anwendungsbereich des Abs. 4 denkbar klein.

Einfriedigung ist jedes an oder auf die Grundstücksgrenze gesetztes Hindernis, das ein 30 Überschreiten der Grenze verhindern oder wenigstens erschweren soll (Dehner B § 9 I in Fn. 1; auch → § 11 Rn. 12). Elektrozäune oder sog. Pferde-Paddock-Zäune, die nicht an die Grundstücksgrenze gesetzt sind, sind keine Einfriedigungen, weil sie nur die Funktion haben, auf dem Grasland gehaltene Tiere am Ausbrechen zu hindern (ebenso für die Parallelregelung in 28 BbgNRG AG Brandenburg 28.8.2011 – 31 C 179/09, BeckRS 2011, 21906; AG Brandenburg 5.8.2015 – 34 C 93/12, NJOZ 2015, 1800, 1801; aA zu § 14 HessNachbRG Hodes/Dehner, Hessisches Nachbarrecht, 2001, HessNachbRG § 14 Rn. 1). Wie der Verpflichtete die Einfriedigung gestaltet (zB als tote Einfriedigung iSd § 11 oder als Hecke), ist seine Sache. Allerdings muss er die im NRG dafür vorgesehenen Abstandsvorschriften einhalten (VKKKK Rn. 17; Birk NachbarR BW Anm. 7a).

Die Einfriedigung muss nach Abs. 4 zum Schutz des Nachbargrundstücks **erforderlich** 31 sein. Die Regelung ist problematisch, wenn sie dem Eigentümer des Baugrundstücks eine von der Schutzbedürftigkeit des landwirtschaftlich genutzten Grundstücks abhängige, unter Umständen kostenträchtige Einfriedigung abverlangt, ohne ihm hierfür einen Erstattungsanspruch zuzubilligen. Dies gilt umso mehr, als der Schutzbedarf nicht durch die Baumaßnahme veranlasst sein muss. Aufgrund des Begriffs der Einfriedigung sind richtigerweise Umstände auf dem Nachbargrundstück zu unterstellen, die keine besonders aufwändige Schutzvorrichtung erfordern.

Der Einfriedigung dürfen nach Abs. 4 **keine öffentlich-rechtlichen Vorschriften ent-** 32 **gegenstehen.** Das Gesetz meint hiermit vor allem Vorschriften des Natur- und Landschaftsschutzes (→ Rn. 9). So verbietet etwa § 35 II, III Nr. 5 BauGB im Außenbereich Beeinträchtigungen von Belangen des Naturschutzes und der Landschaftspflege wie auch Verunstaltungen des Orts- und Landschaftsbildes, indem etwa die Landschaft durch Zäune „parzelliert" wird (s. auch § 46 I NatSchG). Nach § 74 I 1 Nr. 3 BWLBO kann die Gemeinde örtliche Bauvorschriften über die „Notwendigkeit oder Zulässigkeit und über Art, Gestaltung und Höhe von Einfriedigungen" erlassen, die ebenfalls zu berücksichtigen sind (s. ferner Birk NachbarR BW Anm. 7b, mit Hinweis auf § 10 II NatSchG). Dieser Vorbehalt dürfte sich in der Praxis allerdings kaum auswirken (s. auch Nr. 7a und b des Anhangs zu § 50 I BWLBO, die gewisse Einfriedigungen genehmigungsfrei stellen).

Die **Kosten** der Einfriedigung hat der Bauherr zu tragen (Dehner B § 9 III 3). Errichtet 33 der Nachbar auf seinem Grundstück eine Einfriedigung, kann er diese Kosten nicht weitergeben, da diese Einfriedigung vom Bauherrn nicht geschuldet ist (Dehner B § 9 III 3).

Die **Parteirollen** sind die gleichen wie sonst auch in § 7 (→ Rn. 23f.): Auf der einen 34 Seite steht (als Anspruchsberechtigter) der Eigentümer des landwirtschaftlich genutzten Grundstücks (= Nachbar). Besteht keine gemeinsame Grundstücksgrenze, ist nach Sinn und Zweck der Regelung zu ermitteln, ob die Pflichtenlage nach Abs. 4 zu bejahen ist (zB bei zwischenliegendem Brachgelände, vgl. Bauer/Schlick RhPfLNRG § 39 Rn. 8) oder nicht (aA Reich NRG BW Rn. 12: gemeinsame Grenze immer erforderlich). Auf der anderen Seite steht (als Anspruchsgegner) der Bauherr, also derjenige, der sein Außenbereichs-Grundstück einer baulichen Maßnahme iSd Abs. 1 unterzieht oder dies bereits getan hat. Da sich der Begriff „Bauherr" mit der Eigentumsstellung deckt (→ Rn. 24), also nicht wörtlich zu nehmen ist, lässt ein Eigentümerwechsel auf Seiten des Verpflichteten den Anspruch nicht untergehen (aA VKKKK Rn. 17). Sofern etwa der Bau – im Außenbereich selten genug –

Vor §§ 7a–7f   1. Abschnitt. Gebäude

durch einen Bauträger errichtet wird, ist der zeitnahe Eigentümerwechsel Teil des Bauvorhabens. Damit wäre es häufig vom Zufall abhängig, ob der Anspruch geltend gemacht werden kann oder nicht. Eine derartige Einschränkung wird der Gesetzgeber kaum gewollt haben.

35   Wie die Einhaltung des Grenzabstands nach Abs. 1 muss auch die Einfriedigung **verlangt** werden. Abs. 4 gibt dem Nachbarn insoweit einen **Anspruch** gegen den Eigentümer des Baugrundstücks. Der Anspruch entsteht, sobald mit den Baumaßnahmen begonnen wird. Da Abs. 4 dem Abs. 3 folgt, gilt aus rechtssystematischer Sicht die Ausschlussfrist des § 3 III für den Anspruch aus Abs. 4 nicht (VKKKK Rn. 17; Reich NRG BW Rn. 13).

36   Der Anspruch wird aufgrund des erforderlichen Zusammenhangs mit einer baulichen Maßnahme (vgl. Abs. 1: „Errichtung oder Veränderung eines Gebäudes") mit sichtbarem Beginn der Bauarbeiten **fällig** (aA Birk NachbarR BW Anm. 7a: fällig mit Geltendmachung des Verlangens) und **verjährt** in drei Jahren (§§ 195, 199 BGB).

IV. Ergänzende Vorschriften

37   Entsteht dem Nachbarn durch einen zu nahen Grenzabstand des Baus ein Schaden, kommt über § 823 II BGB ein **Schadensersatzanspruch** in Betracht, da es sich bei § 7 I um ein **Schutzgesetz** iSd § 823 II BGB handelt (VKKKK Rn. 18; Reich NRG BW Rn. 7).

Vorbemerkungen zu §§ 7a–7f – Grenzanlagen

1   Die §§ 7a, 7b, 7d–7f (damals noch §§ 7a–7e) wurden aufgrund § 114 BWLBO vom 6.4.1964 (GBl. 151) in das NRG eingefügt und gelten seit dem 1.1.1965. Zwar wurde § 114 BWLBO durch Gesetz vom 4.7.1983 (GBl. 246) wieder aufgehoben. Ausweislich der Reg-Begr. vom 13.12.1982 sollte eine Änderung des NRG dadurch aber nicht erfolgen (LT-Drs. 8/3410, 121).

2   Die Vorschriften dieses Teilabschnitts sprechen nur den Eigentümer des angrenzenden Grundstücks als Nachbarn an. Sie behandeln unterschiedliche Randfragen des baulichen Nachbarrechts, nämlich den Gründungsaufwand bei Baumaßnahmen im Grenzbereich, nicht bundesrechtlich geregelte Fragen zum Überbau, das sog. Hammerschlags- und Leiterrecht, die Benutzung von Grenzwänden zum Hochziehen von Schornsteinen und Lüftungsleitungen sowie das Leitungsnotrecht.

3   Regelungen iSd damaligen §§ 7a–7e wurden bei Schaffung des NRG bereits diskutiert. Sie wurden dort aber nicht aufgenommen, da sie Gegenstand des geplanten Bundesbaugesetzes werden sollten (→ Einl. Rn. 180). Tatsächlich sah der BBauG-E Regelungen in § 165 zur Errichtung von Nachbarwänden, in § 166 zum Anbau an Nachbarwänden, in § 167 zur Erhöhung der Nachbarwand, in § 168 zur Gründungstiefe, in § 169 zur Grenzwand, in § 170 zu übergreifenden Bauteilen, in § 171 zur einseitigen Grenzwand, in § 172 zur Höherführung von Schornsteinen und Lüftungsleitungen, in § 173 zum Hammerschlags- bzw. Leiterrecht und in § 174 zur Duldung von Leitungen vor. Die Notwendigkeit dieser Vorschriften wurde damit begründet, dass bislang eine weit gehende Rechtszersplitterung herrschte und den bisherigen Regelungen veraltete technische Grundlagen und soziale Vorstellungen zugrunde lagen. Zwar enthielten diese Regelungen privatrechtliche Tatbestände und passten daher nicht in das öffentlich-rechtliche Bundesbaugesetz. Auf der anderen Seite wiesen sie einen engen, unlöslichen Zusammenhang mit dem Bodenrecht auf, da sie auf die rechtliche Qualität der benachbarten Grundstücke entscheidend einwirken. Schon aus diesem Grunde hielt der Entwurf (BBauG-E) es für gerechtfertigt, diese Fragen des baulichen Nachbarrechts im Zusammenhang mit dem überwiegend bodenrechtliche Elemente enthaltenden öffentlichen Baurecht zu regeln (RegBegr. vom 16.4.1958, BT-Drs. 3/336, 107). Im Laufe des Gesetzgebungsverfahrens regte der Bundesrat die Prüfung an, ob diese Vorschriften nicht besser in das BGB aufgenommen werden sollten. Auch dem Ausschuss für Wohnungswesen, Bau-

Gründungstiefe § 7a

und Bodenrecht, der über den Gesetzentwurf beriet, erschien es nicht vordringlich, das bauliche Nachbarrecht, das teils bürgerlich-rechtlicher, teils öffentlich-rechtlicher Natur sei, bundeseinheitlich im Rahmen des Baugesetzes neu zu regeln (Bericht des Ausschusses v. 12.4. 1960, zu BT-Drs. 3/1794, 28). Daher fanden diese Vorschriften in das Bundesbaugesetz keinen Eingang. Während in einigen anderen Bundesländern später Nachbarrechtsgesetze erlassen wurden, die sich eng an die genannten Vorschriften aus dem BBauG-E hielten, übernahm BW in sein NRG nur § 168 in einer stark modifizierten Fassung als § 7a, § 170 ebenfalls verändert als § 7b II, III und §§ 171–174 als §§ 7b I, 7d (nunmehr 7e), 7c (nunmehr 7d) und 7e (nunmehr 7f) I–III, V und VI, dies dafür praktisch unverändert. Enger war die Anlehnung an das im November 1962 verabschiedete HessNachbRG, das diese Gegenstände mit Ausnahme des Überbaus in § 10 HessNachbRG (Besondere Gründung), § 28 HessNachbRG (Hammerschlags- und Leiterrecht), §§ 36–37 HessNachbRG (Höherführung von Schornsteinen und Lüftungsschächten) und §§ 30–35 HessNachbRG (Duldung von Leitungen) ebenfalls mit erheblichen Abweichungen von §§ 165 ff. BBauG-E regelte (vgl. Dehner A § 3 in Fn. 11).

Gleichsam als Anhang zu § 7b hat der Gesetzgeber mit Wirkung zum 12.2.2014 als neuen 4 § 7c eine Regelung eingeführt, um nachträgliche Wärmeschutzüberbauten zu ermöglichen (Gesetz zur Änderung des NRG vom 4.2.2014, GBl. 65). Die nachfolgenden §§ 7c, 7d und 7e ließ der Gesetzgeber damit entsprechend (als neue §§ 7d, 7e und 7f) nach hinten rücken.

§ 7a Gründungstiefe

(1) **Darf nach den baurechtlichen Vorschriften auf benachbarten Grundstücken unmittelbar an die gemeinsame Grundstücksgrenze gebaut werden, so kann der Eigentümer des Nachbargrundstücks vom Erstbauenden eine solche Ausführung der Gründung verlangen, daß bei der späteren Durchführung seines Bauvorhabens zusätzliche Baumaßnahmen vermieden werden.**

(2) **[1] Dem Erstbauenden sind die durch dieses Verlangen entstehenden Mehrkosten zu erstatten. [2] Das Verlangen ist dem Erstbauenden vor Erteilung der Baugenehmigung mitzuteilen. [3] Er kann unter Setzung einer angemessenen Frist einen Vorschuß oder eine Sicherheitsleistung verlangen. [4] Wird ein ausreichender Vorschuß oder eine Sicherheitsleistung innerhalb der Frist nicht geleistet, so entfällt die Verpflichtung des Erstbauenden.**

(3) **[1] Wird die weitergehende Gründung zum Vorteil des Erstbauenden ganz oder teilweise ausgenutzt, so entfällt insoweit die Erstattungspflicht nach Absatz 2. [2] Bereits erstattete Kosten können zurückverlangt werden.**

Parallelvorschriften: Bayern: –; Berlin: §§ 15 II, 16 III NachbG Bln; Brandenburg: §§ 17 II, 18 BbgNRG; Bremen: –; Hamburg: § 74 IV HBauO; Hessen: § 10 HessNachbRG; Mecklenburg-Vorpommern: –; Niedersachsen: §§ 16 II, 20 NNachbG; Nordrhein-Westfalen: §§ 11, 21 I NachbG NRW; Rheinland-Pfalz: §§ 12, 13 III, 16 RhPfLNRG; Saarland: §§ 15 III, 18 SaarlNachbG; Sachsen: –; Sachsen-Anhalt: §§ 12 II, 14 LSANbG; Schleswig-Holstein: §§ 12 II, 14 NachbG Schl.-H.; Thüringen: §§ 13 III, 16 ThürNRG.

I. Inhalt der Regelung

Im Gegensatz zum Nachbarrecht vieler anderer Bundesländer (in §§ 1–7 HessNachbRG, 1 §§ 4–10 NachbG Schl.-H. sogar an prominenter Stelle; Synopse bei Dehner B § 8 aE; s. auch Grüneberg/Herrler BGB § 921 Rn. 5) finden sich im NRG keine Vorschriften zu **Nachbarwänden** (= Kommunmauern bzw. halbscheidige Giebelmauern), also Wänden, die **auf** der Grundstücksgrenze errichtet sind, an die von beiden Seiten angebaut ist und die dazu bestimmt sind, von jedem der beiden Nachbarn in Richtung auf sein eigenes Grundstück benutzt zu werden; das hierdurch begründete Rechtsverhältnis der Nachbarn ist durch §§ 921, 922 BGB sowie durch landesrechtliche Vorschriften besonders geregelt (BGH

22.1.2021 – V ZR 12/19, NJW-RR 2021, 401 Rn. 15). Dies gilt nicht nur für die Errichtung einer Nachbarwand, sondern ebenso für die damit zusammenhängende Frage, ob auch andere Bauteile als die Mauer selbst über die Grenze gebaut werden dürfen (BGH 12.3.2021 – V ZR 31/20, NJW-RR 2021, 1025 Rn. 8). Die **Grenzwand,** also die Wand, die ein Grundeigentümer **in vollem Umfang auf seinem Grundstück** unmittelbar **an** der Grenze errichtet (zur Unterscheidung BGH 29.4.1977 – V ZR 71/75, BGHZ 68, 350 = NJW 1977, 1447; 11.4.2008 – V ZR 158/07, NJW 2008, 2032 Rn. 12; 14.6.2019 – V ZR 144/18, NZM 2019, 900 Rn. 8), wird in den § 7a und § 7e (rudimentär) behandelt. Nach § 7a muss im Fall einer Grenzbebauung der Bauherr (= Erstbauender) auf Verlangen des Nachbarn bauliche Sicherungsmaßnahmen treffen, die dem Nachbarn eigenen Sicherungsaufwand ersparen, den er bei einem späteren eigenen Grenzbau betreiben müsste. Dem Bauherrn steht hierfür Kostenersatz und Vorschuss zu, soweit ihm der Mehraufwand keinen Nutzen bringt.

II. Normgebung

2   Zur Normgeschichte → Vor §§ 7a–7f Rn. 3. Nach Auffassung des Gesetzgebers sollte die Vorschrift dem Zweitbauenden unnötige Kosten durch Abfangen des Nachbargebäudes und Entschädigungen für etwaige Risse usw ersparen (RegBegr. vom 20.8.1963, Beil. 3300 zur 3. Legislaturperiode, S. 6607).

III. Anmerkungen

3   **1. Abs. 1** stellt mit den Ergänzungen in den Folgeabsätzen eine landesrechtliche Bestimmung dar, die das Grundeigentum des Erstbauenden nur geringfügig mehr beschränkt als die Regelung des § 903 BGB. Daher ist die Vorschrift von Art. 124 EGBGB gedeckt, verstößt also nicht gegen Bundesrecht (vgl. Dehner B § 43 III 3; zur Reichweite des Art. 124 EGBGB → § 7b Rn. 4).

4   **2.** Entgegen seiner Überschrift hat § 7a mit der Gründungstiefe an sich nichts zu tun. Abs. 1 begründet einen Anspruch auf Durchführung von Maßnahmen zum Schutz einer auf dem Nachbargrundstück denkbaren, möglicherweise schon geplanten Grenzbebauung bzw. deren Ausweitung. Dies betrifft einmal den Fall, dass diese bauliche Anlage tiefere und stärkere Fundamente erfordert, so dass das zuerst errichtete Gebäude ohne die Schutzmaßnahmen unterfangen werden müsste, zum anderen den Fall, dass die anlässlich der ersten Gründung entstehende Grenzwand den zusätzlichen Anforderungen des Anbaus nicht genügt.

5   Voraussetzung für solche Schutzmaßnahmen ist zunächst, dass die Vorschriften des öffentlichen Baurechts (= **baurechtliche Vorschriften**) eine **Grenzbebauung,** mithin eine geschlossene Bauweise, vorsehen (Abs. 1). In der geschlossenen Bauweise werden die Gebäude ohne Grenzabstand errichtet, es sei denn, dass die vorhandene Bebauung eine Abweichung erfordert (§ 22 III BauNVO). Die Zulässigkeit der geschlossenen Bauweise ergibt sich aus den Festsetzungen des Bebauungsplans (§ 22 I BauNVO) oder aus § 34 BauGB (Birk NachbarR BW Anm. 1), zudem aus § 71 I BWLBO, sofern im Baulastenverzeichnis (§ 72 BWLBO) eine Anbaulast eingetragen ist.

6   Gegenstand des Anspruchs nach Abs. 1 sind Schutzvorkehrungen bei **Baumaßnahmen** an der Grenze zu einem anderen Grundstück, die einer Gründung bedürfen. Bloße Abgrabungen werden nicht erfasst.

7   Die Schutzmaßnahmen müssen derart beschaffen sein, dass sie dem Nachbarn **Baukosten ersparen,** wenn er ebenfalls an die Grenze baut oder eine Grenzbebauung ausweiten will. Ein solches Bauvorhaben muss nicht konkret geplant, aber planungsrechtlich und technisch möglich sein. Das Gesetz geht davon aus, dass der Nachbar keine Schutzmaßnahmen bezahlen will (vgl. Abs. 2 S. 1), die ihm nicht irgendwann einmal nutzen. Daher regelt das Gesetz auch keine weiteren **materiellen** Anspruchsvoraussetzungen (etwa die Zumutbarkeit für den Erstbauenden). Auf den Anspruch wird selten zurückgegriffen, weil der Nachbar zum Zeitpunkt der Baumaßnahme selten einmal einschätzen kann, ob er selbst an der Grenze bauen

Gründungstiefe § 7a

oder umbauen wird. Andererseits müsste er ohne den Anspruch sämtliche Schutzmaßnahmen (Unterfangungen, Abböschungen) auf seinem eigenen Grundstück vornehmen, ohne den Erstbauenden in die Pflicht nehmen zu können. Dieser hingegen könnte den Nachbarn ohne Einschränkungen gem. § 1004 I iVm § 909 BGB auf Unterlassung in Anspruch nehmen (aber → § 7d Rn. 34). Übermäßige Schutzmaßnahmen ersparen keine Baukosten, so dass nur **notwendige** Schutzmaßnahmen (vor allem eine tiefere Gründung) verlangt werden können. Betrifft die Gründungsmaßnahme mehrere Nachbargrundstücke, ist jedes dieser Grundstücke für sich zu betrachten (Reich NRG BW Rn. 4).

3. Der Anspruch setzt ein **Verlangen** des Nachbarn voraus. Der Anspruch entsteht, sobald 8 das erste Bauvorhaben geplant wird, und **verjährt** in der Regelfrist der §§ 195, 199 I BGB. Regelmäßig kommt es darauf aber nicht an. Denn das Gesetz sieht als **formelle** Anspruchsvoraussetzung vor, dass das Verlangen **vor Erteilung der Baugenehmigung**, also noch im Anhörungsverfahren (vgl. § 55 BWLBO), gestellt werden muss **(Abs. 2 S. 2).** Erklärungsempfänger ist der Erstbauende (Birk NachbarR BW Anm. 4a). Die Baugenehmigung ist erteilt, wenn sie dem Bauherrn zugestellt ist (§ 58 I 5 BWLBO).

Wird der Nachbar versehentlich nicht angehört, verfällt der Anspruch aus Abs. 1 nicht. 9 Wegen des nachbarlichen Gemeinschaftsverhältnisses (→ Einl. Rn. 27) muss der Erstbauende von selbst auf den Genehmigungsantrag hinweisen (Birk NachbarR BW Anm. 4a). Tut er das nicht, muss er dulden, dass der Nachbar noch eine gewisse Zeit nach Beginn der Bauarbeiten das Verlangen stellt. Hinsichtlich der Fristdauer ist die Regelung des § 55 II 1 BWLBO entsprechend anwendbar **(vier Wochen)** (so auch Birk NachbarR BW Anm. 4a).

Findet **kein Genehmigungsverfahren** statt, ist die Regelung nach ihrem Schutzzweck 10 entgegen dem Wortlaut des Abs. 2 S. 2, der nur auf eine Baugenehmigung Bezug nimmt, ebenfalls anzuwenden. In diesem Fall ist sie dahin zu verstehen, dass der Nachbar sein Verlangen möglichst früh stellen muss. Dazu ist auf seine Kenntnis vom Bauvorhaben abzustellen (aA VKKKK Rn. 4; Reich NRG BW Rn. 7: § 59 IV BWLBO analog; ähnlich – auf § 67 II 1 RhPflBauO abstellend – Bauer/Schlick RhPflNRG § 12 Rn. 4; vgl. auch BGH 29.4.2011 – V ZR 174/10, NVwZ 2011, 1148 Rn. 13, für die Parallelregelung in § 3 III 3; dazu → § 3 Rn. 26). Kenntnis erhält der Nachbar spätestens dann, wenn mit dem Bauvorhaben begonnen wird. Hinsichtlich der Fristdauer ist § 55 II 1 BWLBO entsprechend heranzuziehen **(vier Wochen),** weil die in § 55 III 2 und § 59 IV Nr. 1 BWLBO geregelte Zweiwochenfrist nicht den Nachbarn, sondern den Bauherrn schützt (Birk NachbarR BW Anm. 4a). Will der Erstbauende sicher gehen, sollte er den Nachbarn daher frühzeitig informieren. Allerdings werden für Bauten, die keiner Genehmigung bedürfen, nur selten einmal Schutzmaßnahmen für das Nachbargrundstück erforderlich sein.

Das Verlangen braucht zunächst nur allgemein auf die Durchführung von Schutzmaßnah- 11 men gerichtet zu sein, da der Schutzbedarf sich nach dem Umfang der Erstbebauung richtet und diese dem Nachbarn regelmäßig nicht in allen Einzelheiten bekannt sein wird. Um seinen Anspruch konkretisieren zu können, darf der Nachbar daher nach Treu und Glauben (§ 242 BGB) **Einblick** in sämtliche **Bauunterlagen** nehmen. Sobald dies geschehen ist, muss er sein Verlangen unverzüglich und abschließend präzisieren. Da er hierfür regelmäßig auf sachverständige Hilfe angewiesen sein wird, erscheint es angebracht, für die Präzisierung eine **weitere Regelfrist von vier Wochen** zu geben.

Bei Fristüberschreitung ist nur der Anspruch nach Abs. 1 nicht mehr durchsetzbar. Auf 12 öffentlich-rechtliche oder private Abwehrmöglichkeiten hat die Fristversäumung keinen Einfluss.

4. Der **Nachbar hat** die geforderten (notwendigen) Schutzmaßnahmen **zu bezahlen** 13 **(Abs. 2 S. 1)** bzw. den Erstbauenden von diesen Kosten freizustellen (GLS NachbarR-HdB/Grziwotz Kap. 2 Rn. 170). Hierzu gehören zusätzliche Architekten- oder Statikerkosten (vgl. Bauer/Schlick RhPflNRG § 12 Rn. 5), direkter Aufwand des Erstbauenden aber nur dann, wenn dieser dabei unternehmerisch tätig wird. In jedem Fall ist der Aufwand hoch, weil er eine völlig neue Statik mit Umplanung und Umgestaltung der Baumaßnahme erfordert.

§ 7a   1. Abschnitt. Gebäude

14   5. Eine Ausnahme von der Zahlungspflicht gilt, wenn der Erstbauende die zusätzlichen Baumaßnahmen **selbst nutzt (Abs. 3 S. 1).** Dies ist zB der Fall, wenn dadurch ein nutzbares, zunächst aber nicht geplantes Kellergeschoss entsteht. In diesem Fall kann der Nachbar eine bereits erbrachte Zahlung (ggf. teilweise, → Rn. 15) zurückfordern **(Abs. 3 S. 2);** § 814 BGB findet keine Anwendung. Zur Rückerstattung verpflichtet ist nicht nur der Erstbauende, sondern auch sein **Rechtsnachfolger,** da dieser dann die vom Nachbarn bezahlten Maßnahmen nutzt (vgl. Bauer/Schlick RhPflNRG § 12 Rn. 15; aA Reich NRG BW Rn. 10). Der Zahlungsanspruch **verjährt** gem. §§ 195, 199 BGB drei Jahre nach Anfall der Kosten. Durch den geforderten Umbau wird die Ausgleichslösung verbraucht. Nimmt der Erstbauende zu einem späteren Zeitpunkt weitere Umbaumaßnahmen vor, kann der Nachbar deshalb auch dann keine (anteilsmäßige) Rückerstattung fordern, wenn der Erstbauende dabei Nutzen aus der erweiterten Gründung zieht (Reich NRG BW Rn. 10). Allerdings darf dies nicht rechtsmissbräuchlich geschehen. Das ist zB der Fall, wenn der Erstbauende in engem zeitlichen Zusammenhang zum Umbau einen weiteren Umbau der Kellerräume vornimmt.

15   Anders als § 12 III RhPflNRG, wonach die Mehrkosten hälftig zu teilen sind, enthält Abs. 3 für die **Verteilung** keine Vorgaben. Es besteht auch keine Vermutung, wonach die Hälfte der Mehrkosten des Erstbauenden auf die eigene Nutzung entfällt (so aber Reich NRG BW Rn. 10). Durch das Wort „insoweit" ist nur bestimmt, dass eine Gegenüberstellung der Nutzungsanteile zu erfolgen hat. Entscheidend ist ein objektiver Maßstab, so dass nicht nach den Grundsätzen zur aufgedrängten Bereicherung einem eingeschränkten subjektiven Nutzen analog § 818 II BGB durch einen Abschlag bei der Vergütungsbemessung Rechnung zu tragen ist. Nutzt der Erstbauende überhaupt (auch notgedrungen) vermehrt, bekommt er die Zusatzkosten nicht in voller Höhe ersetzt. Im Einzelnen sind Planung und Umplanung zu vergleichen, die zusätzlichen Nutzungsflächen herauszurechnen und ins Verhältnis zur bisherigen Nutzungsfläche zu setzen. Fallen durch die Umplanung Flächen weg, ist dies zu berücksichtigen. Regelmäßig wird für die Berechnung ein Gutachten einzuholen sein.

16   6. Der Erstbauende kann für die geforderten Maßnahmen **Vorschuss** fordern **(Abs. 2 S. 3).** Wie jeder andere Zahlungsanspruch ist auch der Vorschussanspruch einklagbar. Die Höhe des Vorschusses muss angemessen sein. Für die Vorschussleistung kann der Erstbauende eine Frist setzen. Auch die Frist muss angemessen sein. Regelmäßig genügt hierfür eine **Zweiwochenfrist** (vgl. § 12 I 3 RhPflNRG). Für die Fristberechnung gelten die §§ 186 ff. BGB (so auch Bauer/Schlick RhPflNRG § 12 Rn. 8, für die inhaltsgleiche Regelung des § 12 I 3 RhPflNRG). Ist die Frist zu kurz gewählt, gilt eine angemessene Frist als gesetzt. Bei fehlender Angemessenheit des Vorschusses ist keine wirksame Frist gesetzt. Auf Verlangen hat der Erstbauende dem Nachbarn einen Kostenanschlag, ggf. auch eine Beteiligungsberechnung zu übermitteln, damit dieser die Angemessenheit des Vorschusses nachvollziehen kann. Vorher beginnt die Zahlungsfrist ebenfalls nicht. Wird die Frist nicht eingehalten, **verfällt** der Anspruch nach Abs. 1 **(Abs. 2 S. 4).** Diese Rechtsfolge ist hart, aber erforderlich, um zu verhindern, dass der Nachbar die Maßnahmen nur verlangt, um das Bauvorhaben zu verzögern (vgl. Bauer/Schlick RhPflNRG § 12 Rn. 8). Aufgrund der gravierenden Auswirkungen der Fristsetzung sollte der Erstbauende sein Verlangen unter Beifügung der Berechnungsgrundlage schriftlich stellen und für eine **Empfangsbestätigung** sorgen. Der Nachbar wahrt die Frist nicht dadurch, dass er trotz gefordertem Vorschuss eine ausreichende Sicherheit stellt, da der Vorschuss gegenüber der Sicherheitsleistung höherwertig ist (Reich NRG BW Rn. 9) und Liquidität bringt.

17   Der Vorschuss ist **abzurechnen,** sobald die Schutzmaßnahmen durchgeführt sind. Der Erstbauende muss daher dem Nachbarn vollständig Auskunft über die Verwendung des Vorschusses geben. Der Nachbar kann entsprechend § 259 BGB Rechnungslegung verlangen und darf darauf auch klagen. Der Erstbauende muss nachweisen, dass er den Vorschuss zweckgerecht verwendet hat; den nicht benötigten Teil hat er zurückzuzahlen (zu weiteren Einzel-

Überbau § 7b

problemen, zB bei nicht rechtzeitiger Verwendung des Vorschusses, s. BGH 14.1.2010 – VII ZR 108/08, BGHZ 183, 366 = NJW 2010, 1192).

7. Der Erstbauende kann für die Kosten der Schutzmaßnahmen **alternativ** zum Vorschuss **18** **Sicherheitsleistung** verlangen **(Abs. 2 S. 3).** Das Wahlrecht liegt beim Erstbauenden. Auch hierfür muss er eine angemessene Frist setzen. Regelmäßig genügt auch hier eine **Zweiwochenfrist.** Ist die Frist zu kurz gewählt, gilt eine angemessene Frist als gesetzt. Bei fehlender Angemessenheit der geforderten Sicherheitsleistung (zB durch Abfordern von Mehrfachsicherheiten oder zusätzlich eines Vorschusses) ist keine wirksame Frist gesetzt. Wird die (wirksam gesetzte) Frist nicht gewahrt, verfällt der Anspruch nach Abs. 1 **(Abs. 2 S. 4).** Auch diese Sanktion ist nötig, um zu verhindern, dass der Nachbar die Maßnahmen nur verlangt, um das Bauvorhaben zu verzögern. Aufgrund der gravierenden Auswirkungen der Fristsetzung sollte der Erstbauende sein Verlangen unter Beifügung der Berechnungsgrundlage schriftlich stellen und für eine **Empfangsbestätigung** sorgen. Der Nachbar wahrt die Frist trotz geforderter Sicherheitsleistung, wenn er einen ausreichenden Vorschuss stellt, da der Vorschuss gegenüber der Sicherheitsleistung höherwertig ist (Reich NRG BW Rn. 9). Für die Sicherheitsleistung gelten die §§ 232 ff. BGB; zu Einzelheiten → § 7b Rn. 22, 23.

8. Hinsichtlich des Anspruchs aus Abs. 1 **berechtigt** ist der Eigentümer des Nachbar- **19** grundstücks, damit auch der Miteigentümer (§ 1011 BGB), aufgrund des § 11 I 1 ErbbauRG der Erbbauberechtigte und bei Wohnungseigentum die Eigentümergemeinschaft, da es bei den betroffenen Gebäudeteilen immer um gemeinschaftliches Eigentum iSd § 1 V WEG geht. Befindet sich das Nachbargrundstück in einem Erwerbsvorgang, kann nicht schon der zukünftige Eigentümer den Anspruch geltend machen (Reich NRG BW Rn. 2).

Nach Abs. 1 **verpflichtet** ist der Erstbauende. Das Gesetz spricht vom Erstbauenden, um **20** die Rangfolge der Bauprojekte zu unterstreichen. Damit soll aber nicht vom Grundsatz abgewichen werden, dass im Zweifel (nur) der Eigentümer eines Grundstücks zu nachbarschützenden Maßnahmen verpflichtet ist (hierzu → Einl. Rn. 20).

IV. Ergänzende Vorschriften

1. § 7a ist **Schutzgesetz** iSd **§ 823 II BGB** (Birk NachbarR BW Anm. 2, mit Hinweis **21** auf OLG Karlsruhe 13.3.1983 – 6 U 71/82, nv), so dass ein Schadensersatzanspruch in Frage kommt, falls der Erstbauende einem rechtzeitigen Verlangen nach Schutzvorkehrungen nicht nachkommt und dem Nachbarn dadurch ein Schaden entsteht.

2. § **909 BGB** verbietet eine Grundstücksvertiefung, wenn der Boden des Nachbargrund- **22** stücks dadurch die erforderliche Stütze verliert oder nicht ausreichend abgesichert ist.

§ 7b Überbau

(1) ¹Darf nach den baurechtlichen Vorschriften unmittelbar an die gemeinsame Grundstücksgrenze gebaut werden, so hat der Eigentümer des Nachbargrundstücks in den Luftraum seines Grundstücks übergreifende untergeordnete Bauteile, die den baurechtlichen Vorschriften entsprechen, zu dulden, solange diese die Benutzung seines Grundstücks nicht oder nur unwesentlich beeinträchtigen. ²Untergeordnete Bauteile sind insbesondere solche Bestandteile einer baulichen Anlage, die deren nutzbare Fläche nicht vergrößern.

(2) Darf an beiden Seiten unmittelbar an die gemeinsame Grundstücksgrenze gebaut werden, so haben die Eigentümer der benachbarten Grundstücke zu dulden, daß die Gebäude den baurechtlichen Vorschriften entsprechend durch übergreifende Bauteile angeschlossen werden.

(3) ¹Der Eigentümer des Gebäudes, von dem Bauteile übergreifen, hat dem Eigentümer des Nachbargebäudes den durch den Anschluß nach Absatz 2 entstandenen Schaden zu ersetzen. ²Auf Verlangen des Berechtigten ist vor Beginn dieser Maßnahme eine Sicherheitsleistung in Höhe des voraussichtlich entstehenden Schadens zu leisten.

§ 7b 1. Abschnitt. Gebäude

Parallelvorschriften: Bayern: –; Berlin: –; Brandenburg: § 19 BbgNRG; Bremen: –; Hamburg: –; Hessen: § 10b HessNachbRG; Mecklenburg-Vorpommern: –; Niedersachsen: § 21 NNachbG; Nordrhein-Westfalen: § 23 NachbG NRW; Rheinland-Pfalz: –; Saarland: § 20 SaarlNachbG; Sachsen: –; Sachsen-Anhalt: § 16 LSANbG; Schleswig-Holstein: § 15 NachbG Schl.-H.; Thüringen: –.

I. Inhalt der Regelung

1   Die Vorschrift verpflichtet den Nachbarn zur Duldung untergeordneter Bauteile eines Grenzbaus, die die Grenze überragen, ohne die Nutzung seines Grundstücks wesentlich zu beeinträchtigen. Ist die Grenze auf beiden Seiten (getrennt) bebaut, darf ein Überbau zum Zweck des Anschlusses an das Nachbargebäude erfolgen. In diesem Fall hat der Eigentümer des überbauten Grundstücks Anspruch auf Ersatz des hierdurch entstandenen Schadens und kann bei Absehbarkeit eines Schadens Sicherheit verlangen.

II. Normgebung

2   Zur Normgeschichte → Vor §§ 7a–7f Rn. 3. Abs. 1 beruht auf § 171 BBauG-E. Zur Begründung heißt es im Regierungsentwurf zum BBauG: „Nach § 905 BGB erstreckt sich der Herrschaftsbereich des Eigentums auch auf den Raum über der Erdoberfläche. Im Interesse einer sinnvollen Baugestaltung legt § 171 dem Eigentümer des Nachbargrundstücks die Verpflichtung auf, in zumutbarem, tatbestandlich näher abgegrenztem Umfang in den Luftraum seines Grundstücks übergreifende Bauteile zu dulden" (RegBegr. vom 16.4.1958, BT-Drs. 3/336, 110). Abs. 2 und 3 haben § 170 BBauG-E zur Vorlage. Hierzu heißt es im Regierungsentwurf zum BBauG: „Diese Vorschrift regelt den in der Praxis bedeutsamen Fall, daß bei der Durchführung des Anbaus aus bautechnischen oder gestalterischen Gründen zB die Dachkonstruktion des neu zu errichtenden Gebäudes mit derjenigen des bestehenden Gebäudes verbunden werden muss" (RegBegr. vom 16.4.1958, BT-Drs. 3/336, 110).

3   Nach Auffassung des Gesetzgebers war die Vorschrift des § 7b aus Gründen der Baugestaltung und des Feuchtigkeitsschutzes dringend geboten. Bei geschlossener Bauweise und bei Garagen, die auch bei ansonsten offener Bauweise an die Grenze gesetzt werden dürfen, sei das Übergreifen von Dachvorsprüngen und dergleichen auf das Nachbargrundstück mitunter unerlässlich. Insbesondere wenn eine Baulinie gestaffelt ist (zB wenn sie auf dem einen Grundstück an der Straßengrenze verläuft, auf dem anderen Grundstück aber hinter einem Vorgarten), bleibe die Nebenseite eine von der Straße sichtbare Außenwand und müsse deshalb entsprechend (mit Verputz, Gesimsen, Dachvorsprüngen usw) gestaltet werden können (RegBegr. vom 20.8.63, Beil. 3300 zur 3. Legislaturperiode, S. 6607).

III. Anmerkungen

4   1. Die Regelungen der Abs. 1 und 2 sowie die Folgeregelung zu Abs. 2 in Abs. 3 sind landesrechtliche Bestimmungen zum Überbau, die das Grundeigentum weitergehend beschränken als die §§ 905, 912 ff. BGB. Insbesondere ist nach § 7b auch ein vorsätzlich erfolgter Überbau zu dulden, sofern die Vorschriften des öffentlichen Baurechts eine Grenzbebauung zulassen. § 7b regelt die Rechte und Pflichten im Verhältnis zwischen Privaten und gehört deshalb zum bürgerlichen Recht. Für das bürgerliche Recht weist Art. 74 I Nr. 1 GG dem Bund die konkurrierende Gesetzgebungsbefugnis zu. Für die Gesetzgebung der Länder bleibt nur Raum, solange und soweit der Bund die Materie nicht erschöpfend geregelt hat (Art. 72 I GG). Wann eine bundesrechtliche Regelung als erschöpfend anzusehen ist, folgt aus einer Gesamtwürdigung des betreffenden Normkomplexes (BVerfG 19.7.2007 – 1 BvR 650/03, NJW-RR 2008, 26 (27)). Vorliegend hat der Bund den Überbau in §§ 912 ff. BGB geregelt. Für die Annahme, dies könnte nicht lückenlos geschehen sein, fehlt jeder Anhaltspunkt (iErg BGH 12.11.2021 – V ZR 115/20, NJW-RR 2022, 92 Rn. 19; Dehner NVwZ 2009, 369 (371); s. auch Prot. III, 163 f.; bezweifelt in BVerfG 19.7.2007 – 1 BvR 650/03, NJW-RR 2008, 26 (27)). Raum bleibt den Ländern selbst bei umfassender Regelung der Materie durch den Bund nach Maßgabe der im Bundesgesetz vorgesehenen Regelungsvorbehalte zu Guns-

ten des Landesgesetzgebers, im Bereich des bürgerlichen Rechts derjenigen des EGBGB (BVerfG 19.7.2007 – 1 BvR 650/03, NJW-RR 2008, 26, 27). In Betracht kommt hier allein Art. 124 S. 1 EGBGB. Hiernach bleiben die landesgesetzlichen Vorschriften unberührt, welche das Eigentum an Grundstücken zugunsten der Nachbarn noch **anderen** als den im Bürgerlichen Gesetzbuch bestimmten **Beschränkungen** unterwerfen. Im 1. Entwurf zum BGB/EGBGB war vorgeschlagen worden, dass die Landesgesetze unberührt bleiben sollen, die den Eigentümer eines Grundstücks zu Gunsten des Nachbarn „anderen und weitergehenden" Beschränkungen als den im BGB angeordneten unterwerfen. Die 2. Kommission hat die Worte „und weitergehenden" gestrichen (Prot. IV, 154, 163) und damit zum Ausdruck gebracht, dass die Länder nicht befugt sein sollen, die nachbarrechtlichen Eigentumsbeschränkungen des BGB zu verschärfen. Hieraus ist abzuleiten, dass die Modifikationen, wie sie § 7b enthält, nicht auf Art. 124 S. 1 EGBGB gestützt werden können. In der vorzitierten Entscheidung hat das BVerfG gemeint, das Wort „andere" müsse nicht iSv „andersartig" ausgelegt werden, sondern könne nach dem allgemeinen Sprachgebrauch auch eine zwar grundsätzlich gleichartige, in den einzelnen Voraussetzungen und Ausprägungen aber davon verschiedene „Beschränkung" des Grundstückseigentums bedeuten (BVerfG 19.7.2007 – 1 BvR 650/03, NJW-RR 2008, 26 (28)). Letztlich hat das BVerfG die Frage aber offengelassen, weil es zunächst den BGH damit beschäftigt wissen wollte (BVerfG 19.7.2007 – 1 BvR 650/03, NJW-RR 2008, 26 (29 f.)). Der BGH hat sich dieser Argumentation inzwischen für Wärmeschutzüberbauten angeschlossen und bejaht insoweit eine Gesetzgebungskompetenz der Bundesländer (BGH 12.11.2021 – V ZR 115/20, NJW-RR 2022, 92 Rn. 25 zu § 23a NachbG NRW; 1.7.2022 – V ZR 23/21, NJW-RR 2022, 1095 Rn. 9 zu § 16a BlnNachbG). Insofern dürfte der BGH diese Argumentation auch auf allgemeine Überbauvorschriften der Länder wie § 7b erstrecken (so auch Pelka NachbarR BW 104). Richtigerweise findet Art. 124 S. 1 indes keine Anwendung, weil § 912 BGB auf Duldungsrechte, wie sie in §§ 7b, 7c geregelt sind, analog angewandt werden kann, so dass landesrechtliche Regelungen mit diesem Gegenstand schon an Art. 72 I GG scheitern. Der „allgemeine Sprachgebrauch" legt im Bereich von Überbauten keine Differenzierung nahe und würde sich gegenüber dem historischen Gesetzgeber auch nicht durchzusetzen können. Die herrschende Meinung in der Literatur ist daher zu Recht bei ihrer Auffassung geblieben, dass landesrechtliche Überbauregelungen wie § 7b nicht auf Art. 124 S. 1 EGBGB gestützt werden können (Staudinger/Roth BGB § 912 Rn. 21; Stollenwerk DWW 1997, 375 (377); Dehner NVwZ 2009, 369 (371); Horst NJW 2010, 122 (124); immerhin Bedenken äußert AG Emmendingen 18.10.1994 – 3 C 628/93, nv). Da die zusätzlichen Eigentumsbeschränkungen durch den Landesgesetzgeber im Falle eines Überbaus auch nicht in den neuen Katalog des Art. 72 III 3 GG fallen und andere Rechtsgrundlagen nicht ersichtlich sind, verstößt § 7b gegen Bundesrecht und ist damit gem. Art. 31 GG **nichtig** (aA LG Baden-Baden 13.2.2017 – 1 S 10/16, ZMR 2017, 1057 (1059); Birk NachbarR BW Vor Anm. 1; VKKKK BGB § 912 Rn. 4; Reich NRG BW Rn. 3; Pelka NachbarR BW 105; wohl auch OLG Karlsruhe 9.12.2009 – 6 U 121/09, NJW 2010, 620; offengelassen in BGH 12.3.2021 – V ZR 31/20, NJW-RR 2021, 1025 Rn. 8). Sofern ein Gericht dieser Auffassung folgt, muss es gem. Art. 100 I GG die Entscheidung des BVerfG einholen, darf § 7b also nicht unangewendet lassen. Ansonsten muss es durchentscheiden. Zweifel allein reichen zur Vorlage nicht aus, ein Berufungsgericht muss dann aber die Revision zulassen (BGH 12.11.2021 – V ZR 115/20, NJW-RR 2022, 92 Rn. 6).

2. Abs. 1 S. 1 bestimmt, dass der Eigentümer des Nachbargrundstücks unter bestimmten Umständen einen (nicht genehmigten) Überbau zu dulden hat. Abs. 1 S. 1 setzt damit das Bestehen einer sog. Grenzwand voraus, also einer Mauer, die bis an die Grenze gebaut ist, aber noch vollständig auf dem Nachbargrundstück steht (BGH 12.3.2021 – V ZR 31/20, NJW-RR 2021, 1025 Rn. 7).

Voraussetzung des Duldungsanspruchs ist sodann, dass setzt die Vorschriften des öffentlichen Baurechts (= **baurechtliche Vorschriften**) eine **Grenzbebauung** vorsehen oder zulassen. Insofern gelten die Ausführungen in → § 7a Rn. 5 entsprechend.

§ 7b

7   Gegenstand der Duldungspflicht sind untergeordnete Bauteile von baulichen Anlagen, die in den Luftraum des Nachbargrundstücks übergreifen. **Bauliche Anlagen** sind nicht nur Gebäude, sondern alle fest mit dem Erdboden verbundenen, künstlich hergestellten Anlagen, zB Stützmauern. Insofern deckt sich der Begriff mit dem des § 2 I BWLBO (vgl. VG Regensburg 2.10.2014 – RO 2 K 13.2042, Juris Rn. 22 = BeckRS 2014, 58814: Stützmauer als bauliche Anlage). Erforderlich ist, dass es sich bei der baulichen Anlage um eine Grenzwand handelt, eine Wand also, die nicht auf, sondern an die Grenze gesetzt ist (BGH 12.3.2021 – V ZR 31/20, NJW-RR 2021, 1025 Rn. 7). Die fraglichen **Bauteile** müssen **in den Luftraum** des Nachbargrundstücks **übergreifen.** Die Duldungspflicht des Abs. 1 betrifft damit – anders als § 912 BGB – nur oberirdische Bauteile, nicht also etwa unterirdische Lichtschächte (Birk NachbarR BW Anm. 2). Nicht ausgeschlossen ist aber, dass in den Luftraum übergreifende Bauteile den Boden berühren (aA Dehner B § 24 I 2g). Bauteile greifen über, wenn sie lotgerecht zur Grenze in das Nachbargrundstück hineinragen. Das ist bei bloßen Befestigungen nicht der Fall; diese können als Eigentumsverletzung abgewehrt werden. **Untergeordnete Bauteile** sind solche, die den Gesamteindruck der baulichen Anlage nicht prägen. Gemäß Abs. 1 S. 2 sind untergeordnet vor allem Bestandteile der baulichen Anlage, die ihre nutzbare Fläche nicht vergrößern, zB Gesimse, Dachvorsprünge (zB ein 8–10 cm über die Grenze ragender, nur dem Wetterschutz dienender Dachziegelüberhang, so LG Baden-Baden 13.2.2017 – 1 S 10/16, ZMR 2017, 1057 (1058)), Eingangs- und Terrassenüberdachungen (vgl. § 5 VI Nr. 1 BWLBO), nicht aber Werbetafeln, da sie die nutzbare Fläche durch die Werbemöglichkeit erhöhen (Reich NRG BW Rn. 3), und auch nicht Wärmedämmplatten, die ebenfalls die nutzbare Fläche vergrößern, weil der Wärmeschutz sonst nach innen genommen werden müsste (näher dazu → § 7c Rn. 2; aA Birk NachbarR BW Anm. 2; anders BGH 11.4.2008 – V ZR 158/07, NJW 2008, 2032, für Wärmedämmmaßnahmen an einer Grenzeinrichtung, zB einer gemeinsamen Giebelwand, → § 7c Rn. 6). Regelmäßig, wenn auch nicht zwingend, sind untergeordnete Bauteile nicht begehbar bzw. zum Betreten bestimmt (vgl. Reich NRG BW Rn. 2, 4).

8   Voraussetzung der Duldungspflicht nach Abs. 1 ist sodann, dass die übergreifenden Bauteile den **baurechtlichen Vorschriften,** also den Vorschriften des öffentlichen Baurechts, **entsprechen.** Sonderregeln für Überbauten kennt das öffentliche Recht nicht, so dass diese Voraussetzung die baurechtliche Zulässigkeit der Anlage im Allgemeinen meint.

9   Voraussetzung der Duldungspflicht ist ferner, dass die übergreifenden Bauteile die **Benutzung** des Nachbargrundstücks **nicht oder nur unwesentlich beeinträchtigen.** Dies bestimmt sich wie in § 906 I 1 BGB individuell, aber nach dem Empfinden des verständigen Durchschnittsmenschen, der das betroffene Grundstück in seiner durch Natur, Gestaltung und Zweckbestimmung geprägten Beschaffenheit nutzt (ebenso BGH 14.5.2004 – V ZR 292/03, BGHZ 159, 168 = NJW-RR 2004, 1314, zu § 906 BGB). Ästhetische Störungen sind keine Nutzungsbeeinträchtigung und auch deshalb unerheblich, weil sich das Nachbargrundstück in einem Gebiet mit geschlossener Bauweise befindet, wo ohnehin mit baulichen Spannungen zu rechnen ist. Dies deckt sich ferner mit der Rechtsprechung zu § 906 BGB, wonach Beeinträchtigungen ideeller oder immaterieller Art nicht berücksichtigungsfähig sind (BGH 15.11.1974 – V ZR 83/73, NJW 1975, 170; ebenso BGH 26.3.1976 – V ZR 155/74, MDR 1976, 747, zu § 1 III 2 NachbG NRW, betr. Holzhaus; aA Reich NRG BW Rn. 3). Die Störung ist von demjenigen, der sich darauf beruft, mithin dem Nachbarn, darzulegen und notfalls zu beweisen (Reich NRG BW Rn. 3).

10 Die Duldungspflicht besteht nur **solange,** als keine relevante Beeinträchtigung besteht, ist also bei jeder Nutzungsänderung auf dem Nachbargrundstück neu zu prüfen, vor allem bei einem geplanten Anbau.

11 Voraussetzung der Duldungspflicht ist bei einem neu vorgenommenen Überbau schließlich, dass der Anspruch rechtzeitig, regelmäßig binnen vier Wochen, **angekündigt** wird (zu diesem Erfordernis → Einl. Rn. 54).

12 **3. Abs. 2** bestimmt eine wechselseitige Duldungspflicht der Grundeigentümer für den Fall, dass übergreifende Bauteile anzuschließen sind.

Voraussetzung des Anschlussrechts ist, dass die **baurechtlichen Vorschriften** eine 13
Grenzbebauung zulassen. Insofern gelten die Ausführungen in → § 7a Rn. 5 auch hier.

Im Gegensatz zu Abs. 1 betrifft die Duldungspflicht nur **Gebäude,** also bauliche Anlagen, 14
die von Menschen betreten werden können und dem Schutz von Menschen, Tieren oder
Sachen dienen (vgl. § 2 II BWLBO; Dehner B § 24 I 1).

Da das Gesetz von einer Bausituation „unmittelbar" an der gemeinsamen Grundstücks- 15
grenze spricht, müssen die betroffenen Gebäude direkt an der Grundstücksgrenze stehen.
Beiderseits muss aber nur die **Grenzständigkeit** der Bauten sein, nicht auch die Überbausituation; die Anschlussmöglichkeit setzt also nicht voraus, dass auch der Nachbar überbaut
hat.

Gegenstand der Duldungspflicht ist die Möglichkeit, das eigene Gebäude durch übergrei- 16
fende Bauteile **anzuschließen,** also etwa durch gegenseitige Verankerung (Verschraubung)
der Brandwände zu verbinden. Wie die Regelung des Abs. 3 („dem Eigentümer des Nachbargebäudes") zeigt, geht es dabei nur um den Anschluss an das andere Grenzgebäude. Abs. 2
ist im Vergleich zu Abs. 1 eigenständig formuliert, so dass es sich bei den zum Anschluss
führenden übergreifenden Bauteilen nicht um untergeordnete iSd Abs. 1 handeln muss. Andererseits ist der Anschlussfall von Abs. 1 nicht erfasst, so dass Abs. 2 insofern eine weiterreichende Duldungspflicht begründet.

Der umgekehrte Fall des Anschlusses, nämlich die **Entfernung von Anbauteilen,** zB im 17
Zuge eines Abrisses des angebauten Nachbarhauses, ist von § 7b nicht erfasst. Werden
dadurch Sicherungsmaßnahmen am überbauten Gebäude erforderlich, ist deren Vornahme
allein Sache des Eigentümers dieses Grundstücks (dieser erhält dafür auch keine Ausgleichszahlung: BGH 16.4.2010 – V ZR 171/09, NJW 2010, 1808); anders ist die Rechtslage, wenn
dadurch eine Grundstücksvertiefung entsteht (vgl. § 909 BGB) oder die Nachbargebäude
eine gemeinsame Wand (sog. Nachbarwand, Kommunmauer oder halbscheidige Giebelwand)
aufweisen (hierfür gelten dann die Regelungen der §§ 921, 922 BGB sowie des 7d, vgl. BGH
11.4.2008 – V ZR 158/07, NJW 2008, 2032 Rn. 8; der einseitige Abriss begründet dann
Anspruch auf Schutz der im gemeinschaftlichen oder nach dem Abriss ehemals gemeinschaftlichen Eigentum stehenden Wand bzw. auf Kostentragung für eine dadurch nötig gewordene Außenisolierung der Mauer: BGH 28.11.1980 – V ZR 148/79, BGHZ 78, 397 =
NJW 1981, 866 (867); s. auch BGH 16.4.2010 – V ZR 171/09, BGH NJW 2010, 1808
Rn. 7); der Überbau macht die verbundenen Wände noch nicht zu einer Kommunmauer.

Der Anschluss muss auch im Rahmen des Abs. 2 den **baurechtlichen Vorschriften,** also 18
den Vorschriften des öffentlichen Baurechts, **entsprechen.** Gemeint ist damit nicht das
„Ob", sondern das „Wie" des Anschlusses (Reich NRG BW Rn. 6), und inhaltlich, dass die
einschlägigen DIN-Vorschriften einzuhalten sind. Ansonsten enthält das öffentliche Baurecht
kaum Beschränkungen. Vorsorglich sollte die zuständige Baurechtsbehörde befragt werden,
vor allem dort, wo Gestaltungssatzungen bestehen (zB für die Altstadt von Karlsruhe-Durlach).

Voraussetzung ist auch im Rahmen des Abs. 2, dass die Baumaßnahme rechtzeitig **ange-** 19
kündigt wird (→ Einl. Rn. 54).

4. Fälligkeit und Verjährung: Die Duldungsansprüche aus Abs. 1 und Abs. 2 entstehen 20
und werden fällig, sobald das Duldungsrecht geltend gemacht wird (vgl. OLG Hamm
8.7.1991 – 5 U 49/91, NJW-RR 1992, 723). Da dieses Recht einer Dienstbarkeit ähnelt,
unterliegt es nicht der Verjährung.

5. Abs. 3 S. 1 ergänzt die Bestimmung des Abs. 2 um eine **Schadensersatzpflicht** (allg. 21
dazu → Einl. Rn. 56 ff.). Hiernach hat derjenige, der den Anschluss seines Gebäudes vornimmt, dem Nachbarn den daraus entstehenden Schaden zu ersetzen. Dabei sind Vorteile,
die dem Nachbarn dadurch entstehen, im Wege des Vorteilsausgleichs zu berücksichtigen (aA
wohl Reich NRG BW Rn. 7). Der Ersatzanspruch setzt **kein Verschulden** voraus. Der
Haftpflichtversicherer des ersatzpflichtigen Grundeigentümers hat für den Schaden einzutreten, da die Ersatzpflicht zu den gesetzlichen Haftpflichtbestimmungen privatrechtlichen

§ 7b
1. Abschnitt. Gebäude

Inhalts iSd Ziff. 1.1 AHB gehört (ebenso für den ebenfalls verschuldensunabhängigen nachbarrechtlichen Ausgleichsanspruch BGH 11.12.2002 – IV ZR 226/01, BGHZ 153, 182 = NJW 2003, 826 (827); → Einl. Rn. 82; vgl. § 17 S. 4 NachbG NRW; differenzierend Dehner B § 43 III 3h, S. 49; Otto BauR 2004, 927 (929 f.) = ZMR 2004, 186 f.). Eine **zusätzliche Entschädigungspflicht** für die Nutzung des beeinträchtigten Grundstücks sieht § 7b **nicht** vor. Dagegen spricht auch nicht, dass im Fall eines rechtswidrig unentschuldigten Überbaus eine Überbaurente gem. §§ 912 II, 913 BGB zu zahlen ist (BGH 29.4.1977 – V ZR 71/75, BGHZ 68, 350 = NJW 1977, 1447 (1448)), wenn ausnahmsweise eine Beseitigung des Überbaus nicht zumutbar ist (BGH 21.6.1974 – V ZR 164/72, BGHZ 62, 388 = NJW 1974, 1552 (1553)). § 912 II 1 BGB lässt sich insoweit nicht entsprechend heranziehen (aA Birk NachbarR BW Anm. 7). Denn die Regelung des § 7b stellt eine in sich geschlossene Regelung dar, die zudem beide Nachbarn in die Pflicht nimmt. § 7b findet im Gegensatz zur BGB-Regelung ferner nur dann Anwendung, wenn die Beeinträchtigung kaum ins Gewicht fällt, so dass ein Geldausgleich nicht erforderlich ist. Insofern unterscheidet sich die Regelung in § 7b von der in § 7c, die in Abs. 3 eine solche Entschädigungspflicht vorsieht.

22 **6. Abs. 3 S. 2** ergänzt ebenfalls Abs. 2. Hiernach hat der Duldungsberechtigte für einen voraussichtlich entstehenden Anschlussschaden auf Verlangen des Eigentümers des Nachbargebäudes (= Nachbar) **Sicherheit zu leisten**. „Voraussichtlich" beschreibt wie im Polizeirecht eine Gefahr des Inhalts, dass eine Sachlage oder ein Verhalten bei ungehindertem Ablauf des objektiv zu erwartenden Geschehens mit hinreichender Wahrscheinlichkeit ein geschütztes Rechtsgut schädigen wird. Damit ist eine konkrete Gefahr gemeint, auch ein Gefahrenverdacht im Sinne einer Gefahr mit geringerer Eintrittswahrscheinlichkeit; eine abstrakte Gefahr reicht ebenso wenig aus wie eine Anscheinsgefahr (zu diesen Begriffen Voßkuhle JuS 2007, 908). Für die Parallelregelung des § 23 HessNachbRG hat es das OLG Frankfurt a. M. genügen lassen, dass durch die Benutzung des nachbarlichen Grundstücks ein Schaden nach menschlichem Ermessen möglicherweise eintreten kann (ebenso Dehner B § 43 in Fn. 167), damit aber ebenfalls keine nur theoretische Möglichkeit gemeint: „Es ist nicht auszuschließen, dass der Ausleger unsachgemäß gehandhabt (wird), von ihm Teile herunterfallen oder auf andere Weise die Gebäude in Mitleidenschaft gezogen werden" (OLG Frankfurt a. M. 11.1.2011 – 4 W 43/10, NJOZ 2011, 1015 (1017)). Die Beurteilung der Gefahr erfordert eine Prognose; maßgeblich ist die ex-ante-Sicht eines verständigen Durchschnittsbürgers. Schwierig ist die Bestimmung des erforderlichen Wahrscheinlichkeitsgrades. Richtigerweise wird wie im Polizeirecht zu differenzieren sein: Der Grad der zu fordernden Wahrscheinlichkeit ist abhängig von der Bedeutung des bedrohten Rechtsguts einerseits, vom Ausmaß des möglichen Schadens auf der anderen Seite; je bedeutsamer das Schutzgut des Nachbarn und je größer der drohende Schaden ist, umso geringer sind die Anforderungen an die Wahrscheinlichkeit des Schadenseintritts (VGH Mannheim 14.12.1989 – 1 S 2719/89, NVwZ 1990, 781 (782), zum Gefahrbegriff des § 1 I PolG), oder, anders formuliert: Die nötige Eintrittswahrscheinlichkeit verhält sich umgekehrt proportional zur Größe des Schadens bzw. der Bedeutung der infrage stehenden Rechtsgüter (VGH Mannheim 18.12. 2007 – 10 S 2351/06, NVwZ-RR 2008, 605 (606) zu § 9 II BBodSchG).

23 Für die Form der Sicherheitsleistung gelten grundsätzlich die §§ 232 ff. BGB (mit der Subsidiarität der Bürgenstellung in § 232 II BGB), nicht die §§ 108 ff. ZPO; dabei wird regelmäßig eine **Bankbürgschaft** die angemessene Sicherung sein (vgl. OLG Frankfurt a. M. 11.1.2011 – 4 W 43/10, NJOZ 2011, 1015 (1017); Bauer/Schlick RhPflNRG § 23 Rn. 6). Gemäß § 315 BGB hat der Nachbar die Wahl der Sicherheit (Reich NRG BW Rn. 8). Besteht eine Haftpflichtversicherung, erübrigt deren Nachweis eine Sicherheitsleistung. Die Höhe der Sicherheit bestimmt sich nach dem denkbaren Schaden; dieser ist vom Nachbarn in entsprechender Anwendung des § 315 BGB zu schätzen. Zuvor hat der Duldungsberechtigte auf Verlangen des Nachbarn die Einzelheiten der Anschlussmaßnahme mitzuteilen. Erst mit Angabe des geforderten Umfangs kann das Sicherheitsverlangen fällig werden (Reich NRG BW Rn. 8; s. auch OLG Hamm 27.2.2003 – 21 U 93/02, BauR 2003, 1743 (1744),

zu § 17 S. 2 NachbG NRW, wonach der Duldungsberechtigte die Höhe des zu erwartenden Schadens und damit der Sicherheit angeben muss). Die Sicherheit ist **vor Beginn** der Anschlussmaßnahme zu stellen. Solange die (ordnungsgemäß verlangte) Sicherheit nicht beigebracht ist, kann der Nachbar den Anschluss untersagen (Birk NachbarR BW Anm. 6). Der Anspruch auf Anschluss verfällt nicht allein dadurch, dass der Duldungsberechtigte die zur Stellung der Sicherheit gesetzte Frist verstreichen lässt (so aber Reich NRG BW Rn. 8).

7. Hinsichtlich der vorgenannten Ansprüche **berechtigt** und **verpflichtet** sind die Eigentümer der Nachbargrundstücke, damit auch die Miteigentümer (§ 1011 BGB), aufgrund des § 11 I 1 ErbbauRG die Erbbauberechtigten und bei Wohnungseigentum die Eigentümergemeinschaft, da es bei den betroffenen Gebäudeteilen immer um gemeinschaftliches Eigentum iSd § 1 V WEG geht. Befindet sich das Nachbargrundstück in einem Erwerbsvorgang, kann nicht bereits der zukünftige Eigentümer den Anspruch stellen. Weitere dinglich Berechtigte sind (anders als zB in § 7c und in § 916 BGB) nicht genannt und damit weder berechtigt noch verpflichtet.

IV. Ergänzende Vorschriften

§§ 912–916 BGB sehen eine Duldungspflicht bei weder vorsätzlich noch grob fahrlässig erfolgtem Überbau und eine damit verbundene Rentenzahlungspflicht vor.

§ 7c Überbau durch Wärmedämmung

(1) ¹Eigentümer und Nutzungsberechtigte eines Grundstücks haben zu dulden, dass eine Wärmedämmung, die nachträglich auf die Außenwand eines an der Grundstücksgrenze stehenden Gebäudes aufgebracht wurde, sowie die mit dieser in Zusammenhang stehenden untergeordneten Bauteile auf das Grundstück übergreifen, soweit und solange
1. diese die Benutzung des Grundstücks nicht oder nur geringfügig beeinträchtigen und eine zulässige beabsichtigte Nutzung des Grundstücks nicht oder nur geringfügig behindern und
2. die übergreifenden Bauteile nach öffentlich-rechtlichen Vorschriften zulässig oder zugelassen sind.

²Eine nur geringfügige Beeinträchtigung im Sinne von Satz 1 Nummer 1 liegt insbesondere dann nicht vor, wenn die Überbauung die Grenze zum Nachbargrundstück in der Tiefe um mehr als 0,25m überschreitet. ³Die Duldungspflicht besteht nur, wenn im Zeitpunkt der Anbringung der Wärmedämmung eine vergleichbare Wärmedämmung auf andere, die Belange der Eigentümer beziehungsweise Nutzungsberechtigten schonendere Weise mit vertretbarem Aufwand nicht vorgenommen werden konnte.

(2) Die Duldungspflicht nach Absatz 1 ist ausgeschlossen, wenn
1. die Errichtung des betroffenen Gebäudes an der Grundstücksgrenze öffentlich-rechtlichen Vorschriften widerspricht, es sei denn, der jeweilige Eigentümer beziehungsweise Nutzungsberechtigte des überbauten Grundstücks kann sich hierauf nach den Vorschriften des öffentlichen Rechts nicht oder nicht mehr berufen, oder
2. die Anbringung einer Wärmedämmung mit zumindest entsprechender räumlicher Ausdehnung bereits im Zeitpunkt der Errichtung des Gebäudes üblich war.

(3) ¹Den Eigentümern und dinglich Nutzungsberechtigten des überbauten Grundstücks ist ein angemessener Ausgleich in Geld zu leisten. ²Soweit nichts anderes vereinbart wird, gelten § 912 Absatz 2 und §§ 913 und 914 des Bürgerlichen Gesetzbuchs (BGB) entsprechend.

(4) Eigentümer und Nutzungsberechtigte des überbauten Grundstücks können verlangen, dass die Eigentümer des durch den Wärmeschutzüberbau begünstigten Grundstücks die gedämmte Fassade in einem ordnungsgemäßen Zustand erhalten.

(5) ¹Die Veranlasser des Überbaus haben den Eigentümern oder Nutzungsberechtigten des überbauten Grundstücks den durch den Überbau entstehenden Schaden ohne Rücksicht auf Verschulden zu ersetzen. ²Veranlassern stehen Eigentümer des durch

den Wärmeschutzüberbau begünstigten Grundstücks gleich, wenn sie den Überbau zwar nicht veranlasst haben, ihn aber dulden.

Parallelvorschriften: Bayern: Art. 46a BayAGBGB; Berlin: § 16a NachbG Bln; Brandenburg: § 19a BbgNRG; Bremen: § 24a BremAGBGB; Hamburg: –; Hessen: § 10a HessNachbRG; Mecklenburg-Vorpommern: –; Niedersachsen: § 21a NNachbG; Nordrhein-Westfalen: § 23a NachbG NRW; Rheinland-Pfalz: –; Saarland: § 19a SaarlNachbG; Sachsen: –; Sachsen-Anhalt: –; Schleswig-Holstein: –; Thüringen: § 14a ThürNRG.

I. Inhalt der Regelung

1   Die Vorschrift verpflichtet den Grundstückseigentümer zur **Duldung** nachträglich erstellter Überbauten bis zu 0,25 m, sofern sie auf neuartigen, öffentlich-rechtlich zulässigen und alternativlosen Wärmedämmungsmaßnahmen beruhen, die zu allenfalls geringfügigen Nutzungsbeeinträchtigungen auf dem Nachbargrundstück führen, und die (halboffene) Grenzbebauung mit öffentlich-rechtlichen Mitteln nicht (mehr) zu verhindern ist (Abs. 1 und 2). Wie bei § 912 BGB und anders als nach § 7b ist für den Überbau ein angemessener **Ausgleich in Geld** zu leisten (Abs. 3). Des Weiteren muss der Eigentümer des begünstigten Grundstücks für die **Instandhaltung** (nicht auch die Beibehaltung) der gedämmten Fassade sorgen (Abs. 4). Zudem besteht eine verschuldensunabhängige **Schadensersatzpflicht** für den Veranlasser des Überbaus und den Eigentümer des begünstigten Grundstücks, wenn er den Überbau (schuldhaft) nicht verhindert (Abs. 5).

II. Normgebung

2   Mit dieser Vorschrift, die durch das Gesetz zur Änderung des NRG vom 4.2.2014 (GBl. 65) eingefügt wurde und gem. Art. 2 I dieses Gesetzes zum 12.2.2014 in Kraft getreten ist, ist BW den Bestrebungen der Bundesländer Hessen (2009), Berlin (2009), NRW (2011), Bremen (2012) und Bayern (2013) gefolgt, energetische Sanierungen von grenzständigen Altbauten zu vereinfachen. In BW war dies bislang allenfalls auf Grundlage des § 7b möglich, der die Duldungspflicht indes auf „untergeordnete Bauteile" beschränkt. Nach Auffassung des OLG Karlsruhe (9.12.2009 – 6 U 121/09, NJW 2010, 620 Rn. 20; zuvor ebenso Heinzmann BWNotZ 2006, 153 (154)) fallen auf der Hauswand aufgebrachte Dämmplatten nicht darunter. Das Bundesrecht (§ 912 BGB) lässt vorsätzliche Überbauten von vornherein nicht zu. Mit der Rechtsfigur des nachbarlichen Gemeinschaftsverhältnisses lassen sich nur zwingend gebotene Ausnahmen vom Überbauverbot begründen, die bei Maßnahmen der Wärmedämmung kaum einmal vorliegen dürften, zumal die Überbauproblematik sowohl bundes- als auch landesrechtlich geregelt ist (vgl. OLG Karlsruhe 9.12.2009 – 6 U 121/09, NJW 2010, 620 Rn. 21).

III. Anmerkungen

3   **1.** § 7c regelt die Voraussetzungen, Ausschlussgründe und Folgen der Pflicht, Wärmeschutzüberbauten zu dulden. Hierfür bedarf es einer Ermächtigungsgrundlage. Für eine Überbauregelung hat der Landesgesetzgeber **keine Gesetzgebungskompetenz;** insofern gilt nichts anderes als für die parallele Überbauvorschrift des § 7b (dazu → § 7b Rn. 4). § 7c verstößt daher ebenso wie § 7b gegen Bundesrecht und ist damit **nichtig** (Art. 31 GG; aA BGH 12.11.2021 – V ZR 115/20, NJW-RR 2022, 92 Rn. 25 zu § 23a NachbG NRW; 1.7.2022 – V ZR 23/21, NJW-RR 2022, 1095 Rn. 9 zu § 16a BlnNachbG; zuvor offen gelassen in BGH 2.6.2017 – V ZR 196/16, NZM 2017, 855 Rn. 8; ebenso BayObLG 1.10.2019 – 1 ZRR 4/19, BeckRS 2019, 28378 Rn. 18 für die Parallelregelung in § 46a BayAGBGB).

4   **2.** Nach **Abs. 1** können sowohl Eigentümer als auch Nutzungsberechtigte des überbauten Grundstücks duldungsverpflichtet sein. Unter dem im NRG erstmals verwandten Begriff des

Nutzungsberechtigten ist jeder gemeint, der ein wirksames (obligatorisches oder dingliches) Recht zur Grundstücksnutzung hat (auch → Rn. 29). Begünstigt sind Wärmedämmungen, die nachträglich auf der Außenwand eines an der Grundstücksgrenze stehenden Gebäudes aufgebracht wurden und damit die Grundstücksgrenze überschreiten. Von einer Begrenzung der Duldungspflicht auf solche Dämmungen, die die Vorgaben der Energieeinsparverordnung (EnEV vom 16.11.2001, BGBl. I 3085, mit Neuausgaben in 2004, 2007, 2009 und 2013; dazu Nusser EnWZ 2013, 343; ders. ZUR 2014, 67) nicht überschreiten, wie in Hessen und NRW geschehen, wurde abgesehen. Die EnEV stellt Mindestanforderungen auf, deren freiwillige Überschreitung, wie entsprechende Förderprogramme zeigen, auch im öffentlichen Interesse liegt.

Voraussetzung der Duldungspflicht ist zunächst, dass die **Wärmedämmung „nachträglich"** an einem Gebäude aufgebracht wird. Damit ist klargestellt, dass sich aus der Vorschrift keine Duldungspflicht hinsichtlich Überbauten ergibt, die Folge einer im Zuge der Errichtung eines Gebäudes vorgenommenen Dämmmaßnahme ist. Neubauten sind so zu planen, dass sie vollständig, also einschließlich einer etwaigen Außendämmung, ohne Überbau realisiert werden können. Nach § 1 I EnEG muss derjenige, der ein Gebäude errichtet, das seiner Zweckbestimmung nach beheizt oder gekühlt werden muss, um Energie zu sparen, den Wärmeschutz nach Maßgabe der EnEV so entwerfen und ausführen, dass beim Heizen und Kühlen vermeidbare Energieverluste unterbleiben. Die Erstfassung der EnEV ist nach deren § 20 im Wesentlichen am 1.2.2002 in Kraft getreten, so dass davon auszugehen ist, dass nur Gebäude, die vor diesem Zeitpunkt erstellt waren oder mit deren Erstellung vor diesem Zeitpunkt begonnen wurde, für einen privilegierten Wärmeschutzüberbau in Frage kommen (s. auch Abs. 2 Nr. 2).

„An der Grundstücksgrenze" stehen sowohl echte Grenzbauten als auch grenznahe Gebäude, also Gebäude, die der Grundstücksgrenze so nahe sind, dass eine nachträgliche Außendämmung zum Überbau führt. Erfasst sind demnach nur **Grenzwände,** nicht hingegen Gebäude, deren Außenwände auf der Grundstücksgrenze stehen und damit eine sog. Nachbarwand (auch als Kommunmauer oder halbscheidige Giebelwand bezeichnet) bilden (aA Birk NachbarR BW Anm. 1a). Eine Grenzwand wird auch nicht allein durch einen Überbau zu einer Nachbarwand. Eine Nachbarwand ist sowohl nach ihrer objektiven Beschaffenheit als auch nach der mit ihr von den Nachbarn verfolgten Zweckrichtung dazu bestimmt, von jedem der beiden Nachbarn in Richtung auf sein eigenes Grundstück, nämlich durch Anbau, nicht aber in Richtung auf das Nachbargrundstück benutzt zu werden (BGH 11.4.2008 – V ZR 158/07, NJW 2008, 2032). Bei einer solchen Wand handelt es sich um eine gemeinschaftliche Einrichtung iSd § 921 BGB (sog. Grenzeinrichtung), und zwar auch dann, wenn einer der Nachbarn die Wand nicht in ihrer gesamten Fläche in Anspruch nimmt (BGH 11.4.2008 – V ZR 158/07, NJW 2008, 2032 Rn. 8); der Nachbar muss an diese Wand aber angebaut haben (BGH 12.3.2021 – V ZR 31/20, NJW-RR 2021, 1025 Rn. 13). Dafür ist die Zustimmung des Wandbesitzers nötig. Diese kann sie auch später oder konkludent erteilen; sie ist unwiderruflich und bindet seine Sonderrechtsnachfolger (BGH 12.3.2021 – V ZR 31/20, NJW-RR 2021, 1025 Rn. 13). Wird die Fassade einer solchen Wand verkleidet, handelt es sich um eine Verwaltungsmaßnahme iSd § 745 BGB, die gem. §§ 922 S. 4, 745 II BGB vom jeweils anderen Teil zu dulden ist, wenn die Maßnahme dazu führt, dass der freie Bereich der Nachbarwand in einen den aktuellen Erfordernissen und Anschauungen entsprechenden Zustand versetzt wird und damit in beiderseitigem Interesse liegt (BGH 11.4.2008 – V ZR 158/07, NJW 2008, 2032 Rn. 10; 14.6.2019 – V ZR 144/18, NZM 2019, 900 Rn. 20). Selbst wenn es keine öffentlich-rechtliche Verpflichtung zur nachträglichen Dämmung einer solchen Außenwand gibt (auch die EnEV enthält in § 20 I 1 nur Modernisierungsempfehlungen ohne verpflichtenden Charakter), entspricht es doch dem Interesse jedes vernünftig denkenden Teilhabers der Wand, diese so nachzurüsten, dass sie in Funktion und Aussehen dem allgemein üblichen Standard entspricht (BGH 11.4.2008 – V ZR 158/07, NJW 2008, 2032 Rn. 10, 15). Daher besteht anders als bei einer Grenzwand eine grundsätzlich gemeinsame Kostentragungslast (§ 922 S. 4 BGB iVm §§ 745 II, 742, 748 BGB) und die

§ 7c   1. Abschnitt. Gebäude

Verpflichtung beider Nachbarn, die Funktionsfähigkeit der Dämmmaßnahme zu erhalten (dazu BGH 11.4.2008 – V ZR 158/07, NJW 2008, 2032 Rn. 13, 16 f.; 22.1.2021 – V ZR 12/19, NJW-RR 2021, 401 Rn. 48).

7   Ein Teilhaber einer Nachbarwand, der sie mit einer **Wärmedämmung** versehen will, kann nach § 745 II BGB vom anderen Teilhaber nur nicht die Duldung baulicher Eingriffe in Gebäudeteile verlangen, die nicht der gemeinsamen Verwaltung unterliegen (BGH 14.6.2019 – V ZR 144/18, NZM 2019, 900 Rn. 21). Zu dulden sind das Übergreifen der Elemente der Wärmedämmung bzw. der damit in Zusammenhang stehenden untergeordneten Bauteile (Abs. 1 S. 1). Die Privilegierung erfasst zudem notwendige Änderungen solcher Bauteile, auch wenn das nicht wie in § 10a I Nr. 3 HessNachbRG und § 23a I 3 NachbG NRW ausdrücklich geregelt ist. Anders als bei § 7b, der nur Bauteile erfasst, die in den Luftraum des Nachbargrundstücks übergreifen, spielt es hier – wie nach § 912 I BGB – keine Rolle, ob die Bauteile in das Nachbargrundstück ober- oder unterirdisch hineinragen. Ebenso wie § 912 BGB (dazu OLG Stuttgart 19.12.2011 – 10 U 63/11, NZM 2012, 578 (580); vgl. BGH 30.5.2008 – V ZR 184/07, NJW 2008, 3122) gilt § 7c auch für Grundstücke, die in Wohnungs- bzw. Teileigentum aufgeteilt sind oder werden (s. etwa BGH 2.6.2017 – V ZR 196/16, NZM 2017, 855). Anders ist das bei einem **anderen Überbau**, zB einem Dachüberstand. Bei einer Nachbarwand gelten die Überbauvorschriften nur dann, wenn keine Zustimmung des Nachbarn vorliegt. Insofern ist zu prüfen, ob ihm nach § 912 BGB eine Duldungspflicht zukommt. Das kommt insbesondere in Betracht, wenn der Überbauende ohne grobe Fahrlässigkeit annehmen durfte, zur Grenzüberschreitung befugt gewesen zu sein. Glaubt der Bauende, dass der Nachbar der Grenzüberbauung zugestimmt hat oder zustimmen wird und irrt er sich hierbei, kommt es darauf an, ob dieser Irrtum auf grober Fahrlässigkeit beruht (BGH 12.3.2021 – V ZR 31/20, NJW-RR 2021, 1025 Rn. 16). Unerheblich ist dabei, ob der Rückbau hohe Kosten verursacht, da dies in die Risikosphäre des Überbauenden fällt. Etwas anderes kann ausnahmsweise gelten, wenn dem Überbauenden die hohen Kosten unter Berücksichtigung der beiderseitigen Interessen sowie aller sonstigen Umstände billigerweise nicht zuzumuten wären (BGH 12.3.2021 – V ZR 31/20, NJW-RR 2021, 1025 Rn. 17).

8   **Abs. 1 S. 1 Nr. 1** enthält die zentrale Voraussetzung der Duldungspflicht. Die Duldungspflicht entsteht – auch mit Blick auf die verfassungsrechtliche Eigentumsgarantie – nur dann, wenn und solange der Überbau die Benutzung des überbauten Grundstücks **nicht oder nur geringfügig beeinträchtigt** (Abs. 1 S. 1 Nr. 1 Alt. 1). Hierzu ist in Abs. 1 S. 2 bestimmt, dass Überbauten von mehr als **0,25 m** nicht geduldet werden müssen. Gemessen wird von der Grundstücksgrenze, so dass die Dämmung mehr als 0,25 m ausmachen kann, wenn das Gebäude nicht direkt an der Grenze steht. Ohnehin kann diese Tiefe nur bei Dämmungen für sog. Passivhäuser knapp werden. Passivhäuser werden aber auch nicht erst nachträglich mit Wärmeschutzmaßnahmen versehen. Außerdem ist in Zukunft mit einem Abnehmen der Dämmdicken zu rechnen. Auf der anderen Seite verträgt der Wert **keine Toleranz** (ebenso OLG Frankfurt a. M. 26.9.2012 – 19 U 110/12, NJW 2012, 3729 (3730), zur entsprechenden Regelung des § 10a HessNachbRG, sowie allg. BGH 2.6.2017 – V ZR 196/16, NZM 2017, 855 Rn. 16). Das zeigt auch der Umstand, dass der Grenzwert im Gesetzgebungsverfahren von 0,3 m auf 0,25 m abgesenkt wurde (zur fast unverändert übernommenen Ursprungsfassung s. Bruns VBlBW 2014, 4, 6); schon ein Überschreiten um 1 cm führt daher zur Rückbaupflicht, selbst wenn dies mit erheblichen, vielleicht gar unverhältnismäßig hohen Kosten verbunden ist (s. auch die Worte des Justizministers Stickelberger in der 1. Lesung der Gesetzesnovelle am 18.12.2013, Plenarprotokolle, S. 5196: „In jedem Fall ist bei 25 cm Schluss"). Dabei ist allerdings zu beachten, dass Grundstücksgrenzen katasterrechtlich mit Toleranzen versehen sind, so dass ein Grundstück von einem anderen nicht durch eine Grenzlinie, sondern durch einen bis zu einigen cm breiten Grenzstreifen getrennt ist. Auf dieser Fläche ist ein Überbau nicht denkbar.

9   Gegenstand der Belastungsprüfung ist nicht nur die **Dämmung selbst**, sondern sind **auch** die mit ihr in Zusammenhang stehenden **untergeordneten Bauteile**. Nur wenn alles

Überbau durch Wärmedämmung § 7c

zusammen zu keiner oder einer nur geringfügigen Belastung führt, ist der Überbau zu dulden. Der Begriff der untergeordneten Bauteile deckt sich mit dem in § 7b I 1, nicht aber mit der Konkretisierung in § 7b I 2. Untergeordnet können Bestandteile des Wärmeschutzüberbaus damit auch dann sein, wenn sie die nutzbare Fläche des Gebäudes vergrößern. Damit vermeidet der Gesetzgeber die Diskussion, ob eine Innendämmung schon deshalb vorzuziehen ist, weil ansonsten die nutzbare Fläche vergrößert wird (vgl. OLG Karlsruhe 9.12.2009 – 6 U 121/09, NJW 2010, 620 Rn. 20). Der Begriff der „untergeordneten Bauteile" ist rein funktional. Das Gesetz verwirklicht so den Zweckgedanken der Überbauvorschriften, ohne Not keine wirtschaftlichen Werte zu zerschlagen (vgl. BGH 14.7.1972 – V ZR 147/70, BGHZ 59, 191 = NJW 1972, 1750 (1752)). Gemeint sind alle mit der Wärmedämmung notwendig zusammenhängenden baulichen Änderungen. Dieser Fall ist etwa dann gegeben, wenn es sich bei der Grenzwand um eine Giebelwand handelt, bei der idR das Dach bündig mit der Wand abschließt. In diesem Fall erfordert eine Wärmedämmung zumeist auch eine entsprechende Erweiterung des Daches mindestens in Dämmstoffstärke. Gleiches kann für in der Grenzwand befindliche Fenster gelten, deren Fensterbänke um die Dämmstoffstärke verlängert werden müssen, oder die Verlegung von an der Grenzwand befestigten Fallrohren (ebenso HessLT-Drs. 18/855, 6, für die Parallelregelung in § 10a I 2 HessNachbRG; NRW-LT-Drs. 15/853, 8, für die Parallelregelung in § 23a I 1 NachbG NRW). Bauteile auf dem Nachbargrundstück sind nicht zu berücksichtigen (ebenso BGH 14.6.2019 – V ZR 144/18, NZM 2019, 900 Rn. 14 für die insoweit gleiche Regelung in § 10a I 2 HessNachbRG).

Ob eine (geringfügige) **Beeinträchtigung** vorliegt, ist von Fall zu Fall zu klären. Eine **10** nicht nur geringfügige Beeinträchtigung kann sich dabei sowohl aus Einschränkungen bei der Benutzung eines Gebäudes oder Gebäudeteils als auch aus Einschränkungen bei der Nutzung einer unbebauten Fläche ergeben. Die Frage der fehlenden oder nur geringfügigen Beeinträchtigung ist wie in § 7b zu bestimmen (dazu → § 7b Rn. 9).

Die **Duldungspflicht endet,** wenn die zunächst nur geringfügige Beeinträchtigung auf- **11** grund veränderter Umstände in eine nicht mehr geringfügige umschlägt (Abs. 1 S. 1 Nr. 1 Alt. 2). Der belastete Eigentümer ist auch nach Anbringung des Wärmeschutzüberbaus nicht gehindert, selbst an die Grenze zu bauen, wenn eine geschlossene Bebauung öffentlich-rechtlich erlaubt oder sogar gefordert ist (vgl. BGH 16.4.2010 – V ZR 171/09, NJW 2010, 1808 Rn. 8; 18.2.2011 – V ZR 137/10, NJW-RR 2011, 515 Rn. 6). In diesem Fall muss der Überbauende die Dämmung – wiederum auf seine Kosten – entfernen. Gleiches gilt, wenn der belastete Eigentümer die überbaute Fläche nachträglich benötigt, zB um eine geplante Durchfahrt auf seinem Grundstück zu einer neu eingerichteten Parkfläche oder Garage zu schaffen (ebenso BayLT-Drs. 16/9583, 5, für die Parallelregelung des Art. 46a BayAGBGB). Fälle, in denen die Planung allein den Zweck hat, den Überbauer zum Rückbau zu zwingen, lassen sich über die allgemeinen Vorschriften zur Verhütung missbräuchlichen Verhaltens, insbesondere § 227 BGB und § 242 BGB, sachgerecht lösen. Endet die Duldungspflicht, steht dem belasteten Eigentümer bzw. Nutzungsberechtigten der Anspruch auf Beseitigung des Überbaus nach § 1004 iVm § 903 BGB, zu; § 985 BGB gilt hierfür nicht (BGH 11.12.2015 – V ZR 180/14, NJW 2016, 1735 Rn. 6). Auf § 1004 BGB ist die **Verschweigensfolge** des § 912 I BGB aE entsprechend anwendbar, da kein Bedürfnis zur Berücksichtigung veränderter Umstände besteht, wenn der belastete Eigentümer diese Umstände nicht geltend macht bzw. dem Überbau nicht widerspricht.

Abs. 1 **S. 1 Nr. 2** verlangt, dass die übergreifenden Bauteile nach öffentlich-rechtlichen **12** Vorschriften zulässig oder zugelassen sind. Ist der Überbau bereits öffentlich-rechtlich unzulässig, ist ein schutzwürdiges Interesse des Überbauenden an der zivilrechtlichen Duldung des Überbaus durch den Nachbarn nicht erkennbar (BGH 19.9.2008 – V ZR 152/07, NJW-RR 2009, 24 Rn. 16). Gemeint ist, dass die **übergreifenden Bauteile öffentlich-rechtlichen Vorschriften nicht widersprechen dürfen.** Das gilt nicht nur für die übergreifenden Bauteile selbst, sondern auch für ihre Befestigung. Die Voraussetzung des Abs. 1 Satz 1 Nr. 2 ist somit auch dann erfüllt, wenn der Überbau wirksam genehmigt oder der Überbauende von der materiell-rechtlichen Vorschrift, gegen die der Überbau verstößt, wirksam befreit wurde.

13 Abs. 1 S. 3 bringt den Gedanken der Verhältnismäßigkeit zum Ausdruck. In jedem Fall bedarf die Dämmmaßnahme einer **Prüfung der Alternativen**. Die Dämmung auf dem eigenen Grundstück hat Vorrang, soweit mit ihr die angestrebten Dämmwerte erzielt werden können und der Mehraufwand für eine solche Dämmung nicht unverhältnismäßig ist. Bauliche Maßnahmen auf dem Nachbargrundstück sind nicht zu prüfen, auch nicht im Fall einer versetzten Bauweise (BGH 14.6.2019 – V ZR 144/18, NZM 2019, 900 Rn. 13). Im Allgemeinen wird anzunehmen sein, dass eine **Innendämmung** aus bauphysikalischen Gründen (Wärmebrückeneffekt, Taupunktproblematik usw.) keine mit der Außendämmung vergleichbare Dämmwirkung oder eine solche nur mit unverhältnismäßigem Aufwand erreicht, letztlich also ineffektiver ist. Oft wird die Anbringung einer Innendämmung bei Vorliegen von Wasser-, Abwasser- und sonstigen Versorgungsleitungen im Bereich der Außenwand überhaupt nur mit einem ganz erheblichen Aufwand oder gar nicht möglich sein (s. auch Schröer NZBau 2008, 706 (708), zur Dampfbremsenproblematik; s. aber BayObLG 1.10.2019 – 1 ZRR 4/19, BeckRS 2019, 28378 Rn. 55: Innendämmung kann Vorrang haben). Es wird daher im Regelfall das Aufbringen einer Außendämmung geboten sein (ebenso BayLT-Drs. 16/9583, 5, für die Parallelregelung des Art. 46a BayAGBGB; NdsLT-Drs. 17/1259, 8, für die Parallelregelung in § 21a NNachbG). Diese Frage stellt sich aber nur dann, wenn keine Innendämmung vorhanden ist; ein Wechsel von Innendämmung auf einen Überbauwärmeschutz dürfte kaum einmal zu dulden sein (s. auch LG Essen 22.11.2012 – 10 S 56/11, BeckRS 2013, 16368, wonach es im Zusammenhang mit der Anbringung einer Innendämmung zum Standard gehört, Leitungen, die in im Bereich von Außenwänden geführten Schlitzen verlaufen, gegen thermische Einflüsse, zB mittels Ortschaum einzudämmen). Auch rechtliche Beziehungen wie bestehende Mietverhältnisse an den betroffenen Räumlichkeiten sind bei der Ermittlung des erforderlichen Aufwands zu berücksichtigen. Um zu verhindern, dass eine aufgebrachte Wärmedämmung nur deshalb wieder beseitigt werden muss, weil aufgrund des technischen Fortschritts der für eine fachgerechte Dämmung erforderliche Platz – insbesondere infolge abnehmender Dicke der Dämmmaterialien – geringer wird, ist im Rahmen von Abs. 1 S. 3 auf den Zeitpunkt abzustellen, in dem die Außendämmung, um deren Duldung es geht, aufgebracht worden ist. Auch hinsichtlich der **Art der Wärmedämmung** kann nur auf Alternativen verwiesen werden, die mit vertretbarem Aufwand vorgenommen werden können. Daher ist es idR nicht sachgerecht, den Überbauer auf den Einsatz von extrem dünnen Hochleistungs-Dämmstoffen zu verweisen. Diese sind zum einen sehr teuer und damit nicht wirtschaftlich, zum anderen, wie zB im Fall der Verwendung von Vakuum-Isolationspaneelen, gegen Beschädigungen sehr empfindlich (ebenso NRWLT-Drs. 15/853, 8, für die Parallelregelung des § 23a I 1 NachbG NRW).

14 3. In **Abs. 2** sind – grundsätzlich vom nach Abs. 1 Verpflichteten darzulegende – **Ausschlussgründe** für den Duldungsanspruch formuliert.

15 Gemäß Abs. 2 **Nr. 1** scheidet eine Duldungspflicht nach Abs. 1 aus, wenn zwar die Dämmung selbst zulässig oder zugelassen ist, der grenznahe **Standort** des zu dämmenden Gebäudes aber öffentlich-rechtlichen Vorschriften widerspricht, es sei denn, der jeweilige Eigentümer bzw. Nutzungsberechtigte des überbauten Grundstücks kann sich hierauf nach den Vorschriften des öffentlichen Rechts **nicht oder nicht mehr berufen**. Durch die Beschränkung des Ausschlussgrundes auf solche Rechtsverstöße, auf die sich der Eigentümer bzw. Nutzungsberechtigte berufen kann, wird klargestellt, dass in die Betrachtung nur solche öffentlich-rechtlichen Vorschriften einzubeziehen sind, denen gegenüber dem durch den Überbau Belasteten **nachbarschützende Wirkung** zukommt. „Nicht mehr berufen" kann sich der belastete Nachbar auf Verstöße gegen grundsätzlich auch ihn schützende Vorschriften insbesondere dann, wenn eine Baugenehmigung vorliegt, die für ihn unanfechtbar geworden ist. Unabhängig davon sieht § 248 S. 1 BauGB vor, dass in Gebieten mit Bebauungsplänen und in Innenbereichen gem. § 34 BauGB bei Maßnahmen an bestehenden Gebäuden zum

Überbau durch Wärmedämmung § 7c

Zwecke der Energieeinsparung geringfügige Abweichungen vom festgesetzten Maß der baulichen Nutzung, der Bauweise und der überbaubaren Grundstücksfläche zulässig sind, soweit dies mit nachbarlichen Interessen und baukulturellen Belangen vereinbar ist. Insofern hat dieser Ausschlussgrund praktisch keine Bedeutung.

Nach Abs. 2 **Nr. 2** scheidet eine Duldungspflicht nach Abs. 1 aus, wenn die Anbringung 16 einer **Wärmedämmung** mit zumindest entsprechender räumlicher Ausdehnung **bereits im Zeitpunkt der Errichtung des Gebäudes üblich** war. Zweck der Duldungspflicht nach Abs. 1 ist es, insbesondere dem Eigentümer die Anpassung der Wärmeschutzdämmung seines Gebäudes an im Laufe der Zeit gestiegene energetische Standards zu ermöglichen, nicht aber, ihm die Gelegenheit zu verschaffen, Baumängel auf Kosten seines Nachbarn zu beseitigen. Wird also ein Gebäude bereits bei seiner Errichtung dem Stand der Technik zuwider nur unzureichend gedämmt, muss der Nachbar die mit einer nachträglichen Außendämmung verbundene Mängelbeseitigung nicht nach dieser Vorschrift hinnehmen.

4. Anders als in §§ 7a II 2, 7d II, 7e III fehlen in § 7c flankierende Regelungen zur An- 17 kündigungspflicht. Ferner fehlen Regelungen zum Betretungsrecht.

Grundsätzlich fordert die Rechtsprechung bei Duldungsansprüchen die **Ankündigung** 18 der beabsichtigten Maßnahmen, sofern es sich dabei nicht um Notmaßnahmen handelt (→ Einl. Rn. 54). Da die Ankündigungspflicht schon bundesrechtlich besteht, kann sie durch den Landesgesetzgeber nicht beeinflusst werden. Daher spielt es keine Rolle, ob die Ankündigungspflicht in § 7c absichtlich oder nur versehentlich ungeregelt geblieben ist.

Ist zur Durchführung der Wärmeschutzmaßnahmen das **Betreten** des Nachbargrund- 19 stücks erforderlich oder müssen dort **Gerüste oder Geräte aufgestellt** werden oder in das Nachbargrundstück hineinragen, besteht in § 7d I (sog. Hammerschlags- und Leiterrecht) hierfür eine spezielle Duldungspflicht, die mit dem Hammerschlags- und Leiterrecht des Hilfsbedürftigen korrespondiert. Weiter geht die Mitwirkungspflicht des belasteten Eigentümers nicht. Insbesondere ist er nicht verpflichtet, eigene Baulichkeiten, etwa einen Wintergarten oder eine Terrasse, zurückzubauen oder Grenzeinrichtungen wie etwa eine Hecke zu entfernen, um die Wärmeschutzmaßnahmen zu ermöglichen (ebenso für die vergleichbare Rechtslage in NRW SFP NachbG NRW/Peter NachbG NRW § 23a Rn. 10).

5. Der Duldungsanspruch aus Abs. 1 entsteht und wird fällig, sobald er geltend gemacht 20 wird. Da es sich bei diesem Recht um ein dienstbarkeitsähnliches Recht handelt, **unterliegt es nicht der Verjährung.** Gleiches gilt für die akzessorischen Ansprüche auf Ankündigung und aus dem Hammerschlags- und Leiterrecht.

6. Nach **Abs. 3** erhalten Eigentümer und dinglich Nutzungsberechtigte einen **Ausgleich** 21 für den Eingriff in ihr Eigentum bzw. dingliches Nutzungsrecht. Ist nichts anderes vereinbart, entsteht kraft Gesetzes ein Anspruch auf Zahlung einer **Überbaurente,** deren Einzelheiten sich nach §§ 912 II, 913, 914 BGB richten. Die Überbaurente berechnet sich üblicherweise aus einer Verzinsung von 4–5 % des Grundstückswertes der überbauten Fläche.

Beispiel: Bei einem 15 m breiten Grenzgebäude mit 20 cm aufgebrachter, grenzüberschreitender Wärmedämmung beträgt die Grundfläche 3 qm. Bei einem Grundstückswert von angenommen 400 EUR/qm errechnet sich der Wert der in Anspruch genommenen Fläche auf 1200 EUR. Bei einem Ansatz von 4 % beträgt die zu zahlende Überbaurente 48 EUR im Jahr.

Bloß schuldrechtlich Nutzungsberechtigte, insbesondere Mieter und Pächter, haben kei- 22 nen solchen Anspruch, sind also auf Gewährleistungsrechte verwiesen, die die Geringfügigkeitsgrenze überschreiten müssen (s. zB § 536 I 3 BGB). Ob, in welcher Art und in welcher Höhe sie vom seinerseits nach Abs. 3 anspruchsberechtigten Eigentümer des belasteten Grundstücks Ersatz verlangen können, ergibt sich aus dem zwischen ihnen bestehenden Schuldverhältnis.

7. Der von der übergreifenden Wärmedämmung begünstigte Eigentümer ist nach **Abs. 4** 23 gegenüber dem Eigentümer und sonstigen Nutzungsberechtigten des Nachbargrundstücks

§ 7c

verpflichtet, die gedämmte Fassade in einem ordnungsgemäßen Zustand zu erhalten. Das Recht, den Nutzen aus einer Maßnahme zu ziehen, korrespondiert mit der Verpflichtung, dafür Sorge zu tragen, dass der geschaffene Zustand keine weitere nachteilige Entwicklung erfährt. Dies gilt auch dann, wenn der Eigentümer den Überbau nicht veranlasst und auch nicht geduldet hat, so dass er nicht nach Abs. 5 für den Anschlussschaden eintreten muss. Erhaltungspflichtig ist nur der Eigentümer des begünstigten Grundstücks, nicht auch der Nutzungsberechtigte, selbst wenn dieser den Wärmeschutzüberbau verursacht hat.

24 **Erhalten** bedeutet Aufrechthaltung der Funktionsfähigkeit (= Instandhaltung) und ist darauf beschränkt; die Erhaltungspflicht gibt dem belasteten Eigentümer kein Recht auf Bestand der Anlage. Vom Begriff der Erhaltung **umfasst** ist die **Unterhaltung** des Wärmeschutzes. Die Unterhaltungspflicht ist so zu verstehen wie in § 7d I, so dass auch hier das (gerade für diese Arbeiten wichtige) Hammerschlags- und Leiterrecht Anwendung findet.

25 8. Entsteht dem Nachbarn durch den Überbau ein **Schaden,** ist ihm dieser nach **Abs. 5 S. 1** ohne Rücksicht auf Verschulden vom „Veranlasser" des Überbaus **zu ersetzen. Veranlasser** wird idR der Eigentümer des begünstigten Grundstücks sein; im Einzelfall kommen aber auch Nutzungsberechtigte wie Erbbauberechtigte oder Mieter in Betracht. Nach dem Wortlaut geht die Haftung sogar noch weiter, indem jeder in der Pflicht steht, der die Anlage errichtet hat, also auch der Bauunternehmer (aA VKKKK Rn. 6). Das Gesetz formuliert anders als in §§ 7, 7a, wo nur der Bauherr bzw. der Erstbauende gemeint ist (auch → Einl. Rn. 20). Regelmäßig lässt sich dem Werkvertrag eine Pflicht des Auftraggebers, also des Eigentümers oder Nutzungsberechtigten, entnehmen, den Unternehmer insoweit freizustellen. Dies ist auch das Ergebnis eines Gesamtschuldnerausgleichs, wenn der Eigentümer gem. Abs. 5 S. 2 aufgrund seiner **Duldung** mithaftet, da iSd § 426 I 1 BGB insoweit ein anderes als die hälftige Teilung gilt. Letztlich ist für den Schaden der **Haftpflichtversicherer** des begünstigten Grundeigentümers eintrittspflichtig, da die Ersatzpflicht zu den gesetzlichen Haftpflichtbestimmungen privatrechtlichen Inhalts iSd Ziff. 1.1 AHB gehört (ebenso für den verschuldensunabhängigen nachbarrechtlichen Ausgleichanspruch → Einl. Rn. 80ff.).

26 Sofern anders als nach §§ 7b III 2, 7d III 2, 7e III und 7f III 2 **keine Sicherheit** in Höhe des voraussichtlich entstehenden Schadens zu stellen ist, erscheint eine ergänzende Regelung nicht geboten, da hierfür kein zwingendes Bedürfnis besteht. Diese Lücke müsste ebenfalls nach den Grundsätzen zum nachbarlichen Gemeinschaftsverhältnis geschlossen werden. Eine analoge Anwendung der vorgenannten NRG-Vorschriften verbietet sich, da es sich dabei um Sonderregelungen handelt, die einer erweiternden Auslegung nicht offenstehen. Ohnehin sind solche Schäden so gut wie nicht absehbar, so dass in der Praxis kaum einmal eine Forderung auf Sicherheitsleistung formuliert werden könnte.

27 9. Hinsichtlich der vorgenannten Ansprüche **berechtigt** und **verpflichtet** sind regelmäßig die Eigentümer der Nachbargrundstücke, damit auch die Miteigentümer (§ 1011 BGB), aufgrund § 11 I 1 ErbbauRG die Erbbauberechtigten und bei Wohnungseigentum die Eigentümergemeinschaft, da es bei den betroffenen Gebäudeteilen immer um gemeinschaftliches Eigentum (§ 1 V WEG) geht. Auch wenn sich das begünstigte Grundstück in einem Erwerbsvorgang befindet, kann nur der aktuelle Eigentümer den Anspruch geltend machen.

28 In Abs. 5 S. 1 ist die Passivlegitimation für den verschuldensunabhängigen Schadensersatzanspruch auf den Veranlasser beschränkt und in Abs. 5 S. 2 dahingehend ausgeformt, dass der Eigentümer des begünstigten Grundstücks ebenfalls haftet, wenn er den Wärmeschutzüberbau an seinem Gebäude geduldet hat. Damit wird die verschuldensunabhängige Veranlasserhaftung durch eine Verschuldenshaftung überlagert. Für die Duldung besteht keine Vermutung; allerdings wird sich bei Befragung des Veranlassers oft eine solche Duldungslage herausstellen.

29 Duldungsverpflichtet nach Abs. 1 und Inhaber der Ansprüche nach Abs. 4 und 5 sind ferner die Nutzungsberechtigten; das sind zB Inhaber einer Dienstbarkeit, Mieter oder Pächter; anders als nach Abs. 3 sind nicht nur dinglich Nutzungsberechtigte gemeint. Die Begrenzung auf dinglich Nutzungsberechtigte gilt nur für die Ausgleichspflicht nach Abs. 3, mit der die

Junktim-Klausel aus Art. 14 III 2 GG umgesetzt wird. Duldungsberechtigt sind nur die Eigentümer des begünstigten Grundstücks, nicht hingegen Nutzungsberechtigte und auch nicht „Veranlasser" des Wärmeschutzüberbaus iSd Abs. 4, da ihre Berechtigung im Gesetz nicht genannt ist.

IV. Ergänzende Vorschriften

1. §§ 912–916 BGB sehen eine Duldungspflicht bei weder vorsätzlich noch grob fahrlässig erfolgtem Überbau und eine hiermit verbundene Rentenzahlungspflicht vor. **30**

2. § 5 VI 2 BWLBO bestimmte für ab dem 1.3.2015 erfolgte **nachträgliche Wärmedämmungen** eines Gebäudes, dass sie bei der Berechnung der freizuhaltenden Abstandsflächen nicht mitzählen, wenn sie nicht mehr als 0,25 m vor die Außenwand treten (Art. 1 Nr. 3c und Art. 3 des Gesetzes zur Änderung der Landesbauordnung für BW vom 11.11. 2014, GBl. 501; dazu LT-Drs. 15/5294, 17). Durch Gesetz zur Änderung der BWLBO vom 18.7.2019 (GBl. 313; dazu LT-Drs. 16/6293, 20) wurde die abstandsflächenrechtliche Zulässigkeit nachträglicher Wärmedämmung erweitert, indem eine solche bis 0,30 m abstandsflächenrechtlich unbeachtlich bleibt. Zudem wurde durch den Zusatz „einschließlich Bekleidung" klargestellt, dass in diesem Maß auch Putz, Klinker, Platten etc. der Außenwandfassade enthalten sind. Die aus Gründen des Allgemeinwohls (Klimaschutz) eingeführte bauordnungsrechtliche Privilegierung wärmedämmungsbedingter Verkürzung der Tiefen von Abstandsflächen steht neben der Regelung des § 7c (BeckOK BauordnungsR BW/Balensiefen BWLBO § 5 Rn. 60). **31**

§ 7d Hammerschlags- und Leiterrecht

(1) **Kann eine nach den baurechtlichen Vorschriften zulässige bauliche Anlage nicht oder nur mit erheblichen besonderen Aufwendungen errichtet, geändert, unterhalten oder abgebrochen werden, ohne daß das Nachbargrundstück betreten wird oder dort Gerüste oder Geräte aufgestellt werden oder auf das Nachbargrundstück übergreifen, so haben der Eigentümer und der Besitzer des Nachbargrundstücks die Benutzung insoweit zu dulden, als sie zu diesen Zwecken notwendig ist.**
(2) **[1] Die Absicht, das Nachbargrundstück zu benutzen, muß dem Eigentümer und dem Besitzer zwei Wochen vor Beginn der Benutzung angezeigt werden. [2] Ist der im Grundbuch Eingetragene nicht Eigentümer, so genügt die Anzeige an den unmittelbaren Besitzer, es sei denn, daß der Anzeigende den wirklichen Eigentümer kennt. [3] Die Anzeige an den unmittelbaren Besitzer genügt auch, wenn der Aufenthalt des Eigentümers kurzfristig nicht zu ermitteln ist.**
(3) **[1] Der Eigentümer des begünstigten Grundstücks hat dem Eigentümer des Nachbargrundstücks den durch Maßnahmen nach Absatz 1 entstandenen Schaden zu ersetzen. [2] Auf Verlangen des Berechtigten ist vor Beginn der Benutzung eine Sicherheit in Höhe des voraussichtlich entstehenden Schadens zu leisten.**

Parallelvorschriften: Bayern: Art. 46b BayAGBGB; Berlin: §§ 17, 18 NachbG Bln; Brandenburg: §§ 23, 24 BbgNRG; Bremen: –; Hamburg: § 74 HBauO; Hessen: §§ 28, 29 HessNachbRG; Mecklenburg-Vorpommern: –; Niedersachsen: §§ 47, 48 NNachbG; Nordrhein-Westfalen: §§ 24, 25 NachbG NRW; Rheinland-Pfalz: §§ 21–25 RhPfLNRG; Saarland: §§ 24–26 SaarlNachbG; Sachsen: § 24 SächsNRG; Sachsen-Anhalt: §§ 18–20 LSANbG; Schleswig-Holstein: §§ 17–19 NachbG Schl.-H.; Thüringen: §§ 21–25 ThürNRG.

I. Inhalt der Regelung

Die Vorschrift besagt, dass ein Grundeigentümer das Nachbargrundstück nach rechtzeitiger Anzeige betreten und dort Gerüste bzw. Geräte aufstellen bzw. diese auf das Nachbargrundstück ragen lassen darf, wenn er zulässige Baumaßnahmen auf seinem Grundstück sonst **1**

§ 7d

nur unter erheblichem Mehraufwand durchführen könnte. Dem Nachbarn steht Ersatz des im Zusammenhang mit der Beanspruchung seines Grundstücks entstandenen Schadens und bei Absehbarkeit eines Schadens Sicherheitsleistung zu.

II. Normgebung

2   Zur Normgeschichte →Vor §§ 7a–7f Rn. 3. Die Vorschrift entspricht wörtlich § 173 BBauG-E. Zur Begründung heißt es im Regierungsentwurf zum BBauG: „Als **Hammerschlagsrecht** wird in landesrechtlichen Vorschriften die Befugnis bezeichnet, das **Nachbargrundstück** zum Zwecke der Errichtung, Änderung oder Ausbesserung eigener baulicher Anlagen zu **betreten**. Leiterrecht ist das entsprechende Recht, dort zum gleichen Zweck **Gerüste oder Gerätschaften aufzustellen.** Da diese Befugnisse eine Auswirkung des nachbarschaftlichen Gemeinschaftsverhältnisses darstellen und sie in der Praxis von erheblicher Bedeutung sind, wurden sie auch im Entwurf geregelt. Ein modernes bauliches Nachbarrecht kommt ohne Hammerschlags- und Leiterrecht nicht aus. Die Regelung des Abs. 1 begründet in den im Gesetz aufgeführten Fällen einen Duldungsanspruch zugunsten des Eigentümers des begünstigten Grundstücks, auf dem die bauliche Anlage errichtet, verändert, unterhalten oder abgebrochen werden soll. Dieser Anspruch zielt darauf ab, es dem Eigentümer des Nachbargrundstücks zu versagen, das Betreten seines Grundstücks oder das Aufstellen von Geräten auf seinem Grundstück zu verbieten. Die dem Eigentümer des Nachbargrundstücks auferlegten Beschränkungen sind auf das sachlich notwendige Maß begrenzt worden. Die Verpflichtung, sowohl dem Eigentümer als auch dem Besitzer gegenüber die Benutzung des Grundstücks anzuzeigen, soll beide vor unvorhergesehenen Überraschungen durch den Nachbarn schützen. Beide haben ein berechtigtes Interesse an der Kenntnis, wann, wozu und in welchem Umfang ein Dritter ihr Grundstück zu benutzen beabsichtigt" (Reg-Begr. vom 16.4.1958, BT-Drs. 3/336, 110).

3   Die Vorschrift (= § 7c in der bis zum 12.2.2014 geltenden Fassung, → Einl. Rn. 187) entspricht auch der früheren Regelung des Art. 45a württembergische Bauordnung aus dem Jahr 1935. Nach Auffassung des Gesetzgebers ist schon nach allgemeinen Rechtsgrundsätzen die Aufstellung eines Gerüstes usw zu dulden, wenn diese Maßnahme zur Abwendung einer drohenden Gefahr erforderlich ist. Weil in zahlreichen Fällen eine solche Gefahr schwer nachzuweisen sein wird oder gar nicht besteht, sollte § 7c (nunmehr § 7d) ohne Rücksicht auf eine konkrete Gefährdung dem Bauenden das Recht geben, soweit nötig, das Nachbargrundstück zu betreten oder dort Gerüste oder Geräte aufzustellen bzw. auf das Nachbargrundstück übergreifen zu lassen (RegBegr. vom 20.8.63, Beil. 3300 zur 3. Legislaturperiode, S. 6607). Zu Vorläuferregelungen im Geltungsbereich des Code Civil, der auch im badischen Rechtsraum galt, s. Dehner B § 28 I: nur in Form von Einzelgebräuchen.

III. Anmerkungen

4   **1.** Abs. 1 stellt mit seinen Zusatzregelungen in den weiteren Absätzen eine landesrechtliche Bestimmung dar, die das Grundeigentum des Nachbarn spezielleren („anderen" iSd Art. 124 EGBGB) Beschränkungen unterwirft als die Regelung des § 903 BGB. Daher ist die Vorschrift von Art. 124 EGBGB gedeckt, verstößt also nicht gegen Bundesrecht (LG Tübingen 20.11.2008 – 1 S 233/05, BauR 2009, 663 (666); GLS NachbarR-HdB/Saller Kap. 4 Rn. 116).

5   **2. Abs. 1** schafft eine Duldungspflicht des Eigentümers und Besitzers eines Grundstücks im Zusammenhang mit der Durchführung von Baumaßnahmen auf dem angrenzenden Grundstück. Eine Mitwirkung wird von ihnen nicht verlangt. Erst recht sind sie nicht verpflichtet, Hindernisse für die Ausübung des Duldungsrechts zu beseitigen.

6   Bei den Baumaßnahmen geht es um die Errichtung, Änderung, Unterhaltung oder den Abbruch einer baulichen Anlage auf dem begünstigten (Nachbar-)Grundstück. Die Vorschrift knüpft unmittelbar an die Vorschriften des öffentlichen Baurechts und damit an die

Regelungen der BWLBO an, so dass für die Begriffsbestimmungen auf diese Vorschriften abzustellen ist.

Der Begriff der **baulichen Anlage** erfasst die Gegenstände des § 2 I BWLBO wie etwa 7 Häuser, Garagen, Nebengebäude und Leitungen, die auf dem eigenen Grundstück verlegt sind bzw. werden sollen, aber **auch Wege und Plätze,** die (nur) im Bauplanungsrecht als bauliche Anlagen anerkannt sind (Käser/Beck BWNotZ 2002, 83 (85);VKKKK Rn. 1; Birk NachbarR BW Anm. 1a unter Bezugnahme auf OLG Stuttgart 8.3.1996 – 2 U 251/95, nv; vgl. § 24 IV NachbG NRW; zur bauplanungsrechtlichen Einordnung s. VGH München 2.11.2010 – 1 ZB 10.1877, BeckRS 2010, 33357 Rn. 11; aA Reich NRG BW § 7c Rn. 3 und Voraufl. → Rn. 7).

Errichtet wird eine bauliche Anlage, wenn sie ganz oder in Teilen erstellt wird. Hierunter 8 fällt auch die Wiederherstellung (Dehner B § 28 I 1a).

Geändert wird eine bauliche Anlage, wenn sie umgestaltet wird. Meistens wird dies ein 9 Gebäude betreffen. Im Gegensatz zu § 7 (dazu → § 7 Rn. 13) reicht dafür eine Nutzungsänderung aus, sofern sie mit einem Umbau verbunden ist (Reich NRG BW Rn. 4). Die Änderung muss nicht objektiv sinnvoll sein. Meistens wird es sich aber um Maßnahmen handeln, die dazu führen, dass die Baulichkeiten in einen den heutigen Erfordernissen und Anschauungen entsprechenden Zustand versetzt werden, zB durch das Anbringen einer Wärmedämmung.

Unterhalten wird eine bauliche Anlage durch Maßnahmen, die der Aufrechthaltung ihrer 10 Funktionsfähigkeit dienen (Wartungs- oder Reparaturarbeiten, zB Verputzarbeiten an der Grenzwand); erfasst sind auch entsprechende Vorbereitungsarbeiten (BGH 14.12.2012 – V ZR 49/12, NZM 2013, 243 Rn. 7). Zur Vorbereitung gehört die Feststellung der erforderlichen Arbeiten und der voraussichtlichen Kosten (Bassenge/Olivet NachbG Schl.-H. § 17 Rn. 3). Der Unterhaltung dient das Streichen eines Gebäudes, sofern dies in den üblichen mehrjährigen Intervallen geschieht (Birk NachbarR BW Anm. 2a; Käser/Beck BWNotZ 2002, 83 (84)). Reinigungsarbeiten gehören dazu, wenn sie über die laufende Gebäudereinigung wie zB das Fensterputzen hinausgehen (Dehner B § 28 I 1a). Der Begriff der Unterhaltung umfasst keine bloßen Verschönerungsmaßnahmen und geht so nicht über den von Instandhaltungsarbeiten hinaus (s. auch BGH 14.12.2012 – V ZR 49/12, NZM 2013, 243 Rn. 7: Verschönerungsmaßnahmen sind keine Instandhaltungsmaßnahmen). Nicht zur Unterhaltung einer baulichen Anlage zählt die Gartenpflege, insbesondere das Schneiden von Hecken (Dehner B § 28 I 1a).

Abgebrochen wird eine bauliche Anlage, wenn sie ganz oder in Teilen beseitigt wird. 11 Anders als im öffentlichen Baurecht (§ 3 I 2 BWLBO) muss es sich dabei nicht um selbstständige Gebäudeteile handeln. Damit ist auch die Entfernung eines Erkers oder Sockels ein Abbruch iSd Abs. 1. Kein Abbruch ist das bloße Ausräumen von Inneneinrichtungen bzw. Trockenbauten in einem Gebäude (sog. Entkernung), da hierzu das Nachbargrundstück nicht benutzt werden muss.

3. § 7d gilt auch insoweit, als es um die Benutzung von Flächen geht, die im Gemeinge 12 brauch stehen (zB öffentliche Verkehrsflächen; → Rn. 7); in diesem Fall sind auch die Vorschriften des öffentlichen Straßenrechts zu beachten (Dehner B § 28 I 8; GLS NachbarR-HdB/Saller Kap. 4 Rn. 122).

4. Voraussetzung der Duldungspflicht ist zunächst, dass die Baumaßnahme den Vor 13 schriften des öffentlichen Baurechts (= **baurechtliche Vorschriften) entspricht.** Das sind die für das Bauvorhaben einschlägigen Vorschriften des Bauplanungs- und Bauordnungsrecht einschließlich der technischen Vorschriften (zB DIN-Normen). Bei genehmigungspflichtigen Maßnahmen muss die Genehmigung erteilt und **vollziehbar** sein (VKKKK Rn. 2; Bauer/Schlick RhPflLNRG NRG § 21 Rn. 10; aA Pelka NachbarR BW 140; Birk NachbarR BW Anm. 1b, wonach Unanfechtbarkeit gegeben sein muss). Hat der Nachbar Widerspruch gegen die Baugenehmigung eingelegt, wird deren Rechtmäßigkeit bei (zivil-)gerichtlicher Geltendmachung als öffentlich-rechtliche Vorfrage mitgeprüft (Bauer/Schlick RhPfL-

§ 7d   1. Abschnitt. Gebäude

NRG § 21 Rn. 10); auch der in § 212a I BauGB angeordnete Sofortvollzug lässt die Duldungspflicht gem. § 7d nicht automatisch entstehen (Pelka NachbarR BW 140; vgl. § 58 III BWLBO; aA Dehner B § 28 I 2c). Eine Aussetzung des Zivilprozesses nach § 148 ZPO verbietet sich, da die Duldungspflicht nicht von der Genehmigung abhängt (Dehner B § 28 I 2c mit dem Argument, dass sofort entschieden werden kann; ebenso OLG Frankfurt a. M. 5.7.2005 – 14 U 139/04, OLGR 2005, 934 (935), zu § 33 HessNachbRG; aA SFP NachbG NRW/Peter NachbG NRW § 24 Rn. 25; Bassenge/Olivet NachbG Schl.-H. § 17 Rn. 11). Stellt sich dann heraus, dass die Genehmigung nicht wirksam ist, kann der Zivilprozess über eine entsprechende Anwendung des § 580 Nr. 6 ZPO wiederaufgerollt werden. Eine Restitutionsklage ist auch dann statthaft, wenn das angegriffene Urteil auf einem später aufgehobenen Verwaltungsakt beruht (BGH 21.1.1988 – III ZR 252/86, NJW 1988, 1914 (1915)), so dass auch die Versagung der Genehmigung ein Restitutionsgrund ist. Im Kenntnisgabeverfahren muss mit der Ausführung des Vorhabens gem. § 59 IV BWLBO begonnen werden dürfen (VKKKK Rn. 1; Dehner B § 28 I 2c). Gleiches gilt für das zum 1.3.2010 neu eingeführte (GBl. 2009, 615) vereinfachte Baugenehmigungsverfahren (§ 52 BWLBO). Geht es um Änderungs- oder Unterhaltungsmaßnahmen, ist die baurechtliche Zulässigkeit der Anlage nicht mehr zu befragen (Birk NachbarR BW Anm. 1c, mit Hinweis auf LG Baden-Baden 22.6.1990 – 2 S 14/90, nv). Etwas anderes muss jedoch gelten, soweit die Änderungsarbeiten einer Baugenehmigung bedürfen oder dem Kenntnisgabeverfahren (§ 51 BWLBO) bzw. dem vereinfachten Baugenehmigungsverfahren (§ 52 BWLBO) unterfallen.

14 Des Weiteren ist Voraussetzung der Duldungspflicht, dass das Vorhaben auch **dem Nachbarn gegenüber,** also privatrechtlich, **rechtmäßig** ist. Diese Voraussetzung ergibt sich nicht unmittelbar aus dem Gesetz. Allerdings entspricht es Treu und Glauben, dass der Nachbar nur solche Maßnahmen dulden muss, die ihm gegenüber rechtmäßig sind. Das ist nicht der Fall, wenn die Baumaßnahme zu einem unerlaubten Grenzüberbau führen oder unter Verletzung eines Fenster- oder Lichtrechts, privatrechtlicher Grenzabstandsvorschriften oder einer Grunddienstbarkeit erfolgen würde (Dehner B § 28 I 2c; ebenso OLG Hamm 4.1.1984 – 14 W 238/83, MDR 1984, 847; Schäfer NachbG NRW § 24 Rn. 10). Der Nachbar ist auch nicht berechtigt, einen unberechtigten (nicht nach § 912 BGB zu duldenden) Überbau mithilfe des Hammerschlags- und Leiterrechts in Stand zu setzen (BGH 28.1.2011 – V ZR 147/10, NJW 2011, 1069 Rn. 28).

15 Voraussetzung der Duldungspflicht ist schließlich, dass die Durchführung der Baumaßnahme ohne Nutzung des Nachbargrundstücks **nicht** oder **nur mit erheblichen besonderen Aufwendungen** möglich wäre. Nicht durchführbar sind die Arbeiten, wenn die bauliche Anlage einen Überbau darstellt oder so nahe an der Grenze steht, dass der nötige Arbeitsraum auf dem eigenen Grundstück nicht vorhanden ist. Nur mit erheblichen besonderen Aufwendungen (vgl. § 7f I 1 und → § 7f Rn. 11) lassen sich die Arbeiten durchführen, wenn sie technisch oder finanziell wesentlich aufwändiger zu betreiben sind als unter Zuhilfenahme einer Arbeitsfläche auf dem Nachbargrundstück. Dies soll schon bei Mehrkosten von über 10% der Fall sein (Reich NRG BW § 7c Rn. 4), was zu wenig erscheint. Wie die Regelung in § 11 III zeigt, soll das Nachbargrundstück möglichst nicht beansprucht werden müssen. Dem Grundeigentümer wird hiernach zugemutet, sogar seine baulichen Anlagen entsprechend zu planen; § 7d erspart damit keine bloßen Unannehmlichkeiten. Das Erfordernis muss auf der Hand liegen und einer unerwarteten Ausnahme geschuldet sein.

16 **5. Gegenstand** der Duldungspflicht sind nur bestimmte Nutzungen des Nachbargrundstücks, zum einen das **Betreten,** zum anderen das Benutzen zum **Aufstellen** und **Übergreifen** von Gerüsten und Geräten **(Abs. 1). Nicht zu dulden** sind hiernach invasive Arbeiten, die die Benutzung des Nachbargrundstücks zur Durchführung der Baumaßnahme nur allgemein ermöglichen oder erleichtern, wie zB die Beseitigung von Hecken bzw. Gehölzen oder anderen Hindernissen (VKKKK Rn. 4; Reich NRG BW § 7c Rn. 7; ebenso BGH 13.3.1980 – III ZR 156/78, BeckRS 1980, 30388310 zu § 24 I NachbG NRW; Bauer/Schlick RhPflNRG § 21 Rn. 8; GLS NachbarR-HdB/Saller Kap. 4 Rn. 124), das Verankern

116

§ 7d

einer Unterfangung auf dem Nachbargrundstück (OLG Stuttgart 2.12.1993 – 7 U 23/93, NJW 1994, 739 (740f.), das jedoch eine bundesrechtlich gestützte Duldungspflicht bejaht, → Rn. 34; wie hier auch Dehner B § 28 I 4; aA Birk NachbarR BW Anm. 4d; Käser/Beck BWNotZ 2002, 83 (85)), die Durchführung von Abgrabungen (LG Ravensburg 15.6.1979 – 2 O 537/79, nv; ebenso wohl Dehner B § 28 I 4; vgl. auch OLG Düsseldorf 31.7.1991 – 9 W 79/91, NVwZ-RR 1992, 528, für die Parallelregelung des § 24 I NachbG NRW; aA LG Stuttgart 26.11.1992 – 16 S 290/92, nv; Käser/Beck BWNotZ 2002, 83 (85); VKKKK Rn. 3; Birk NachbarR BW Anm. 4d; Reich NRG BW § 7c Rn. 5) oder das Lagern von Baumaterial. Vom Duldungsrecht gedeckt sind hingegen **Annexarbeiten,** die für die erlaubte Benutzung **unmittelbar erforderlich** sind, wie zB das Befahren des Nachbargrundstücks zum Aufstellen der Gerüste oder Geräte, sofern dies unabdingbar ist, auch mit Raupen, Lastwägen oder ähnlichem schweren Gerät (OLG Stuttgart 6.6.1996 – 2 U 171/96, nv; LG Tübingen 20.11.2008 – 1 S 233/05, BauR 2009, 663 (665)). Nicht gedeckt vom Anspruch aus § 7d ist das Verlangen, den zur Ausübung des Rechts erforderlichen Platz auf dem Nachbargrundstück nicht zu verbauen (ebenso BGH 13.3.1980 – III ZR 156/78, BeckRS 1980, 30388310 zu § 24 I NachbG NRW). Für die Zeit nach Stellung des Duldungsverlangens ergibt sich insoweit aber regelmäßig ein bundesrechtlicher Schadensersatzanspruch, da der Nachbar Maßnahmen, die die Wahrnehmung des Hammerschlags- und Leiterrechts beeinträchtigen würden, nach Treu und Glauben für die benötigte kurze Zeit zurückstellen muss (LG Aachen 21.10.1965 – 6 S 155/64, NJW 1966, 204: einige Wochen; s. weiter → Rn. 32).

Mit der Duldungspflicht korrespondiert ein Benutzungsrecht des Eigentümers des begünstigten Grundstücks, das hinsichtlich des Betretens (und des Übergreifens) als **Hammerschlagsrecht,** hinsichtlich des Aufstellens von Gerüsten oder Geräten als **Leiterrecht** bezeichnet wird (Bauer/Schlick RhPflNRG § 21 Rn. 1; → Rn. 2). Dieses Recht kann er grundsätzlich auch **durch Dritte** wahrnehmen lassen (Dehner B § 28 I 5; zu einer Ausnahme → Rn. 26). 17

In der 1. Variante bezieht sich das Duldungsrecht auf ein Betreten des Nachbargrundstücks. **Betreten** des Nachbargrundstücks meint das bloße Begehen, auch mit Arbeitsmaterial, auch von Gebäuden und Wohnungen (aber → Rn. 26). Nicht erfasst ist das Befahren zur Anlieferung von Arbeitsmaterial oder allgemein die Nutzung als Arbeitsfläche (Käser/Beck BWNotZ 2002, 83 (85); Birk NachbarR BW Anm. 4c; aA OLG Stuttgart 6.6.1996 – 2 U 171/96, nv; Reich NRG BW § 7c Rn. 5; Bauer/Schlick RhPflNRG § 21 Rn. 5, für die insoweit gleich lautende Regelung des § 21 I RhPflNRG). Das Befahren kann aber im Rahmen von Annexarbeiten zu dulden sein, → Rn. 16. 18

In der 2. Variante bezieht sich das Duldungsrecht auf das **Benutzen** des Nachbargrundstücks durch Aufstellen und Übergreifen von Gerüsten und Geräten. **Gerüste** sind Anlagen, die als Steighilfe und Arbeitsplattform zur Durchführung von Bauarbeiten an bauliche Anlagen herangestellt werden. Auch Leitern fallen darunter (Dehner B § 28 I 4c). **Geräte** sind Werkzeuge oder Maschinen, die zur Durchführung von Bauarbeiten benötigt werden; auch vorübergehende Leitungen für Baustrom oder Bauwasser zählen dazu (VKKKK Rn. 1; Birk NachbarR BW Anm. 4b), ferner Konstruktionshilfen wie Seile oder Halterungen, Baustoffe (ieS) und Baustelleneinrichtungen (zB Baubaracke, WC) hingegen nicht (Käser/Beck BWNotZ 2002, 83 (85); Birk NachbarR BW Anm. 4d). **Aufgestellt** werden Gerüste und Geräte, indem sie an einen Ort verbracht und dort funktionstüchtig gemacht (zB zusammengebaut) werden. Gerüste oder Geräte **greifen über,** wenn sie das Nachbargrundstück lotgerecht zur Grenze überragen. Dies ist auch bei **Turmdrehkränen** der Fall, die auf dem Baugrundstück stehen und mit ihrem Ausleger durch den Luftraum über das Nachbargrundstück schwenken (OLG Karlsruhe 11.12.1991 – 6 U 121/91, NJW-RR 1993, 91; ebenso OLG Frankfurt a. M. 11.1.2011 – 4 W 43/10, NJOZ 2011, 1015 (1016) für die vergleichbare Rechtslage in Hessen; OLG München 15.10.2020 – 8 U 5531/20, NJW-RR 2020, 1470 Rn. 13 für die vergleichbare Rechtslage in Bayern). Damit ist zumindest das Prozedere des Abs. 2 einzuhalten. Zudem stellt jedes Einschwenken eines Baukrans in den Luftraum über dem Nachbargrundstück – ob mit oder ohne Lasten – eine Beeinträchtigung des Besitzes 19 iSd § 858 BGB dar (OLG Stuttgart 24.8.2022 – 4 U 74/22, NJOZ 2023, 41 Rn. 4). Ob ein Duldungsanspruch nach Abs. 1 gegeben ist, muss im Einzelfall durch Güterabwägung ermittelt werden, wobei ein solcher angesichts der öffentlich-rechtlichen Anforderungen an einen solchen Kranbetrieb (Materialprüfung, Abnahme, Arbeitsschutz) regelmäßig gegeben sein wird, wenn kein Lastentransport über das Nachbargrundstück stattfindet. Hierbei ist auch § 905 S. 2 BGB zu beachten, so dass schon bundesrechtlich ein Abwehranspruch versperrt ist, wenn der Kran in großer Höhe überschwenkt und dabei keine Lasten transportiert (OLG Düsseldorf 26.2.2007 – 9 W 105/06, NZM 2007, 582 (583): kein Schutz vor einem in 25m Höhe überschwenkenden Baukran; ebenso OLG Karlsruhe 19.12.2007 – 9 U 163/05, BeckRS 2009, 17472, zu III.; aA OLG Frankfurt a. M. 11.1.2011 – 4 W 43/10, NJOZ 2011, 1015 (1016): § 905 S. 2 BGB greift nicht bei einem 20–25 m hohen Baukran). Erfolgt über das Nachbargrundstück auch der Lastentransport, darf der Nachbar dies grds. abwehren (OLG Karlsruhe 19.12.2007 – 9 U 163/05, BeckRS 2009, 17472, zu III., das eine abstrakte Gefahr bzw. die bloße Befürchtung einer Schädigung genügen lässt; ebenso OLG Düsseldorf 26.2.2007 – 9 W 105/06, NZM 2007, 582 (583), für die vergleichbare Rechtslage in NRW; aA Kamp NZBau 2024, 8 (12), der eine objektive Beeinträchtigung fordert); die Abwägung führt mithin im Regelfall zu einem Verbot des Überschwenkens.

20 6. **Abs. 2 S. 1** bestimmt als **formelle Voraussetzung** des Duldungsanspruchs, dass der Eigentümer des begünstigten Grundstücks jede Inanspruchnahme des Nachbargrundstücks **zwei Wochen vor Beginn** der Beanspruchung **anzeigt.** Die Anzeige soll dem Nachbarn ermöglichen, das Vorhaben zu prüfen und ggf. Maßnahmen zur Vermeidung oder Verminderung von Schäden zu treffen. Dazu ist nicht nur über die **Nutzung an sich,** sondern auch – über den Wortlaut des Abs. 2 S. 1 hinaus – über den **Zweck und Umfang der Inanspruchnahme** (zB das Betreten oder Aufstellen von Geräten) aufzuklären (Birk NachbarR BW Anm. 5; auch → Rn. 2: „wann, wozu und in welchem Umfang"; ebenso BGH 14.12. 2012 – V ZR 49/12, NZM 2013, 243 Rn. 13, zum inhaltsgleichen § 16 I NachbG NRW: „… erforderlich, sowohl den Beginn der Arbeiten nach Tag und Uhrzeit anzugeben als auch … den voraussichtlichen Umfang der Arbeiten so genau wie möglich zu umreißen, also die Maßnahme konkret zu bezeichnen. Da der Verpflichtete sich auch darauf einstellen können muss, in welchem Umfang er sein Grundstück freizuhalten hat, sind Art und Umfang der beabsichtigten Grundstücksnutzung ebenfalls anzugeben. Schließlich sind Angaben zu der voraussichtlichen Dauer der Arbeiten notwendig"). Hierzu ist Einsicht in Planunterlagen zu gestatten, wenn anders die Duldungspflicht nicht bestimmt werden kann. Damit gibt der Inhalt der Anzeige auch den Umfang des Duldungsrechts vor (aA wohl Birk NachbarR BW Anm. 7c). Hat der Duldungsberechtigte nur ein Betreten angekündigt, muss er **erneut** unter Wahrung der zweiwöchigen Ankündigungsfrist **anzeigen,** wenn er zB ein Gerüst aufstellen will. Aus dem Anzeigeerfordernis folgt, dass der Berechtigte das Nachbargrundstück nicht schon vor Fristablauf beanspruchen darf (aA Reich NRG BW § 7c Rn. 10). Mit den Arbeiten darf nur eher begonnen werden, wenn der Duldungsverpflichtete einem früheren Beginn zustimmt. Die Anzeigepflicht **entfällt** in den Fällen des § 904 BGB, also zur Abwehr einer akuten Gefahr (Bassenge/Olivet NachbG Schl.-H. § 17 Rn. 18).

21 Einer ausdrücklichen Zustimmung des Nachbarn bedarf es zur Ausübung des Duldungsrechts nicht. Erklärt sich der Nachbar nicht, darf der Berechtigte das Nachbargrundstück ohne weiteres für die Durchführung der Arbeiten betreten und nutzen. Verweigert der Nachbar dies, darf der Berechtigte das Recht – außer in dem Fall des Notstands (§ 904 BGB) – nicht im Wege der Selbsthilfe durchsetzen, sondern muss einen gerichtlichen **Duldungstitel** erwirken (OLG Karlsruhe 19.12.2007 – 9 U 163/05, BeckRS 2009, 17472; ebenso BGH 14.12.2012 – V ZR 49/12, NZM 2013, 243 Rn. 15, zum insoweit inhaltsgleichen § 16 I NachbG NRW), auch wenn die Baumaßnahme dadurch für längere Zeit blockiert wird. IdR ergeht ein Duldungstitel nicht per einstweiliger Verfügung, weil ansonsten die Hauptsache vorweggenommen wird. Eine sog. Leistungsverfügung ist zur Durchsetzung des Anspruchs wegen widerrechtlicher Besitzentziehung durch verbotene Eigenmacht nach §§ 858, 861

BGB zulässig, ansonsten neben Fällen der Existenzgefährdung und Notlage des Antragstellers als Eilmaßnahme aber nur dann, wenn die geschuldete Handlung oder Leistung zwar keine Notmaßnahme (dazu → Rn. 22), aber doch so **kurzfristig** zu erbringen ist, dass die Erwirkung eines Titels erst im Hauptsacheverfahren irreversible Fakten schaffen würde, der Verweis auf das ordentliche Verfahren also einer Rechtsverweigerung gleichkäme (OLG Celle 24.11. 2014 – 2 W 237/14, NJW 2015, 711 Rn. 10f.; s. auch OLG Frankfurt a. M. 6.2.2009 – 4 W 72/08, BeckRS 2009, 08071: Erneuerung einer Heizungsanlage zwischen 2 Heizperioden). Diese Voraussetzungen werden nicht oft vorliegen. Auch im Klageverfahren muss der Duldungsberechtigte mit der Nutzung des Nachbargrundstücks aber nicht bis zum Eintritt der Rechtskraft warten, weil die Entscheidung von Amts wegen für vorläufig vollstreckbar zu erklären ist (§§ 708, 709 ZPO). Der Berechtigte muss nur die Ankündigungsfrist wahren. Im Zweifel ist dies im Zwangsvollstreckungsverfahren gem. § 726 I ZPO durch öffentliche oder öffentlich beglaubigte Urkunde nachzuweisen (BGH 14.12.2012 – V ZR 49/12, NZM 2013, 243 Rn. 17); zweckmäßigerweise wird der Kläger den Duldungsantrag daher so fassen, dass mit den Arbeiten zwei Wochen nach Zustellung des Urteils an den Beklagten begonnen werden darf; damit genügt der Kläger seiner Ankündigungspflicht. Widerspricht der Nachbar im Fall eines Kranüberschwenkens, obwohl der Kran keine Lasten über sein Grundstück schwenkt, trägt er regelmäßig die Kosten des Duldungsprozesses und macht sich zudem schadensersatzpflichtig, weil die Baustelle nicht weiterbetrieben werden kann.

Entbehrlich ist ein Duldungstitel gem. § 904 S. 1 BGB bei Bestehen einer Notstandslage wie etwa einem schweren Unwetterschaden (ebenso BGH 14.12.2012 – V ZR 49/12, NZM 2013, 243 Rn. 15f., zum insoweit inhaltsgleichen § 16 I NachbG NRW); in diesem Fall ist der Berechtigte auch nicht verpflichtet, seinen Duldungsanspruch durch einstweilige Verfügung zu erwirken. Außerdem ist ein Duldungstitel entbehrlich, wenn der Nachbar nicht innerhalb der Ankündigungsfrist widerspricht; andernfalls hätte die Frist keine Bedeutung. Ein Unterlassungs- oder Beseitigungsanspruch (nach § 1004 I BGB oder § 862 I BGB) ist dann verfristet. Wird die Ankündigung zu kurz gewählt oder erst nach Beginn der Nutzung des Nachbargrundstücks vorgenommen, wird die Anzeige dadurch aber nicht unwirksam. Die Einspruchsmöglichkeit des Nachbarn endet dann zwei Wochen nach Zugang der Anzeige. 22

Die Anzeige sollte, muss aber nicht schriftlich erfolgen. Als geschäftsähnliche Handlung setzt sie Geschäftsfähigkeit voraus. Die Frist beginnt mit Zugang der Anzeige (§ 130 BGB). Die Vorschriften der §§ 187, 188 BGB zur Fristberechnung gelten nicht (aA Reich NRG BW § 7c Rn. 10; SFP NachbG NRW/Peter NachbG NRW § 16 Rn. 2, für die vergleichbare Regelung des § 16 I NachbG NRW). 23

Die Bedeutung der Anzeige unterstreicht das Gesetz durch die ausführliche Regelung der Frage, an wen die **Anzeige zu richten** ist. Grundsätzlich sind der **Eigentümer und** – sofern abweichend – auch der (unmittelbare, s. Abs. 2 S. 2) **Besitzer des Nachbargrundstücks** zu informieren. An den Besitzer allein darf die Anzeige nur gerichtet werden, wenn der Eigentümer aus dem Grundbuch nicht ersichtlich ist (Abs. 2 **S. 2**), der Anzeiger ihn nicht kennt oder sich die Adresse nicht kurzfristig (zB durch Anfrage beim Einwohnermeldeamt) ermitteln lässt (Abs. 2 **S. 3**); kurzfristig ist hierbei ein Zeitraum von wenigen Tagen, idR von nicht mehr als einer Woche (anders Reich NRG BW § 7c Rn. 12: nicht länger als die vorgesehene Reaktionszeit). In diesem Fall ist der Besitzer Adressat und Notadressat zugleich. 24

7. Dem **Umfang** nach besteht die Möglichkeit des Betretens und Benutzens zum Aufstellen und Übergreifen von Gerüsten und Geräten soweit, als die Beanspruchung des Nachbargrundstücks zur Durchführung der Baumaßnahmen **notwendig** ist (Abs. 1). Dies impliziert zunächst, dass die geforderte Duldung **möglich** sein muss. Die Nutzung ist auch dann aber auf erforderliche Maßnahmen beschränkt. Dies kann zu **Einschränkungen in zeitlicher und inhaltlicher Hinsicht** führen. In zeitlicher Hinsicht muss der Berechtigte alles tun, um die Arbeiten, die eine Inanspruchnahme des Nachbargrundstücks bedingen, zu beschleunigen. Inhaltlich ist darauf zu achten, dass die Beanspruchung des Nachbargrundstücks 25

§ 7d

auf das Notwendige beschränkt wird. In aller Regel werden sich die Arbeiten auf den unmittelbaren Bereich der Nachbargrenze konzentrieren müssen. Notwendig sein muss nur die Benutzung des Nachbargrundstücks. Auf die Notwendigkeit der Bau- oder Unterhaltungsmaßnahmen kommt es hingegen nicht an.

26   8. Weitergehend wird man zum Schutz des Nachbargrundstücks verlangen müssen, dass die Maßnahmen dem **Verhältnismäßigkeitsgrundsatz** entsprechen (Dehner B § 28 I 2b, 5; Reich NRG BW § 7c Rn. 8; ähnlich VKKKK Rn. 2: das Nachbargrundstück ist zu schonen; vgl. auch GLS NachbarR-HdB/Saller Kap. 4 Rn. 125). Dies gebietet auch die Berücksichtigung von Liebhaberinteressen, zB das Schonen von Pflanzen mit besonderem Erinnerungswert (Bassenge/Olivet NachbG Schl.-H. § 17 Rn. 10). In zeitlicher Hinsicht ergibt sich daraus, dass die Beanspruchung **nicht zur Unzeit,** etwa kurz vor dem Abernten des landwirtschaftlich genutzten Nachbargrundstücks, erfolgen darf. Die Nutzungsdauer ist möglichst kurz zu halten. Inhaltlich sind ggf. **begleitende Schutzmaßnahmen** zu fordern, zB eine Vorrichtung, die vor herabfallendem Bauschutt schützt. Geht es um das Betreten von Gebäuden, Geschäfts- oder Privaträumen, fordert Art. 13 GG, der bei der Auslegung auch von privatrechtlichen Vorschriften zu berücksichtigen ist, dass dies auf das Unerlässliche zu beschränken ist (iErg Dehner B § 28 I 4g; Bauer/Schlick RhPflNRG § 21 Rn. 5); letztlich wird ein Recht zum **Betreten geschützter Räume** damit nur unter den Voraussetzungen des § 904 BGB (Notstand) zu bejahen sein (aA Reich NRG BW § 7c Rn. 7; anders auch GLS NachbarR-HdB/Saller Kap. 4 Rn. 127: Betretungsrecht, wenn das Landesrecht dies ausdrücklich zulässt). Auch im Hinblick auf die **Häufigkeit** der Benutzung bestehen Grenzen; so sind Unterhaltungsmaßnahmen wie das Streichen der Grenzwand dem Nachbarn nicht in jährlichem Turnus zuzumuten (Birk NachbarR BW Anm. 2a). Aus dem Verhältnismäßigkeitsgrundsatz ergeben sich unter Umständen Beschränkungen auch im Hinblick auf die **Person,** die die Arbeiten durchführt: Sind die Nachbarn miteinander verfeindet, wird es dem Duldungsberechtigten zuzumuten sein, die Arbeiten auf dem Nachbargrundstück von einem Dritten ausführen zu lassen (AG Ludwigsburg 3.2.2010 – 1 C 2138/09, DWW 2010, 191; Pelka NachbarR BW 143; Dehner B § 28 I 5; ebenso Bauer/Schlick RhPflNRG § 21 Rn. 14; Schäfer NachbG NRW § 24 Rn. 12); Schwarzarbeit wird der Nachbar dabei wohl nicht abwenden dürfen (aA Bauer/Schlick RhPflNRG § 21 Rn. 14). Hilfskräfte darf der Berechtigte ansonsten immer heranziehen, sofern sie zur Ausübung des Duldungsrechts, etwa zum Aufbau oder Transport erforderlich sind (Reich NRG BW § 7c Rn. 6).

27   **9. Fälligkeit und Verjährung:** Der Duldungsanspruch entsteht und wird fällig, sobald das Duldungsrecht geltend gemacht wird (vgl. OLG Hamm 8.7.1991 – 5 U 49/91, NJW-RR 1992, 723). Da dieses Recht einer Dienstbarkeit ähnelt, unterliegt es nicht der Verjährung.

28   **10. Abs. 3 S. 1** bestimmt eine **Schadensersatzpflicht** für die Beanspruchung des Nachbargrundstücks (allg. → Einl. Rn. 57 ff.). Damit ist der Nachbar nicht gezwungen, den Störer zunächst aufzufordern, die Folgen selbst zu beseitigen. Gemeint ist jeder konkrete Schaden iSd §§ 249 ff. BGB, der zB durch Beschädigung von Pflanzen oder Grenzeinrichtungen (dazu → § 7c Rn. 6) entsteht. Zu ersetzen ist nicht nur der reine Sachschaden, sondern auch ein etwaiger Vermögensschaden, wie er bei zeitweiliger Unbenutzbarkeit des in Anspruch genommenen Grundstücks eintreten kann, zB Mietausfall. Abstrakter Nutzungsausfall (zB bei nicht vermieteten Grundstücksbestandteilen wie Garage, Terrasse, Garten) ist (anders als nach § 26 I SaarlNachbG, dazu OLG Saarbrücken 5.9.2018 – 5 U 24/18, BeckRS 2018, 24827 Rn. 15 ff.; anders auch Art. 46b VI 1 BayAGBGB, dazu Grziwotz/Saller BayNachbarR Teil 4 Rn. 22) auch bei längerer Inanspruchnahme nicht auszugleichen (vgl. BGH 5.3.1993 – V ZR 87/91, NJW 1993, 1793 (1794)). Der Schaden muss auf der Inanspruchnahme beruhen; Schäden, die nur anlässlich der Nutzung entstehen (zB ein Diebstahls- oder Personenschaden), fallen nicht darunter (ebenso SFP NachbG NRW/Peter NachbG NRW § 17 Rn. 3). Die Benutzung an sich ist zu dulden und damit kostenfrei (Birk NachbarR BW Anm. 6b).

Der Ersatzanspruch setzt **kein Verschulden** voraus (VKKKK Rn. 8; Reich NRG BW 29
§ 7c Rn. 13). Eine Haftungshöchstgrenze sieht das Gesetz nicht vor, weil sich die Schäden,
die in Betracht kommen, ohnehin in engen Grenzen bewegen. Der Anspruch kann durch
ein **Mitverschulden** des Duldungspflichtigen gem. § 254 BGB zu kürzen sein (ebenso SFP
NachbG NRW/Peter NachbG NRW § 17 Rn. 2). Der **Haftpflichtversicherer** des ersatzpflichtigen Grundeigentümers hat für den Schaden einzutreten, da die Ersatzpflicht zu den
gesetzlichen Haftpflichtbestimmungen privatrechtlichen Inhalts iSd Ziff. 1.1 AHB gehört
(auch → § 7b Rn. 21). Bei eigenmächtiger Nutzung des Nachbargrundstücks ergibt sich der
Schadensersatzanspruch (dann verschuldensabhängig) wegen Eigentumsverletzung aus § 823
I BGB (LG Tübingen 20.11.2008 – 1 S 233/05, BeckRS 2009, 87313).

11. Gemäß Abs. 3 S. 2 hat der Duldungsberechtigte für einen zu erwartenden Schaden 30
auf Verlangen des Eigentümers des Nachbargrundstücks **Sicherheit zu leisten.** Das kann
durchaus einen hohen Betrag ausmachen (s. etwa OLG Frankfurt a. M. 11.1.2011 – 4 W 43/
10, NJOZ 2011, 1015 (1017): 25.000 EUR). Zu Einzelheiten s. die Ausführungen in → § 7b
Rn. 22, 23. Stellt sich erst nach Beginn der Arbeiten heraus, dass mit Schäden zu rechnen ist,
kann die Sicherheit auch noch später verlangt werden (ebenso SFP NachbG NRW/Peter
NachbG NRW § 17 Rn. 8).

12. Hinsichtlich der vorgenannten Ansprüche **berechtigt** ist der Eigentümer des begüns- 31
tigten Grundstücks, damit auch der Miteigentümer (§ 1011 BGB), aufgrund § 11 I 1 ErbbauRG der Erbbauberechtigte und bei Wohnungseigentum die Eigentümergemeinschaft, sofern es um gemeinschaftliches Eigentum (§ 1 V WEG) geht. Ob auch der (berechtigte)
Besitzer aktivlegitimiert ist, ergibt sich aus dem Gesetz nicht. Abs. 3 S. 1 spricht dagegen,
betrifft aber nur das Sonderproblem der Schadensersatzpflicht. Richtigerweise wird man auch
den berechtigten Besitzer als Inhaber des Hammerschlags- und Leiterrechts anzusehen haben,
da ansonsten eine Selbstvornahme des Mieters nach § 536a II BGB praktisch unmöglich wäre
(iErg Pelka NachbarR BW 143; VKKKK § 7d Rn. 5; Reich NRG BW § 7c Rn. 6; aA Birk
NachbarR BW § 7d Anm. 4; Käser/Beck BWNotZ 2002, 83 (85)). **Verpflichtet** ist der Eigentümer des Nachbargrundstücks, damit auch der Miteigentümer (§ 1011 BGB), aufgrund
§ 11 I 1 ErbbauRG der Erbbauberechtigte und bei Wohnungseigentum die Eigentümergemeinschaft, zum anderen der Besitzer des Nachbargrundstücks (arg. Abs. 1 und Abs. 2; Abs. 3,
der nur vom Eigentümer spricht, ist insoweit zu ergänzen; aA Käser/Beck BWNotZ 2002,
83 (85)); das ist derjenige, der dieses Grundstück aufgrund eines (nicht unbedingt wirksamen)
schuldrechtlichen Besitzmittlungsverhältnisses zur Miete, Pacht oder Ähnliches nutzt; allerdings ist zweifelhaft, ob Art. 124 EGBGB überhaupt eine Einschränkung von Besitzrechten
zulässt (hierzu → Einl. Rn. 21).

IV. Ergänzende Vorschriften

1. § 7d ist Schutzgesetz iSd **§ 823 II BGB,** da die Regelung Vermögensinteressen des 32
Eigentümers des begünstigten Grundstücks schützt (aA Käser/Beck BWNotZ 2002, 83, 86;
Birk NachbarR BW Anm. 7b; diese stellen auf die Verletzung eines gesetzlichen Schuldver-
hältnisses ab; die Schutzgesetzqualität verneint auch Reich NRG BW § 7c Rn. 9, der sich
in Rn. 13 zudem für einen Vorrang des landesrechtlichen § 7d III 1 ausspricht, sowie OLG
Düsseldorf 23.1.1998 – 22 U 119/97, NJW-RR 1999, 102 (103), für die vergleichbare
Regelung des § 24 I NachbG NRW; ablehnend auch Bauer/Schlick RhPflNRG Einl.
Rn. 2; Bassenge/Olivet NachbG Schl.-H. § 17 Rn. 1). Verhindert der Duldungsverpflichtete
schuldhaft eine nach § 7d erlaubte Benutzung seines Grundstücks, macht er sich dem Duldungsberechtigten gegenüber somit auch nach Bundesrecht schadensersatzpflichtig.

2. § 904 S. 1 BGB sieht vor, dass das Nachbargrundstück bei gegenwärtiger Gefahr be- 33
nutzt werden darf.

3. Gemäß **§ 905 S. 2 BGB** wie auch nach den Grundsätzen des nachbarlichen Gemein- 34
schaftsverhältnisses (hierzu → Einl. Rn. 25 ff.) ist eine vorübergehende **Grundstücksbefes-**

§ 7d

tigung (etwa durch Rückverankerung einer Bohrpfahlwand im Nachbargrundstück) gegen Leistung eines angemessenen Ausgleichs zu dulden, wenn das geplante Vorhaben baurechtlich genehmigt ist und bei Beachtung der allgemein anerkannten Regeln der Baukunst eine wesentliche Gefährdung des Nachbargrundstücks ausgeschlossen werden kann, kleinere Schäden dauerhaft saniert werden können, eine wesentliche merkantile Wertminderung des Nachbargrundstücks nicht eintritt und das Bauvorhaben sonst überhaupt nicht oder nur unter größeren Gefahren oder mit unverhältnismäßig hohen Kosten durchgeführt werden kann (OLG Stuttgart 2.12.1993 – 7 U 23/93, NJW 1994, 739 (740); s. auch BGH 27.6.1997 – V ZR 197/96, NJW 1997, 2595 (2596): Schutzvorkehrungen grundsätzlich nur auf dem eigenen Grundstück erlaubt). Gleiches dürfte für unumgängliche, vorübergehende **Abgrabungsarbeiten** auf dem Nachbargrundstück gelten.

35   4. § 922 BGB gibt ein Benutzungsrecht im Zusammenhang mit Einrichtungen iSd § 921 BGB. Solche Grenzeinrichtungen sind Anlagen im Grenzbereich von Grundstücken, die im Regelfall von der Grenzlinie geschnitten werden (BGH 7.3.2003 – V ZR 11/02, NJW 2003, 1731; zu einer Ausnahme bei Grenzwegen s. OLG Saarbrücken 15.3.2006 – 1 U 311/05, MDR 2006, 1166) und beiden Grundstücken dienen (BGH 18.5.2001 – V ZR 119/00, NJW-RR 2001, 1528 (1529); 13.7.2018 – V ZR 308/17, NJW-RR 2019, 78 Rn. 20). § 921 BGB greift auch dann, wenn eine eindeutige Zuordnung der Anlage zu einem der benachbarten Grundstücke nicht möglich ist.

36   5. Bei Wohnungseigentum ist der Wohnungseigentümer nach **§ 14 I Nr. 2 WEG** verpflichtet, das Betreten und Benutzen seines Sondereigentums zu gestatten, sofern dies erforderlich ist, zB weil am gemeinschaftlichen Eigentum (§ 1 V WEG) Arbeiten durchzuführen sind. Verbindungen zum Hammerschlagsrecht bestehen etwa, wenn es um eine Balkonbenutzung geht.

37   6. Ein Betreten des Nachbargrundstücks zum Zweck invasiver Baumaßnahmen oder über den Fall einer Baumaßnahme hinaus (zB zur Gartenpflege) lässt sich in Einzelfällen aus dem **nachbarlichen Gemeinschaftsverhältnis** (→ Einl. Rn. 27) herleiten (etwa OLG Düsseldorf 31.7.1991 – 9 W 79/91, NVwZ-RR 1992, 528, für die Parallelregelung des § 24 I NachbG NRW). Das betrifft etwa den Fall, dass der Einlass einer zum Schutz eines tiefer gelegenen Grundstücks angelegten Rohrleitung nicht ordnungsgemäß errichtet, erhalten oder gewartet wurde. Nicht der Eigentümer des höher gelegenen Grundstücks ist verpflichtet, durch Erhaltung und Reinigung eines solchen Abflusses für einen ausreichenden Schutz der tiefer gelegenen Grundstücke zu sorgen; vielmehr haben grundsätzlich deren Eigentümer sich um den Schutz ihrer Grundstücke zu kümmern, wozu sie berechtigt sein können, auf dem höher gelegenen Grundstück die dafür erforderlichen Maßnahmen (etwa durch Anlegen eines Rohres) zum Schutz ihrer Grundstücke vor wild abfließendem Oberflächenwasser zu ergreifen; eine solche Befugnis kann auch durch behördliche Anordnung begründet werden (BGH 17.10.2013 – V ZR 15/13, NZM 2014, 366 Rn. 10 – Schlammlawine).

38   7. Gemäß **§ 52 I NatSchG** sind Bedienstete und Beauftragte von Naturschutzbehörden und Gemeinden unter Umständen befugt, nach entsprechender Benachrichtigung Grundstücke und Gebäude zu betreten (S. 1). Sie dürfen dort Prüfungen und Besichtigungen vornehmen, Vermessungen, Bodenuntersuchungen oder ähnliche Arbeiten ausführen, soweit dies zur Vorbereitung oder Durchführung von Maßnahmen nach dem NatSchG geboten ist (S. 2).

39   8. **§ 41 I 1 Nr. 2 WHG** bestimmt, dass ein Betreten und vorübergehendes Benutzen eines fremden Grundstücks zu dulden sind, sofern es zur ordnungsgemäßen Unterhaltung eines Gewässers erforderlich ist. Gleiches gilt nach **§ 11 I WaStrG** für die Unterhaltung von Bundeswasserstraßen.

40   9. **§ 28 I LWaldG** räumt Waldbesitzern die Möglichkeit zur Benutzung von Nachbargrundstücken ein, wenn sonst die forstliche Bewirtschaftung ihres Waldes (insbesondere die

Holzfällung und die Abfuhr von Walderzeugnissen, s. Dehner B § 28 V 1) nicht oder nur mit unverhältnismäßig hohem Aufwand möglich ist. Zur Rechtsbegründung ist ein Verwaltungsakt der Forstbehörde erforderlich, dessen Erlass in ihrem **Ermessen** steht und mit dem sie den Eigentümer oder Nutzungsberechtigten des Nachbargrundstücks zur Gestattung der Inanspruchnahme des Grundstücks verpflichtet. Waldbesitzer sind nach § 4 Nr. 1 LWaldG der Waldeigentümer und die sonstigen Nutzungsberechtigten. Immer erforderlich ist, dass der Waldbesitzer sich bereit erklärt, den durch die Benutzung entstehenden Schaden zu beheben oder zu ersetzen, und dass er auf Verlangen des Nachbarn Sicherheit in Höhe des voraussichtlichen Schadens leistet (§ 28 I 2 LWaldG). Zum Begriff der Voraussichtlichkeit → § 7b Rn. 22.

10. Anlieger haben in entsprechender Auslegung des **§ 13 I StrG** im Rahmen des Gemeingebrauchs die Möglichkeit, öffentlichen Straßenraum etwa zum Abstellen von Gegenständen zu nutzen, soweit dies für eine angemessene Grundstücksnutzung unabdingbar ist (sog. **Anliegergebrauch,** dazu Lorenz/Will StrG BW StrG § 13 Rn. 41 ff.). **41**

11. § 50 BWAGBGB sieht die Weitergeltung von nach Art. 234 WürttAGBGB 1931 bestellten Überfahrts- und Trepprechten vor. Das **Überfahrtsrecht** gibt die Befugnis, im Frühjahr zur Bestellung und im Herbst zur Ernte über landwirtschaftlich genutzte Nachbargrundstücke zu fahren (Dehner B § 28 IV). Das **Trepprecht** hat zum Inhalt, beim Pflügen und Eggen mit dem Spannvieh auf dem Nachbargrundstück umwenden zu dürfen (Art. 234 S. 1 WürttAGBGB 1931; ähnlich das Rädlesrecht, dazu → § 11 Rn. 4); der Pflug darf dabei auf dem Nachbargrundstück nicht angesetzt werden (Dehner B § 28 IV). Hinsichtlich des Umfangs dieses Rechts ist modernen Bewirtschaftungsmethoden Rechnung zu tragen. Damit dürfen auch Traktoren und Erntemaschinen verwendet werden (Bogenschütz RdL 2003, 113 (115); GLS NachbarR-HdB/Saller Kap. 4 Rn. 135; aA Dehner B § 28 IV; Kühnle/Vetter, Das baden-württembergische Nachbarrecht, 13. Aufl. 1975, 96). Das Trepprecht erlischt, sobald das belastete Grundstück als Bauland genutzt wird (GLS NachbarR-HdB/Saller Kap. 4 Rn. 135; ebenso für das rechtsähnliche Schwengelrecht OVG Bremen 14.2.1989 – 1 BA 64/88, NVwZ-RR 1990, 62; anders für das an sich rechtsähnliche bayerische Anwenderecht, das dadurch nur ruhend gestellt wird, s. Grziwotz/Saller BayNachbarR Teil 4 Rn. 33). Beide Rechte konnten als Grunddienstbarkeit nur mit behördlicher Zustimmung bestellt werden (Art. 234 S. 2 WürttAGBGB 1931), sind also amtlich dokumentiert. Sie sind so auszuüben, dass die belasteten Grundstücke möglichst **geschont** werden (Art. 235 I WürttAGBGB 1931). Die Begründung eines solchen Rechts ist auf gesetzlicher Grundlage nach Aufhebung der Art. 234, 235 WürttAGBGB 1931 seit dem 1.1.1975 nicht mehr möglich (§ 52 BWAGBGB). **42**

§ 7e Benutzung von Grenzwänden

(1) **Grenzt ein Gebäude unmittelbar an ein höheres, so hat der Eigentümer des höheren Gebäudes zu dulden, daß die Schornsteine und Lüftungsleitungen des niedrigeren Gebäudes an der Grenzwand seines Gebäudes befestigt werden, wenn dies zumutbar und die Höherführung zur Betriebsfähigkeit erforderlich ist.**

(2) **In den Fällen des Absatzes 1 hat der Eigentümer des höheren Gebäudes auch zu dulden, daß die Reinigung der Schornsteine und Lüftungsleitungen, soweit erforderlich, von seinem Gebäude aus vorgenommen wird und die hierfür nötigen Einrichtungen in oder an seinem Gebäude hergestellt und unterhalten werden.**

(3) **§ 7d Abs. 3 gilt entsprechend.**

Parallelvorschriften: Bayern: –; Berlin: § 19 NachbG Bln; Brandenburg: § 25 BbgNRG; Bremen: –; Hamburg: –; Hessen: §§ 36, 37 HessNachbRG; Mecklenburg-Vorpommern: –; Niedersachsen: § 49 NNachbG; Nordrhein-Westfalen: § 26 NachbG NRW; Rheinland-Pfalz: §§ 17–20 RhPflNRG; Saarland: §§ 21–23 SaarlNachbG; Sachsen: §§ 26–29 SächsNRG; Sachsen-Anhalt: § 21 LSANbG; Schleswig-Holstein: §§ 20, 21 NachbG Schl.-H.; Thüringen: §§ 17–20 ThürNRG.

§ 7e

I. Inhalt der Regelung

1 § 7e bestimmt eine Duldungspflicht für den Fall, dass beide Nachbarn Gebäude errichtet haben, die an die Grundstücksgrenze stoßen, und die Grenzwände dieser Gebäude eine unterschiedliche Höhe aufweisen. In diesem Fall muss derjenige, auf dessen Grundstück das höhere Gebäude steht, dulden, dass Schornsteine und Lüftungsleitungen des anderen Gebäudes an seinem Gebäude befestigt werden, wenn ihm dies zumutbar und der Anbau zur Betriebsfähigkeit nötig ist. Er muss dann auch dulden, dass die Reinigung dieser Anlagen, soweit nötig, von seinem Gebäude aus erfolgt. Im Gegenzug steht ihm Ersatz des im Zusammenhang mit dieser Gebäudenutzung entstandenen Schadens und bei Absehbarkeit eines solchen Schadens Sicherheitsleistung zu.

II. Normgebung

2 Zur Normgeschichte → Vor §§ 7a–7f Rn. 3. Die Regelung entspricht bis auf das Kriterium der Zumutbarkeit wortgleich § 172 BBauG-E. Hierzu heißt es im Regierungsentwurf zum BBauG: „Diese Vorschrift trägt einem Bedürfnis der Praxis Rechnung. Nach den bauordnungsrechtlichen Vorschriften müssen Schornsteine und Lüftungsleitungen standsicher angelegt und so gestützt werden, daß eine gute Absaugwirkung erzielt wird. Bei unmittelbar aneinander grenzenden, verschieden hohen Gebäuden kann diesen Anforderungen oft nur durch Benutzung der Grenz- oder Nachbarwand des höheren Gebäudes genügt werden. Die Benutzung kann durch unmittelbaren Anbau oder durch Befestigung mittels eines Gestänges erfolgen. Es erscheint zweckmäßig, für diesen im Landesrecht teilweise öffentlich-rechtlich geregelten Tatbestand eine privatrechtliche Lösung vorzusehen, die zugleich einen gerechten Ausgleich zwischen den Belangen der beteiligten Grundeigentümer herbeiführt" (RegBegr. vom 16.4.1958, BT-Drs. 3/336, 110).

3 Nach Auffassung des Gesetzgebers dient die Vorschrift (= § 7d in der bis zum 12.2.2014 geltenden Fassung, → Einl. Rn. 187) in erster Linie dazu, eine Rauchbelästigung des Nachbarn durch zu niedrige Schornsteine zu verhüten. Wenn im Einzelfall die Befestigung und Reinigung vom Nachbarhaus nicht durchgeführt werden könnte, würde der Bauende nur einen vom Nachbarhaus unabhängigen niedrigeren Schornstein erstellen. Ein höherer unabhängiger Schornstein wäre sehr teuer, weil er außen oder innen besteigbar sein müsste. Außerdem würde er in den meisten Fällen gegen die Grundsätze der Baugestaltung verstoßen. Um den Nachbarn zu schützen, sollte in Abs. 1 auch die Zumutbarkeit aufgenommen werden (RegBegr. vom 20.8.1963, Beil. 3300 zur 3. Legislaturperiode, S. 6607).

III. Anmerkungen

4 **1.** Abs. 1 und 2 mit ihrer Folgeregelung in Abs. 3 sind landesrechtliche Bestimmungen, die das Eigentum am Grundstück, auf dem das höhere Gebäude steht, spezielleren („anderen" iSd Art. 124 EGBGB) Beschränkungen unterwirft als § 903 BGB. Daher ist § 7e von Art. 124 EGBGB gedeckt, verstößt also nicht gegen Bundesrecht (zur Reichweite des Art. 124 EGBGB → § 7b Rn. 4).

5 **Abs. 1** normiert eine Pflicht zur Duldung der Hochführung von Schornsteinen und Lüftungsleitungen an der Grenzwand des eigenen, höheren Gebäudes. Damit korrespondiert ein entsprechender Duldungsanspruch des Nachbarn.

6 **Gebäude** ist jedes zum Aufenthalt von Menschen dienende Bauwerk (vgl. Dehner B § 24 I 1). **Höher** ist ein Gebäude, wenn es ein anderes überragt. Besteht zwischen den Nachbargrundstücken ein Gefälle, kann auch ein nicht so hohes Gebäude das höhere sein, wenn es das andere überragt (ebenso Bassenge/Olivet NachbG Schl.-H. § 20 Rn. 3). Das niedrigere Gebäude muss unmittelbar (= direkt) an das höhere grenzen, so dass beide Gebäude insoweit mit einer Grenzwand abschließen.

7 **Schornsteine** sind Rußbrand beständige Schächte, die Abgase aus Feuerstätten für feste Brennstoffe über Dach ins Freie leiten (§ 2 III FeuVO).

Benutzung von Grenzwänden § 7e

Lüftungsleitungen kommen nur als Abgasleitungen für eine Hochführung in Betracht. 8
Abgasleitungen sind Leitungen, die Abgase aus Feuerstätten für flüssige oder gasförmige
Brennstoffe ins Freie leiten (§ 2 V FeuVO). Nach einer anderen, inhaltlich übereinstimmenden Definition sind Lüftungsleitungen Leitungen, die Innenräume oder innenräumliche
technische Anlagen wie zB Kühl-, Heizungsanlagen oder Öltanks belüften (Bassenge/Olivet
NachbG Schl.-H. § 20 Rn. 3). Werden sie mit einem Ventilator oder Gebläse betrieben, ist
§ 7e nicht anzuwenden, wenn dabei nicht auch thermische Zug- und Saugkräfte mitwirken
müssen (ebenso Bassenge/Olivet NachbG Schl.-H. § 20 Rn. 2). Das öffentliche Baurecht
stellt in § 30 BWLBO allg. und in § 15 I, II BWLBOAVO besondere Anforderungen (Anbringung der Leitungen ohne Übertragungsgefahr für Feuer und Rauch, Material aus nicht
brennbaren Baustoffen) an Lüftungsanlagen; das sind Leitungen, die in geschlossenen Räumen der Zuführung frischer und Beseitigung verbrauchter Luft dienen (Schlez BWLBO
§ 34 Rn. 9).

Anders als nach den Parallelvorschriften anderer Bundesländer (zB § 17 I RhPfLNRG, 9
§ 26 I NachbG NRW) erfasst § 7e keine Antennen- oder Blitzschutzanlagen. Eine entsprechende Anwendung kommt nicht in Betracht, da § 7e nur Anlagen erfasst, von denen Immissionen ausgehen.

Die Duldungspflicht nach Abs. 1 besteht, sofern die Hochführung zur Betriebsfähigkeit 10
erforderlich und dem Eigentümer des höheren Gebäudes zumutbar ist. Auf die Frage, welches
Gebäude zuerst errichtet wurde, kommt es nicht an, ebenso wenig auf Verschuldensgesichtspunkte.

Die Hochführung muss **zur Betriebsfähigkeit erforderlich** sein. Damit verlangt das 11
Gesetz zum einen, dass auf dem Nachbargrundstück eine **Feuerstelle betrieben** wird. Das
ist ein ständiges Erfordernis. Der Betrieb der Feuerstelle muss **erlaubt** sein. Wird auf dem
Nachbargrundstück statt einer Imbissbude nunmehr eine Eisdiele betrieben, entfällt der Duldungsanspruch, die Leitung ist zu entfernen. Bestandsschutz kommt einer solchen Einrichtung nicht zu. Ist die Nutzung unklar, weil die Feuerstelle derzeit nicht genutzt wird, spricht
eine **Vermutung** gegen das Nutzungserfordernis, wenn die Feuerstelle seit über drei Jahren
nicht mehr betrieben wurde, zB weil die Räume leer stehen. Andernfalls bedarf es für eine
derartige (negative) Vermutung konkreter Anhaltspunkte, zB die Kappung der geschäftsnotwendigen Wasser- oder Stromleitung. Im Zweifel sollte der Eigentümer des höheren Grundstücks den Nachbarn unter Fristsetzung zur Auskunft auffordern und nach erfolglosem Fristablauf **Stufenklage** erheben. Soll die Feuerstelle erst eingerichtet werden, besteht der
Duldungsanspruch, sobald die **Planung umgesetzt,** mit den Baumaßnahmen also begonnen wird. Solange nur geplant wird und nicht alle behördlichen Genehmigungen vorliegen,
steht die Umsetzung des Bauvorhabens noch nicht unmittelbar bevor, so dass der Eigentümer
des Grundstücks, auf dem das höhere Gebäude steht, sein Einverständnis verweigern kann;
§ 7e gibt keinen Anspruch auf Vorratsduldung.

Zur Betriebsfähigkeit erforderlich ist die **Hochführung** zum anderen, wenn die Abluft 12
nicht anders ins Freie geführt werden kann, also die **technischen Regeln,** insbesondere aus
der FeuVO, dies **erfordern.** Betriebsfähig sind Schornsteine und Abgasleitungen nur, wenn
sie über eine ausreichende Zug- und Saugwirkung verfügen (Dehner B § 28a II 2;
Bauer/Schlick RhPfLNRG § 17 Rn. 4). Eine Mündungshöhe unterhalb von Aufbauten
kann immer zu Zugproblemen (Fallwinde) oder Belästigungen (Gestank, Rauchverschmutzung an Giebelwänden) führen (auch → Rn. 2, 3). DIN-Normen bestehen für die wärme-
und strömungstechnische Bemessung von Abgasleitungen mit einer oder mehreren Feuerstätten (DIN EN 13384); die Berechnung von Schornsteinquerschnitten ergibt oftmals eine
notwendige Mündungshöhe über First. Im Übrigen müssen die Mündungen von Schornsteinen und Abgasleitungen nach § 9 I FeuVO den First um mindestens 0,40m überragen
oder von der Dachfläche mindestens 1m entfernt sein (differenzierend allerdings § 19 der
1. BImSchV vom 26.1.2010, BGBl. I 38). DIN-Normen bestehen ferner für die Planung und
Ausführung von Abgasanlagen (DIN EN 15287 sowie die nationale Vornorm DIN V
18160 Teil 1). Zur Betriebsfähigkeit gehört die Einhaltung weiterer hierzu ergangener Vor-

§ 7e 1. Abschnitt. Gebäude

schriften des öffentlichen Rechts (zB § 32 BWLBO, § 15 BWLBOAVO, § 22 BImSchG), vor allem hinsichtlich der Baugestaltung.

13   An der Erforderlichkeit zur Hochführung **fehlt** es, wenn die Zug- und Saugleistung durch Verringerung oder Vergrößerung der Leitungsquerschnitte oder durch zulässige Erhöhung der Abgastemperatur erreicht werden kann (Bassenge/Olivet NachbG Schl.-H. § 20 Rn. 5). Auch darf es nicht möglich sein, die erhöhten Schornsteine oder Lüftungsleitungen technisch fachgerecht und bauordnungsrechtlich zulässig anders zu befestigen, wobei eine dadurch hervorgerufene Verunstaltung auf dem eigenen Grundstück (vorbehaltlich öffentlich-rechtlicher Gestaltungsanforderungen, → Rn. 15) belanglos ist (Bassenge/Olivet NachbG Schl.-H. § 20 Rn. 6).

14   **Zumutbar** ist die Hochführung, wenn die Anbringung des Schornsteins bzw. der Lüftungsleitung die Sicherheit (zB Standsicherheit) und Funktion (durch Verdecken von Sichtöffnungen, unzumutbare Geräuschentwicklung durch Luftstrom, Ventilatoren uÄ) des höheren Gebäudes nicht gefährdet (VKKKK Anm. 3; Birk NachbarR BW Anm. 1b). Abzustellen ist nur auf den Schornstein bzw. die Lüftungsleitung, nicht auch auf die Anlage, der sie dienen (zB ein Pizzaofen). Hierbei sind die Belange des Grundstücks mit dem höheren Gebäude (dauerhafter entschädigungsloser Zustand) gegen die Belange des Nachbarn, der ansonsten erhebliche Mehraufwendungen tätigen müsste, abzuwägen (s. auch Dehner B § 28a V: von mehreren Möglichkeiten ist die am wenigsten belastende zu wählen). So darf die Hochführung der Leitungen nicht vor einem Fenster erfolgen (Birk NachbarR BW Anm. 1b). Die Zumutbarkeitsgrenze soll schon bei **Mehrkosten** von über 10 % erreicht sein (Reich NRG BW § 7d Rn. 3), was im Hinblick auf den Eigentumsschutz indes deutlich zu niedrig erscheint; die Grenze liegt bei nicht unter 50 % (gegen einen abstrakt festgelegten Prozentsatz allerdings Pelka NachbarR BW 147). Ohnehin ist auch dieser Wert schnell erreicht, wenn man bedenkt, dass ein höherer, unabhängiger Schornstein sehr teuer käme, weil er von außen oder innen besteigbar sein müsste. Auch darf es keine sinnvollen Möglichkeiten geben, eine solche Hochführung zu **vermeiden,** etwa durch Einbau einer Elektroheizung. Dies wird man angesichts der schlechten Effizienz dieses Energieträgers zwar nur bei kleinen Räumen fordern können. Auf der anderen Seite erfährt die Wertigkeit erneuerbarer Energieträger immer größere Bedeutung, so dass die Fälle, in denen ein Duldungsrecht besteht, in gleichem Maße abnehmen. Jedenfalls wird man eine zunächst gerechtfertigte und weiterhin bestehende Nutzung nicht aus diesem Grunde versagen dürfen; insofern besteht Bestandsschutz.

15   Dem Nachbarn steht das Recht zur Hochführung nicht zu, wenn **öffentlich-rechtliche Vorschriften** eine solche Maßnahme verbieten (Dehner B § 28a II 5). Diese Voraussetzung ist ungeschriebenes Tatbestandsmerkmal. Inhaltlich gilt das in → § 7d Rn. 13 Gesagte.

16   Die Verpflichtung aus Abs. 1 geht dahin, eine **Befestigung** des Schornsteins bzw. der Abgasleitung an der Außenwand des höheren Gebäudes zu dulden. Wie dies geschehen darf, richtet sich nach den technischen Erfordernissen sowie den baugestalterischen Vorschriften oder Auflagen. In Frage kommt ein Anlehnen an die Grenzwand, aber auch eine Verbindung des freistehend hochgeführten Schornsteins bzw. Lüftungsschachtes durch Verstrebungen, die in die Wand des höheren Gebäudes eingesetzt werden (Bauer/Schlick RhPfLNRG § 19 Rn. 9). Unter mehreren, den Eigentümer des höheren Gebäudes gleich belastenden Möglichkeiten darf der Nachbar frei wählen.

17   **2. Abs. 2** erweitert das **Duldungsrecht** auf notwendige **Reinigungsmaßnahmen** sowie das Anbringen und Unterhalten der hierzu erforderlichen Einrichtungen. Ein Reinigen und Unterhalten wird häufig vom niedrigeren Gebäude aus nicht möglich sein. Zu den Reinigungsarbeiten iSd Abs. 2 gehören auch Maßnahmen der **Instandsetzung und Sanierung** (VKKKK Rn. 4; Reich NRG BW § 7d Rn. 4). **Umgekehrt** besteht auch für den Eigentümer des belasteten Grundstücks ein Duldungsrecht, etwa wenn er seine Hauswand neu streichen will. Dieses gründet allerdings nicht auf § 7e, sondern auf dem nachbarlichen Gemeinschaftsverhältnis. Insofern ist anerkannt, dass sich hierauf auch Duldungsansprüche stützen lassen, wenn dies aus zwingenden Gründen eines billigen Interessenausgleichs geboten ist

(dazu → Einl. Rn. 27), was in einem solchen Fall regelmäßig zu bejahen ist. Notfalls muss die Leitung dazu abgebaut werden, was freilich nicht zu einer Beeinträchtigung des Geschäftsbetriebs, im Rahmen dessen die Leitung genutzt wird, führen darf.

Einrichtungen zur Reinigung sind in oder an dem höheren Gebäude zulässig. Gemeint 18 sind vor allem Steigleitern, Laufbretter oder Standvorrichtungen, die das Kehren des Schornsteins ermöglichen. Die Duldungspflicht geht dahin, dass diese Einrichtungen **dauerhaft** angebracht werden dürfen (Birk NachbarR BW Anm. 2).

Erforderlich ist die **Reinigung** vom höheren Gebäude aus, wenn sie anders nicht oder 19 nur deutlich erschwert möglich ist. Dabei ist zu berücksichtigen, dass sich Abgasanlagen gem. § 32 III 3 BWLBO leicht reinigen lassen müssen. Die Grenze soll bei Mehrkosten von über 10% erreicht sein (Reich NRG BW § 7d Rn. 5). Der Duldungspflicht korrespondiert ein Duldungsrecht, das mit dem Recht aus § 7d die Möglichkeit zum **Betreten** des Nachbargebäudes schafft.

Erforderlich sind **Einrichtungen zur Reinigung,** wenn anders ein gefahrloses Arbeiten 20 nicht möglich ist (vgl. Bauer/Schlick RhPflNRG § 17 Rn. 12).

Ergänzend gilt das **Verhältnismäßigkeitsprinzip.** Innenräume und auch Wohnungen 21 dürfen (nach Voranmeldung, dazu sogleich) betreten werden, wenn sich dies nicht sinnvoll vermeiden lässt (Reich NRG BW § 7d Rn. 5). Insofern gilt ein anderes als zu § 7d, wo das Betreten von Innenräumen nicht erlaubt ist (→ § 7d Rn. 26). Auch der Schornsteinfeger erhält in Gebäuden, die dem Kehrzwang unterworfen sind, Zutritt (§ 1 III 1 Schornsteinfeger-HandwerksG vom 26.11.2008, BGBl. I 2242; zur Neuordnung des Schornsteinfegerrechts s. Sydow GewA 2009, 14; das Betretungsrecht bestand aber schon zuvor, s. 1. Aufl. → Rn. 17).

3. Die Duldungsansprüche aus Abs. 1 und Abs. 2 setzen nach ihrem Wortlaut keine An- 22 kündigung voraus. § 172 III BBauG-E hatte noch eine Anzeigepflicht vorgesehen, die nur entfallen sollte, wenn die Anzeige nach anderen öffentlich-rechtlichen Vorschriften oder zB Kehrordnungen für Schornsteinfeger entbehrlich ist, oder wenn es sich um die Abwendung einer gegenwärtigen Gefahr handelt. Der Landesgesetzgeber hat diese Regelung nicht übernommen. Unabhängig davon wird man dem Grundsatz von Treu und Glauben, der das nachbarliche Gemeinschaftsverhältnis prägt (→ Einl. Rn. 25 ff.), und dem Verhältnismäßigkeitsgrundsatz entnehmen müssen, dass diese Ansprüche mindestens **vier Wochen vorher anzukündigen** sind (vgl. → Einl. Rn. 54).

4. Fälligkeit und Verjährung: Die Duldungsansprüche aus Abs. 1 und Abs. 2 entstehen 23 und werden fällig, sobald das Duldungsrecht geltend gemacht wird (vgl. OLG Hamm 8.7.1991 – 5 U 49/91, NJW-RR 1992, 723). Da es sich bei diesem Recht einer Dienstbarkeit ähnelt, unterliegt es nicht der Verjährung.

5. Die an der Grenzwand angebrachten Schornsteine und Abgasleitungen bleiben gem. 24 § 94 I 1 BGB wesentliche Bestandteile des Grundstücks, dem sie dienen. Daher steht es dem Duldungsberechtigten jederzeit frei, die Verbindung **abzubauen.** Gleiches gilt für die Reinigungshilfen iSd Abs. 2. Sind diese auf dem höheren Gebäude montiert, handelt es sich um Scheinbestandteile iSd § 95 II BGB, die in entsprechender Anwendung des § 539 II BGB vom Duldungsberechtigten jederzeit entfernt werden dürfen (Reich NRG BW § 7d Rn. 5).

6. Abs. 3 regelt durch die Bezugnahme auf § 7d III 1 eine **Schadensersatzpflicht** hin- 25 sichtlich der Anschlussarbeiten nach Abs. 1 und der Instandsetzungsarbeiten nach Abs. 2. Insoweit wird auf die Ausführungen in → § 7d Rn. 28, 29 Bezug genommen. Der **Haftpflichtversicherer** des ersatzpflichtigen Grundeigentümers hat für den Schaden einzutreten, da die Ersatzpflicht zu den gesetzlichen Haftpflichtbestimmungen privatrechtlichen Inhalts iSd Ziff. 1.1 AHB gehört (vgl. → § 7d Rn. 29). Eine zusätzliche Entschädigungspflicht (zB als Miete oder in Form einer Rente wie bei § 912 II 1 BGB) sieht das NRG nicht vor (Reich NRG BW § 7d Rn. 6).

26 7. Ferner ist in Abs. 3 durch die Bezugnahme auf § 7d III 2 bestimmt, dass der Duldungsberechtigte vor Beginn der Anschluss- bzw. Instandsetzungsarbeiten eine **Sicherheit** zu stellen hat. S. dazu die Ausführungen in → § 7d Rn. 30 und → § 7b Rn. 22.

27 8. **Verpflichtet** ist der Eigentümer des Grundstücks, auf dem das höhere Gebäude steht, damit auch der Miteigentümer (§ 1011 BGB), aufgrund des § 11 I 1 ErbbauRG der Erbbauberechtigte und bei Wohnungseigentum die WEG, da es bei der betroffenen Grenzwand um gemeinschaftliches Eigentum (§ 1 V WEG) geht.

28 Wer **berechtigt** ist, sagt das Gesetz nicht. Daher ist nur der Eigentümer des Grundstücks gemeint, auf dem das niedrigere Haus steht, nicht dagegen der bloße Besitzer, auch wenn er zum Besitz berechtigt ist (→ Einl. Rn. 19; aA Reich NRG BW § 7d Rn. 2).

§ 7f Leitungen

(1) ¹Wenn der Anschluß eines Grundstücks an eine Versorgungsleitung, eine Abwasserleitung oder einen Vorfluter ohne Benutzung eines fremden Grundstücks nicht oder nur unter erheblichen besonderen Aufwendungen oder nur in technisch unvollkommener Weise möglich ist, so hat der Eigentümer des fremden Grundstücks die Benutzung seines Grundstücks insoweit, als es zur Herstellung und Unterhaltung des Anschlusses notwendig ist, zu dulden und entgegenstehende Nutzungsarten zu unterlassen. ²Überbaute Teile oder solche Teile des fremden Grundstücks, deren Bebauung nach den baurechtlichen Vorschriften zulässig ist, dürfen für den Anschluß nicht in Anspruch genommen werden. ³Sind auf den fremden Grundstücken Versorgungs- oder Abwasserleitungen bereits vorhanden, so kann der Eigentümer gegen Erstattung der anteilmäßigen Herstellungskosten den Anschluß an diese Leitungen verlangen, wenn dies technisch möglich und zweckmäßig ist.

(2) Ergeben sich nach Verlegung der Leitung unzumutbare Beeinträchtigungen, so kann der Eigentümer des fremden Grundstücks verlangen, daß der Eigentümer des begünstigten Grundstücks auf seine Kosten Vorkehrungen trifft, die solche Beeinträchtigungen beseitigen.

(3) ¹Der Eigentümer des begünstigten Grundstücks hat dem Eigentümer des fremden Grundstücks den durch eine Maßnahme nach den Absätzen 1 und 2 oder durch Beschränkungen der Nutzung oder durch den Betrieb der Leitung entstandenen Schaden zu ersetzen. ²Auf Verlangen des Berechtigten ist vor Beginn der Maßnahmen nach den Absätzen 1 und 2 eine Sicherheit in Höhe des voraussichtlich entstehenden Schadens zu leisten.

(4) Der Eigentümer eines beanspruchten Grundstücks kann gegen Erstattung der Mehrkosten eine solche Herstellung der Leitung verlangen, daß sein Grundstück ebenfalls angeschlossen werden kann.

(5) Die Kosten für die Unterhaltung gemeinsamer Leitungen nach Absatz 1 Satz 3 und Absatz 4 sind von den beteiligten Eigentümern gemeinsam zu tragen.

Parallelvorschriften: Bayern: –; Berlin: –; Brandenburg: §§ 44–51 BbgNRG; Bremen: –; Hamburg: –; Hessen: §§ 30–35 HessNachbRG; Mecklenburg-Vorpommern: –; Niedersachsen: –; Nordrhein-Westfalen: –; Rheinland-Pfalz: §§ 26–33 RhPfLNRG; Saarland: §§ 27–34 SaarlNachbG; Sachsen: §§ 19–23 SächsNRG; Sachsen-Anhalt: –; Schleswig-Holstein: –; Thüringen: §§ 26–33 ThürNRG.

I. Inhalt der Regelung

1 § 7f enthält Regelungen für den Fall, dass die leitungsgebundene Versorgung eines Grundstücks ohne Nutzung eines (fremden) Nachbargrundstücks nicht oder nur unter erheblichem Mehraufwand möglich ist. In diesem Fall muss der Eigentümer des fremden Grundstücks dulden, dass Versorgungsleitungen auf seinem Grundstück gegen Zahlung der anteiligen Leitungskosten in Anspruch genommen werden. Sind solche Leitungen nicht vorhanden bzw. für einen Anschluss nicht geeignet, muss er dulden, dass nicht bebaubare Teile seines Grund-

Leitungen § 7f

stücks für ein Leitungssystem des Nachbarn genutzt werden. In diesem Fall kann er verlangen, dieses gegen Kostenbeteiligung mitzunutzen. Entsteht im Zusammenhang mit den Anschlussmaßnahmen ein Schaden, kann er Schadensersatz, bei Absehbarkeit eines Schadens Sicherheit verlangen.

II. Normgebung

Zur Normgeschichte → Vor §§ 7a–7f Rn. 3. Die Vorschrift beruht auf § 174 BBauG-E. **2** Hierzu heißt es im Regierungsentwurf zum BBauG: „Ein zeitgemäßer Städtebau ist ohne die Inanspruchnahme öffentlicher Versorgungsbetriebe (Gas, Wasser, Elektrizität uÄ) sowie zentraler Abwasserleitungen nicht mehr denkbar. Vielfach wird das einzelne Grundstück mit seiner Abzweigung nicht unmittelbar an den Hauptstrang anschließen, so dass für den Anschluss ein oder mehrere dazwischen liegende Grundstücke für die Verlegung der Leitungen in Anspruch genommen werden müssen.... Die Duldungspflicht des Abs. 1 bezweckt, vermeidbaren finanziellen oder sonstigen Aufwendungen zu begegnen, die durch die Notwendigkeit, Leitungen auf großen Umwegen dem Hauptanschluss zuzuführen, entstehen können. Weiterhin sollen damit Schwierigkeiten behoben werden, die sich daraus ergeben, dass ohne die Inanspruchnahme des fremden Grundstücks der Anschluss nur in technisch unzureichender Weise hergestellt werden kann. Die Duldungspflicht besteht jedoch nur in dem Umfang, der durch die sachgerechte Herstellung und Unterhaltung des Anschlusses an die Hauptleitung geboten ist.... Überbaute Teile eines Grundstücks oder Teile, deren Bebauung baurechtlich zulässig ist, sollen nur aus zwingenden Gründen für die Leitungsführung in Anspruch genommen werden, da dies erfahrungsgemäß in der Praxis häufig zu technischen Erschwernissen oder zu einer Störung des nachbarlichen Gemeinschaftsverhältnisses führen kann. Die Regelung des Abs. 1 S. 3 ist zweckmäßig und ergibt sich aus dem Sinn des nachbarlichen Gemeinschaftsverhältnisses. Da die Kosten für diese Leitungen ursprünglich allein von dem Eigentümer des fremden Grundstücks getragen wurden, war es geboten, den Eigentümer des begünstigten Grundstücks an den Errichtungskosten der Leitung zu beteiligen. Bei der Vielgestaltigkeit der Verhältnisse ist es nicht möglich, die Höhe der anteilmäßigen Verpflichtung genau festzulegen. Der Entwurf beschränkt sich daher auf die Vorschrift, dass der Eigentümer des begünstigten Grundstücks in angemessenem Verhältnis zu den Errichtungskosten des von ihm mitbenutzten Leitungsteiles beizutragen hat.... Da das nachbarliche Gemeinschaftsverhältnis die Grundlage für die Duldungspflicht abgibt, muss dem Duldungspflichtigen aus dem gleichen Grunde ein Anspruch auf Benutzung der auf seinem Grundstück liegenden fremden Leitungen gegen Erstattung der Errichtungskosten in angemessenem Umfang gegeben werden. Es ist nicht möglich, ein allen in der Praxis denkbaren Fällen gerecht werdendes Beteiligungsverhältnis normativ festzulegen. Die Leitungen können von den Nachbarn häufig in durchaus unterschiedlich intensiver Weise in Anspruch genommen werden. Der Entwurf bestimmt daher lediglich, dass die Kosten von den Nachbarn in angemessenem Verhältnis zu tragen sind, um eine für jeden Einzelfall gerechte Lösung zu ermöglichen" (RegBegr. vom 16.4.1958, BT-Drs. 3/336, 110 f.).

Nach Auffassung des Landesgesetzgebers sollte die Vorschrift (= § 7e in der bis zum **3** 12.2.2014 geltenden Fassung, → Einl. Rn. 187) dem Bauenden in gewissen Fällen (zB bei Gebäuden an der Talseite von Hangstraßen) Anschluss an die Versorgungs- oder Abwasserleitungen über fremde Grundstücke ermöglichen. In der Rechtsprechung habe man sich in solchen Fällen zwar bisher durch die entsprechende Anwendung des § 917 BGB beholfen. In zahlreichen Fällen werde aber die Notwegbestimmung für Versorgungsleitungen nicht zum Ziel führen, weil andere – wenn auch wesentlich teurere – Anschlussmöglichkeiten (zB durch Pumpen) vorrangig seien. § 88 WG (aF, jetzt § 93 S. 1 WHG, dazu → Rn. 49) habe eine ähnliche Regelung für das Durchleiten von Wasser getroffen (RegBegr. vom 20.8.1963, Beil. 3300 zur 3. Legislaturperiode, S. 6607).

III. Anmerkungen

4   **1.** Abs. 1 mit seinen Folgeregelungen in den weiteren Absätzen schränkt das Eigentumsrecht des Grundeigentümers ein, indem es dem Nachbarn unter bestimmten Voraussetzungen ein **Notleitungsrecht** einräumt. Das belastete (= fremde) Grundstück muss an das begünstigte Grundstück nicht unbedingt angrenzen (VKKKK Rn. 1; Birk NachbarR BW Anm. 1; aA Reich NRG BW § 7e Rn. 4). Das Notleitungsrecht dient dem Anschluss eines Grundstücks an eine Versorgungsleitung, eine Abwasserleitung oder einen Vorfluter. § 917 BGB regelt diesen Fall nicht (BGH 22.6.1990 – V ZR 59/89, NJW 1991, 176), so dass das Landesrecht die Voraussetzungen des Notleitungsrechts aufgrund der Ermächtigung in **Art. 124 EGBGB** in eigenständiger Weise regeln darf (BGH 22.6.1990 – V ZR 59/89, NJW 1991, 176 (177); 4.7.2008 – V ZR 172/07, BGHZ 177, 165 = NVwZ 2008, 1150 Rn. 7, 15; 13.7.2018 – V ZR 308/17, NJW-RR 2019, 78 Rn. 8); andernfalls würde sich ein derartiges Recht, wenn auch unter zumeist engeren Voraussetzungen als nach § 7f, aus einer **analogen Anwendung des § 917 BGB** ergeben (st. Rechtsprechung seit BGH 4.11.1959 – V ZR 49/58, BGHZ 31, 159 = NJW 1960, 93; s. etwa BGH 30.1.1981 – V ZR 6/80, BGHZ 79, 307 = NJW 1981, 1036 (1037); ferner → Rn. 3). § 7f stellt eine solchermaßen „eigenständige" Regelung dar (OLG Karlsruhe 24.3.2010 – 6 U 20/09, BeckRS 2010, 8385, zu II.b). Auf eine Analogie zu § 917 BGB ist hinsichtlich Leitungen abzustellen, die bei Inkrafttreten des § 7e (= § 7f neu) am 1.1.1965 bereits vorhanden waren (OLG Karlsruhe 24.3.2010 – 6 U 20/09, BeckRS 2010, 8385, zu II.a). Gemäß **§ 93 S. 1 WHG** können im Rahmen der Wasserversorgung Durchleitungsrechte auf Betreiben des Nachbarn auch öffentlich-rechtlich begründet werden (dazu → Rn. 49). Kein Notleitungsrecht ist für die Leitungen und Anlagen erforderlich, durch welche **Träger insbesondere der Strom-, Wasser- und Telekommunikationsversorgung** Anschlussnehmer und Teilnehmer an ihre Verteilungsnetze anschließen. Diese sind nach § 8 AVBWasserV, § 12 NAV und § 76 TKG (dazu → Rn. 44, 45) unabhängig von den Voraussetzungen des Notleitungsrechts berechtigt, Grundstücke anderer Anschlussnehmer und Teilnehmer zur Herstellung des Anschlusses in Anspruch zu nehmen. Ein Rückgriff auf ein Notleitungsrecht kommt auch dann nicht in Betracht, wenn der Versorgungsträger nach den genannten Sondervorschriften nicht die tatsächlich gewählte, sondern eine andere Leitungsführung hätte vornehmen müssen. Das mag einen Verlegungsanspruch begründen, ändert aber nichts daran, dass der Versorgungsträger unabhängig von den Voraussetzungen des Notleitungsrechts das Grundstück eines anderen Anschlussnehmers oder Teilnehmers für den Anschluss in Anspruch nehmen darf (BGH 2.12.2011 – V ZR 119/11, NZM 2013, 204 Rn. 18, 19).

5   **2.** Gemäß **Abs. 1 S. 1** hat der Eigentümer des fremden Grundstücks auch ohne entsprechende Vereinbarung (zu Leitungsrechten als beschränkte persönliche Dienstbarkeiten iSd § 1092 III 1 BGB s. Filipp MittBayNot 2005, 185) die Benutzung seines Grundstücks zu dulden und entgegenstehende Nutzungsarten zu unterlassen, wenn der Anschluss eines Nachbargrundstücks an eine Versorgungsleitung, eine Abwasserleitung oder einen Vorfluter auf andere Weise nicht oder nur unter erheblichen besonderen Aufwendungen oder nur in technisch unvollkommener Weise möglich ist (allg. zum Duldungsanspruch → Einl. Rn. 52 ff., zum Unterlassungsanspruch → Einl. Rn. 50 f.). Der Anschluss muss nicht auf dem fremden Grundstück selbst erfolgen; das Notleitungsrecht kann auch eine Durchleitung zum Gegenstand haben.

6   **Versorgungsleitungen** sind Leitungen, die einem Grundstück zB Elektrizität, Gas, Fernwärme oder Wasser (sog. Medien) zuführen. Erfasst sind auch Leitungen für Kabelfernsehen und den Antennenanschluss (VKKKK Rn. 3), ferner Telefonleitungen (Birk NachbarR BW Anm. 2a).

7   **Abwasserleitungen** sind Rohre, die der Ableitung von Abwasser dienen. Das ist Wasser, das unabhängig vom Verschmutzungsgrad nach seinem Gebrauch, zB als Spül- oder Kühlwasser, leitungsgebunden entsorgt werden soll. Der Begriff des Abwassers deckt sich mit dem aus § 1 (→ § 1 Rn. 6). Gemeint ist Wasser, das entweder einer Frischwasserleitung entstammt

Leitungen   § 7f

oder als Regenwasser aufgefangen und dann entnommen wurde. Regenrinnen sind demnach keine Abwasserleitungen (offen gelassen in BGH 2.10.1968 – IV ZR 506/68, BeckRS 1968, 31374762). Auch Drainageleitungen zählen nicht zu den Abwasserleitungen, weil damit kein Brauchwasser entsorgt wird.

Vorfluter sind Sammler bzw. stehende oder fließende Gewässer (Bäche, Flüsse), die Wasser 8 aus anderen Gewässern, aus Grundwasserkörpern oder Abflusssystemen aufnehmen (OLG Karlsruhe 14.11.1984 – 6 U 61/84, Die Justiz 1985, 315 (316); ähnlich Pelka NachbarR BW 117: Sammler oder Gewässer zur Aufnahme des natürlichen oder künstlich geschaffenen Wasserablaufs, zB ein Bach, Fluss oder See). Diese Regelung erlaubt keinen Erst-recht-Schluss dahingehend, dass auch Quellen auf diesem Grundstück genutzt werden können, wenn zB ein Anschluss an die öffentliche Wasserversorgung mit unverhältnismäßig hohen Kosten verbunden wäre (LG Offenburg 12.12.2019 – 2 O 513/18, NJOZ 2021, 267 Rn. 18).

Voraussetzung für die Nutzung des fremden Grundstücks ist, dass der Anschluss ohne die 9 Inanspruchnahme dieses Grundstücks
– nicht,
– nur unter erheblichen besonderen Aufwendungen (vgl. § 7d I 1, dazu → § 7d Rn. 15) oder
– nur in technisch unvollkommener Weise
möglich ist (Abs. 1 S. 1). Die Prüfung ist für jede Leitungsart gesondert vorzunehmen (Dehner B § 27 V 3f).

Der Fall, dass eine Anschlussalternative schlichtweg **nicht möglich** ist, dürfte kaum vor- 10 kommen.

Besondere Aufwendungen fallen an, wenn eine Alternative besteht, diese jedoch deut- 11 lich höhere Herstellungskosten verursacht. Ebenso wie nach § 7d I muss der Aufwand für einen eigenen Anschluss des Grundstücks (ohne Inanspruchnahme des Nachbargrundstücks) wesentlich höher sein als er dies in anderen, „gewöhnlichen" Fällen in diesem Gebiet ist (OLG Karlsruhe 28.5.2008 – 6 U 149/06, BeckRS 2008, 13788 Rn. 13; Dehner B § 27 V 3e; Pelka NachbarR BW 117; ebenso bereits wohl OLG Karlsruhe 14.11.1984 – 6 U 61/84, Die Justiz 1985, 315 (316); aA Birk NachbarR BW Anm. 2b; Reich NRG BW § 7e Rn. 3). Für die Frage der **Erheblichkeit** der besonderen Aufwendungen kommt es auf die Benutzungsart und Größe des Grundstücks, seine Umgebung und die sonstigen Umstände des Einzelfalls an (OLG Karlsruhe 26.11.1997 – 6 U 224/96, nv). Im Regelfall sind die Alternativkosten erheblich, wenn sie mindestens um die Hälfte höher liegen (aA einerseits Reich NRG BW § 7e Rn. 3: mehr als 10%, andererseits Birk NachbarR BW Anm. 2b: mehr als das Doppelte).

Strengere Anforderungen bestehen vor allem dann, wenn das anzuschließende Grundstück 12 **gewerblich** genutzt wird und sich eine auch aufwändigere Lösung (zB über eine Pumpanlage) innerhalb weniger Monate durch die Einnahmen des Gewerbebetriebs amortisieren lässt (ebenso BGH 15.4.1964 – V ZR 134/62, NJW 1964, 1321 (1322), zu § 917 BGB). Dies gilt umso mehr, als sich etwa eine Pumpanlage als Betriebsvorrichtung und damit als selbstständiges bewegliches Wirtschaftsgut des Anlagevermögens iSd § 7 II EStG steuerlich abschreiben lässt, wenn sie nicht einfach nur das Grundstück besser nutzbar machen soll, sondern unmittelbar betrieblichen Zwecken dient (BFH 20.3.1975 – IV R 16/72, BeckRS 1975, 22003122; 7.9.2000 – II R 48/97, BB 2001, 556 (557)). Damit sind die Alternativkosten zur Wirtschaftlichkeit der Grundstücksnutzung als solcher ins Verhältnis zu setzen (BGH 15.4.1964 – V ZR 134/62, NJW 1964, 1321 (1322); 7.7.2006 – V ZR 159/05, NJW 2006, 3426 Rn. 12, jeweils zu § 917 BGB; aA Birk NachbarR BW Anm. 2b, wonach die Wirtschaftlichkeit keine Rolle spielt; ebenso Dehner B § 27 V 3e).

„**In technisch unvollkommener Weise**" bedeutet, dass unabhängig von der wirtschaft- 13 lichen Zumutbarkeit mit keiner Alternative eine technisch zufrieden stellende Lösung erzielt werden kann. Technisch unvollkommen ist eine Lösung vor allem dann, wenn sie störanfällig (zB unausgereift) ist (VKKKK Rn. 4). Bedenken können sich auch daraus ergeben, dass für die Alternativlösung Stemmarbeiten durchgeführt werden müssten, die eine Gefahr für die

Standsicherheit des Hauses bilden würden (OLG Karlsruhe 13.11.1985 – 6 U 56/85, NJW-RR 1986, 1342).

14 Obwohl die Gesetzesfassung dies nicht zum Ausdruck bringt, entstehen die Ansprüche aus Abs. 1 nach Treu und Glauben bzw. Sinn und Zweck eines Notleitungsrechts (BGH 22.6.1990 – V ZR 59/89, NJW 1991, 176 (177)) nur dann, wenn der Anschluss als solcher **erforderlich** ist, also tatsächlich benötigt wird, zB für ein Bauvorhaben oder eine gärtnerische Nutzung (aA Dehner B § 27 V 3a aa, S. 42: nur zum Zwecke der Bebauung); für eine unbefugte Nutzung des Grundstücks lässt sich auf das Notleitungsrecht nicht zurückgreifen (BGH 22.6.1990 – V ZR 59/89, NJW 1991, 176 (177)). Dazu wird man dem Begünstigten einen **weiten Entscheidungsspielraum** zubilligen müssen. So braucht er sich etwa bei einer Wasserleitung nicht darauf verweisen zu lassen, er könne auf seinem Grundstück ja einen Brunnen anlegen (Dehner B § 27 V 3a cc).

15 Soll das Notleitungsrecht über eine Baumaßnahme verwirklicht werden, muss diese (materiell-)**rechtlich zulässig** sein. Dieses Kriterium ergibt sich aus der Ausnahmestellung des Notleitungsrechts. Eine Baugenehmigung ist hierfür nicht Voraussetzung (vgl. BGH 22.6.1990 – V ZR 59/89, NJW 1991, 176 (177); aA Dehner B § 27 V 3a bb, der eine bestandskräftige Genehmigung verlangt). Nicht nötig ist ferner, dass schon die Erschließung (§ 34 I 1 BauGB) oder die Zufahrt iSd § 4 I BWLBO öffentlich-rechtlich (durch Einräumung einer Baulast nach § 71 I BWLBO) gesichert ist (BGH 22.6.1990 – V ZR 59/89, NJW 1991, 176 (177)); allerdings dürfen in dieser Richtung keine Hindernisse zu erwarten sein (BGH NJW 1991, 176 (178)).

16 Ferner wird man dem Grundsatz von Treu und Glauben, der das nachbarliche Gemeinschaftsverhältnis prägt (→ Einl. Rn. 27), entnehmen müssen, dass der Duldungsanspruch aus Abs. 1 S. 1 rechtzeitig, regelmäßig innerhalb von **vier Wochen, anzukündigen** ist (vgl. → Einl. Rn. 54).

17 Sind die vorgenannten Kriterien erfüllt, besteht eine **Duldungs- und Unterlassungspflicht** des Eigentümers des fremden Grundstücks. Der Duldungspflicht korrespondiert ein Nutzungsrecht des Nachbarn. Die Leitung wird, wie sich aus Abs. 1 S. 1 (Benutzung „zur" Herstellung der Leitung) ergibt, durch den Eigentümer des begünstigten Grundstücks gelegt (iErg VKKKK Rn. 2), der das fremde Grundstück hierfür **betreten** darf. Das Betretungsrecht ergibt sich aus Abs. 1 S. 1 und nicht aus § 7d, der nur Baumaßnahmen auf dem eigenen Grundstück und eine entsprechend geringere Belastung des fremden Grundstücks im Auge hat. Flankiert wird die Duldungspflicht durch das an den Eigentümer des beanspruchten Grundstücks gerichtete Verbot, das Notleitungsrecht nicht durch eine entgegenstehende Grundstücksnutzung unmöglich zu machen (Abs. 1 S. 1 aE).

18 Dem **Umfang** nach besteht die Duldungs- und Unterlassungspflicht nur insoweit, als das Notleitungsrecht zur Herstellung und Unterhaltung des Anschlusses **notwendig** ist (Abs. 1 S. 1). Dies ist nur zu Beginn zu prüfen (OLG Karlsruhe 24.3.2010 – 6 U 20/09, BeckRS 2010, 8385, zu II a); für die Notleitung besteht anschließend Bestandsschutz (→ Rn. 41). Können sich die Nachbarn nicht einigen, entscheidet das Gericht in entsprechender Anwendung des § 917 I 2 BGB über den Verlegungsweg (BGH 22.6.1990 – V ZR 59/89, NJW 1991, 176 (178)). **Herstellung des Anschlusses** bedeutet die Einrichtung einer funktionsfähigen Verbindung. **Unterhaltung des Anschlusses** meint die Instandhaltung und Sicherung seiner Funktionsfähigkeit, also Wartung und Reparatur.

19 Ergänzend gilt der **Verhältnismäßigkeitsgrundsatz,** aufgrund dessen das fremde Grundstück tunlichst **zu schonen** ist (BGH 22.6.1990 – V ZR 59/89, NJW 1991, 176 (178)); insoweit lässt sich auf den Rechtsgedanken des § 1020 S. 1 BGB abstellen (BGH 22.6.1990 – V ZR 59/89, NJW 1991, 176 (178); 26.1.2018 – V ZR 47/17, NJW-RR 2018, 913 Rn. 11). Eine Ausprägung dieses Grundsatzes findet sich in Abs. 4 (→ Rn. 34). Ergänzend kann der Eigentümer des fremden Grundstücks, der bereits über eine Leitung verfügt, den Anschluss an seine Leitung verlangen, um die Verlegung einer fremden Leitung abzuwenden, wenn dies für den Eigentümer des begünstigten Grundstücks zumutbar ist. Besteht ein Wegerecht, sind die Leitungen möglichst dem Wegeverlauf anzupassen; Bäume auf dem

Leitungen § 7f

fremden Grundstück sind möglichst zu erhalten; die Leitungen sind nicht zwingend unterirdisch, aber möglichst tief zu verlegen. Belastungen durch eine Notleitung dürfen für den Duldungspflichtigen auch **nicht unzumutbar** sein. Nach dem Grundsatz der Verhältnismäßigkeit ist ferner zu entscheiden, welches von mehreren fremden Grundstücken für das Notleitungsrecht in Anspruch genommen werden darf (Birk NachbarR BW Anm. 2b). Mehrere Leitungen, die über das fremde Grundstück geführt werden müssen, sind zusammenzulegen (OLG Stuttgart 11.2.1999 – 13 U 218/97, BeckRS 1999, 159426 Rn. 45).

3. Konkret erachtet das Gesetz nach **S. 2 Alt. 1** die Benutzung des fremden Grundstücks 20 zur Durchführung von Leitungen als **unverhältnismäßig, wenn** dadurch (auch rechtswidrig) **überbaute Flächen** („Teile") des fremden Grundstücks **in Anspruch genommen** werden. Ein solches Recht folgt auch schon aus dem nachbarlichen Gemeinschaftsverhältnis (→ Rn. 2 und allg. → Einl. Rn. 25 ff.) bzw. dem daraus entspringenden Gebot möglichst schonender Beanspruchung des belasteten Grundstücks. Der Begriff der überbauten Fläche ist funktional zu bestimmen und nicht unter Rückgriff auf das öffentliche Baurecht (aA Birk NachbarR BW Anm. 3b). Da § 7f die Anforderungen an das Notleitungsrecht eigenständig regelt, hilft die Rechtsprechung zu § 917 BGB mit der Feststellung, dass die Leitungen ober- und unterirdisch und auch durch bestehende Gebäude geführt werden dürfen (BGH 26.1.2018 – V ZR 47/17, NJW-RR 2018, 913 Rn. 10), nicht weiter. Gemeint ist, dass die Leitungen die Funktionsfähigkeit der Baulichkeiten auf dem fremden Grundstück nicht beeinträchtigen dürfen, was auch der historische Gesetzgeber zum Ausdruck bringt, wenn er solche Inanspruchnahmen nur in zwingenden Fällen zulassen will, weil sie „häufig zu technischen Erschwernissen oder zu einer Störung des nachbarlichen Gemeinschaftsverhältnisses führen" (→ Rn. 2). Demnach ist es nicht ausgeschlossen, dass auch im Anwendungsbereich des § 7f Leitungen durch Gebäude hindurchgeführt werden, wenn es dadurch nicht zu Funktionsausfällen kommt, der Eigentümer des fremden Grundstücks also in keiner Weise weichen muss.

Nach **S. 2 Alt. 2** dürfen **Flächen** („Teile") des fremden Grundstücks, die noch nicht 21 bebaut sind, **deren Bebauung nach den baurechtlichen Vorschriften aber zulässig ist,** für den Anschluss ebenfalls **nicht in Anspruch genommen** werden. Diese Regelung stimmt das Notleitungsrecht mit den Gegebenheiten des **öffentlichen Baurechts** ab und schließt entsprechende Planungen ein. „**Zulässig**" in diesem Sinne ist nur das, was der Gesetzgeber im Regelfall als bebaubar ansieht, da in Sonderfällen bis zur Grenze gebaut werden darf und das Notleitungsrecht damit leerliefe (OLG Karlsruhe 24.3.2010 – 6 U 20/09, BeckRS 2010, 8385, zu II.a; Dehner B § 27 in Fn. 128ba). Den Regelfall beschreiben das **Bauplanungsrecht** einschließlich der Vorschriften über die Baugrenzen und -linien (sog. Baufenster) nach § 23 BauNVO und die **Vorschriften über die Abstandsflächen** gem. §§ 5, 6 BWLBO (abgedr. → § 3 Rn. 1; s. auch Birk NachbarR BW Anm. 3b). Diese Einschränkung ist nicht unbillig, da in den für die Leitungen regelmäßig freizuhaltenden Grenzbereichen allenfalls Kleinbauten stehen, die den idR unterirdischen Leitungsraum nicht oder kaum beanspruchen.

4. **S. 3** regelt den Fall, dass sich auf dem fremden Grundstück schon ein Leitungssystem 22 befindet, das der Eigentümer des begünstigten Grundstücks nutzen könnte. „Herr der Leitung" ist hier damit der Eigentümer des beanspruchten Grundstücks. In diesem Fall kann der „Eigentümer" den Anschluss der neuen Leitung an die bestehende Leitung verlangen, wenn dies (etwa vom Rohrdurchmesser her) **technisch möglich** und **zweckmäßig** ist. Auch diese Regelung ist eine Ausprägung des Verhältnismäßigkeitsgrundsatzes. Durch die Mitbenutzung einer schon vorhandenen Leitung wird ein Grundstück am wenigsten beeinträchtigt. Treten im Einzelfall Schwierigkeiten bei der gemeinsamen Nutzung einer Leitung auf, so folgt daraus kein Verbot der Nutzung. Vielmehr sind technische Probleme im Rahmen der (ohnehin eingeschränkten, → Rn. 33) Verpflichtung zur gemeinsamen Unterhaltung zu lösen (OLG Karlsruhe 13.11.1985 – 6 U 56/85, NJW-RR 1986, 1342). Da dieser Anspruch eine Alternative zum Duldungsanspruch aus S. 1 bildet, müssen die **Voraussetzungen des**

§ 7f   1. Abschnitt. Gebäude

S. 1 (Vermeidung von erheblichen besonderen Aufwendungen und einer technisch unvollkommenen Lösung) auch hier vorliegen (OLG Karlsruhe 28.5.2008 – 6 U 149/06, BeckRS 2008, 13788 Rn. 14).

23 Eigentümer im Sinne dieser Bestimmung ist umstrittener, aber richtiger Auffassung zufolge der **Eigentümer des begünstigten Grundstücks,** weil Abs. 1 dessen Perspektive einnimmt (BGH 22.6.1990 – V ZR 59/89, NJW 1991, 176 (178); OLG Karlsruhe 23.1.1991 – 6 U 119/90; 28.5.2008 – 6 U 149/06, BeckRS 2008, 13788 Rn. 14; **aA** BGH 8.4.2011 – V ZR 185/10, NJW 2011, 2128 Rn. 16; 15.5.2014 – 12 U 170/13, BeckRS 2014, 10825; OLG Karlsruhe 15.2.2001 – 4 U 72/00, ZWE 2001, 451 (453); Pelka NachbarR BW 119; VKKKK Rn. 2; Birk NachbarR BW Anm. 3c; Reich NRG BW § 7e Rn. 6). Gleichwohl wird es Fälle geben, in denen **auch der Eigentümer des beanspruchten Grundstücks** eine Mitbenutzung seiner Leitungen fordern kann, wenn ein Notleitungsrecht geltend gemacht wird (→ Rn. 19). S. 3 ist dann im Sinne einer **Abwendungsbefugnis** zu verstehen, die das Recht aus S. 1 einschränkt.

24 **Technisch möglich** ist der Anschluss, wenn keine Bedenken hinsichtlich der Funktionsfähigkeit und Sicherheit bestehen. Hierbei ist von einer Maximalbetrachtung auszugehen und eine entsprechende Kapazitätsberechnung anzustellen. Maßstab für die Beurteilung ist die bestehende Leitung; die Möglichkeit eines Um- oder Neubaus spielt keine Rolle. **Zweckmäßig** ist der Anschluss, wenn sich dadurch Kosten sparen lassen.

25 Für den Fall des Anschlusses gem. S. 3 hat der Eigentümer des begünstigten Grundstücks die **anteilmäßigen Herstellungskosten zu erstatten.** Daraus ergibt sich, dass es Sache des Eigentümers des fremden Grundstücks ist, den Anschluss vorzunehmen. Dies gilt nicht nur bei Ausübung der Abwendungsbefugnis, sondern auch dann, wenn der Eigentümer des begünstigten Grundstücks eine bestimmte Art des Anschlusses fordert.

26 Zu verteilen sind sämtliche dem Eigentümer des fremden Grundstücks (oder seinem Rechtsvorgänger) erwachsenen Herstellungskosten, die auf den gemeinsam genutzten Teil der Leitung entfallen, auch wenn die Leitung schon seit geraumer Zeit besteht, sich also gleichsam amortisiert hat; Finanzierungskosten, die für das vorhandene Leitungssystem angefallen sind, betreffen nur eigene Schulden und sind nicht zu verteilen. Der Eigentümer des fremden Grundstücks wird so auch dafür entschädigt, dass er sein Grundstück zur Verfügung stellt. Der Verteilungsmaßstab richtet sich nach den **Vorteilen,** die beide Seiten aus der Leitung ziehen. Der Eigentümer des fremden Grundstücks darf die Anteile nach billigem Ermessen bestimmen (§ 315 I BGB analog). Dies setzt eine **verbrauchsnahe** Bestimmung voraus; vertretbar ist etwa ein Abstellen auf die Zahl der jeweiligen Grundstücksnutzer (Bewohner), auch wenn sich dann die gleichen Probleme stellen wie bei dem im Mietrecht gebräuchlichen Personenmaßstab (dazu BGH 22.10.2014 – VIII ZR 97/14, NJW 2015, 51 Rn. 16). Nicht angemessen sein dürfte die Bestimmung anhand der jeweiligen Geschoss- oder Grundstücksflächen (so aber Birk NachbarR BW Anm. 3c), da diese Verteilung keinen Nutzungsbezug aufweist. Im Zweifel ist von einer hälftigen Teilung auszugehen (vgl. § 426 I 1 BGB). Richtigerweise ist die Verteilung erst ab dem Anschlusspunkt vorzunehmen, also nur in dem Umfang, wie die Strecke gemeinsam genutzt wird (Reich NRG BW § 7e Rn. 6, mit folgender Berechnungsformel: Herstellungskosten × Länge der gemeinsamen Leitungsstrecke/Länge der doppelten gesamten Leitungsstrecke). Die eigentlichen Anschlusskosten hat der Eigentümer des begünstigten Grundstücks zu tragen, also seinem Nachbarn zu ersetzen.

27 **5. Abs. 2** regelt einen Gegenanspruch des Eigentümers des fremden Grundstücks. Ist die Leitung (durch den Eigentümer des begünstigten Grundstücks) verlegt und entstehen hernach dem Eigentümer des fremden Grundstücks **unzumutbare Beeinträchtigungen,** darf er zwar nicht von vornherein die Entfernung der Leitung verlangen, wohl aber, dass der Eigentümer des begünstigten Grundstücks auf „seine" Kosten **Vorkehrungen** trifft, die die Störungen „beseitigen". Rechtstechnisch hat der Eigentümer des fremden Grundstücks einen entsprechenden **Unterlassungsanspruch,** den der Duldungsberechtigte durch Vor-

Leitungen § 7f

nahme ausreichender Schutzmaßnahmen abwenden kann. Die Durchführung der Vorkehrungen ist damit Sache des Eigentümers des begünstigten Grundstücks, der das fremde Grundstück dazu **betreten** können muss. Unzumutbare Beeinträchtigungen sind zB Schäden durch Rückstau oder eine besonders schnelle Verschmutzung, wodurch die Funktionsfähigkeit der Leitung in Frage gestellt wird (Birk NachbarR BW Anm. 3d), aber auch Störungen für Baumaßnahmen im Notleitungsbereich (vgl. Reich NRG BW § 7e Rn. 7); eine Überplanung der Notleitung ist dem Eigentümer des fremden Grundstücks nicht verwehrt, sofern er das Notleitungsrecht an sich nicht gefährdet oder vereitelt, da ihm nach Abs. 1 S. 1 aE „entgegenstehende Nutzungsarten" untersagt sind. Entstehen unzumutbare Beeinträchtigungen, darf der Duldungsberechtigte seine Leitung weiterhin nutzen, muss aber „Vorkehrungen zur Beseitigung" der Beeinträchtigungen treffen. Gemeint ist, dass die Beeinträchtigungen dauerhaft zu verhindern sind. Sofern dies dazu führt, dass die eigene Leitung verlegt (zB tiefergelegt) werden muss, ergibt sich der Anspruch auch aus einer entsprechenden Anwendung des § 1023 I 1 BGB (BGH 30.1.1981 – V ZR 6/80, BGHZ 79, 307 = NJW 1981, 1036 (1037); Breuer/Gärditz WasserR Rn. 1399).

6. Nach **Abs. 3 S. 1** ist der Duldungsberechtigte **schadensersatzpflichtig,** sofern dem 28
Eigentümer des fremden Grundstücks
– durch die Anschlussmaßnahmen (zB wegen erforderlicher Bauarbeiten),
– durch eine (auch dauerhafte) Nutzungsbeschränkung oder
– durch den Betrieb der Leitung (zB infolge eines Rohrbruchs)
Schaden entsteht (allg. zum Ersatzanspruch → Einl. Rn. 57 ff.); eine anschlussbedingte Minderung der Leitungskapazität gehört ebenfalls zum Schaden iSd §§ 249 ff. BGB (Reich NRG BW § 7e Rn. 8).

Der Ersatzanspruch setzt **kein Verschulden** voraus (GLS NachbarR.-HdB/Saller Kap. 4 29
Rn. 96). Insoweit gelten die Ausführungen in → § 7d Rn. 29 hier gleichermaßen. Der **Haftpflichtversicherer** des Eigentümers des begünstigten Grundstücks hat für den Schaden einzutreten, da die Ersatzpflicht zu den gesetzlichen Haftpflichtbestimmungen privatrechtlichen Inhalts iSd Ziff. 1.1 AHB gehört (näher dazu → § 7b Rn. 21). Eine zusätzliche Entschädigungspflicht (zB in Form einer Rente wie bei § 917 II 1 BGB) sieht das NRG nicht vor; § 917 II 1 BGB lässt sich insoweit nicht entsprechend heranziehen (OLG Karlsruhe 13.11.1985 – 6 U 56/85, NJW-RR 1986, 1342 (1343); Birk NachbarR BW Anm. 7).

Unabhängig davon kann eine Schadensersatzpflicht gem. **§ 823 I BGB** gegeben sein; dies 30
ist etwa der Fall, wenn der Eigentümer des begünstigten Grundstücks schuldhaft die Leitung des Nachbarn verstopft. Über § 823 I BGB kann auch den Eigentümer des fremden Grundstücks eine Schadensersatzpflicht treffen, wenn er schuldhaft die eingebrachte Leitung des Eigentümers des begünstigten Grundstücks beschädigt.

7. Gemäß Abs. 3 **S. 2** hat der Eigentümer des begünstigten Grundstücks für einen voraus- 31
sichtlich entstehenden Schaden auf Verlangen des Eigentümers des fremden Grundstücks **Sicherheit zu leisten.** S. dazu die Ausführungen in → § 7b Rn. 22, die hier in gleicher Weise gelten.

8. Abs. 4 knüpft an den nach Abs. 1 S. 1 erlaubten Neubau einer Leitung auf dem frem- 32
den Grundstück durch den Eigentümer des begünstigten Grundstücks an und erlaubt dem **Eigentümer des fremden Grundstücks,** eine solche Herstellung der Leitung zu verlangen, dass sein Grundstück **ebenfalls angeschlossen** werden kann. Zwar ist in Abs. 4 vom „Eigentümer des beanspruchten Grundstücks" die Rede. Das ist aber kein weiterer Grundstückseigentümer, der Anspruch auf Mitbenutzung der Leitung des Eigentümers des fremden Grundstücks hätte. Zum einen ist nicht zu sehen, in welcher Weise ein drittes Grundstück beansprucht sein sollte. Ein solcher Anspruch würde zudem den Eigentümer des fremden Grundstücks in seinem Grundrecht aus Art. 14 GG unverhältnismäßig beeinträchtigen und wäre damit verfassungswidrig, zumal keinerlei einschränkenden Gesichtspunkte normiert sind. Es wäre auch nicht einzusehen, warum der Eigentümer des begünstigten Grundstücks

nur unter den strengen Kriterien des Abs. 1 S. 1 das fremde Grundstück nutzen darf, Dritten dies aber ohne weiteres erlaubt sein sollte. Abs. 4 ist an dieser Stelle zwar missverständlich formuliert. Gemeint sein kann aber nur der Eigentümer des fremden Grundstücks (so auch OLG Stuttgart 11.2.1999 – 13 U 218/97, BeckRS 1999, 159426 Rn. 47 zum gleichlautenden § 7e IV aF; Pelka NachbarR BW 121; Birk NachbarR BW Anm. 4; VKKKK Rn. 5; Reich NRG BW § 7e Rn. 10). Das Gesetz spricht vom Eigentümer des beanspruchten Grundstücks, um zu verdeutlichen, dass es sich bei dem Anspruch um einen Folgeanspruch aus dem Eingriff des Eigentümers des begünstigten Grundstücks handelt, der Leitungen in das fremde Grundstück einbringen will. Es macht auch Sinn, dass der Eigentümer des fremden Grundstücks nicht gezwungen sein kann, eine eigene Leitung zu legen, wenn durch sein Grundstück schon eine Leitung des Nachbarn verläuft. Das Gesetz lässt es aber auch zu, dass er sich an die neue Leitung anschließen lässt, obwohl er selbst schon über eine Leitung verfügt. Dies gilt unabhängig davon, in welchem Zustand sich diese befindet, ob sie ihren Zweck erfüllt oder nicht. Der Anspruch korreliert mit dem Anschlussanspruch aus Abs. 1 S. 3, steht aber nicht wie dort unter der Bedingung, dass der Anschluss zweckmäßig ist.

33 Der Anschluss ist nach dem Gesetzeswortlaut („angeschlossen werden kann") vom Eigentümer des begünstigten Grundstücks vorzunehmen, um dessen Leitung es ja auch geht; der Eigentümer des fremden Grundstücks hat nur die Zuarbeit zu leisten. Die Anpassung hat nach billigem Ermessen des Eigentümers des begünstigten Grundstücks zu erfolgen (§ 315 I BGB). Der Eigentümer des fremden Grundstücks hat kein Mitspracherecht, (anders noch Voraufl. → Rn. 32), darf die Ausübung des Ermessens aber gerichtlich überprüfen lassen (§ 315 III 2 BGB). Das Gesetz nimmt auf den Herstellungsvorgang Bezug, so dass der Anschluss an sich nur vor dem Einbau der Leitung verlangt werden kann. Nach Sinn und Zweck der Regelung, die dem Eigentümer des fremden Grundstücks eine möglichst schonende Beanspruchung seines Grundstücks sichern soll, wird für den Fall eines **nachträglichen** Anschlussbedürfnisses jedoch Gleiches gelten müssen. Andernfalls würde der Begünstigte ohne Grund bessergestellt, da sein Duldungsrecht aus Abs. 1 S. 1 zeitlich unbeschränkt besteht (→ Rn. 40).

34 Abs. 4 verpflichtet den Eigentümer des fremden Grundstücks zur **Erstattung der Mehrkosten.** Die Ausführung der Leitung bleibt in der Hand des begünstigten Eigentümers, der damit auch Gläubiger des Erstattungsanspruchs ist. Zu zahlen sind alle Kosten, die ohne die Wünsche des Eigentümers des fremden Grundstücks nicht angefallen wären (zB für eine größere Dimensionierung der Leitung oder einen Anschlussschacht). Dieser kommt damit besser weg als der Eigentümer des begünstigten Grundstücks im Fall des Abs. 1 S. 3, der sogar einen Teil der vorhandenen Leitung mitbezahlen muss (OLG Stuttgart 11.2.1999 – 13 U 218/97, BeckRS 1999, 159426 Rn. 47). Der Erstattungsanspruch wird fällig, sobald die Aufwendungen bei ihm entstanden sind und die Anschlussmöglichkeit funktioniert (Anschluss gegen Kostenerstattung). Eine Zug-um-Zug-Lösung wäre unpraktikabel. Für die Nutzung der Leitung muss der Eigentümer des fremden Grundstücks dem Eigentümer des begünstigen Grundstücks nichts bezahlen (OLG Stuttgart 11.2.1999 – 13 U 218/97, BeckRS 1999, 159426 Rn. 69). Allerdings hat er mit ihm zusammen für die Unterhaltungskosten aufzukommen (Abs. 5).

35 Die Pflicht zur Unterhaltung, also Instandhaltung und Instandsetzung der Leitung, zu der die Wahrung der Verkehrssicherungspflicht gehört, trifft den jeweiligen Leitungseigentümer (dazu → Rn. 41). Für die Verpflichtung des Eigentümers des begünstigten Grundstücks (Fall des Abs. 4) lässt sich § 1020 S. 2 BGB entsprechend heranziehen. Die gemeinsam genutzte Leitung ist eine Anlage iSd § 1020 S. 2 BGB (ebenso für einen gemeinsam genutzten Weg BGH 17.2.2006 – V ZR 49/05, NJW 2006, 1428 Rn. 7; 7.7.2006 – V ZR 156/05, NJOZ 2006, 4073 Rn. 7). Der Eigentümer des begünstigten Grundstücks darf das fremde Grundstück nach Art. 1 S. 1 **betreten,** sofern dies zur Unterhaltung der von ihm eingebrachten Leitungen erforderlich ist.

36 9. In beiden Fällen des Anschlusses durch Anschluss (Abs. 1 S. 3 und Abs. 4) haben die gemeinsamen Nutzer für die **Kosten der Unterhaltung** der Leitung aufzukommen **(Abs. 5).**

Unterhaltungskosten sind Aufwendungen zur Erhaltung (Sanierung), Verwaltung und gemeinschaftlichen Benutzung, nicht aber der Zeitaufwand eines Teilhabers (ebenso Grüneberg/Sprau BGB § 748 Rn. 1). Jeder Teilhaber muss sich entsprechend seinem Anteil an den Kosten der Leitung beteiligen. Erfasst sind nur notwendige bzw. mit der Gegenseite abgestimmte Kosten.

Das Gesetz sieht hinsichtlich der Unterhaltungskosten keinen Verteilungsschlüssel vor, so **37** dass eine Vereinbarung der Parteien zu empfehlen ist. Notfalls entscheidet das Gericht in entsprechender Anwendung des § 917 I 2 BGB über die **Verteilung**. Inhaltlich richtet sich die Kostenverteilung nach dem Recht der Bruchteilsgemeinschaft (ebenso für das Durchfahrtsrecht BGH 12.11.2004 – V ZR 42/04, BGHZ 161, 115 = NJW 2005, 894 (897); für das Notleitungsrecht analog § 917 BGB BGH 4.7.2008 – V ZR 172/07, BGHZ 177 (165) = NVwZ 2008, 1150 Rn. 24). Maßstab sind im Wesentlichen der Leitungsnutzen und die effektive Leitungslänge (VKKKK Rn. 7; Birk NachbarR BW Anm. 5). Im Zweifel haben die Nachbarn die Kosten zu gleichen Teilen zu tragen (§§ 748, 742 BGB analog; s. dazu BGH 12.11.2004 – V ZR 42/04, BGHZ 161, 115 = NJW 2005, 894 (897); 7.7.2006 – V ZR 156/05, NJOZ 2006, 4073 Rn. 8). Eine Kostenteilung scheidet aus, wenn die Nutzung durch einen der Nachbarn nur marginal erfolgt (BGH 7.7.2006 – V ZR 156/05, NJOZ 2006, 4073 Rn. 9).

Ein Anspruch auf **Vorschuss** besteht nicht (anders Grüneberg/Sprau BGB § 744 Rn. 3; **38** Grüneberg/Grüneberg BGB § 257 Rn. 2). Leistet einer der Nachbarn vor, ergibt sich ein Ausgleichsanspruch aus §§ 683 S. 1, 670 BGB (BGH 12.11.2004 – V ZR 42/04, BGHZ 161, 115 = NJW 2005, 894 (897)). Dieser Anspruch wird fällig, sobald die (zweckgerechten oder vereinbarten) Kosten angefallen sind. Nimmt ein Nachbar zur Unterhaltung der Leitung eine Kostenlast auf sich, darf er gem. § 257 BGB anteilige Befreiung von der Schuld verlangen (ebenso Grüneberg/Sprau BGB § 748 Rn. 2). Hat ein Nachbar einer Unterhaltungsmaßnahme zu Unrecht widersprochen, richtet sich der Ersatz- bzw. Freistellungsanspruch des anderen nach dem Recht der Leistungsstörungen, mithin nach §§ 280 I, III, 281 I, II BGB (ebenso BGH 12.11.2004 – V ZR 42/04, BGHZ 161, 115 = NJW 2005, 894 (898) für das Durchfahrtsrecht).

Beeinträchtigt einer der Nachbarn die Funktionsfähigkeit der Leitung (zB durch Ver- **39** stopfung), hat er für die Kosten der Wiederherstellung (zB Reinigung) aufzukommen (→ Rn. 30). Ist der Duldungsberechtigte der Verursacher, berechtigt dies den Duldungsverpflichteten nicht zu einer Anschlusssperre (OLG Karlsruhe 13.11.1985 – 6 U 56/85, NJW-RR 1986, 1342; Dehner B § 27 in Fn. 128c; VKKKK Rn. 7).

10. Berechtigt bzw. **verpflichtet** sind bei allen Ansprüchen aus § 7f allein die Eigentü- **40** mer der beteiligten Grundstücke, damit auch die Miteigentümer (§ 1011 BGB), aufgrund § 11 I 1 ErbbauRG die Erbbauberechtigten und bei Wohnungseigentum die Eigentümergemeinschaft, da nur gemeinschaftliches Eigentum (§ 1 V WEG) betroffen sein kann, also nicht der Sonder- bzw. Teileigentümer und auch nicht der bloße Besitzer, selbst wenn er zum Besitz berechtigt ist (→ Einl. Rn. 17).

11. Wechselt der Eigentümer, ist die Rechtslage nicht neu zu prüfen (BGH 4.7.2008 – V **41** ZR 172/07, BGHZ 177, 165 = NVwZ 2008, 1150 Rn. 24); Abs. 1 S. 1, wonach der Eigentümer des fremden Grundstücks entgegenstehende Nutzungsarten zu unterlassen hat, zeigt, dass die gefundene Lösung **Bestandsschutz** haben soll. Dies ergibt sich auch daraus, dass es für die Frage, ob ein Leitungsnotrecht iSd § 7f besteht, allein auf den Zeitpunkt der Herstellung der Leitung und des Anschlusses des begünstigten Grundstücks ankommt (→ Rn. 18), ferner aus dem Grundsatz, wonach korrekt erstellte Einfriedigungen, Bauten oder Pflanzungen Bestandsschutz genießen (→ § 22 Rn. 11). Damit dürfen die Leitungen auch dann auf dem fremden Grundstück verbleiben, wenn die Voraussetzungen des Leitungsnotrechts entfallen (OLG Karlsruhe 24.3.2010 – 6 U 20/09, BeckRS 2010, 8385, zu II.b; s. auch OLG Stuttgart 11.2.1999 – 13 U 218/97, BeckRS 1999, 159426 Rn. 49, 54), zB weil sich die Möglichkeiten zur Selbsthilfe verbessern (Birk NachbarR BW Anm. 6b). Der Eigentümer des fremden Grundstücks ist bis auf die Fälle der Unzumutbarkeit nach Abs. 2 daran gebunden; plant er nachträglich eine andere Verwendung seines Grundstücks, die mit dem Notleitungsrecht konfligiert, wird er aber nicht geltend machen können, nun stelle die Notleitung für ihn eine unzumutbare Belastung dar (OLG Karlsruhe 24.3.2010 – 6 U 20/09, BeckRS 2010, 8385, zu II.d). Etwas anderes gilt, wenn die Leitung so marode wird, dass sie ausgetauscht werden müsste (OLG Karlsruhe 13.11.1985 – 6 U 56/85, NJW-RR 1986, 1342 (1343); 24.3.2010 – 6 U 20/09, BeckRS 2010, 8385, zu II.c; ähnlich BGH 4.7.2008 – V ZR 172/07, BGHZ 177, 165 = NVwZ 2008, 1150 Rn. 26 für den Bereich des § 917 BGB: Inhalt und Umfang des Notleitungsrechts sind neu zu bestimmen, wenn die vorhandene Leitung überlastet ist). Die Frage, ob noch repariert werden kann oder eine Komplettsanierung ansteht, ist nach wirtschaftlichen Gesichtspunkten zu beantworten. Um auch für diesen Fall Bestandsschutz zu schaffen, empfiehlt sich die Bestellung einer Grunddienstbarkeit. Aus § 7f ergibt sich ein Anspruch auf Einräumung einer derartigen Sicherung nicht (Birk NachbarR BW Anm. 6a), ebenso wenig ein Anspruch auf Einräumung einer Baulast (OLG Stuttgart 9.4.2003 – 3 U 121/01, Juris Rn. 15 = IBRRS 2003, 1116). Wird die Leitung nicht mehr benötigt, entfallen die Rechte aus § 7f ebenfalls. Der Eigentümer des begünstigten Grundstücks muss dann für die Entfernung der Leitungen sorgen, wenn der Eigentümer des fremden Grundstücks dies in unverjährter Zeit einklagt.

42   **12. Fälligkeit und Verjährung:** Der Duldungsanspruch aus Abs. 1 S. 1 entsteht und wird fällig, sobald er geltend gemacht wird. Da dieses Recht einer Dienstbarkeit ähnelt, unterliegt es nicht der Verjährung. Der Unterlassungsanspruch gem. Abs. 1 S. 1 wird fällig, sobald mit einer entgegenstehenden Nutzung begonnen wird; ab diesem Zeitpunkt beginnt auch die fünfjährige Verjährungsfrist des § 26 I 1 (→ § 26 Rn. 15). Gleiches gilt für den Anspruch aus Abs. 2, der ebenfalls Unterlassungsanspruch ist (→ Rn. 27). Die Kostenerstattungsansprüche aus Abs. 1 S. 3 und Abs. 4 werden fällig, sobald die Kosten angefallen sind; auf eine Rechnungserteilung kommt es nicht an, ebenso wenig auf den Zeitpunkt der Inbetriebnahme des Anschlusses (Birk NachbarR BW Anm. 4b). Ab diesem Zeitpunkt beginnt auch die hierfür einschlägige dreijährige Regelverjährungsfrist (§§ 195, 199 I BGB). Der Schadensersatzanspruch aus Abs. 3 S. 1 wird fällig, sobald er dem Grunde nach feststeht; ab diesem Zeitpunkt beginnt auch die dreijährige Verjährungsfrist (§§ 195, 199 I BGB). Der Anspruch auf Sicherheitsleitung (Abs. 3 S. 2) ist akzessorisch zum Schadensersatzanspruch, so dass auch die Fälligkeit und Verjährung von diesem Anspruch abhängen.

43   **13. Leitungen,** die der Begünstigte in Ausübung seines Leitungsnotrechts verlegt hat, bleiben als Zubehör iSd § 97 BGB in seinem **Eigentum;** sie werden gem. § 95 I 2 BGB nicht zu einem wesentlichen Bestandteil des Grundstücks, in dem sie verlegt sind (BGH 10.6.2011 – V ZR 233/10, NJW-RR 2011, 1458 Rn. 6), sondern sind gem. § 95 II BGB nur Scheinbestandteile dieses Grundstücks (OLG Celle 22.5.2024 – 14 U 120/23, NJW-RR 2024, 1274 Rn. 26). Andernfalls wäre es auch nicht verständlich, warum die Duldungspflicht nach Abs. 1 S. 1 auf die Unterhaltung der eingebrachten Leitung erstreckt wird. Sofern sich der Eigentümer des fremden Grundstücks gem. Abs. 4 an diese Leitung anschließen lässt, bleibt sie weiterhin im Eigentum des Begünstigten (LG Frankfurt a. M. 3.2.1976 – 2/16 S 186/75, ZMR 1978, 203; Dehner B § 27 V 3l, S. 49). Andersherum bleibt der Eigentümer des fremden Grundstücks, dessen Leitung das aufstehende Gebäude mit dem öffentlichen Leitungsnetz verbindet und damit nach § 94 II BGB („zur Herstellung des Gebäudes eingefügt") wesentlicher Bestandteil seines Grundstücks geworden ist, auch dann Alleineigentümer dieser Leitung, wenn sich der Nachbar gem. Abs. 1 S. 3 daran anschließt (BGH 13.7.2018 – V ZR 308/17, NJW-RR 2019, 78 Rn. 24). Für das Innenverhältnis gilt das Recht einer **Bruchteilsgemeinschaft** iSd § 741 BGB, sofern die Grundstücksnachbarn nicht nur über ein einheitliches, die gemeinsamen Grundstücksgrenzen überschreitendes Leitungssystem verfügen, sondern es auch gemeinsam nutzen (BGH 13.7.2018 – V ZR 308/17, NJW-RR 2019, 78 Rn. 20 f.). Bei einem Defekt an der vom Eigentümer des begünstigten Grundstücks verlegten Leitung ist dieser gegenüber dem Eigentümer des fremden Grundstücks gem. § 1004 I BGB

Leitungen § 7f

verpflichtet, durch geeignete Maßnahmen für Abhilfe zu sorgen (ebenso OLG Celle 22.5. 2024 – 14 U 120/23, NJW-RR 2024, 1274 Rn. 21 für eine aufgrund Dienstbarkeit eingebrachte Wasserleitung).

IV. Ergänzende Vorschriften

1. Die Vorschriften der §§ 917, 918 BGB sehen vor, dass der Grundeigentümer gegen 44 Rentenzahlung auf seinem Grundstück einen **Notweg** dulden muss, sofern dies erforderlich ist, um ein Nachbargrundstück mit einem öffentlichen Weg zu verbinden (s. dazu BGH 7.7.2006 – V ZR 159/05, NJW 2006, 3426 (3427); 24.4.2015 – V ZR 138/14, NJW-RR 2015, 1234 Rn. 14 ff.: Erreichbarkeit mit einem Kfz).

2. Zum forstlichen Notwegrecht s. Dehner B § 28 V, S. 22 ff. 45

3. Gemäß § 76 **TKG** hat der Grundeigentümer gegen angemessenen Geldausgleich zu 46 **dulden,** dass (ober- und unterirdische) öffentliche **Telekommunikationslinien** auf seinem Grundstück errichtet, betrieben und erneuert werden, sofern entweder (gem. Abs. 1 Nr. 1) auf dem Grundstück bereits eine rechtlich gesicherte Leitung oder Anlage besteht und die Nutzbarkeit des Grundstücks dadurch nicht dauerhaft zusätzlich eingeschränkt wird, oder (gem. Abs. 1 Nr. 2) durch eine neue Leitung das Grundstück dadurch nicht oder nicht unzumutbar beeinträchtigt wird (hierzu GLS NachbarR-HdB/Saller Kap. 4 Rn. 101 ff.).

4. Nach § 12 **NAV** haben Anschlussnehmer, die Grundstückseigentümer sind, für Zwe- 47 cke der örtlichen Versorgung (Nieder- und Mittelspannungsnetz) das Anbringen und Verlegen von Leitungen zur Zu- und Fortleitung von **Elektrizität** über ihre im Gebiet des Elektrizitätsversorgungsnetzes der allgemeinen Versorgung liegenden Grundstücke, ferner das Anbringen von Leitungsträgern und sonstigen Einrichtungen sowie erforderliche Schutzmaßnahmen unentgeltlich zuzulassen. Diese Pflicht betrifft nur Grundstücke, die an das Elektrizitätsversorgungsnetz angeschlossen sind, die vom Eigentümer in wirtschaftlichem Zusammenhang mit einem an das Netz angeschlossenen Grundstück genutzt werden, oder für die die Möglichkeit des Netzanschlusses sonst wirtschaftlich vorteilhaft ist. Die Duldungspflicht besteht nicht, wenn die Inanspruchnahme der Grundstücke den Eigentümer mehr als notwendig oder in unzumutbarer Weise belasten würde; insbesondere ist die Inanspruchnahme des Grundstücks zwecks Anschlusses eines anderen Grundstücks an das Elektrizitätsversorgungsnetz grundsätzlich verwehrt, wenn der Anschluss über das eigene Grundstück des anderen Anschlussnehmers möglich und dem Netzbetreiber zumutbar ist. Gleiches gilt nach § 8 I **AVBWasserV** für die örtliche **Wasserversorgung.**

5. § 9 I Nr. 13 **BauGB** lässt in Bauplänen Regelungen zur Führung von Versorgungslei- 48 tungen zu, gibt jedoch keinen Anspruch auf Duldung einer Versorgungsleitung über ein fremdes Grundstück (OVG Münster 30.1.1996 – 11 aD 127/92.NE, NVwZ-RR 1997, 598 (599); Dehner B § 27 V 2).

6. Aufgrund § 9 I Nr. 21 **BauGB** haben die Gemeinden die Möglichkeit, aus städtebau- 49 lichen Gründen im Bebauungsplan Flächen festzusetzen, die mit einer nach § 41 I BauGB zu bestellenden **Grunddienstbarkeit** zur **Einräumung von Leitungsrechten** zugunsten der Allgemeinheit, eines Erschließungsträgers oder eines beschränkten Personenkreises belastet werden können. Ein unmittelbares Leitungsrecht wird hierdurch ebenso wenig begründet wie durch die Entschädigungsvorschrift des § 42 I BauGB (BVerwG 15.2.1985 – 4 C 46/82, NJW 1986, 338; BGH 19.12.1975 – V ZR 38/74, BGHZ 66, 37 = NJW 1976, 416). Der Begünstigte muss notfalls ein Enteignungsverfahren betreiben, das zugunsten eines Einzelnen jedoch kaum Erfolg haben dürfte (Dehner B § 27 V 2).

7. Weitere Duldungspflichten können sich im Zusammenhang mit Erschließungsanlagen 50 nach § 126 I 1 Nr. 1 **BauGB** ergeben, wonach Eigentümer – nach § 200 II BauGB auch Inhaber grundstücksgleicher Rechte – das Anbringen von Haltevorrichtungen und Leitun-

gen für Beleuchtungskörper der Straßenbeleuchtung einschließlich der Beleuchtungskörper und des Zubehörs auf ihrem Grundstück zu dulden haben.

51 **8.** Nach **§ 93 S. 1 WHG** darf die zuständige Behörde Eigentümer und Nutzungsberechtigte von Grundstücken und oberirdischen Gewässern verpflichten, das Durchleiten von Wasser und Abwasser sowie die Errichtung und Unterhaltung der dazu dienenden Anlagen zu dulden, soweit dies zur Entwässerung oder Bewässerung von Grundstücken, zur Wasserversorgung, zur Abwasserbeseitigung, zum Betrieb einer Stauanlage oder zum Schutz vor oder zum Ausgleich von Beeinträchtigungen des Natur- oder Wasserhaushalts durch Wassermangel erforderlich ist. Dies gilt nur, wenn das Vorhaben anders nicht ebenso zweckmäßig oder nur mit erheblichem Mehraufwand durchgeführt werden kann und der vom Vorhaben zu erwartende Nutzen erheblich größer ist als der Nachteil des Betroffenen (§ 93 S. 2 iVm § 92 S. 2 WHG). Diese Regelung wurde durch das Gesetz zur Neuregelung des Wasserrechts vom 31.7.2009 (BGBl. I 2585) mit Wirkung zum 1.3.2010 in das WHG eingefügt und hat das Durchleitungsrecht aus § 88 WG aF abgelöst. In der Praxis hat indes auch diese Hochzonung nicht dazu geführt, dass Durchleitungsrechte vermehrt aufgrund staatlichen Zwangs geschaffen werden. Die Zwangsregelung schließt ein privates Notleitungsrecht nicht aus (BGH 4.7.2008 – V ZR 172/07, NVwZ 2008, 1150 Rn. 12). Eine Duldungsverfügung gem. § 93 WHG, für die immer ein öffentliches Interesse bestehen muss, ist nur dann erforderlich, wenn es dem Begünstigten trotz ernsthafter Bemühungen nicht gelungen ist, sich mit dem Eigentümer zu angemessenen Bedingungen über das Durchleitungsrecht zu einigen (VGH Mannheim 22.2.1974 – IX 391/73, ZfW 74, 383 (386); 19.11.2013 – 3 S 1525/13, NVwZ-RR 2014, 263 (264); VKKKK Rn. 9; Breuer/Gärditz WasserR Rn. 1400). Insofern ist die Rechtsdurchsetzung auf dem Verwaltungsrechtsweg **subsidiär.** Ob vor Erlass einer Duldungsverfügung nicht nur der Versuch einer gütlichen Einigung zu verlangen ist, sondern auch versucht werden muss, ein Leitungsrecht aus § 7f im Zivilrechtsweg durchzusetzen, ist nach den konkreten Umständen des Einzelfalls unter Verhältnismäßigkeitsgesichtspunkten zu beurteilen (VGH Mannheim 19.11.2013 – 3 S 1525/13, NVwZ-RR 2014, 263 (264); grundsätzlich muss die Behörde ihren Pflichten aber selbst nachgehen, so VGH Mannheim 19.11.2013 – 3 S 1525/13, NVwZ-RR 2014, 263 (264); →Vor §§ 1, 2 Rn. 15). Die Durchleitung kann nicht deshalb iSd § 93 S. 2 iVm § 92 S. 2 WHG ebenso zweckmäßig durchgeführt werden, weil der Eingriff auf einem anderen privaten Grundstück erfolgen könnte, das in gleicher Weise von der Durchleitung betroffen wäre (VGH Mannheim 19.11.2013 – 3 S 1525/13, NVwZ-RR 2014, 263 (264)).

2. Abschnitt. Aufschichtungen und Gerüste

§ 8 [Aufschichtungen und Gerüste]

(1) [1]Aufschichtungen von Holz, Steinen und dergleichen, Heu-, Stroh- und Komposthaufen sowie ähnliche Anlagen, die nicht über 2 m hoch sind, müssen 0,50 m von der Grenze entfernt bleiben. [2]Sind sie höher, so muß der Abstand um soviel über 0,50 m betragen, als ihre Höhe das Maß von 2 m übersteigt.

(2) Eine Entfernung von 0,50 m ist einzuhalten bei Gerüsten und ähnlichen Anlagen, sofern nicht die Beschaffenheit der Anlage eine größere Entfernung zur Abwendung eines Schadens erfordert.

(3) Diese Vorschriften gelten nicht für Baugerüste und für das nachbarliche Verhältnis der öffentlichen Wege und der Gewässer einerseits und der an sie grenzenden Grundstücke andererseits.

Parallelvorschriften: Brandenburg: § 27 BbgNRG; Nordrhein-Westfalen: § 31 NachbG NRW.

I. Inhalt der Regelung

Nach dieser Vorschrift müssen bestimmte Aufschichtungen, Haufen und ähnliche Anlagen einen Mindestabstand zur Grundstücksgrenze einhalten, sofern sich auf der anderen Seite kein öffentlicher Weg oder ein Gewässer befindet. Gleiches gilt für Gerüste mit Ausnahme von Baugerüsten.   1

II. Normgebung

§ 8 enthält als einzige Vorschrift des 2. Abschnitts zusammen mit den im 1. Abschnitt erfassten Gebäudevorschriften und den im 3. Abschnitt behandelten Bodenerhöhungen das private bauliche Landesnachbarrecht. Er knüpft an Art. 62 IV, V WürttNBO und Art. 6 WürttGLN bzw. deren Übernahme in Art. 225 WürttAGBGB 1899 (= Art. 197 WürttAGBGB 1931) an. Der Gesetzgeber wollte Art. 197 WürttAGBGB 1931 für das ganze Land übernehmen, da Aufschichtungen von Holz, Steinen, Stroh uÄ für alle Nachbarn sehr lästig sein können. Unter „Gerüsten" im Sinne dieser Vorschrift seien nicht Baugerüste zu verstehen, die manchmal sogar noch auf dem Nachbargrundstück aufgestellt werden müssen. Für diese Gerüste reichten vielmehr die allgemeinen baurechtlichen Vorschriften aus (Reg-Begr. vom 12.12.1958, Beil. 2220 zu den Sitzungsprotokollen der 2. Legislaturperiode, S. 3556).   2

III. Anmerkungen

1. Zum Vorrang öffentlich-rechtlicher Satzungsbestimmungen vgl. § 27. Befinden sich Anlagen iSd Abs. 1 hinter einer geschlossenen Einfriedigung, ohne diese zu überragen, gilt nach dem Rechtsgedanken des § 20 nur § 11. Da für Einfriedigungen aber ohnehin größere Grenzabstände gelten, bleibt der Vorrang ohne Wirkung. Anlagen iSd § 8 und Einfriedigungen iSd § 11 schließen sich aus, da erstere von der Grenze zurückzusetzen sind. Letztlich wird die Konsistenz des Materials entscheiden.   3

2. § 8 ist eine landesrechtliche Bestimmung, die das Grundeigentum des Nachbarn spezielleren („anderen" iSd Art. 124 EGBGB) Beschränkungen unterwirft als die Regelung des § 903 BGB. Daher ist § 8 von Art. 124 EGBGB gedeckt (Dehner B § 18 I 2; zur Reichweite des Art. 124 EGBGB → § 7b Rn. 4), verstößt also nicht gegen Bundesrecht.   4

§ 8 2. Abschnitt. Aufschichtungen und Gerüste

5 **3.** Gemäß **Abs. 1** S. 1 ist ein Grenzabstand zu wahren mit
– Aufschichtungen von Holz, Steinen und dergleichen;
– Heu-, Stroh- und Komposthaufen;
– ähnlichen Anlagen (aA Reich NRG BW Rn. 2, der die ähnlichen Anlagen nur als Unterfall der 2. Fallgruppe betrachtet, dann müsste es aber „ähnlichen" und nicht „ähnliche" heißen).
Aus den Gesetzesmaterialien (→ Rn. 2), dem Zweck der Vorschrift als Nachbar schützende Vorschrift und der Fassung des S. 2 ergibt sich, dass die genannten Anlagen **über die Geländeoberfläche deutlich hinausragen** müssen.

6 **Aufschichtungen** von Holz, Steinen oder dergleichen sind künstliche Gebilde aus Einzelteilen, die nur durch ihre Schwere miteinander verbunden sind und daher zur Grundstücksgrenze hin abrutschen bzw. umfallen können. Nach dem Zweck der Vorschrift sind keine Mengen bzw. Haufen erfasst, die in einem Schuppen stehen oder auf eine Weise eingerüstet sind, die ein Abrutschen bzw. Umfallen zur Nachbargrenze hin vermeidet. Ein Zeitmoment ist nicht gefordert; auch vorübergehende Aufschichtungen sind erfasst (Pelka NachbarR BW 80; aA VKKKK Rn. 1). Daher muss der Nachbar auch nicht zuwarten, um gegen zu nah an die Grenze gesetzte Aufschichtungen vorzugehen. Erdaufschichtungen sind nicht erfasst, da die aufgetragene Erde auch bei nur lockerer Aufhäufung Bestandteil des Bodens ist und dieser Sachverhalt in §§ 9, 10 besonders geregelt wird (aA Dehner B § 20 V 2b).

7 **Heu-, Stroh- und Komposthaufen** sind Ansammlungen von ineinandergreifenden Naturprodukten. Aufgeschichtet müssen sie nicht sein.

8 **Ähnliche Anlagen** (wie Aufschichtungen und künstliche Naturhaufen) sind regelmäßig bodengestützte Anlagen, die durch ihre Instabilität oder Brennbarkeit eine Gefahr für das Nachbargrundstück bedeuten (ähnlich Dehner B § 18 I 2: lockere Materialaufschichtungen), zB Obst- und Gemüsehaufen, etwa aus Zuckerrüben, aber auch Müllhalden, Reifenstapel oder Altmetallsammlungen (Birk NachbarR BW Anm. 1 f). Hierunter fallen auch **Baumhäuser,** die zwar nicht auf dem Boden lasten, aber bei bestimmungsgemäßer Nutzung ebenfalls Gefahren für das Nachbargrundstück verursachen (zB Lärm; ebenso OLG Hamm 18.5.2014 – 5 U 190/13, NZM 2015, 431, zur Parallelregelung in § 31 I NachbG NRW). Für die Annahme einer Gefahr kommt es auf die Eintrittswahrscheinlichkeit ebenso wenig an wie auf den Umfang des drohenden Nachteils; ausreichend ist ihre abstrakte Gefährlichkeit; erst im Rahmen des Abs. 2 wird auf die konkrete Gefährlichkeit abgestellt.

9 Alle diese Anlagen haben einen Abstand zur Grundstücksgrenze zu wahren, sofern sie nicht zB in eine Grube gesetzt sind und damit nicht über die Geländeoberfläche hinausragen (→ Rn. 5 und Reich NRG BW Rn. 1). Der **Mindestabstand** beträgt generell 0,50 m (Abs. 1 S. 1). Bei Aufschichtungen und Haufen, die höher sind als 2 m, beträgt der Mindestabstand die Höhendifferenz abzüglich 1,50 m (Abs. 1 S. 2), bei einer 3,60 m hohen Aufschichtung also 2,10 m.

10 **4.** Einen Mindestabstand von 0,50m einzuhalten haben ferner **Gerüste** und ähnliche Anlagen, sofern nicht die Beschaffenheit der Anlage eine größere Entfernung zur Abwendung eines Schadens erfordert **(Abs. 2).**

11 **Gerüste** sind Trag- und Schutzsysteme, die in mehreren Stufen aufgebaut sind. Hängegerüste haben keinen Bodenbezug und sind daher nicht erfasst (aA Reich NRG BW Rn. 5). Im Gegensatz zu § 7d I erfasst der Begriff des Gerüstes **keine** (aufgestellten) **Baugerüste (Abs. 3),** da sie sie gerade im Grenzbereich nötig sind (→ Rn. 2), nur während der Bauzeit aufgestellt werden und für sie ohnehin Sicherungsmaßnahmen erfolgen (vgl. § 13 I BWLBO). Ihre Aufstellung ist nach § 7d ggf. sogar auf dem Nachbargrundstück möglich. Baugerüste iSd Abs. 3 sind auch Leitern, sofern sie für ein Bauvorhaben genutzt werden (Reich NRG BW Rn. 5).

12 **Ähnliche Anlagen** (wie Gerüste) sind zB freistehende Werbetafeln, Hinweisschilder und Pflanzgitter, die durch ihr Umstürzen Schäden auf dem Nachbargrundstück verursachen können (Birk NachbarR BW Anm. 2b).

Aufschichtungen und Gerüste § 8

Sofern die **Beschaffenheit** des Gerüstes oder einer ähnlichen Anlage zur Abwendung 13
eines Schadens dies erfordert (Maßstab ist ihr Gefährdungspotential), ist ein größerer Abstand
einzuhalten. Hinsichtlich der erforderlichen Eintrittswahrscheinlichkeit für einen solchen
Schaden ist auf die Grundsätze abzustellen, die für die Voraussichtlichkeit nach §§ 7b III 2,
7d III 2, 7e III und 7f III 2 gelten (dazu → § 7b Rn. 22).

5. Keinen Abstand nach § 8 einzuhalten haben die in den Abs. 1 und 2 genannten An- 14
lagen, sofern sie sich auf oder an öffentlichen Wegen bzw. an Gewässern befinden **(Abs. 3).**
Im 1. Fall handelt es sich nur um eine Klarstellung, da der Staat mit seinen öffentlichen
Sachen privatrechtlichen Regelungen nicht unterliegt (BVerwG 29.5.1981 – 4 C 19/78,
NVwZ 1982, 112) und der Nachbar somit ohnehin keine privatrechtlichen Abwehrmöglichkeiten hat. Will der Staat als Eigentümer des öffentlichen Wegs Aufschichtungen oder
Gerüste an die Grenze setzen, hat er die schutzwürdigen Interessen des Nachbarn dennoch
angemessen zu berücksichtigen (vgl. BVerwG 29.5.1981 – 4 C 19/78, NVwZ 1982, 112;
auch → Einl. Rn. 24). Insofern muss er aufgrund seiner öffentlich-rechtlichen Bindungen
einen Ausgleich der in diesem Nachbarverhältnis bestehenden Interessengegensätze suchen.
Für öffentliche Straßen richtet sich der Anliegerschutz nach § 28 II StrG (BVerwG 29.5.1981
– 4 C 19/78, NVwZ 1982, 112).

Zum Begriff des **öffentlichen Wegs** vgl. die Ausführungen unter → § 5 Rn. 4 und 6. 15
Gewässer sind alle Teile der Erdoberfläche, die infolge ihrer natürlichen Beschaffenheit oder
künstlichen Einfassung nicht nur vorübergehend mit Wasser bedeckt sind (Breuer/Gärditz
WasserR Rn. 227), also Seen, Flüsse, Bäche und offene Wasserkanäle.

6. Zum **Beseitigungsanspruch** → Einl. Rn. 42 ff. Der Beseitigungsanspruch ergibt sich 16
direkt aus § 8 I bzw. II.

7. Verpflichtet ist der Eigentümer des Grundstücks, auf dem sich die Anlage iSd Abs. 1 17
oder 2 befindet, damit auch dessen Miteigentümer (§ 1011 BGB), aufgrund des § 11 I 1
ErbbauRG der Erbbauberechtigte und bei Wohnungseigentum die Eigentümergemeinschaft,
da sich die Anlage auf gemeinschaftlichem Eigentum (§ 1 V WEG) befindet.

Berechtigt ist der Eigentümer des (angrenzenden) Nachbargrundstücks, damit auch der 18
Miteigentümer (§ 1011 BGB), aufgrund des § 11 I 1 ErbbauRG der Erbbauberechtigte und
bei Wohnungseigentum die Eigentümergemeinschaft, da nur gemeinschaftliches Eigentum
(§ 1 V WEG) betroffen sein kann, also nicht der Sonder- bzw. Teileigentümer und auch nicht
der bloße Besitzer, selbst wenn er zum Besitz berechtigt ist (→ Einl. Rn. 17; aA Reich NRG
BW Rn. 3).

8. Der Anspruch auf Beseitigung der in Abs. 1 und 2 genannten Anlagen **verjährt** gem. 19
§ 26 I 1 in 5 Jahren (VKKKK Rn. 3). Nach Verjährungseintritt kann allenfalls (in engen
Grenzen, → Einl. Rn. 27) mit einem Schutzanspruch aus nachbarlichem Gemeinschaftsverhältnis geholfen werden.

IV. Ergänzende Vorschriften

1. § 8 ist ein Schutzgesetz iSd **§ 823 II BGB** (Birk NachbarR BW Anm. 3; Reich NRG 20
BW Rn. 4), so dass der Nachbar bei einem Schaden, der durch einen schuldhaften Verstoß
gegen § 8 entsteht, Anspruch auf Schadensersatz hat.

2. 907 BGB verbietet das Herstellen und Halten von Anlagen (= künstlich geschaffene 21
Werke von gewisser Selbstständigkeit und Dauer wie Bauwerke, Teiche, Gräben, Erdaufschüttungen, Taubenschläge oder Ähnliches), von denen mit Sicherheit zu erwarten ist, dass ihr
Bestand oder ihre Benutzung eine unzulässige, also nicht zu duldende Einwirkung durch
sinnlich wahrnehmbare Stoffe auf das Nachbargrundstück zur Folge hat. Auch § 907 BGB
ist ein Schutzgesetz iSd § 823 II BGB (BGH 23.3.2023 – V ZR 97/21, NJW-RR 2023, 1252
Rn. 24).

§ 8 2. Abschnitt. Aufschichtungen und Gerüste

22 3. **908 BGB** gebietet Vorkehrungen bei drohendem Gebäudeeinsturz auf dem Nachbargrundstück. Diese Vorschrift wird durch Schadensersatzpflichten gem. **§§ 836–838 BGB** ergänzt.

23 4. Nach **§ 28 II 1 StrG** dürfen Anpflanzungen, Zäune, Stapel, Haufen und andere, mit dem Grundstück nicht fest verbundene Einrichtungen die Sicherheit oder Leichtigkeit des Verkehrs nicht beeinträchtigen. Baugerüste und andere vorübergehend erstellte Anlagen sind hiervon nicht erfasst (Birk NachbarR BW Anm. 2d). Gleiches gilt gem. **§ 5 II LEisenbG** für Eisenbahnanlagen. Für Bundesfernstraßen gilt dies zum Schutz der Verkehrssicherheit (**§ 11 II 1 FStrG**).

24 5. Anlagen iSd Abs. 1 sind als **Nebenanlagen** iSd **§ 14 I 1 BauNVO** bauplanungsrechtlich regelmäßig zulässig. Unzulässig sind sie, wenn ein Bebauungsplan insoweit eine Ausnahme vorsieht (vgl. § 1 IX BauNVO), oder sie nach Anzahl, Lage, Umfang oder Zweckbestimmung der Eigenart des Baugebiets widersprechen (§ 15 I 1 BauNVO) bzw. von ihnen Belästigungen oder Störungen ausgehen können, die nach der Eigenart des Baugebiets dort oder in der Umgebung unzumutbar sind, oder wenn sie solchen Belästigungen oder Störungen ausgesetzt werden (§ 15 I 1 BauNVO). Verfahrensfrei iSd BWLBO ist die Errichtung von Gerüsten (**§ 50 I BWLBO** iVm Nr. 10a des Anhangs zu § 50 I BWLBO).

25 6. Zur bauordnungsrechtlichen Behandlung von Gerüsten und Aufschichtungen s. **§ 13 I BWLBO**, wonach bauliche Anlagen sowohl im Ganzen als auch in ihren einzelnen Teilen sowie für sich allein standsicher sein müssen, auch während der Errichtung und bei der Durchführung von Abbrucharbeiten. Ferner müssen die Standsicherheit anderer baulicher Anlagen und die Tragfähigkeit des Baugrundes der Nachbargrundstücke gewährleistet sein.

3. Abschnitt. Erhöhungen

Vorbemerkungen zu §§ 9, 10 – Bodenerhöhungen

Parallelvorschriften: Bayern: –; Berlin: § 20 NachbG Bln; Brandenburg: § 26 BbgNRG; Bremen: –; Hamburg: –; Hessen: –; Mecklenburg-Vorpommern: –; Niedersachsen: § 26 NNachbG; Nordrhein-Westfalen: § 30 NachbG NRW; Rheinland-Pfalz: § 43 RhPflNRG; Saarland: § 47 SaarlNachbG; Sachsen: § 17 SächsNRG; Sachsen-Anhalt: § 17 LSANbG; Schleswig-Holstein: § 25 NachbG Schl.-H.; Thüringen: § 43 ThürNRG.

I. Regelungen im NRG

1. § 9 und ergänzend § 10 verlangen Sicherungen gegen Bodenerhöhungen, die zu Lasten des angrenzenden Grundstücks einstürzen oder abrutschen können. Diese Vorschriften bilden den 3. Abschnitt des NRG und enthalten zusammen mit den im 1. Abschnitt erfassten Gebäudevorschriften und den im 2. Abschnitt (§ 8) behandelten Aufschichtungen und Gerüsten das private **bauliche** Landesnachbarrecht. Der 3. Abschnitt bildet die Brücke zwischen den ersten beiden Abschnitten zum baulichen Nachbarrecht und dem pflanzlichen Nachbarrecht, das mit dem nächsten Abschnitt (dessen § 11 ebenfalls Überleitungscharakter hat) beginnt.

2. Bei den §§ 9, 10 handelt es sich um landesrechtliche Bestimmungen, die das Grundeigentum des Nachbarn spezielleren („anderen" iSd Art. 124 EGBGB) Beschränkungen unterwirft als die Regelung des § 903 BGB. Daher sind diese Vorschriften von Art. 124 EGBGB gedeckt, verstoßen also nicht gegen Bundesrecht (Dehner B § 20 V 2b, S. 43; GLS NachbarR-HdB/Saller Kap. 3 Rn. 260; zur Reichweite des Art. 124 EGBGB → § 7b Rn. 4).

II. Ergänzende Vorschriften

1. Die Vorschriften über Bodenerhöhungen stellen Schutzgesetze iSd **§ 823 II BGB** dar (Reich NRG BW § 9 Rn. 4; Saller in GLS NachbarR-Hdb Kap. 3 Rn. 262; ebenso BGH 21.2.1980 – III ZR 158/78, NJW 1980, 2580 (2581), zur Parallelvorschrift des § 30 I 1 NachbG NRW), so dass der Nachbar bei einem schuldhaften Verstoß Anspruch auf Schadensersatz hat.

2. **§ 907 BGB** verbietet Anlagen, von denen mit Sicherheit vorauszusehen ist, dass ihr Bestand oder ihre Benutzung eine unzulässige Einwirkung auf das Nachbargrundstück zur Folge hat. Anlagen in diesem Sinne sind künstlich geschaffene Werke von gewisser Selbstständigkeit und Dauer (BGH 30.4.1965 – V ZR 17/63, BeckRS 1965, 00151 zu II.4.). Das können auch Erdaufschüttungen sein (OLG Hamm 4.2.2016 – 5 U 148/14, NJOZ 2016, 1363 Rn. 74). Reine Bodenerhöhungen sind mangels Selbstständigkeit hingegen keine „Anlage" iSd § 907 BGB (BGH 21.2.1980 – III ZR 158/78, NJW 1980, 2580 (2581); LG Bonn 4.3.2005 – 2 O 441/04, BeckRS 2005, 14382). In den Anwendungsbereich des § 907 BGB fällt demgegenüber in Behältnissen (Pflanzbecken oder -kübel) gefasster Boden (Bassenge/Olivet NachbG Schl.-H. § 25 Rn. 2).

3. **§ 909 BGB** verbietet Grundstücksvertiefungen, die dem Nachbargrundstück die erforderliche Stütze entziehen kann, sofern nicht für eine genügende anderweitige Befestigung gesorgt ist. Auch das Abgraben (Anschneiden) eines Hangfußes stellt eine Vertiefung im Sinne des § 909 BGB dar (BGH 28.1.1972 – V ZR 20/70, BeckRS 1972, 106425 Rn. 14). Nach dieser Vorschrift hat der vertiefende Eigentümer eine genügende anderweitige Befestigung des Nachbargrundstücks herzustellen und diese auch in ordentlichem Zustand zu halten. Die

Befestigungsmaßnahme muss auf dem zu vertiefenden Grundstück liegen (BGH 27.5.1997 – V ZR 197/96, NJW 1997, 2595 (2596)) und den Stützverlust vollständig ausgleichen. Die Schutzvorkehrungen dürfen dabei nicht nur auf den Zustand zum Zeitpunkt der Vertiefung ausgerichtet werden, vielmehr sind auch weitere Entwicklungen auf dem höherliegenden Grundstück zu berücksichtigen. Die Befestigung muss so geartet sein, dass der Boden des Nachbargrundstücks auch eine Belastung mit solchen weiteren Anlagen verträgt, mit deren Errichtung nach den gesamten Umständen, insbesondere den örtlichen Verhältnissen, vernünftigerweise zu rechnen ist; handelt es sich um ein Baugrundstück, ist zugleich die Möglichkeit einer künftigen Bebauung, die über den bisherigen Umfang hinausgeht, in Rechnung zu stellen (BGH 3.5.1968 – V ZR 29/64, NJW 1968, 1327 (1329)). §§ 9, 10 fallen nicht in den Anwendungsbereich des § 909 BGB (BGH 11.10.1973 – III ZR 159/71, NJW 1974, 53 (54); 20.5.1976 – III ZR 103/74, NJW 1976, 1840 (1841)), da § 909 BGB gerade den umgekehrten Fall einer Bodenvertiefung betrifft. Keine Vertiefung iSd § 909 BGB liegt auch vor, wenn nur oberirdische Gebäudeteile entfernt werden und es dadurch zu einem Stützverlust auf dem benachbarten (aufgeschütteten) Grundstück kommt (BGH 29.6.2012 – V ZR 97/11, NJW-RR 2012, 1160 Rn. 16).

6   4. § 1004 BGB gibt Anspruch auf Störungsabwehr. Das kann auch bei einer Bodenerhöhung eine Rolle spielen, wenn es dadurch zu einem Verdichtungsdruck auf dem Nachbargrundstück kommt (BGH 12.6.2014 – V ZR 308/13, BeckRS 2014, 14868 Rn. 8). Weitergehend als nach § 9 muss die Störung dazu jedoch feststehen (OLG Düsseldorf 5.12.1990 – 9 U 101/90, NJW-RR 1991, 656 (657)). Auch ein tiefergelegtes Grundstück kann iSd § 1004 I BGB beeinträchtigt werden. Das ist etwa der Fall, wenn vom höhergelegenen Grundstück ein Geländedruck ausgeht, der die Belastungsgrenze einer an der Grenze errichteten Stützmauer übersteigt, so dass diese einzustürzen droht (OLG Karlsruhe 11.8.2022 – 12 U 364/21, BeckRS 2022, 20139 Rn. 28).

7   5. § 29 I BauGB bestimmt, dass die Planungsvorschriften der §§ 30–37 BauGB auch für Aufschüttungen größeren Umfangs gelten. **Aufschüttungen** sind für eine längere Zeit bestimmte, selbstständige (dh nicht mit einer Bauausführung verbundene), künstliche Veränderungen der natürlich vorgefundenen oder vorgegebenen Erdoberfläche durch Erhöhung des Bodenniveaus (EZBK/Krautzberger BauGB § 29 Rn. 57; ähnlich BKL/Mitschang/Reidt BauGB § 9 Rn. 94; anders § 2 I 3 Nr. 1 BWLBO). **Größeren Umfangs** sind sie, wenn sie eine baulichen Anlagen vergleichbare bodenrechtliche Relevanz besitzen (Löhr in BKL BauGB § 29 Rn. 22).

8   6. Aus Planungsgesichtspunkten von Bedeutung ist ferner **§ 9 III BauGB,** wonach in einem Bebauungsplan die Höhenlage festgesetzt werden darf. Gemäß **§ 9 I Nr. 26 BauGB** dürfen Gemeinden in Bebauungsplänen aus städtebaulichen Gründen Flächen für Aufschüttungen und Stützmauern festsetzen, soweit sie zur Herstellung des Straßenkörpers erforderlich sind (dazu → § 27 Rn. 9). Damit werden die privatrechtlichen Schutzvorschriften der §§ 9, 10 nicht abbedungen (aA Reich NRG BW Rn. 1).

9   7. Als bauliche Anlagen iSd BWLBO gelten auch Bodenerhöhungen (= Aufschüttungen iSd § 2 I 3 Nr. 1 BWLBO). Zur Errichtung solcher Anlagen bedarf es keiner öffentlich-rechtlichen Prüfung, sofern sie eine Höhe von nicht mehr als 2m bzw. im Außenbereich eine Fläche von nicht mehr als 500 qm aufweisen (**§ 50 I BWLBO** iVm Nr. 11e des Anhangs zu § 50 I BWLBO). Verfahrensfrei iSd BWLBO ist gem. § 50 I BWLBO iVm Nr. 7c) des Anhangs zu § 50 I BWLBO zudem die Errichtung von Stützmauern bis 2 m Höhe.

10   8. Gemäß **§ 10 BWLBO** kann die Baurechtsbehörde bei Errichtung baulicher Anlagen aus bestimmten Gründen (zB zur Vermeidung überschüssigen Bodenaushubs) verlangen, dass die Oberfläche des Grundstücks erhalten oder seine Höhenlage verändert wird.

11   9. Gemäß **§ 78 I 1 Nr. 6** iVm **IV 1 WHG** bedarf jede Erhöhung der Erdoberfläche in Überschwemmungsgebieten (das sind bestimmte Außenbereichsflächen in Gewässernähe,

Abstände und Vorkehrungen bei Erhöhungen § 9

§ 76 I 1 WHG, 65 I 1 BWWG) der wasserrechtlichen Genehmigung (dazu Breuer/Gärditz WasserR Rn. 1313 ff., 1357).

§ 9 Abstände und Vorkehrungen bei Erhöhungen

(1) [1]Wer den Boden seines Grundstücks über die Oberfläche des Nachbargrundstücks erhöhen will, muß einen solchen Abstand von der Grenze einhalten oder solche Vorkehrungen treffen und unterhalten, daß eine Schädigung des Nachbargrundstücks durch Absturz oder Pressung des Bodens ausgeschlossen ist. [2]Diese Verpflichtung geht auf den späteren Eigentümer über.

(2) Welcher Abstand oder welche Vorkehrung zum Schutz des Nachbargrundstücks erforderlich ist, entscheidet sich unter Zugrundelegung der Vorschriften von § 10 Abs. 1 nach Lage des einzelnen Falls.

I. Inhalt der Regelung

Nach dieser Vorschrift sind Erhöhungen der Grundstücksoberfläche so vorzunehmen, dass keine Schäden am Nachbargrundstück entstehen. 1

II. Normgebung

Die Vorschrift knüpft an Art. 1 WürttGLN bzw. dessen Übernahme in Art. 226 WürttAG- 2 BGB 1899 (= Art. 198 WürttAGBGB 1931) an. Der Gesetzgeber hielt Regelungen zu Erhöhungen von Grundstücken für ein wichtiges nachbarrechtliches Anliegen. Die bisherigen Regelungen im württ. Recht hätten sich insoweit bewährt (RegBegr. vom 12.12.1958, Beil. 2220 zu den Sitzungsprotokollen der 2. Legislaturperiode, S. 3556).

III. Anmerkungen

1. Siehe dazu zunächst → Vor §§ 9, 10 Rn. 1 ff. 3

2. **Bodenerhöhung** iSd **Abs. 1** ist jede durch menschliches Verhalten (Handeln oder 4 pflichtwidriges Unterlassen) herbeigeführte, auch nur vorübergehende oder zusätzliche Anhebung der Erdoberfläche **über das Niveau des Nachbargrundstücks** hinaus (ebenso BGH 21.2.1980 – III ZR 158/78, NJW 1980, 2580 (2581), zur Parallelvorschrift des § 30 I 1 NRG NRW; GLS NachbarR-HdB/Saller Kap. 3 Rn. 261), zB als Auffahrt, Terrasse, Böschung, künstlicher Hügel, Damm, Wall oder Halde (Bauer/Schlick RhPflNRG § 43 Rn. 10). Besteht zwischen den Grundstücken ein Gefälle bzw. Niveauunterschied, gilt Abs. 1 für jede Erweiterung auf dem Grundstück des Oberliegers. Erfasst sind auch lose Erdaufschüttungen und -aufschichtungen (aA Dehner B § 20 V 2 b, S. 42 f.). Die Einwirkung muss auch nicht gerade auf eine Niveauerhöhung abzielen; es reicht, dass sie als Begleitfolge eine Bodenerhöhung bewirkt wie etwa bei einem bodenerhöhenden Hangrutsch wegen einer Hangabgrabung (Bassenge/Olivet NachbG Schl.-H. § 25 Rn. 2). Das öffentliche Baurecht erfasst Bodenerhöhungen allgemein als Aufschüttungen (→ Vor §§ 9, 10 Rn. 6, 8). Die Bodenerhöhung muss nur den Grenzbereich, nicht das gesamte Grundstück betreffen. Die Ausnahmevorschrift des § 19 gilt für Erhöhungen nicht.

Abs. 1 schützt nur vor Schädigungen durch **Absturz oder Pressung des Bodens,** mit- 5 hin durch Bodenbewegungen, nicht hingegen vor solchen, die durch erhöhungsbedingt stärkeren Wasserfluss entstehen (ebenso BGH 21.2.1980 – III ZR 158/78, NJW 1980, 2580 (2581), zur Parallelvorschrift des § 30 I 1 NachbG NRW, wonach dies auch der Fall ist, wenn das abfließende Wasser mit Bodenbestandteilen vermengt ist, sofern dies nicht über eine Verschmutzung hinausgeht); in diesem Fall hilft möglicherweise § 37 WHG (dazu → Vor §§ 1, 2 Rn. 4 ff.). Der Begriff der **Schädigung** ist weit. Nach dem Gesetzeswortlaut ist jede Schädigung auszuschließen. Demnach darf kein Restrisiko verbleiben. Damit gibt § 9 Schutz nicht nur vor materiellen Schäden, sondern vor jedem greifbaren Nachteil, zB durch Absturz,

§ 9

3. Abschnitt. Erhöhungen

Abschwemmung, Pressung, Lichtentzug (Dehner B § 20 V 2b, S. 43), Frostschäden durch einen Kaltluftstau (Bauer/Schlick RhPflNRG § 43 Rn. 12) oder Verschlechterungen des Kleinklimas (ebenso OLG Koblenz 23.11.1983 – 1 U 666/83, NuR 1984, 327, zu § 43 RhPflNRG). Schädigungen, die allein durch (auch verschmutztes) abfließendes Niederschlagswasser – ohne Abschwemmen des Bodens – bewirkt werden, fallen nicht darunter, weil dies Sache des Wasserrechts ist (ebenso BGH 21.2.1980 – III ZR 185/78, NJW 1980, 2580 (2581), zu § 30 NachbG NRW).

6   Abs. 1 verpflichtet den Eigentümer des erhöhten Grundstücks zur **Abstandshaltung** oder zu **Vorkehrungen** auf seinem Grundstück (zB durch Errichtung einer Stützmauer bzw. Palisadenwand), die jede realistische Gefahr ausschließen, die eine Erhöhung des Nachbargrundstücks mit sich bringt und zu einer Schädigung des Nachbargrundstücks führen kann (ebenso OLG Zweibrücken 10.5.1999 – 7 U 271/97, OLGR 99, 457 (458), zu § 43 RhPflNRG). Selbst ein Restrisiko ist nicht zu tolerieren. Hinsichtlich der erforderlichen Eintrittswahrscheinlichkeit ist auf die Grundsätze abzustellen, die für die Voraussichtlichkeit nach §§ 7b III 2, 7c III 2, 7d III und 7e III 2 gelten (dazu → § 7b Rn. 22). Ist die Bodenerhöhung so angelegt, dass sie auf dem Nachbargrundstück keine Schäden anrichten kann, ist sie hiernach auch ohne Vorkehrungen und ohne Einhaltung eines Grenzabstands zulässig (ebenso OLG Düsseldorf 7.2.1992 – 22 U 178/91, NJW-RR 1992, 912, zu § 30 NachbG NRW: Gefälle von 2%; Dehner B § 20 V 2b, S. 44).

7   Diese Pflicht gilt auch dann, wenn nach öffentlichem Recht keine Einwände gegen die Bodenerhöhung bestehen. Erfolgt die Bodenerhöhung im Rahmen des Betriebs einer nach § 4 BImSchG **genehmigten Anlage** (zB Abfalldeponie), können wegen § 14 S. 2 BImSchG jedoch nur solche Vorkehrungen verlangt werden, die nach dem Stand der Technik durchführbar oder wirtschaftlich vertretbar sind (zu § 14 S. 2 BImSchG ferner → § 30 Rn. 5).

8   Der Eigentümer des erhöhten Grundstücks hat die **Wahl,** welche Maßnahmen er trifft. Sie müssen nur Erfolg versprechen und **jede Schädigung** des Nachbargrundstücks durch Absturz oder Pressung des Bodens **verhindern.** Entscheidet er sich für eine **Vorkehrung,** ist er darin frei, wie er sie ausgestaltet; der Nachbar kann weder eine besonders schöne noch eine besonders dauerhafte Ausführung der Befestigung verlangen (SFP NachbG NRW/Peter NachbG NRW § 30 Rn. 10). Entscheidet sich der Eigentümer des erhöhten Grundstücks für die **Abstandshaltung,** ergibt sich die einzuhaltende Entfernung nach dem Umfang und der Beschaffenheit der Erhöhung. Regelmäßig ist ein Abstand ausreichend, der das Doppelte der Bodenerhöhung beträgt (§ 10 I; zB Bodenerhöhung um 1 m: Abstand 2 m).

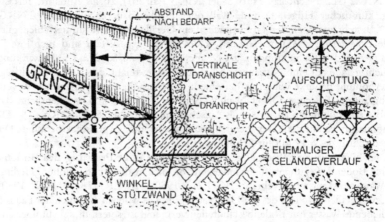

Erhöhung des Bodens auf einem Grundstück über die Oberfläche
des Nachbargrundstücks (innerorts)

Befestigung von Erhöhungen § 10

3. Sofern er sich für eine **Vorkehrung** entscheidet, muss der Eigentümer des erhöhten 9
Grundstücks sie **bezahlen** und **unterhalten.** Daraus erwächst die ständige Verpflichtung,
deren Funktionstüchtigkeit zu überprüfen (ebenso Bauer/Schlick RhPfLNRG § 43 Rn. 15;
SFP NachbG NRW/Peter NachbG NRW § 30 Rn. 6). Die Ausgestaltung der Vorkehrung
richtet sich nach den konkreten Notwendigkeiten **(Abs. 2).** Regelungen zur Befestigung
solcher Erhöhungen enthält § 10.

Die Vorkehrung (Befestigung) ist nur insoweit **Einfriedigung** (mit der Folge der Anwen- 10
dung des § 11), als die Anlage deutlich über die Erhöhung hinausgeht (OLG Karlsruhe
21.12.1979 – 6 U 232/78, Die Justiz 1980, 142; VKKKK Rn. 4; Birk NachbarR BW § 10
Anm. 4; Reich NRG BW § 11 Rn. 1, 5, 13). Die Schutzrichtung beider Vorschriften ist
unterschiedlich: § 9 schützt vor Abrutschen des Grundstücks, § 11 dient dem Sichtschutz. Es
muss auch möglich sein, sein Grundstück um mehr als 1,50 m zu erhöhen (und entsprechend
abzustützen), ohne durch § 11 daran gehindert zu sein. Daher können **Stützmauern** nicht
als tote Einfriedigungen angesehen werden (so aber der historische Gesetzgeber, → § 11
Rn. 5; auch die Ausnahmevorschrift des § 21 III ist insoweit überflüssig; andererseits trennt
der Gesetzgeber selbst, s. einerseits § 11 I 1, andererseits § 10 II 1 Hs. 1. Zudem ist der **Zeitpunkt der Errichtung maßgeblich.** Wird die Anlage, zB eine Mauer, als bloße Einfriedigung errichtet, ändert auch die nachträgliche Umfunktionierung zur Stützmauer als Folge
etwa einer Aufschüttung nichts daran, dass die gesamte Konstruktion § 11 unterfällt (OLG
Karlsruhe 13.2.2008 – 6 U 79/07, NJOZ 2008, 1642 Rn. 13; VKKKK Rn. 6; unklar BGH
11.10.1996 – V ZR 3/96, NJW-RR 1997, 16, zu § 36 NachbG NRW).

4. Aus dem Gebot der Abstandshaltung folgt ein entsprechender **Beseitigungsanspruch** 11
(dazu → Einl. Rn. 42 ff.). Dieser ergibt sich direkt aus § 9.

Verpflichtet ist der Eigentümer des erhöhten Grundstücks, damit auch der Miteigentü- 12
mer (§ 1011 BGB), aufgrund § 11 I 1 ErbbauRG der Erbbauberechtigte und bei Wohnungseigentum die WEG, da es sich bei der erhöhten Fläche um gemeinschaftliches Eigentum
(§ 1 V WEG) handelt. Die Vorschrift richtet sich hingegen nicht gegen den bloßen Besitzer
des erhöhten Grundstücks, auch wenn er zum Besitz berechtigt ist. Dabei spielt es keine
Rolle, wer aus dem Kreis der Verpflichteten die Erhöhung herbeigeführt hat (vgl. Bauer/
Schlick RhPfLNRG § 43 Rn. 16; aA Reich NRG BW Rn. 1, 5); der Wortlaut des Abs. 1
S. 1 („seines") ist insoweit missverständlich. Nach **Abs. 1 S. 2** trifft die Verpflichtung auch
den **Rechtsnachfolger.** Diese Vorschrift ist im Hinblick auf § 1922 I BGB bei einer Gesamtrechtsnachfolge (zB durch Erbschaft) nur deklaratorisch.

Berechtigt ist der Eigentümer des (angrenzenden) Nachbargrundstücks, damit auch der 13
Miteigentümer (§ 1011 BGB), aufgrund des § 11 I 1 ErbbauRG der Erbbauberechtigte und
bei Wohnungseigentum die Eigentümergemeinschaft, da nur gemeinschaftliches Eigentum
(§ 1 V WEG) betroffen sein kann, also nicht der Sonder- bzw. Teileigentümer und auch nicht
der bloße Besitzer, selbst wenn er zum Besitz berechtigt ist (→ Einl. Rn. 21; aA Reich NRG
BW Rn. 3). Ist ein weiteres Grundstück gefährdet, das nicht unmittelbar angrenzt, ist nach
Sinn und Zweck des § 9 auch dessen Eigentümer anspruchsberechtigt (ebenso Bassenge/Olivet NachbG Schl.-H. § 25 Rn. 6).

5. Der Anspruch auf Beseitigung einer unsicheren oder nicht in sicherem Abstand ge- 14
schaffenen Bodenerhöhung **verjährt** fünf Jahre nach Schaffung der Erhöhung (§ 26 I 1; Birk
NachbarR BW Anm. 2b; Reich NRG BW § 10 Rn. 1; aA OLG Karlsruhe 21.12.1979 – 6
U 232/78, Die Justiz 1980, 142; VKKKK Rn. 7; Reich NRG BW § 10 Rn. 2: Regelverjährung des BGB einschlägig, da sich der Anspruch direkt aus dem NRG ergibt (→ § 26
Rn. 15). § 924 BGB bezieht sich nur auf die in § 909 BGB behandelten Vertiefungen.

§ 10 Befestigung von Erhöhungen

(1) **Bei Erhöhungen muß die erhöhte Fläche für die Regel entweder durch Errichtung einer Mauer von genügender Stärke oder durch eine andere gleich sichere Befes-**

§ 10

tigung oder eine Böschung von nicht mehr als 45 Grad Steigung (alter Teilung) befestigt werden, wenn die Kante der erhöhten Fläche nicht den Abstand von der Grenze waagrecht gemessen einhält, der dem doppelten Höhenunterschied zwischen der Grenze und der Kante der Erhöhung gleichkommt.

(2) **Die Außenseite der Mauer oder der sonstigen Befestigung oder der Fuß der Böschung müssen gegenüber Grundstücken, die landwirtschaftlich genutzt werden, einen Grenzabstand von 0,50 m einhalten; dies gilt nicht für Stützmauern für Weinberge.**

I. Inhalt der Regelung

1   Die Vorschrift präzisiert die nach § 9 bei Erhöhungen zu treffenden Vorkehrungen und bestimmt einen Grenzabstand für Stützmauern, sofern das Nachbargrundstück landwirtschaftlich genutzt wird, ohne Weinberg zu sein.

II. Normgebung

2   **1.** Die Vorschrift knüpft an Art. 4 iVm Art. 2 I WürttGLN bzw. deren Übernahme in Art. 227 WürttAGBGB 1899 (= Art. 199 WürttAGBGB 1931) an. Nach Auffassung des Gesetzgebers hatte sich diese Vorschrift bewährt, so dass sie im Wesentlichen übernommen werden sollte (RegBegr. vom 12.12.1958, Beil. 2220 zu den Sitzungsprotokollen der 2. Legislaturperiode, S. 3556).

3   **2.** Durch Art. 1 Nr. 3 des Gesetzes zur Änderung des NRG vom 26.7.1995 (GBl. 605) wurde Abs. 2 neu gefasst. Damit sollte der Wortlaut ohne wesentliche sachliche Änderung gestrafft und dem allgemeinen Sprachgebrauch im NRG angepasst werden (RegBegr. vom 1.3.1993, LT-Drs. 11/1481, 12).

III. Anmerkungen

4   **1.** Entscheidet sich der Eigentümer des erhöhten Grundstücks, seine Verpflichtung aus § 9 nicht durch Abstandshaltung, sondern durch eine Vorkehrung zu erfüllen, hat er **Abs. 1** zu beachten. Hiernach ist eine **sichere Befestigung** gefordert, also ein seitlicher Halt, sofern die Oberkante der Erhöhung zur Grenze einen **Abstand unterschreitet,** der ihrer **doppelten Höhe,** gemessen von der nicht erhöhten Oberfläche, entspricht.

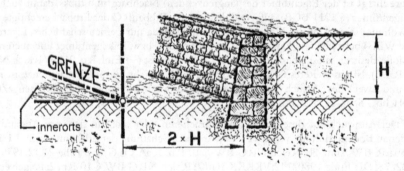

Erhöhung auf einer Fläche zum Nachbaranwesen,
Bruchsteinwand als „sichere Befestigung".

5   Abs. 1 gibt aufgrund der offenen Verweisung in § 9 II (hiernach sind die Vorschriften des § 10 I „nach Lage des einzelnen Falls zugrunde zu legen") nur **Anhaltspunkte** für die erforderlichen Sicherungsmaßnahmen (Reich NRG BW Rn. 1; aA Dehner B § 20 V 2b, S. 45). Damit kommt es auf den Einzelfall an, welche Schutzmaßnahmen erforderlich und ausrei-

Befestigung von Erhöhungen § 10

chend sind. Jedes Abweichen von der Regelung bedarf einer Begründung; deren Anforderungen steigen mit dem Umfang der Erhöhung.

Für die Befestigung sieht Abs. 1 drei Möglichkeiten vor, nämlich 6
– die Errichtung einer Mauer von genügender Stärke,
– eine andere gleich sichere Befestigung,
– eine Böschung mit einer Steigung von nicht mehr als 45 Grad (alter Teilung).

Der Eigentümer des erhöhten Grundstücks hat die **Wahl** unter diesen Möglichkeiten. Die 7
Wahl darf ihm durch Leistungsurteil nicht genommen werden (Dehner B § 20 V 2b, S. 46); zweckmäßigerweise ist daher auf Beseitigung zu klagen (→ § 9 Rn. 11).

Wählt der Eigentümer des erhöhten Grundstücks eine **Mauer,** muss sie dem Seitendruck 8
der erhöhten Masse auch unter widrigen Verhältnissen (zB Durchnässung) standhalten. Die Mauer muss sich mit ihrer vollen Breite auf dem erhöhten Grundstück befinden (Birk NachbarR BW Anm. 4).

Andere Befestigungen müssen vergleichbaren Schutz bieten wie eine (hinreichend 9
starke) Mauer. Gemeint sind vor allem andere Materialien, also nicht Beton oder Stein, zB als Palisadenwand aus Holz. Die andere Befestigung muss ebenfalls vollständig auf dem erhöhten Grundstück stehen.

Böschungen sind geneigte Teile der Erdoberfläche zwischen einer höher und einer tiefer 10
gelegenen Fläche, die schwächer geneigt oder eben ist. Böschungen können durch Schwerkraft bzw. Erosion abbrechen oder nach unten wandern und müssen, wenn sie der Stützung dienen, ggf. ihrerseits wieder befestigt werden, entweder auf biologische Weise durch Spreitlagen, Heckenbuschlagen, Weidenflechtzäune oder Faschinen, ansonsten etwa durch Gabionen.

Die mögliche **Neigung** einer Böschung hängt von den Eigenschaften des Materials (bin- 11
dig oder rollig, feucht oder trocken) bzw. vom Bewuchs ab und ist begrenzt. Abs. 1 trägt dem Rechnung und sieht eine Steigung von maximal 45 (Alt-)Grad vor. Gemessen wird vom Fuß bis zur Oberkante der Böschung; Abflachungen im Böschungshang (Bermen) erlauben daher auch steilere Abschnitte (Reich NRG BW Rn. 1). Die Bemessung ist in Grad angegeben, da das Gon (früher: Neugrad; das Gon ist der vierhundertste Teil des Vollwinkels; 45 (Alt-)Grad entsprechen damit 50 Gon) als gesetzliche Einheit nur wenig bekannt ist. 45 Grad alter Teilung entsprechen einem Viertelkreis (s. nachfolgende Abbildung). Dieser Winkel wird freilich nur selten (zB bei Lehmböden) erreicht werden. Sofern das erhöhte Grundstück nicht an ein landwirtschaftlich genutztes Grundstück stößt (vgl. Abs. 2), kann der Fuß der Böschung direkt an die Grundstücksgrenze gesetzt werden, sofern der Grenzabstand zur Oberkante der Erhöhung (doppelter Höhenunterschied, s. Abs. 1) gewahrt bleibt.

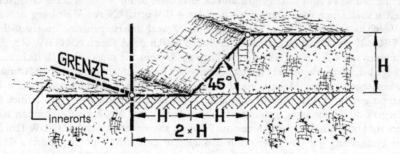

Böschung mit 45° Steigung (maximale Abböschung) ohne Grenzberührung

§ 10   3. Abschnitt. Erhöhungen

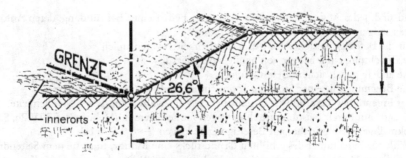

Flache Abböschung mit Grenzberührung

12   Die 3 genannten Befestigungsarten gelten nach Abs. 1 nur **„für die Regel"**, sind also lediglich Beispiele für eine Befestigungsart (auch → Rn. 5). Sie können deshalb auch miteinander kombiniert werden (Reich NRG BW Rn. 1).

13   2. Wird das nicht erhöhte Grundstück **landwirtschaftlich genutzt**, ist ein Grenzabstand von 0,50 m einzuhalten **(Abs. 2)**. Auf eine Schädigungsgefahr iSd § 9 I kommt es dabei nicht an (aA Dehner B § 20 V 2b, S. 45). Abs. 2 soll eine optimale Bewirtschaftung des Nachbargrundstücks ermöglichen, gibt aber kein Nutzungsrecht hinsichtlich des Nachbargrundstücks, etwa zum Wenden von Landmaschinen oder Gespannen, mithin weder ein Schwengel- noch ein Rädles- bzw. Anwenderecht (aA Reich NRG BW Rn. 2; zu diesen Rechten Dehner B § 28 III, S. 17 f.; zum Rädlesrecht → § 11 Rn. 4; zur Rechtsnatur des Schwengelrechts s. OVG Bremen 14.2.1989 – 1 BA 64/88, NVwZ-RR 1990, 62; zum rechtsähnlichen Trepprecht → § 7d Rn. 42; zum hohenzollerischen Anwenderecht s. Bogenschütz Hohenzollerische Heimat 2004, 8 (25 f.)). Zum Begriff der landwirtschaftlichen Nutzung → § 7 Rn. 19. Der Abstand ist einzuhalten, solange das angrenzende (tiefer gelegene) Grundstück landwirtschaftlich genutzt wird. Wird die landwirtschaftliche Nutzung erst nach Erhöhung des Nachbargrundstücks aufgenommen, entsteht die Abstandspflicht nicht. Das NRG stellt den allgemeinen Grundsatz auf, wonach korrekt erstellte Einfriedigungen, Bauten oder Pflanzungen **Bestandsschutz** genießen (vgl. § 22 III). Diese Regel gilt auch für Erhöhungen (VKKKK Rn. 6; Birk NachbarR BW Anm. 5; Reich NRG BW Rn. 2).

14   **Gemessen** wird der Abstand von der Grundstücksgrenze bis zur Außenwand der Stützmauer oder anderen Befestigung bzw. bis zum Beginn (= Fuß) der Böschung.

15   Eine **Rückausnahme** bestimmt Abs. 2 Hs. 2 für Stützmauern in Weinbergen. Diese müssen keinen Abstand zum Nachbargrundstück einhalten, da im Weinbau keine Grenzfurchen zu ziehen sind. Diese Freistellung sah schon Art. 4 II WürttGLN vor. **Weinberg** ist jede für den Weinbau genutzte Fläche. Vorübergehende Zweckänderungen sind unschädlich (vgl. → § 7 Rn. 21 und Bauer/Schlick RhPfLNRG § 46 Rn. 3; aA Reich NRG BW Rn. 3). Die Fläche muss nicht Teil einer erklärten Reblage (§ 28) sein. Sie muss sich auch nicht in einer Hanglage befinden; erhöhte (abgestützte) Weinfelder sind ebenfalls freigestellt. **Stützmauern** für Weinberge sind nur Mauern, nicht dagegen die in Abs. 1 genannten „gleich sicheren Befestigungen" und auch nicht Böschungen, da der Gesetzgeber in Abs. 2 Hs. 2 einen engeren Begriff der Befestigung gewählt hat als in Abs. 1 und Abs. 2 Hs. 1. Ohnehin werden Bodenerhöhungen in Weinbergen nur mit Mauern abgestützt (Reich NRG BW Rn. 3).

16   Die Freistellung gilt nur, soweit und solange (auf dem erhöhten Grundstück) Weinbau betrieben wird. Wird die Bewirtschaftungsart geändert, muss der Abstand hergestellt (die Mauer also abgerissen) werden, sofern das Nachbargrundstück weiterhin landwirtschaftlich genutzt wird (arg. § 22 III 1).

17   Unabhängig davon sind bei Stützmauern in Weinbergen die §§ 9 und 10 zu beachten (Dehner B § 20 V 2b, S. 45; Reich NRG BW Rn. 3). Außerdem gilt auch für solche Mauern das Abdachungsverbot des § 11 IV.

4. Abschnitt. Einfriedigungen, Spaliervorrichtungen und Pflanzungen

1. Abstände

Vorbemerkungen zu §§ 11–22

Parallelvorschriften: Bayern: Art. 47–51 BayAGBGB; Berlin: §§ 27–35 NachbG Bln; Brandenburg: §§ 36–43 BbgNRG; Bremen: –; Hamburg: –; Hessen: §§ 16, 40–46 HessNachbRG; Mecklenburg-Vorpommern: –; Niedersachsen: §§ 31, 33, 50–52, 55, 59 NNachbG; Nordrhein-Westfalen: §§ 36 II, 40–48 NachbG NRW; Rheinland-Pfalz: §§ 42, 44–52 RhPflNRG; Saarland: §§ 46, 48–56 SaarlNachbG; Sachsen: §§ 7, 9–16 SächsNRG; Sachsen-Anhalt: §§ 24 II, 34–42 LSAnbG; Schleswig-Holstein: §§ 37–39 NachbG Schl.-H.; Thüringen: §§ 42, 44–52 ThürNRG.

I. Einführung

1. Grundsätzlich greift niemand in Nachbarrechte ein, wenn er auf seinem Grundstück tote (= nicht pflanzliche) Einfriedigungen errichtet oder Pflanzen hält. Das BGB trifft keine Regelungen zur Frage, ob der Eigentümer den Grenzbereich seines Grundstücks mit Einfriedigungen, Spalieren, Bäumen und anderen Pflanzen versehen darf oder sogar muss. Grundsätzlich hat er damit freie Hand (§ 903 BGB). Dies gilt selbst dann, wenn er dem Nachbarn dadurch Licht oder Grundwasser entzieht; auch § 1004 BGB schützt nicht vor damit verbundenen „negativen" Immissionen (näher dazu → Einl. Rn. 32). Etwas anderes gilt, wenn die **Pflanzen** mit ihrem Wurzelwerk in den Boden oder mit Ästen in den Luftraum des Nachbargrundstücks eindringen und dort zu Beeinträchtigungen führen. Hiergegen kann sich der Nachbar gem. § 910 BGB bzw. § 1004 BGB wehren. Um negative Immissionen handelt es sich dabei nicht, weil sie die Grenze überschreiten (BGH 31.5.1974 – V ZR 114/72, BGHZ 62, 316 = NJW 1974, 1869 (1871); Wenzel NJW 2005, 241 (247)). Abwehrmöglichkeiten geben insoweit auch §§ 23 und 24. Sofern durch das Übergreifen Beschädigungen auftreten, muss der Eigentümer der Pflanzen für Ersatz sorgen. Dieser Schutz wird vielfach bemängelt, da grenznahe Pflanzen immer wieder Ärger bereiten: Viele Pflanzen beschatten das Nachbargrundstück und mindern so dessen Erträge. Die Pflanzen können dem Nachbargrundstück Wasser entziehen und eine Brutstätte für schädliches Kleingetier sein (Dehner B § 22 vor I). Schon im Altertum, später auch nach dem Code Civil (Art. 671) und vielen deutschen Partikularrechten, wurde dem Grundeigentümer aufgegeben, mit Pflanzungen einen bestimmten **Grenzabstand** einzuhalten. So sahen das solonische und alexandrinische Recht einen Grenzabstand von 9 Fuß für Feigen- bzw. Ölbäume und 5 Fuß für andere Bäume vor, Art. 671 I CC bestimmt noch heute für hochstämmige Bäume einen Grenzabstand von 2m, für andere Bäume und Hecken einen Abstand von 0,50m (Dehner B § 22 I). Die zuletzt in Baden (Art. 10 BadAGBGB 1925), Hohenzollern-Hechingen (§ 71 FPO) und vor allem Württemberg (Art. 202–207 WürttAGBGB 1931) geltenden Rechtsordnungen trafen zum Teil ausdifferenzierte Regelungen zu Grenzabständen für Pflanzungen.

2. Mitunter bestehen für Pflanzungen Gebote und Verbote nach öffentlichem Recht: Der Grundeigentümer muss pflanzen, wenn dies öffentlich-rechtliche Bauvorschriften (§ 9 I Nr. 25a BauGB, § 74 I 1 Nr. 3 BWLBO) vorschreiben. Er darf es nicht, wenn die Pflanzung den Straßen- oder Eisenbahnverkehr behindert (§ 11 II FStrG, § 28 II StrG; § 5 II LEisenbG).

§ 11   4. Abschnitt. Einfriedigungen, Spaliere, Pflanzungen

3   Hat der Grundeigentümer Bäume gepflanzt, steht die Verfügungsgewalt nicht immer in seinem Belieben. So sehen **Baumschutzsatzungen** aus Gründen des Naturschutzes Bestandsschutz für bestimmte Bäume vor (→ § 16 Rn. 54 ff. sowie Anh. I und II). In Baden-Württemberg haben die meisten größeren Städte Baumschutzsatzungen erlassen. 2009 wurden 32 gezählt, wobei die Tendenz leicht rückläufig ist (LT-Drs. 14/4789, 2). Werden Pflanzen in Ausübung einer **Grunddienstbarkeit** genutzt, sind sie in ordnungsgemäßem Zustand zu erhalten, sofern das Interesse des Eigentümers es erfordert (§ 1020 S. 2 BGB; zur Pflanze als Anlage iSd § 1020 S. 2 BGB s. BGH 18.7.2014 – V ZR 151/13, NJW 2014, 3780 Rn. 15).

II. Regelungen im NRG

4   1. Der 4. Abschnitt des NRG regelt mit Ausnahme der Vorschriften zu den toten Einfriedigungen (§ 11) und Spalieren (§ 13) das **pflanzliche Nachbarrecht**. Der Normenbestand entstammt im Wesentlichen dem württembergischen Nachbarrecht (Art. 202–207 WürttAGBGB 1931). Hiernach hatte die berufsmäßige Nutzung (Landwirtschaft, Erwerbsgartenbau, Weinbau, Waldwirtschaft) Vorrang vor der privaten gartenmäßigen Nutzung. Dieser Vorrang ist in das NRG übernommen worden. In §§ 11–17 sind für Einfriedigungen, Spaliere und Pflanzungen Grenzabstände geregelt. § 22 bestimmt, wie die Abstände zu berechnen sind. Diese gelten auch dann, wenn ein geringerer Abstand dem Nachbargrundstück nicht schaden würde. Ihre Einhaltung kann verlangt werden, soweit nicht das Schikaneverbot des § 226 BGB greift (vgl. OLG Karlsruhe 12.7.1976 – 6 U 91/76, Die Justiz 1976, 472 (473); OLG Karlsruhe 13.2.2008 – 6 U 79/07, NJOZ 2008, 1642 Rn. 15). §§ 18–21 sehen Ausnahmen vom Anwendungsbereich der §§ 11 ff. bzw. von den Grenzabständen vor.

5   2. Die Vorschriften zum pflanzlichen Nachbarrecht und §§ 11, 13 unterwerfen das Grundeigentum genaueren („anderen" iSd Art. 124 EGBGB) Beschränkungen als die Regelung des § 903 BGB. Daher sind sie von **Art. 124 EGBGB** gedeckt, verstoßen also nicht gegen Bundesrecht (Dehner B § 22 vor I; ebenso BGH 7.5.2021 – V ZR 299/19, NJW-RR 2021, 1170 Rn. 34 zu § 16; BWStGH 3.12.2015 – 1 VB 75/15, NZM 2016, 733 Rn. 30, zu § 11 II; zur Reichweite des Art. 124 EGBGB → § 7b Rn. 4).

§ 11 Tote Einfriedigungen

(1) ¹Mit toten Einfriedigungen ist gegenüber Grundstücken, die landwirtschaftlich genutzt werden, ein Grenzabstand von 0,50 m einzuhalten. ²Ist die tote Einfriedigung höher als 1,50 m, so vergrößert sich der Abstand entsprechend der Mehrhöhe, außer bei Drahtzäunen und Schranken.

(2) Gegenüber sonstigen Grundstücken ist mit toten Einfriedigungen – außer Drahtzäunen und Schranken – ein Grenzabstand entsprechend der Mehrhöhe einzuhalten, die über 1,50 m hinausgeht.

(3) Zäune, die von der Grenze nicht wenigstens 0,50 m abstehen, müssen so eingerichtet sein, daß ihre Ausbesserung von der Seite des Eigentümers des Zauns aus möglich ist.

(4) Freistehende Mauern mit einem geringeren Abstand von der Grenze als 0,50 m dürfen nicht gegen das Nachbargrundstück abgedacht werden.

I. Inhalt der Regelung

1   Die Vorschrift regelt Mindestabstände für Einfriedigungen nicht pflanzlicher Art und enthält Vorgaben baulicher Art für Zäune und freistehende Mauern.

II. Normgebung

2   1. Die Vorschrift knüpft an die Regelung des Art. 230 WürttAGBGB 1899 (entspricht Art. 201 WürttAGBGB 1931) bzw. deren Vorgängerregelung in Art. 9 WürttGLN an. Nach

Auffassung des Gesetzgebers sollten die mit toten Einfriedigungen einzuhaltenden Abstände unterschiedlich groß sein
– je nach Art der Einfriedigung: Drahtzäune und Schranken einerseits, sonstige tote Einfriedigungen (einschließlich Mauern) andererseits;
– je nach Höhe der Einfriedigung bei sonstigen toten Einfriedigungen;
– je nachdem, ob das angrenzende Grundstück landwirtschaftlich genutzt wird oder nicht (RegBegr. vom 12.12.1958, Beil. 2220 zu den Sitzungsprotokollen der 2. Legislaturperiode, S. 3554, 3556).

Die beiden zuerst genannten Differenzierungen seien deshalb notwendig, weil Drahtzäune 3 und Schranken anders als sonstige tote Einfriedigungen keinen Schatten werfen und ihre Höhe deshalb für das Nachbargrundstück in diesem Zusammenhang keine Bedeutung habe. Für die Unterscheidung nach der landwirtschaftlichen Nutzung, die auf das Römische Recht zurückgehe, hielt sich der Gesetzgeber an die Richtschnur, dass die höherwertige Zweckbestimmung oder intensivere Kulturart im Rahmen des sachlich Vertretbaren einen gewissen Vorrang verdiene (RegBegr. vom 12.12.1958, Beil. 2220 zu den Sitzungsprotokollen der 2. Legislaturperiode, S. 3554, 3556).

Während die Einfriedigung, soweit sie eine gewisse Höhe nicht überschreitet, im Innen- 4 bereich an die Grenze gesetzt werden könne, da sie dort zur Umgrenzung des Eigentums üblich sei, sollte mit Einfriedigungen im Außenbereich, wo die landwirtschaftliche Kultur im Vordergrund steht, verstärkt Rücksicht auf das Nachbargrundstück genommen werden. Für die Bearbeitung des Nachbargrundstücks mit dem Pflug sei immer noch ein Abstand von 0,50 m erforderlich, wie es das WürttAGBGB vorsah. Auch die teilweise noch bestehenden Rädlesrechte (vgl. Art. 241 WürttAGBGB 1931: Recht, beim Pflügen ein angrenzendes Grundstück zu betreten oder seinen Pflug darauf gehen zu lassen; im Fürstentum Hohenzollern-Hechingen war es gem. 49 FPO bei Strafe verboten, dem Nachbarn dadurch zu schaden) könnten ohne Einhaltung dieses Abstandes häufig nicht ausgeübt werden. Gegenüber einer etwaigen Verunkrautung des außerhalb der Einfriedigung befindlichen Grundstücksstreifens gewährten die feldpolizeilichen Vorschriften ausreichenden Schutz (RegBegr. vom 12.12.1958, Beil. 2220 zu den Sitzungsprotokollen der 2. Legislaturperiode, S. 3554, 3556).

Als tote Einfriedigung sollten auch Stützmauern angesehen werden, die der Abschrankung 5 gegenüber dem tiefer gelegenen Grundstück dienen (so bereits RegBegr. vom 20.12.1930 zu Art. 193 – im Gesetz: Art. 201 – WürttAGBGB 1931, Beil. 297 zur 3. Legislaturperiode des Landtags des Freien Volksstaates Württemberg, S. 518). Für Mauern, die zum Schutz von Böschungen und steilen Abhängen erforderlich sind, sollte § 21 IV (heute: § 21 III) gelten, für Befestigungen von Erhöhungen § 10 II (RegBegr. vom 12.12.1958, Beil. 2220 zu den Sitzungsprotokollen der 2. Legislaturperiode, S. 3554, 3556).

Durch die Bestimmung aus Abs. 3 sollte die Reparatur von Grenzzäunen ohne Inan- 6 spruchnahme fremden Eigentums ermöglicht werden. Ähnliche Gründe sprächen für Abs. 4, durch den außerdem der Regenwasserabfluss auf das Nachbargrundstück verhindert werde (RegBegr. vom 12.12.1958, Beil. 2220 zu den Sitzungsprotokollen der 2. Legislaturperiode, S. 3554, 3556).

2. Aufgrund Art. 1 Nr. 4 des Gesetzes zur Änderung des NRG vom 26.7.1995 (GBl. 605) 7 wurde § 11 neu gefasst. Der Gesetzgeber wollte damit ohne wesentlichen Änderungen die beiden ersten Absätze an die geänderte Terminologie anpassen und ihren Wortlaut vereinfachen. Da eine an der Grenze errichtete tote Einfriedigung (Insbesondere eine Mauer) wegen der ganzjährigen Lichtundurchlässigkeit und oft auch aus optischen Gründen das Nachbargrundstück regelmäßig stärker als eine Hecke beeinträchtigt, wollte der Gesetzgeber davon absehen, die zulässige Höhe für tote Einfriedigungen wie bei Hecken auf 1,80 m auszuweiten (RegBegr. vom 1.3.1993, LT-Drs. 11/1481, 12; ferner → § 12 Rn. 5).

§ 11   4. Abschnitt. Einfriedigungen, Spaliere, Pflanzungen

III. Anmerkungen

8   **1. Keine Geltung** hat § 11 für tote Einfriedigungen auf Grundstücken, die an in § 19 I genannte, nicht nutzbare Grundstücke im Außenbereich grenzen; soweit Nachbargrundstücke im Grenzbereich nicht zu bewirtschaften sind, gilt ein geringerer Grenzabstand (§ 19 II). Gleiches gilt für tote **Einfriedigungen auf Grundstücken, die an öffentliche Straßen oder Gewässer** (§ 21 I 1 Nr. 1) bzw. **an den Schienenweg einer Eisenbahn stoßen** (§ 21 II), **sowie im umgekehrten Verhältnis.** Keinen Abstand einzuhalten haben tote Einfriedigungen, die dem Uferschutz dienen (§ 21 III Alt. 1) oder zum Schutz von Böschungen oder steilen Abhängen notwendig sind (§ 21 III Alt. 2). Anlagen iSd § 8 sind zurückzusetzen und haben daher keine Grenzscheidungsfunktion; § 8 und § 11 kommen daher nur alternativ zur Anwendung.

9   Eine weitere Ausnahme regelt **§ 27:** Abs. 2 gilt hiernach nicht, sofern ein Bebauungsplan oder ein ähnlicher Plan nach dem BauGB Festsetzungen zu Einfriedigungen treffen und diese die Nichtgeltung dieser Abstände erfordern.

10   Für Grundstücke, die einer **hoheitlichen Zweckbindung** unterliegen, → Einl. Rn. 24.

11   **2. Abs. 1 und 2** regeln die bei toten Einfriedigungen einzuhaltenden Grenzabstände. Diese gelten im Verhältnis der Nachbarn untereinander auch dann, wenn öffentlich-rechtliche Vorschriften außerhalb von Satzungsrecht nach § 27 weitere Abstände erlauben (aA AG Nürtingen 21.6.1985 – 22 C 1821/84, NJW-RR 1986, 504). Sie gelten ferner unabhängig davon, ob es sich bei der toten Einfriedigung um eine **Grenzeinrichtung** (= Grenzanlage) handelt (vgl. → Rn. 7). Die für Grenzanlagen geltenden §§ 921, 922 BGB regeln nur die Benutzung und Unterhaltung solcher Anlagen, begründen aber keine Abwehrrechte (BGH 22.10.2004 – V ZR 47/04, NJW-RR 2005, 501 (503)).

12   **Einfriedigung** (= Einfriedung) ist eine bauliche oder sonstige Anlage, die der vollständigen oder teilweisen Sicherung eines Grundstücks gegen Betreten oder Verlassen, gegen Witterungs- und Immissionseinflüsse oder gegen Einsicht dient und das Grundstück von einem Nachbargrundstück abgrenzt (BWStGH 3.12.2015 – 1 VB 75/15, NZM 2016, 733 Rn. 33; OLG Stuttgart 28.7.2016 – 1 U 80/16, BeckRS 2016, 109835 Rn. 27; auch → § 7 Rn. 30). Das setzt eine gewisse Ausdehnung entlang der Grenze voraus. Grenzanlagen, die wie eine Stele in einer Breite von bis zu etwa 1m an der Grenze stehen, friedigen das Grundstück nicht ein. Vermutlich wollte der Gesetzgeber mit der Bezugnahme auf das Adjektiv friedig iSv friedlich (daher friedigen iSv beruhigen, besänftigen) eine dem Nachbarverhältnis wohltuende Wirkung erzielen. Der Begriff stimmt weitgehend mit dem öffentlich-rechtlichen Begriff der Einfriedigung als baulicher oder sonstiger Anlage überein, wonach diese der vollständigen oder teilweisen Sicherung eines Grundstücks gegen Betreten und Verlassen, gegen Witterungs- und Immissionseinflüsse oder gegen Einsicht dient, und das Grundstück von der öffentlichen Verkehrsfläche oder von Nachbargrundstücken abgrenzt (VGH Mannheim 18.12.1995 – 3 S 1298/94, BWGZ 1996, 410). Das NRG unterscheidet zwischen toten und sonstigen Einfriedigungen. Sonstige Einfriedigungen sind pflanzlicher Art, vor allem Gehölze. Das NRG wählt damit einen übergeordneten Begriff der Einfriedigung. In den NRG anderer Bundesländer (zB Sachsen) ist mit der Einfriedigung nur die tote Einfriedigung gemeint.

13   **Tote Einfriedigungen** sind alle dauerhaften (ansonsten gilt § 8 I), mit dem Boden fest verbundenen Einfriedigungen nicht pflanzlicher Art (BWStGH 3.12.2015 – 1 VB 75/15, NZM 2016, 733 Rn. 33; OLG Karlsruhe 25.7.2014 – 12 U 162/13, NJW-RR 2015, 148 Rn. 33), etwa Zäune aus Holz (Latten, Bretter, Bohlen) und Eisen, Mauern, Bretterwände, verglaste Pergolen (AG Nürtingen 21.6.1985 – 22 C 1821/84, NJW-RR 1986, 504), Glaswände (BWStGH 3.12.2015 – 1 VB 75/15, NZM 2016, 733 Rn. 38), Sichtschutzwände (SFP NachbG NRW/Fink-Jamann NachbG NRW Vor § 32 Rn. 7; aA Bassenge/Olivet NachbG Schl.-H. § 28 Rn. 18), Wandscheiben (aA wohl VGH Mannheim 2.2.2009 – 3 S 2875/08, Die Justiz 2009, 352 (353)), an Pfählen befestigte Schilf- und Rohrmatten, Elektrozäune sowie die in Abs. 1 genannten Drahtzäune und Schranken (Pelka NachbarR BW 159; VKKKK Rn. 4), nicht aber einzelne Stelen oder Pfosten. Im Gegensatz zum Anwendungsbereich des

§ 20 muss die tote Einfriedigung nicht unbedingt geschlossen sein, also keine Abschirmungswirkung entfalten (VKKKK Rn. 4; vgl. → § 20 Rn. 6). Ob die Einfriedigung vom Eigentümer oder einem Besitzer bzw. Sondernutzungsberechtigten stammt, spielt keine Rolle; im Innenbereich einer Wohnungseigentumsgemeinschaft gehen die §§ 22, 14 WEG allerdings vor (OLG Köln 16.4.2008 – 16 Wx 33/08, NJOZ 2008, 3413 (3414 f.)). Sofern eine Mauer gewählt wird, dient sie auch dazu, vor Beeinträchtigungen zu schützen, die vom Nachbargrundstück ausgehen (BGH 11.10.1996 – V ZR 3/96, NJW-RR 1997, 16). Insofern zählen auch **Stützmauern** dazu (→ Rn. 5). Hierbei ist allerdings zu unterscheiden: Stützmauern, die der Höhe nach nicht oder nur unwesentlich über die gestützte Fläche hinausreichen, sind keine Einfriedigungen; ihr Abstand richtet sich allein nach der Spezialregelung in § 10 II (→ § 9 Rn. 10). Letztlich spielt diese Unterscheidung aber keine Rolle, da die zulässige Höhe einer toten Einfriedigung nach hier vertretener Ansicht (→ Rn. 26) immer vom Niveau des beeinträchtigten Grundstücks aus zu messen ist, was auch dem Willen des historischen Gesetzgebers Rechnung trägt, der Stützmauern allgemein zu den toten Einfriedigungen zählt (→ Rn. 5). Wie die Überschrift zum 4. Abschnitt („Einfriedigungen, Spaliervorrichtungen und Pflanzungen") zeigt, handelt es sich bei den in § 13 geregelten Spaliervorrichtungen nicht um (tote) Einfriedigungen. Zwischen § 11 und § 13 besteht insoweit ein Alternativverhältnis (→ § 13 Rn. 8). **Gebäudewände** sind schon dem Wortsinn nach keine Einfriedigungen, da sie eine Abgrenzung zum Nachbargrundstück allenfalls zusätzlich bezwecken. Gleiches gilt für eine grenzständige Konstruktion auf dem Gebäude, wenn sie wie zB ein Balkongeländer oder die Rückwand eines Pavillons nur reflexartig für eine Abgrenzung zum Nachbargrundstück sorgt. Tote Einfriedigungen erschöpfen sich in der Eingrenzung und sind daher, wenn sie die Vorgaben des § 11 nicht einhalten, praktisch immer abwehrbar.

Für Drahtzäune und Schranken gelten eigene Abstandsregeln (→ Rn. 22, 23). **Drahtzäune** sind Zäune aus Maschendraht, Pfostendraht oä, die kaum Schatten werfen (s. auch OLG Karlsruhe 13.2.2008 – 6 U 79/07, NJOZ 2008, 1642 Rn. 14: nicht der Fall bei einem Jägerzaun; OLG Karlsruhe 25.7.2014 – 12 U 162/13, NJW-RR 2015, 148 Rn. 35 f.: nicht der Fall bei einem Zaun aus Doppelstabmatten, gefertigt aus massiven geschweißten Rundeisenstäben, mag er auch nur wenig Schatten werfen). Sie sind zwar tote Einfriedigungen; für sie gilt aber Abs. 1 S. 1, also **keine Höhenbegrenzung.** Nach Sinn und Zweck der Regelung gilt diese Einschränkung nicht, wenn ein Drahtzaun mit einer Sichtschutzmatte versehen (vgl. OLG Karlsruhe 12.7.1976 – 6 U 91/76, Die Justiz 1976, 472) oder so engmaschig geflochten ist, dass eine Durchsicht verhindert wird. Werden Drahtzäune als Spalier verwendet (zB bei Bepflanzung mit wildem Wein oder Knöterich), sind sie allein § 13 zuzuordnen (Reich NRG BW Rn. 4; abw. VKKKK § 13 Rn. 6: ggf. zusätzliche Geltung des § 13). **Schranken** sind auf Pfosten lastende und mit diesen verbundene Querbalken oder Latten, die als Zufahrtsschranken dienen (vgl. VKKKK Rn. 8; Birk NachbarR BW Anm. 1a). Auch für sie gilt nur Abs. 1 S. 1, also ebenfalls **keine Höhenbegrenzung.**

Obwohl das Gesetz dies nicht ausdrücklich besagt, gelten die Abstandsvorschriften nur 15 dann, wenn die tote Einfriedigung im Wesentlichen **parallel zur Grenze** verläuft, da dem Nachbargrundstück nur dann nachteilige Folgen (zB Schattenwirkung) drohen. Ist eine tote Einfriedigung schräg zur Grenze gesetzt, entscheidet die Störintensität der Anlage. Verläuft sie in einem spitzen Winkel oder sogar senkrecht zur Nachbargrenze, findet § 11 keine Anwendung (bereits → Rn. 12).

3. Die **Abstandsberechnung** richtet sich nach der Nutzung des Nachbargrundstücks 16 und der Art der toten Einfriedigung. Innerhalb einer Wohnungseigentümergemeinschaft gelten die Sonderregelungen aus dem WEG (→ Rn. 13).

a) Für **tote Einfriedigungen außer Drahtzäunen und Schranken** gilt: 17

Sofern das **Nachbargrundstück landwirtschaftlich genutzt** wird, ist zur Grundstücks- 18 grenze ein **Mindestabstand** von **0,50 m** einzuhalten **(Abs. 1 S. 1).** Dies gilt auch dann, wenn das Grundstück, auf dem die tote Einfriedigung steht, selbst landwirtschaftlich genutzt wird. Tote Einfriedigungen, die an der Grundstücksgrenze stehen, verhindern, dass der Nachbar sein landwirtschaftlich genutztes Gelände mit seinen zum Teil ausladenden Maschinen bis an den Rand bearbeiten oder sein Trepprecht ausüben kann. Alte Trepprechte bestehen auf Grundlage des Art. 234 WürttAGBGB noch im württembergischen Landesgebiet (vgl. § 50 BWAGBGB) und erlauben es, beim Pflügen und Eggen mit dem Spannvieh über dem angrenzenden Grundstück umzuwenden (→ § 7d Rn. 42). Der Mindestabstand dient der ungehinderten Bearbeitung des landwirtschaftlich genutzten Grundstücks (VKKKK Rn. 15). Besteht ein derartiges Trepprecht nicht und haben die Nachbarn kein Anwenderecht vereinbart oder besteht insoweit kein örtliches Gewohnheitsrecht (hierbei ist zu berücksichtigen, dass ein solches als dem Gesetz gleichwertige Rechtsquelle allgemeiner Art nur zwischen einer Vielzahl von Rechtsindividuen und in Bezug auf eine Vielzahl von Rechtsverhältnissen entstehen kann, nicht aber beschränkt auf ein konkretes Rechtsverhältnis zwischen einzelnen Grundstücksnachbarn, s. BGH 24.1.2020 –V ZR 155/18, NJW 2020, 1360 Rn. 9), darf der Landwirt das Nachbargrundstück auch im Grenzbereich („Pflugabstand") nicht benutzen, also mit Geräten befahren (Pelka NachbarR BW 160; GLS NachbarR-HdB/Saller Kap. 4 Rn. 136; vgl. auch SFP NachbG NRW/Fink-Jamann NachbG NRW § 36 Rn. 6; aA Reich NRG BW Rn. 3). Insbesondere ergibt sich ein solches Recht nicht aus Abs. 1. Die Gesetzesmaterialien sind insoweit missverständlich (vgl. → Rn. 4, wonach für die Bearbeitung des Nachbargrundstücks mit dem Pflug ein Abstand von 0,50 m veranschlagt wird).

19   Der Begriff der **landwirtschaftlichen Nutzung** ist in § 7 I 1 legaldefiniert. Erfasst ist jede landwirtschaftliche oder gartenbauliche Nutzung durch einen landwirtschaftlichen Betrieb iSd § 201 BauGB (auch → § 7 Rn. 19). Anders als nach der bis zum 1.1.1996 geltenden Rechtslage kommt es ferner nicht darauf an, ob sich eines der beteiligten Grundstücke im Außenbereich (vgl. § 35 BauGB und → § 7 Rn. 14) befindet. Nicht erfasst sind forstwirtschaftlich genutzte Grundstücke (→ Vor § 7 Rn. 4). Will der Eigentümer eines Waldgrundstücks eine Abgrenzung vornehmen, weil zB der benachbarte Hühnerhof nur mit einem Maschendraht eingezäunt ist, muss er somit einen Mindestabstand von 0,50 m wahren, während das umgekehrt nicht der Fall ist.

20   **Ab einer Höhe von 1,50 m** ist der einzuhaltende Grenzabstand nach der Formel **Abstand = Höhe minus 1m** zu berechnen **(Abs. 1 S. 2).** Damit wird dem Sonderabstand von 0,50m auch bei höheren Einfriedigungen Rechnung getragen.

21   **Gegenüber** sonstigen, **nicht landwirtschaftlich genutzten Grundstücken** ist mit toten Einfriedigungen bis zu 1,50 m Höhe **kein Mindestabstand** zu wahren; wie bei Heckenausläufern und Spalieren können sie daher bis an die Grundstücksgrenze heranreichen (Zäune müssen gem. Abs. 3 von der eigenen Seite aus reparierbar sein, für Mauern gilt das Abschrägungsverbot des Abs. 4). Ist die tote Einfriedigung **höher als 1,50 m,** errechnet sich der Grenzabstand nach der Formel **Abstand = Höhe minus 1,50 m (Abs. 2).** Wird auf eine als Einfriedigung genutzte Mauer noch ein Lattenzaun gesetzt, ist der Grenzabstand nach der Obergrenze dieser Konstruktion (Zaunoberkante) zu bemessen (VKKKK Rn. 4; Pelka NachbarR BW 161; ebenso OLG Karlsruhe 13.2.2008 – 6 U 79/07, NJOZ 2008, 1642 Rn. 14, für einen aufgesetzten Jägerzaun; OLG Stuttgart 28.7.2016 – 1 U 80/16, BeckRS 2016, 109835 Rn. 31: aufgesetzte Begrenzungsmauer für ein Pavillon).

22   **b)** Für **Drahtzäune und Schranken** gilt aufgrund der geringeren Störungsintensität unabhängig von ihrer Höhe:

23   Sofern das **Nachbargrundstück landwirtschaftlich genutzt** wird, ist ein Mindestabstand von **0,50 m** einzuhalten (zum Sinn der Regelung → Rn. 18; für Stützmauern mit Ausnahme von Stützmauern in Weinbergen gilt nach § 10 II dasselbe). **Ansonsten** dürfen Drahtzäune und Schranken **ohne Höhenbegrenzung bis an die Grundstücksgrenze** gesetzt werden (Abs. 1 und 2). Daraus folgt, dass eine 1,50 m hohe Mauer mit einem darauf gesetzten Drahtzaun gegenüber einem nicht landwirtschaftlich genutzten Grundstück keinen Grenzabstand einhalten muss (LG Ravensburg 21.12.1961 – III S 93/61, Die Justiz 1962, 132 (133); Pelka NachbarR BW 161; Birk NachbarR BW Anm. 3a; aA Reich NRG BW Rn. 4, wonach Abs. 1 S. 2 und Abs. 2 als Sondervorschriften insoweit eng auszulegen sind).

Tote Einfriedigungen § 11

c) Liegt ein Fall des § 18 vor (erklärte Reblage oder erklärte Gartenbaulage), sind die 24
Abstände des Abs. 1 zu verdoppeln, sofern sich die tote Einfriedigung an der südlichen, östlichen oder westlichen Seite des begünstigten Grundstücks befindet (§ 18 S. 1).

4. Gemessen wird der **Abstand zur Grenze** waagrecht am höchsten Punkt der der 25
Nachbargrenze zugewandten Außenseite der toten Einfriedigung (abzustellen ist hiernach auf nach außerhalb des Grundstücks weisende tragende Pfosten einer Drahtzaunkonstruktion, s. Reich NRG BW Rn. 3) und senkrecht zur Grenze. Bei im Querschnitt oben abgerundeten oder abgeschrägten toten Einfriedigungen gilt ebenfalls der höchste Punkt (Birk NachbarR BW Anm. 4). Ob die Einfriedigung teilweise als Stützmauer dient, spielt keine Rolle; dieser Anteil ist von der Höhe also nicht abzuziehen (OLG Stuttgart 28.7.2016 – 1 U 80/16, BeckRS 2016, 109835 Rn. 31).

Für den Fall, dass das Grundstück, auf dem die tote Einfriedigung steht oder stehen soll, 26
tiefer gelegen ist, dient das höhere Bodenniveau als Maßstab für die Höhenberechnung. Dies hat der BGH im Hinblick auf Art. 47 I BayAGBGB für den vergleichbaren Fall einer Hecke entschieden (BGH 2.6.2017 – V ZR 230/16, NJW-RR 2017, 1427 Rn. 6 – Thujenhecke). Die Zentralaussage des Urteils geht dahin, dass die Höhe das Maß der Beeinträchtigung abbildet und eine Beeinträchtigung des höher gelegenen Grundstücks nicht schon ab dem (tieferen) Geländeniveau des Nachbargrundstücks beginnt. Dieser Gedanke kommt auch in § 20 zum Tragen. Wird das Nachbargrundstück etwa durch eine 1 m hohe Mauer abgestützt, kann die Höhe der Einfriedigung um 1 m höher ausfallen. Ohnehin könnte dies durch Erhöhung der Grundstücksoberfläche auf das Bodenniveau des Nachbargrundstücks erreicht werden.

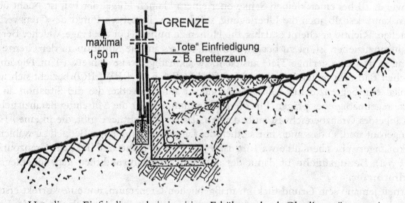

Unterlieger-Einfriedigung bei einseitiger Erhöhung durch Oberlieger (innerorts).

Sind die Grundstücke **auf beiden Seiten erhöht oder vertieft,** ist auf den sich daraus 27
ergebenden Höhenunterschied abzustellen.

Zwar lässt der BGH die Lösung im umgekehrten, eigentlich spannenderen Fall, dass das 28
eigene Grundstück, auf dem die tote Einfriedigung steht, **erhöht wurde,** ausdrücklich offen (BGH 2.6.2017 – V ZR 230/16, NJW-RR 2017, 1427 Rn. 16 – Thujenhecke). Da jedoch nicht ersichtlich ist, woran ein Umkehrschluss scheitern sollte, ist anzunehmen, dass dann das (tiefere) Bodenniveau auf dem Nachbargrundstück zählt **(**ebenso LG Wuppertal 9.1.2018 – 1 O 215/14, BeckRS 2018, 5222 Rn. 36; zuvor bereits OLG Stuttgart 28.7.2016 – 1 U 80/16, BeckRS 2016, 109835 Rn. 35; aA GLS NachbarR-HdB/Lüke 2. Teil Rn. 346**)**, auch wenn dies dazu führen kann, dass möglicherweise überhaupt keine Einfriedigung gesetzt werden kann und allenfalls eine Stützmauer in Frage kommt. Im BGH-Fall hatte der Kläger als Eigentümer des höher gelegenen Grundstücks dafür nur 80 cm Raum, was ihn zur Klage bewegt haben mag. Die Höhe der Einfriedigung ist damit immer vom Niveau des beeinträchtigten Grundstücks aus zu messen.

§ 11   4. Abschnitt. Einfriedigungen, Spaliere, Pflanzungen

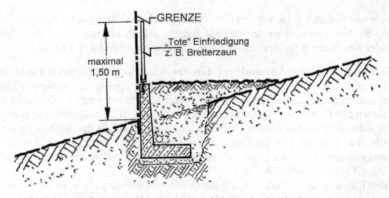

Oberlieger-Einfriedigung bei einseitiger Erhöhung durch Oberlieger (innerorts).

29   Bei **uneinheitlichem Geländeverlauf** auf dem Nachbargrundstück bleibt es dabei, dass die Situation am aus Sicht des zu messenden Gegenstands nächsten Grenzpunkt zählt, wobei immer in der Waagerechten zu messen ist (§ 22 I). Verschiedene Lösungen sind hingegen denkbar, wenn es darum geht, wie der Grenzpunkt im Hinblick auf das Geländeniveau zu bewerten ist. Dies betrifft nicht die Messgenauigkeit (so aber BGH 2.6.2017 – V ZR 230/16, NJW-RR 2017, 1427 Rn. 19 aE – Thujenhecke), sondern ist eine normative Frage. Wird nur punktuell gemessen, kann es sein, dass die Beeinträchtigung nicht richtig wiedergegeben ist, weil die topografischen Gegebenheiten an dieser Stelle einer Sondersituation geschuldet sind, wie es zB bei einer kleinen Senke oder einem kleinen Hügel der Fall ist. Nicht überzeugen kann deshalb auch die Überlegung, auf den jeweils tiefsten Punkt des Grenzverlaufs abzustellen. Richtig erscheint es daher, die Höhen zu mitteln. Für die Frage, welcher Bereich dafür heranzuziehen ist, ist zu berücksichtigen, dass es auf die Situation an der Grenze ankommt, so dass eine geringe Tiefe ausreicht, zweckmäßigerweise von etwa 1 m. Die im öffentlichen Baurecht geltende Eckpunktmethode (zB § 5 IV 4 BWLBO) bezieht sich nicht auf lokal eng begrenzte Erscheinungen, sondern auf Bauwerke, die die Situation an der Grenze regelmäßig eher prägen. Für die Bestimmung der für die Mittelung heranzuziehenden Länge des Grenzbereichs ist zu bedenken, dass es Grundstücke gibt, die in einen Hang hineingebaut sind, so dass auch hinsichtlich der Länge nur ein kleiner Bereich zu wählen ist, zweckmäßigerweise ebenfalls etwa 1 m, dann jeweils ½ m rechts und links des Grenzpunktes (vgl. § 3 I). **Bezugsfläche** ist damit der auf dem Nachbargrundstück gegenüberliegende **Quadratmeter**.

30   Vertieft jemand sein Grundstück im maßgeblichen Grenzraum, um eine korrekt erstellte Einfriedigung auf dem Nachbargrundstück zu bekämpfen, stellt sich die Frage, ob das Erfolg haben kann, oder ob es als **Missbrauch** ohne Wirkung bleibt. Sofern das NRG Bestandsschutz vorsieht, betrifft es nur die Einfriedigung an sich, nicht aber den Maßstab für die Höhenberechnung. Aus dem Bauordnungsrecht ist bekannt, dass es im Hinblick auf eine Baumaßnahme zu Missbrauch durch Veränderung der Geländeoberfläche kommen kann. Nach § 5 IV 1 BWLBO bestimmt sich die Tiefe der einzuhaltenden Abstandsfläche nach der sogenannten Wandhöhe. Das ist – grob gesagt – die Entfernung von der Geländeoberfläche bis zum Dach. Ist das Gelände am (geplanten) Fuß des Bauwerks erhöht, zählt die Erhöhung bei der Bestimmung des einzuhaltenden Grenzabstands grundsätzlich nicht mit. Der Bauherr kann sein Grundstück dann intensiver, nämlich näher zur Nachbargrenze hin bebauen. Für eine Bodenerhöhung kann es auch gute Gründe geben, zB weil dadurch eine bessere Belichtung der Räume im Keller möglich wird. In der Rechtsprechung wird der erhöhte Bereich allerdings bei (freilich schwer nachzuweisendem) Missbrauch hinzugerechnet, ferner immer dann, wenn der Bauherr für die Erhöhung keine sinnvolle Begründung geben kann (s. nur VGH Mannheim 8.10.2014 – 3 S 1279/14, BeckRS 2014, 57511; VGH München 7.11.2017 – 1 ZB 15.1839, BeckRS 2017, 133170; zum Ganzen Bachmann NJW-Spezial

Tote Einfriedigungen § 11

2018, 172). Ob dies für das Zivilrecht so übernommen werden kann, erscheint zweifelhaft, zumal die Landesbauordnungen keinen rechtfertigenden Grund vorsehen, es sich bei diesem Kriterium also um reines Richterrecht handelt. Im Zivilrecht reicht die Missbrauchssperre schon aufgrund der Beweislastregeln aus. Derjenige, der sein Grundstück erhöht, muss sich Grundsätzlich nicht rechtfertigen. Erhöht er sein Grundstück nur im Grenzbereich und das auch noch ohne sichtbaren Grund, wird ihm allerdings eine sekundäre Behauptungslast, also ein Begründungserfordernis zukommen (vgl. auch LG Ravensburg 21.12.1961 – III S 93/61, Die Justiz 1962, 132, (133)).

Ist seit der **Geländeveränderung längere Zeit vergangen,** so ist fraglich, ob der Ursprungszustand noch eine Rolle spielen kann. In der Rechtsprechung zum öffentlichen Baurecht wird in Analogie zur Befriedungsfunktion der alten Regelverjährung angenommen, dass von einer Veränderung nicht mehr gesprochen werden kann, wenn der Eingriff in die Bodenstruktur (Erhöhung) vor mehr als etwa 30 Jahren erfolgte (OVG Koblenz 24.2.2016 – 1 A 10815.15, NVwZ-RR 2016, 764 Rn. 21; VGH München 7.11.2017 – 1 ZB 15.1839, BeckRS 2017, 133170). Allerdings hat der Gesetzgeber die Regelverjährung gerade wegen der Befriedungsfunktion auf drei Jahre verkürzt (§ 195 BGB). In der Tat erscheinen 30 Jahre zu lang. Andererseits sind drei Jahre für einen solchen Verfestigungsprozess sicher zu wenig. Wurde das Gelände an der Grundstücksgrenze für eine Dauer von 10 Jahren nicht verändert, ist das nötig, aber auch genug, diesen Vorgang in den Hintergrund treten zu lassen und den aktuellen Zustand als Maßstab für die Höhenbestimmung zugrunde zu legen. 31

Befindet sich das abstandspflichtige Grundstück nicht in Innerortslage (§ 12 II 2) und ist es vom Nachbargrundstück durch einen öffentlichen Weg oder durch ein Gewässer getrennt, sind die Abstände zum Nachbargrundstück von der Mitte des Weges oder Gewässers aus zu messen (§ 22 II); § 21 I 1 Nr. 1 gilt hier nicht. 32

Maßgeblich für die Abstandsberechnung sind die aktuellen Verhältnisse (§§ 22 III, 33 II; aA VKKKK Rn. 6; Birk NachbarR BW Anm. 4d). 33

5. Nach **Abs. 3** müssen **Zäune** (nicht nur Drahtzäune iSd Abs. 1 S. 2), die näher als 0,50 m an der Grundstücksgrenze stehen, von der eigenen Grundstücksseite aus **reparierbar** sein. Zäune bestehen gewöhnlich aus Holz (zB als Jägerzaun, Speltenzaun), Metall oder Kunststoff. Sie dienen der Einfriedigung eines Grundstücks oder dem Einschließen von Tieren, dann auch als Gatter oder Pferch bezeichnet. Diese Regelung gilt nur gegenüber Grundstücken, die nicht landwirtschaftlich genutzt werden (arg. Abs. 1 S. 1). Sie zeigt, welch hohen Stellenwert das NRG der Nichtbehelligung des Nachbargrundstücks beimisst. Dieser Grundsatz wird nur in § 7d durchbrochen. Auf § 7d ist auch abzustellen, sofern die (tote) Einfriedigung kein Zaun, sondern eine Mauer oder eine andere bauliche Anlage ist (VKKKK Rn. 10; Birk NachbarR BW Anm. 5). 34

6. Abs. 4 gibt einen **Unterlassungsanspruch** (allg. hierzu → Einl. Rn. 50 ff.) und bestimmt, dass **freistehende Mauern,** die von der Grundstücksgrenze weniger als 0,50 m entfernt sind, nicht gegen das Nachbargrundstück **abgedacht** werden dürfen. Diese Regelung gilt nicht gegenüber landwirtschaftlich genutzten Grundstücken (arg. Abs. 1 S. 1) und soll Beeinträchtigungen des Nachbargrundstücks durch Inanspruchnahme bei Reparaturen und durch den Abfluss von Regenwasser verhindern (→ Rn. 6). Mit dem Schutz vor Abfluss ergänzt die Vorschrift die auf Gebäude zugeschnittene Regelung des § 1. Mauern stehen frei, wenn sie nicht mit einer anderen baulichen Anlage verbunden sind; dies trifft auch für Stützmauern iSd § 10 I zu (insofern regelt § 11 trotz seiner Überschrift nicht nur Einfriedigungen). Abdachung ist jede Abschrägung der Mauer; eine Bedachung muss die Mauer nicht aufweisen. 35

7. Inhaber der Abwehransprüche nach Abs. 1–4 ist der Eigentümer des Nachbargrundstücks, damit auch der Miteigentümer (§ 1011 BGB), aufgrund § 11 I 1 ErbbauRG der Erbbauberechtigte und bei Wohnungseigentum die Eigentümergemeinschaft, da nur gemeinschaftliches Eigentum (§ 1 V WEG, auch bei Sondernutzungsflächen) betroffen sein 36 kann, also nicht der Sonder- bzw. Teileigentümer und auch nicht der bloße Besitzer, auch wenn er zum Besitz berechtigt ist (→ Einl. Rn. 21; aA Reich NRG BW Rn. 1).

37 Zur Abstandshaltung **verpflichtet** ist der Eigentümer des Grundstücks, das mit der Einfriedigung versehen ist, damit auch der Miteigentümer (§ 1011 BGB), aufgrund § 11 I 1 ErbbauRG der Erbbauberechtigte und bei Wohnungseigentum die WEG, da die Einfriedigung immer auf Gemeinschaftseigentum steht. Der Anspruch sanktioniert eine Beschaffenheit des Nachbargrundstücks (Zustandsstörung). Daher ist der Besitzer des Nachbargrundstücks für den Beseitigungsanspruch nicht passivlegitimiert (aA Reich NRG BW Rn. 1), möglicherweise aber duldungsverpflichtet. Der Rechtsnachfolger des Eigentümers ist auch dann passivlegitimiert, wenn er die Konstruktion der Einfriedigung nicht zu verantworten hat (aA Reich NRG BW Rn. 1, 7, mit Hinweis auf § 9 I 2).

38 8. Zu toten Einfriedigungen und Stützmauern, die am 1.1.1960 schon bestanden, → § 33 Rn. 5 ff. Entsprechende Anwendung findet § 33 auf die vor dem 1.1.1996 errichteten toten Einfriedigungen im Innenbereich ohne Grenzabstand zu landwirtschaftlich genutzten Grundstücken (Art. 2 I des Gesetzes zur Änderung des NRG vom 26.7.1995, GBl. 605 (608); VKKKK Rn. 17).

IV. Ergänzende Vorschriften zu Einfriedigungen

39 1. Grenzscheidende Wirkung kommt auch einer **Grenzanlage iSd §§ 921, 922 BGB** zu (zum abweichenden Begriff der Grenzanlage iSd §§ 7a–7f → Vor §§ 7a–7f Rn. 3). Das ist eine Baulichkeit, die – nicht notwendigerweise in der Mitte – von der Grenzlinie geschnitten wird, so dass das Gesetz in § 921 BGB daran die (tatsächliche) Vermutung knüpft, dass die Eigentümer der Nachbargrundstücke zur Benutzung der Einrichtung gemeinschaftlich berechtigt sind, sofern nicht äußere Merkmale darauf hinweisen, dass die Einrichtung einem der Nachbarn allein gehört. Voraussetzung ist nach § 921 BGB, dass die Einrichtung dem Vorteil beider Grundstücke dient. Auch das wird nach § 921 BGB vermutet, so dass eine nur scheinbare Grenzanlage diese Funktion ebenfalls erfüllen kann (BGH 20.10.2017 – V ZR 42/17, NJW-RR 2018, 528 Rn. 6). Dem Vorliegen einer Grenzeinrichtung müssen beide Nachbarn zugestimmt haben. Daran sind auch ihre Rechtsnachfolger gebunden (BGH 20.10.2017 – V ZR 42/17, NJW-RR 2018, 528 Rn. 6). Nach § 922 S. 1 BGB darf jeder Beteiligte die Grenzanlage zu dem Zwecke, der sich aus ihrer Beschaffenheit ergibt, insoweit benutzen, als nicht die Mitbenutzung des anderen beeinträchtigt wird. Die Unterhaltungskosten sind von den Nachbarn zu gleichen Teilen zu tragen (§ 922 S. 2 BGB). Solange einer der Nachbarn an dem Fortbestand der Einrichtung ein Interesse hat, darf sie nicht ohne seine Zustimmung beseitigt oder geändert werden (§ 922 S. 3 BGB). Eine (nach § 922 S. 3 iVm § 1004 I BGB abwehrbare) Beeinträchtigung kann auch in einer Veränderung des äußeren Erscheinungsbildes zu sehen sein, zB wenn einem niedrigen Maschendrahtzaun als Grenzanlage ein hoher Holzflechtzaun vorgesetzt wird, selbst wenn dies auf dem eigenen Grundstück geschieht (BGH 20.10.2017 – V ZR 42/17, NJW-RR 2018, 528 Rn. 18, 22). Die Grenzanlage endet, wenn sie ihre Funktion nicht mehr erfüllen kann, etwa weil sie irreparabel geschädigt ist (BGH 20.10.2017 – V ZR 42/17, NJW-RR 2018, 528 Rn. 13). Im Übrigen bestimmt sich das Rechtsverhältnis zwischen den Nachbarn nach den Vorschriften über die (Bruchteils-)Gemeinschaft (§ 922 S. 4 iVm §§ 741 ff. BGB).

40 2. § 11 bildet ein Schutzgesetz iSd **§ 823 II BGB,** so dass schuldhafte Verstöße gegen die in § 11 bestimmten Grenzabstände zu Schadensersatzansprüchen des Nachbarn führen können (Reich NRG BW Rn. 7; ebenso AG Köln 7.5.1982 – 132 C 3017/82, AgrarR 1983, 222 zu § 41 NachbG NRW).

41 3. Im Außenbereich (hierzu → § 7 Rn. 14) muss eine Einfriedigung errichtet werden, wenn dies zum Schutz des Nachbarn (zB vor umherlaufenden Tieren) erforderlich ist und der Nachbar dies verlangt **(§ 7 IV).**

Hecken § 12

4. Für Einfriedigungen trifft das öffentliche Recht verschiedene Bestimmungen: 42
- Örtliche Bauvorschriften gem. **§ 74 I 1 Nr. 3 BWLBO** wie auch Bebauungspläne können eine Pflicht zur Errichtung von Einfriedungen vorsehen. Näher dazu → § 27 Rn. 10.
- Verfahrensfrei iSd BWLBO ist gem. **§ 50 I BWLBO** iVm Nr. 7 des Anhangs zu § 50 I BWLBO die Errichtung von a) Einfriedungen im Innenbereich, b) offenen Einfriedungen ohne Fundamente und Sockel im Außenbereich, die einem land- oder forstwirtschaftlichen Betrieb dienen, sowie c) Stützmauern bis 2m Höhe. Ist die Einfriedung Nebenanlage iSd § 14 BauNVO und gehört sie zu einem Gebäude, dessen Errichtung dem Kenntnisgabeverfahren nach § 51 BWLBO unterfällt, ist dieses Verfahren auch für die Einfriedung maßgeblich (§ 51 I Nr. 4 LBWBO). Für die übrigen Einfriedungen ist eine Baugenehmigung erforderlich (VKKKK Rn. 16).
- Nach **§ 28 I 1 StrG** haben Eigentümer und Besitzer von Grundstücken, die an eine Landes-, Kreis- oder Gemeindestraße grenzen, gegen Entschädigung die zum Schutz der Straße vor nachteiligen Umwelteinwirkungen notwendigen Vorkehrungen, wozu auch Einfriedigungen gehören, auf ihrem Grundstück zu dulden. Auf der anderen Seite dürfen Anpflanzungen und Zäune sowie Stapel, Haufen oder andere mit dem Grundstück nicht fest verbundene Einrichtungen nicht angelegt oder unterhalten werden, wenn sie die Sicherheit oder Leichtigkeit des Verkehrs beeinträchtigen (**§ 28 II 1 StrG**; ebenso **§ 5 II LEisenbG** für den Schutz der Eisenbahn). Bei Bundesfernstraßen gilt Gleiches nach **§ 11 I FStrG** für vorübergehende Schutzeinrichtungen; **§ 11 II FStrG** trifft ein dem § 28 II 1 StrG entsprechendes Verbot zum Schutz der Verkehrssicherheit.
- Gemäß **§§ 1, 3 PolG** hat die Polizei die ihr nach pflichtgemäßem Ermessen erforderlich erscheinenden Maßnahmen zu treffen, soweit die öffentliche Sicherheit oder Ordnung durch den Zustand einer Sache bedroht oder gestört wird. Dies kann bei Einfriedigungen der Fall sein, die einzustürzen oder herabzufallen und dadurch ein fremdes Grundstück zu schädigen drohen. Aufgrund des Spezialitätsgrundsatzes (dazu Ruder/Schmitt, Polizeirecht Baden-Württemberg, 8. Aufl. 2015, Rn. 297; s. auch VGH Mannheim 8.12.1995 – 1 S 1789/95, BB 1996, 399, 400) gilt dies allerdings nur insoweit, als keine Sonderzuständigkeit begründet ist.

§ 12 Hecken

(1) **Mit Hecken bis 1,80 m Höhe ist ein Abstand von 0,50 m, mit höheren Hecken ein entsprechend der Mehrhöhe größerer Abstand einzuhalten.**

(2) ¹**Die Hecke ist bis zur Hälfte des nach Absatz 1 vorgeschriebenen Abstands zurückzuschneiden.** ²**Das gilt nicht für Hecken bis zu 1,80 m Höhe, wenn das Nachbargrundstück innerhalb der im Zusammenhang bebauten Ortsteile oder im Geltungsbereich eines Bebauungsplans liegt und nicht landwirtschaftlich genutzt wird (Innerortslage).**

(3) **Der Besitzer der Hecke ist zu ihrer Verkürzung und zum Zurückschneiden der Zweige verpflichtet, jedoch nicht in der Zeit vom 1. März bis zum 30. September.**

I. Inhalt der Regelung

Die Vorschrift bestimmt, welchen Abstand Hecken zur Grundstücksgrenze einzuhalten 1 haben, ob und wie sie zurückzuschneiden sind und welche Höhe sie nicht überschreiten dürfen.

II. Normgebung

1. Die Vorschrift knüpft an die Regelung des Art. 231 WürttAGBGB 1899 (= Art. 202 2 WürttAGBGB 1931) bzw. deren Vorgängerregulierung in Art. 10 WürttGLN an. Nach Auffassung des Gesetzgebers können Hecken auch für Nachbargrundstücke oder die betreffende Landschaft nützlich sein. Für das unmittelbar angrenzende Grundstück überwiege aber wohl

§ 12   4. Abschnitt. Einfriedigungen, Spaliere, Pflanzungen

ihre Schädlichkeit (Schatten, eindringende Wurzeln und Zweige, Schlupfwinkel für Ungeziefer und Unkraut) (RegBegr. vom 12.12.1958, Beil. 2220 zu den Sitzungsprotokollen der 2. Legislaturperiode, S. 3556).

3   Die Verpflichtung zum Verkürzen der Hecken sollte ursprünglich nur für die Zeit vom 1.10.–15.3. bestehen, weil Mitte März normalerweise bereits die Brut der Vögel begann (RegBegr. vom 12.12.1958, Beil. 2220 zu den Sitzungsprotokollen der 2. Legislaturperiode, S. 3557) – inzwischen erscheint auch der 1.3. schon sehr spät, da sich durch den Klimawandel das Brutverhalten noch weiter vorverlagert hat.

4   Für den Fall, dass die Zweige der Hecke in den Luftraum des Nachbargrundstücks hereinwachsen, sollte § 910 BGB gelten (RegBegr. vom 12.12.1958, Beil. 2220 zu den Sitzungsprotokollen der 2. Legislaturperiode, S. 3557).

5   **2.** Durch Art. 1 Nr. 5 des Gesetzes zur Änderung des NRG vom 26.7.1995 (GBl. 605) wurde § 12 neu gefasst. Nach Auffassung des Gesetzgebers sollte die zulässige Höhe für Hecken von bislang 1,50 m auf 1,80 m angehoben werden, da Hecken insbesondere auch die Funktion eines Sichtschutzes gegenüber dem Nachbargrundstück zukomme und damit eine Übereinstimmung mit § 3 II erreicht werde, wonach vor Lichtöffnungen keine Abstandsflächen einzuhalten sind, wenn sie erst ab einer Raumhöhe von 1,80 m beginnen. Im Gegensatz zu den toten Einfriedigungen mit ihrer Höhenbegrenzung auf 1,50 m sei dem Nachbarn bei Hecken eine derartige, insgesamt geringfügige Erhöhung zumutbar (RegBegr. vom 1.3.1993, LT-Drs. 11/1481, 12).

6   Mit § 12 II 2 sollte ferner für das ganze NRG der Begriff der Innerortslage festgelegt werden. Im Interesse der Einheitlichkeit sollte er den bislang verwendeten Begriff des geschlossenen Wohnbezirks ersetzen (RegBegr. vom 1.3.1993, LT-Drs. 11/1481, 12).

7   In Abs. 3 sollte die Zeit, während der ein Verkürzen bzw. Zurückschneiden verlangt werden kann, um die ersten 15 Märztage verkürzt und damit der Regelung in § 29 III NatSchG aF (heute: § 39 V 1 Nr. 2 Hs. 1 BNatSchG) angepasst werden. Zur Klarstellung sollte nunmehr ausdrücklich ein Anspruch des Nachbarn auf Verkürzung der Hecken gegeben werden, während dieser Anspruch bisher lediglich vorausgesetzt war (RegBegr. vom 1.3.1993, LT-Drs. 11/1481, 13).

III. Anmerkungen

8   **1. Keine Geltung** hat die Vorschrift für Hecken auf Grundstücken, die an in § 19 I genannte, nicht nutzbare Grundstücke im Außenbereich grenzen (zum Begriff des Außenbereichs → § 7 Rn. 14); soweit Nachbargrundstücke im Grenzbereich nicht zu bewirtschaften sind, gilt ein entsprechend geringerer Grenzabstand (§ 19 II). Gleiches gilt für **Hecken auf Grundstücken, die an öffentliche Straßen oder Gewässer** (§ 21 I 1 Nr. 1) bzw. an den **Schienenweg einer Eisenbahn stoßen** (§ 21 II), **sowie im umgekehrten Verhältnis.** Keinen Abstand einzuhalten haben ferner Hecken, die dem Uferschutz dienen (§ 21 III Alt. 1) oder zum Schutz von Böschungen oder steilen Abhängen notwendig sind (§ 21 III Alt. 2). Keinen Abstand zu wahren haben auch aufgrund eines Flurbereinigungs- oder Zusammenlegungsplans gesetzte Hecken, soweit sie sich auf das Plangebiet auswirken (§ 21 I 1 Nr. 2).

9   Befindet sich die Hecke hinter einer geschlossenen Einfriedigung (hierzu → § 20 Rn. 6), ohne sie zu überragen, ist nur der für die Einfriedigung zu beachtende Grenzabstand maßgeblich (§ 20). Wächst die Hecke darüber hinaus, gilt wiederum der Heckenabstand.

10   Eine weitere Ausnahme regelt **§ 27:** Sofern ein Bebauungsplan oder ein ähnlicher Plan nach dem BauGB Festsetzungen zu Hecken trifft, gilt Abs. 1 nicht, sofern das Grundstück nicht an landwirtschaftlich genutztes Gelände stößt und die Planfestsetzungen die Nichtgeltung dieser Abstände erfordern.

11   Für Grundstücke, die einer **hoheitlichen Zweckbindung** unterliegen, → Einl. Rn. 24.

12   **2.** Die **Hecke** (von althochdt. hegga als Femininum zu hag = Umfassung, Eingrenzung) ist ein Aufwuchs dicht beieinanderstehender Sträucher, Büsche oder Bäume. Im Garten- und

Landschaftsbau sind Hecken ein sehr altes Gestaltungselement; sie werden bereits in der Antike erwähnt. Das NRG meint im Wesentlichen die sog. **Niederhecke.** Andernfalls bestünde kein Grund für eine abstandsmäßige Privilegierung gegenüber Einzelpflanzen (vgl. § 16) mit ähnlicher Behandlung wie tote Einfriedigungen (§ 11) und Spaliere (§ 13); außerdem lassen sich andere Hecken nicht sinnvoll kürzen (vgl. Abs. 3). Auf der anderen Seite bieten die Abstandsregelungen für Hecken keine Handhabe, bestimmte Gehölze von der Verwendung als Heckenpflanzen auszuschließen, soweit sie zur Heckenbildung geeignet sind, die Vorschriften für Heckenabstände also aus dem Begriff der Niederhecke heraus zu beschränken (ebenso BGH 18.11.1977 – V ZR 151/75, BeckRS 1977, 31117291, zu § 42 NachbG NRW aF). Hecken dienen als **immergrüner Zaun,** der optischen Abgrenzung des Grundstücks und als Windschutz. Typische, nicht unbedingt in Mitteleuropa heimische Pflanzen für die Gartenhecke sind: Hainbuche, Fichte, Thuja (= Lebensbaum), Eibe, Liguster, Weißdorn, Feuerdorn, Kirschlorbeer, Japanische Glanzmispel (Photinia), Berberitze und Buchsbaum, aber auch Obstgehölze bzw. Beerenobststräucher. Diese Arten besitzen ein hohes Ausschlags- und Regenerationsvermögen. Ob sie sich für die Anlage von Schnitthecken eignen, hängt aber nicht nur davon ab. Aus artenschutzfachlichen Gründen sollte von nicht gebietsheimischen Gehölzarten abgesehen werden. Verschiedene Wacholderarten sind Wirte des Birnengitterrostes; das ist ein Pilz, der Birnbäume schädigen kann. Viele Ziergehölze der Rosengewächse sind Wirte des Feuerbrands, der dem Kernobst schaden kann. Befindet sich das Grundstück im Geltungsbereich eines qualifizierten Bebauungsplanes, ist auch der zu befragen, da die Gemeinde über § 9 I Nr. 25a BauGB Vorgaben zur Heckenbildung treffen kann. Bei alledem geht es nur um **Begrenzungselemente** eines Grundstücks. Niederhecken haben mit den frei wachsenden, als Biotop dienenden Hecken in der Landschaft (Naturhecken) nichts gemein. Naturhecken eignen sich im urbanen Umfeld nicht zur Abgrenzung des Nachbargrundstücks; sie nehmen zu viel Platz weg und ihr unkontrolliertes Wachstum lässt eine genaue Grenzziehung nicht zu. Freilich kann die Abgrenzung bei verwilderten Heckenformationen zweifelhaft sein. In diesen Fällen ist entscheidend, ob die Hecke einmal Niederhecke war; sie bleibt es dann auch, wenn sie sich sinnvoll nicht mehr kürzen lässt (→ Rn. 19). Werden bei einer zu hoch geratenen Hecke Teile zurückgeschnitten und in diesem Zuge Gehölze als Solitäre bloßgelegt, gilt für sie die Regelung des § 16. Mit der Isolierung läuft die Verjährungsfrist des § 26 I für die Beseitigung der Einzelgehölze an (→ § 26 Rn. 27).

Um den privilegierten Abstand zu rechtfertigen, muss eine Hecke **mehrere Merkmale** **13** aufweisen (vgl. Dehner B § 22 II 5):

Sie muss aus **Gehölzen** bestehen (OLG Karlsruhe 25.7.2014 – 12 U 162/13, NJW-RR **14** 2015, 148 Rn. 23). Zum Gehölzbegriff → § 15 Rn. 21. Gehölze sind hiernach (lebende) Bäume (BGH 18.11.1977 – V ZR 151/75, BeckRS 1977, 31117291, zu § 42 NRG NRW aF: 65 Jungpappeln; LG Düsseldorf 6.12.1989 – 23 S 183/89, DWW 1990, 52: Fichtenreihe; ebenso LG Bielefeld 28.8.1985 – 1 S 9/85, DWW 1988, 321; LG Saarbrücken 3.2.1988 – 17 S 79/87, MDR 1988, 777; Dehner B § 22 II 5a) und Sträucher, nicht Stauden. Das können auch Gehölze sein, deren Einzelgrenzabstände in § 16 geregelt sind. Da es auf den Gesamteindruck ankommt, kann eine Hecke auch aus Bambus bestehen (OLG Karlsruhe 25.7.2014 – 12 U 162/13, NJW-RR 2015, 148 Rn. 25f.; Birk NachbarR BW Anm. 1 in Fn. 1; Breloer Bäume im Nachbarrecht 76; zur Einordnung des Bambus → § 15 Rn. 21). Bei Obstbäumen ist von Spalierobstanpflanzungen abzugrenzen, die nur einen „geschlossenen Bestand" iSd § 16 II 2 bilden.

Die Gehölze müssen **gleichartig** sein. Entscheidend ist, dass sie einheitlich wachsen (OLG **15** Karlsruhe 12.7.1976 – 6 U 91/76, Die Justiz 1976, 472 (473); OLG Karlsruhe 25.7.2014 – 12 U 162/13, NJW-RR 2015, 148 Rn. 23; Pelka NachbarR BW 165; Birk NachbarR BW Anm. 1; Bauer/Schlick RhPflNRG § 45 Rn. 2). Dies schließt die Möglichkeit unterschiedlichen Wachstums nicht aus. Daher lassen sich Nadelbäume mit Laubbäumen zu einer Hecke verbinden, Sträucher mit Bäumen jedenfalls zur Unterfütterung (s. etwa LG Freiburg 7.12. 2017 – 3 S 171/16, NJW-RR 2018, 271 Rn. 14: Heckenbildung mit Sträuchern und Hainbuchen). Der Einordnung als Hecke steht nicht entgegen, dass sich die Pflanzenmehrheit aus

§ 12   4. Abschnitt. Einfriedigungen, Spaliere, Pflanzungen

botanisch verschiedenen Arten von Gehölzen zusammensetzt (OLG Karlsruhe 25.7.2014 – 12 U 162/13, NJW-RR 2015, 148 Rn 27; LG Freiburg 7.12.2017 – 3 S 171/16, NJW-RR 2018, 271 Rn. 14; Birk NachbarR BW Anm. 1; Bauer/Schlick RhPflNRG § 45 Rn. 2). Sind andersartige Pflanzen eingebunden, steht dies der Annahme einer Hecke nicht entgegen, wenn sie trotzdem einen geschlossenen Eindruck vermittelt und als einheitliches Gestaltungselement wahrgenommen wird (LG Freiburg 7.12.2017 – 3 S 171/16, NJW-RR 2018, 271 Rn. 14). Für die nicht integrierten Pflanzen gilt nicht § 12, sondern § 16 (→ Rn. 12; ferner Reich NRG BW Rn. 1). Besteht Blickdichtheit (dazu → Rn. 18), tritt das Erfordernis der Gleichartigkeit allerdings in den Hintergrund.

16   Die Heckenpflanzen müssen **in einer Linie** (nicht unbedingt einer Geraden) angeordnet sein (OLG Karlsruhe 25.7.2014 – 12 U 162/13, NJW-RR 2015, 148 Rn. 23; Dehner B § 22 II 5b); auch eine Formation als sog. Krähenfuß ist möglich. Verläuft diese Linie nicht parallel zur Grenze, entscheidet die Störintensität. Steht die Hecke in einem spitzen Winkel oder sogar senkrecht zur Nachbargrenze, findet § 12 keine Anwendung (OLG Karlsruhe 17.7.2020 – 12 U 113/19, BeckRS 2020, 16776 Rn. 98); es gilt dann § 16.

17   Die Pflanzen müssen **in langer und schmaler Erstreckung** aneinandergereiht sein (OLG Karlsruhe 12.7.1976 – 6 U 91/76, Die Justiz 1976, 472 (473); OLG Karlsruhe 25.7.2014 – 12 U 162/13, NJW-RR 2015, 148 Rn. 23; 17.7.2020 – 12 U 113/19, BeckRS 2020, 16776 Rn. 77, 97). Dies kann auch in mehreren Reihen geschehen (OLG Karlsruhe 12.7.1976 – 6 U 91/76, Die Justiz 1976, 472 (473)). Die Abstandsberechnung erfolgt dann reihenweise, also wie bei Annahme mehrerer, hintereinanderstehender Hecken (OLG Karlsruhe 12.7.1976 – 6 U 91/76, Die Justiz 1976, 472, (473)); allerdings gilt für die hintere Hecke § 20 S. 1 (→ § 20 Rn. 9). Eine Mindestanzahl von Pflanzen ist nicht verlangt; entscheidend ist der Gesamteindruck. Heckencharakter wird eine Pflanzenformation hiernach erst annehmen können, wenn sie sich auf eine Mindestlänge von etwa 2 m erstreckt (aA OLG Karlsruhe 17.7.2020 – 12 U 113/19, BeckRS 2020, 16776 Rn. 97: mindestens 3 m).

18   Die Pflanzen müssen einen **Dichtschluss** aufweisen, also überwiegend so eng beieinanderstehen, dass sie aus Sicht des Nachbargrundstücks den Eindruck einer geschlossenen Wand („grüne Wand") vermitteln (LG Baden-Baden 28.10.2013 – 3 S 57/13, BeckRS 2014, 00361; ebenso OLG Karlsruhe 25.7.2014 – 12 U 162/13, NJW-RR 2015, 148 Rn. 23: „wandartige Formation"). Dies muss aber nicht über die gesamte Front hinweg der Fall sein; so brauchen etwa die Wipfel der Einzelpflanzen nicht zusammengewachsen zu sein (OLG Karlsruhe 12.7.1976 – 6 U 91/76, Die Justiz 1976, 472 (473)); entscheidend ist, dass der Dichtschluss zumindest **von Knie- bis auf Augenhöhe** besteht. Einzelne Durchbrüche oder Lücken von untergeordneter Bedeutung stellen den Heckencharakter ebenfalls nicht in Frage (Reich NRG BW Rn. 1; vgl. § 20 S. 2). Daher muss die Hecke auch nicht das ganze Jahr über grün sein, darf also Laub abwerfende Pflanzen enthalten (VKKKK Rn. 2); sie darf im Winter sogar gänzlich unbelaubt sein (Birk NachbarR BW Anm. 1). Der Umstand, dass viele Hecken im Gegensatz zu toten Einfriedigungen nicht ganzjährig lichtundurchlässig sind, hat den Gesetzgeber denn auch bewogen, die zulässige Höhe für tote Einfriedigungen in § 11 auf 1,50m zu belassen (→ § 11 Rn. 7). Bei größeren Lücken mag eine Heckenmehrheit vorliegen; in diesem Fall ist jede Einzelhecke hinsichtlich der Anforderungen des § 12 für sich zu betrachten. Bei **Neuanpflanzungen** muss ein Dichtschluss zu erwarten sein (OLG Karlsruhe 25.7.2014 – 12 U 162/13, NJW-RR 2015, 148 Rn. 23; Dehner B § 22 II 5d; ebenso BGH 18.11.1977 – V ZR 151/75, BeckRS 1977, 31117291, zu § 42 NachbG NRW aF). Dies ist der Fall, wenn eine Anpflanzung nach Pflanzensorte und Pflanzweise bei entsprechender Pflege zu einer Hecke gezogen werden kann und sie nicht feststellbar zu einem anderen Zweck angelegt wird (aA OLG Karlsruhe 25.7.2014 – 12 U 162/13, BeckRS 2014, 15668 Rn. 23: nach dem Schutzzweck des § 12, Beeinträchtigungen für das Nachbargrundstück zu vermeiden, sei es unerheblich, ob eine wandartige Formation zum Zeitpunkt der Anpflanzung beabsichtigt war oder nicht). Maßstab ist der Zustand bei ungebremstem Wachstum bis auf eine Höhe von etwa 3 m. Bei Gehölzen in Kniehöhe (50 cm bis 60 cm) ist ein Pflanzabstand von etwa 50 cm erforderlich, bei Gehölzen, die eine Höhe von 1,20m

bis 1,50 m erreichen, reicht ein Pflanzabstand von etwa 1m aus. Durch **Ausdünnung** kann die Hecke ihren Charakter und damit ihre Privilegierung als Hecke verlieren; eine durch Laub- oder Nadelfall bedingte (temporäre) Ausdünnung ist nach der Verkehrsanschauung aber unschädlich (s. oben). Gleiches ist anzunehmen, wenn durch eine Beschneidungsmaßnahme der Dichtschluss nur zeitweise aufgehoben wird. Der Nachbar kann ansonsten ggf. Rechte nach § 16 I hinsichtlich der Einzelpflanzen geltend machen (dazu → § 26 Rn. 21); dem Beseitigungsanspruch nach § 16 I kann durch Zupflanzung der Lücke(n), also Wiederherstellung des Dichtschlusses begegnet werden. Bei Einzelpflanzen greift ggf. ein Kürzungsanspruch nach **§ 16 III** (dazu → § 16 Rn. 44).

Die Pflanzen müssen höhenmäßig und zur Nachbargrenze hin gestaltet, regelmäßig also **beschnitten** sein (LG Zweibrücken 30.9.1997 – 3 S 80/97, BeckRS 1997, 07411 Rn. 12; Dehner B § 22 II 5; GLS NachbarR-HdB/Lüke 2. Teil Rn. 346 in Fn. 832; SFP NachbG NRW/Peter NachbG NRW § 42 Rn. 2; aA LG Limburg 6.3.1985 – 3 S 188/84, NJW 1986, 595; LG Bielefeld 28.8.1985 – 1 S 9/85, DWW 1988, 321; Pelka NachbarR BW 165; VKKKK Rn. 2; Breloer Bäume im Nachbarrecht 97f.). Maßgeblich ist indes allein die **gewöhnliche Beschneidungsweise,** da eine Niederhecke nicht dadurch zur Naturhecke wird und damit aus dem Anwendungsbereich der Heckenvorschrift herausfällt, wenn sie über Jahre nicht beschnitten wird (OLG Stuttgart 14.11.2006 – 12 U 97/06, BeckRS 2011, 17674; OLG Karlsruhe 20.12.2012 – 12 U 26/12, BeckRS 2012, 212439 Rn. 34, 52; OLG Karlsruhe 7.5.2020 – 12 U 52/19, BeckRS 2020, 8812 Rn. 38; ebenso, ohne die Frage zu thematisieren, BGH 2.6.2017 –V ZR 230/16, NJW-RR 2017, 1427 Rn. 6 für die Parallelregelung des Art. 47 I BayAGBGB betreffend eine 6m hohe Thujenhecke; s. ferner § 49 II SaarlNachbG, § 45 II ThürNRG: „auch dann, wenn sie im Einzelfall nicht geschnitten werden"; **aA** LG Saarbrücken 3.2.1988 – 17 S 79/87, MDR 1988, 777; LG Zweibrücken 30.9.1997 – 3 S 80/97, BeckRS 1997, 07411 Rn. 10, 17; Dehner B § 22 II 5d; Schäfer ThürNRG § 45 Rn. 2, wonach die Vorschrift nur den Fall der vorübergehend fehlenden Beschneidung regelt).

Ob aus dem Gestaltungserfordernis eine **Höhenbegrenzung** folgt, ist bei den Definitionsmerkmalen der schwierigste Punkt. Einerseits hat das NRG nur die Niederhecke im Blick (→ Rn. 12). Auf der anderen Seite gilt § 12 für alle Gehölze, so dass es zu unterschiedlich ausgeprägtem Wachstum bei den einzelnen Heckenpflanzen kommen kann (LG Freiburg 5.11.2014 – 3 S 101/14, NJOZ 2015, 579 (580)). Mitunter wird eine Obergrenze befürwortet, weil sich insbesondere Baumhecken ab einer bestimmten Höhe nicht mehr sinnvoll beschneiden lassen (LG Saarbrücken 3.2.1988 – 17 S 79/87, MDR 1988, 777; LG Zweibrücken 30.9.1997 – 3 S 80/97, BeckRS 1997, 07411 Rn. 13; LG Limburg 27.1.2006 – 3 S 189/05, BeckRS 2011, 11495; Dehner B § 22 II 5; Horst NachbarR-HdB Rn. 1549; SFP NachbG NRW/Peter NachbG NRW § 42 Rn. 3). Insofern wird verbreitet ein Richtwert von **3 m** genannt (SFP NachbG NRW/Peter NachbG NRW § 42 Rn. 3; ähnlich LG Saarbrücken 3.2.1988 – 17 S 79/87, MDR 1988, 777: 3m bei einem Grenzabstand von 0,75 m; LG Limburg 27.1.2006 – 3 S 189/05, BeckRS 2011, 11495; LG Zweibrücken 30.9.1997 – 3 S 80/ 97, BeckRS 1997, 07411 Rn. 17: 3 m bei einem Grenzabstand von 1,80 m), während sich Dehner (B § 22 II 5) für eine Begrenzung auf sogar unter 3 m ausspricht. Die Festlegung einer Obergrenze ist indes schon im Ansatz verfehlt. Zum einen kommt es immer auf den Einzelfall, mithin die konkrete Gehölzformation und ihre Umgebung an, so dass durchaus größere Höhen erreicht werden können. Das NNachbG enthält in § 50 I f, II 1 eine Abstandsregelung sogar für Hecken, die auf eine Höhe von über 15 m hinaufreichen. Entscheidend ist aber, dass eine Hecke auch dann auf die gesetzlich zulässige Höhe heruntergeschnitten werden kann, wenn sie in die Höhe geschossen ist.

3. Abs. 1 regelt den bei Hecken einzuhaltenden Grenzabstand. Bei Hecken bis 1,80 m Höhe ist hiernach ein **Mindestabstand** von **0,50 m** einzuhalten, was der vormals in Baden geltenden Regelung in Art. 671 Abs. 1 S. 2 Code Civil entsprach. Anders als aufgrund des im BGB geregelten Nachbarrechts (vgl. §§ 910 II, 1004 I 1 BGB) ist dieser Abstand auch dann

§ 12   4. Abschnitt. Einfriedigungen, Spaliere, Pflanzungen

einzuhalten, wenn die Nichteinhaltung zu keiner Beeinträchtigung auf dem Nachbargrundstück führt (OLG Karlsruhe 25.7.2014 – 12 U 162/13, NJW-RR 2015, 148 Rn. 28). § 906 BGB gilt insoweit nicht (LG Freiburg 5.11.2014 – 3 S 101/14, NJOZ 2015, 579 (580)). In § 12 sind die Störungslagen typisiert; anders hätte die Festlegung einheitlicher Abstände auch keinen Sinn. Der Grenzabstand gilt, sofern eine Hecke besteht oder anhand der Pflanzenformation zu erwarten ist. Damit ist schon bei Anlegung der Hecke (für die Abstandwahl) die gewollte Höhe zu planen; die zukünftige Lage ist auch dann maßgeblich, wenn der Nachbar gleich nach Anpflanzung aus § 16 vorgehen will (ebenso BGH 18.11.1977 – V ZR 151/75, BeckRS 1977, 31117291, zu § 42 NachbG NRW aF). § 12 verdrängt damit die allg. Abstandsvorschrift des § 16 (§ 16 I: „unbeschadet der §§ 12–15").

22   **Ab einer Höhe von 1,80 m** ist der einzuhaltende Grenzabstand nach der Formel **Abstand = Höhe minus 1,30 m** zu berechnen. Bei unterschiedlichen Höhen der Einzelpflanzen ist zu mitteln. Ist die Hecke schräg zur Grundstücksgrenze gesetzt, kann ein Ausgleich durch entsprechende vertikale Beschneidung der Hecke geschaffen werden (Reich NRG BW Rn. 2).

23   Liegt ein Fall des § 18 vor (erklärte Reblage oder erklärte Gartenbaulage), sind die Abstände nach Abs. 1 zu verdoppeln, sofern sich die Hecke an der südlichen, östlichen oder westlichen Seite des begünstigten Grundstücks befindet (§ 18 S. 1).

24   **4. Gemessen** wird der Abstand zur Grenze nicht von der Heckenmitte, sondern **von der Mittelachse der der Grenze nächsten Stämme oder Triebe** bei deren Austritt aus dem Boden (§ 22 I). Das hat zur Folge, dass eine Hecke zu beseitigen ist, wenn auch nur ein Pflanzenbestandteil keine 50 cm von der Grenze entfernt aus dem Boden tritt, selbst wenn die Hecke nicht über 1,80 m hoch ist und keine Zweige über die Grenze wachsen bzw. der Abstand des Abs. 2 S. 1 gewahrt ist. Bei Sträuchern schafft dies einen erhöhten Kontrollaufwand, da zur Grenze hin immer wieder Wurzeln aus dem Boden treten und entfernt werden müssen, damit die Hecke nicht noch weiter heruntergeschnitten werden muss. Im Verhältnis der Einzelpflanzen zueinander ist (zB bei einer Krähenfuß-Formation) nicht zu mitteln; vielmehr richtet sich der Grenzabstand auch dann nach dem grenznächsten Stamm der grenznächsten Heckenpflanze.

25   Befindet sich das abstandspflichtige Grundstück nicht in Innerortslage (§ 12 II 2) und ist es vom Nachbargrundstück durch einen öffentlichen Weg oder durch ein Gewässer getrennt, sind die Abstände zum Nachbargrundstück von der Mitte des Weges oder Gewässers aus zu messen (§ 22 II); § 21 I 1 Nr. 1 gilt hier nicht.

26   5. Die Nichteinhaltung des Grenzabstands führt zu einem **Beseitigungsanspruch** (hierzu allgemein → Einl. Rn. 42 ff.). Dieser ergibt sich direkt aus Abs. 1. Er entsteht (jeweils neu) mit Eintritt des gesetzwidrigen Zustands. Obwohl dies in Gerichtsprozessen immer wieder geltend gemacht wird, kommt es nicht darauf an, ob die Hecke stört oder nicht (→ Rn. 21). Der Anspruch **verjährt** in der Frist des § 26 I 1. Nach Verjährungseintritt kann allenfalls noch (in engen Grenzen, → Einl. Rn. 27) mit einem Schutzanspruch aus dem nachbarlichen Gemeinschaftsverhältnis geholfen werden. Zu einer Verkürzung der Verjährung kann es nur unter dem Gesichtspunkt der **Verwirkung** kommen. Ein solcher Fall kommt aber nur selten zum Tragen (zu den Anforderungen einer Verwirkung → § 26 Rn. 13).

27   6. Wird der Mindestabstand – wie regelmäßig – ausgeschöpft, muss die Hecke ständig heruntergeschnitten (= **verkürzt** bzw. gekürzt) werden. Hierfür ist nicht erforderlich, dass das Nachbargrundstück ansonsten beeinträchtigt wird (LG Baden-Baden 28.10.2013 – 3 S 57/13, BeckRS 2014, 00361; LG Freiburg 5.11.2014 – 3 S 101/14, NJOZ 2015, 579 (580) – Fichtenhecke). Die Verpflichtung gilt aus naturschutzrechtlicher Sicht nur **in der Zeit vom 1. Oktober bis Ende Februar** des Folgejahres (**Abs. 3**), also **außerhalb der Vegetationsperiode**. Aus dieser Begrenzung ergibt sich, dass der Rückschnitt nur **einmal im Jahr** erfolgen muss (ebenso BGH 6.10.2011 – V ZB 72/11, NJW-RR 2012, 82 Rn. 15 f. für die Parallelregelung in § 14 II SächsNRG: anders, wenn die Hecke nach dem Urteilstenor

so zurückzuschneiden ist, dass ihre Höhe den gesetzlichen Grenzwert nicht übersteigt, dann mindestens zweimal im Jahr, nämlich in und nach der Wachstumsperiode, aber zw.). Auch beim Schneiden der Hecke in den Wintermonaten muss das Wachstum der Pflanzen in der Vegetationsperiode nicht berücksichtigt werden (LG Freiburg 7.12.2017 – 3 S 171/16, NJW-RR 2018, 271 Rn. 21 ff.; Dehner B § 22 III 1 in Fn. 16; Pelka NachbarR BW 168); andernfalls wären Abs. 2 S. 1 und Abs. 3 nicht auf ein Ereignis hin (zurückschneiden und verkürzen) formuliert worden. Da das Gesetz in Abs. 1 aber die Einhaltung einer Maximalhöhe und damit fordert, dass die Heckenhöhe ganzjährig unter dem Grenzwert gehalten werden muss, ist der Nachbar besser bedient, zur Unterlassungsklage zu greifen (→ Einl. Rn. 142). Gartenbautechnisch soll allerdings im Juni ein Ordnungsschnitt erfolgen (Reich NRG BW Rn. 11; s. auch Breloer Der Sachverständige 2005, 328 (330): baumbiologisch richtiger Schnittzeitpunkt liegt gerade in der Vegetationszeit; s. ferner § 39 V 1 Nr. 2 Hs. 2 BNatSchG, wonach schonende Form- und Pflegeschnitte zur Beseitigung des Zuwachses der Pflanzen oder zur Gesunderhaltung von Bäumen zulässig sind). Darüber entscheidet der Heckenbesitzer aber selbst. Außerdem sind solche pfleglichen Schnittmaßnahmen auf die Entfernung von Totholz und die moderate Kronenauslichtung sowie die Entfernung von Stamm- und Stockaustrieben beschränkt (OLG Brandenburg 8.2.2018 – 5 U 109/16, NJW 2018, 1975 Rn. 29). Die Fristregelung entspricht den zeitlichen Anforderungen in § 39 V 1 Nr. 2 Hs. 1 BNatSchG (auch → Rn. 7). Die Schonfrist steht dem Selbstvornahmerecht des Nachbarn nach § 910 BGB, anders als noch der Gesetzgeber meinte (→ Rn. 4), entgegen, da es in § 39 V 1 Nr. 2 Hs. 1 BNatSchG zum Inhalt des öffentlichen Naturschutzrecht gemacht worden ist. Öffentliches Naturschutzrecht des Bundes, der Länder oder der Gemeinden (zB in einer Baumschutzsatzung) kann die Ausübung des Abschneiderechts nach § 910 BGB ebenso wie den Beseitigungsanspruch nach § 1004 I 1 BGB ausschließen (BGH 14.6.2019 – V ZR 102/18, NJW-RR 2019, 1356 Rn. 14).

Bei einer außer Form geratenen Hecke mag unklar sein, ob und inwiefern Heckenpflanzen durch Verkürzung **absterben**. Der Heckenbesitzer muss sich jedoch nach Treu und Glauben so behandeln lassen, als ob dies noch möglich wäre, obwohl der Anspruch dann auf die Beseitigung der Hecke hinausläuft (s. auch BGH 11.6.2021 – V ZR 234/19, NJW 2021, 2882 Rn. 25, der sich gegen eine entsprechende Beschränkung des Selbsthilferechts aus § 910 BGB ausspricht). Andernfalls würde auch die Vorschrift des § 26 III ausgehöhlt (LG Freiburg 5.11.2014 – 3 S 101/14, NJOZ 2015, 579 (580)). Die Gerichte hätten es zudem in der Hand, den Erfolg einer Heckenkürzungsklage durch jahrelanges Zuwarten zu beeinflussen. Zu hoch geratene Hecken verdienen auch keinen Schutz durch die Naturschutzgesetze. Regelmäßig wird aber schon nicht sicher gesagt werden können, ob und inwieweit es zu einem Absterben von Heckenpflanzen kommen würde, vor allem, wenn der untere Teil der Hecke gut belaubt ist. Da es bei der Hecke um ihre Funktion als Wandschutz geht, spielt es auch keine Rolle, ob die Heckenpflanzen durch die Kürzung nur ihren arttypischen Habitus verlieren. 27a

Für den Fall, dass das Grundstück, auf dem die Hecke steht oder stehen soll, **tiefer gelegen** ist, dient das höhere Bodenniveau als Maßstab für die Höhenberechnung (ebenso BGH 2.6.2017 – V ZR 230/16, NJW-RR 2017, 1427 Rn. 6 – Thujenhecke, im Hinblick auf die Parallelregelung des Art. 47 I BayAGBGB; s. auch (→ § 11 Rn. 26). Zwar lässt der BGH die Lösung im umgekehrten, eigentlich spannenderen Fall, dass das Nachbargrundstück vertieft ist, ausdrücklich offen (BGH 2.6.2017 – V ZR 230/16, NJW-RR 2017, 1427 Rn. 16 – Thujenhecke). Da jedoch nicht ersichtlich ist, woran ein Umkehrschluss scheitern sollte, ist anzunehmen, dass dann das (tiefere) Bodenniveau auf dem Nachbargrundstück zählt, auch wenn dies dazu führen kann, dass möglicherweise überhaupt keine Hecke gesetzt werden kann und allenfalls eine Stützmauer in Betracht kommt. Im BGH-Fall hatte der Kläger als Eigentümer des höher gelegenen Grundstücks dafür nur 80 cm Raum, was ihn zur Klage bewegt haben mag. Die Höhe der Einfriedigung ist damit **immer vom Niveau des von der Höhe der Hecke beeinträchtigten Grundstücks aus zu messen.** (anders OLG Karlsruhe 7.3.2023 – 12 U 269/22, BeckRS 2023, 5207 Rn. 42 für die Höhenbeschränkung gemäß § 16 I Nr. 1, 2 und 4c, bei der die Höhe der Pflanze ab deren Austritt aus dem Boden 28

§ 12 4. Abschnitt. Einfriedigungen, Spaliere, Pflanzungen

zu messen ist und nicht ab dem Niveau des Nachbargrundstücks, s. → § 16 Rn. 44). Sind die Grundstücke auf beiden Seiten erhöht oder vertieft, ist auf den sich daraus ergebenden Höhenunterschied abzustellen.

29   Aus dem alleinigen Bezugspunkt in Abs. 1 („entsprechend der Mehrhöhe größerer Abstand einzuhalten") ergibt sich, dass dem Nachbarn gegen den Eigentümer des Heckengrundstücks ein **Verkürzungsanspruch** zusteht, sobald die Heckenhöhe nicht mehr mit dem gesetzlichen Mindestabstand korrespondiert (LG Baden-Baden 8.5.2003 – 3 S 1/03, nv; LG Freiburg 7.12.2017 – 3 S 171/16, NJW-RR 2018, 271 Rn. 17; ebenso BGH 6.10.2011 – V ZB 72/11, NJW-RR 2012, 82 Rn. 7, zum inhaltsgleichen § 14 I SächsNRG; 2.6.2017 – V ZR 230/16, NJW-RR 2017, 1427 Rn. 11 – Thujenhecke, für die Parallelregelung des Art. 47 I BayAGBGB). Der Anspruch besteht auch dann, wenn er zum Absterben von Heckenpflanzen führt (OLG Stuttgart 14.11.2006 – 12 U 97/06, BeckRS 2011, 17674; OLG Karlsruhe 20.12.2012 – 12 U 26/12, BeckRS 2012, 212439 Rn. 34; LG Baden-Baden 28.10.2013 – 3 S 57/13, BeckRS 2014, 00361; s. auch → Rn. 19; aA OLG Saarbrücken 11.1.2007 – 8 U 77/06, BeckRS 2007, 01483; OLG Köln 12.7.2011 – 4 U 18/10, BeckRS 2011, 19837), selbst wenn das öffentliche Recht hierfür Grenzen setzt (§ 14 I Nr. 7 NatSchG: Eingriff iSd § 14 BNatSchG ist auch die Beseitigung oder wesentliche Änderung von landschaftsprägenden Hecken). Ansonsten hätte der Gesetzgeber den Verkürzungsanspruch nicht in § 26 III verjährungsfrei gestellt. Der Gehölz- bzw. Heckeninhaber hat es selbst in der Hand, durch regelmäßiges Einkürzen der Gefahr des Absterbens der Pflanzung zu begegnen (LG Baden-Baden 8.5.2003 – 3 S 1/03, nv). Der Anspruch auf Verkürzung ist gem. § 26 III der **Verjährung nicht unterworfen** (aA Reich NRG BW Rn. 11, weil § 26 III nur von „Gehölzen" spricht); diese Regelung verstößt nicht gegen § 195 BGB (BGH 22.2.2019 – V ZR 136/18, NJW-RR 2019, 590 Rn. 20).

30   Bei gerichtlicher Geltendmachung des Verkürzungsanspruchs ist die Einschränkung auf die Zeit vom 1.3.–30.9. in den Urteilstenor aufzunehmen. Wird zur Frequenz der Beschneidungsmaßnahmen nichts beantragt, erschöpft sich das Urteil in der einmaligen Ausführung, was tunlichst vermieden werden sollte. Da das Gesetz den Kürzungsanspruch ausdrücklich normiert, besteht kein Rechtsschutzbedürfnis für einen (weitergehenden) Beseitigungsanspruch (Dehner B § 22 II 2c; aA LG Karlsruhe 14.1.1977 – 9 S 294/76, zit. bei Birk NachbarR BW Anm. 3b vor §§ 11–22; Birk NachbarR BW Anm. 3b vor §§ 11–22).

31   7. Sofern das **Nachbargrundstück,** also das Grundstück des verlangenden Eigentümers (Reich NRG BW Rn. 6), **landwirtschaftlich genutzt** wird **oder** sich **im Außenbereich** befindet, muss die **Hälfte des Grenzabstands** von Zweigen der Hecke **frei** bleiben (**Abs. 2 S. 1** und **S. 2**); für Hecken **ab einer Höhe von 1,80 m** gilt dies auch dann, wenn sich das Nachbargrundstück (unabhängig von seiner Nutzung) im Innenbereich oder im Geltungsbereich eines Bebauungsplans befindet (Abs. 2 S. 2). Abstufungen sieht das Gesetz nicht vor, so dass schon ab einer Heckenhöhe von 1,80 m der volle Korridor zu schaffen ist. Um das nicht zu riskieren, sollte die Hecke so geschnitten werden, dass sie am 30.9. (vgl. Abs. 3) die Höhe von 1,80m nicht überschreitet. Der Begriff des Innenbereichs (**„innerhalb der im Zusammenhang bebauten Ortsteile")** ist wie in § 34 I 1 BauGB zu verstehen, da Abs. 2 S. 2 auf den Bebauungszusammenhang abstellt. Erforderlich ist damit ein zusammenhängender Bebauungskomplex im Gebiet einer Gemeinde, der nach der Zahl der vorhandenen Bauten ein gewisses Gewicht besitzt und Ausdruck einer organischen Siedlungsstruktur ist (s. nur BVerwG 3.12.1998 – 4 C 7/98, NVwZ 1999, 527 (528)); Bauten, die kleingärtnerischen Zwecken dienen (zB Lauben), reichen dafür nicht aus (BVerwG 17.2.1984 – 4 C 55/81, NJW 1984, 1576). Damit bedarf es keiner eigenen Definition, wie sie etwa nach § 8 I 2 StrG hinsichtlich des Begriffs der geschlossenen Ortslage geboten ist (dazu Lorenz/Will StrG BW § 8 Rn. 7).

32   Sofern Abs. 2 S. 2 auf den Geltungsbereich eines **Bebauungsplans** abstellt, reicht im Innenbereich ein einfacher Bebauungsplan iSd § 30 III BauGB aus (Birk NachbarR BW Anm. 3a). Bebauungspläne werden aus dem Flächennutzungsplan entwickelt (§ 8 II 1

BauGB) und von den Gemeinden als Satzung beschlossen (§ 10 I BauGB). Sie sollen die bauliche und sonstige Nutzung der Grundstücke in der Gemeinde rechtsverbindlich leiten (§ 8 I 1 BauGB). In aller Regel gelten Bebauungspläne nur für bestimmte Teile eines Gemeindegebiets, enthalten aber detaillierte, grundsätzlich parzellenscharfe Festsetzungen (dazu § 9 I–IV BauGB, § 9a BauGB iVm der BauNVO). Mit der Bezugnahme auf einen Bebauungsplan kann auch etwa ein Acker im Zusammenhang eines bebauten Ortsteils stehen, wenn es zB als zukünftiges Industriegebiet ausgewiesen ist. Zum Begriff der **landwirtschaftlichen Nutzung** → § 7 Rn. 19. Hecken bis zu einer Höhe von 1,80 m dürfen innerorts bzw. im Geltungsbereich eines Bebauungsplans mit ihren Zweigen **daher bis an die Grenze** reichen, solange auf dem Nachbargrundstück keine Landwirtschaft betrieben wird. Abs. 2 S. 1 gibt in diesem Fall auch dann keinen Abwehranspruch, wenn es zu einem Überhang kommt; hier ist auf Bundesrecht (§ 910 I 2 BGB) zurückzugreifen, was wiederum eine Beeinträchtigung voraussetzt (§ 910 II BGB, → Vor §§ 23–25 Rn. 7). Ansonsten gibt Abs. 2 S. 1 einen direkten Anspruch (→ Einl. Rn. 30) gegen den Nachbarn, die Heckenzweige sind bis auf den halben Grenzabstand seitlich (vertikal) zu beschneiden (= **zurückzuschneiden**; hier ist also neben dem Grenzabstand für die Hecke ein Grenzabstand für deren Außenbegrenzung zu wahren) bzw. auf eine Höhe von höchstens 1,80 m **zu verkürzen** (= herunterzuschneiden). Der Heckeninhaber trägt damit das Risiko, dass die Hecke dabei zu Schaden kommt; allerdings lassen sich Niederhecken idR auf einer Höhe von 1,80 m halten (anders zB bei einer Fichtenhecke). Der Anspruch auf Rückschnitt ist der **Verjährung** ebenfalls **nicht unterworfen** (§ 26 III).

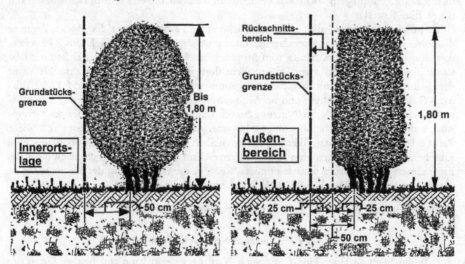

8. Die Ansprüche aus Abs. 2 (auf Zurückschneiden) und Abs. 3 (auf Verkürzung) bilden vor Gericht **gesonderte Streitgegenstände** (LG Karlsruhe 16.10.2002 – 1 S 103/02, Die Justiz 2003, 265). Gleiches gilt für das Verhältnis von Verkürzungs- und Beseitigungsanspruch (OLG München 12.9.2005 – 34 Wx 54/05, NJW-RR 2006, 88; aA AG Baden-Baden 13.7.2010 – 7 C 110/10, nv), selbst wenn die Kürzungsmaßnahmen zum Absterben von Heckenpflanzen führen und die Hecke damit ebenfalls beseitigt wird.

9. Ob der Heckenbesitzer zum Schneiden der Hecke das Nachbargrundstück auch ohne Zustimmung des Nachbarn **betreten** darf, ist umstritten (dafür VKKKK Rn. 5; Birk NachbarR BW Anm. 6; dagegen Pelka NachbarR BW 169; Dehner B § 22 III in Fn. 16; Reich NRG BW Rn. 11; differenzierend LG München II 10.3.1987 – 2 S 2115/86, BeckRS 2014, 12609; Horst NZM 2017, 58 (60): nur wenn Schneidearbeiten allein vom Nachbargrundstück aus möglich sind oder ohne diese Möglichkeit unverhältnismäßig hohe Kosten auslösen). Aus § 7d I lässt sich ein derartiger Anspruch nicht ableiten, da diese Norm einen Ausnahmefall regelt, der einer Analogie nicht zugänglich ist (Dehner B § 22 III in Fn. 16; aA wohl VKKKK Rn. 5; Birk NachbarR BW Anm. 6). Den Grundsätzen des nachbarlichen Gemeinschaftsverhältnisses lässt sich ein solcher Anspruch nicht entnehmen, da hiernach Ansprüche Grundsätzlich nur modifiziert, nicht aber generiert werden können (→ Einl. Rn. 26; aA für das Betretungsrecht LG München II 10.3.1987 – 2 S 2115/86, BeckRS 2014, 12609; VKKKK Rn. 5). Für eine Ausnahme besteht auch kein Bedarf. Denn der Heckenbesitzer hat es in der Hand, die Hecke so zu setzen, dass sie ohne Inanspruchnahme des Nachbargrundstücks gepflegt und beschnitten werden kann (ebenso Bauer/Schlick RhPflNRG § 51 Rn. 3; SFP NachbG NRW/Peter NachbG NRW § 42 Rn. 12). Sofern die Hecke mit ihren Zweigen bis an die Nachbargrenze geführt wird und damit sinnvoll nur vom Nachbargrundstück aus beschnitten werden kann, steht es den Parteien frei, eine Zutrittsabrede zu treffen. Erlaubt der Nachbar ein Betreten nicht, darf er die Hecke aber auch nicht ohne weiteres selbst beschneiden und dem Heckenbesitzer die entsprechenden Kosten aufgeben (vgl. § 910 I 2 BGB). Insofern wird er dem Heckenbesitzer über kurz oder lang das Betreten erlauben.

35 **10. Inhaber der Abwehransprüche** nach Abs. 1 (auf Beseitigung, allg. dazu → Einl. Rn. 42 ff.) sowie aus Abs. 2 und 3 (auf Verkürzung und Zurückschneiden) ist der Eigentümer des Nachbargrundstücks, damit auch der Miteigentümer (§ 1011 BGB), aufgrund § 11 I 1 ErbbauRG der Erbbauberechtigte und bei Wohnungseigentum die WEG, da es nur um Gemeinschaftseigentum geht, nicht aber der bloße Besitzer, auch wenn er zum Besitz berechtigt ist (→ Einl. Rn. 21).

36 **Verpflichtet** ist hinsichtlich aller Ansprüche aus § 12 der Besitzer der Hecke. Zwar ist dieser nur in Abs. 3 genannt. Diese Bezugnahme muss aber für alle Ansprüche aus § 12 gelten, da sich der Anspruch auf Kürzung vom Anspruch aus Abs. 1 auf Einhaltung eines Grenzabstands hinsichtlich der Verantwortlichkeit nicht sinnvoll trennen lässt. Besitzer der Hecke ist der Grundeigentümer, damit auch der Miteigentümer (§ 1011 BGB), aufgrund § 11 I 1 ErbbauRG der Erbbauberechtigte und bei Wohnungseigentum die WEG; ist eine Sondernutzungsfläche betroffen, auch der Nutzungsberechtigte), aber auch derjenige, der das Grundstück aufgrund eines (nicht unbedingt wirksamen) Besitzmittlungsverhältnisses zur Miete, Pacht oder Ähnlichem nutzt. Allerdings ist zweifelhaft, ob Art. 124 EGBGB überhaupt eine Einschränkung von Besitzrechten zulässt (hierzu → Einl. Rn. 21). Der Rechtsnachfolger des Eigentümers ist auch dann passivlegitimiert, wenn er die Anpflanzung der Hecke nicht zu verantworten hat (aA Reich NRG BW Rn. 3, mit Hinweis auf § 9 I 2).

37 **11. Zu Hecken**, die am 1.1.1960 schon bestanden, → § 33 Rn. 5 ff.

IV. Ergänzende Vorschriften

38 1. Treten Stämme einer Hecke, die auch Naturhecke sein kann, auf beiden Seiten der Grenze aus dem Boden heraus, handelt es sich um eine **Grenzeinrichtung** iSd **§ 921 BGB** (sog. Grenzhecke). Auf das Hinüberwachsen von Zweigen kommt es nicht an (LG Oldenburg 31.7.1984 – 1 S 361/84, WuM 1986, 283 (284)). Entscheidend ist die gegenwärtige Lage, nicht die Situation bei Anpflanzung der Hecke, da § 921 BGB eine Regelung für den Konfliktfall darstellt, also auch für den Fall, dass es unbeabsichtigt zu einem Grenzübertritt kommt (BGH 15.10.1999 – V ZR 77/99, BGHZ 143, 1 = NJW 2000, 512 (513)). In diesem Fall besteht die Vermutung, dass der Heckenbenutzung eine gemeinschaftliche Berechtigung zugrunde liegt; diese Annahme wird kaum einmal zu widerlegen sein (vgl. BGH 15.10.1999 – V ZR 77/99, NJW 2000, 512 (513); LG Gießen 13.7.1994 – 1 S 163/94, NJW-RR 1995, 77). Der Hecke muss keine grenzscheidende Wirkung zukommen; es reicht aus, dass sie funktionell (zB zusammen mit einem Grenzzaun) beiden Grundstücken dient (BGH 7.3.2003 – V ZR 11/02, BGHZ 154, 139 = NJW 2003, 1731). In jedem Fall müssen beide Nachbarn dieser Funktion zugestimmt haben, was auch durch jahrelange unwidersprochene Duldung

Hecken **§ 12**

geschehen kann (BGH 15.10.1999 – V ZR 77/99, BGHZ 143, 1 = NJW 2000, 512 (514)). Bei einer Grenzhecke hat jeder Nachbar **Anspruch auf unveränderten Fortbestand** der Hecke, sofern er hieran Interesse hat (§ 922 S. 3 BGB). Dieser Anspruch geht dem Entfernungsanspruch aus § 923 II 1 BGB (dazu → § 16 Rn. 53) wie auch § 12 vor. Er gilt für die Grenzeinrichtung insgesamt, so dass in der Praxis offenbleiben kann, welche von den Einzelpflanzen die Grenze überschreiten; ausreichend ist bei einer Grenzhecke ein einziger Stamm einer Heckenpflanze (BGH 15.10.1999 – V ZR 77/99, NJW 2000, 512 (513)); daher kann auch dahinstehen, wie die Eigentumsverhältnisse beschaffen sind (dazu OLG Düsseldorf 13.4.1977 – 9 U 289/76, OLGZ 1978, 190). Das Interesse muss konkret dargelegt werden (BGH 15.10.1999 – V ZR 77/99, NJW 2000, 512 (514)). Durch unberechtigtes Kürzen der Hecke wird dieser Anspruch verletzt, so dass gem. § 1004 I BGB und § 823 II iVm §§ 1004, 922 S. 3, 249 I BGB ein Wiederherstellungsanspruch besteht (BGH 15.10.1999 – V ZR 77/99, NJW 2000, 512 (514)). Wie bei einer Baumschädigung ist dieser Anspruch unter Umständen gem. § 251 II 1 BGB nach Zumutbarkeitsgesichtspunkten begrenzt (dazu →Vor §§ 23–25 Rn. 19). Ist eine Wiederherstellung nicht möglich, richtet sich der Anspruch auf eine Geldleistung (§ 251 I BGB).

2. § 12 bildet ein Schutzgesetz iSd **§ 823 II BGB** (Reich NRG BW Rn. 7), so dass **39** schuldhafte Verstöße gegen die in § 12 bestimmten Abstände zu Schadensersatzansprüchen des Nachbarn führen können.

3. Ein Heckenrückschnitt, der nicht zur Zerstörung der Hecke führt, aber für eine lang- **40** fristige Schädigung sorgt, weil auftretende Kahlstellen nicht durch Nachtrieb geschlossen werden können, ist keine ordnungsgemäße Pflegemaßnahme des Gartens, sondern eine bauliche Veränderung iSd **§ 22 I 1 WEG** (OLG München 12.9.2005 – 34 Wx 54/05, NJW-RR 2006, 88; ebenso OLG Schleswig 3.5.2007 – 2 W 25/07, BeckRS 2007, 15920, für die Entfernung von Bäumen, die die gärtnerische Gestaltung des gemeinschaftlichen Grundstücks so nachhaltig beeinflussen, dass sie den optischen Gesamteindruck der Wohnungseigentumsanlage maßgeblich prägen mit der Folge, dass ihre Beseitigung den Charakter der Außenanlage deutlich verändern würde; LG Hamburg 29.5.2013 – 318 S 5/13, ZWE 2014, 45 (46), für die Entfernung einer Scheinzypresse, der eine prägende Stellung in einer Gartenanlage zukommt).

4. Für Hecken trifft das öffentliche Recht verschiedene Bestimmungen: **41**
– Nach **§ 28 II 1 StrG** dürfen Anpflanzungen (als Ausgleich für die nicht einzuhaltenden Grenzabstände) die Sicherheit oder Leichtigkeit des Verkehrs auf Landes-, Kreis- und Gemeindestraßen nicht beeinträchtigen. Anpflanzungen in diesem Sinne sind auch Hecken (Lorenz/Will StrG BW § 28 Rn. 14). Gleiches gilt gem. **§ 5 II LEisenbG** für Eisenbahnanlagen. Für Bundesfernstraßen gilt dies nur zum Schutz der Verkehrssicherheit (**§ 11 II 1 FStrG**).
– Nach **§§ 1, 3 PolG** hat die Polizei die ihr nach pflichtgemäßem Ermessen erforderlich erscheinenden Maßnahmen zu treffen, soweit die öffentliche Sicherheit oder Ordnung durch den Zustand einer Sache (hierzu zählen auch Hecken) bedroht oder gestört wird. Dies gilt aber aufgrund des Spezialitätsgrundsatzes (s. Ruder/Schmitt, Polizeirecht Baden-Württemberg, 8. Aufl. 2015, Rn. 297; s. auch VGH Mannheim 8.12.1995 – 1 S 1789/95, BB 1996, 399, 400) nur insoweit, als keine Sonderzuständigkeit begründet ist.
– Zur Ermächtigung der Gemeinden, aufgrund **§ 74 I 1 Nr. 3 BWLBO** Gestaltungssatzungen zu erlassen, die auch Hecken betreffen können, → § 27 Rn. 10.
– Gemäß **§ 9 I Nr. 25a und 25b BauGB** dürfen Gemeinden in Bebauungsplänen aus städtebaulichen Gründen das Anpflanzen von Bäumen, Sträuchern und sonstigen Bepflanzungen bzw. diesbezügliche Bindungen festsetzen (dazu → § 27 Rn. 7).
– Nach **§ 34 I Nr. 3 S. 1 FlurbG** dürfen Hecken im Rahmen einer Flurneuordnung nur in Ausnahmefällen und nur mit Genehmigung der Flurbereinigungsbehörde beseitigt werden.

§ 13   4. Abschnitt. Einfriedigungen, Spaliere, Pflanzungen

– Gemäß **§ 39 V 1 Nr. 2 Hs. 1 BNatSchG** ist es in der Zeit vom 1.3.–30.9. **verboten,** Hecken abzuschneiden, auf den Stock zu setzen (= bodennah zurückzuschneiden) oder zu beseitigen. Schonende Form- und Pflegeschnitte zur Beseitigung des Zuwachses von Pflanzen sind davon ausgenommen (§ 39 V 1 Nr. 2 Hs. 2 BNatSchG). Zuwiderhandlungen können mit einer Geldbuße bis zu 10 000 EUR geahndet werden (§ 69 III Nr. 13, VI BNatSchG).

§ 13 Spaliervorrichtungen

Für Spaliervorrichtungen, die eine flächenartige Ausdehnung des Wachstums der Pflanzen bezwecken, gilt § 12 mit der Maßgabe, daß gegenüber Grundstücken in Innerortslage mit Spalieren bis zu 1,80 m Höhe kein Abstand und mit höheren Spalieren ein Abstand entsprechend der Mehrhöhe einzuhalten ist.

I. Inhalt der Regelung

1   Die Vorschrift bestimmt, unter welchen Voraussetzungen Spaliervorrichtungen einen Abstand zur Grundstücksgrenze einhalten müssen.

II. Normgebung

2   **1.** § 13 knüpft an die Regelung des Art. 232 WürttAGBGB 1899 (entspricht Art. 203 WürttAGBGB 1931) bzw. deren Vorgängerregelung in Art. 11 WürttGLN an. Nach Auffassung des Gesetzgebers bringen Spaliervorrichtungen, die in Verbindung mit den an ihnen aufgezogenen Gewächsen leicht eine dichte Wand bilden, für den Nachbarn ähnliche Nachteile mit sich wie zB Hecken. Daher müsse die Einhaltung eines gewissen Abstands verlangt werden. Hierfür sei unerheblich, ob die aufgezogenen Pflanzen Gehölze sind oder nicht. Würden Gehölze angepflanzt, seien auch die für sie maßgeblichen Abstände einzuhalten (RegBegr. vom 12.12.1958, Beil. 2220 zu den Sitzungsprotokollen der 2. Legislaturperiode, S. 3556; s. auch → Einl. Rn. 178).

3   Nach Ansicht des Gesetzgebers sollen unter die Vorschrift nur Anlagen fallen, die eine flächenartige Ausdehnung der Pflanzen bezwecken, nicht aber Stangen oder Drähte, die nur die vertikale Entwicklung der Pflanzen begünstigen (RegBegr. vom 12.12.1958, Beil. 2220 zu den Sitzungsprotokollen der 2. Legislaturperiode, S. 3556).

4   **2.** Durch Art. 1 Nr. 6 des Gesetzes zur Änderung des NRG vom 26.7.1995 (GBl. 605) wurde § 13 neu gefasst. Spaliervorrichtungen sollten – anders als im bisherigen § 12, der eine Gleichstellung mit den toten Einfriedigungen herbeiführte – nunmehr grundsätzlich den Hecken gleichgestellt werden. Allerdings sollte – wie das schon bisher der Fall war – für Spaliere bis zu einer bestimmten Höhe kein Abstand und für höhere Spaliere nur ein Abstand entsprechend der Mehrhöhe vorgeschrieben werden, wenn sich das Nachbargrundstück in Innerortslage befindet (RegBegr. vom 1.3.1993, LT-Drs. 11/1481, 13).

III. Anmerkungen

5   **1. Keine Geltung** hat die Vorschrift für Spaliere auf Grundstücken, die an in § 19 I genannte, nicht nutzbare Grundstücke im Außenbereich grenzen (zum Begriff des Außenbereichs → § 7 Rn. 14); soweit Nachbargrundstücke im Grenzbereich nicht nutzbar sind, gilt ein entsprechend geringerer Grenzabstand (§ 19 II). Gleiches gilt für **Spaliere auf Grundstücken, die an öffentliche Straßen oder Gewässer stoßen, sowie im umgekehrten Verhältnis** (§ 21 I 1 Nr. 1); gegenüber Schienenwegen ist der Abstand hingegen einzuhalten, da § 13 in § 21 II nicht genannt ist. Befindet sich das Spalier hinter einer geschlossenen Einfriedigung (also nicht nur hinter einem Drahtzaun), ohne sie zu überragen, ist nur der für die geschlossene Einfriedigung zu beachtende Grenzabstand maßgeblich (§ 20); reicht das Spalier darüber hinaus, gilt der Spalierabstand uneingeschränkt. Gleiches gilt nach § 20 im Verhältnis

der hinter dem Spalier wachsenden Gehölze zur geschlossenen Einfriedigung. Nach Sinn und Zweck des § 20 gilt dies ferner für am Spalier gezogene bzw. hinter dem Spalier wachsende Gehölze im Verhältnis zum Spalier, da sich diese Pflanzen auch in diesem Fall nicht gegen das Nachbargrundstück wenden (Reich NRG BW Rn. 2; aA die Gesetzesbegründung, → Rn. 2; ferner Birk NachbarR BW Anm. 1; Pelka NachbarR BW 170). Wachsen die Gehölze über die Spalierhöhe hinaus, gelten somit die für diese Pflanzen maßgeblichen Abstände des § 16, so dass sie herunterzuschneiden oder zurückzusetzen sind.

Eine weitere Ausnahme regelt § 27: Sofern ein Bebauungsplan oder ein ähnlicher Plan **6** nach dem BauGB Festsetzungen zu Einfriedigungen treffen, gilt § 13 nicht, sofern die Planfestsetzungen die Nichtgeltung dieser Abstände erfordern. Zu diesen Einfriedigungen können auch Spaliere gehören (vgl. VKKKK Rn. 7).

Für Grundstücke, die einer **hoheitlichen Zweckbindung** unterliegen, → Einl. Rn. 24. **7**

2. Spaliervorrichtungen (= Spaliere) sind Anlagen, die als Kletter- bzw. Rankhilfe die **8** flächenartige Ausdehnung von Pflanzen an einer senkrecht stehenden Fläche oder einem Laubengang bezwecken (Bauer/Schlick § 50 RhPflNRG Rn. 1; ähnlich VKKKK Rn. 2; aA Dehner B § 22 III in Fn. 16a, der wegen der uneingeschränkten Bezugnahme auf § 12 annimmt, dass § 13 mit dem Begriff der Spaliervorrichtung nur die Spalierpflanze meint); anders, als der Wortlaut des § 13 es vermuten lässt, gibt es keine Spaliere, die keine flächenartige Ausdehnung des Wachstums von Pflanzen bezwecken. Spaliere können Bretterwände sein, aber auch Holzgitter (zB ein Jägerzaun), Eisen-, Kunststoff- und Drahtgitter, Kammerzen (= Weinspaliere an Mauern), Rebgänge, Stangengerüste, Strohmattenkonstruktionen, Pergolen uÄ (Pelka NachbarR BW 170; VKKKK Rn. 3). Keine flächenmäßige Ausdehnung von Pflanzen bezwecken einzelne Stangen und Drähte, da sie nur das Höhenwachstum der Pflanzen begünstigen (→ Rn. 3; ebenso Pelka NachbarR BW 170; VKKKK Rn. 3). Eine Hauswand ist schon nach allgemeinem Sprachgebrauch keine Spaliervorrichtung (Pelka NachbarR BW 170), auch dann nicht, wenn sie mit einer solchen versehen ist. Für tote Einfriedigungen trifft § 11 eine eigene Abstandsregelung (→ § 11 Rn. 13); dies gilt auch dann, wenn an ihnen Pflanzen (nicht flächenartig) hochgezogen werden (Pelka NachbarR BW 170). Bei Hopfenanlagen ist allein auf § 17 abzustellen (Pelka NachbarR BW 170).

3. § 13 verweist auf § 12 und behandelt damit Spaliere abstandsmäßig **wie Hecken.** Dies **9** findet seinen Grund darin, dass Spaliere zusammen mit den an ihnen gezogenen Pflanzen Wandcharakter entfalten, der dem einer Hecke gleichkommt (→ Rn. 2). Dadurch entsteht eine Schattenwirkung, die es nötig macht, auch für Spaliere einen Grenzabstand zu bestimmen. Da sich die mit den Spalieren verbundenen Pflanzen zurückschneiden lassen, verweist § 13 hinsichtlich des einzuhaltenden Grenzabstands nicht nur auf Abs. 1 des § 12, sondern auf dessen Abs. 3 (Dehner B § 22 III in Fn. 16a). Die Begrenzung auf die Zeit außerhalb der Vegetationszeit ergibt sich auch aus § 39 V 1 Nr. 2 Hs. 1 BNatSchG („lebende Zäune"). Daher ist der auf Unterlassung gerichtete Klageantrag mit dem Zusatz „in der Zeit vom 1.10. bis 31.3. des Folgejahres einmal pro Jahr" zu versehen.

4. Die Abstandsberechnung richtet sich nach der Lage bzw. Nutzung des Nachbargrund- **10** stücks und der Spalierhöhe:

Sofern das **Nachbargrundstück landwirtschaftlich genutzt** wird (zum Begriff der **11** landwirtschaftlichen Nutzung → § 7 Rn. 19) **oder** sich **im Außenbereich** (zum Begriff des Außenbereichs → § 7 Rn. 14) befindet, ist zur Grundstücksgrenze ein **Mindestabstand** von **0,50 m** zu wahren (§ 13 iVm § 12 I). Dies gilt auch dann, wenn das Grundstück, auf dem die tote Einfriedigung steht, selbst landwirtschaftlich genutzt wird. Ist das Spalier **höher als 1,80 m,** ist der einzuhaltende Grenzabstand nach der Formel **Abstand = Höhe minus 1,30 m** zu berechnen (§ 13 iVm § 12 I). Für die am Spalier gezogenen Pflanzen ist eine eigene Betrachtung anzustellen (→ Rn. 5).

Gegenüber sonstigen Grundstücken, also Grundstücken in Innerortslage iSd § 12 II 2 **12** ist grundsätzlich kein Mindestabstand zu wahren. Wie bei Zweigen und toten Einfriedigun-

§ 13   4. Abschnitt. Einfriedigungen, Spaliere, Pflanzungen

gen können Spaliere hier an die Grundstücksgrenze stoßen. Ist das Spalier allerdings **höher als 1,80 m,** errechnet sich der Grenzabstand nach der Formel **Abstand = Höhe minus 1,80 m** (§ 13). Für die am Spalier gezogenen Pflanzen ist auch hier eine eigene Betrachtung durchzuführen (→ Rn. 5).

13   Obwohl das Gesetz dies nicht ausdrücklich bestimmt, gelten die Abstandsvorschriften nur dann, wenn das Spalier in etwa **parallel zur Grenze** verläuft, da dem Nachbargrundstück nur dann nachteilige Folgen (zB Schattenwirkung) drohen. Verläuft das Spalier nicht parallel zur Grenze, entscheidet die Störintensität. Steht es in einem spitzen Winkel oder sogar senkrecht zur Nachbargrenze, findet § 13 keine Anwendung.

14   Liegt ein Fall des § 18 vor (erklärte Reblage oder erklärte Gartenbaulage), gelten die doppelten Abstände, sofern sich die Spaliervorrichtung an der südlichen, östlichen oder westlichen Seite des begünstigten Grundstücks befindet (§ 18 S. 1).

15   **5. Gemessen** wird der **Abstand zur Grenze** ab der der Nachbargrenze zugewandten Außenseite der Spaliervorrichtung waagrecht, also nicht in der Geländelinie, und senkrecht zur Grenze.

16   Ist eines der beteiligten Grundstücke **höher** gelegen, ist der Unterschied wie folgt zu berücksichtigen: Der Unterlieger darf die Höhe seines Spaliers nach dem höheren Niveau des Nachbargrundstücks ausrichten, da es auf die Beeinträchtigung des Nachbarn ankommt; umgekehrt muss derjenige, der ein Spalier auf einem an der Grenze höher gelegenen Grundstück errichten will, vom ursprünglichen Geländeniveau aus messen. Entsprechendes gilt für den Fall einer **Vertiefung.** Verläuft die Erhöhung an der Grenze ungleichmäßig, tritt anstelle des Ausgangsniveaus dasjenige, das diesem am nächsten kommt.

17   Befindet sich das abstandspflichtige Grundstück nicht in Innerortslage (§ 12 II 2) und ist es vom Nachbargrundstück durch einen öffentlichen Weg oder durch ein Gewässer getrennt, sind die Abstände zum Nachbargrundstück von der Mitte des Weges oder Gewässers aus zu messen (§ 22 II); § 21 I 1 Nr. 1 gilt hier nicht.

18   Maßgebend für die Abstandsberechnung sind die aktuellen Verhältnisse (§§ 22 III, 33 II).

19   **6. Inhaber der Abwehransprüche** aus § 13 (auf Beseitigung oder Unterlassung; allg. → Einl. Rn. 42 ff.) ist der Eigentümer des Nachbargrundstücks, damit auch der Miteigentümer (§ 1011 BGB), aufgrund § 11 I 1 ErbbauRG der Erbbauberechtigte und bei Wohnungseigentum die WEG, da es nur um gemeinschaftliches Eigentum geht, nicht aber der bloße Besitzer, auch wenn er zum Besitz berechtigt ist (→ Einl. Rn. 21).

20   **Verpflichtet** ist der Besitzer des Spaliers. Insofern bezieht sich § 13 auf Abs. 3 des § 12 (Reich NRG BW Rn. 3), der wiederum die Pflichtenstellung aus dessen Abs. 1 erfasst. Im Übrigen gelten die Ausführungen in → § 12 Rn. 36 auch hier.

21   **7.** Zu Spalieren, die am 1.1.1960 schon bestanden, → § 33 Rn. 5 ff. Entsprechende Anwendung findet § 33 auf die zwischen dem 1.1.1960 und dem 1.1.1996 errichteten Spaliere, sofern die bisherige Vorschrift den Eigentümer (nicht auch den Besitzer) des Spaliers weniger beschränkt als die Neuregelung (Art. 2 I des Gesetzes zur Änderung des NRG vom 26.7.1995, GBl. 605 (608); VKKKK Rn. 9).

IV. Ergänzende Vorschriften

22   **1.** § 13 bildet ein Schutzgesetz iSd **§ 823 II BGB,** so dass schuldhafte Verstöße gegen die in § 13 bestimmten Abstände zu Schadensersatzansprüchen des Nachbarn führen können (Reich NRG BW Rn. 3).

23   **2.** Für Spaliere trifft das öffentliche Recht verschiedene Bestimmungen:
– Nach **§§ 1, 3 PolG** hat die Polizei die ihr nach pflichtgemäßem Ermessen erforderlich erscheinenden Maßnahmen zu treffen, soweit die öffentliche Sicherheit oder Ordnung durch den Zustand einer Sache (hier: eines Spaliers) bedroht oder gestört wird. Dies gilt aber aufgrund des Spezialitätsgrundsatzes (dazu Ruder/Schmitt, Polizeirecht Baden-Würt-

temberg, 8. Aufl. 2015, Rn. 297; s. auch VGH Mannheim 8.12.1995 – 1 S 1789/95, BB 1996, 399 (400)) nur insoweit, als keine Sonderzuständigkeit besteht.
– Zur Ermächtigung der Gemeinden in **§ 74 I 1 Nr. 3 BWLBO,** Gestaltungssatzungen zu erlassen, die auch Spaliere betreffen können, → § 27 Rn. 10.

§ 14 Rebstöcke in Weinbergen

Mit Rebstöcken in Weinbergen ist ein Grenzabstand einzuhalten, der der Hälfte des Reihenabstandes entspricht, mindestens jedoch 0,75 m.

I. Inhalt der Regelung

Die Vorschrift bestimmt, welchen Abstand Rebstöcke in Weinbergen zur Nachbargrenze einzuhalten haben.   1

II. Normgebung

1. Die Regelung knüpft an Art. 235 WürttAGBGB 1899 (= Art. 206 WürttAGBGB 1931) bzw. dessen Vorgängerregelung in Art. 14 WürttGLN an. Nach Auffassung des Gesetzgebers entsprach der in § 14 festgelegte Abstand von 0,75 m etwa der Hälfte des normalen Reihenabstands, wie er zur Zeit der Schaffung des NRG für erforderlich gehalten wurde. Für Rebstöcke außerhalb von Weinbergen sollte die Regelung des § 16 I Nr. 2 (heute: § 16 I Nr. 1a) gelten (RegBegr. vom 12.12.1958, Beil. 2220 zu den Sitzungsprotokollen der 2. Legislaturperiode, S. 3557).   2

2. Durch Art. 1 Nr. 7 des Gesetzes zur Änderung des NRG vom 26.7.1995 (GBl. 605) wurden die Abstandsregelungen (Abstand von 0,75 m, bei Weitraumlagen halber Reihenabstand, mindestens 1,40 m) geändert, um die Bestimmung entsprechend den Veränderungen bei der Anlage von Weinbergen zu vereinfachen (RegBegr. vom 1.3.1993, LT-Drs. 11/1481, 13).   3

III. Anmerkungen

1. §§ 19–21 bestimmen Ausnahmen zu § 14. Hiernach gilt § 14 **nicht** für Weinberge, die an in § 19 I und II genannte, nicht nutzbare Grundstücke im Außenbereich grenzen (zum Begriff des Außenbereichs → § 7 Rn. 14). Gleiches gilt für Weinberge, die an öffentliche Straßen oder Gewässer stoßen (§ 21 I 1 Nr. 1). Gegenüber Schienenwegen ist der Abstand hingegen einzuhalten, andernfalls wäre § 14 in § 21 II genannt. Kein Abstand zu wahren ist ferner mit aufgrund eines Flurbereinigungs- oder Zusammenlegungsplans erfolgten Rebanpflanzungen, soweit sich diese auf das Plangebiet auswirken (§ 21 I 1 Nr. 2). Befinden sich die Rebstöcke hinter einer geschlossenen Einfriedigung (also nicht nur hinter einem Drahtzaun), ohne sie zu überragen, gilt nicht § 14, sondern nur der für die geschlossene Einfriedigung maßgebliche Grenzabstand (§ 20); sind die Rebstöcke höher, gilt der Rebabstand damit uneingeschränkt.   4

Eine weitere Ausnahme regelt § 27: Sofern ein Bebauungsplan oder ein ähnlicher Plan nach dem BauGB Festsetzungen zu Anpflanzungen trifft, gilt der nach § 14 geforderte Abstand hiernach nicht, wenn das Grundstück nicht an landwirtschaftlich genutztes Gelände stößt und die Planfestsetzungen die Nichtgeltung dieses Abstands erfordern.   5

2. Die Vorschrift betrifft nur Rebstöcke in Weinbergen (zum Begriff → § 10 Rn. 15), nicht also solche, die sich zB in Hausgärten befinden; für diese gilt § 16 I Nr. 1a (→ Rn. 2).   6

3. Der Grenzabstand wird über den Reihenabstand (= Zeilenabstand) definiert. Es gilt der **halbe Reihenabstand, mindestens** jedoch **0,75 m,** bei einem Reihenabstand von 1,80 m also ein Grenzabstand von 0,90 m. Auf die Nutzung des Nachbargrundstücks kommt es nicht an, ebenso wenig darauf, ob das Nachbargrundstück sich im Innen- oder Außenbereich befindet.   7

8 4. Der Reihenabstand wird waagrecht, also nicht in der Geländelinie, von der Mittelachse eines Rebstocks senkrecht zur Mittelachse des (uU gedanklich) in der Zeile gegenüberliegenden Rebstocks **gemessen** (vgl. § 22 I). Fallen die Reihenabstände unterschiedlich aus, sind die Werte zu mitteln (aA Reich NRG BW Rn. 3, der auf den geringsten Reihenabstand abstellt). Laufen die Rebzeilen schräg auf die Grenze zu, gilt nur der Mindestabstand von 0,75 m (Reich NRG BW Rn. 3). Gleiches gilt mangels Bezugspunktes, wenn es auf dem Grundstück nur eine Rebzeile gibt (Reich NRG BW Rn. 4).

9 Befindet sich das abstandspflichtige Grundstück nicht in Innerortslage (§ 12 II 2) und ist es vom Nachbargrundstück durch einen öffentlichen Weg oder durch ein Gewässer getrennt, sind die Abstände zum Nachbargrundstück von der Mitte des Weges oder Gewässers aus zu messen (§ 22 II); § 21 I 1 Nr. 1 gilt hier nicht.

10 Maßgeblich für die Abstandsberechnung sind die aktuellen Verhältnisse (§§ 22 III, 33 II). Ändert der Winzer den Reihenabstand durch Neuanlage des Weinbergs, ist auch der Grenzabstand neu zu bestimmen (§ 22 III 1).

11 5. Für die Festlegung der Zeilenbreite bestehen keine Rechtsvorschriften. Aus Bewirtschaftungsgründen sind einheitliche Reihenabstände anzustreben. Abzuwägen sind verschiedene Faktoren wie Stockzahl, Lichteinfall und Bewirtschaftungsform. Aufgrund der zunehmenden maschinellen Bewirtschaftung geht der Trend zur Erhöhung der Zeilenabstände. Die Spanne reicht heute von 1,40 m bis 3 m. Bei der Wahl des optimalen Reihenabstands muss eine ausreichende Belichtung der Laubwand einschließlich der Traubenzone erreicht werden. Je enger die Reihenabstände und je höher die Laubwände sind, desto mehr wird die Laubwandbasis und damit die Traubenzone beschattet. Reihenabstände unter 2m werden aus Gründen ungenügender Belichtung der Traubenzone in der Reifephase kaum noch empfohlen. Generell sollte das Verhältnis Laubwandhöhe zu Laubwandabstand bei 0,8 bis 0,9 liegen.

12 6. **Inhaber der Abwehransprüche** aus § 14 (auf Beseitigung oder Unterlassung; allg. dazu → Einl. Rn. 42 ff.) ist der Eigentümer des Nachbargrundstücks, damit auch der Miteigentümer (§ 1011 BGB), aufgrund § 11 I 1 ErbbauRG der Erbbauberechtigte und bei Wohnungseigentum die WEG, da es nur um gemeinschaftliches Eigentum geht, nicht aber der bloße Besitzer, auch wenn er zum Besitz berechtigt ist (→ Einl. Rn. 21).

13 Zur Abstandshaltung **verpflichtet** ist der Eigentümer des Weinbergs, damit auch der Miteigentümer (§ 1011 BGB). Der Anspruch sanktioniert eine Beschaffenheit des Nachbargrundstücks (Zustandsstörung). Daher ist der Besitzer (zB Pächter) des Weinbergs für den Beseitigungsanspruch nicht passivlegitimiert (aA Reich NRG BW Rn. 4), möglicherweise aber duldungsverpflichtet. Der Sonderrechtsnachfolger des Eigentümers ist auch dann passivlegitimiert, wenn er die Anordnung der Rebzeilen nicht zu verantworten hat (aA Reich NRG BW Rn. 3, mit Hinweis auf § 9 I 2).

14 7. Für die vor dem 1.1.1960 gepflanzten Rebstöcke vgl. die Ausführungen unter → § 33 Rn. 5 ff. Entsprechende Anwendung findet § 33 auf die zwischen dem 1.1.1960 und dem 1.1.1996 gepflanzten Rebstöcke, sofern die Neuregelung zu Verschärfungen für den Eigentümer führt (Art. 2 I des Gesetzes zur Änderung des NRG vom 26.7.1995, GBl. 605 (608)).

IV. Ergänzende Vorschriften

15 1. § 14 bildet ein Schutzgesetz iSd **§ 823 II BGB,** so dass schuldhafte Verstöße gegen den in § 14 bestimmten Grenzabstand zu Schadensersatzansprüchen des Nachbarn führen können (Reich NRG BW Rn. 4).

16 2. Für Rebstöcke in Weinbergen trifft das öffentliche Recht verschiedene Bestimmungen:
– Nach **§ 28 II 1 StrG** dürfen Anpflanzungen (als Ausgleich für die nicht einzuhaltenden Grenzabstände) die Sicherheit oder Leichtigkeit des Verkehrs auf Landes-, Kreis- und Gemeindestraßen nicht beeinträchtigen. Gleiches gilt gem. **§ 5 II LEisenbG** für Eisenbahn-

Waldungen **§ 15**

anlagen. Für Bundesfernstraßen gilt dies nur zum Schutz der Verkehrssicherheit (**§ 11 II 1 FStrG**).
- Gemäß **§ 50 I FlurbG** darf das Land bestimmen, dass im Rahmen eines Flurneuordnungsverfahren Rebstöcke zu entfernen sind, wenn Bodenverbesserungen oder andere Ertrag fördernde Maßnahmen, zB ein Rebenneuaufbau, sonst nicht sinnvoll durchgeführt werden können.
- Nach **§ 34 I Nr. 3 S. 1 FlurbG** dürfen Rebstöcke im Rahmen einer Flurneuordnung nur in Ausnahmefällen und mit Genehmigung der Flurbereinigungsbehörde beseitigt werden.

§ 15 Waldungen

(1) ¹**Mit Waldungen ist ein Abstand von 8m von der Grenze einzuhalten.** ²**Bei Verjüngung von Waldungen, die bei Inkrafttreten dieses Gesetzes bereits bestehen, sowie in erklärten Waldlagen (§ 28 Abs. 1) ermäßigt sich der Abstand nach Satz 1 auf die Hälfte.**

(2) **Der vom Baumwuchs freizuhaltende Streifen kann bis auf 2m Abstand von der Grenze mit Gehölzen bis zu 4m Höhe und bis auf 1m Abstand von der Grenze mit Gehölzen bis zu 2m Höhe bepflanzt werden.**

I. Inhalt der Regelung

Die Vorschrift bestimmt, welchen Abstand Waldungen zur Nachbargrenze einzuhalten 1
haben und wie der Zwischenraum bepflanzt werden darf.

II. Normgebung

1. Die Vorschrift knüpft an Art. 19 II, III und V WürttGLN bzw. dessen gleichlautende 2
Nachfolgeregelung in Art. 240 WürttAGBGB 1899 (= Art. 212 WürttAGBGB 1931) an.
Nach Auffassung des Gesetzgebers bedurfte die Frage, welche Abstände für Waldanlagen vorzusehen sind, einer eingehenden Prüfung, da die Interessen des Feldbaus mit denen des Waldbaus abzuwägen waren (näher dazu → Einl. Rn. 175).

Der Gesetzgeber entschied sich für einen Regelabstand von 8 m. Dieser sollte dort Platz 3
greifen, wo der Wald ohnedies nicht hingehört. Soweit die Waldanlage an Ödland oder Ähnliches grenzt, solle überhaupt kein Abstand eingehalten werden müssen (§ 19), und wenn sie an Wald grenzt, nur ein solcher von 1 m. Aber auch, wenn die Waldanlage an andere Grundstücke, auch landwirtschaftlich genutzte, grenzt, sollte der Abstand nur 4m betragen, wenn es sich um die Verjüngung eines bei Inkrafttreten des Gesetzes schon bestehenden Waldes handelt, oder wenn die Neuaufforstung in einem Gebiet erfolgt, das zur Waldlage erklärt ist, wo die Aufforstung also wirtschaftlich zweckmäßig sei. Die unterschiedliche Behandlung der Wälder, die in einer „erklärten Waldlage" entstehen, gegenüber denjenigen, die in den dem Feld vorbehaltenen Markungsteilen angelegt werden, sollte zu einer Flurordnung beitragen.

Auf dem von Baumwuchs freizuhaltenden Streifen sollte ein Windschutz angelegt werden 4
dürfen (RegBegr. vom 12.12.1958, Beil. 2220 zu den Sitzungsprotokollen der 2. Legislaturperiode, S. 3557).

2. Durch Art. 1 Nr. 8 des Gesetzes zur Änderung des NRG vom 26.7.1995 (GBl. 605) 5
wurde die Regelung des Abs. 2, wonach die Gemeinden ermächtigt wurden, durch Gemeindesatzung für Wälder den in § 15 I 1 bestimmten Grenzabstand zu erhöhen, mangels praktischer Bedeutung (RegBegr. vom 1.3.1993, LT-Drs. 11/1481, 13) mit Wirkung zum 1.1.1996 aufgehoben.

III. Anmerkungen

1. Keine Geltung hat die Vorschrift für Waldungen auf Grundstücken, die an in § 19 I 1 6
genannte, nicht nutzbare Grundstücke im Außenbereich grenzen (zum Begriff des Außen-

bereichs → § 7 Rn. 14); soweit Nachbargrundstücke im Grenzbereich nicht nutzbar sind, gilt ein entsprechend geringerer Grenzabstand (§ 19 II). Gleiches gilt für Waldungen auf Grundstücken, die an öffentliche Straßen oder Gewässer stoßen (§ 21 I 1 Nr. 1). Gegenüber Schienenwegen ist der Abstand hingegen einzuhalten, da § 15 in § 21 II nicht genannt ist. Kein Abstand zu wahren haben ferner aufgrund eines Flurbereinigungs- oder Zusammenlegungsplans gesetzte Waldungen, soweit sie sich auf das Plangebiet auswirken (§ 21 I 1 Nr. 2). Befindet sich die Waldung hinter einer geschlossenen Einfriedigung (also nicht nur hinter einem Drahtzaun), ohne sie zu überragen, ist nur der für die Einfriedigung zu beachtende Grenzabstand maßgeblich (§ 20). Wächst die Waldung darüber hinaus, was regelmäßig passiert, gilt der Waldabstand uneingeschränkt.

7   Eine weitere Ausnahme regelt § 27: Sofern ein Bebauungsplan oder ein ähnlicher Plan nach dem BauGB Festsetzungen zu Waldungen trifft, gilt Abs. 1 hiernach nicht, wenn das Grundstück nicht an landwirtschaftlich genutztes Gelände stößt und die Planfestsetzungen die Nichtgeltung dieser Abstände erfordern.

8   **2. Waldungen** sind in sich abgeschlossene Waldgebiete. Der Begriff der Waldung (= Wald) ist (unabhängig von der Definition des Waldes in § 2 LWaldG und von der Eintragung im Waldverzeichnis der Forstbehörde) im Zusammenhang mit der Regelung des Abs. 1 S. 2 Alt. 1 und dessen Grundlage in Art. 183 EGBGB zu sehen. Insofern ist davon auszugehen, dass dem NRG bis auf § 19 (dazu → § 19 Rn. 9) ein einheitlicher Waldbegriff zugrunde liegt (zur Begrifflichkeit auch → § 28 Rn. 9). Art. 183 EGBGB soll eine geordnete Waldbewirtschaftung sichern (Dehner B § 21 IV 1a). Damit bezieht sich der Begriff nur auf **forstwirtschaftlich** genutzte Grundstücke, dh auf Flächen, die von den Nutzungsberechtigten dauerhaft zur Holzgewinnung einschließlich der damit verbundenen Nebennutzungen hinsichtlich Rinde, Laub, Samen, Früchte oder Harz (OLG Karlsruhe 12.7.1976 – 6 U 91/76, Die Justiz 1976, 472 (473); VKKKK Rn. 2) bestimmt und zu diesem Zweck mit Forstpflanzen (Waldbäume und Waldsträucher) besetzt sind (VKKKK Rn. 2; Dehner B § 21 IV 1a; aA Birk NachbarR BW Anm. 1a; Pelka NachbarR BW 173, weil § 15 dem Nachbarschutz dient und es deshalb auf eine Nutzungsbetrachtung nicht ankommt). Parkanlagen und Alleen mit Baumbestand fallen somit nicht darunter, ebenso wenig einzelne Baumgruppen, auch wenn sie der Holzgewinnung dienen (Dehner B § 21 IV 1a; ebenso wohl VKKKK Rn. 3). Nicht zum Wald zählen aufgrund ihrer ausdrücklichen Einordnung in § 16 ferner (anders als in anderen Bundesländern, so zB für Weihnachtsbaumkulturen BayObLG 19.12.1988 – 3 Ob OWi 29/88, NVwZ-RR 1989, 179 (180); SFP NachbG NRW/Peter NachbG NRW § 40 Rn. 2) Forstsamenplantagen sowie Weihnachtsbaum-, Baumschul- und Schmuckreisigkulturen (VKKKK Rn. 2; Birk NachbarR BW Anm. 1a; Reich NRG BW Rn. 2). Auf der anderen Seite stehen einzelne lichte Stellen, Wege uÄ der Einordnung als Waldung nicht entgegen (aA wohl VKKKK Rn. 2).

9   **3. Abs. 1 S. 1** bestimmt für Waldungen einen Regelgrenzabstand von **8 m.** Dieser gilt unabhängig von der Waldhöhe und der Nutzung des Nachbargrundstücks.

10 Nach Abs. 1 S. 2 vermindert sich der Regelabstand in zwei Fällen auf die **Hälfte:**

11 – Zum einen erfolgt eine Reduzierung im Fall der **Verjüngung** einer Waldung, die bei Inkrafttreten des NRG am 1.1.1960 bereits bestand. Von einer Verjüngung der Waldung kann nur dann gesprochen werden, wenn ein gesamter Waldbestand entfernt und die Fläche neu aufgeforstet wird (Dehner B § 21 IV 1b; Pelka NachbarR BW 174; VKKKK Rn. 5); bei einem teilweisen Kahlschlag gilt der alte Abstand nur hinsichtlich des stehen gebliebenen Teils (Dehner B § 21 IV 1b). Meistens findet eine Verjüngung auch bei künstlichen Eingriffen nur fließend (zB in Einzelbaum-Schritten) statt, so dass die halben Grenzabstände nach dieser Variante kaum einmal zum Tragen kommen (zur Verjüngung ferner → § 34 Rn. 12). Der Sinn der Abstandshalbierung beruht auf der Annahme, dass nach altem Recht keine Abstände galten. Um hier eine gerechte Übergangslösung zu finden, wurde insoweit „gemittelt" (Birk NachbarR BW Anm. 2a). Tatsächlich verhielt es sich aber anders: Nur das in Hohenzollern geltende gemeine Recht traf keine Abstandsregelung; § 11 BadAGBGB sah geringere, Art. 240 WürttAGBGB 1899 (= Art. 212 WürttAGBGB

Waldungen **§ 15**

1931) teilweise sogar weitere Abstände vor. Abs. 1 S. 2 gilt nur für Verjüngungsmaßnahmen; alter Wald darf stehen bleiben (§ 33 I 1).
– Zum anderen gilt der halbe Grenzabstand in **erklärten Waldlagen** (§ 28 Abs. 1), also innerhalb der erklärten Waldlage und nach außen. **12**

Liegt ein Fall des § 18 vor (erklärte Reblage oder erklärte Gartenbaulage), gelten die doppelten Abstände (16 m und 8 m), sofern sich die Waldung an der südlichen, östlichen oder westlichen Seite des begünstigten Grundstücks befindet (§ 18 S. 1). **13**

Sofern noch eine Gemeindesatzung besteht, in der eine Waldabstandserweiterung nach § 15 II aF festgesetzt ist (vgl. → Rn. 5), sind die darin ausgewiesenen Grenzen maßgeblich, bis die Satzung aufgehoben worden ist (VKKKK Rn. 11). **14**

Eine weitere Ausnahme ist in § 19 I 2 bestimmt. Hiernach ist zwischen **Wald und Wald** ein Abstand von nur **1 m** einzuhalten (dazu → § 19 Rn. 18). **15**

4. Gemessen wird der **Abstand zur Grenze** waagrecht, also nicht in der Geländelinie, ab dem der Nachbargrenze nächsten Stamm der Waldungsgehölze bei deren Austritt aus dem Boden und senkrecht zur Grenze (§ 22 I). **16**

Befindet sich das abstandspflichtige Grundstück nicht in Innerortslage (§ 12 II 2) und ist es vom Nachbargrundstück durch einen öffentlichen Weg oder durch ein Gewässer getrennt, sind die Abstände zum Nachbargrundstück von der Mitte des Weges oder Gewässers aus zu messen (§ 22 II); § 21 I 1 Nr. 1 gilt hier nicht. **17**

Maßgeblich für die Abstandsberechnung sind die aktuellen Verhältnisse (§§ 22 III, 33 II; für den Sonderfall der Verjüngung s. Abs. 1 S. 2 Alt. 1 und → Rn. 11). **18**

5. Abs. 2 bestimmt, dass auf dem von Baumwuchs freizuhaltenden Randstreifen ein **Windschutz** aus Gehölzen (sog. Traufgehölze, von Trauf = Windschutz; nicht zu verwechseln mit dem Begriff der Traufe, dazu → § 1 Rn. 4) angelegt werden darf. Für diesen Bereich gilt eine Dreiteilung: **19**
– **Bis zu 1 m** von der Grenze muss der Bereich **von Gehölzen frei** bleiben;
– **ab** einem Grenzabstand von **1 m** dürfen **Gehölze bis zu 2 m** Höhe wachsen;
– **ab** einem Grenzabstand von **2 m** dürfen **Gehölze bis zu 4 m** Höhe wachsen.

Ist der Saumbereich gegenüber dem Nachbargrundstück erhöht, vermindert sich die Bepflanzungshöhe entsprechend, da es (wie bei § 20) auf die Beeinträchtigung des Nachbarn ankommt; liegt er tiefer, dürfen höher wachsende Pflanzen gesetzt werden. **20**

Gehölz ist der Sammelbegriff für höhere ausdauernde oder mehrjährige Pflanzen, deren Stämme und Äste mit den Wurzeln in ihrem Gewebe durch Einlagerung von Lignin in den Zellwänden verholzen, zB Laub- und Nadelbäume, Sträucher und manche holzige Kletterpflanzen, die von der Dendrologie (Teil der Botanik, der sich mit den verholzenden Pflanzen beschäftigt) betreut werden; dazu gehören nur Pflanzen, die ein sekundäres Dickenwachstum aufweisen und dadurch Jahresringe bilden. Der Gegenbegriff zum Gehölz ist das Gras bzw. Kraut. In der Botanik besteht hierzu eine eindeutige Klassifikation, auch wenn in einzelnen Gattungen verholzende neben nicht verholzenden Pflanzen bestehen. So ist zB der **Bambus,** der in Deutschland aufgrund der Klimaveränderung Einzug gehalten hat (zur Gefährlichkeit gewisser Bambusarten s. OLG Düsseldorf 29.4.2014 – 21 U 82/13, NJW-RR 2014, 1462; OLG Köln 27.6.2018 – 5 U 93/17, BeckRS 2018, 21461 Rn. 21: Aufklärungspflicht bei Hauskauf) kein Gehölz, sondern ein Gras, genau genommen eine große Gruppe von „bambusiformen Gräsern" mit einem Höhenwachstum zwischen 0,50 m und weit über 10 m. Unter Umständen bleibt der Bambus damit auch wintergrün. Da der Bambus auf das Nachbargrundstück in gleicher Weise (zB durch Schattenwurf; zur Bedeutung dieses Gesichtspunkts für den historischen Gesetzgeber → Einl. Rn. 175, 178) einwirkt wie ein Strauch und einen verholzenden Stamm aufweist, wird der Bambus rechtlich jedoch wie ein Gehölz behandelt (LG Baden-Baden 28.10.2013 – 3 S 57/13, BeckRS 2014, 00361; LG Baden-Baden 22.11.2016 – 1 O 33/16, BeckRS 2016, 138005; Breloer Bäume im NachbarR 76; Birk NachbarR BW § 16, Anm. 1b in Fn. 2; SFP NachbG NRW/Peter NachbG NRW § 42 Rn. 2; jedenfalls als Heckenbestandteil bejahend OLG Karlsruhe 25.7.2014 – 12 U 162/13, NJW-RR 2015, 148 Rn. 27). **21**

22 Soweit Abs. 2 bestimmt, dass der Randstreifen mit Gehölzen bepflanzt werden darf, hat der Waldbesitzer freie Auswahl (anders zB § 49 III RhPflNRG und § 53 III SaarlNachbG, wonach der Randstreifen nur mit Laubgehölzen bestockt werden darf). Er darf dazu auch (in der 1. Abstandsstufe allerdings nur einzelne, s. § 19 I 2) Waldbäume nehmen (LG Ellwangen 17.3.1977 – III S 31/76, RdL 1981, 76 (77); Pelka NachbarR BW 176), muss aber darauf achten, dass sich die Gehölze auf die beiden Höhenstufen (2 m und 4 m) zurückschneiden lassen, ohne dass sie eingehen.

23 Grundsätzlich ist ein Windschutz und damit ein stufiger Aufbau des Waldrandes bei Neuanlagen von Wald zu empfehlen. Aus forstwirtschaftlichen Gründen werden hierfür nur einheimische und billige Gehölze (Nadelgehölze) in Frage kommen. Von diesen Arten werden aber alle höher als 4m, so dass sich die gesetzliche Differenzierung, die bei 2 m ansetzt, kaum verwirklichen lässt. Als praktische Lösung kommt etwa eine Bepflanzung des Waldsaums mit niedrigen Nadelgehölzen (zB Fichten) in Betracht, die nach wenigen Jahren wieder herausgesetzt werden wie zB Weihnachtsbaumkulturen (insofern gegenüber § 16 I Nr. 1b privilegiert: 1 m Abstand bei Weihnachtsbäumen bis zu einer Höhe von 2 m und nicht, wie dort, nur bis zu einer Höhe von 1,80 m). Diese Gehölze sind dann auch überflüssig, weil sich in dieser Zeit ein natürlicher Waldsaum mit Büschen und Gräsern gebildet hat, der im Wesentlichen die beiden Höhenstufen des Abs. 2 einhält.

24 Wachsen Traufgehölze über die zulässige Höhe hinaus, gilt für sie nicht die Regelung des § 16, da § 15 eine schärfere Abstandsregelung vorsieht. Der Anspruch geht dann auf Beseitigung; ein (gem. § 26 III unverjährbarer) Anspruch auf Verkürzung besteht auch in den Fällen des Abs. 2 nicht, da es an einer den §§ 12 III, 16 III vergleichbaren Regelung fehlt (iErg AG Schwäbisch-Gmünd 14.7.1988 – 8 C 589/89 – 16, AgrarR 1992, 26. aA LG Mosbach 9.2.1988 – S 168/87, AgrarR 1992, 28; LG Ellwangen 20.9.1989 – 1 S 321/89, AgrarR 1992, 27; LG Hechingen 29.8.1990 – 1 O 285/89, AgrarR 1992, 27; Pelka NachbarR BW 176; VKKKK Rn. 8; Birk NachbarR BW Anm. 8; Reich NRG BW Rn. 4; aber auch → § 16 Rn. 7, wonach die Regelung des § 16 III nur zur Klarstellung erfolgte; ebenso → § 12 Rn. 7 für den Verkürzungsanspruch aus § 12 III). Für die Verjährung des Beseitigungsanspruchs gilt damit § 26 I 1. Dabei bestimmt sich der Beginn der Verjährungsfrist nicht nach § 26 I 2, sondern nach § 26 I 3, so dass die Höhenüberschreitung, die den Beginn der Verjährungsfrist markiert, anhand von Bildaufnahmen dokumentiert werden sollte.

25 **6. Inhaber der Abwehransprüche** aus § 15 (auf Beseitigung oder Unterlassung; allg. dazu → Einl. Rn. 42 ff.) ist der Eigentümer des Nachbargrundstücks, damit auch der Miteigentümer (§ 1011 BGB), aufgrund § 11 I 1 ErbbauRG der Erbbauberechtigte und bei Wohnungseigentum die WEG, da es nur um gemeinschaftliches Eigentum geht, nicht aber der bloße Besitzer, auch wenn er zum Besitz berechtigt ist (→ Einl. Rn. 21; aA Reich NRG BW Rn. 2).

26 Zur Abstandshaltung **verpflichtet** ist der Eigentümer der benachbarten Waldgrundstücke, damit auch der Miteigentümer (§ 1011 BGB). Der Anspruch sanktioniert eine Beschaffenheit des Nachbargrundstücks (Zustandsstörung). Daher ist der Besitzer des Waldgrundstücks für den Beseitigungsanspruch nicht passivlegitimiert (aA Reich NRG BW Rn. 2), möglicherweise aber duldungsverpflichtet (dazu → Einl. Rn. 34). Der Einzelrechtsnachfolger des Eigentümers ist auch dann passivlegitimiert, wenn er die Errichtung der Waldung nicht zu verantworten hat (aA Reich NRG BW Rn. 2, mit Hinweis auf § 9 I 2).

27 **7.** Für die vor dem 1.1.1960 entstandenen Waldungen vgl. die Ausführungen unter → § 33 Rn. 5 ff.

IV. Ergänzende Vorschriften

28 **1.** § 15 bildet ein Schutzgesetz iSd **§ 823 II BGB**, so dass schuldhafte Verstöße gegen die in § 15 bestimmten Abstände zu Schadensersatzansprüchen des Nachbarn führen können (Reich NRG BW Rn. 2).

Sonstige Gehölze § 16

2. Für Waldungen trifft das öffentliche Recht verschiedene Bestimmungen: 29
– **§ 4 III BWLBO** bestimmt, dass bauliche Anlagen mit Feuerstätten sowie Gebäude zu Wäldern einen Abstand von 30m aufweisen müssen. Zum Begriff der baulichen Anlage s. § 2 I 1 BWLBO, zum Gebäudebegriff § 2 II BWLBO. Der Abstand wurde im Hinblick darauf festgesetzt, dass Bäume in Baden-Württemberg eine Höhe von bis zu 30 m erreichen können (Schlez BWLBO § 4 Rn. 10).
– Nach **§ 25 I 1 LLG** bedarf die Aufforstung in der offenen Landschaft einer behördlichen Genehmigung. Dies gilt nach § 25a I Nr. 1 LLG nicht für die Anlage von Weihnachtsbaumkulturen und Kulturen zur Gewinnung von Schmuck- und Zierreisig auf Flächen bis zu 20 ar. Allerdings dürfen die Pflanzen einer Weihnachtsbaumkultur eine Höhe von 3m, die Pflanzen einer Kultur zur Gewinnung von Schmuck- und Zierreisig eine Höhe von 6m nicht überschreiten (§ 25a I Nr. 2 LLG); wachsen sie darüber hinaus, sind sie zu entfernen (§ 25a IV LLG). Eine ähnliche Regelung gilt nach § 25a II LLG für Kurzumtriebsplantagen (§ 2 II Nr. 1 BWaldG; dazu → § 16 Rn. 33, 34).
– Gemäß **§ 9 I 1 LWaldG** bedarf die Umwandlung von Wald in eine andere Nutzungsart der Genehmigung der höheren Forstbehörde; das sind gem. § 62 Nr. 2 LWaldG die Regierungspräsidien, die Körperschaftsforstdirektionen oder die Nationalparkverwaltung. Muss der Waldsaum von Gehölzen frei gemacht werden, handelt es sich dabei nicht um eine derartige Umwandlung (vgl. AG Backnang 3.3.1982 – 5 C 530/81, RdL 1982, 134, (135)).
– Der Genehmigung der Forstbehörde (§ 62 Nr. 3 LWaldG) bedürfen nach **§ 15 III 1 LWaldG** Kahlhiebe mit einer Fläche von mehr als 1 Hektar.
– Nach **§ 27 I StrG** können Waldungen und Gehölze längs der Landes-, Kreis- und Gemeindestraßen von der Straßenbaubehörde (§ 50 III–V StrG) im Einvernehmen mit der zuständigen unteren Forstbehörde (§ 62 Nr. 3 LWaldG) insoweit zu **Schutzwaldungen** erklärt werden, als dies zum Schutz der Straße vor nachteiligen Umwelteinwirkungen geboten ist; Schutzwaldungen sind vom Nutzungsberechtigten zu erhalten und entsprechend zu bewirtschaften (**§ 27 II 1 StrG**). Gleiches bestimmt **§ 10 I, II FStrG** für Waldungen und Gehölze an Bundesfernstraßen bis zu einem Abstand von 40 m, gemessen vom Fahrbahnrand.
– **Nach § 28 II 1 StrG** dürfen Anpflanzungen (als Ausgleich für die nicht einzuhaltenden Grenzabstände) die Sicherheit oder Leichtigkeit des Verkehrs auf Landes-, Kreis- und Gemeindestraßen nicht beeinträchtigen. Gleiches gilt gem. **§ 5 II LEisenbG** für Eisenbahnanlagen. Für Bundesfernstraßen gilt dies nur zum Schutz der Verkehrssicherheit (**§ 11 II 1 FStrG**).
– Gemäß **§ 37 I 1 FlurbG** darf die Flurbereinigungsbehörde das Flurbereinigungsgebiet neu gestalten. Hierzu darf sie im Flurbereinigungsplan mit Satzungswirkung (§ 58 I 1, IV 1 FlurbG) Abweichungen von den nachbarrechtlichen Abstandsvorschriften oder Eigentumsbeschränkungen anordnen, ferner Anpflanzungen bestimmter Art vorsehen und untersagen (Bauer/Schlick RhPflNRG § 44 Rn. 3).
– Nach **§§ 1, 3 PolG** hat die Polizei die ihr nach pflichtgemäßem Ermessen erforderlich erscheinenden Maßnahmen zu treffen, soweit die öffentliche Sicherheit oder Ordnung durch den Zustand einer Sache (hierzu zählen auch Waldbäume) bedroht oder gestört wird. Dies gilt aufgrund des Spezialitätsgrundsatzes (dazu Ruder/Schmitt, Polizeirecht Baden-Württemberg, 8. Aufl. 2015, Rn. 297; s. auch VGH Mannheim 8.12.1995 – 1 S 1789/95, BB 1996, 399 (400)) allerdings nur insoweit, als keine Sonderzuständigkeit besteht.
– Gemäß **§ 52 I 1 Nr. 2c WHG** können für Wasserschutzgebiete behördliche Anordnungen getroffen werden, die die forstwirtschaftliche Nutzung eines Grundstücks beschränken oder leiten.

§ 16 Sonstige Gehölze

(1) **Bei der Anpflanzung von Bäumen, Sträuchern und anderen Gehölzen sind unbeschadet der §§ 12 bis 15 folgende Grenzabstände einzuhalten:**

§ 16 4. Abschnitt. Einfriedigungen, Spaliere, Pflanzungen

1. a) mit Beerenobststräuchern und -stämmen, Rosen, Ziersträuchern und sonstigen artgemäß kleinen Gehölzen sowie mit Rebstöcken außerhalb eines Weinberges 0,50 m,
   b) mit Baumschul- und Weihnachtsbaumkulturen sowie mit Weidenpflanzungen, die jährlich genutzt werden, 1 m;
   die Gehölze dürfen die Höhe von 1,80 m nicht überschreiten, es sei denn, daß der Abstand nach Nummer 2 eingehalten wird;
2. mit Kernobst- und Steinobstbäumen auf schwach- und mittelstark wachsenden Unterlagen und anderen Gehölzen artgemäß ähnlicher Ausdehnung, mit Baumschul- und Weihnachtsbaumkulturen, soweit nicht in Nummer 1 aufgeführt, mit Forstsamenplantagen sowie mit Weidenpflanzungen, die nicht jährlich genutzt werden, 2 m;
   die Gehölze dürfen die Höhe von 4m nicht überschreiten, es sei denn, daß der Abstand nach Nummer 3 eingehalten wird;
3. mit Obstbäumen, soweit sie nicht in Nummer 2 oder 4 genannt sind, 3 m;
4. a) mit artgemäß mittelgroßen oder schmalen Bäumen wie Birken, Blaufichten, Ebereschen, Erlen, Robinien („Akazien"), Salweiden, Serbischen Fichten, Thujen, Weißbuchen, Weißdornen und deren Veredelungen, Zieräpfeln, Zierkirschen, Zierpflaumen und mit anderen Gehölzen artgemäß ähnlicher Ausdehnung,
   b) mit Obstbäumen auf stark wachsenden Unterlagen und veredelten Walnußbäumen sowie
   c) mit Pappeln in Kurzumtriebsplantagen (§ 2 Absatz 2 Nummer 1 des Bundeswaldgesetzes) mit einer Umtriebszeit von höchstens zehn Jahren, 4 m;
   die Gehölze nach Buchstabe c dürfen die Höhe von 12m nicht überschreiten, es sei denn, dass der Abstand nach Nummer 5 eingehalten wird;
5. mit großwüchsigen Arten von Ahornen, Buchen, Eichen, Eschen, Kastanien, Linden, Nadelbäumen, Pappeln, Platanen, unveredelten Walnußsämlingsbäumen sowie mit anderen Bäumen artgemäß ähnlicher Ausdehnung 8 m.

(2) ¹Der Abstand nach Absatz 1 Nr. 2 ermäßigt sich gegenüber Grundstücken in Innerortslage auf die Hälfte. ²Dies gilt nicht für Baumschul- und Weihnachtsbaumkulturen, Forstsamenplantagen sowie für geschlossene Bestände mit mehr als drei der in Absatz 1 Nr. 2 angeführten Gehölze.

(3) Der Besitzer eines Gehölzes, das die nach Absatz 1 Nummern 1, 2 oder 4 Buchstabe c zulässige Höhe überschritten hat, ist zur Verkürzung verpflichtet, jedoch nicht in der Zeit vom 1. März bis 30. September.

I. Inhalt der Regelung

1   Die Vorschrift bestimmt, welchen Abstand Gehölze zur Grundstücksgrenze einhalten müssen und welche dieser Pflanzen welche Höhe nicht überschreiten dürfen.

II. Normgebung

2   1. § 16 knüpft an die Regelungen der Art. 233 und 234 WürttAGBGB 1899 (entspricht Art. 204 und 205 WürttAGBGB 1931) bzw. deren Vorgängerregelungen in Art. 12 und 13 WürttGLN an. Nach Auffassung des Gesetzgebers waren die Bestimmungen vor allem für Obstbauer, Gartenbesitzer, Kleingärtner und Gartengestalter wichtig. Mit ihnen sollte einer Forderung der Landwirtschaft Rechnung getragen werden, die die badischen Regelungen wegen der darin vorgesehenen, verhältnismäßig geringen Abstände für Bäume und Waldanlagen kritisiert hatte (RegBegr. vom 12.12.1958, Beil. 2220 zu den Sitzungsprotokollen der 2. Legislaturperiode, S. 3553). Allerdings sollten diese Bestimmungen gegenüber dem bisherigen württembergischen Recht ganz erheblich vereinfacht werden (RegBegr. vom 12.12. 1958, Beil. 2220, ebda. S. 3557). Zur Gesetzgebungskompetenz s. → Vor §§ 11–22 Rn. 5.

3   Der Gesetzgeber ging davon aus, dass die Unterscheidung der verschiedenen Bäume nach Unterlage und „artgemäß ähnlicher Ausdehnung" für den Laien nicht immer möglich sein

Sonstige Gehölze § 16

werde. Sie könne aber mit hinreichender Sicherheit von jedem Fachmann getroffen werden. Für die Einordnung der einzelnen Pflanzen in die verschiedenen Abstandsvorschriften sei nicht der Zustand der Pflanze zur Zeit der Anpflanzung maßgebend, sondern der Charakter, der ihr nach Gattung, Art usw zukommt (RegBegr. vom 12.12.1958, Beil. 2220 zu den Sitzungsprotokollen der 2. Legislaturperiode, S. 3557).

2. Durch Art. 1 Nr. 9 des Gesetzes zur Änderung des NRG vom 26.7.1995 (GBl. 605) 4 wurde § 16 umfassend neugestaltet. Entsprechend der Änderung des § 13, wonach nunmehr Hecken bis zur Höhe von 1,80 m in einem Abstand von 0,50 m gepflanzt werden durften, sollte auch der zulässige Grenzabstand für nicht heckenartig gepflanzte Bäume und Sträucher bis zu einer Höhe von 1,80 m grundsätzlich auf 0,50 m festgesetzt werden. Die Beeinträchtigungen des Nachbarn durch Schattenwirkung seien bei einzelnen Pflanzen durchweg geringer als bei einer Hecke. Allerdings sollte der bisher vorgeschriebene Grenzabstand von 1 m für Baumschul- und Weihnachtsbaumkulturen sowie für jährlich genutzte Weidenpflanzungen beibehalten werden, da nach Auffassung sachkundiger Kreise ein größerer Abstand für solche Anpflanzungen unerlässlich sei. Mit der Ersetzung des Begriffs Weihnachtsbaum durch den der Weihnachtsbaumkultur sollte klargestellt werden, dass hierunter nur die Pflanzung einer größeren Zahl von Nadelbäumen mit dem Ziel, diese als Weihnachtsbäume zu verwerten, fällt, und nicht ein einzelner Nadelbaum, der durch Beleuchtung in der Advents- und Weihnachtszeit als Weihnachtsbaum verwendet werden soll (RegBegr. vom 1.3.1993, LT-Drs. 11/1481, 13).

Wegen der Verringerung des Grenzabstands für die meisten Gehölze bis zu einer Höhe 5 von 1,80 m sollten die bisherigen Gruppen 2 und 3 in § 16 I aus Praktikabilitätsgründen zusammengefasst werden. Darüber hinaus erschien die bisherige Unterscheidung zwischen Kern- und Steinobstbäumen verzichtbar, da die Tendenz zu niedrig wüchsigen Obstbäumen auch das Steinobst erfasse. Die aufgezählten Baumarten sollten zur besseren Übersichtlichkeit alphabetisch geordnet werden (RegBegr. vom 1.3.1993, LT-Drs. 11/1481, 13).

Im Interesse einer möglichst vielseitigen Bepflanzung in bebauten Gebieten sollten in 6 Abs. 2 die vorgeschriebenen Abstände von Bäumen gegenüber nicht landwirtschaftlich genutzten Grundstücken teilweise verkürzt werden; so sollte die schon bislang vorgesehene Verkürzung auf die Hälfte des Regelabstands auch auf die meisten Obstbäume ausgedehnt werden. Ferner sollte für einzelne großwüchsige Bäume (mit Ausnahme der Nadelbäume wegen der damit während des ganzen Jahres verbundenen Schattenwirkungen) ein geringerer Abstand gelten. Unter einzelstehenden Bäumen sollten solche zu verstehen sein, deren artgemäß entwickelte Kronen sich auch in ausgewachsenem Zustand nicht berühren. Damit sollte insbesondere ermöglicht werden, auf mittleren und kleineren Grundstücken sowohl Obstbäume als auch einzelne großwüchsige Bäume zu pflanzen (RegBegr. vom 1.3.1993, LT-Drs. 11/1481, 13 f.).

Abs. 3 sollte der Regelung in § 29 III NatSchG (heute: § 39 V 1 Nr. 2 Hs. 1 BNatSchG) 7 angepasst werden; außerdem sollte damit – wie in § 13 III (heute: § 12 III) – klargestellt werden, dass der Nachbar einen Anspruch auf Verkürzung zu hoch gewachsener Gehölze hat (RegBegr. vom 1.3.1993, LT-Drs. 11/1481, 14).

3. Aufgrund Art. 1 des Gesetzes zur Änderung des NRG vom 4.2.2014 (GBl. 65) gilt gem. 8 Abs. 2 S. 1 der halbierte Grenzabstand gegenüber Grundstücken in Innerortslage seither nur noch für die Gehölze, die in Abs. 1 Nr. 2 (Kategorie III, s. → Rn. 18) einzuordnen sind (zur Begründung → Rn. 38 und → Einl. Rn. 184). Für zur Zeit des Inkrafttretens dieser Gesetzesänderung (12.2.2014) bereits bestehende Gehölze aus den Kategorien I, II, IV und V (zur Unterscheidung → Rn. 18) gilt noch der halbe Grenzabstand (Art. 2 II des Gesetzes zur Änderung des NRG vom 4.2.2014, GBl. 65; zur Begründung der Altregelung s. die 2. Aufl., → § 16 Rn. 35). Ferner gehören aufgrund der Neufassung des Abs. 1 Nr. 4c nunmehr auch Pappeln in Kurzumtriebsplantagen mit einer Umtriebszeit von höchstens 10 Jahren zur Kategorie V (→ Rn. 18). Da diese Neuordnung mit einer Höhenbegrenzung von 12 m einhergeht, werden auch diese Pappeln vom Verkürzungsanspruch nach Abs. 3 erfasst.

§ 16 4. Abschnitt. Einfriedigungen, Spaliere, Pflanzungen

III. Anmerkungen

9   **1. Keine Geltung** hat die Vorschrift für Gehölze auf Grundstücken, die an in § 19 I genannte, nicht nutzbare Grundstücke im Außenbereich grenzen (zum Begriff des Außenbereichs → § 7 Rn. 14); soweit Nachbargrundstücke im Grenzbereich nicht zu bewirtschaften sind, gilt ein entsprechend geringerer Grenzabstand (§ 19 II). Gleiches gilt für **Gehölze auf Grundstücken, die an öffentliche Straßen oder Gewässer stoßen, sowie im umgekehrten Verhältnis** (§ 21 I 1 Nr. 1); gegenüber Schienenwegen ist der Abstand hingegen einzuhalten, da § 16 in § 21 II nicht genannt ist. Kein Abstand zu wahren ist auch mit aufgrund eines Flurbereinigungs- oder Zusammenlegungsplans erfolgten Gehölzanpflanzungen, soweit sich diese auf das Plangebiet auswirken (§ 21 I 1 Nr. 2). Befindet sich das Gehölz hinter einer geschlossenen Einfriedigung (also nicht nur hinter einem Drahtzaun), ohne sie zu überragen, ist nur der für die geschlossene Einfriedigung maßgebliche Grenzabstand zu beachten (§ 20); wächst das Gehölz darüber hinaus, gilt der Gehölzabstand damit uneingeschränkt. Keinen Abstand einzuhalten haben Gehölze, die dem Uferschutz dienen (§ 21 III Alt. 1) oder zum Schutz von Böschungen oder steilen Abhängen notwendig sind (§ 21 III Alt. 2).

10 Eine weitere Ausnahme regelt § 27: Sofern ein Bebauungsplan oder ein ähnlicher Plan nach dem BauGB Festsetzungen zu Gehölzen trifft, gilt § 16 nicht, wenn die Planfestsetzungen die Nichtgeltung dieser Abstände erfordern.

11 Für Grundstücke, die einer **hoheitlichen Zweckbindung** unterliegen, vgl. die Ausführungen in der → Einl. Rn. 24.

12 **2.** Anders als die Nachbarrechtsgesetze anderer Bundesländer (zB in Schleswig-Holstein und Bayern) differenziert das NRG für die Festlegung von Pflanzenabständen nicht einfach nach Grenzabständen und Pflanzhöhen, sondern vor allem nach Pflanzenarten und Wuchsmerkmalen (zB „mittelgroß"). Dieser Ansatz bringt erhebliche Probleme mit sich. Zum einen lässt sich die Einordnung von Pflanzen und ihrer Wuchsmerkmale trotz der gesetzlichen Beispiele oft nicht einfach treffen (s. nur Breloer Bäume im NachbarR 45 f.). Zum anderen muss entschieden werden, ob die fragliche Art ihre Einordnung im konkreten Einzelfall auch verdient. So gehört etwa die Legföhre als Bergkiefer an sich zur Kategorie I (→ Rn. 21). Wird sie jedoch nicht in einer hohen Bergregion angebaut, kann sie ein Vielfaches ihrer normalen Höhe erreichen und gehört damit in eine höhere Kategorie (nach VKKKK Rn. 9, allg. in Kategorie III). Damit sind die im Gesetz genannten Pflanzenarten nur **Regelbeispiele** (Richtpflanzen). Liegen Anhaltspunkte für Abweichungen vor oder bestehen schon arttypische Schwierigkeiten bei der Einordnung, wird daher regelmäßig ein **Gutachter** befragt werden müssen (auch → Rn. 3), dessen Einschätzung vom Gericht aber noch nachbewertet werden muss (vgl. → Rn. 32 zur Einordnung der Bambuspflanze). Da der Beispielstechnik des § 16 angesichts der variablen Bestimmungsparameter schwer zu folgen ist, ist schon für die Anpflanzung sachverständige Beratung anzuraten. Soweit der historische Gesetzgeber darauf hinweist, für die Einordnung der einzelnen Pflanzen in die verschiedenen Abstandsvorschriften sei „nicht der Zustand der Pflanze zur Zeit der Anpflanzung maßgebend, sondern der Charakter, der ihr nach Gattung, Art usw zukommt" (→ Rn. 3), unterstreicht dies nur, wie wichtig schon eine fachgerechte Einschätzung des Wuchsverhaltens ist.

13 **3. Abs. 1 und 2** regeln die einzuhaltenden **Grenzabstände** für Bäume, Sträucher und andere Gehölze, sofern nicht §§ 12–15 und 17 als spezielle Vorschriften (OLG Karlsruhe 12.7.1976 – 6 U 91/76, Die Justiz 1976, 472 (473)) einschlägig sind. Sie geben einen direkten Anspruch auf Beseitigung oder Unterlassung (→ Einl. Rn. 30; s. auch BGH 7.5.2021 – V ZR 299/19, NJW-RR 2021, 1170 Rn. 27: selbstständiger landesrechtlicher Anspruch). Die Grenzabstände sind aus Gründen der Rechtssicherheit exakt normiert und daher zentimetergenau einzuhalten (OLG Karlsruhe 25.7.2014 – 12 U 162/13, NJW-RR 2015, 148 Rn. 36). Für die Einhaltung der Abstände kommt es nicht darauf an, ob die Grenzbepflan-

Sonstige Gehölze   § 16

zung den Nachbarn stört oder nicht. Ohne Bedeutung ist ferner, ob die Gehölze gepflanzt wurden oder ob es sich um **Wildlinge** (= Sämlinge), also um wild wachsende Pflanzen handelt (Pelka NachbarR BW 179). Zwar sind die Abstände „bei der Anpflanzung" einzuhalten (so der Eingangssatz des § 16). Da es bei § 16 aber nicht um Störerverantwortlichkeit geht, sondern darum, Pflanzen von der Grenze fernzuhalten, und außerdem kein einleuchtender Grund besteht, Wildlinge hinsichtlich des Grenzabstands anders zu behandeln als künstlich gezogene Pflanzen, gilt die Vorschrift auch für Wildlinge. Insofern kann auch nicht mit dem unterschiedlichen Wortlaut in § 16 einerseits („Anpflanzung"), § 20 S. 1 andererseits („Pflanzung") argumentiert werden, da sich beide Begriffe inhaltsgleich verstehen lassen und außer dem Wortlaut nichts darauf hindeutet, dass der Gesetzgeber diese Begriffe nicht synonym verwendet haben wollte. Ferner kommt es außer für die Kategorie des Abs. 1 Nr. 1 Hs. 1 lit. b (im Folgenden: Kategorie II) und die Unterkategorie des Abs. 1 Nr. 4 lit. c nicht darauf an, welcher Zweck mit den Gehölzen verfolgt wird. Regelmäßig unterliegen die Gehölze auch keinen Abstandsbeschränkungen in der horizontalen Ausdehnung; Zweige und Wurzeln können also, anders als bestimmte Hecken (s. § 12 II 1), bis an die Grenze wachsen, bei fehlender Beeinträchtigung des Nachbarn nach Bundesrecht sogar darüber hinaus; Höhenbegrenzungen bestehen nur für die in Abs. 1 Nr. 1 und 2 (im Folgenden: Kategorien I bis III), seit der Gesetzesnovelle von 2014 auch für die in der Nr. 4 lit. c genannten Gehölze.

Das Gesetz unterscheidet im Eingangssatz des § 16 nach Bäumen, Sträuchern und anderen 14
Gehölzen. Zum Begriff des **Gehölzes** → § 15 Rn. 21. Gehölze in versetzbaren Kübeln („mobiles Grün") beeinträchtigen das Nachbargrundstück weit weniger als bei einem freien Wurzelwachstum. Sie sind daher in diejenige Kategorie einzuordnen, die Gehölze mit vergleichbarer Schattenwirkung erfasst (VKKKK Rn. 5; s. auch Pelka NachbarR BW 185: Sachverständiger muss befragt werden).

Der **Baum** ist ein Holzgewächs mit einem Stamm oder mehreren Stämmen und einer 15
Krone. Zwergformen sind als Sträucher einzuordnen (Breloer Bäume im NachbarR 10); dies kann allerdings nur gelten, sofern sie überhaupt die Ausdehnung von Sträuchern erreichen. Grenzabstände von Bäumen regelt § 16 im Wesentlichen in Abs. 1 Nr. 2–5 (im Folgenden: Kategorien III bis VI). Daraus ergibt sich ein Mindestgrenzabstand von 2 m bis 8 m. Nur für gewisse Ernteprodukte, nämlich Weihnachtsbäume und Nutzweiden, lässt das Gesetz einen Mindestabstand von 1m ausreichen, da diese Bäume nie groß werden; das ist die Kategorie des Abs. 1 Nr. 1 Hs. 1b (im Folgenden: Kategorie II). Außerdem reduziert das Gesetz die Grenzabstände für Bäume in Abs. 1 Nr. 2 (im Folgenden: Kategorie III), die auf Grundstücke in Innerortslage (§ 12 II 2) weisen, zumeist auf die Hälfte (Abs. 2).

Der **Strauch** ist ein Holzgewächs, das sich durch Neubildung von Sprossen aus bodenna- 16
hen Knospen aufbaut. Er unterscheidet sich vom Baum durch seine geringere Größe und häufig auch durch eine Vielzahl von aus dem Boden wachsenden Haupttrieben, die uU einen Stamm bilden, allgemein gesprochen durch die Förderung des Wachstums durch Verzweigung vom Boden her (= basiton) oder im mittleren Bereich (= mesoton), während bei Bäumen die Förderung und Verzweigung vornehmlich über die Spitzentriebe (= akroton) erfolgt. Je nach Art ist das Basiswachstum oder die Spitzenförderung stärker ausgeprägt. Der Übergang zwischen Baum und Strauch ist fließend. Sträucher sind zudem von Stauden und Gräsern zu scheiden. **Stauden** (zB Sonnenblumen, Lupinen, Malven und Rittersporn) sind zumeist mehrjährige (Sonnenblumen sind zB einjährig), vorwiegend krautige und gelegentlich schwach verholzende Farn- und Blütenpflanzen. Sie unterscheiden sich von Sträuchern dadurch, dass in der Regel alle oberirdischen Pflanzenteile im Herbst absterben (GLS NachbarR-HdB/Lüke Kap. 2 Rn. 341; VKKKK Rn. 5); daher sind sie, auch wenn sie wie zB Sonnenblumen eine beachtliche Höhe und Schattenwirkung erreichen, nicht als Sträucher zu werten. Nicht zu den Sträuchern zählen auch **Gräser** (zB Flattergras, Pampagras, Chinaschilf, Riesenpfeifengras), obwohl sie im Einzelfall höher als 2m werden und sich auf das Nachbargrundstück auswirken können (VKKKK Rn. 5). Weder mit Stauden noch mit Gräsern ist ein Mindestabstand einzuhalten (aA VKKKK Rn. 4, im Einzelfall aufgrund des nachbarrechtlichen Gemeinschaftsverhältnisses, dazu → Einl. Rn. 26 ff.; zum Ausnahmefall des Bambus

187

§ 16   4. Abschnitt. Einfriedigungen, Spaliere, Pflanzungen

→ § 15 Rn. 21). Grenzabstände von Sträuchern regelt § 16 in Abs. 1 Nr. 1 Hs. 1 lit. a (im Folgenden: Kategorie I).

17   Gehölze im Sinne des Eingangssatzes des § 16 sind Bäume, Sträucher und „andere Gehölze". „Andere" Gehölze können nur **Lianen** sein, also Kletter- oder Rankpflanzen mit verholzendem Stamm, die im Boden wurzeln und an Bäumen oder anderen senkrechten Gebilden emporklettern (zB Weinreben). Allerdings zeigt die Auflistung der Einzelpflanzen in § 16, dass es sich bei den von § 16 erfassten Gehölzen um solche handeln muss, die frei tragend sind, so dass dem Begriff des „anderen" Gehölzes keine eigenständige Bedeutung zukommt.

18   4. In erster Linie richten sich die Grenzabstände für Gehölze nach ihrer Größe. Das Gesetz unterteilt hierzu in **6 Kategorien** mit einem Grenzabstand von 0,50 m bis 8 m (**Kategorie I:** Abs. 1 Nr. 1 Hs. 1 lit. a; **Kategorie II:** Abs. 1 Nr. 1 Hs. 1 lit. b; **Kategorie III:** Abs. 1 Nr. 2; **Kategorie IV:** Abs. 1 Nr. 3; **Kategorie V:** Abs. 1 Nr. 4 lit. a–c; **Kategorie VI:** Abs. 1 Nr. 5). Die weiteren Differenzierungen zB in groß oder klein sind nicht zweifelsfrei. Der Gesetzgeber hat in den Vorläuferfassungen durchaus geschwankt und zB in § 204 WürttAGBGB 1931 die Maulbeerbäume wegen ihrer geringeren Ausdehnung und Nützlichkeit bei den großen Bäumen gestrichen und unter die kleineren Bäume mit 5m Abstand gefasst (vgl. RegBegr. vom 20.12.1930 zu Art. 196 WürttAGBGB, Beil. 297 zur 3. Legislaturperiode des Landtags des Freien Volksstaates Württemberg, S. 519). Das mag auch daran liegen, dass Maulbeerbäume heute über 10 m hoch werden können.

19   Diese Kategorien werden mit Ausnahme der Kategorie II, die für Baumschul- und Weihnachtsbaumkulturen sowie genutzte Weidenpflanzungen auf die Nutzungsart abstellt – dies gilt hinsichtlich der Nutzpappeln nunmehr auch für die Kategorie V –, durch **Richtpflanzen** gekennzeichnet, in den Kategorien I, III, VI und einem Teil der Kategorie V (Abs. 1 Nr. 4 lit. a) ergänzend durch Bezugnahme auf andere Gehölze „**artgemäß ähnlicher Ausdehnung**". Die **artgemäße Ausdehnung** (Sorte) ist die Veranlagung des Baums, sich mit dem ober- und unterirdischen Sprosssystem in die Höhe bzw. Tiefe und in die Breite auszudehnen (OLG Karlsruhe 25.7.2014 – 12 U 162/13, NJW-RR 2015, 148, S. 17 des Umdrucks, insofern nv); sie ist erblich bedingt und regelmäßig ein Produkt aus Unterlage und Sorte (Pelka NachbarR BW 180). Die Ausdehnung kann durch Veredelung bzw. gentechnisch verändert werden, wodurch sich jede Typisierung relativiert; zudem gibt es von vornherein klein- oder großwüchsige Typen, die eine andere Eingruppierung bedingen (Pelka NachbarR BW 184 f.); Gleiches gilt, wenn sich Gehölze standortbedingt abweichend entwickeln (Breloer Bäume im NachbarR 76; auch → Rn. 12).

20   **a) Kategorie I** erfasst Beerenobststräucher und -stämme, Rosen, Ziersträucher und sonstige artgemäß kleine Gehölze sowie Rebstöcke außerhalb eines Weinbergs (ansonsten gilt § 14); für diese gilt ein Grenzabstand von **0,50 m** (Abs. 1 Nr. 1 Hs. 1a), also der auch für Hecken geltende Abstand (vgl. § 12 I); werden sie höher als 1,80 m, beträgt der Abstand pauschal **2 m** (Abs. 1 Nr. 1 Hs. 2).

21   Das Beerenobst umfasst aus botanischer (gutachterlicher) Sicht sowohl sog. echte Beeren (zB die Weintraube, die zur Abgrenzung von § 14 hier gesondert erwähnt wird) als auch Scheinbeeren (zB die Rote und Schwarze Johannisbeere, Stachelbeere, Heidelbeere und den Schwarzen Holunder) und Sammelfrüchte verschiedensten Aufbaus wie zB die Himbeere, Brombeere oder Hagebutte. Der Begriff der **artgemäß kleinen Gehölze** ist im Zusammenhang mit den in Abs. 1 Nr. 1 Hs. 1a genannten Beerenobststräuchern und -stämmen, Rosen und Ziersträuchern zu sehen. Diese Gehölze werden regelmäßig nicht höher als 1,80 m (vgl. Abs. 1 Nr. 1 Hs. 2). Hierunter fallen auch Japanische Azaleen, kleine Berberitzenarten, Buschrosen, Deutzien, Felsenbirnen, Feuerdorne, Fingersträucher, Forsythien (Goldglöckchen), Ginster, Knöteriche (LG Konstanz 10.6.1988 – 1 S 2/88, VBlBW 1988, 489 – Ls.; VKKKK Rn. 9; Reich NRG BW Rn. 3; botanisch handelt es sich dabei um Stauden, nicht um Gräser, so aber VKKKK Rn. 5, die die Einordnung in Kategorie I daher ablehnen; anders nur beim Schlingknöterich, der eine mehrjährige Liane ist, aber auch die mit

Sonstige Gehölze **§ 16**

Abstand verbreitetste Knöterich-Art in unseren Gärten darstellt), Mahonien, Strauchrosen (Parkrosen ebenso wie Zwergstrauchrosen), Schneebeeren, Seidelbaste, die meisten Spiräen (zB Spiersträucher), Weigelien, Zierjohannisbeeren, Japanische Zierquitten, Erdbeerbäume, Lorbeerbäume, Zwergmispeln und Zwergnadelgehölze wie zB Bergkiefern (vgl. Pelka NachbarR BW 228; aA VKKKK Rn. 9, die die Bergkiefer in Kategorie III einordnen; auch → Rn. 12).

b) Kategorie II erfasst zum einen Baumschul- und Weihnachtsbaumkulturen, zum anderen Weidenpflanzungen, die jährlich genutzt werden; für beides gilt ein Grenzabstand von **1m** (Abs. 1 Nr. 1 Hs. 1 lit. b); überschreiten sie die Höhe von 1,80 m, beträgt der Abstand pauschal **2 m** (Abs. 1 Nr. 1 Hs. 2). 22

Der Begriff der **Baumschulkultur** entspricht dem des Baumschulbestandes in § 18 S. 2 (dazu → § 18 Rn. 7). Gemeint sind Pflanzen, die nach Aufzucht gewerblich verkauft werden. 23

Weihnachtsbaumkulturen sind Anpflanzungen von mindestens drei (→ Rn. 4: „größere Zahl") Nadelbäumen (vor allem Tannen), die nach Art und Beschaffenheit für eine Verwendung als Weihnachts- bzw. Christbäume geeignet und bestimmt sind und deshalb nur vorübergehend angepflanzt werden; ihre abstandsmäßige Privilegierung rechtfertigt sich aus der nicht dauernden Beeinträchtigung des Nachbargrundstücks (OLG Karlsruhe 12.7.1976 – 6 U 91/76, Die Justiz 1976, 472 (473)). Für die Nachbarn entstehen aber zusätzliche Beeinträchtigungen dadurch, dass die meisten Weihnachtsbaumkulturen mit Herbiziten behandelt werden (vgl. LT-Drs. 14/6135, 4); nicht zuletzt deshalb unterliegt diese Bewirtschaftungsform einer Anzeigepflicht nach § 25a III 2 LLG (s. auch die Höhenbegrenzung auf 3 m gem. § 25a I Nr. 2 LLG). Dies hat aber keine Auswirkungen auf die gesetzliche Abstandsregelung. 24

Weidenpflanzungen sind (auch einzelnstehende) Weiden. Die **Weide** (Salix) ist ein Gehölz mit weichem Holz, zweihäusigen Blüten (Kätzchen) und ungeteilten sommergrünen Blättern. Sie hat einen hohen Wasserbedarf und wächst deshalb bevorzugt auf feuchtem Grund. Das NRG privilegiert Weiden, wenn sie **jährlich genutzt,** also etwa zur Flechtwerkgewinnung (zB für Korbgeflechte und Trennwände) oder zur Rindengewinnung (zB für die Produktion von Salicylsäure) jährlich geschnitten werden. Vor diesem Hintergrund macht auch die in Abs. 1 Nr. 1 Hs. 2 gegebene Höhenbegrenzung von 1,80 m Sinn, da eine einjährige Weide diese Höhe nicht überschreitet. Unbearbeitet gehören sie, wie andere Weiden, die bis 4 m hoch werden, in die Kategorie III (→ Rn. 26); größere Weiden sind in Kategorie V oder VI einzuordnen (→ Rn. 31, 36). Weiden, die nicht höher werden als 4m (Zwerg- und Kriechweiden), kommen allerdings nur selten vor. Die Mandelweide wird bis zu 7 m, die Korbweide bis zu 10 m, die Lorbeerweide bis zu 12 m und die Salweide bis zu 15 m hoch; der einzig wirklich hohe Baum aber ist die Silberweide (Baum des Jahres 1999) mit einer Höhe von bis zu 30 m. 25

c) Kategorie III erfasst Kern- und Steinobstbäume auf schwach und mittelstark wachsender Unterlage, andere Gehölze artgemäß ähnlicher Ausdehnung und kleinere Weiden, die nicht jährlich genutzt werden. Auch entsprechende Sträucher dürften erfasst sein. Der Begriff der **Unterlage** hat nur im Veredelungsbereich Bedeutung, also bei Obstbäumen und Weintrauben. Fast alle Obstbaumarten sind Veredelungen. Das bedeutet, dass die Kultursorte auf eine spezielle Unterlage (Wurzel + Stammstück, meist 10–20 cm) veredelt wird. Je nachdem, ob die Veredelungsgrundlage schwach, mittelstark oder stark ausgeprägt ist, ändert sich das Wuchsverhalten des Obstbaums (näher dazu → Rn. 27). **Kernobst** geht aus einem unterständigen Fruchtknoten (Scheinfrucht) hervor und weist ein mehr oder weniger mächtig entwickeltes Fruchtfleisch auf. Hierher gehören zB Apfel, Birne, Quitte, Mispel, Vogelbeere (Eberesche), Speierling und die Japanische Mispel. **Steinobst** ist dadurch gekennzeichnet, dass nur die äußeren Schichten der Fruchthülle fleischig und saftig sind, während die innere als harte steinige Hülle den Samen umschließt. Hierher gehören zB Pfirsich, Nektarine, Marille (Aprikose), Süßkirsche, Weichsel (Sauerkirsche), Zwetschke, Pflaume, Kriecherl, Mirabelle, Ringlotte. Sind sie mit einer schwach oder mittelstark wachsenden Unterlage versehen 26 (ansonsten gehören sie in Kategorie V), gilt für sie gegenüber Grundstücken in Innerortslage (§ 12 II 2) ein Grenzabstand von **1 m**, ansonsten von **2 m;** überschreiten sie eine Höhe von 4m, beträgt der Abstand **3 m** (Abs. 1 Nr. 2). Für Baumschul- und Weihnachtsbaumkulturen, die eine Höhe von über 1,80 m erreichen, für Forstsamenplantagen und geschlossene Bestände (→ Rn. 39) mit mehr als drei der in die Kategorie III fallenden Gehölze gilt auch gegenüber Grundstücken in Innerortslage ein Grenzabstand von **2 m** bzw. – wenn sie die Höhe von 4m überschreiten – von **3 m.** Liegt ein Fall des § 18 vor (erklärte Reblage oder erklärte Gartenbaulage), sind die für Gehölze der Kategorie III maßgeblichen Abstände zu **verdoppeln,** sofern sich die Gehölze an der südlichen, östlichen oder westlichen Seite des begünstigten Grundstücks befinden (§ 18 S. 1). Für Pflanzungen, die in Kategorie III fallen, kommen grundsätzlich also sechs (!) Abstände in Betracht. In der Praxis ist aber meistens der Abstand von 1,50 m zutreffend. Zu Ausnahmen und Rückausnahmen s. Abs. 2, dazu → Rn. 38, 39.

27 **Obstbäume** (von althochdt. obez = Zukost) sind Bäume, die essbare Früchte tragen. Hierzu gehören (als Schalenobst) auch Walnussbäume (Pelka NachbarR BW 184). Wenn überhaupt, lassen sich nur wenige Obstbäume auf eigener Wurzel ziehen. Sie müssen deshalb durch Veredelung eines anderen Gehölzes, der Unterlage, gezüchtet werden. So gehen bei Apfel, Pflaume, Kirsche usw. Wurzel und Stamm häufig von einer „Wildart" und nur die sich dann entwickelnde Baumkrone aus einem Edelreiser hervor. Mit der Wachstumsleistung der „Unterlage" (Wurzel/Stamm) lässt sich die Versorgung der eigentlichen Kultursorte (gepfropft) besser steuern und die Pflanze insgesamt besser optimieren (Nährstoffaufnahme im Boden, Resistenzen, usw). Der Züchter bzw. Obstbaumveredler muss dabei darauf achten, dass die Wachstumsleistungen von Unterlagen und Edelreis zueinander passen. Allgemein gilt, dass die Wüchsigkeit der Unterlage die Größe und den Umfang des späteren Obstbaumes bestimmt – insbesondere da die Unterlage den Stamm ausbildet. Mit dieser Technik lassen sich Obstgehölze für jeden Größenbedarf anbieten. Wachstum und Ausdehnung von Obstgehölzen hängen deshalb wesentlich von ihrer Unterlage ab (SFP NachbG NRW/Peter NachbG NRW § 41 Rn. 10). Daher stellt § 16 für Obstbäume entscheidend darauf ab, ob sie wie die in Abs. 1 Nr. 2 genannten Kern- und Steinobstbäume (zB Aprikosen-, Quitten-, Pfirsich- und Sauerkirschbäume, auch Wollmispeln) auf **schwach und mittelstark wachsenden Unterlagen** (dann gehören sie – je nach Höhe – in Kategorie III bzw. IV) oder auf sonstigen, also stärker wachsenden Unterlagen (dann gehören sie in Kategorie V) gezogen sind.

28 Die anderen in die Kategorie III fallenden Gehölze artgemäß ähnlicher Ausdehnung müssen keine Obstbäume sein. Sie wachsen regelmäßig nicht höher als 4m (vgl. Abs. 1 Nr. 2 Hs. 2). Hierunter fällt eine Vielzahl von Ziergehölzen und Decksträuchern wie Flieder, Goldregen, Holunder, Kornelkirsche, Jasmin (= Philadelphus), Sanddorn, Schmetterlingsstrauch, chinesische Hanfpalme, Schneeball und Tamariske (Pelka NachbarR BW 232), ferner die Kugelakazie, Schirmtanne und Trauerbirke (VKKKK Rn. 9). Auch der Kirschlorbeer ist hier einzuordnen (OLG Karlsruhe 17.7.2020 – 12 U 113/19, BeckRS 2020, 16776 Rn. 160), ebenso die Japanische Glanzmispel.

29 **Forstsamenplantagen** sind Pfropfbestände zur Forstsamenerzeugung, also Baumbestände, die vom Forst für die Ernte von Saatgut genutzt werden. Dabei wird auf eine Jungpflanze ein Reis aus der Krone eines Zuchtbaums gepflanzt, um das Höhenwachstum aufzuhalten und hochwertiges Saatgut zu generieren (Pelka NachbarR BW 183), das der Neuanzucht von Setzlingen im Rahmen neuer Waldanpflanzungen dient.

30 **d) Kategorie IV** erfasst nur **Obstbäume** (→ Rn. 27) und bildet hierfür einen Auffangtatbestand, sofern sie nicht in die Kategorien III und V fallen. Das sind zum einen Schalenfrüchte (Schalenobst weist derb-trockenhäutige ungenießbare Fruchthüllen auf, die öl- bzw. stärkereiche Samen umschließen, das sind Nussbäume wie die Gemeine Hasel (AG Böblingen 26.4.2022 – 2 C 155/22, nv), Waldhaseln und Mandelbäume, s. VKKKK Rn. 9) auf nicht stark wachsender Unterlage (ansonsten gilt Kategorie V, zB für den Maulbeerbaum), aber auch Mirabellen-, Pflaumen-, Reineclauden-, Süßkirschen- und Zwetschgenbäume (Pelka

Sonstige Gehölze § 16

NachbarR BW 231). Entsprechende Sträucher sind ebenfalls erfasst. Aufgrund der Auffangwirkung der Kategorie IV zählt auch zB die Kakipflaume als kleiner bis mittelgroßer Baum hierher. Für diese Gehölze gilt ein Grenzabstand von **3 m.** Liegt ein Fall des § 18 vor (erklärte Reblage oder erklärte Gartenbaulage), sind die Abstände der Gehölze aus der Kategorie IV zu **verdoppeln,** sofern die Gehölze an der südlichen, östlichen oder westlichen Seite des begünstigten Grundstücks wachsen (§ 18 S. 1).

e) Kategorie V erfasst artgemäß mittelgroße oder schmale Gehölze (→ Rn. 32), Obstbäume auf stark wachsender Unterlage (das sind Obstbäume, die voraussichtlich höher werden als 5 m, so Reich NRG BW Rn. 10), veredelte Walnussbäume und Pappeln in Kurzumtriebsplantagen (dazu → Rn. 33); für diese gilt ein Grenzabstand von **4 m.** Liegt ein Fall des § 18 vor (erklärte Reblage oder erklärte Gartenbaulage), sind die Abstände der Gehölze aus der Kategorie V zu **verdoppeln,** sofern sich die Gehölze an der südlichen, östlichen oder westlichen Seite des begünstigten Grundstücks befinden (§ 18 S. 1). **31**

Der Begriff der **artgemäß mittelgroßen oder schmalen Gehölze** (Abs. 1 Nr. 4a) ist im Zusammenhang mit den beispielsweise genannten Birken, Blaufichten, Ebereschen (Vogel- und Mehlbeeren), Erlen, Akazien (= Robinien), Salweiden, Serbischen Fichten, Thujen, Weißbuchen (= Hainbuchen; aA OLG Karlsruhe 17.7.2020 – 12 U 113/19, BeckRS 2020, 16776 Rn. 157: Kategorie VI), Weißdornen und deren Veredelungen, Zieräpfeln, Zierkirschen und Zierpflaumen zu sehen. Hierunter fallen auch Silber-, Korea-, Sichel- und Hemlock-Tannen, Gemeine Kiefern, Zirbel-Kiefern (= Arven), Scheinbuchen, Feldahorne, Rotdorne, Pyramiden- und Scharlach-Eichen, Kuchenbäume, Hänge-Eschen, Abendländische Lebensbäume, Maulbeerbäume, Birken-Pappeln, Immergrüne Eichen, Paulownien, Taubenbäume, Gold-Ulmen sowie veredelte Walnussbäume (Breloer Bäume im NachbarR 55 ff.), ferner Baumhaseln (VG Freiburg 16.12.1991 – 4 K 391/91, VBlBW 1992, 314; VKKKK Rn. 9), Stechpalmen, Säulenbirken, Öl- und Kopfweiden sowie Zypressen (BGH 7.5.2021 – V ZR 299/19, NJW-RR 2021, 1170 Rn. 35; anders für die Sumpfzypresse → Rn. 37). Auch Korkenzieherweiden gehören hierher (OLG Karlsruhe 17.7.2020 – 12 U 113/19, BeckRS 2020, 16776 Rn. 155), ferner Zypressen (BGH 7.5.2021 – V ZR 299/19, NJW-RR 2021, 1170 Rn. 26) und Baumwacholder (OLG Karlsruhe 17.7.2020 – 12 U 113/19, BeckRS 2020, 16776 Rn. 126). Die in diese Kategorie fallenden Gehölze erreichen eine Höhe von 4m bis 18m sowie eine Breite von 3 m bis 6 m (Breloer Bäume im NachbarR 47). Aufgrund der vergleichbaren Verholzung und Schattenwirkungen fällt auch der **Bambus** in diese Kategorie (aA VKKKK Rn. 9: Kategorie III; LG Baden-Baden 22.11.2016 – 1 O 33/16, BeckRS 2016, 138005; Reich NRG BW Rn. 3: Kategorie I; zur Einordnung des Bambus auch → § 15 Rn. 21); dieser Gedanke lässt sich auf andere verholzende Gräser wie zB das Chinaschilf übertragen. Bei Trompetenbäumen ist unklar, ob sie zur Kategorie V (so Breloer Bäume im NachbarR 60) oder Kategorie VI (so Pelka NachbarR BW 233) gehören, da es sich dabei um mittelgroße Bäume (10 m bis 15 m Höhe) handelt, deren Seitenäste aber breit ausladend wachsen. Da Bäume aus Kategorie V nicht unbedingt schmal sein müssen („oder"), findet der Trompetenbaum in Kategorie V seinen Platz. Gleiches gilt für die Pinie, die etwas mehr in die Höhe wächst. Auch die Eibe ist hier einzuordnen (aA VKKKK Rn. 9: Kategorie VI; offengelassen in OLG Karlsruhe 17.7.2020 – 12 U 113/19, BeckRS 2020, 16776 Rn. 56, 99). **32**

Nach der Gesetzesnovelle von 2014 (dazu → Einl. Rn. 188) gehören zur Kategorie V nunmehr – und damit um eine Kategorie heruntergezont – auch **Pappeln in Kurzumtriebsplantagen** mit einer Umtriebszeit von höchstens 10 Jahren (Abs. 1 Nr. 4 lit. c). Nach § 2 II Nr. 1 BWaldG sind Kurzumtriebsplantagen Grundflächen, auf denen Baumarten mit dem Ziel baldiger Holzentnahme angepflanzt werden, die also schnell wachsen, und deren Bestände eine Umtriebszeit von nicht länger als 20 Jahren haben (ebenso BT-Drs. 16/12274, 67, zu § 39 BNatSchG; zur Herausnahme aus dem Waldbegriff Möckel NVwZ 2011, 663). Entscheidend ist daher der bei der Anpflanzung geplante Erntezeitpunkt. **33**

Kurzumtriebsplantagen sind eine moderne Variante des Niederwaldbetriebs, der als sog. Energiewald genutzt wird. Als Energiewald werden Anpflanzungen bezeichnet, die mit schnell wachsenden Bäumen Holz zur Energiegewinnung erzeugen. Man spricht von Kurz- **34** umtriebsplantagen oder Kurzumtriebswäldern, da das Holz nach einer kurzen Umtriebszeit von drei bis 10 Jahren geerntet wird. Mit einer längeren Umtriebszeit von 15 bis 20 Jahren wird Industrieholz, etwa zur Zellulosegewinnung produziert (Thomas BWaldG, 2013, § 2 Erl. 7.1). Die Neuregelung („höchstens zehn Jahren") erfasst diese Nutzung damit nicht. Gegenwärtig werden ungefähr 4000 bis 5000 Hektar in Deutschland als Kurzumtriebsplantagen genutzt. Die Anlage einer Kurzumtriebsfläche erfolgt durch Setzen von Pflanzenstecklingen in Reihen. Die Pflanzendichte (5000 bis 10 000 Pflanzen pro Hektar) ist dabei abhängig von der gewählten Baumart, Umtriebszeit und Spurweite der Erntemaschine. Nur kurz nach der Neuanlage ist eine Kulturpflege nötig, wenn sich hochwachsende Konkurrenzvegetation gebildet hat. In den Folgejahren sind keine Pflegeeingriffe und Düngung erforderlich. Nach einer für Bäume relativ kurzen Wachstumsphase von wenigen Jahren werden die 6 m bis 8 m langen Baumtriebe durch einen bodennahen Schnitt geerntet. Die im Boden verbleibenden Wurzelstöcke treiben im Frühjahr wieder aus (Stockausschlag); dadurch muss das Feld nicht neu angelegt werden. Die Nutzung ergibt einen Ertrag von bis zu 15 Tonnen Biomasse pro Hektar und Jahr. Die für eine Kurzumtriebsbewirtschaftung **geeigneten Baumarten** sind in erster Linie Pappeln und Weiden, die auf guten Standorten eine sehr hohe Biomasseleistung erreichen, und die robusten Niederwaldbaumarten Erle, Aspe, Robinie, Birke, Ahorn, Esche und Gewöhnliche Traubenkirsche, die gut auf Grenzertragsböden eingesetzt werden können. Der Standortanspruch an Jahresmitteltemperatur, Wasserhaushalt und Nährstoffhaushalt sowie die Resistenz gegen Schädlinge, Krankheiten und Wildverbiss bestimmt letztlich die Wahl der Baumart (Thomas BWaldG, 2013, § 2 Erl. 7.1). Die Neuregelung trägt dem Umstand Rechnung, dass die Einordnung der Pappel in Kategorie VI in diesen Fällen nicht passt. Auch Pappeln werden in Kurzumtriebsplantagen regelmäßig durch die Ernte „auf den Stock gesetzt", das heißt knapp über dem Boden abgeschnitten, und sind in den ersten zehn Jahren nach Pflanzung oder Ernte in ihrer Ausdehnung den Gehölzen aus Kategorie V vergleichbar. Um die effiziente Nutzung der Plantagenfläche nicht grundlos einzuschränken, erschien es deshalb angezeigt, Pappeln in Kurzumtriebsplantagen in die Kategorie V aufzunehmen, wenn die Umtriebszeit der Plantage auf höchstens 10 Jahre verkürzt ist.

35 Der neue Abs. 1 Nr. 4 Hs. 2 sieht darüber hinaus eine Höhenbegrenzung für die von der Sonderregelung betroffenen Pappeln auf 12 m vor, um den Nachbarn nicht über Gebühr zu belasten. Analog zu den Regelungen für Bäume der Kategorien I bis III müssen solche Pappeln keine Höhenbegrenzung aufweisen, wenn sie den Mindestgrenzabstand der Kategorie VI einhalten. Aus der Höhenbegrenzung folgt die Notwendigkeit, den die Parallelregelungen flankierenden Verkürzungsanspruch auf die Nutzpappeln zu erstrecken. Dem hat der Gesetzgeber durch die Neuregelung in Abs. 3 Rechnung getragen (dazu → Rn. 44). Der Verkürzungsanspruch gibt dem Nachbarn ein effektives Mittel an die Hand, übermäßige Belastungen durch außergewöhnlich hoch gewachsene Pappeln in einer Kurzumtriebsplantage (§ 2 II Nr. 1 BWaldG) abzuwehren.

36 f) **Kategorie VI** erfasst großwüchsige Arten (→ Rn. 37); für diese gilt ein Grenzabstand von **8 m** (Abs. 1 Nr. 5). Liegt ein Fall des **§ 18** vor (erklärte Reblage oder erklärte Gartenbaulage), sind die Abstände der Gehölze aus der Kategorie VI zu **verdoppeln**, sofern sie sich an der südlichen, östlichen oder westlichen Seite des begünstigten Grundstücks befinden (§ 18 S. 1).

37 Der Begriff der **groß wüchsigen Arten** ist im Zusammenhang mit den beispielsweise genannten Ahornen, Buchen, Eichen, Eschen, Kastanien, Linden, Nadelbäumen, Pappeln, Platanen und unveredelten Walnusssämlingsbäumen zu sehen; unveredelte Walnusssämlingsbäume sind normale, aus einem Sämling gezogene Walnussbäume; diese wachsen stärker als die gepfropften (veredelten) Sorten, die eher auf Ertrag als auf Größe gezüchtet werden; es werden dann auch gezielt passende Unterlagen ausgesucht (zB schwach- oder mittelwüchsig). Allerdings lassen sich keine allgemeinen Kriterien für die Großwüchsigkeit geben. Insbesondere lässt es sich kaum bewerkstelligen, die großwüchsigen Baumarten in a-priori-Gruppen zu klassifizieren. So gibt es weltweit allein nahezu 200 Ahornarten, hinzu kommen ggf. tausende Sorten und Varietäten, auch wenn § 16 durch die Bezugnahme auf „Arten" nicht auf

Unterarten und andere Abweichungen abstellt (OLG Karlsruhe 25.7.2014 – 12 U 162/13, NJW-RR 2015, 148, S. 18 des Umdrucks, insofern nv). Allenfalls ließe sich auf die in Baumschulen verwandten Listen von Bäumen 1. Ordnung (das sind solche, die maximal höher werden als 20 m) abstellen. Die Lösung ist aber auch in einem Fehlgriff des Gesetzgebers zu finden. In der Ursprungsfassung von 1959 lautete die Nr. 6 (inzwischen Nr. 5) wie folgt: „mit großwüchsigen Nadelbäumen, unveredelten Walnuss-Sämlingsbäumen, großwüchsigen Arten von Ess- und Roßkastanien, Pappeln, Linden, Ahornen, Ulmen, Platanen, Eichen, Buchen, Eschen, Robinien („Akazien") und Baumweiden sowie mit anderen Bäumen artgemäß ähnlicher Ausdehnung 8 m." 1993 hat der Gesetzgeber diesen Wortlaut in die heutige Fassung geändert, aber nicht, um ihm einen anderen Inhalt zu geben, sondern allein zu dem Zweck, die Aufzählung „zur besseren Übersichtlichkeit" alphabetisch zu ordnen (→ Rn. 5). Insofern wird man die in Nr. 5 genannten Bäume schon als Regelbeispiele für großwüchsige Bäume ansehen müssen und nur darüber hinaus Pflanzen „artgemäß ähnlicher Ausdehnung" (→ Rn. 19) einbinden. Unter die groß wüchsigen Bäume fallen hiernach auch Douglasien (Douglastanne, Douglasfichte oder Douglaskiefer), Rot-, Sitka- und Orientalische Fichten, Grautannen (= Coloradotannen), Weißtannen, Schwarz- und Tränenkiefern, Atlaszedern (= Blauzedern), Libanon-Zedern, Flügelnussbäume, Gleditschien, Ginkgobäume (= Fächerblattbäume), Götterbäume, Europäische Lärchen, Mammutbäume, Robinien, Schnurbäume, Tulpenbäume, Spitzahorne, Ulmen, Trauerweiden (LG Mannheim 25.7.2008 – 1 S 39/08, nv) und andere Baumweiden (zB Silberweiden) sowie Sumpfzypressen (Breloer Bäume im NachbarR 55 ff.). In der Ursprungsfassung wird nur hinsichtlich der Echten Kastanien (Castanea sativa) und der Rosskastanien (Aesculus) ausdrücklich differenziert. Beide Bäume werden bis zu 30 m hoch. Offensichtlich hielt der Gesetzgeber die Kastanien hinsichtlich ihrer Klassifizierung für grenzwertig, so dass nur großwüchsige Formen dieser Bäume in Nr. 5 fallen sollten. Vielleicht wurde 1993 an der Nr. 5 doch auch inhaltlich gefeilt und die Formulierung als fehlerhaft erkannt, weil diese Unterscheidung in der seither geltenden Fassung beseitigt ist. Immerhin war die Unterscheidung von großwüchsigen Arten von echten und Roßkastanien botanischer Nonsens. Denn von der echten Kastanie gibt es nur diese eine Art, und die Rosskastanie ist keine Art, sondern eine Sorte. Kastanien gehören daher ganz allgemein in die Kategorie VI.

5. In **Abs. 2** wird für gewisse **Gehölze, die sich gegenüber Grundstücken in Innerortslage** (§ 12 II 2) befinden, eine **Verkürzung des Mindestabstands auf die Hälfte** bestimmt. Dies betraf bis zum Inkrafttreten der Neuregelung am **12.2.2014** die Gehölze aus den Kategorien III bis V mit Ausnahme der in Kategorie V genannten Obst- und Walnussbäume. Für diese Pflanzen bleibt es bei der bisherigen Privilegierung (→ Rn. 8). Von den **neu gepflanzten und neu gezogenen Gehölzen** sind **nur** noch die (höhenbeschränkten) Gehölze der **Kategorie III** erfasst **(S. 1)**. Mit der Neuregelung soll die abstandsrechtliche Privilegierung von Gehölzen in Innerortslage beseitigt werden, soweit es sich um nicht höhenbeschränkte Gehölze handelt. Die Streichung der Privilegierung trägt der Bedeutung der immer wichtiger werdenden Solarnutzung und der damit gestiegenen Bedeutung der Sonneneinstrahlung gerade auch in Innerortslagen Rechnung. Für die in den Kategorien IV bis VI eingruppierten Gehölze gelten in Zukunft mithin auch in Innerortslagen die normalen Abstandsvorschriften (zu einem Ausweg → § 27 Rn. 13). Übersichtlicher wäre es gewesen, den verbleibenden Inhalt des Abs. 2 (samt Rückausnahmen, dazu sogleich) zur Regelung des Abs. 1 Nr. 2 Hs. 2 zu ziehen, da er als eigener Absatz nur verwirrt.

38

Rückausnahmen im Sinne der Nichtgeltung der Abstandsprivilegierung bestehen nach Abs. 2 S. 2 (wie bisher) für
– **Baumschul- und Weihnachtsbaumkulturen** (aus Kategorie III); dies erklärt sich damit, dass die im Gesetzgebungsverfahren herangezogenen Sachverständigen einen größeren Abstand bei solchen Anpflanzungen für unerlässlich gehalten hatten (→ Rn. 4);
– **Forstsamenplantagen** (aus Kategorie III); da die Bäume bis in die Krone beerntet und mit entsprechendem Platzbedarf auch vom Rand aus bearbeitet werden müssen;

39

§ 16 4. Abschnitt. Einfriedigungen, Spaliere, Pflanzungen

– **geschlossene Bestände mit mehr als drei Gehölzen** (aus der Kategorie III) wegen der damit verbundenen erhöhten Beeinträchtigungen für den Nachbarn. Der Begriff des geschlossenen Bestands ist von dem der Hecke iSd § 12 abzugrenzen. Sind die zum Bestand gehörenden Gehölze Teile einer Hecke, richtet sich der Grenzabstand für diese Bäume nach § 12 I. Allerdings wird es auf diesen Vorrang kaum einmal ankommen, da sich die in Abs. 1 Nr. 2 genannten Gehölze für eine Heckenbildung nur sehr bedingt eignen. Entscheidend für die Annahme eines geschlossenen Bestandes ist die Anzahl der Gehölze. Diese können unterschiedlichen Arten aus dem genannten Spektrum angehören (Reich NRG BW Rn. 13); es spielt auch keine Rolle, ob sie angepflanzt wurden oder es sich dabei um Wildlinge handelt (→ Rn. 13; aA Reich NRG BW Rn. 2, 13). Ein **geschlossener Bestand** liegt vor, wenn sich spätestens im ausgewachsenen Zustand die äußeren Kronenteile der Gehölze berühren (LG Konstanz 25.11.1975 – 1 S 132/75, nv; Birk NachbarR BW Anm. 3a; VKKKK Rn. 10). Damit können nur in etwa gleich hochwachsende Gehölze einen geschlossenen Bestand bilden. Ein mehrstämmiger Baum ist wie eine Baummehrheit zu behandeln, wenn die Auswirkungen auf das Nachbargrundstück wertungsmäßig eine Trennung nahelegen (Pelka NachbarR BW 180). Alle Bäume des geschlossenen Bestandes müssen den Normalabstand einhalten; andernfalls sind nicht alle Bäume in diesem Bestand zu beseitigen, sondern nur diejenigen, die den Mindestabstand nicht wahren (Birk NachbarR BW Anm. 3a). Nach der bisherigen Regelung, die **für den am 12.2.2014 vorhandenen Baumbestand** gilt, sind auch geschlossene Bestände mit mehr als 3 der in den **Kategorien IV und V** angeführten Gehölze **außer den in Kategorie V genannten Obst- und Walnussbäumen** nicht privilegiert. Ebenfalls nur für den am 12.2.2014 schon vorhandenen Baumbestand gilt, dass für **Laubbäume der Kategorie VI** der Grenzabstand nicht auf die Hälfte, sondern nur um ein Drittel, also **von 8 m auf 6 m gemindert** ist, sofern es sich dabei um **Solitäre** (einzelnstehende Bäume) handelt (bisheriger S. 3: „Einzeln stehende großwüchsige Bäume, ausgenommen Nadelbäume, dürfen gegenüber Grundstücken in Innerortslage mit einem Abstand von 6 m gepflanzt werden"). Einzeln stehen Bäume, deren artgemäß entwickelte Kronen sich auch in ausgewachsenem Zustand nicht mit anderen Bäumen berühren (LG Mannheim 25.7.2008 – 1 S 39/08, nv; → Rn. 6). Hierbei ist unerheblich, ob die Bäume auf einem Grundstück oder auf mehreren Grundstücken stehen (LG Mannheim 25.7.2008 – 1 S 39/08, nv). Der Gesetzgeber stellt auf die artgemäße Entwicklung ab; ein Baum steht daher nicht nur deshalb einzeln, weil er zB wegen schlechter Bodenverhältnisse oder Rückschnittmaßnahmen nicht so üppig wächst wie die Art oder eine Kronenberührung nicht erwarten lässt (LG Mannheim 25.7.2008 – 1 S 39/08, nv).

40 **6. Gemessen** wird der **Abstand zur Grenze** waagrecht, also nicht in der Geländelinie, von der Mittelachse der der Nachbargrenze nächsten Stämme oder Triebe bei deren Austritt aus dem Boden (auch wenn das Gehölz auf die Grenze zuwächst) und senkrecht zur Grenze (**§ 22 I**).

41 Sofern es auf die Gehölzhöhe ankommt, also bei den Gehölzen der Kategorien I bis III und den in Kategorie V eingeordneten Nutzpappeln, ist vom Boden ab zu messen. Zu Ausnahmen → § 11 Rn. 26 ff.

42 Befindet sich das abstandspflichtige Grundstück nicht in Innerortslage (§ 12 II 2) und ist es vom Nachbargrundstück durch einen öffentlichen Weg oder durch ein Gewässer getrennt, sind die Abstände zum Nachbargrundstück von der Mitte des Weges oder Gewässers aus zu messen (§ 22 II); § 21 I 1 Nr. 1 gilt hier nicht.

43 Maßgeblich für die Abstandsberechnung sind die aktuellen Verhältnisse (§§ 22 III, 33 II).

44 **7. Abs. 3** gibt hinsichtlich der Gehölze aus den **Kategorien I bis III,** nach der Gesetzesnovelle von 2014 nunmehr auch für die **zur Kategorie V gehörenden Nutzpappeln,** einen **Anspruch auf Verkürzung,** also auf Herunterschneiden, sofern die grenznahen Gehölze der Kategorien I und II über die Maximalhöhe von 1,80 m, der Kategorie III über 4 m und die Nutzpappeln über 12 m hinauswachsen (zur Höhenbestimmung → Rn. 41 und

Sonstige Gehölze **§ 16**

→ § 22 Rn. 8), es sei denn, sie halten den Grenzabstand der nächst höheren Kategorie ein. Anders als bei toten Einfriedigungen (→ § 11 Rn. 26) und Hecken (→ § 12 Rn. 28) spielt es für die Messung keine Rolle, ob das Nachbargrundstück ein abweichendes Bodenniveau aufweist; zu messen ist die Höhe der Pflanze ausnahmslos ab deren Austritt aus dem Boden (OLG Karlsruhe 7.3.2023 – 12 U 269/22, BeckRS 2023, 5207 Rn. 41). Für andere Gehölze als die aus den genannten Kategorien besteht mangels Höhenbeschränkung kein Verkürzungsanspruch (OLG Karlsruhe 7.3.2023 – 12 U 269/22, BeckRS 2023, 5207 Rn. 29; Birk NachbarR BW Vor Anm. 1). Da die Regelung in Abs. 3 Hs. 2 der in § 12 III Hs. 2 entspricht, gilt auch hier, dass keine Verpflichtung besteht, durch vorsorglichen Rückschnitt in den Wintermonaten dafür zu sorgen, dass das Gehölz während der Wachstumsperiode die zulässige Höhe nicht überschreitet (LG Freiburg 7.12.2017 – 3 S 171/16, NJW-RR 2018, 271 Rn. 26). Der Verkürzungsanspruch besteht unabhängig davon, ob der Nachbar durch den Höhenwuchs beeinträchtigt wird oder nicht. Auch spielt es keine Rolle, ob das Gehölz die Verkürzung überlebt oder nicht, selbst wenn der Verkürzungsanspruch damit einem Beseitigungsanspruch gleichkommt (BGH 11.6.2021 – V ZR 234/19, NJW 2021, 2882 Rn. 17 ff.); dies ist nur anders bei Bäumen, die durch eine Baumschutzsatzung geschützt sind (→ Rn. 57 und Dehner B § 21 I 2).

Der Verkürzungsanspruch ist der Verjährung nicht unterworfen (§ 26 III). Die Durchsetzbarkeit des Anspruchs ist aber **auf die Wintermonate (1. Oktober bis Ende Februar des Folgejahres) beschränkt** (Abs. 3). Zwar enthält auch **§ 39 V 1 Nr. 2 Hs. 1 BNatSchG** das Verbot, Gehölze innerhalb der Vegetationszeit (1.3.–30.9. eines Jahres) abzuschneiden, auf den Stock zu setzen oder zu beseitigen. Allerdings nimmt diese Regelung Gehölze außerhalb des Waldes, von Kurzumtriebsplantagen und gärtnerisch genutzten Grundflächen aus, und es ist nicht klar, ob auch private Gärten als „gärtnerisch genutzte Flächen" zählen oder nur die für den Erwerbsgartenbau (zB Baumschulen) genutzten Flächen (für letzteres Schumacher/Fischer-Hüftle BNatSchG/Kratsch, 2. Aufl. 2010, § 39 Rn. 28; differenzierend Landmann/Rohmer UmweltR/Gellermann BNatSchG § 39 Rn. 20, wonach private Nutzgärten ausgenommen sind, private Ziergärten hingegen nicht (ebenso Frenz/Müggenborg, 2. Aufl. 2016/Lau BNatSchG § 39 Rn. 13). Wie der historische Gesetzgeber dazu steht, ist unklar (→ Rn. 7). § 40 NatSchG betrifft andere Fälle. Vor diesem Hintergrund sollte Abs. 3 unabhängig von der bundesgesetzlichen Regelung ausgelegt werden. Aus der zeitlichen Begrenzung ergibt sich, dass die Verkürzung nur **einmal im Jahr** erfolgen muss (BGH 6.10.2011 – V ZB 72/11, NJW-RR 2012, 82 Rn. 15). 45

Bei gerichtlicher Geltendmachung des Verkürzungsanspruchs ist die Beschränkung auf die Zeit vom 1.3. bis 30.9. in den Urteilstenor aufzunehmen. Wird zur Frequenz der Beschneidungsmaßnahmen nichts beantragt, erschöpft sich das Urteil in der einmaligen Ausführung, was tunlichst vermieden werden sollte. Da das Gesetz den Kürzungsanspruch ausdrücklich normiert, besteht kein Rechtsschutzbedürfnis für einen (weitergehenden) Beseitigungsanspruch. 46

8. Inhaber der Abwehransprüche nach Abs. 1 (auf Beseitigung oder Unterlassung, → Einl. Rn. 30) und Abs. 3 (auf Verkürzung) ist wie auch sonst, wenn das NRG nichts anderes bestimmt, nur der Eigentümer des Nachbargrundstücks (→ Einl. Rn. 20), damit auch der Miteigentümer (§ 1011 BGB), aufgrund § 11 I 1 ErbbauRG der Erbbauberechtigte und bei Wohnungseigentum die WEG, da es nur um gemeinschaftliches Eigentum geht, nicht aber der bloße Besitzer, auch wenn er zum Besitz berechtigt ist (→ Einl. Rn. 21). 47

Verpflichtet ist der **Besitzer** des Gehölzes (arg. Abs. 3); das ist der Grundeigentümer, damit auch der Miteigentümer (§ 1011 BGB), aufgrund § 11 I 1 ErbbauRG der Erbbauberechtigte und bei Wohnungseigentum in erster Linie die WEG, ferner derjenige, der das Grundstück aufgrund eines (nicht unbedingt wirksamen) schuldrechtlichen Besitzmittlungsverhältnisses zur Miete, Pacht oder Ähnlichem nutzt. Allerdings ist zweifelhaft, ob Art. 124 EGBGB überhaupt eine Einschränkung von Besitzrechten zulässt (hierzu → Einl. Rn. 21). Der Sonderrechtsnachfolger des Eigentümers ist auch dann passivlegitimiert, wenn er die 48

Anpflanzung nicht zu verantworten hat (aA Reich NRG BW Rn. 2, mit Hinweis auf § 9 I 2).

49 9. Sofern hinsichtlich der Art des Grenzbewuchses und damit der einzuhaltenden Grenzabstände Unklarheit besteht, hat der Nachbar aufgrund des nachbarrechtlichen Gemeinschaftsverhältnisses einen (einklagbaren) **Auskunftsanspruch** gegen den Eigentümer des mit dem fraglichen Gehölz bestandenen Grundstücks (→ Einl. Rn. 27; Dehner B § 22 II 8; Pelka NachbarR BW 181; VKKKK Rn. 3; SFP NachbG NRW/Peter NachbG NRW § 41 Rn. 20). Die allgemeine Voraussetzung, dass ein Recht auf Auskunft nur anerkannt werden kann, wenn das Wesen des fraglichen Rechtsverhältnisses es mit sich bringt, dass der Berechtigte „in entschuldbarer Weise über das Bestehen und den Umfang seines Rechts im Ungewissen, der Verpflichtete hingegen unschwer in der Lage ist, solche Auskunft zu erteilen" (BGH 8.1.1986 – VIII ZR 292/84, NJW-RR 1986, 874 (876)), ist gegeben, wenn der Berechtigte in das Nachbargrundstück nicht problemlos einsehen kann (OLG Karlsruhe 17.7.2020 – 12 U 113/19, BeckRS 2020, 16776 Rn. 172). Sofern der Besitzer zur Abstandshaltung verpflichtet ist (dazu → Rn. 48), ist nach dieser Maßgabe auch der Besitzer auskunftspflichtig.

50 10. Für die vor dem 1.1.1960 entstandenen Gehölze vgl. die Ausführungen unter → § 33 Rn. 5 ff. Sind aufgrund der zum 1.1.1996 in Kraft getretenen Neufassung der Abs. 1 und 2 größere Abstände einzuhalten, gilt nach Art. 2 I des Gesetzes zur Änderung des NRG vom 26.7.1995 (GBl. 605 (608)) für die Altbestände § 33 und damit das alte Recht entsprechend (VKKKK Rn. 19). Für die zur Zeit des Inkrafttretens des Gesetzes zur Änderung des NRG vom 4.2.2014 (GBl. 65) am 12.2.2014 bestehenden Gehölze bleibt es bei der Geltung der bis dahin geltenden Regelungen (Art. 2 II des Gesetzes zur Änderung des NRG vom 4.2.2014, GBl. 65).

IV. Ergänzende Vorschriften

51 1. § 16 enthält eigene Beseitigungsansprüche (BGH 7.5.2021 – V ZR 299/19, NJW-RR 2021, 1170 Rn. 27 ff, – Zypressen-Schatten). Daneben kommen Beseitigungsansprüche aus § 1004 I 1 BGB in Betracht (BGH 7.5.2021 – V ZR 299/19, NJW-RR 2021, 1170 Rn. 41 – Zypressen-Schatten). § 16 bildet zudem ein Schutzgesetz iSd **§ 823 II BGB,** so dass schuldhafte Verstöße gegen die in § 16 bestimmten Grenzabstände zu Schadensersatzansprüchen des Nachbarn führen können (Reich NRG BW Rn. 2).

52 2. Zum **Überhangrecht** s. § 910 BGB bzw. §§ 23–25, zum **Überfallrecht** § 911 BGB.

53 3. **§ 923 BGB** trifft eine Regelung für (einzelne) Bäume oder Sträucher, die auf der **Grundstücksgrenze** stehen, also mit ihrem Stamm bei Austritt aus dem Boden (Wurzelbereich unerheblich) von der Grundstücksgrenze durchschnitten werden (BGH 2.7.2004 – V ZR 33/04, BGHZ 160, 18 = NJW 2004, 3328 (3329)). Für diese Pflanzen gilt, dass jeder Nachbar ihre Beseitigung (ggf. auch Kürzung) verlangen darf (§ 923 II 1 BGB) und etwaige Früchte den Nachbarn zu gleichen Teilen gehören. Dies gilt nicht, wenn die Grenzpflanze Teil einer Grenzeinrichtung nach § 921 BGB ist, zB einer Grenzhecke. In diesem Fall ist der Anspruch aus § 922 S. 3 BGB (dazu → § 12 Rn. 38) speziell. Zu Problemen kann es kommen, wenn die Grenzpflanze ein Baum ist und dem Schutz einer Baumschutzsatzung unterfällt. Erteilt die Kommune keine Fällgenehmigung, greift Unmöglichkeitsrecht (§ 275 I BGB); für einen Schadensersatzanspruch nach § 280 I BGB wird es jedoch oft an einem Verschulden fehlen. Die Beseitigungskosten haben die Nachbarn hälftig zu tragen; das Pflanzenmaterial steht ihnen zu gleichen Teilen zu. Wenn jedoch ein Nachbar die Beseitigung verlangt und der andere auf seine Rechte am Baum oder Strauch verzichtet, hat der die Beseitigung verlangende Nachbar die Kosten allein zu tragen; das Holz gehört ihm dann auch allein.

54 4. In etwa drei Prozent der Gemeinden in Baden-Württemberg bestehen **Baumschutzsatzungen** bzw. **-verordnungen,** die dem Schutz älterer Bäume dienen (vgl. LT-Drs. 14/

4789, 2; Satzungsmuster des Gemeindetags BW in BWGZ 2007, 364). Nach der Mustersatzung, der die meisten Gemeinden (zB Stuttgart, Karlsruhe) folgen, sind Bäume mit einem Stammumfang von mindestens 80 cm geschützt (in Baden-Baden sind seit Juli 2016 Biotope mit einem Stammumfang von mindestens 100 cm, gemessen 100 cm über dem Fußboden, geschützt; davor war ein Stammdurchmesser von mindestens 20 cm gefordert, abgedr. in der 1. und 2. Aufl. als Anh. III). Ersatzpflanzungen, die diese Regelwerke ermöglichen, sind unabhängig vom Stammumfang geschützt (OLG Karlsruhe 17.7.2020 – 12 U 113/19, BeckRS 2020, 16776 Rn. 125).

Rechtsgrundlage für solche Regelungen ist § 4 I GemO, §§ 23 VI, 31 II NatSchG iVm 55 §§ 22 I, II, 29 BNatSchG. Nach den bundesrechtlichen Vorgaben dürfen die Länder Teile von Natur und Landschaft zum **„geschützten Landschaftsbestandteil"** erklären, wobei die Erklärung sich auf den Schutzgegenstand, den Schutzzweck, die zur Erreichung des Schutzzwecks notwendigen Gebote und Verbote und, soweit erforderlich, auf die Wiederherstellungsmaßnahmen zu beziehen oder Ermächtigungen hierfür zu enthalten haben. Geschützte Landschaftsbestandteile sind rechtsverbindlich festgesetzte Teile von Natur und Landschaft, deren besonderer Schutz etwa zur Pflege des Ortsbildes oder zur Abwehr schädlicher Einwirkungen erforderlich ist (§ 29 I 1 BNatSchG). Auf dieser Grundlage bzw. den inhaltlich übereinstimmenden Vorgängerbestimmungen haben wohl alle Bundesländer Naturschutzgesetze erlassen, die eine (in BW und anderen Bundesländern auch kommunale) Regelungskompetenz für Baumschutzsatzungen bzw. Baumschutzverordnungen geben. Gedeckt waren und sind damit Bestandsschutzregelungen wie Ausgleichspflichten. Daher brauchen die Länder ihre Naturschutzgesetze auch nicht anzupassen (OVG Berlin-Brandenburg 10.2.2011 – 11 A 1.08, LKV 2011, 278 (279); Bruns NZBau 2010, 232; de Witt/Wolf NZBau 2010, 493; aA Schröer NZBau 2010, 98; inzwischen durch § 32 I NatSchG geklärt); in der Regierungsbegründung zum BNatSchG 2009 (BT-Drs. 16/12274) sind Baumschutzsatzungen bzw. -verordnungen dementsprechend mit keinem Wort erwähnt. Allein der Wegfall einer Ermächtigungsgrundlage lässt die Wirksamkeit einer darauf gegründeten Rechtsnorm unberührt (BVerfG 16.5.1961 – 2 BvF 1/60, NJW 1961, 1395 (1396); BVerfG 27.7.1971 – 2 BvL 9/70, BeckRS 1971, 10361, zu III.3.; BVerfG 10.5.1988 – 1 BvR 482/84, NJW 1988, 2290 (2292); BVerwG 6.10.1989 – 4 C 11/86, NJW 1990, 849; aA mit beachtlichen Gründen Kotulla NVwZ 2000, 1263 (1264)); erst recht gilt dies für den Austausch einer Ermächtigungsgrundlage. Sie tritt – wofür hier aber auch nichts ersichtlich ist – vorbehaltlich abweichender Übergangsbestimmungen nur dann außer Kraft, wenn sie ihrem Inhalt nach mit einem späteren Gesetz nicht mehr in Einklang steht (BVerwG 6.10.1989 – 4 C 11/86, NJW 1990, 849).

Die Schutzvorschriften des Landesgesetzgebers erfassen den Baumbestand des gesamten 56 Gemeindegebiets. Hierzu zählen Bäume nicht, die iSd LWaldG Waldbestandteil sind (§ 31 II NatSchG; s. auch VGH Mannheim 28.7.1994 – 5 S 2467/93, NVwZ 1995, 402), wohl aber Bäume in Kleingartenanlagen (Günther NuR 2002, 587). Sofern Baumschutzsatzungen bzw. -verordnungen eine Begrenzung ihres Wirkungskreises auf im Zusammenhang bebaute Ortsteile (vgl. § 34 I 1 BauGB) und den Geltungsbereich der Bebauungspläne vorsehen, ist dies hinreichend bestimmt (BVerwG 16.6.1994 – 4 C 2/94, NVwZ 1994, 109; BGH 15.3.1996 – 3 StR 506/95, NJW 1996, 148; s. auch § 33 II Nr. 1 NatSchG 2005, GBl. 745), nicht aber eine Ausweitung auf Gebiete, deren Bebauung in absehbarer Zeit zu erwarten ist, oder auf Randzonen von Wohn-, Gewerbe- oder Verkehrsbereichen (VGH Mannheim 28.7.1994 – 5 S 2467/93, NVwZ 1995, 402 (405); s. aber § 33 II Nr. 1 NatSchG 2005). Die Vorschriften dienen den in § 29 I BNatSchG sowie § 31 I NatSchG angegebenen Zwecken, vor allem dem öffentlichen Interesse an der Pflege des Orts- oder Landschaftsbildes, der Erhaltung der Leistungsfähigkeit des Naturhaushalts sowie der Verbesserung des Stadtklimas (s. auch VGH Mannheim 7.2.1991 – 5 S 2029/90, NJW 1991, 3050; GLS NachbarR-HdB/Lüke Kap. 2 Rn. 360; ferner die in Anh. I und II abgedruckten Satzungen, dort jeweils § 2). Die Wertigkeit dieses Schutzes hat Bernatzky (Leben mit Bäumen, 1988, 50) durch folgendes Beispiel gut verdeutlicht: Eine freistehende hundertjährige Buche mit einer Höhe von 25 m und

§ 16　　　　　　　　　　4. Abschnitt. Einfriedigungen, Spaliere, Pflanzungen

einem Kronendurchmesser von 15 m liefert bei der Fotosynthese pro Stunde 1,7 kg Sauerstoff bei einem Verbrauch von 2,35 kg Kohlendioxid und stillt damit den Jahressauerstoffbedarf von 10 Menschen; bei einer Fällung müssten hierfür 2700 junge Bäume gepflanzt werden (s. auch Steinberg NJW 1981, 550 (556)).

57　§ 23 VI NatSchG lässt derartige Unterschutzstellungen nur in Form einer **Satzung** zu. Zuvor waren auch Baumschutzverordnungen erlaubt; diese behalten ebenfalls ihre Gültigkeit (§ 32 I 1 NatSchG). Die Baumschutzsatzungen bzw. -verordnungen **untersagen die Beschädigung und Beseitigung** von (in der Regel auch abgestorbenen, vgl. OLG Düsseldorf 10.7.1984, 5 Ss – Owi – 190/84, NVwZ 1985, 70 (71); Hoppenberg/de Witt BauR-HdB/Dreier Kap. E Rn. 394) Bäumen ab einem bestimmten Umfang. Beschädigt werden Bäume nicht schon durch einfaches Zurückschneiden oder Kürzen (sog. Form- oder Pflegeschnitt, vgl. § 39 V 1 Nr. 2 Hs. 1 BNatSchG, auch bei Ausdünnen der Krone zur Entlastung schräg wachsender Bäume; s. ferner VG Weimar 4.8.2014 – 7 K 1392/12, LKV 2014, 573, 575), sondern erst dann, wenn durch den (auch mittelbaren) Eingriff das charakteristische Aussehen des Baums wesentlich verändert wird (ähnlich Hoppenberg/de Witt BauR-HdB/Dreier Kap. E Rn. 407: Verstümmelung). Vorgaben aus § 910 BGB bleiben dabei wegen Art. 111 EGBGB unberücksichtigt; gegenüber den Anforderungen einer Baumschutznorm setzt sich das Selbsthilferecht aus § 910 BGB nicht durch (OLG Frankfurt a. M. 13.6.1991 – 1 U 122/89, NJW-RR 1991, 1364 (1365); OLG Hamm 6.11.2007 – 3 Ss OWi 494/07, NJW 2008, 453; aA OLG Karlsruhe 16.12.1987 – 13 U 79/87, BeckRS 1987, 30913296; OLG München 11.5.2016 – 20 U 4831/15, NJOZ 2017, 281 Rn. 21), ebenso wenig der Beseitigungsanspruch aus § 923 II 1 BGB im Falle eines Grenzbaums (Breloer Der Sachverständige 2005, 371 (373)). Ein Nachbar, der zum Selbsthilferecht aus § 910 BGB greifen will, darf vorsorglich durch die Verwaltungsgerichte feststellen lassen, dass er damit nicht gegen die Baumschutznorm verstößt (VG Koblenz 6.3.2007 – 7 K 572/06, NuR 2008, 61 (62)). Die Baumschutzsatzungen bzw. -verordnungen lassen vom Schädigungsverbot **Ausnahmen** und **Befreiungen** zu (vgl. Anh. I, § 4; Anh. II, §§ 6, 7; zur Auslegung s. BayVGH 8.12.2014 – 14 ZB 12.1943, NVwZ-RR 2015, 374 (376)). Die zuständige Behörde wird dadurch ermächtigt, Verwaltungsakte zur Durchsetzung dieses Verbots zu erlassen (Hoppenberg/de Witt BauR-HdB/Dreier Kap. E Rn. 408). Diese Regelungen beschränken die Eigentümerbefugnisse gem. Art. 14 I 2 GG in zulässiger Weise (BVerwG 16.6.1994 – 4 C 2/94, NVwZ 1994, 1099 (1100); OVG Koblenz 12.7.2012 – 1 C 11236/11, NJOZ 2013, 24 (28); OLG Düsseldorf 20.4.1988 – 9 U 228/87, NJW 1989, 1807; Steinberg NJW 1981, 550 (555)). Insofern ist auch der Nachbarschutz beschränkt (OLG Düsseldorf 20.4.1988 – 9 U 228/87, NJW 1989, 1807 (1808); OLG Hamm 28.9.1998 – 5 U 67/98, MDR 1999, 930; Schink DÖV 1991, 7 (15); aA OLG München 11.5.2016 – 20 U 4831/15, NJOZ 2017, 281 Rn. 23); dem Nachbarn steht deswegen unter Umständen ein Ausgleichsanspruch in analoger Anwendung des § 906 II 2 BGB zu (→ Einl. Rn. 80 ff.). Baumschutzsatzungen bzw. -verordnungen sind aber **keine Schutzgesetze** iSd § 823 II BGB (OLG Karlsruhe 16.12.1987 – 13 U 79/87, BeckRS 1987, 30913296; 19.2.2019 – 12 U 77/18, BeckRS 2019, 21256 Rn. 47; OLG Hamm 30.11.1992 – 5 U 163/92, BeckRS 1992, 09355; OLG München 11.5.2016 – 20 U 4831/15, NJOZ 2017, 281 Rn. 22). Ein Schadensersatzanspruch lässt sich damit nur auf § 823 I BGB stützen, auch dann aber ohne Rückgriff auf Vorschriften der Baumschutznorm (dazu → Vor §§ 23–25 Rn. 19). Drittschutz iSd öffentlichen Baurechts vermitteln Baumschutzsatzungen ebenfalls nicht (BayVGH 17.3.2000 – 26 ZS 99.3054, Juris-Rn. 26; OVG Lüneburg 15.11.2006 – 1 ME 194/06, NdsVBl. 2007, 136). Der Eigentümer eines Baumes hat deshalb keinen Anspruch gegenüber der Gemeinde darauf, dass diese gegen den beabsichtigten Rückschnitt eines Baumes durch den Nachbarn in Ausübung des privaten Nachbarrechts aufgrund der Baumschutzsatzung einschreitet, weil sein Vorhaben möglicherweise gegen die Baumschutzsatzung verstößt (VGH Mannheim 21.12.1995 – 5 S 3422/95, NVwZ-RR 1996, 382).

58　Kommt eine Ausnahmegenehmigung oder Befreiung in Betracht, ist der Nachbar selbst **antragsbefugt** (BGH 10.4.2014 – V ZB 168/13, BeckRS 2014, 11172 Rn. 8; 11.6.2021 –

Sonstige Gehölze § 16

V ZR 234/19, NJW 2021, 2882 Rn. 30). Er ist insofern auch berechtigt, sie vor dem Verwaltungsgericht zu erstreiten (BGH 10.4.2014 – V ZB 168/13, BeckRS 2014, 11172 Rn. 8; 14.6.2019 – V ZR 102/18, NJW-RR 2019, 1356 Rn. 15; VGH Mannheim 28.7.1994 – 5 S 2467/93, NVwZ 1995, 402). Eine Ausnahmegenehmigung wird der Nachbar allerdings nur erlangen, wenn er aufzeigen kann, dass sein Grundeigentum durch Einwirkungen des Baums (zB Schatten, Laubfall, Wurzeln, schädliche Insekten) auf Dauer und unzumutbar beeinträchtigt wird (Otto NJW 1989, 1783; zu den Darlegungs- und Beweisanforderungen s. Hoppenberg/de Witt BauR-HdB/Dreier Kap. E Rn. 413 mN). Dies ist regelmäßig der Fall, wenn er bauen will und eine Baukörperverschiebung nicht in Betracht kommt (vgl. OVG Magdeburg 26.10.2010 – 4 L 55/09, NVwZ-RR 2011, 187 (188); Schink DÖV 1991, 7 (14)), ggf. auch bei einer Baumallergie (OVG Münster 13.2.2003 – 8 A 5373/99, NuR 2003, 575; Günther NuR 2002, 587 (590); s. auch OVG Münster 30.1.2008 – 8 A 90/08, NuR 2008, 819: Antrag des Eigentümers eines Baumgrundstücks auf Erteilung einer Ausnahmegenehmigung für eine giftige Eibe in einem von Kleinkindern genutzten Garten). Wenig erfolgreich sein dürfte dagegen die Berufung auf Wurzelschäden, Laubfall (auch wenn Kastanien auf parkende Autos fallen: VGH Mannheim 2.10.1996 – 5 S 831/95, NJW 1997, 2128 (2129); freilich kann dies einen Mangel des vermieteten Parkplatzes begründen, so LG Berlin 13.6.2006 – 65 S 260/05, BeckRS 2011, 09146; zur Beeinträchtigung durch herabfallende Eicheln s. OLG Brandenburg 17.8.2015 – 5 U 109/13, NJW-RR 2015, 1427 Rn. 16) oder Verschattung (Rechtsprechungsnachweise bei Günther NuR 1998, 637 (640 ff.); ders. NuR 2002, 587 (589 f.)). Greifen weniger belastende Maßnahmen, ist der Baum zu erhalten (Hoppenberg/de Witt BauR-HdB/Dreier Kap. E Rn. 412 mN). Letztlich entscheiden die Umstände des Einzelfalls. Die Behörde ist gehalten, den Sachverhalt möglichst mit eigenen Mitteln (vor allem Augenschein) zu klären. Ist ihr das nicht möglich (zB weil unklar ist, ob baumchirurgische Maßnahmen ausreichen), kann und sollte sie vom Antragsteller die Vorlage eines qualifizierten Baumgutachtens verlangen (Günther NuR 1998, 537 (641)).

Die Behörde kann die Fällgenehmigung mit **Auflagen** versehen. In der Regel sehen die **59** Baumschutzsatzungen bzw. -verordnungen hierfür die Anordnung von **Ersatzpflanzungen** in angemessenem Umfang (zB jeweils ein Baum für jeden angefangenen Meter Stammumfang des entfernten Baums, so OVG Münster 3.2.1997 – 7 A 3778/94, BeckRS 1997, 16693), hilfsweise von Ausgleichszahlungen vor (vgl. Anh. I, § 6; Anh. II, § 8; zur Rechtsgrundlage s. § 29 II 2 BNatSchG; die Methode Koch – dazu → Vor §§ 23–25 Rn. 22 – lässt sich dafür nicht nutzen). Für den Begriff der Ersatzpflanzung kann auf die Kommentierungen zu § 34 III FlurbG abgestellt werden. Die Angemessenheit der Ersatzpflanzung beurteilt sich demgemäß nicht nur nach der Bedeutung der Bäume für das Landschaftsbild, sondern auch nach ihrer Bedeutung für den Naturhaushalt. Bei dieser Sichtweise kann es nicht ausreichen, wenn die beseitigten Bäume (nur) zahlenmäßig ersetzt werden; denn die Neuanpflanzung kommt nicht nur ästhetisch, sondern mehr noch unter dem Gesichtspunkt des ökologischen Ausgleichs dem gefällten Baum (zunächst) nicht gleich (OVG Magdeburg 8.2.2011 – 2 L 32/10, NVwZ-RR 2011, 440 (441)).

Wird dem Nachbarn eine **Fällgenehmigung** erteilt, ist der Eigentümer allein dadurch **60** nicht in seinen Rechten verletzt und deshalb auch nicht befugt, diesen Verwaltungsakt anzufechten, weil die Baumschutzsatzungen bzw. -verordnungen allein dem öffentlichen Interesse dienen (VGH Mannheim 21.12.1995 – 5 S 3422/95, NVwZ-RR 1996, 382; OVG Lüneburg 11.4.1996 – 3 L 3798/94, NJW 1996, 3225; OVG Münster 17.4.1998 – 11 A 2054/96, NuR 1998, 666). Die Gemeinde muss den Eigentümer nicht gegen Selbsthilfemaßnahmen des Nachbarn schützen (VGH Mannheim 21.12.1995 – 5 S 3422/95, NVwZ-RR 1996, 382). Gleiches gilt im umgekehrten Verhältnis, so dass der Nachbar nicht gegen eine dem Eigentümer erteilte Fällgenehmigung vorgehen kann (Schink DÖV 1991, 7 (15)). Enthält die Fällgenehmigung indes Auflagen mit nachbarschützendem Charakter, kommen insoweit **Unterlassungsansprüche** des Nachbarn in Betracht. Die Einhaltung einer solchen in einer Genehmigung enthaltenen, seinem Schutz dienenden bestandskräftigen Auflage kann der

§ 16   4. Abschnitt. Einfriedigungen, Spaliere, Pflanzungen

Nachbar im Wege der quasinegatorischen Unterlassungsklage durchsetzen (ebenso für die Baugenehmigung BGH 21.1.2022 – V ZR 76/20, NVwZ 2022, 898 Rn. 17).

61 Der Nachbar kann den Eigentümer des Baumgrundstücks auch direkt (aus § 1004 I BGB) in Anspruch nehmen und ihn darauf verklagen, den Baum oder Teile davon zu entfernen. Naturschutzrechtliche Verbote, zB aus Baumschutzsatzungen, stellen die Störereigenschaft eines Grundstückseigentümers jedenfalls so lange nicht in Frage, wie er mit Erfolg eine Ausnahmegenehmigung für die Beseitigung der Störungsquelle beantragen kann. Ob das der Fall ist, müssen die Zivilgerichte selbstständig prüfen (zur prozessualen Seite → Einl. Rn. 150).

62   **5. Bäume** können umstürzen, ihre Äste können herabfallen. Um Dritte vor Schäden zu bewahren, bestehen deliktische **Verkehrssicherungspflichten,** die denjenigen treffen, der die Verfügungsgewalt über das Baumgrundstück hat (dieser trägt auch die polizeirechtliche Verantwortung: VG Freiburg 6.10.1987 – 6 K 44/87, NVwZ-RR 1988, 77 (79)). Verstößt er in schuldhafter Weise gegen diese Pflichten, haftet er auf Schadensersatz (§ 823 I BGB). Dabei ist vor überzogenen Anforderungen zu warnen. Insbesondere gelten für **Weichhölzer** (Pappeln, Weiden, Kastanien, Götterbäume), keine verstärkten Sorgfaltsanforderungen an den Verkehrssicherungspflichtigen, obwohl bei diesen Bäumen ein erhöhtes Risiko besteht, dass sie auch in gesundem Zustand Äste verlieren (BGH 6.3.2014 – III ZR 352/13, NJW 2014, 1588 Rn. 12). Auch das **Alter** – und sogar eine **Vorschädigung** – eines Baums erfordern für sich genommen nicht ohne weiteres eine gesteigerte Beobachtungspflicht des Verkehrssicherungspflichtigen (BGH 4.3.2004 – III ZR 225/03, NJW 2004, 1381 (1382)). Allerdings muss derjenige, der die Verfügungsgewalt über ein Grundstück ausübt, im Rahmen des Möglichen dafür sorgen, dass von den dort stehenden Bäumen keine Gefahr für andere ausgeht, der Baumbestand vielmehr so angelegt ist, dass er im Rahmen des nach forstwissenschaftlichen Erkenntnissen Möglichen gegen Windbruch und Windwurf, insbesondere aber auch gegen Umstürzen auf Grund fehlender Standfestigkeit gesichert ist (BGH 21.3.2003 – V ZR 319/02, NJW 2003, 1732 (1733); 2.7.2004 – V ZR 33/04, BGHZ 160, 18 = NJW 2004, 3328; anders bei Waldbäumen, → Rn 63). Verbreitet ist die Forderung, dass durch hinreichend qualifiziertes Personal (aA OLG Oldenburg 11.5.2017 – 12 U 7/17, nv: Sichtprüfung im privaten Bereich nur aus Laiensicht) vom Boden aus (bei Laubbäumen) regelmäßig zweimal im Jahr eine sorgfältige äußere Gesundheits- und Zustandsprüfung (sog. **Sichtprüfung**) vorzunehmen ist, nämlich einmal im belaubten und einmal im unbelaubten Zustand (OLG Hamm 15.4.2010 – 6 U 160/09, NJW-RR 2010, 1614 (1615); OLG Brandenburg 28.6.2011 – 2 U 16/10, Juris Rn. 28 = BeckRS 2011, 17732; OLG Dresden 6.3.2013 – 1 U 987/12, BeckRS 2014, 18505, unter Bezugnahme auf die Baumkontrollrichtlinien der Forschungsgesellschaft Landschaftsentwicklung Landschaftsbau e. V., sog. FLL-Richtlinien; Schneider VersR 2007, 743 (748); Wedekind/Klein KommJur 2009, 257; Wittek KommJur 2010, 324). Nach Auffassung des BGH lässt sich hingegen nicht allgemein festlegen, wie oft und in welcher Intensität solche Baumkontrollen durchzuführen sind. Ihre Häufigkeit und ihr Umfang sind hiernach vom Alter und Zustand des Baums sowie seinem Standort abhängig (BGH 21.1.1965 – III ZR 217/63, NJW 1965, 815; 4.3.2004 – III ZR 225/03, NJW 2004, 1381; 2.7.2004 – V ZR 33/04, BGHZ 160, 18 = NJW 2004, 3328, 3329). Nach Auffassung des OLG Oldenburg (Beschl. v. 11.5.2017 – 12 U 7/17, nv) müssen private Eigentümer nicht laufend kontrollieren und dann auch nur oberflächlich im Hinblick auf sich aufdrängende Krankheitssymptome (abgestorbene Teile, Rindenverletzungen, sichtbarer Pilzbefall), wohingegen Kommunen regelmäßig durch qualifiziertes Personal Bäume daraufhin untersuchen müssen, ob trockenes Laub, dürre Äste, Beschädigungen oder andere Anhaltspunkte dafür vorliegen, den Baum im Hinblick auf seine Standfestigkeit näher zu untersuchen. Die Verkehrssicherungspflicht erstreckt sich auch auf den **unterirdischen Bereich** von Bäumen, sofern Hinweise auf Gefahren, etwa eine Verwurzelung der Kanalisation, bestehen (BGH v. 24.8.2017 – III ZR 574/16, NVwZ-RR 2018, 8 Rn. 14, 15).

63   **Weitergehende Untersuchungen** sind geboten, wenn Anhaltspunkte vorliegen, die erfahrungsgemäß auf eine konkrete Gefährdung hindeuten. Solche Anzeichen sind etwa eine spärliche oder trockene Belaubung, dürre Äste, äußere Verletzungen, Wachstumsauffälligkeiten und Pilzbefall (OLG Hamm 31.10.2014 – 11 U 57/13, r+s 2015, 467). Betreiber von Abwasserkanälen müssen diese in regelmäßigen Abständen aktiv auf Verwurzelungen durch angrenzende Bäume untersuchen (BGH v. 24.8.2017 – III ZR 574/16, NVwZ-RR 2018, 8 Rn. 16). Die Prüfungskosten sind kein Aufwand für Gartenpflege iSd § 2 Nr. 10 BetrKV und daher nur dann von Wohnungsmietern zu tragen, wenn ihre Umlagefähigkeit als sonstige Betriebskosten iSd § 2 Nr. 17 BetrKV im Mietvertrag gesondert vorgesehen ist (AG Bottrop 12.6.2014 – 11 C 59/14, BeckRS 2014, 17580). Zeigen sich Krankheitszeichen, muss intensiver geprüft werden (BGH 8.10.2004 – V ZR 84/04, NJOZ 2005, 174; OLG Saarbrücken 26.11.2015 – 4 U 64/14, NJW-RR 2016, 221 Rn. 23). Dieser Prüfungsmaßstab gilt für Ortschaften, **nicht** aber im Wald **für waldtypische Gefahren** wie etwa Astbruch. Wie sich aus § 14 I 3, 4 BWaldG bzw. § 60 S. 1 BNatSchG ergibt, erfolgt die Benutzung des Waldes auf eigene Gefahr. Deshalb ist eine Haftung für waldtypische Gefahren ausgeschlossen. Der Waldbesucher setzt sich mit dem Betreten des Waldes bewusst den waldtypischen Gefahren aus, so dass diese in seinen Verantwortungsbereich fallen. Auch Waldwege gehören zum Wald, so dass die zu Verkehrssicherungspflichten an öffentlichen Straßen ergangene Rechtsprechung nicht einschlägig ist. Dies gilt auch bei starker Frequentierung. Anders ist die Haftungslage etwa bei einem nicht gesicherten Holzstapel zu beurteilen (BGH 2.10.2012 – VI ZR 311/11, BGHZ 195, 30 = NJW 2013, 46 Rn. 12, mAnm Bruns LMK 2012, 340740). Die **Beweislast** für eine Verletzung der Verkehrssicherungspflicht trägt der Geschädigte. Dies gilt selbst bei einer Schrägstellung des Baums (AG München 16.6.2016 – 233 C 16357/14, nv).

Fraglich ist, ob und inwieweit sich die Bindung an eine **Baumschutzsatzung** bzw. **64** -verordnung auf die Verkehrssicherungspflicht auswirkt, insbesondere, ob und ab wann die Zuständigkeit für die Verkehrssicherungspflicht auf die Kommune übergeht. In der Literatur wird ein Übergang bejaht, sobald die erforderliche Fällerlaubnis beantragt ist (Höreth-Marquardt/Wedekind DÖV 2001, 1034 (1041 f.); Weick NJW 2011, 1702 (1704, 1707)). Dem ist zu widersprechen (anders bei Naturdenkmalen, für die die öffentliche Hand schon von vornherein verkehrssicherungspflichtig ist, dazu OLG Celle 22.5.1957 – 3 U 57/56, NJW 1957, 1637; OLG Frankfurt a. M. 30.3.1989 – 1 U 81/88, NJW 1989, 2924 (2825)). Der Sicherungspflichtige haftet, solange und soweit ihm Schutzmaßnahmen (zB durch Pflegemaßnahmen oder Absperren des fraglichen Bereichs) möglich sind. Allerdings muss der Behördenträger den Schaden nach § 839 I BGB übernehmen, wenn die Behörde die Fällgenehmigung zu Unrecht verweigert hat, weil sie damit eine Amtspflicht verletzt, die (anders als die Baumschutznorm) auch den Geschädigten als Dritten schützt (OLG Hamm 8.1.1993 – 9 U 100/92, NZV 1994, 27; Günther NuR 1994, 373 (376); Agena NuR 2005, 223 (229); aA Otto NJW 1996, 356 (360)). Die Haftung besteht dann schon mit dem (ungerechtfertigten) Erlass des Ablehnungsbescheids, nicht erst dann, wenn die ablehnende Entscheidung bestandskräftig wird. Dabei ist zu beachten, dass es Sache des Antragstellers ist, die Voraussetzungen für die Fällgenehmigung darzulegen. Auf der anderen Seite darf die Behörde ein (qualifiziertes) Baumgutachten nur in Zweifelsfällen verlangen, wenn also nicht schon der Anschein auf einen baldigen Schadenseintritt hindeutet (OVG Münster 8.10.1993 – 7 A 2021/92, NVwZ-RR 1994, 256 (259); Günther NuR 1994, 373 (376)). Zu berücksichtigen ist ferner, dass der Amtshaftungsanspruch nach § 839 III BGB ausgeschlossen sein kann. Hat zunächst nur der Nachbar die Fällgenehmigung beantragt, muss sich der Sicherungspflichtige dem Antrag angeschlossen, alle Rechtsmittel ergriffen und zuvor ggf. ein Eilverfahren betrieben haben, um den Subsidiaritätseinwand zu entkräften (Günther NuR 1994, 373 (376)).

6. Für Gehölze trifft das öffentliche Recht weitere Bestimmungen: **65**
– Nach **§ 28 II 1 StrG** dürfen (als Ausgleich für die nicht einzuhaltenden Grenzabstände) Anpflanzungen die Sicherheit oder Leichtigkeit des Verkehrs auf Landes-, Kreis- und Gemeindestraßen nicht beeinträchtigen. Gleiches gilt gem. **§ 5 II LEisenbG** für Eisenbahnanlagen. Für Bundesfernstraßen gilt dies nur zum Schutz der Verkehrssicherheit (**§ 11 II 1 FStrG**).

§ 16   4. Abschnitt. Einfriedigungen, Spaliere, Pflanzungen

- Gemäß **§ 41 I 1 Nr. 3 WHG** haben Anlieger von Gewässern zu dulden, dass der zur Unterhaltung Verpflichtete die Ufer bepflanzt. Ergänzend verbietet **§ 38 IV 2 Nr. 2 WHG** für Gewässerrandstreifen (nach § 29 I 1, 2 WG aber nur, sofern das Gewässer von wasserwirtschaftlich nicht nur untergeordneter Bedeutung ist, und dann im Außenbereich in einer Breite von regelmäßig 10m, im Innenbereich von 5m) das Entfernen von standortgerechten Bäumen und Sträuchern sowie das Neuanpflanzen von nicht standortgerechten Bäumen und Sträuchern. Wesentliche Merkmale eines standortgerechten Vegetationskonzeptes sind (1.) die Berücksichtigung der naturräumlichen Grundlagen und Standortbedingungen (Boden, Grundwasser, Niederschlag) bei der Pflanzenauswahl, (2.) die Verwendung funktionsgerechter und robuster Pflanzen mit guter Hitzeverträglichkeit und geringer Anfälligkeit für Krankheiten und Schädlinge, (3.) die Verwendung einheimischer Pflanzen aus regionaler Produktion sowie (4.) ein geringer Pflegeaufwand (zB ohne zusätzlichen Bewässerungsbedarf). Nach **§ 41 III WHG** können Anlieger verpflichtet werden, ihre Ufergrundstücke in erforderlicher Breite so zu bewirtschaften, dass die Unterhaltung des Gewässers nicht beeinträchtigt wird; bei der Nutzung haben sie die Erfordernisse des Uferschutzes zu beachten. Gleiches gilt nach **§ 11 II 1, 2 WaStrG** für die Unterhaltung von Bundeswasserstraßen.
- Gemäß **§ 37 I 1 FlurbG** darf die Flurbereinigungsbehörde das Flurbereinigungsgebiet neugestalten. Hierzu darf sie im Flurbereinigungsplan mit Satzungswirkung (§ 58 I 1, IV 1 FlurbG) Abweichungen von den nachbarrechtlichen Abstandsvorschriften oder Eigentumsbeschränkungen anordnen, zB die Anlage einer Windschutzpflanzung, ferner Anpflanzungen bestimmter Art vorsehen und untersagen (Bauer/Schlick RhPfLNRG § 44 Rn. 3).
- **Gemäß § 50 I FlurbG** darf das Land bestimmen, dass im Rahmen eines Flurneuordnungsverfahrens Obstbäume oder Beerensträucher zu entfernen sind, wenn Bodenverbesserungen oder andere Ertrag fördernde Maßnahmen sonst nicht sinnvoll durchgeführt werden können. Auf der anderen Seite dürfen Obstbäume, Beerensträucher, einzelne Bäume, Feld- und Ufergehölze nur in Ausnahmefällen und nur mit Genehmigung der Flurbereinigungsbehörde beseitigt werden **(§ 34 I Nr. 3 S. 1 FlurbG)**.
- Zur Ermächtigung der Gemeinden, aufgrund **§ 74 I 1 Nr. 3 BWLBO** Gestaltungssatzungen für Teile des Gemeindegebiets zu erlassen, → § 27 Rn. 10.
- Gemäß **§ 9 I Nr. 25a und 25b BauGB** dürfen Gemeinden in Bebauungsplänen aus städtebaulichen Gründen das Anpflanzen von Bäumen, Sträuchern und sonstigen Bepflanzungen bzw. diesbezügliche Bindungen vorsehen (dazu → § 27 Rn. 7). Zur Durchsetzung dieser Festsetzungen darf die Gemeinde ein Pflanzgebot gegen den Eigentümer verfügen (§ 178 BauGB). Gemäß § 27 dürfen die Festsetzungen von den im NRG geregelten Grenzabständen abweichen.
- **§ 22 I 1 iVm § 28 I 1 BNatSchG** lässt die Möglichkeit zu, besonders schutzwürdige Bäume oder Baumgruppen als Naturdenkmäler zu schützen.
- **§ 39 V 1 Nr. 2, 3 BNatSchG** verbietet die Zerstörung oder erhebliche Beeinträchtigung von lebenden Zäunen, Bäumen, Gebüschen, Röhrichtbeständen und sonstigen Gehölzen innerhalb der Vegetationszeit (1.3. bis 30.9., § 16 III betrifft nur Einkürzungen). Dies gilt nicht für Gehölze, die zu einem Wald gehören, auf den Stock gesetzt sind oder auf gärtnerisch genutzten Grundflächen stehen. Ob und inwieweit die Ausnahme für „gärtnerisch genutzte Grundflächen" auch private Nutz- und Ziergärten betrifft, ist streitig (dazu → Rn. 45). Richtigerweise betrifft die Ausnahme nur den Erwerbsgartenbau (zB Baumschulen), so dass das zeitlich begrenzte Schneideverbot auch für alle Arten von privaten Gärten gilt. Dafür spricht der weite Schutzzweck des Gesetzes, das botanische Strukturen schützen will, die regelmäßig wichtige Lebensstätten für gefährdete Tierarten aufweisen, weil sie das Blütenangebot für Insekten während des Sommerhalbjahres sicherstellen, brütende Vogelarten schützen und als Brutplatz in der Saison dienen (BT-Drs. 12274, 67). Würde man private Gärten ausnehmen, würde der Anwendungsbereich des Gesetzes beschränkt, ohne dass hierfür ein triftiger Grund bestünde (iErg Schumacher/Fischer-Hüftle BNatSchG/Kratsch, 2. Aufl. 2010, § 39 Rn. 28).

Hopfenpflanzungen § 17

– Gemäß §§ 1, 3 PolG hat die Polizei die ihr nach pflichtgemäßem Ermessen erforderlich erscheinenden Maßnahmen zu treffen, soweit die öffentliche Sicherheit oder Ordnung durch den Zustand einer Sache (hierzu zählen auch Pflanzungen) bedroht oder gestört wird. Dies ist jedoch nur in engen Grenzen zulässig (s. etwa VG Minden 2.12.2005 – 11 K 1662/05, NJW 2006, 1451 (1452 f.): Zapfenbildung kein Grund zur Fällung einer Douglasie). Außerdem gilt dies aufgrund des Spezialitätsgrundsatzes (dazu Ruder/Schmitt, Polizeirecht Baden-Württemberg, 8. Aufl. 2015, Rn. 297; s. auch VGH Mannheim 8.12.1995 – 1 S 1789/95, BB 1996, 399 (400)) nur insoweit, als keine Sonderzuständigkeit begründet ist.

§ 17 Hopfenpflanzungen

¹Mit Hopfenpflanzungen ist ein Abstand von 1,50m von der Grenze einzuhalten. ²Ist das Nachbargrundstück gleichfalls mit Hopfen bepflanzt, so ermäßigt sich der Abstand auf die Hälfte.

I. Inhalt der Regelung

Die Vorschrift bestimmt, welchen Abstand Hopfenpflanzungen zur Grundstücksgrenze 1
einhalten müssen.

II. Normgebung

§ 17 knüpft an Art. 236 WürttAGBGB 1899 (= Art. 207 WürttAGBGB 1931) bzw. dessen 2
Vorgängerregelung in Art. 15 WürttGLN an. Nach Auffassung des Gesetzgebers sollte der Abstand zum Nachbargrundstück wie bei § 14 gleich dem halben Reihenabstand sein, wenn auch das Nachbargrundstück mit Hopfen bepflanzt ist, im Übrigen aber dem vollen Reihenabstand gleichkommen, damit die Bearbeitung der Anlage ohne Inanspruchnahme des Nachbargrundstücks möglich ist und die Nachteile für dieses Grundstück auf ein erträgliches Maß beschränkt werden (RegBegr. vom 12.12.1958, Beil. 2220 zu den Sitzungsprotokollen der 2. Legislaturperiode, S. 3557).

III. Anmerkungen

1. Keine Geltung hat die Vorschrift für Hopfen auf Grundstücken, die an in § 19 I ge- 3
nannte, nicht nutzbare Grundstücke im Außenbereich grenzen (zum Begriff des Außenbereichs → § 7 Rn. 14); soweit Nachbargrundstücke im Grenzbereich nicht nutzbar sind, gilt ein entsprechend geringerer Grenzabstand (§ 19 II). Gleiches gilt für Hopfen auf Grundstücken, die an öffentliche Straßen oder Gewässer stoßen (§ 21 I 1 Nr. 1); gegenüber Schienenwegen ist der Abstand hingegen einzuhalten, da § 17 in § 21 II nicht genannt ist. Kein Abstand zu wahren ist auch mit aufgrund eines Flurbereinigungs- oder Zusammenlegungsplans erfolgten Hopfenanpflanzungen, soweit sich diese auf das Plangebiet auswirken (§ 21 I 1 Nr. 2). Befindet sich der Hopfen hinter einer geschlossenen Einfriedigung (also nicht etwa nur hinter einem Drahtzaun), ohne sie zu überragen, ist nur der für die geschlossene Einfriedigung zu beachtende Grenzabstand maßgeblich (§ 20); wächst der Hopfen höher, was regelmäßig passiert (→ Rn. 8), gilt der Hopfenabstand damit uneingeschränkt.

Eine weitere Ausnahme regelt § 27: Sofern ein Bebauungsplan oder ein anderer Plan nach 4
dem BauGB Festsetzungen zu Hopfenanpflanzungen enthält, gilt § 17 nicht, wenn das Grundstück nicht an landwirtschaftlich genutztes Gelände stößt und die Planfestsetzungen die Nichtgeltung dieser Abstände erfordern.

2. Der **Hopfen** ist eine in Mitteleuropa heimische, mehrjährige staudenartige Kletter- 5
pflanze (kein Gehölz). Er zählt botanisch zur Familie der Hanfgewächse und zur Ordnung der Nesselgewächse. Die Kultursorten des Echten Hopfens, die sich in Aromasorten (zB Hallertauer Mittelfrüher, Spalter oder Tettnanger) und Bittersorten (zB Brewers Gold, Northern

§ 17 4. Abschnitt. Einfriedigungen, Spaliere, Pflanzungen

Brewer oder Orion) teilen, werden landwirtschaftlich angebaut. Der Wärmeanspruch des Hopfens ist geringer als beim Wein und höher als beim Getreide. Die Hopfenpflanze ist frostunempfindlich. Hopfenfähig sind alle Böden, die tiefgründig und bis mindestens 3 m Tiefe wurzeldurchlässig sind und deren Wasserhaushalt im Lot ist. Beste Erträge liefern lehmige Sandböden oder sandige Lehmböden. Schwere Böden führen zu Staunässe und damit zu Wachstumsstörungen. Als Heckenpflanze ist der Hopfen nur bedingt geeignet, da er nicht wintergrün ist.

6   Der Hopfen ist zweihäusig, dh an einer Pflanze befinden sich entweder nur männliche oder nur weibliche Blüten. Der männliche Blütenstand ist die Rispe, der weibliche der Zapfen. Die Zapfen – umgangssprachlich oft fälschlicherweise als Dolden bezeichnet – werden zum Bierbrauen benutzt. Eine Windbefruchtung durch Pollen männlicher Pflanzen schadet der Fruchtausbeute, weshalb männliche Pflanzen in den Anbaugebieten verboten sind. Während des Reifungsprozesses bildet sich an den Zapfen das gelbe, harzige Lupulin, dessen Inhaltsstoffe als Geschmacksstoffe, der Haltbarmachung des Gebräus (Bier) und der Schaumstabilisierung dienen.

7   Die ältesten, schriftlich belegten Quellen des Hopfenanbaus in Deutschland stammen aus dem frühen Mittelalter. Die wohl erste Erwähnung des Hopfens als Brauzusatz findet sich im Jahre 1079. 1516 erließ der bayerische Herzog Wilhelm IV eine Brauordnung mit dem seit Ende des 19. Jahrhunderts auch in Baden (1896) und Württemberg (1900) anerkannten, heute noch gültigen deutschen Reinheitsgebot (s. dazu BVerwG 24.2.2005 – 3 C 5/04, NJW 2005, 1736 (1737)). Darin ist bestimmt, dass zur Bierherstellung keine anderen „Stücke als Gerste, Hopfen, Wasser verwendet und gebraucht werden sollen". Ein geringer Prozentsatz des geernteten Hopfens wird zu medizinischen Zwecken, hauptsächlich als Beruhigungs- und Schlafmittel, verwendet. In Deutschland werden derzeit rund 18 000 Hektar Hopfen angebaut, wovon 87 % auf das bayerische Anbaugebiet Hallertau entfallen und 9 % auf Baden-Württemberg, dort vor allem auf das zwischen Tettnang und Ravensburg gelegene Schussental.

8   Landwirtschaftlich genutzter Hopfen wird alljährlich ab Ende März in sog. Hopfengärten kultiviert. Charakteristisch für die übliche Bewirtschaftungsform sind 7 m bis 8 m hohe Gerüstanlagen. Diese dienen als Stütze für Aufleitdrähte, die für jeden Hopfenstock angebracht werden und an denen sich die Hopfenreben hochwinden. Niedriggerüstanlagen würden nicht den zur Rentabilität notwendigen Ertrag bringen. Der Hopfen ist rechtswindend, dh die Reben wachsen im Uhrzeigersinn um die Aufleitdrähte. Aus den Knoten der Reben entspringen die Blätter der Hopfenpflanze. Wenn der Hopfen Mitte Juni etwa die halbe Gerüsthöhe erreicht hat, bildet er Seitentriebe. Sie wachsen aus den Achseln der Laubblätter. Im unteren Teil der Pflanze erreichen sie eine Länge von bis zu 1,5 m, nach oben werden sie immer kürzer. Da die Zapfen fast ausschließlich an den Seitentrieben sitzen, ist ihre Zahl und Ausbildung maßgeblich für den Ertrag. Sind sie reif, werden die Hopfenreben während der etwa dreiwöchigen Erntezeit (letzte August- und erste Septemberhälfte) knapp über dem Boden abgeschnitten, zum Hof gefahren und dort in stationären Pflückmaschinen von den Zapfen befreit. Die Zapfen werden anschließend in einer 14m bis 15m hohen Hopfendarre heiß getrocknet, bis sie nur noch etwa 11 % Feuchtigkeit enthalten, dann in Säcke gepresst und entsprechend ihrer Zweckbestimmung weiterverarbeitet.

9   **3.** § 17 bestimmt Grenzabstände für Hopfenpflanzungen und knüpft damit an eine **landwirtschaftliche Nutzung** an. Für vereinzelte Hopfenpflanzen gilt er nicht (Reich NRG BW Rn. 2). Der Grenzabstand beträgt **1,50 m** und entspricht so dem üblichen Reihenabstand (VKKKK Rn. 1; auch → Rn. 2). Mit diesem Abstand wird gewährleistet, dass die Bearbeitung der Hopfenanlage ohne Inanspruchnahme des Nachbargrundstücks möglich ist (VKKKK Rn. 1; → Rn. 2). Ist das Nachbargrundstück ebenfalls mit (landwirtschaftlich genutztem) Hopfen bepflanzt, gilt ein Grenzabstand von **0,75 m**. Daraus folgt nicht, dass das Nachbargrundstück zur Bewirtschaftung mitbenutzt werden darf (aA Reich NRG BW Rn. 3); insofern gilt das in → § 11 Rn. 19 Gesagte. Der geringere Grenzabstand gilt auch

dann, wenn sich die Hopfenpflanzungen auf den Nachbargrundstücken nicht gegenüberstehen (Reich NRG BW Rn. 3).

Gehört ein Nachbargrundstück zu einer erklärten Reblage oder einer erklärten Gartenbaulage, gilt gem. § 18 ein Abstand von **3 m**, sofern sich die Hopfenpflanzung an der südlichen, östlichen oder westlichen Seite des begünstigten Grundstücks befindet (§ 18 S. 1). 10

4. Der Grenzabstand wird waagrecht, also nicht in der Geländelinie, von der Mittelachse der der Grenze nächsten Hopfenstangen bei deren Austritt aus dem Boden senkrecht zur Grenze **gemessen** (vgl. § 22 I Alt. 1). Bei Drahtanlagen von Hopfenpflanzungen (das sind Stangen bzw. Drahthalter, die so gesetzt sind, dass sie aufwärts zur Grundstücksgrenze hin verlaufen) wird waagrecht ab dem der Grenze nächsten oberen Ende der Steigdrähte senkrecht zur Grenze gemessen (§ 22 I Alt. 2). 11

Befindet sich das abstandspflichtige Grundstück nicht in Innerortslage (§ 12 II 2) und ist es vom Nachbargrundstück durch einen öffentlichen Weg oder durch ein Gewässer getrennt, sind die Abstände zum Nachbargrundstück von der Mitte des Weges oder Gewässers aus zu messen (§ 22 II); § 21 I 1 Nr. 1 gilt hier nicht. 12

Maßgeblich für die Abstandsberechnung sind die aktuellen Verhältnisse (arg. §§ 22 III, 33 II). 13

5. Inhaber der Abwehransprüche nach § 17 (auf Beseitigung oder Unterlassung; allg. dazu → Einl. Rn. 42 ff.) ist der Eigentümer des Nachbargrundstücks, damit auch der Miteigentümer (§ 1011 BGB), aufgrund § 11 I 1 ErbbauRG der Erbbauberechtigte und bei Wohnungseigentum die WEG, da es nur um gemeinschaftliches Eigentum geht, nicht aber der bloße Besitzer, auch wenn er zum Besitz berechtigt ist (→ Einl. Rn. 21). 14

Zur Abstandshaltung **verpflichtet** ist der Eigentümer des Hopfenfeldes, damit auch der Miteigentümer (§ 1011 BGB). Der Anspruch sanktioniert eine Beschaffenheit des Nachbargrundstücks (Zustandsstörung). Daher ist der Besitzer (zB Pächter) des Hopfenfeldes für den Beseitigungsanspruch nicht passivlegitimiert, möglicherweise aber duldungsverpflichtet. Der Sonderrechtsnachfolger des Eigentümers ist auch dann passivlegitimiert, wenn er den Hopfenanbau nicht zu verantworten hat (aA Reich NRG BW Rn. 2, mit Hinweis auf § 9 I 2). 15

6. Für die vor dem 1.1.1960 gepflanzten Hopfenbestände vgl. die Ausführungen unter → § 33 Rn. 5 ff. 16

IV. Ergänzende Vorschriften

1. § 17 bildet ein Schutzgesetz iSd **§ 823 II BGB,** so dass schuldhafte Verstöße gegen die in § 17 bestimmten Grenzabstände zu Schadensersatzansprüchen des Nachbarn führen können. 17

2. Für Hopfenanpflanzungen trifft das öffentliche Recht verschiedene Bestimmungen: 18
– Nach **§ 28 II 1 StrG** dürfen Anpflanzungen (als Ausgleich für die nicht einzuhalten-den Grenzabstände) die Sicherheit oder Leichtigkeit des Verkehrs auf Landes-, Kreis- und Gemeindestraßen nicht beeinträchtigen. Anpflanzungen in diesem Sinne sind auch Hopfenpflanzungen. Gleiches gilt gem. **§ 5 II LEisenbG** für Eisenbahnanlagen. Für Bundesfernstraßen gilt dies nur zum Schutz der Verkehrssicherheit **(§ 11 II 1 FStrG)**.
– Nach **§ 34 I Nr. 3 S. 1 FlurbG** dürfen Hopfenstöcke im Rahmen einer Flurneuordnung nur in Ausnahmefällen und nur mit Genehmigung der Flurbereinigungsbehörde beseitigt werden.

§ 18 Begünstigung von Weinbergen und Erwerbsgartenbaugrundstücken

[1] Gegenüber Weinbergen in erklärter Reblage (§ 28 Abs. 2) sowie gegenüber erwerbsgartenbaulich genutzten Grundstücken in erklärter Gartenbaulage (§ 28 Abs. 3) sind

§ 18 4. Abschnitt. Einfriedigungen, Spaliere, Pflanzungen

die Abstände nach § 11 Abs. 1, § 12 Abs. 1, §§ 13, 15, § 16 Abs. 1 Nr. 2 bis 5 und Abs. 2 sowie § 17 Satz 1 zu verdoppeln, soweit sich die Einfriedigung, Spaliervorrichtung oder Pflanzung an deren südlicher, östlicher oder westlicher Seite befindet. ²**Das gilt nicht für Obstgehölze und Baumschulbestände innerhalb des geschlossenen Wohnbezirks.**

I. Inhalt der Regelung

1   Teile des Gemeindegebiets können unter den in § 28 genannten Voraussetzungen durch Gemeindesatzung zur Reblage oder zur Gartenbaulage erklärt werden. Damit die Pflanzungen im Satzungsgebiet optimal Licht erhalten, gelten an den Sonnenseiten der Satzungsgebiete für bestimmte Einfriedigungen und Pflanzen doppelte Grenzabstände.

II. Normgebung

2   Die Vorschrift knüpft an die Art. 236 und 238 WürttAGBGB 1899 (diese entsprechen Art. 207 II und 211 WürttAGBGB 1931) bzw. deren Vorgängerregelungen in Art. 15 II und 18 II WürttGLN an.

3   Nach Auffassung des Gesetzgebers sollten Weinberge die bisherigen Sondervergünstigungen des württembergischen Rechts (erhöhte Abstände von benachbarten Anlagen aufgrund ihres besonderen Lichtbedarfs, hierzu RegBegr. vom 20.12.1930 zu Art. 196 Württ-AGBGB, Beil. 297 zur 3. Legislaturperiode des Landtags des Freien Volksstaates Württemberg, S. 519) nur genießen, wenn sie in einer erklärten Reblage, dh in einem Gebiet liegen, das durch Gemeindesatzung in erster Linie dem Weinbau zugewiesen ist. Auch im Übrigen sollte die Begünstigung der Weinberge auf das sachlich begründete Maß zurückgeführt werden. Durch die Verdoppelung der Abstände von Anlagen, die auf der Sonnenseite stehen, sollte deren Schattenwirkung weitgehend gemildert werden (RegBegr. vom 12.12.1958, Beil. 2220 zu den Sitzungsprotokollen der 2. Legislaturperiode, S. 3557).

4   Die gleiche Begünstigung wie den Weinbergen sollte den Erwerbsgartenbaugrundstücken in den von den Gemeinden besonders hervorgehobenen Gartenbaulagen zukommen, wenn diese Grundstücke für den unter Verwendung ortsfester Kulturvorrichtungen betriebenen Erwerbsgartenbau besonders geeignet sind. Dieser Grundsatz sei dem bisherigen württembergischen Nachbarrecht nicht fremd gewesen, wie sich aus Art. 211 WürttAGBGB 1931 und § 6 der Satzung über landwirtschaftliches Nachbarrecht in Stuttgart vom 12.12.1957 (ABl. der Stadt Stuttgart vom 19.12.57) ergebe (RegBegr vom 12.12.1958, Beil. 2220 zu den Sitzungsprotokollen der 2. Legislaturperiode, S. 3554, 3557).

III. Anmerkungen

5   1. Satz 1 bestimmt die **Verdoppelung der Abstände** gem. § 11 I (mit toten Einfriedigungen), § 12 I (mit Hecken), § 13 (mit Spalieren), § 15 (mit Waldungen), § 16 I Nr. 2–5, II (mit einzelnstehenden Gehölzen der Kategorien III bis VI) und § 17 S. 1 (mit Hopfen). Soweit §§ 19–21 Ausnahmen von der Anwendbarkeit dieser Bestimmungen vorsehen, lassen sich die Abstände nicht verdoppeln; die Bezugnahme auf § 18 in §§ 19 II–21 dient somit nur der Klarstellung.

6   Die Abstandsverdoppelung gilt gem. S. 1 nur gegenüber **Grundstücken,** die gem. § 28 durch Satzung als **erklärte Reblage** (dazu → § 28 Rn. 5 ff., 14 ff.) oder **erklärte Gartenbaulage** (dazu → § 28 Rn. 5 ff., 20 ff.) ausgewiesen sind. Ferner haben diesen Abstand nach S. 1 nur diejenigen Einfriedigungen, Spaliervorrichtungen und Pflanzungen zu wahren, die sich **an der südlichen, östlichen oder westlichen Seite** (im Sektor von Osten über Süden bis Westen, also nicht unbedingt genau im Süden, Osten oder Westen, s. Pelka NachbarR BW 189; Birk NachbarR BW Anm. 1; andererseits nicht auf der Nordost- oder Nordwestseite, s. Reich NRG BW Rn. 1), mithin auf den Schattenseiten der zur erklärten Reblage gehörenden Weinberge (zum Begriff des Weinbergs → § 10 Rn. 15) und zur erklärten Gartenbaulage gehörenden erwerbsgartenbaulich genutzten Grundstücke befinden.

Landwirtschaftlich nicht genutzte Grundstücke § 19

2. Satz 2 nimmt **Obstgehölze und Baumschulbestände innerhalb des geschlosse-** 7
nen Wohnbezirks von der Verdoppelungsregelung aus. **Obstgehölze** sind Obstbäume und
Obststräucher. Zum Begriff des Obstbaums → § 16 Rn. 27, zu den Begriffen Baum und
Strauch → § 16 Rn. 15, 16. **Baumschulbestände** sind Pflanzen, die nach Aufzucht gewerblich verkauft werden sollen. Der Begriff des **geschlossenen Wohnbezirks** deckt sich wie
bei § 28 I (vgl. → § 28 Rn. 10) mit dem planungsrechtlichen Innenbereich iSd § 34 BauGB,
nicht aber mit dem Begriff der Innerortslage iSd § 12 II 2, da Obstgehölze und Baumschulbestände sich zu einem Gutteil auf landwirtschaftlich genutzten Grundstücken befinden und
es nicht sachgerecht wäre, sie gegenüber Konkurrenzbetrieben in erklärten Reb- oder Gartenbaulagen zu benachteiligen (VKKKK Rn. 5; Reich NRG BW Rn. 2; aA Pelka NachbarR
BW 189 sowie Birk NachbarR BW Vor Anm. 1, der insoweit ein Redaktionsversehen des
Gesetzgebers annimmt; Redaktionsversehen dürfte in S. 1 hingegen die Anführung des
§ 16 II sein, der Abstände gegenüber Grundstücken in Innerortslage zum Gegenstand hat;
bei erklärten Gartenbaulagen ist dies immerhin theoretisch möglich).

Gehört ein Weinberg nicht zu einer erklärten Reblage, grenzt er aber an einen von der 8
Erklärung erfassten Weinberg, ist nur der in § 14 bestimmte Grenzabstand zu wahren, da
schon dieser Abstand ausreicht bzw. der Weinbauer nicht gegenüber einem Konkurrenten,
der in erklärter Reblage wirtschaftet, benachteiligt werden soll; § 18 nimmt deshalb nicht auf
§ 14 Bezug. Gleiches gilt, wenn der Weinberg an ein erwerbsgartenbaulich genutztes Grundstück in erklärter Gartenbaulage stößt, auch wenn der Gleichbehandlungsaspekt hier zurücktritt. Mit dem Ziel der Gleichbehandlung landwirtschaftlicher Betriebe sind ferner Baumschulkulturen, Weihnachtsbaumkulturen und jährlich genutzte Weidenpflanzungen (= Fälle
des § 16 I Nr. 1b) in § 18 nicht genannt und damit von der Einhaltung größerer Abstände
befreit. § 17 S. 2 ist in § 18 nicht genannt, weil in den Satzungsgebieten kein Hopfen angebaut wird, § 16 I Nr. 1a deshalb nicht, weil die dort genannten Kleingehölze keinen Schatten
werfen.

§ 19 Verhältnis zu landwirtschaftlich nicht genutzten Grundstücken

(1) ¹**Die Vorschriften der §§ 11 bis 17 gelten nicht gegenüber Grundstücken im Außenbereich, die Wald, Hutung, Heide oder Ödung sind oder die landwirtschaftlich oder gartenbaulich sonst nicht genutzt werden und nicht bebaut sind und auch nicht als Hofraum dienen.** ²**Mit Wald gegenüber Wald ist aber ein Abstand von 1 m einzuhalten.**

(2) **Die in den §§ 11 bis 18 vorgeschriebenen Abstände vermindern sich gegenüber Grundstücken im Außenbereich um diejenige Entfernung, auf die diese Grundstücke, von der Grenze an gerechnet, landwirtschaftlich oder gartenbaulich nicht genutzt, nicht bebaut sind und auch nicht als Hofraum dienen.**

I. Inhalt der Regelung

Die Vorschrift nimmt Flächen im Außenbereich von den Abstandsregungen der §§ 11–17 1
aus, die weder landwirtschaftlich oder gartenbaulich genutzt werden, noch bebaut sind und
auch nicht als Hofraum dienen. Trifft dies für Flächen im Außenbereich nur für den Grenzbereich zu, verkleinern sich die Grenzabstände unter Einrechnung dieser Bereiche entsprechend. Waldgebiete untereinander sind einfach nur deutlich (mit einem Abstand von 1 m) zu
trennen.

II. Normgebung

1. Die Vorschrift knüpft an Art. 236 WürttAGBGB 1899 (entspricht Art. 208 Württ-AG- 2
BGB 1931) bzw. dessen Vorgängerregelung in Art. 16 WürttGLN an. Nach Auffassung des
Gesetzgebers treten die Nachteile von Anlagen auf dem Nachbargrundstück gegenüber
Grundstücken im Außenbereich, die landwirtschaftlich oder gartenbaulich uÄ nicht genutzt
werden, völlig zurück, so dass keine Abstandsregelungen vorgesehen werden mussten. Wegen

des Begriffs der Hutung sollte auf § 2 II Nr. 3c der Durchführungsbestimmungen zum Bodenschätzungsgesetz vom 12.2.1935 (RGBl. I 198) Bezug genommen werden. Hiernach sind Hutung diejenigen Flächen geringer Ertragsfähigkeit, die nicht bestellt werden und nur eine gelegentliche Weidenutzung zulassen. Beim Anrainen von Wald an Wald sollte ein Abstand von 1m vorgeschrieben werden, damit die Bestände als selbstständige Wirtschaftseinheiten bewirtschaftet werden können und Streitigkeiten nach Möglichkeit vermieden werden (RegBegr. vom 12.12.1958, Beil. 2220 zu den Sitzungsprotokollen der 2. Legislaturperiode, S. 3557 f.).

3   Einen ermäßigten Abstand hielt der Gesetzgeber für ausreichend, sofern das Grundstück, auf dem die Anlage errichtet wird, vom (genutzten) Nachbargrundstück durch einen landwirtschaftlich nicht genutzten Streifen, zB durch einen Privatweg getrennt ist (RegBegr. vom 12.12.1958, Beil. 2220 zu den Sitzungsprotokollen der 2. Legislaturperiode, S. 3558).

4   **2.** Durch Art. 1 Nr. 10 des Gesetzes zur Änderung des NRG vom 26.7.1995 (GBl. 605) wurde § 19 sprachlich neu gefasst. Der Gesetzgeber wollte mit der Bezugnahme auf den Außenbereich einen allgemein üblichen Begriff aus dem BauGB übernehmen (RegBegr. vom 1.3.1993, LT-Drs. 11/1481, 14).

III. Anmerkungen

5   **1.** Gegenüber Grundstücken im Außenbereich, die nicht sinnvoll genutzt werden, spielen Nachteile von toten Einfriedigungen, Spalieren und Pflanzen auf dem Nachbargrundstück keine Rolle. Wald benötigt aufgrund seiner höhenmäßigen Ausdehnung keinen Abstandsschutz (muss aber selbst Abstand halten, § 15). Daher gelten §§ 11–17 gegenüber solchen Grundstücken nicht (Abs. 1) bzw. insoweit nicht, als diese Grundstücke nicht sinnvoll genutzt werden (Abs. 2). Nicht ausgenommen sind die für Bodenerhöhungen geltenden Vorschriften (vgl. §§ 9, 10).

6   **2.** Keinen Abstandsschutz haben Grundstücke im Außenbereich, die Wald, Hutung, Heide oder Ödung sind oder (insgesamt) landwirtschaftlich oder gartenbaulich sonst nicht genutzt werden und nicht bebaut sind und auch nicht als Hofraum dienen **(Abs. 1 S. 1)**.

7   Zum Begriff des **Außenbereichs** → § 7 Rn. 14. Das Grundstück, auf dem sich die toten Einfriedigungen, Spaliere oder Pflanzen befinden, muss nicht ebenfalls im Außenbereich liegen.

8   Gemeinsamer Oberbegriff von Wald, Hutung, Heide und Ödung ist, wie sich aus dem Adjektiv „sonst" ergibt, die **fehlende landwirtschaftliche oder gartenbauliche Nutzung** des Grundstücks.

9   **Wald** ist ein Gebiet, das im Wesentlichen mit Bäumen bestockt ist und über eine größere räumliche Ausdehnung verfügt (ebenso SFP NachbG NRW/Peter NachbG NRW § 40 Rn. 2). Nach den Vorgaben der Food and Agriculture Organization (FAO = UN-Organisation für Landwirtschaft und Ernährung) ist für den Waldbegriff zudem erforderlich, dass die Bäume im Reifealter mindestens (etwa) 7 m hoch werden. Diese Voraussetzung entspricht dem üblichen Sprachgebrauch und findet daher auch hier Anwendung. Baden-Württemberg zählt mit rund 14 000 km^2 Wald (39 % der Landesfläche) zu den waldreichsten Bundesländern. Der Gesamtwald in Deutschland besteht ausweislich der Bundeswaldinventur 2012 zu 57 % aus Nadelwald und zu 43 % aus Laubwald. Das Übergewicht erklärt sich aus dem Trend zum Anbau von Nadelbäumen in den großen Aufforstungen devastierter Flächen im 19. Jahrhundert. Nadelbäume waren robuster; anderes Saatgut war nicht verfügbar. Weiterhin beeinflussten die guten Wuchsleistungen der Nadelbäume, der Holzbedarf für die Bau- und Bergbauindustrie und die breite Verwertbarkeit der Nadelhölzer die bevorzugte Anpflanzung von Nadelbäumen. Inzwischen hat eine Gegensteuerung zugunsten der Laubbäume eingesetzt, um die Bestände zu stabilisieren und den Nährstoffkreislauf zu schließen. Waldbau- und Förderrichtlinien unterstützten die Erhöhung des Laubbaum-Anteils. Allein im Zeitraum zwischen 2002 und 2012 stieg dieser um 7 %. Vorherrschende Nadelbaumart ist die Fichte,

Landwirtschaftlich nicht genutzte Grundstücke § 19

vorherrschende Laubbaumart die Buche. Auf eine forstwirtschaftliche Nutzung kommt es im Bereich des § 19 nicht an (vgl. → Rn. 8; anders in §§ 15 und 28, → § 15 Rn. 8 und → § 28 Rn. 9).

Hutung (von Hüten) ist ertragarmes bzw. geringwertiges Weideland, das nicht bestellt 10 wird (→ Rn. 2; ferner VKKKK Rn. 2; ebenso die Legaldefinition in § 46 II Nr. 4 RhPfL-NRG: „geringwertiges Weideland"). Historisch gesehen geht es um Wälder (Hutewälder), in die das Vieh zur Weide getrieben wurde. Je nach Nutzungsintensität lichtete sich der Wald auf oder ging zugrunde. Gehölze, die von den Weidetieren nicht gern gefressen wurden (zB Pflanzen mit ätherischen Ölen wie Wacholder), breiteten sich aus.

Heide ist eine nährstoffarme Bodenfläche, die nicht als Wiese oder Acker, sondern allen- 11 falls der Schafbeweidung dient und nur eine niedrige Bewachsung (bis hin zu Zwergsträuchern) ermöglicht (VKKKK Rn. 2).

Ödung ist Land, das brach liegt, also nicht einmal geringfügig bewirtschaftet wird 12 (VKKKK Rn. 1: auch Moore).

Zum Begriff der **landwirtschaftlichen Nutzung** → § 7 Rn. 19. Flächen, die aufgrund 13 von EU-Recht nur vorübergehend stillgelegt sind, gelten als Nutzflächen (→ § 7 Rn. 21; aA Reich NRG BW Rn. 2). Dies entspricht auch dem früherem badischen Recht, wonach abwechselnd als Ackerland und Waidfeld (Weideland) genutzte Grundstücke nicht als Ödland angesehen wurden (Dorner/Seng 284).

Gartenbauliche Nutzung iSd Abs. 1 ist, wie der Vergleich zur Landwirtschaft zeigt, nur 14 die Nutzung zum Zweck des Erwerbsgartenbaus. Zu diesem Begriff → § 28 Rn. 21.

Zusätzlich zur fehlenden wirtschaftlichen Nutzung (→ Rn. 8) ist für die Versagung des 15 Abstandsschutzes erforderlich, dass das Außenbereichsgrundstück weder bebaut ist noch als Hofraum dient.

Bebaut ist ein Grundstück, wenn es mit einem Bauwerk versehen ist. Auf den Begriff der 16 baulichen Anlage iSd § 2 I 1 BWLBO ist dabei nicht abzustellen. Nach Sinn und Zweck des § 19 reicht hierfür aber nicht jede Konstruktion. Erforderlich ist ein gewisses Ausmaß, zB als Haus oder Garage. Eine Straße reicht zB nicht (Reich NRG BW Rn. 2, 4). Dafür spricht auch der Vergleich mit der Regelung des § 23 II, die ebenfalls eine Beeinträchtigung baulicher Anlagen zum Gegenstand hat.

Hofraum sind bei oder in der Nähe von Gebäuden liegende Flächen, die als Zu- 17 fahrt, Garageneinfahrt, Stellplatz (LG Baden-Baden 28.10.2013 – 3 S 57/13, BeckRS 2014, 00361) oder Arbeitsraum dienen (bejahend LG Stuttgart 25.1.1980 – 6 S 141/79, nv, für einen geplätteten Gartenweg zwischen Rosenbeeten). Diese Flächen müssen genutzt werden und damit als Hofraum „dienen". Dies ist auch bei einer Durchfahrt der Fall (OLG Karlsruhe 17.7.2020 – 12 U 113/19, BeckRS 2020, 16776 Rn. 168). Eine landwirtschaftliche oder gartenbauliche Nutzung ist nicht gefordert (Birk NachbarR BW Anm. 1c in Fn. 3).

3. Nach Abs. 1 S. 2 ist ein Mindestabstand von 1m von Wald zu Wald einzuhalten. Dieser 18 Abstand dient der Grenzmarkierung (Birk NachbarR BW Anm. 2; auch → Rn. 2). Er beschränkt sich auf einen Erinnerungswert, so dass der Mindestabstand nicht genau eingehalten werden muss.

4. Abs. 2 erfasst **Außenbereichsgrundstücke** (auch solche in erklärter Reb- oder Gar- 19 tenbaulage, s. VKKKK Rn. 3; zum Begriff des Außenbereichs → § 17 Rn. 14), die nur im Grenzbereich landwirtschaftlich oder gartenbaulich nicht genutzt werden. In diesen Fällen ist der normalerweise einzuhaltende **Grenzabstand um den Abstand des nicht genutzten Streifens** auf dem Nachbargrundstück (zB Böschungen, Gräben, Privatstraßen) **gemindert**. Besteht auf dem Außenbereichsgrundstück entlang der Grenze also etwa ein 2 m breiter Graben, dem keine Bedeutung für das Grundstück zukommt, sind die Grenzabstände, auch die doppelten des § 18, um diese Entfernung zu kürzen. Dies gilt auch für die Fälle, in denen landwirtschaftliche oder gartenbauliche Nutzung im Grenzbereich unterbleibt, um Grenzabstände zu wahren.

§ 20 4. Abschnitt. Einfriedigungen, Spaliere, Pflanzungen

20   5. Werden Flächen der in Abs. 1 genannten Art urbar gemacht oder bebaut, erhalten sie den Abstandsschutz, sobald auf dem Nachbargrundstück tote Einfriedigungen, Spaliere oder Pflanzen gesetzt werden (arg. §§ 22 III, 33 II); dies gilt auch für neuen „wilden" Bewuchs; die bisherigen Anlagen haben hingegen Bestandsschutz (vgl. § 22 III 1).

IV. Ergänzende Vorschriften

21   **§ 4 III BWLBO** bestimmt, dass bauliche Anlagen mit Feuerstätten sowie Gebäude zu Mooren und Heiden einen Abstand von 30m aufweisen müssen. Zum Begriff der baulichen Anlage s. § 2 I 1 BWLBO, zum Gebäudebegriff § 2 II BWLBO. Der Abstand dient dem Brandschutz (Schlez BWLBO § 4 Rn. 10).

§ 20 Pflanzungen hinter geschlossenen Einfriedigungen

¹Die §§ 12 bis 18 gelten nicht, wenn sich die Spaliervorrichtung oder die Pflanzung hinter einer geschlossenen Einfriedigung befindet, ohne diese zu überragen. ²Als geschlossen gelten auch Einfriedigungen, bei denen die Zaunteile breiter sind als die Zwischenräume.

I. Inhalt der Regelung

1   Nach dieser Vorschrift ist nur die Abstandsregelung des § 11 anzuwenden, wenn die Spaliervorrichtung oder Pflanzung sich hinter einer geschlossenen Einfriedigung befindet, ohne diese zu überragen.

II. Normgebung

2   Die Vorschrift übernimmt im Wesentlichen die Regelung des Art. 11 II WürttGLN bzw. dessen Übernahme in Art. 232 II WürttAGBGB 1899 (= Art. 203 II WürttAGBCB 1931). Nach Auffassung des Gesetzgebers braucht ein besonderer Abstand für Spaliervorrichtungen und Pflanzungen hinter geschlossenen Einfriedigungen nicht vorgesehen zu werden, wenn diese Anlagen nicht höher sind als die Einfriedigung, da mit geschlossenen Einfriedigungen, wenn sie eine gewisse Höhe überschreiten, bereits ein angemessener Abstand eingehalten werden muss (§ 11). Geschlossene Einfriedigungen sind hiernach insbesondere Mauern, Bretterwände, aber auch Zäune, bei denen die Zaunteile breiter sind als die Zwischenräume (RegBegr. vom 12.12.1958, Beil. 2220 zu den Sitzungsprotokollen der 2. Legislaturperiode, S. 3558).

III. Anmerkungen

3   1. Satz 1 nimmt bestimmte Spaliere und Pflanzungen hinter geschlossenen Einfriedigungen von der Einhaltung der in §§ 12–18 bestimmten Grenzabstände aus.
4   Zum Begriff der **Spaliervorrichtung** → § 13 Rn. 8.
5   **Pflanzungen** sind im Boden eingebrachte, auch einzelnstehende Pflanzen. Gemeint ist der gesamte Anwendungsbereich der §§ 14–17. Nach dem Schutzzweck der Vorschrift, aber entgegen dem Wortlaut, sind auch Wildlinge erfasst (vgl. → § 16 Rn. 13).
6   **Geschlossene Einfriedigungen** sind, wie die Begrenzung des Ausschlusses auf §§ 12–18 zeigt, tote Einfriedigungen iSd § 11, die Einwirkungen (zB Eindringen von Pflanzenteilen auf das Nachbargrundstück) durch die hinter ihnen befindlichen Gehölze bzw. Spalierpflanzen abschirmen. Nicht das Material oder die Art der Anbringung (durch den Eigentümer oder seinen Nachbarn) ist entscheidend, sondern der Umstand, dass die Sicht auf den dahinter liegenden Bereich und die Möglichkeit anderweitiger Einwirkungen genommen wird (OLG Karlsruhe 12.7.1976 – 6 U 91/76, Die Justiz 1976, 472; VKKKK Rn. 1). Dies ist der Fall zB bei Mauern (auch Garagen- oder Giebelwände ohne Öffnungen, aA Pelka NachbarR BW

Pflanzungen hinter geschlossenen Einfriedigungen § 20

193) und Bretterwänden (→ Rn. 2), aber auch etwa bei Wänden aus Metall, Schilf oder Rohrmatten (VKKKK Rn. 1; ebenso OLG Karlsruhe 17.7.2020 – 12 U 113/19, BeckRS 2020, 16776 Rn. 85: Sichtschutzmatte).

Satz 2 bestimmt, dass die Geschlossenheit der Einfriedigung nicht vollkommen sein muss. 7 Daher sind auch Zäune, deren Zaunteile breiter sind als die Zwischenräume, als geschlossene Einfriedigung zu betrachten. Dies wird allerdings nur für die handelsüblichen Zaunarten gelten können. Werden als Einfriedigung Zaunteile mit einer Breite von etwa einem halben Meter oder mehr gewählt, sind Lücken von 0,25 m und mehr nicht mehr tolerabel (auf den Einzelfall abstellend auch VKKKK Rn. 1).

Keine geschlossene Einfriedigung sind Schranken, Maschendraht-, Scherengitter- oder 8 Staketenzäune. Bei Einfriedigungen, die sich aus geschlossenen und nicht geschlossenen Teilen zusammensetzen, sind die Einzelteile jeweils gesondert zu bewerten (so bereits RegBegr. vom 20.12.1930 zu Art. 193 WürttAGBGB 1931, Beil. 297 zur 3. Legislaturperiode des Landtags des Freien Volksstaates Württemberg, S. 518).

Da S. 1 die Nichtanwendbarkeit des § 12 bestimmt, wird vertreten, dass **Hecken** keine 9 geschlossenen Einfriedigungen sein können (so Birk NachbarR BW Anm. 1; Reich NRG BW Rn. 1). Allerdings kommt es nach Sinn und Zweck des § 20 wesentlich auf die Abschirmungswirkung an; zudem ist der Begriff der Einfriedigung nicht auf tote Einfriedigungen begrenzt (→ § 11 Rn. 12). Daher ist S. 1 dahin auszulegen, dass auch eine Hecke geschlossene Einfriedigung iSd § 20 sein kann. Es gilt für sie dann nicht § 11, sondern – und insoweit entgegen dem Gesetzeswortlaut – § 12, da § 20 für die Abstandsbestimmung keine eigene Regelung trifft, sondern nur auf die einfriedigungsspezifische Regelung verweist. Gehölze, die hinter Hecken stehen, nehmen daher an der Abstandsbefreiung für die Hecke teil, sofern sie die Höhe der Hecke nicht übersteigen; das kann auch eine weitere Hecke sein (→ § 12 Rn. 17).

Erforderlich ist, dass sich die geschlossene Einfriedigung **auf demselben Grundstück** 10 befindet wie das Spalier oder die Pflanzung (LG Konstanz 10.6.1988 – 1 S 2/88, VBlBW 1988, 489 – Ls.; Birk NachbarR BW Anm. 1; VKKKK Rn. 4; Reich NRG BW Rn. 1); ein anderes gilt nur dann, wenn die Einfriedigung als Überbau dem eingefriedeten Grundstück dient (Birk NachbarR BW Anm. 1). Für vor geschlossenen Einfriedigungen befindliche Pflanzungen oder Spaliere gilt § 20 nicht, auch nicht entsprechend (LG Konstanz 10.6.1988 – 1 S 2/88, VBlBW 1988, 489 – Ls.).

2. Freigestellt sind nur die verdeckten Gehölze bzw. Spaliere. Die geschlossene Einfriedi- 11 gung selbst muss die in § 11 bestimmten Grenzabstände einhalten.

3. Die Freistellung geht nur insoweit, als die verdeckten Gehölze bzw. Spaliere **nicht** über 12 die Einfriedigung **hinausragen.** Entscheidend ist, dass sie diese Höhe tatsächlich überschreiten; ob dies vom Nachbargrundstück aus bemerkt werden kann, ist ohne Bedeutung. Bei Spalieren ist nicht nur auf das Spalier, sondern auch auf die Spalierpflanzen abzustellen. Seitliches Vorbeiwachsen ist unschädlich; allerdings reicht die Abstandsprivilegierung nur so weit wie die geschlossene Einfriedigung (Reich NRG BW Rn. 1).

Ragen Gehölze oder Spaliere bzw. Spalierpflanzen über die geschlossene Einfriedigung 13 hinaus, sind ohne Einschränkung die für sie maßgeblichen Abstände der §§ 12–18 einzuhalten (Pelka NachbarR BW 193; VKKKK Rn. 4; ebenso bereits RegBegr. vom 20.12.1930 zu Art. 196 WürttAGBGB, Beil. 297 zur 3. Legislaturperiode des Landtags des Freien Volksstaates Württemberg, S. 519). Wachsen Pflanzen über das Spalier hinaus, gelten für sie nunmehr §§ 12, 16. Dieses Ergebnis lässt sich aus § 22 III 2 ableiten (vgl. → § 22 Rn. 10).

4. Ist hinsichtlich der geschlossenen Einfriedigung der Abstand des § 11 nicht gewahrt, 14 kann der Nachbar ihre **Beseitigung** verlangen (allg. zum Beseitigungsanspruch → Einl. Rn. 42ff.); dies gilt dann auch für die verdeckten Gehölze, Einfriedigungen oder Spaliere, wenn sie nicht den erforderlichen Abstand einhalten (Birk NachbarR BW Anm. 2). Ist der Beseitigungsanspruch hinsichtlich der geschlossenen Einfriedigung verjährt, dürfen die da-

§ 21　4. Abschnitt. Einfriedigungen, Spaliere, Pflanzungen

hinter liegenden Gehölze, Einfriedigungen oder Spaliere auch bei zu geringem Grenzabstand verbleiben und die Höhe der Einfriedigung in Anspruch nehmen (Birk NachbarR BW Anm. 3c). Sofern Pflanzen oder Spaliere die geschlossene Einfriedigung überragen, kann der Nachbar deren Beseitigung gesondert verlangen.

15　Die fünfjährige **Verjährungsfrist** des § 26 **beginnt** im Zeitpunkt der erstmaligen Rechtsbeeinträchtigung, also mit Errichtung oder (für die überragenden Gehölze) Überschreiten der geschlossenen Einfriedigung (LG Baden-Baden 12.8.1994 – 2 S 36/94, nv; aA für Pflanzungen Birk NachbarR BW Anm. 4 in Fn. 6: Verjährungsbeginn mit Anpflanzung). Vorschläge in der Kommentarliteratur, statt eines Beseitigungsanspruchs nur einen Anspruch auf Verkürzung bis zur Höhe der geschlossenen Einfriedigung zu geben (Birk NachbarR BW Anm. 3a; VKKKK Rn. 4), finden im Gesetz keine Stütze. Der Verpflichtete hat es in der Hand, dem Beseitigungsanspruch durch Verkürzung zu begegnen.

§ 21 Verhältnis zu Wegen, Gewässern und Eisenbahnen; Ufer- und Böschungsschutz

(1) ¹Die §§ 11 bis 18 gelten nicht für
1. **das nachbarliche Verhältnis zwischen öffentlichen Straßen und Gewässern und den an sie grenzenden Grundstücken,**
2. **die auf Grund eines Flurbereinigungs- oder Zusammenlegungsplanes erfolgten Anpflanzungen, soweit sie sich im Flurbereinigungs- oder Zusammenlegungsgebiet auswirken.**

²**Bestehende Ausgleichs- oder Schadenersatzansprüche bleiben unberührt.**

(2) **Die Bestimmungen der §§ 11, 12 und 18 über tote Einfriedigungen und Hecken gelten nicht für das nachbarliche Verhältnis zwischen Grundstücken, die unmittelbar an den Schienenweg einer Eisenbahn grenzen einerseits und dem Schienenweg andererseits.**

(3) **Auf Einfriedigungen und Pflanzungen, die zum Uferschutz dienen oder die zum Schutz von Böschungen oder steilen Abhängen erforderlich sind, sind die §§ 11, 12, 16 und 18 nicht anzuwenden.**

I. Inhalt der Regelung

1　Die Vorschrift stellt Pflanzungen und Einfriedigungen an Grundstücksgrenzen, die auf öffentliche Straßen und Gewässer weisen, sowie Anpflanzungen in Flurbereinigungs- und Zusammenlegungsgebieten von den Abstandsvorschriften des NRG frei. Gleiches gilt für nicht pflanzliche Einfriedigungen und Hecken, die an den Schienenweg einer Eisenbahn grenzen, sowie für Einfriedigungen und Pflanzungen, die dem Ufer- und Böschungsschutz dienen.

II. Normgebung

2　1. Diese Vorschrift übernimmt im Wesentlichen die Regelung der Art. 26, 12 V WürttGLN bzw. deren Übernahme in Art 247 WürttAGBGB 1899 (entspricht Art. 219 WürttAGBGB 1931).

3　Nach Auffassung des Gesetzgebers bestand vom technischen Standpunkt der Straßenunterhaltung aus kein Bedürfnis für gesetzliche Grenzabstände gegenüber öffentlichen Straßen und Wegen bei der Anlegung von Einfriedigungen und Pflanzungen. Die Straßenanlieger würden im Allgemeinen schon in eigenem Interesse einen ausreichenden Grenzabstand einhalten, weil das Fortkommen der Pflanzungen in unmittelbarer Nähe der Straßen durch die Austrocknung des Bodens unter der Straße ohnehin erheblich erschwert ist. Auch im Falle der Bepflanzung der Grundstücke bis zur Straßengrenze seien wesentliche Beeinträchtigungen der Straßendecken weder durch Wurzeln noch durch herüberragende Zweige zu befürchten (RegBegr. vom 12.12.1958, Beil. 2220 zu den Sitzungsprotokollen der 2. Legislaturperiode, S. 3558).

Verhältnis zu Wegen, Gewässern und Eisenbahnen § 21

Zur Verhinderung von Beeinträchtigungen der Sicherheit und Leichtigkeit des Verkehrs 4
auf öffentlichen Straßen und Wegen durch Einfriedigungen und Pflanzungen auf den benachbarten Grundstücken reichten nach Auffassung des Gesetzgebers die bestehenden öffentlich-rechtlichen Vorschriften aus, so §§ 3 ff. des Polizeigesetzes vom 21.11.1955 (GBl. 249) und die speziellen Vorschriften des § 11 FStrG sowie des § 4 badische WegepolizeiVO vom 20.4.1935 (GVBl. 269) (RegBegr. vom 12.12.1958, Beil. 2220 zu den Sitzungsprotokollen der 2. Legislaturperiode, S. 3558).

Die Vorschriften des Abs. 4 (inzwischen Abs. 3) rechtfertigten sich aus der Überlegung 5
heraus, dass Einfriedigungen und Pflanzungen zum Uferschutz oder zum Schutz von Böschungen oder steilen Hängen geschlossen und vielfach unmittelbar an die Grenze gesetzt werden müssten, wenn sie den Zweck erfüllen sollen. Auch überwögen in aller Regel ihre Vorteile für das Nachbargrundstück die Nachteile. Hinsichtlich der Bepflanzung der Ufer sei auch auf § 30 II (heute: 41 I 1 Nr. 3) WHG hinzuweisen (RegBegr. vom 12.12.1958, Beil. 2220 zu den Sitzungsprotokollen der 2. Legislaturperiode, S. 3558).

2. Durch Art. 1 Nr. 11 des Gesetzes zur Änderung des NRG vom 26.7.1995 (GBl. 605) 6
wurden die Abs. 1 und 2 neu gefasst. Mit der Neufassung von Abs. 1 wollte der Gesetzgeber
– ohne sachliche Änderung – die Regelung des bisherigen Abs. 1 fortschreiben. Für die bislang bestehende Ausnahme der nachbarrechtlichen Bestimmungen für Bäume, die aufgrund polizeilicher Vorschriften längs der Straße gepflanzt werden (Abs. 2), bestehe keine Notwendigkeit mehr, da solche Polizeibestimmungen nicht mehr existierten (RegBegr. vom 1.3. 1993, LT-Drs. 11/1481, 14).

Ferner sollten die aufgrund eines im Flurbereinigungsverfahren erlassenen Plans erfolgten 7
Anpflanzungen von den Beschränkungen des NRG ausgenommen werden. Dies erschien dem Gesetzgeber sinnvoll, da die Interessen der beteiligten Grundeigentümer im Flurbereinigungsverfahren gegeneinander abgewogen würden, wie dies auch bei der Entscheidung des Straßenbaulastträgers oder der für die Gewässerbepflanzung zuständigen Behörde der Fall sei (RegBegr. vom 1.3.1993, LT-Drs. 11/1481, 14).

Im Interesse der Rechtssicherheit hielt der Gesetzgeber zur Klarstellung den Hinweis für 8
geboten, dass an bestehenden Ausgleichs- oder Schadensersatzansprüchen nichts geändert wird. Dies gelte insbesondere für Ansprüche aufgrund von Bundesgesetzen (RegBegr. vom 1.3.1993, LT-Drs. 11/1481, 14).

III. Anmerkungen

1. Abs. 1 S. 1 Nr. 1 nimmt Grundstücke an öffentlichen Straßen und Gewässern sowie 9
die Grundstücke, auf denen sich die öffentlichen Straßen und Gewässer befinden, von der Einhaltung der Abstandsvorschriften für tote Einfriedigungen (§ 11), Hecken (§ 12), Spaliere (§ 13), Weinberge (§ 14), Wälder (§ 15), sonstige Gehölze (§ 16) und Hopfenpflanzungen (§ 17) aus. Aufgezählt ist auch § 18, so dass ein Grenzabstand auch dann nicht einzuhalten ist, wenn sich die Grundstücke in einer erklärten Reblage oder erklärten Gartenbaulage befinden. „An" öffentliche Straßen oder Gewässer grenzen Grundstücke selbst dann, wenn sich dazwischen noch ein Graben, eine Grünfläche, Böschung oder dergleichen befindet (Reich NRG BW Rn. 3). Mit dieser Regelung sollen Einzelpflanzungen (sog. Windschutzpflanzungen) entlang der öffentlichen Straßen und Gewässer ermöglicht werden. Solche Baumreihen wirken als Windbremse und schützen auch die Nachbargrundstücke vor austrocknenden Winden und zu starker Sonnenstrahlung (Pelka NachbarR BW 194; s. aber auch die andere Akzentuierung durch den Gesetzgeber → Rn. 3).

Straßen sind befahrbare, glatte und befestigte Landverkehrswege (→ § 5 Rn. 4); hierzu 10
gehören auch Fußgängerzonen (vgl. BVerwG 29.5.1981 – 4 C 19/78, NVwZ 1982, 112). Wie die Überschrift („Verhältnis zu Wegen") zeigt, sind damit auch Wege und Plätze iSd § 2 I StrG gemeint (Reich NRG BW Rn. 3). Sind die Wege nur von geringer Breite, findet ggf. § 22 II Anwendung. Da der Abstandsschutz in § 25 ergänzt wird, fallen unter den Straßenbegriff ferner die dort genannten Zubehörden (Nebenwege, Dämme, Böschungen; vgl.

§ 21 4. Abschnitt. Einfriedigungen, Spaliere, Pflanzungen

RegBegr. vom 12.12.1958, Beil. 2220 zu den Sitzungsprotokollen der 2. Legislaturperiode, S. 3559). **Öffentlich** sind Straßen, wenn und solange sie dem Gemeingebrauch gewidmet sind. Dabei ist ohne Bedeutung, ob sie im Eigentum einer öffentlich-rechtlichen Körperschaft oder im Privateigentum stehen (Birk NachbarR BW Anm. 1a; Reich NRG BW Rn. 3).

11   **Gewässer** ist das ständig oder zeitweilig in Betten fließende oder stehende oder aus Quellen wild abfließende Wasser (Pelka NachbarR BW 194; s. auch → § 8 Rn. 15). Insofern deckt sich der Begriff mit dem des oberirdischen Gewässers in § 3 Nr. 1 WHG. Dabei ist es gleichgültig, ob sich das Gewässer im Eigentum einer öffentlich-rechtlichen Körperschaft oder in Privateigentum befindet (Pelka NachbarR BW 194). Unklar ist, ob das Gewässer dem **öffentlichen Verkehr** gewidmet sein muss. Da der historische Gesetzgeber nicht gerade öffentliche Verkehrsflächen privilegieren wollte, erscheint eine derartige Begrenzung nicht geboten. Ist das angrenzende Gewässer nur von geringer Breite, ist unter Umständen § 22 II zu beachten.

12   Soweit Abs. 1 S. 1 Nr. 1 Straßen und Gewässer, die im Eigentum des Fiskus stehen, mithin öffentliche Sachen, von den Abstandsregelungen ausnimmt, handelt es sich nur um eine Klarstellung, da der Staat privatrechtlichen Regelungen nicht unterliegt (BVerwG 29.5.1981 – 4 C 19/78, NVwZ 1982, 112; Reich NRG BW Rn. 2). In diesen Fällen hat der Anlieger keine privatrechtlichen Abwehrmöglichkeiten. Will der Staat als Eigentümer der Straße bzw. des Gewässers Pflanzungen, tote Einfriedigungen oder Spaliere direkt an die Grenze setzen, hat er die schutzwürdigen Interessen des Anliegers trotzdem angemessen zu berücksichtigen (BVerwG 29.5.1981 – 4 C 19/78, NVwZ 1982, 112; auch → Einl. Rn. 24). Davon kann ihn auch § 21 nicht entlasten. Insofern muss er aufgrund seiner öffentlich-rechtlichen Bindungen einen Ausgleich der in diesem Nachbarverhältnis vorkommenden Interessengegensätze suchen. Für öffentliche Straßen richtet sich der Anliegerschutz nach § 15 II, III StrG (vgl. BVerwG 29.5.1981 – 4 C 19/78, NVwZ 1982, 112).

13   **2. Abs. 1 S. 1 Nr. 2** nimmt Anpflanzungen (Hecken, Weinreben, Wälder, sonstige Gehölze und Hopfenpflanzungen) auf Grundstücken, die sich innerhalb eines Flurbereinigungs- oder Zusammenlegungsgebiets befinden, von der Einhaltung der NRG-Abstandsvorschriften aus. Dies gilt auch dann, wenn sich die Grundstücke in einer erklärten Reblage oder erklärten Gartenbaulage befinden.

14   **Anpflanzung** ist – wie die Pflanzung in § 20 (→ § 20 Rn. 5) – jede im Boden eingebrachte, auch einzelnstehende Pflanze. Gemeint ist der gesamte Anwendungsbereich der §§ 12–17. Nach dem Schutzzweck der Vorschrift, aber entgegen dem Wortlaut, sind auch Wildlinge erfasst (vgl. → § 16 Rn. 13).

15   Abs. 1 S. 1 Nr. 2 soll der Flurbereinigungsbehörde bei der Neuordnung der Grundstückszuschnitte weiteren Gestaltungsspielraum schaffen. Für die Nachbarn ist dies nicht nachteilig, da die Behörde dabei die gegenläufigen Interessen abzuwägen hat (§ 37 I 1 FlurbG; ferner → Rn. 7; diese Überlegung liegt auch § 27 zugrunde).

16   Die Freistellung betrifft nur Anpflanzungen, die sich **im Flurbereinigungs- oder Zusammenlegungsgebiet auswirken.** Entscheidend ist nicht ihre tatsächliche Wirkung (zB durch Blätterfall), sondern die Grundstückslage. Für die Außengrenzen dieser Gebiete gilt die Freistellung nicht, also weder nach draußen noch zu diesen Gebieten hin (VKKKK Rn. 3).

17   Mit der **Flurbereinigung** kann ländlicher Grundbesitz zur Verbesserung der Produktions- und Arbeitsbedingungen in der Land- und Forstwirtschaft sowie zur Förderung der allgemeinen Landeskultur und Landentwicklung durch staatliche Maßnahmen neu geordnet werden (§ 1 FlurbG). Dabei werden meist kleinere verstreute Flächen zu größeren und damit effektiver nutzbaren Flächen zusammengefasst. Zur Flurneuordnung gehört auch die Schaffung von Wegen und öffentlichen Einrichtungen. Solche Maßnahmen betreffen vor allem den Außenbereich (zum Begriff des Außenbereichs → § 7 Rn. 14), sind darauf aber nicht beschränkt (vgl. §§ 45 I Nr. 1, 29, 54 I FlurbG). Für die Neuordnung kommen **fünf Verfah-**

Verhältnis zu Wegen, Gewässern und Eisenbahnen § 21

ren in Betracht, nämlich das Regelverfahren (§§ 1–37 FlurbG), das Vereinfachte Verfahren (§ 86 FlurbG), das Unternehmensverfahren (§§ 87–90 FlurbG), das Beschleunigte Zusammenlegungsverfahren (§§ 91–103 FlurbG) und das Verfahren des Freiwilligen Landtauschs (§§ 103a–103i FlurbG). In Baden-Württemberg bestanden im Jahr 2011 ca. 440 offene Verfahren mit einer betroffenen Fläche von 2 Hektar bis 2500 Hektar und einer Bearbeitungsdauer von etwa 11 Jahren je Verfahren; pro Jahr kommen etwa 20 neue Verfahren hinzu. Zuständig für die Durchführung dieser Verfahren ist die untere Flurbereinigungsbehörde (das sind für die Landkreise die Landratsämter, für die Stadtkreise das Landesamt für Geoinformation und Landentwicklung, § 3 FlurbG iVm § 1 I FlurbGAG). Während das letztgenannte Verfahren zwar zu einem Plan, dem sog. Tauschplan, führt (§ 103 f I 1 FlurbG), der aber keine Reglungen zu Grenzabständen enthält, wird in den 3 erstgenannten Verfahren für das Flurbereinigungsgebiet ein Flurbereinigungsplan (mit Wirkung einer Gemeindesatzung, § 58 IV FlurbG) erstellt, in dem die Behörde alle erforderlichen Maßnahmen zur Neuordnung trifft (§ 37 I 2 FlurbG); in diesem Zusammenhang sind auch die rechtlichen Verhältnisse neu zu ordnen (§ 37 I 3 FlurbG). In der Praxis führt dies aber nur selten zu einer abweichenden Regelung der Grenzabstände.

Abs. 1 S. 1 Nr. 2 regelt den Fall nicht, dass Pflanzungen durch Grenzverschiebung im Rahmen der Neuordnung der Grundstücke in den Grenzabstand fallen. Diese Problematik ist im Rahmen des Flurbereinigungsverfahrens mit abzuwägen (Wingerter/Mayr, Flurbereinigungsgesetz, 10. Aufl. 2018, FlurBG § 50 Rn. 4). In Baden-Württemberg enthalten die Textteile der **Flurbereinigungspläne** zu Grenzabständen folgende Standardklausel: 18

„Bäume und Sträucher, die zum Zeitpunkt der Bekanntgabe des Flurbereinigungsplans durch die neue Feldeinteilung in den gesetzlichen Grenzabstand fallen, sind vom Eigentümer des Nachbargrundstücks zu dulden, Obstbäume bis zum ..., sofern keine anderen Vereinbarungen unter den Nachbarn oder behördliche Festsetzungen getroffen werden. Der Vorstand der Teilnehmergemeinschaft wurde hierzu gehört.
Im Übrigen gelten die allgemeinen nachbarrechtlichen Bestimmungen.
Für die entlang von öffentlichen Straßen, Gewässern, Eisenbahnen, Feldwegen oder zum Ufer- und Böschungsschutz gepflanzten Bäume und Sträucher sind gegenüber den angrenzenden Grundstücken keine Grenzabstände zu wahren (vgl. § 21 NRG). "

Im Beschleunigten Zusammenlegungsverfahren (§§ 91–103 FlurbG) wird für das **Zusammenlegungsgebiet** kein Flurbereinigungsplan erstellt, sondern ein Zusammenlegungsplan (§ 100 FlurbG). Für diesen gelten im Wesentlichen die gleichen Vorschriften wie für den Flurbereinigungsplan. 19

Obwohl hinsichtlich der Grenzabstände eine Angleichung der Texte erfolgen könnte, weisen die Textteile der **Zusammenlegungspläne** in Baden-Württemberg hinsichtlich der Regelung der Grenzabstände einen unterschiedlichen Wortlaut auf, nämlich: 20

„Die im Zeitpunkt der Ausführung des Zusammenlegungsplans entlang der neuen Grundstücksgrenzen innerhalb des gesetzlichen Abstandes stehenden Bäume haben die Nachbarn bis längstens ... zu dulden. Nach diesem Zeitpunkt kann die Beseitigung der Bäume innerhalb eines Zeitraumes von fünf Jahren verlangt werden. Der Beseitigungsanspruch gilt nicht bei Wald und bei benachbarten Grundstücken, deren gemeinsame Grenze im Verfahren nicht verändert wurde, sowie bei geschützten Landschaftsbestandteilen. Der Vorstand der Teilnehmergemeinschaft wurde hierzu gehört. "

Außerhalb dieser Regelungen bestehen keine Auswirkungen, so dass die Ausnahmevorschrift des Abs. 1 S. 1 Nr. 2 insofern nicht greift; §§ 11–18 finden Anwendung. 21

3. Abs. 1 **S. 2** knüpft an die Voraussetzung an, dass die in Abs. 1 S. 1 genannten Straßen-, Gewässer- und Flurbereinigungs- bzw. Zusammenlegungsgrundstücke von Abständen befreit sind. Für diesen Fall stellt Abs. 1 S. 2 klar, dass dies **nicht entschädigungslos** hingenommen werden muss, wenn Vorschriften, insbesondere des Bundesrechts (zB §§ 44 III 2, 51 I FlurbG, § 906 II 2 BGB), einen Geldausgleich bestimmen. § 51 I FlurbG macht deutlich, dass eine Entschädigung nur bei einem Sonderopfer zu zahlen ist; alles andere gehört in den Bereich der Eigentumsbindung (vgl. Art. 14 I 2 GG und BGH 14.3.2013 – III ZR 253/12, NJW 2013, 1736 Rn. 8). 22

§ 21 4. Abschnitt. Einfriedigungen, Spaliere, Pflanzungen

23 **4. Abs. 2** nimmt Grundstücke, die unmittelbar an den Schienenweg einer Eisenbahn grenzen, und die Schienengrundstücke selbst von der Einhaltung der Abstandsvorschriften für tote Einfriedigungen (§ 11) und Hecken (§ 12) aus. Mitgenannt ist § 18, so dass dies auch dann gilt, wenn Grundstücke einbezogen sind, die sich in einer erklärten Reblage oder einer erklärten Gartenbaulage befinden.

24 **Schienenweg einer Eisenbahn** sind Grundstücke, auf denen sich Gleisanlagen befinden, die für den Bahnbetrieb genutzt werden. Erfasst sind auch Stadtbahnen (nicht: Straßenbahnen) und Schmalspurbahnen. Andere Bahnanlagen wie etwa Schuppen, Lagerplätze oder Bahnhöfe fallen nicht darunter (VKKKK Rn. 5), weil Abs. 2 nur den typischen Besonderheiten des Schienenverkehrs Rechnung trägt. Da Abs. 2 nicht nur auf die Grundstückssituation abstellt, muss sich der Schienenweg in einer Entfernung zum Nachbargrundstück befinden, die die Reichweite der gesetzlichen Grenzabstände nicht überschreitet (Reich NRG BW Rn. 6).

25 Bei Inkrafttreten des Abs. 2 wurde der Eisenbahnverkehr hoheitlich betrieben. Da die öffentliche Hand Abstandsvorschriften aus dem NRG nicht von vornherein einhalten muss (→ Einl. Rn. 24), konnte Abs. 2 gegenüber dem Staat nur ermessensbindende Wirkung zukommen. Nachdem die Bahn Mitte der 90er Jahre privatisiert wurde (vgl. § 87e III GG), tritt die **Deutsche Bahn AG** den Nachbarn auf der Ebene der Gleichordnung gegenüber Zwar erfüllt sie mit dem Betreiben der Eisenbahninfrastruktur wie dem Bau und der Unterhaltung von Eisenbahnanlagen, vgl. § 3 I Nr. 2 DBGrG (Gesetz über die Gründung einer Deutsche Bahn Aktiengesellschaft vom 27.12.1993, BGBl. I 2386), Aufgaben der öffentlichen Daseinsvorsorge (Roth NVwZ 2001, 34 (36); offen gelassen in BGH 21.11.1996 – V ZB 19/96, NJW 1997, 744). Gleichwohl gehen die Störungen nicht einmal auf schlicht hoheitliche Verwaltung zurück. Wie der BGH ausgeführt hat, geht es um das Verhalten der Deutschen Bahn AG selbst, „die es im Rahmen ihres privatrechtlich ausgeübten Betriebes in der Hand hat, wie sie ihre Gleisanlagen baut und ihren Zugverkehr betreibt" (BGH 21.11.1996 – V ZB 19/96, NJW 1997, 744 (745)). Von ihr können daher keine hoheitlichen Eingriffe ausgehen (Roth NVwZ 2001, 34 (36)). Die Abstandsvorschriften des NRG gelten ihr gegenüber folglich direkt und uneingeschränkt.

26 Für Grundstücke, die unmittelbar an den Schienenweg einer Eisenbahn grenzen, bleiben die in Abs. 2 nicht genannten Abstände für Spaliere, Rebstöcke, Waldungen, Gehölze und Hopfenpflanzungen hingegen gültig, da diese Anlagen den Bahnbetrieb durch Umfallen, Hinüberwachsen oder Laubfall beeinträchtigen können. Zudem werden an die Grenze zu Schienengrundstücken üblicherweise ohnehin nur tote Einfriedigungen und Hecken gesetzt. Gleiches gilt nach Abs. 2 im umkehrten Verhältnis, also für Grundstücke, auf denen sich Schienenwege einer Eisenbahn befinden, wobei es hier in aller Regel nur um die Anwendung des § 16 gehen wird.

27 **5. Abs. 3** stellt Einfriedigungen und Pflanzungen, die dem Uferschutz oder der Stützung von Böschungen bzw. steilen Abhängen dienen, von den Abstandsregelungen für tote Einfriedigungen (§ 11), Hecken (§ 12) und sonstige Gehölze (§ 16) frei. Da § 18 mitgenannt ist, gilt dies auch dann, wenn sie sich in einer erklärten Reblage oder einer erklärten Gartenbaulage befinden. Dem liegt die Überlegung zugrunde, dass die Schutzanlagen und Schutzpflanzungen oft nur dann ihre Funktion erfüllen können, wenn sie unmittelbar an die Grenze gesetzt werden, da Ufer, Abhänge und Böschungen häufig den Grenzverlauf kennzeichnen (Pelka NachbarR BW 196; VKKKK Rn. 6). Das betrifft alle Grundstücke, die am **Ufer- und Böschungsschutz** teilhaben (Reich NRG BW Rn. 7). In diesen Fällen muss der privilegierte Eigentümer auch nicht das Anbaumittel wählen, das den Nachbarn am wenigsten beeinträchtigt (so aber OLG Koblenz 4.5.2001 – 10 U 490/00, Juris-Rn. 3 = BeckRS 2001, 30178749, zur vergleichbaren Regelung des § 46 II Nr. 3 RhPflNRG).

28 **Böschungen** sind schräge Flächen im Gelände, die einen Geländesprung überbrücken (auch → § 10 Rn. 10). Abs. 3 gilt nicht für Böschungen, die durch Erhöhung des Grundstücks künstlich geschaffen sind, da §§ 9, 10 hierfür Sonderregelungen vorsehen (Pelka NachbarR BW 196; Birk NachbarR BW Anm. 4).

Feststellung der Abstände § 22

Mangels Aufzählung in Abs. 3 bleiben in Ufer- und Böschungsbereichen die Abstandsvorschriften für Spaliere, Rebstöcke, Waldungen und Hopfenpflanzungen erhalten. Dies macht auch Sinn, da diese Pflanzungen Böschungen und steilen Abhängen keinen Halt bieten. Dies gilt, wie den Worten „dienen" und „erforderlich sind" zu entnehmen ist, auch für Einfriedigungen und Pflanzungen, die zwar unter die aufgezählten §§ 11, 12, 16 und 18 fallen, aber zum Ufer- oder Böschungsschutz nicht beitragen können. 29

6. Werden öffentliche Straßen eingezogen, Wasserläufe verändert oder der Schienenweg einer Eisenbahn beseitigt, gelten die Ausnahmevorschriften für den Altbestand fort (so bereits Dorner/Seng 295); insoweit kommt den alten Anlagen und Pflanzungen **Bestandsschutz** zu (vgl. § 22 III 1). Hierauf kann sich auch die öffentliche Hand berufen (zu ihrer Sonderrolle → Rn. 12). 30

IV. Ergänzende Vorschriften

1. Öffentlich-rechtliche Vorschriften, die den Schutz von Straßen, Eisenbahnen und Gewässern bezwecken, regeln mitunter auch den einzuhaltenden Grenzabstand (zB § 28 II StrG, § 11 II FStrG, § 5 II LEisenbG, § 41 III WHG, § 11 II WaStrG; § 18 I AEG; § 38 BauGB). Diese Normen werden von der Befreiungsvorschrift des § 21 nicht erfasst, gelten also unabhängig davon. 31

2. Zur Freistellung der öffentlichen Wege und Gewässer von den Abstandsvorschriften für Aufschichtungen und Gerüste s. die Bestimmung des **§ 8 III**. 32

3. Eine Sonderregelung für Stützmauern enthält **§ 10**. 33

§ 22 Feststellung der Abstände

(1) **Die Grenzabstände werden von der Mittelachse der der Grenze nächsten Stämme, Triebe oder Hopfenstangen bei deren Austritt aus dem Boden, bei Drahtanlagen von Hopfenpflanzungen aber von dem der Grenze nächsten oberen Ende der Steigdrähte ab waagrecht gemessen.**
(2) **¹Im Verhältnis der durch öffentliche Wege oder durch Gewässer getrennten Grundstücke werden die Abstände von der Mitte des Weges oder Gewässers an gemessen. ²Dies gilt nicht gegenüber Grundstücken in Innerortslage.**
(3) **¹Ist die Einhaltung eines bestimmten Abstands von der Lage oder der Kulturart des Grundstücks oder des Nachbargrundstücks abhängig, so sind bei der Erneuerung einer Einfriedigung, Spaliervorrichtung oder Pflanzung für die Bemessung des Abstands die dann bestehenden Verhältnisse dieses Grundstücks maßgebend. ²Dasselbe gilt, wenn in einer der Erneuerung gleichkommenden Weise die Einfriedigung oder Spaliervorrichtung ausgebessert oder die Pflanzung ergänzt wird.**

I. Inhalt der Regelung

Die Vorschrift bestimmt, wie die pflanzlichen Grenzabstände zu messen sind. Ferner sieht sie vor, dass (nur) bei Erneuerung einer Einfriedigung, Spaliervorrichtung oder Pflanzung eine neue Messung durchzuführen ist. 1

II. Normgebung

1. Abs. 1 übernimmt den Regelungsgehalt des Art. 221 I WürttAGBGB 1931, Abs. 3 den des Art. 249 WürttAGBGB 1899 (= Art. 221 II WürttAGBGB 1931). Nach Auffassung des Gesetzgebers sollte sich der Abstand nach den zur Zeit der Errichtung oder Erneuerung der Anlage bestehenden Verhältnisse richten, wenn je nach Lage und Kulturart des Grundstücks oder des Nachbargrundstücks verschiedene Abstände vorgeschrieben sind. Ferner sollten die Abstände für Anlagen auf den angrenzenden Grundstücken von der Mitte des Weges oder 2

§ 22   4. Abschnitt. Einfriedigungen, Spaliere, Pflanzungen

Gewässers ab gemessen werden, wenn Grundstücke durch Wege oder Gewässer von geringerer Breite getrennt sind (RegBegr. vom 12.12.1958, Beil. 2220 zu den Sitzungsprotokollen der 2. Legislaturperiode, S. 3558).

3   2. Durch Art. 1 Nr. 12 des Gesetzes zur Änderung des NRG vom 26.7.1995 (GBl. 605) wurde die Regelung des Abs. 2 um einen Satz ergänzt. Dem Gesetzgeber erschien es sachgerecht, im Interesse einer leichteren Bepflanzung von Grundstücken in Innerortslage bei der Messung des Abstands zwischen einem Baum und der Grenze des Nachbargrundstücks einen dazwischen liegenden öffentlichen Weg oder ein Gewässer nicht zugunsten des den Abstand verlangenden Nachbarn, sondern zugunsten des pflanzenden Grundeigentümers zu berücksichtigen. Dies wollte er durch den neu angefügten S. 2 erreichen (RegBegr. vom 1.3.1993, LT-Drs. 11/1481, 14).

III. Anmerkungen

4   1. **Abs. 1** regelt, wie die in §§ 12–19 genannten Abstände zu **messen** sind. Andere Berechnungsansätze enthalten § 3 I und II (für Lichtöffnungen), § 4 I (für Ausblick gewährende Anlagen), § 7 I (für Gebäudeabstände im Außenbereich), § 10 I (für Erhöhungen) und § 23 I (für überhängende Zweige).

5   Grundsätzlich ist mit der Messung dort anzusetzen, wo die Pflanzung aus dem Boden tritt. Bei Stämmen, Trieben und Hopfenstangen ist die **Mittelachse** maßgeblich, wobei auf den **grenznächsten Stamm bzw. Trieb** abzustellen ist. Damit lässt sich die Abstandsbestimmung ggf. durch Entfernen von Pflanzenteilen beeinflussen (Reich NRG BW Rn. 2). Hopfenpflanzungen werden in Drahtanlagen gezogen, die sich nach oben zur Nachbargrenze hin öffnen; hier ist nach Abs. 1 auf den oberen Abschluss der Steigdrähte, mithin den grenznächsten Punkt der Anlage, abzustellen (anders in Bayern, wo gem. Art. 49 BayAGBGB von der Hopfenstange oder dem Steigdraht ab gemessen wird). Praktisch wird die Messung hier so erfolgen, dass vom oberen Ende des Steigdrahtes ein Senkblei heruntergelassen und am Boden gemessen wird (Pelka NachbarR BW 197). Dabei ist nach Abs. 1 zum einen waagrecht zu messen. Dies gilt auch dann, wenn sich das benachbarte Grundstück in einer Hanglage befindet; die Messlinie erreicht die Grundstücksgrenze dann in der Luft oder im Boden (Reich NRG BW Rn. 2; VKKKK Rn. 2). Gemessen wird ferner auf kürzestem Weg, also senkrecht zur Grenze (VKKKK Rn. 2; Reich NRG BW Rn. 2). Ist der Grenzverlauf unregelmäßig (nicht nur schräg), muss gemittelt werden; andernfalls entstehen zufällige Ergebnisse. Teilen die Nachbargrundstücke 2 Grenzen miteinander, ist der Abstand zu beiden Grenzen einzuhalten (GLS NachbarR-HdB/Lüke Kap. 2 Rn. 350).

6   2. Werden Grundstücke **durch einen öffentlichen Weg oder ein Gewässer**, mithin durch ein weiteres Grundstück **getrennt**, kommen diese Flächen wegen § 21 I 1 Nr. 1 in voller Breite demjenigen Nachbarn zugute, der für Abstandshaltung zu sorgen hat. **Abs. 2** schränkt diese Möglichkeit ein, indem er bestimmt, dass die Grenzabstände in diesen Fällen **von der Mitte des Weges bzw. Gewässers aus zu messen** sind, mithin so, als würden die benachbarten Grundstücke auf der Mitte des öffentlichen Wegs bzw. Gewässers aneinanderstoßen (Abs. 2 S. 1). Damit werden öffentliche Wege oder Gewässer von geringer Breite, die gedrängt zwischen anderen Grundstücken verlaufen, besser vor Überhängen und Durchwurzelung geschützt; insbesondere Baumanlagen würden sich sonst sehr nahekommen (VKKKK Rn. 4). Zum Begriff des öffentlichen Wegs → § 5 Rn. 4 und 6, zum Begriff des Gewässers → § 8 Rn. 15 und → § 21 Rn. 11.

7   Mit Wirkung zum 1.1.1996 wurde diese Ausnahme auf **Bereiche außerhalb der Innerortslage** (§ 12 II 2) beschränkt (Abs. 2 S. 2). Diese Rückausnahme lässt wegen der Vollberücksichtigung des Zwischenbereichs eine intensivere Nutzung der Grenzbereiche von Grundstücken in Innerortslage zu (VKKKK Rn. 5). Für Grundstücke, die sich im Grenzbereich von Innerortslage und Außenbereich (zum Begriff des Außenbereichs → § 7 Rn. 14) bzw. landwirtschaftlich genutzten Innenbereich befinden, enthält S. 2 die Regelung, dass die

Feststellung der Abstände § 22

Berücksichtigung der Weges- bzw. Gewässerflächen **nicht gegenüber Grundstücken in Innerortslage** gilt. Damit findet die Einschränkung der Vollanrechnung immer statt, wenn das abstandspflichtige Grundstück zum Außenbereich zählt oder landwirtschaftlich genutzt wird, auch wenn hinter der Grenze gleich die Innerortslage beginnt. Umgekehrt sind Grundstücke in Innerortslage immer von dieser Einschränkung befreit, können den Zwischenbereich also voll anrechnen und so intensiver genutzt werden (s. auch VGH Mannheim 26.3.2014 – 3 S 1564/13, NJOZ 2014, 1194 (1197)).

3. Keine allgemeinen Regeln stellt das NRG für **Höhenmessungen** auf. Offensichtlich 8 hielt der Gesetzgeber generelle Vorgaben hierzu für entbehrlich und beschränkte sich auf die Sonderregeln in § 7 II und § 23 I 2. Gemessen wird hier wie dort immer vom Boden. Ist das Geländeniveau auf den Nachbargrundstücken unterschiedlich, gilt das in → § 11 Rn. 26 ff. Gesagte. Gehölze der Kategorien I bis III bzw. die in Kategorie V eingeordneten Nutzpappeln sind hiervon ebenfalls erfasst, ebenso der Kürzungsanspruch aus § 16 III.

4. Abs. 3 behandelt keine Frage der Messung, sondern trifft eine **Übergangsregelung** 9 für Einfriedigungen, Spaliervorrichtungen und Pflanzungen. Hiernach dürfen die Abstände bestehen bleiben, sofern sich die **Lage** (Außen- oder Innenbereich, erklärte Lage iSd § 28) oder **Kulturart** (zB landwirtschaftliche Nutzung, Wald, Ödland) eines der beteiligten Grundstücke (regelmäßig des Nachbargrundstücks) **ändern** (zB Außenbereich wird Innerortslage), nach denen sich die Abstände bestimmen; maßgeblich sind die Verhältnisse direkt an der Grenze (Pelka NachbarR BW 198). Wird die Einfriedigung, Spaliervorrichtung oder Pflanzung hingegen **erneuert** (ausgetauscht), gelten die „dann bestehenden Verhältnisse dieses Grundstücks" (Abs. 3 S. 1). Damit wird auf die in S. 1 zuvor genannte Lage oder Kulturart des Grundstücks oder des Nachbargrundstücks Bezug genommen, wobei Maßstab die **aktuellen Verhältnisse auf dem Nachbargrundstück** („dieses Grundstücks") sind (VKKKK Rn. 6; Pelka NachbarR BW 198; Birk NachbarR BW Anm. 4; aA Reich NRG BW Rn. 5: des Grundstücks oder des Nachbargrundstücks). Von einer **Erneuerung** ist auszugehen, wenn mehr als 50 % des Bestands **ausgetauscht** werden (VKKKK § 33 Rn. 3; Birk NachbarR BW § 33 Anm. 2; Pelka NachbarR BW 211; aA Reich NRG BW Rn. 5: mehr als 10 %). Dies kann in Stufen geschehen, wenn zwischen den Einzelmaßnahmen ein enger zeitlicher Zusammenhang besteht (VKKKK § 33 Rn. 3). Auf den Erneuerungsbedarf kommt es nicht an (aA Birk NachbarR BW § 33 Anm. 2).

Dasselbe gilt für die **Ausbesserung** von Einfriedigungen oder Spalieren und für die **Er-** 10 **gänzung** von Pflanzungen, sofern diese Maßnahmen einen Eingriff darstellen, der einer **Erneuerung gleichkommt** (Abs. 3 S. 2). Dies ist der Fall, wenn die Pflanzungen bzw. Anlagen nach dem Eingriff als neue Pflanzung bzw. Anlage erscheinen. Entscheidend ist der Gesamteindruck. Zu bewerten ist der Umfang der Ausbesserungsarbeiten (zB Betroffenheit von über 50 % der Anlage; Birk NachbarR BW § 26 Anm. 2c; aA Reich NRG BW Rn. 5: Auswechslung von mehr als 10 %); auf eine Wertsteigerung kommt es nicht an. Das ist etwa bei einem Drahtzaun als Einfriedigung der Fall, wenn die Pfosten belassen werden, das Drahtgeflecht aber ausgetauscht wird (vgl. VGH Mannheim 28.11.1989 – 8 S 2765/89, VBlBW 1990, 267). Ergänzt wird eine Pflanzung, wenn sie um Pflanzen erweitert wird. Um die Gleichstellung mit einer Erneuerung zu rechtfertigen, wird sich mit der Ergänzung der Pflanzung das Gesamtbild im Sinne einer Erneuerung aber auffällig ändern müssen. Auch der Fall, dass eine Pflanze über die tote Einfriedigung hinauswächst und so für den Nachbarn sichtbar wird, fällt hierunter; § 20 gilt dann nicht mehr (→ § 20 Rn. 13).

5. Abs. 3 enthält den **allgemeinen Grundsatz,** wonach in korrektem **Abstand** erstellte 11 Einfriedigungen, Bauten oder Pflanzungen **Bestandsschutz** genießen. Anders formuliert, kommt es für die Abstandsbestimmung immer auf den Zeitpunkt der Pflanzung oder Errichtung der Anlage an (Birk NachbarR BW Anm. 4). Dieser Grundsatz findet weitere Ausprägungen in §§ 26 II, 33 II und 34 IV (s. ferner → § 7 f Rn. 42, → § 10 Rn. 16, → § 13 Rn. 18, → § 14 Rn. 10, → § 15 Rn. 18, → § 16 Rn. 43, → § 17 Rn. 13, → § 19 Rn. 20 und → § 21 Rn. 30).

Vor §§ 23–25 4. Abschnitt. Einfriedigungen, Spaliere, Pflanzungen

2. Überragende Zweige und eingedrungene Wurzeln

Vorbemerkungen zu §§ 23–25
Beseitigung von Zweigen und Wurzeln

Parallelvorschriften: Vorschriften, die – wie §§ 23–25 – die §§ 910, 1004 BGB modifizieren, finden sich in den Nachbarrechtsgesetzen der anderen Bundesländer nicht.

I. Regelungen im BGB

1 **1.** Stören Zweige oder Wurzeln den Nachbarn, regelt das Bundesrecht die Abwehrmöglichkeiten in §§ 1004 und 910 BGB. § 910 BGB betrifft seinem Wortlaut nach nur Wurzeln und Zweige von Bäumen und Sträuchern, gilt aber für andere grenzüberschreitende Pflanzen von einiger Bedeutung (Stauden, Rankengewächse) entsprechend (OLG Schleswig 20.11.2009 – 14 U 75/09, NJOZ 2011, 344 (345)). Erfasst sind die Pflanzen unabhängig davon, ob es sich dabei um Wildlinge handelt, ob sie genutzt werden oder dort willentlich stehen (aA Bassenge/Olivet NachbG Schl.-H.Vor §§ 37–41 Rn. 10: nur im letzten Fall).

2 **Zweige** sind bei Bäumen aus dem Zentralorgan wachsende Teile höherer Ordnung, die in der Seitenverzweigung nach den Ästen kommen. Da die Abwehrvorschriften Schutz vor störendem Herüberwachsen schaffen sollen, sind als Zweige jedoch auch die Äste gemeint (VKKKK BGB § 910 Rn. 2; differenzierend Reich NRG BW § 23 Rn. 2: Äste bis zu einem Durchmesser von 0,2 m). Bei Sträuchern sind Zweige alle aus dem Boden wachsenden Stämme mit deren hölzernen Abzweigungen, mithin der gesamte über dem Erdboden befindliche hölzerne Teil des Strauchs.

3 **Wurzeln** (von altochdt. wurzala = das Gewundene) sind im Boden wachsende, meist fein verästelte Pflanzenteile, die der Aufnahme und Speicherung von Wasser und Mineralstoffen dienen.

4 Der Nachbar kann unter den Voraussetzungen des **§ 1004 I BGB** Unterlassung und Beseitigung fordern (zu diesen Ansprüchen → Einl. Rn. 42 ff., zu ihrer prozessualen Durchsetzung → Einl. Rn. 140 ff.). § 1004 I BGB ist auch Anspruchsgrundlage für Schutzmaßnahmen gegen künftigen Überwuchs (OLG Schleswig 20.11.2009 – 14 U 75/09, NJOZ 2011, 344, 347; Grüneberg/Herrler BGB § 910 Rn. 4).

5 Neben § 1004 I BGB trifft **§ 910 BGB** Regelungen speziell für grenzüberschreitende Wurzeln und Zweige (bei einem grenzüberneigenden Baumstamm kann der Nachbar aber nur nach § 1004 I BGB vorgehen, so auch Grüneberg/Herrler BGB § 910 Rn. 2). § 910 BGB gibt dem Eigentümer (nur diesem!) ein Selbsthilferecht und will damit die Rechtsdurchsetzung gegenüber dem Weg über § 1004 I BGB erleichtern.

6 Aus § 910 I 1, II BGB ergibt sich, dass der Besitzer (§ 910 I 2 BGB) eines Grundstücks **Wurzeln** von Bäumen oder Sträuchern (auch Hecken, Stauden, Ranken, Unkraut) in das Nachbargrundstück eindringen lassen darf, soweit dies die Benutzung dieses Grundstücks nicht beeinträchtigt. Andernfalls ist der Nachbar berechtigt, die auf sein Grundstück eingedrungenen Wurzeln bis zur Grundstücksgrenze **abzuschneiden und zu behalten.** Konkret erfordert dies, dass die eingedrungenen Wurzeln die Benutzung des Nachbargrundstücks, etwa als Selbstversorgergarten, objektiv und gegenwärtig **beeinträchtigen** (§ 910 II BGB; s. BGH 4.2.2005 – V ZR 142/04, NJW 2005, 1366 (1367) – Bodenkontamination; s. aber auch die Verschärfung in **§ 24 II**, dazu → § 24 Rn. 16). Solche Beeinträchtigungen sind vor allem dann gegeben, wenn Wurzeln zu Aufbrüchen im Mauerwerk führen oder Platten anheben (BGH 28.11.2003 – V ZR 99/03, NJW 2004, 603 (604) – Gehwegplatte). Der Nachbar ist grundsätzlich nicht verpflichtet, die bedrohten Bereiche wurzelfest anzulegen bzw. zu gestalten (OLG Köln 17.5.1989 – 13 U 113/88, NJW-RR 1989, 1177; weitergehend OLG Düsseldorf 11.6.1986 – 9 U 51/86, NJW 1986, 2648 (2649); OLG Schleswig 20.11.2009 – 14 U 75/09, NJOZ 2011, 344 (345): Anspruch auf geeignete Maßnahmen zur Verhinderung zu-

künftiger Einwurzelungsschäden). Eine Ausnahme gilt für rhizombildenden und damit giftigen Bambus; hierfür ist der Einbau einer hochwirksamen Rhizomsperre an der Nachbargrenze unabdingbar (s. etwa den Fall OLG München 30.11.2017 – 28 W 1694/17 Bau, BeckRS 2017, 140552). Andererseits dürfte allein der Entzug von Nährstoffen noch nicht zu einer relevanten Beeinträchtigung des Nachbargrundstücks führen. Aufgrund der Formulierung des § 910 II BGB als gesetzlicher Beweislastregel („nicht, wenn") hat der Besitzer des Baum- oder Strauchgrundstücks im Zivilprozess die fehlende Beeinträchtigung des Nachbargrundstücks darzulegen und zu beweisen (BGH 14.11.2003 – V ZR 102/03, BGHZ 157, 33 = NJW 2004, 103 (1039) – Kiefernadeln); oft werden die Umstände offenkundig sein. Beeinträchtigt nur ein Teil des Überwuchses, darf nur insoweit abgeschnitten werden (Grüneberg/Herrler BGB § 910 Rn. 3). **Betreten** darf der Nachbar das andere Grundstück hierzu nur, wenn es nicht anders geht (LG München II 10.3.1987 – 2 S 2115/86, BeckRS 2014, 12609; VKKKK §§ 23, 24 Rn. 11; BGB § 910 Rn. 6; auch → Einl. Rn. 27; aA MüKo-BGB/Brückner § 910 Rn. 16; GLS NachbarR-HdB/Lüke Kap. 2 Rn. 386: kein Betretungsrecht). Das Beseitigungsrecht besteht unabhängig davon, ob mit dem Baum bzw. Strauch der vorgeschriebene Grenzabstand eingehalten wird oder nicht (anders § 35). Ob das Gehölz den Eingriff überlebt oder nicht, spielt keine Rolle. Eine Verhältnismäßigkeits- oder Zumutbarkeitsprüfung ist gesetzlich nicht vorgesehen und widerspräche den Vorstellungen des Gesetzgebers. Dieser hat sich bewusst für eine einfache und allgemein verständliche Ausgestaltung des Selbsthilferechts entschieden, die eine rasche Erledigung etwaiger Zwistigkeiten zwischen den Nachbarn ermöglicht (BGH 11.6.2021 – V ZR 234/19, NJW 2021, 2882 Rn. 24). Diesem Ziel liefe es zuwider, wenn der durch den Überhang beeinträchtigte Nachbar vom Selbsthilferecht nur unter der Voraussetzung Gebrauch machen dürfte, dass das Abschneiden der Wurzeln die Standfestigkeit des Gehölzes nicht gefährdet noch aus sonstigen Gründen zum Absterben des Gehölzes führen kann, was sich in vielen Fällen nicht ohne Hinzuziehung eines Sachverständigen beurteilen lassen wird. Denn das Selbsthilferecht soll einfach handhabbar und seine Ausübung nicht mit Haftungsrisiken belastet sein. Überdies weist § 910 BGB die Verantwortung dafür, dass Baumwurzeln nicht über die Grenzen des Grundstücks hinauswachsen, dem Eigentümer des Grundstücks zu, auf dem der Baum steht; er ist hierzu im Rahmen der ordnungsgemäßen Bewirtschaftung seines Grundstücks gehalten (BGH 11.6.2021 – V ZR 234/19, NJW 2021, 2882 Rn. 24). Kommt er dieser Verpflichtung nicht nach und lässt die Wurzeln des Gehölzes in das Nachbargrundstück eindringen, kann er später nicht unter Verweis auf eine solche Gefahr von seinem Nachbarn verlangen, das Abschneiden zu unterlassen und die Beeinträchtigung des Grundstücks hinzunehmen (BGH 11.6.2021 – V ZR 234/19, NJW 2021, 2882 Rn. 24; Fall des venire contra factum proprium; auch → § 24 Rn. 4; → § 25 Rn. 3). Wird die Pflanze durch eine Baumschutzsatzung bzw. -verordnung (dazu → § 16 Rn. 54) geschützt, bedarf der Nachbar einer behördlichen Ausnahmegenehmigung (näher dazu → § 16 Rn. 58). Allgemein sind Beschränkungen durch öffentliches Naturschutzrecht (auch Landes- oder Gemeinderecht wie etwa aufgrund einer Baumschutzsatzung) zu beachten. Dieses geht zwar vor (BGH 14.6.2019 – V ZR 102/18, NJW-RR 2019, 1356 Rn. 14; 11.6.2021 – V ZR 234/19, NJW 2021, 2882 Rn. 29), verbietet aber keine Formschnitte, um die es hier vor allem geht (→ Rn. 11). Der Nachbar muss – anders als nach der für Zweige geltenden Regelung des § 910 I 2 BGB und anders als nach § 25 II – den Eigentümer oder Besitzer des Baumgrundstücks über den Eingriff grundsätzlich nicht informieren. Droht der Baum oder Strauch durch die Wurzelbehandlung zugrunde zu gehen, wird er aufgrund des nachbarlichen Gemeinschaftsverhältnisses (→ Einl. Rn. 27) aber gehalten sein, den Besitzer rechtzeitig in Kenntnis zu setzen, damit dieser den Baum bzw. Strauch noch umsetzen oder andere Vorkehrungen (zB die Vornahme eines Kronenausgleichsschnitts gegen das Umfallen des Baums) treffen kann (OLG Köln 23.6.1993 – 13 U 274/92, ZMR 1993, 567 (568) mit dem zutreffenden Hinweis, dass der Besitzer des Baumgrundstücks die fehlende Unterrichtung zu beweisen hat). Die **Kosten** für das rechtmäßige Zurückschneiden hat der Besitzer des Baum- bzw. Strauchgrundstücks unter dem Gesichtspunkt ersparter Aufwendungen zu tragen (§ 812 I 1 Alt. 2 iVm § 818 II BGB; BGH 7.3.1986

Vor §§ 23–25   4. Abschnitt. Einfriedigungen, Spaliere, Pflanzungen

– V ZR 92/85, BGHZ 97, 231 = NJW 1986, 2640 (2641) – verstopfte Rohrleitung; 28.11. 2003 – V ZR 99/03, NJW 2004, 603 (604) – Gehwegplatte); über § 1004 BGB lassen sich ggf. noch weitere Kosten einfordern (hierzu BGH 2.12.1988 – V ZR 26/88, BGHZ 106, 142 = NJW 1989, 1032 – verstopfte Sielleitung; 28.11.2003 – V ZR 99/03, NJW 2004, 603 (604) – Gehwegplatte). Hierzu können auch Anwaltskosten gehören. **Vorschuss oder Sicherheitsleistung** kann der Nachbar hierfür **nicht** verlangen (anders VKKKK § 25 Rn. 5: Zutrittsrecht gegen Sicherheitsleistung).

7   Ähnlich bei **Zweigen:** Der Besitzer eines Grundstücks hat gem. § 910 I 2, II BGB dafür zu sorgen, dass Zweige von Bäumen oder Sträuchern (auch Hecken, Stauden, Ranken, Unkraut) nicht über die Grundstücksgrenze ragen und das Nachbargrundstück beeinträchtigen (BGH 26.11.2004 – V ZR 83/04, NZM 2005, 318 – Tropfende Linden). Das Gesetz unterscheidet nicht danach, ob die Beeinträchtigung durch den Überwuchs unmittelbar (zB durch Berühren einer Baulichkeit) oder mittelbar (etwa durch Abfallen von Laub, Nadeln und Ähnliches) erfolgt (BGH 14.6.2019 – V ZR 102/18, NJW-RR 2019, 1356 Rn. 7). Daher kommt es auch nicht darauf an, ob die Kriterien des § 906 BGB, zB das Erfordernis einer ortsüblichen Nutzung, erfüllt sind (BGH 14.6.2019 – V ZR 102/18, NJW-RR 2019, 1356 Rn. 8); § 910 BGB stellt für die mittelbaren Beeinträchtigungen eine spezialgesetzliche und abschließende Regelung dar (BGH 11.6.2021 – V ZR 234/19, NJW 2021, 2882 Rn. 7). Ob die Pflanze den Eingriff überlebt oder nicht, spielt auch hier keine Rolle (BGH 11.6.2021 – V ZR 234/19, NJW 2021, 2882 Rn. 29). Der Baumbesitzer hat es selbst in der Hand, den Überwuchs zu verhindern. Außerdem wollte der Gesetzgeber eine möglichst einfache, gemeinverständliche und rasche Erledigung von Zwistigkeiten erlaubende Gestaltung des Selbsthilferechts erreichen (Prot. III, 141). Öffentliches Naturschutzrecht (auch Landes- oder Gemeinderecht wie etwa aufgrund einer Baumschutzsatzung) geht vor, kann das Selbstbeseitigungsrecht also einschränken oder versagen (BGH 13.1.2005 – V ZR 83/04, NZM 2005, 318 (319); 14.6.2019 – V ZR 102/18, NJW-RR 2019, 1356 Rn. 14; → Rn. 13), verbietet aber keine Formschnitte, um die es hier zumeist geht (→ Rn. 11). Ist die Pflanze bestandsgeschützt (dazu → § 16 Rn. 54 ff.), muss der Nachbar dann allerdings auch hier mit Erfolg eine behördliche Ausnahmegenehmigung beantragen können (BGH 11.6.2021 – V ZR 234/19, NJW 2021, 2882 Rn. 23; ferner → § 16 Rn. 58). Da der Besitzer des Baum- bzw. Strauchgrundstücks selbst für den Rückschnitt zu sorgen hat, muss der Nachbar ihn jedoch (anders als bei den Wurzeln) zunächst **anmahnen,** wenn er seine Pflicht zum Rückschnitt verletzt. Erst nach Ablauf einer entsprechend gesetzten Frist darf der Nachbar den Rückschnitt selbst vornehmen (§ 910 I 2 BGB). Die Fristlänge muss angemessen sein; dabei ist die Wachstums- und Erntezeit zu berücksichtigen (Grüneberg/Herrler BGB § 910 Rn. 2; Stollenwerk ZMR 1999, 7 (9): vier bis sechs Wochen; s. auch § 23 III 2, 3). Ist die Frist zu kurz bemessen, gilt eine angemessene Frist; sie verlängert sich also von selbst (vgl. → § 7a Rn. 16; → § 23 Rn. 17). Dem Fristablauf steht die Weigerung des Besitzers des Baum- bzw. Strauchgrundstücks gleich, den Rückschnitt vorzunehmen (vgl. § 323 II Nr. 1 BGB). Erforderlich ist auch hier, dass die Nutzung des Nachbargrundstücks durch das Herüberragen der Zweige objektiv und gegenwärtig **beeinträchtigt** wird (§ 910 II BGB). Wie die Gegenüberstellung des Wortlauts des § 910 II BGB („nicht beeinträchtigen") mit dem des § 906 I 1 BGB („nicht oder nur unwesentlich beeinträchtigt") und auch ein Blick in die Quellenlage (Prot. III, 142) zeigt, genügt jeder Nachteil, der objektiv zu negativen Folgen für das Nachbargrundstück führt, also als **nicht als gänzlich unerheblich angesehen werden kann** (BGH 14.6.2019 – V ZR 102/18, NJW-RR 2019, 1356 Rn. 10; s. bereits BGH 23.2.1973 – V ZR 109/71, BGHZ 60, 235 = NJW 1973, 703). Eine Beeinträchtigung in diesem Sinne liegt etwa vor, wenn das Wachstum von Pflanzen auf dem Nachbargrundstück durch den Überhang unmöglich gemacht wird bzw. durch Lichtentzug ein Pflanzenanbau eingeschränkt oder ein erhöhter Düngebedarf verursacht wird (OLG München 18.1.2008 – 5 U 2059/08, OLGR 2008, 691 (692)), wenn herabfallende Nadeln den Boden des Nachbargrundstücks säuern oder auf Baulichkeiten des Nachbarn fallen, wo sie Regenrinnen verstopfen oder sich an schwer zugänglichen Stellen sammeln (BGH 11.6.2021 – V ZR 234/19, NJW 2021, 2882

Rn. 16), während Blätterfall und Schattenwirkung zu keiner Beeinträchtigung führen, wenn die Zweige erst in großer Höhe herüberragen und somit keine Auswirkungen auf die Nutzung des Nachbargrundstücks haben können (OLG Köln 22.5.1996 – 11 U 6/96, NJW-RR 1997, 656; OLG Brandenburg 17.8.2015 – 5 U 109/13, NJW-RR 2015, 1427 Rn. 16), oder bei einem in etwa 5 m Höhe ungefähr 0,4 m herüberragenden Zweig (BGH 14.11.2003 – V ZR 102/03, BGHZ 157, 33 = NJW 2004, 1037 (1039) – Kiefernadeln; 11.6.2021 – V ZR 234/19, NJW 2021, 2882 Rn. 15). Mit dem Abschneiden muss diesen Nachteilen begegnet werden können (OLG Oldenburg 25.7.1990 – 4 U 89/89, NJW-RR 1991, 1367). Damit kann der Entfernungsanspruch inhaltlich zu beschränken sein. Das Beseitigungsrecht besteht unabhängig davon, ob mit dem Baum bzw. Strauch der vorgeschriebene Grenzabstand eingehalten wird oder nicht (BGH 14.11.2003 – V ZR 102/03, BGHZ 157, 33 = NJW 2004, 1037 (1039 f.) – Kiefernadeln; 20.9.2019 – V ZR 218/18, BGHZ 223, 155 = NJW 2020, 607 Rn. 16 mAnm Bruns LMK 2020, 428164; anders § 35); an die Anforderungen des § 910 BGB ist der Nachbar nicht als Störer, sondern im Rahmen der ordnungsgemäßen Bewirtschaftung des Grundstücks gebunden (BGH 20.9.2019 – V ZR 218/18, BGHZ 223, 155 = NJW 2020, 607 Rn. 19 mAnm Bruns LMK 2020, 428164). Der **Rückschnitt** darf (auch bei den Wurzeln) nur (lotgerecht) **bis zur Grenze** erfolgen, auch wenn dies aus ästhetischen oder gärtnerischen Gründen untunlich ist (GLS NachbarR-HdB/Lüke Kap. 2 Rn. 386). Ein Recht, das andere Grundstück zu **betreten,** hat der Nachbar auch hier nur, wenn das Abschneiden sonst nicht gelingen kann (VKKKK §§ 23, 24 Rn. 11; aA GLS NachbarR-HdB/Lüke Kap. 2 Rn. 386: kein Betretungsrecht). Umgekehrt darf der Besitzer des Baum- bzw. Strauchgrundstücks auf das Nachbargrundstück, wenn er den Überhang nach Aufforderung beseitigen muss (aA LG München II 10.3.1987 – 2 S 2115/86, BeckRS 2014, 12609). Die **Kosten** für das rechtmäßige Zurückschneiden hat der Besitzer des Baum- bzw. Strauchgrundstück unter dem Gesichtspunkt ersparter Aufwendungen zu tragen (§ 812 I 1 Alt. 2 iVm § 818 II BGB; BGH 23.2.1973 – V ZR 109/71, BGHZ 60, 235 = NJW 1973, 703, 704). Vorschuss oder Sicherheitsleistung kann der Nachbar hierfür nicht verlangen (AG Rosenheim 11.4.2001 – 18 C 65/01, NJW 2001, 2030; Bassenge/Olivet NachbG Schl.-H. Vor §§ 37–41 Rn. 6). Greift der Nachbar vor Fristablauf zur Selbsthilfe, steht ihm ein Erstattungsanspruch nicht zu, er macht sich im Gegenteil sogar regresspflichtig (→ Vor §§ 23–25 Rn. 20).

Da das Selbsthilferecht kein Anspruch ist, **verjährt** es **nicht,** es kann aber verwirkt werden (BGH 11.6.2021 – V ZR 234/19, NJW 2021, 2882 Rn. 10). **8**

Zur Anwendung des § 910 BGB innerhalb einer **WEG** → Einl. Rn. 118. **9**

Das Selbsthilferecht aus § 910 I 2 BGB schließt den Beseitigungsanspruch nach § 1004 I BGB nicht aus; beide Anspruchsgrundlagen stehen **gleichrangig** nebeneinander (BGH 28.11.2003 – V ZR 99/03, NJW 2004, 603 – Gehwegplatte), sind aber insofern verklammert, als sich eine Verpflichtung zur Duldung gem. § 1004 II BGB aus § 910 II BGB ergeben kann (BGH 28.11.2003 – V ZR 99/03, NJW 2004, 603 (604) – Gehwegplatte). Insbesondere wirkt sich auch die Verjährung des Beseitigungsanspruchs nach § 1004 I BGB nicht auf das Selbsthilferecht nach § 910 BGB aus (BGH 28.1.2011 – V ZR 141/10, NJW 2011, 1068 Rn. 10 mAnm Bruns LMK 2011, 317531). Das Selbsthilferecht nach § 910 BGB reicht damit zeitlich weiter. Dafür geht der Beseitigungsanspruch aus § 1004 I BGB inhaltlich weiter, da er auch die Folgen der Störung erfasst. Andererseits mag hier eine Mitverursachung nach § 254 BGB eingewandt werden können (BGH 21.10.1994 – V ZR 12/94, NJW 1995, 395 (396); ferner → Einl. Rn. 148). Außerdem wird der Abwehranspruch gem. § 1004 II BGB durch § 906 II 1 BGB ausgeschlossen, wenn die Benutzung ortsüblich ist und nicht durch wirtschaftlich zumutbare Maßnahmen auf dem gestörten Grundstück unterbunden werden kann; Auffangvorrichtungen werden indes allgemein als wirtschaftlich unzumutbar angesehen (s. etwa OLG Düsseldorf 23.8.1995 – 9 U 10/95, NJW-MietR 1996, 2 (3); LG Karlsruhe 9.12.1983 – 9 S 248/83, MDR 1984, 401). **10**

Sowohl ein Vorgehen nach § 1004 BGB als auch das Selbsthilferecht nach § 910 BGB stehen unter dem Vorbehalt, dass es **in der Vegetationsperiode** zwischen dem 1. März und **11** dem 30. September eines Jahres **nicht oder nur eingeschränkt** durchgesetzt werden darf. Dies hat schon den historischen Gesetzgeber beschäftigt (Prot. III, 143) und ergibt sich heute aus **§ 39 V 1 Nr. 2 BNatSchG**, wonach es verboten ist, Bäume, die außerhalb des Waldes, von Kurzumtriebsplantagen oder gärtnerisch genutzten Grundflächen stehen, Hecken, lebende Zäune, Gebüsche und andere Gehölze in der Zeit vom 1. März bis zum 30. September abzuschneiden oder auf den Stock zu setzen (nicht erfasst sein soll von diesem Verbot das Beseitigen des Landschaftselements wie etwa das vollständige Entfernen eines Baums aus dem Erdreich mitsamt Wurzeln, so OLG Stuttgart 11.12.2014 – 4 Ss 569/14, NStZ-RR 2015, 89); zulässig sind schonende Form- und Pflegeschnitte zur Beseitigung des Zuwachses der Pflanzen (zB einer Hecke, s. OLG Karlsruhe 3.7.2002 – 1 Ss 266/01, NVwZ-RR 2003, 109) oder zur Gesunderhaltung von Bäumen. Keine gärtnerisch genutzten Grundflächen sind gärtnerisch gepflegte private Ziergärten (Landmann/Rohmer UmweltR/Gellermann § 39 BNatSchG Rn. 20), so dass im Grunde alle Privatgärten diesem Vorbehalt unterliegen (aA Landmann/Rohmer UmweltR/Gellermann § 39 BNatSchG Rn. 20, der Gehölze in Nutzgärten ausschließt; wie hier Schumacher/Fischer-Hüftle BNatSchG/Kratsch, 2. Aufl. 2010, § 39 Rn. 28). Im Schrifttum besteht Einigkeit, dass dieses öffentlich-rechtliche Verbot auch die zivilrechtlichen Abwehrmöglichkeiten beschränkt (GLS NachbarR-HdB/Lüke Kap. 2 Rn. 394; Roth in Staudinger BGB § 910 Rn. 13; Horst NZM 2017, 57 (59); iErg MüKoBGB/Brückner § 910 Rn. 6: Verlangen „zur Unzeit"). Allerdings wird es bei den Anforderungen aus § 910 BGB regelmäßig um wenig invasive Maßnahmen handeln, die von § 39 V 1 Nr. 2 BNatSchG nicht erfasst werden.

12 2. Der Beseitigungsanspruch wie auch das Selbsthilferecht können mit Bestimmungen in **Baumschutzsatzungen** bzw. **-verordnungen** kollidieren. Diese beschränken den Beseitigungsanspruch bzw. das Selbsthilferecht (OLG Karlsruhe 16.12.1987 – 13 U 79/87, BeckRS 1987, 30913296; OLG Düsseldorf 20.4.1988 – 9 U 228/87, NJW 1989, 1807; allg. zu Baumschutzsatzungen → § 16 Rn. 54 ff.). Regelmäßig greift der Vorrang aber erst dann, wenn das Abschneiden das Gehölz schädigt (Dehner B § 21 I 2; GLS NachbarR-HdB/Lüke Kap. 2 Rn. 395). Der Nachbar kann dann nur versuchen, eine behördliche Ausnahmegenehmigung oder Befreiung zu erwirken (näher dazu → § 16 Rn. 58).

II. Regelungen im NRG

13 Während der 1. Teil des 4. Abschnitts (§§ 11–22) Grenzabstände und damit das „Ob" einer toten Einfriedigung, Spaliervorrichtung oder Bepflanzung regelt (hierzu → Vor §§ 11–22 Rn. 1), beschäftigt sich der 2. Teil (§§ 23–25) mit einem Teilaspekt des „Wie" der Abstandshaltung, nämlich hinsichtlich Zweigen und Wurzeln von Obstbäumen sowie von Bäumen, die auf öffentlichen Wegen und deren Zubehörden (Nebenwegen, Dämmen, Böschungen) stehen. Für bestimmte herüberragende Zweige wird in § 23 und § 25 I das Beseitigungsrecht des § 910 I 2 BGB, für bestimmte grenzüberschreitende Wurzeln in § 24 und § 25 II das Selbsthilferecht des § 910 I 1 BGB beschränkt. § 23 beschäftigt sich ausschließlich mit Zweigen, § 24 ausschließlich mit Wurzeln, § 25 mit Zweigen und Wurzeln. Meistens (Ausnahme: § 24 II) geht es entweder um Obstbäume oder um Bäume, die auf öffentlichen Wegen und deren Zubehörden stehen.

14 Sofern das vormalige private Landesnachbarrecht Bestimmungen zum Abschneiden von Wurzeln und Ästen traf, sind diese aufgrund Art. 55 EGBGB seit dem 1.1.1900 nicht mehr gültig, da § 910 BGB insoweit „ein anderes bestimmt". Allerdings bleiben nach **Art. 122 EGBGB** landesgesetzlichen Vorschriften unberührt, welche die Rechte des Eigentümers eines Grundstücks in Ansehung der auf der Grenze oder auf dem Nachbargrundstück stehenden Obstbäume abweichend von den Vorschriften der §§ 910, 923 II BGB bestimmen. Diese Vorschrift deckt die Regelungen der **§§ 23 und 24 I,** die vom Umgang mit herüberwachsenden Wurzeln und Zweigen von Obstbäumen handeln. Die Vorschriften der §§ 24 II und 25 deckt Art. 122 EGBGB hingegen nicht (Dehner B § 21 III 1; GLS NachbarR-HdB/Lüke Kap. 2 Rn. 398). Insoweit ist auf Art. 111 EGBGB abzustellen:

Vorbemerkungen Beseitigung von Zweigen und Wurzeln **Vor §§ 23–25**

§ 25 dient der Öffentlichkeit, nämlich dem Gemeingebrauch (§ 7 FStrG, § 13 I 1 StrG) 15
an öffentlichen Wegen und deren Zubehörden. Sieht man im Abschneiden von Wurzeln und
Zweigen eine „tatsächliche Verfügung" iSd Art. 111 EGBGB (vgl. Motive zum EGBGB,
1888, 192: Beschränkung des Eigentums in Ansehung tatsächlicher Verfügungen ist jede Beschränkung, die nicht den rechtlichen Inhalt des Eigentums beschränkt), ist die Vorschrift von
der Ermächtigung des **Art. 111 EGBGB** gedeckt. § 25 hängt mit dem öffentlichen Straßenbetrieb zusammen und regelt den Umgang mit öffentlichen Sachen (hierzu gehören auch
die darauf befindlichen Bäume), der sich nach öffentlichem Recht bestimmt. Zwar gilt damit
auch für das Nachbarverhältnis öffentliches Recht (BVerwG 29.5.1981 – 4 C 19/78, NVwZ
1982, 112; BGH 8.3.1990 – III ZR 141/88, NJW 1990, 3195 (3196)). Da der Landesgesetzgeber mit der Befugnis, die Rechtsverhältnisse von öffentlichen Sachen zu regeln (Motive
zum EGBGB, 1888, 193; Staudinger/Merten EGBGB Art. 111 Rn. 2), aber auch entscheiden
darf, sie dem Privatrecht zu unterstellen, und der Gesetzgeber mit dem NRG nur das private
Nachbarrecht regeln wollte (RegBegr. vom 12.12.1958, Beil. 2220 zu den Sitzungsprotokollen der 2. Legislaturperiode, S. 3552), gehört § 25 zum privaten und nicht zum öffentlichen
Nachbarrecht (aA Dehner B § 21 III 1). Damit kann auch offenbleiben, ob Art. 111 EGBGB
überhaupt landesrechtliche Regelungen privatrechtlicher Eigentumsschranken zulässt (so
MüKoBGB/Säcker EGBGB Art. 111 Rn. 1).

Schwieriger zu beantworten ist die Frage nach der Ermächtigung für die Regelung des 16
§ 24 II. Der Gesetzgeber wollte als „sonstige eingedrungene Wurzeln" nicht nur Obstbäume
außerhalb von Obstbaumgütern regeln, sondern die Wurzeln aller sonstigen Bäume. Dabei
stützte er sich auf **Art. 111 EGBGB** als Ermächtigungsgrundlage und gab an, aus ökologischen Gründen bestehe ein Interesse der Allgemeinheit an der Erhaltung von Bäumen (RegBegr. vom 1.3.1993, LT-Drs. 11/1481, 14; → § 24 Rn. 4). Diese Begründung setzt voraus,
dass Art. 111 EGBGB alle von einem öffentlichen Interesse erfassten Eigentumsbeschränkungen deckt, also auch solche, die nicht unter Beteiligung der öffentlichen Hand erfolgen.
In der Kommentarliteratur wird dies wohl zu Recht bejaht (Staudinger/Merten EGBGB
Art. 111 Rn. 2). Daher besteht keine Notwendigkeit, § 24 II verfassungskonform auf Obstbaumwurzeln zu beschränken (aA Dehner B § 21 III 1 in Fn. 25 eb).

Entgegen der Auffassung des Gesetzgebers (→ § 23 Rn. 2) bedarf es eines Rückgriffs auf 17
Art. 124 EGBGB für die Vorschriften der §§ 23–25 daher nicht.

Zu **§ 35,** der eine Übergangsregelung für die Behandlung von Zweigen und Wurzeln von 18
Obstbäumen trifft, vgl. die Ausführungen unter → § 35 Rn. 2 ff.

III. Ergänzende Vorschriften

1. Bei **Überwuchsschäden** besteht ein **Schadensersatzanspruch** gem. § 823 I iVm 19
§ 1004 BGB (vgl. BGH 28.11.2003 – V ZR 99/03, NJW 2004, 603 (604) – Gehwegplatte),
nicht dagegen aus § 823 II BGB, da der dafür allein in Betracht kommende § 910 BGB kein
Schutzgesetz iSd § 823 II BGB ist (OLG Düsseldorf 5.11.1974 – 4 U 54/74, NJW 1975,
739). Der Eigentümer des Baumgrundstücks ist Störer, wenn er es zulässt, dass Zweige oder
Wurzeln über die Grundstücksgrenze hinauswirken und auf dem Nachbargrundstück zu Beeinträchtigungen führen. Denn nach § 910 I, II BGB hat der Eigentümer dafür zu sorgen,
dass überhängende Zweige von Bäumen den Nachbarn nicht beeinträchtigen (BGH
26.11.2004 – V ZR 83/04, NZM 2005, 318 – Tropfende Linden). Schäden an Abwasserleitungen durch Wurzeln von Bäumen auf dem Nachbargrundstück fallen unter die **Haftpflichtversicherung** des Eigentümers des Baumgrundstücks (BGH 8.12.1999 – IV ZR
40/99, NJW 2000, 1194 (1195)). Für diese Haftungen bedarf es regelmäßig eines Verschuldens. Allerdings wird aus § 1004 I 1 BGB auch ein Anspruch auf **Folgenbeseitigung** abgeleitet, weil dies zur Entstörung gehört (→ Einl. Rn. 42).

Bei **Beseitigungsschäden** besteht ein Schadensersatzanspruch aus § 823 I BGB, wenn 20
das Abschneiden nicht von § 910 BGB gedeckt ist. Sowohl Wurzeln als auch Äste gehören
zum Gehölz und damit auch dann zum Grundstück, wo es aus der Erde heraustritt, wenn sie

über die Grundstücksgrenze hinauswachsen (Horst NachbarR-HdB Rn. 1598). Den Nachbarn trifft insoweit eine deliktische Verkehrssicherungspflicht (OLG Karlsruhe 17.1.2023 – 12 U 92/22, NJW-RR 2023, 656 Rn. 30). Will er diese auf einen Dritten (zB einen Bauunternehmer) übertragen, bedarf es dazu einer klaren Absprache (OLG Karlsruhe 17.1.2023 – 12 U 92/22, NJW-RR 2023, 656 Rn. 35). Dem Nachbarn verbleiben dann Koordinierungs-, Anweisungs- und Überwachungspflichten (OLG Karlsruhe 17.1.2023 – 12 U 92/22, NJW-RR 2023, 656 Rn. 35), die mit der Zahl der Verstöße stark anwachsen.

21   Da **Bäume** als wesentliche Bestandteile des Grundstücks, auf dem sie stehen, gem. §§ 93, 94 BGB nicht Gegenstand eigener Rechte sein können, stellen sie kein eigenständiges Rechtsgut dar, so dass ihre Zerstörung oder Beschädigung nur als Schädigung des Grundstücks eine Ersatzpflicht auslösen kann (BGH 27.1.2006 – V ZR 46/05, NJW 2006, 1424 Rn. 9); der **Minderwert des Grundstücks** kann sich etwa in einer Kronenauslichtung, Verkrüppelung oder Verunstaltung des Baums sowie in einem erhöhten Pflegeaufwand manifestieren (BGH 27.1.2006 – V ZR 46/05, NJW 2006, 1424 Rn. 18 f.; dort wird auch die 1972 von Werner Koch begründete Methode zur Schätzung von Baumschäden gebilligt, dazu Koch NJW 1979, 2601; Breloer Der Sachverständige 2010, 293; Schulz Der Sachverständige 2016, 276; Grüneberg/Grüneberg BGB § 251 Rn. 12; s. auch OLG Karlsruhe 17.1.2023 – 12 U 92/22, NJW-RR 2023, 656 Rn. 58; zur Anwendung der Methode Koch auf Teilschädigungen s. BGH 25.1.2013 – V ZR 222/12, BGHZ 196, 111 = NZM 2013, 282 Rn. 12 ff.; Schulz Der Sachverständige 2016, 276 (286)).

22   Die **Methode Koch** geht von Folgendem aus: Auch bei der Beschädigung eines Gehölzes ist Schadensersatz durch Wiederherstellung (§ 249 I BGB) oder durch Ersatz des hierzu erforderlichen Geldbetrags (§ 249 II 1 BGB) zu leisten. Bei einer – als Sachbeschädigung des Grundstücks zu behandelnden – Zerstörung eines Baumes ist idR keine Naturalrestitution zu leisten, weil eine Ersatzbeschaffung in Form einer Verpflanzung eines ausgewachsenen Baumes mit besonders hohen, idR unverhältnismäßigen Kosten verbunden ist (BGH 13.5.1975 – VI ZR 85/75, NJW 1975, 2061; 25.1.2013 – V ZR 222/12, BGHZ 196, 111 = NZM 2013, 282 Rn. 5). Der Schadensersatz richtet sich in diesen Fällen vielmehr idR auf eine Teilwiederherstellung durch Anpflanzung eines neuen jungen Baums und darüber hinaus einen Ausgleich gem. § 251 II BGB für die verbleibende Werteinbuße des Grundstücks. Diese Werteinbuße ist durch den Tatrichter zu schätzen (§ 287 I ZPO), wozu regelmäßig Bewertungsmethode Koch herangezogen wird. Hiernach wird der Wertverlust bestimmt, indem die für die Herstellung des geschädigten Gehölzes bis zu seiner Funktionserfüllung erforderlichen Anschaffungs-, Pflanzungs- und Pflegekosten sowie das Anwachsrisiko berechnet und kapitalisiert werden; der danach errechnete Wert wird ggf. mit Blick auf eine Alterswertminderung, Vorschäden und sonstige wertbeeinflussende Umstände bereinigt (BGH 25.1.2013 – V ZR 222/12, BGHZ 196, 111 = NZM 2013, 282 Rn. 7). Die vollen Wiederbeschaffungskosten können hingegen nur zugebilligt werden, wenn Art, Standort und Funktion des Baumes für einen wirtschaftlich vernünftig denkenden Menschen den Ersatz durch einen gleichartigen Baum wenigstens nahelegen würden (BGH 13.5.1975 – VI ZR 85/75, NJW 1975, 2061 (2063)). Maßgeblich ist damit die Überlegung, wie eine Gehölzwiederherstellung unter Berücksichtigung der Funktion des Baumes für das Grundstück erfolgt, wenn kein anderer dafür bezahlt (Koch VersR 1984, 69 f.). Ist etwa das einheitliche geschlossene Bild einer Bepflanzung mit (gleich großen) Bäumen einer Allee für den Grundstückswert von prägender Bedeutung, kann eine Nachpflanzung gleich großer Bäume in Betracht kommen (Koch VersR 1984, 69 f.). Auch bei einem Baum in einem botanischen Garten kann aufgrund seiner Funktion und seines Standorts eine Neupflanzung in Betracht kommen (OLG München 26.11.2020 – 29 U 2518/20, BeckRS 2020, 51066 Rn. 26). Liegen die Voraussetzungen für eine Naturalrestitution unter Anwendung dieser Grundsätze nicht vor, schuldet der Schädiger „nur" Wertersatz und die Kosten für eine Teilwiederherstellung. Fehlt es trotz der Zerstörung oder Beschädigung eines Baumes an einer bezifferbaren Wertminderung des Grundstückes, etwa weil der Baum sich zwischenzeitlich wieder erholt oder die Neupflanzung eines jungen Baumes die Funktion des zerstörten zB als Sichtschutz

übernommen hat, besteht kein Anspruch auf Wertersatz; der reine Liebhaberwert oder eine Art Schmerzensgeld sind in diesem Fall nicht ersatzfähig (OLG Frankfurt a. M. 6.2.2024 – 9 U 35/23, BeckRS 2024, 4180 Rn. 27). Diese Methode ist schwierig zu handhaben (s. etwa die Kontroverse bei Koch VersR 1984, 69 f.; ferner OLG Frankfurt a. M. 6.2.2024 – 9 U 35/23, BeckRS 2024, 4180 Rn. 36); auch Sachverständige gehen mitunter fehl, indem sie zB falsche Pflanzgrößen oder unrealistische Wertminderungsabzüge wählen; von vornherein keine Anwendung findet die Methode Koch auf Waldbäume und Dauerkulturen, dort ist das Ertragswertverfahren heranzuziehen). Wird der Baum durch das Abschneiden von Wurzeln oder Ästen zerstört, kommen die Kosten für den Erwerb und die Anpflanzung eines jungen Ersatzbaums hinzu. Weitergehender Ersatz, zB für den Einsatz eines gleichaltrigen Baums, ist regelmäßig unzumutbar iSd § 251 II 1 BGB (BGH 15.10.1999 – V ZR 77/99, BGHZ 143, 1 = NJW 2000, 512 (514)). Allein die Minderung der Restlebensdauer ist als Zukunftsschaden nicht ersetzbar. Ersatz erhält der Geschädigte damit erst dann, wenn sich das Risiko eines Totalverlustes verwirklicht (BGH 27.1.2006 – V ZR 46/05, NJW 2006, 1424 Rn. 22).

Bei eigenmächtigem Zurückschneiden einer **Hecke** besteht Anspruch auf Ersatz für die **23** Minderung des Grundstückswerts bis zum Nachwachsen der Hecke, bei Zerstörung von Heckenpflanzen zudem auf Ersatz der Kosten für eine Neubepflanzung, wobei im Hinblick auf § 251 II 1 BGB auch hier nur die Kosten für den Erwerb und Einsatz entsprechender Jungpflanzen einschließlich der Anwuchspflege zu ersetzen sind (BGH 15.10.1999 – V ZR 77/99, BGHZ 143, 1 = NJW 2000, 512 (515)). Auch für Heckengehölze gilt, dass bei fehlender Zerstörung der Verlust wesentlicher Funktionen des beschädigten Gehölzes etwa durch Verunstaltung oder ein erhöhter Pflegeaufwand gegeben sein müssen, um Anspruch auf Ersatz dieses sog. Teilschadens zu begründen. Ferner gilt auch hier, dass allein die Minderung der Restlebensdauer nicht zum Schadensersatz führt. Ersatz erhält der Geschädigte somit erst dann, wenn das Gehölz abstirbt. Ein Anspruch aus § 823 II BGB besteht mangels Schutzgesetzes nicht. Insbesondere sind Baumschutzsatzungen bzw. -verordnungen (hierzu → § 16 Rn. 54 ff.) keine Schutzgesetze iSd § 823 II BGB, da sie nur dem Gemeinwohl an der Erhaltung der Pflanzen dienen (OLG Karlsruhe 16.12.1987 – 13 U 79/87, BeckRS 1987, 30913296; OLG München 11.5.2016 – 20 U 4831/15, NJOZ 2017, 281 Rn. 22; GLS NachbarR-HdB/Lüke Kap. 2 Rn. 405; aA OLG Düsseldorf 18.10.1991 – 22 U 220/90, NJW-RR 1992, 216). Auch § 910 BGB ist kein Schutzgesetz (OLG Düsseldorf 5.11.1974 – 4 U 54/74, NJW 1975, 739).

Besteht ein Anspruch aus § 1004 I 1 BGB auf Beseitigung von Überwuchs, entfällt nicht **24** nur der Schadensersatzanspruch, der gestörte Grundstückseigentümer darf die vom Störer geschuldete Beseitigung der Eigentumsbeeinträchtigung auch selbst vornehmen und die dadurch entstehenden **Kosten** nach Bereicherungsgrundsätzen vom Nachbarn **erstattet** verlangen (→ Einl. Rn. 43).

2. Bei einem grenzüberschreitenden Eindringen von Baumwurzeln kommt ein **An- 25 spruch aus Immobiliarhaftung** (hierzu → Einl. Rn. 80 ff.) in Betracht, sofern der geschädigte Eigentümer keinen anderweitigen Ersatz erlangen kann (BGH 28.11.2003 – V ZR 99/03, NJW 2004, 603 (605) – Gehwegplatte). Gleiches gilt, wenn Laub auf das Nachbargrundstück fällt und dort unzumutbaren Reinigungsaufwand verursacht (OLG Karlsruhe 9.11.1988 – 6 U 100/88, AgrarR 1990, 209; vgl. auch BGH 14.11.2003 – V ZR 102/03, BGHZ 157, 33 = NJW 2004, 1037 (1039) – Kiefernadeln; 27.10.2017 – V ZR 8/17, NJW 2018, 1010 Rn. 11 mAnm Bruns – Laubrente). Auch wenn eine Baumschutzsatzung besteht und eine Störungsabwehr deshalb nicht, auch nicht im Wege einer Ausnahmegenehmigung, realisiert werden kann, kommt ein nachbarrechtlicher Ausgleichsanspruch in Betracht, weil der beeinträchtigte Grundeigentümer aus öffentlich-rechtlichen Gründen an der Durchsetzung seines an sich bestehenden Anspruchs nach § 1004 I BGB gehindert ist. Dem steht nicht entgegen, dass es dem Störer nicht erlaubt ist, die Störung zu beseitigen. Der Umstand, dass dieser bisher pflichtwidrig das ungehinderte Wachstum der Bäume hingenommen hat,

§ 23

4. Abschnitt. Einfriedigungen, Spaliere, Pflanzungen

kann ebenfalls nicht zu Lasten des Nachbarn gehen (BGH 26.11.2004 – V ZR 83/04, NZM 2005, 318 – Tropfende Linden).

26   3. Wurzeln und Zweige gehören auch dann zum Gehölz und damit dem Eigentümer des Baum- bzw. Strauchgrundstücks, wenn sie auf das Nachbargrundstück hinüberwachsen (→ Rn. 19). Erwirbt der Nachbar durch das Abschneiden gem. § 954 BGB Eigentum am Schnittgut, muss er es behalten und darf es nicht einfach über die Grenze werfen (GLS NachbarR.-HdB/Lüke Kap. 2 Rn. 387; Horst NZM 2017, 57 (62); anders § 23 III 5). Sofern er kein Eigentum erwirbt, weil die Voraussetzungen des § 910 BGB nicht vorliegen, besteht ein Anspruch des Eigentümers auf **Herausgabe** gem. §§ 861, 985 BGB bzw. §§ 867, 1005 BGB (Grüneberg/Herrler BGB § 910 Rn. 4).

27   4. **§ 73 I 2 TKG** gibt dem Nutzungsberechtigten gegen den Baumbesitzer einen Anspruch auf Ausästung (nicht auch auf vollständige Beseitigung gesunder Bäume), sofern dies zur Herstellung einer Telekommunikationslinie oder zur Verhütung von Störungen des Fernmeldebetriebs erforderlich ist; die Ausästung ist auf das unbedingt notwendige Maß zu beschränken und vom Nutzungsberechtigten zu bezahlen (§ 73 III Alt. 2 TKG). Notfalls darf dieser die Ausästung selbst vornehmen (§ 73 II 2, 3 TKG). In jedem Fall muss er für etwaige Baumschäden aufkommen (§ 73 III Alt. 1 TKG).

28   5. Zum Aneignungsrecht hinsichtlich herabfallenden Obstes s. § 911 BGB.

§ 23 Überragende Zweige

(1) ¹**Abweichend von § 910 Abs. 1 BGB kann der Besitzer eines Grundstücks die Beseitigung von herüberragenden Zweigen eines auf dem Nachbargrundstück stehenden Obstbaums nur bis zur Höhe von 3 m verlangen.** ²**Die Höhe wird vom Boden bis zu den unteren Zweigspitzen in unbelaubtem Zustand gemessen.**

(2) **Die Beseitigung der Zweige kann auf die volle Höhe des Baumes verlangt werden, wenn das benachbarte Grundstück erwerbsgartenbaulich oder landwirtschaftlich genutzt wird oder ein Hofraum ist oder die Zweige auf ein auf dem benachbarten Grundstück stehendes Gebäudes hereinragen oder den Bestand oder die Benutzung eines Gebäudes beeinträchtigen oder die Errichtung eines Gebäudes unmöglich machen oder erschweren.**

(3) ¹**Der Besitzer des Baumes ist zur Beseitigung der Zweige in der Zeit vom 1. März bis 30. September nicht verpflichtet.** ²**Er hat die Beseitigung innerhalb einer dem Umfang der Arbeit entsprechenden Frist, jedenfalls aber innerhalb Jahresfrist vorzunehmen.** ³**Die sofortige Beseitigung kann verlangt werden, wenn ein dringendes Bedürfnis vorliegt.** ⁴**Wird die Beseitigung nicht innerhalb der im Falle des Satzes 2 bestimmten Frist oder im Falle des Satzes 3 sofort bewirkt, so ist der Nachbar berechtigt, sie nach § 910 Abs. 1 Satz 2 BGB oder auf Kosten des Besitzers durchzuführen.** ⁵**Im letzteren Fall gehören die abgeschnittenen Zweige dem Besitzer des Baumes.**

I. Inhalt der Regelung

1   Die Vorschrift bestimmt in Abweichung zu § 910 I 2 BGB, dass Obstbäume nur bis zu einer Höhe von 3m zu kürzen sind, wenn ihre Zweige auf ein Nachbargrundstück ragen, das nicht erwerbsgartenbaulich genutzt wird oder Hofraum ist oder die Zweige dort nicht zu Problemen für die Wohnbebauung führen.

II. Normgebung

2   1. Die Vorschrift übernimmt im Wesentlichen die Regelungen der Art. 241 und 243 WürttAGBGB 1899 (= Art. 214 und 216 WürttAGBGB 1931), die ihrerseits an die Regelungen der Art. 21 I, II und 22 II WürttGLN anknüpfen. Das BGB trifft die grundlegenden Bestimmungen für überhängende Zweige und eingedrungene Wurzeln; Art. 122 und

Überragende Zweige § 23

Art. 124 EGBGB lassen aber landesrechtliche Sonderregelungen zu. Auf dieser Grundlage sollte nach Auffassung des Gesetzgebers § 910 BGB für Sträucher und Bäume, die nicht Obstbäume sind, uneingeschränkt gelten, für Obstbäume hingegen nur mit Einschränkungen (RegBegr. vom 12.12.1958, Beil. 2220 zu den Sitzungsprotokollen der 2. Legislaturperiode, S. 3558). Ein Bedürfnis für die Beseitigung überhängender Zweige von Obstbäumen sei bis zu einer Höhe von 3m anzuerkennen. Diese Begrenzung ging auf eine Anregung der Obstbaumkreise im Zuge der Schaffung der Vorläuferregelung im Jahr 1930 zurück, die Höhe, bis zu der überragende Zweige eines Obstbaums zu beseitigen sind, von 2,50 m auf 3 m hinaufzusetzen. Dieser Vorschlag war unter Berufung auf die mit der Steigerung der Grundstückswerte gebotene erhöhte Ausnützung der Grundstücke gerechtfertigt worden (RegBegr. vom 20.12.1930 zu Art. 206 – im Gesetz: Art. 214 – WürttAGBGB 1931, Beil. 297 zur 3. Legislaturperiode des Landtags des Freien Volksstaates Württemberg, S. 521). Einen gewissen Ausgleich gebe § 911 BGB (betr. Überfall). Im Übrigen würden bei Einhaltung der vorgeschriebenen Abstände die auf das Nachbargrundstück hinüberragenden Zweige für die Zukunft keine erhebliche Rolle mehr spielen. In den Fällen, in denen dem Grundstücksbesitzer die Beschränkung seiner Rechte nicht zugemutet werden kann, sollte er die Beseitigung der Zweige bis zur vollen Höhe verlangen können. Auch hier sollte der Grundsatz gelten, dass die Beseitigung nicht in der Vegetationsperiode verlangt werden kann (vgl. §§ 12 III und 16 III; RegBegr. vom 12.12.1958, Beil. 2220 zu den Sitzungsprotokollen der 2. Legislaturperiode, S. 3558).

Im Zuge der Schaffung des Art. 214 WürttAGBGB 1931 hatte der Gesetzgeber darauf 3 hingewiesen, dass die überragenden Zweige und Wurzeln nicht in erster Linie das Eigentum berührten, sondern den Besitz und die Benutzung der Grundstücke. Der Beseitigungsanspruch und das Beseitigungsrecht seien daher nicht auf den Eigentümer zu beschränken, sondern „jedem Besitzer (Nießbraucher, Pächter, Erbbauberechtigter usw.) einzuräumen", und nach der Passivseite sollte sich der Anspruch wie gegen den Eigentümer so auch gegen den Besitzer richten. Deshalb wurde das Wort „Eigentümer" durch „Besitzer" und „Nachbar" ersetzt (RegBegr. vom 20.12.1930 zu Art. 206 – im Gesetz: Art. 214 – WürttAGBGB 1931, Beil. 297 zur 3. Legislaturperiode des Landtags des Freien Volksstaates Württemberg, S. 521). In § 23 wurden diese Änderungen übernommen.

Entgegen der Regelung des Art. 214 IV WürttAGBGB 1931, wonach die Besitzer von 4 Grundstücken, die landwirtschaftlich nicht genutzt waren und weder gewerblichen noch öffentlichen oder gemeinnützigen Zwecken dienten, zur Duldung der auf ihr Grundstück hinüberragenden Zweige von Obstbäumen verpflichtet waren, also nicht einmal Beseitigung bis auf 3m verlangen konnten, war der Gesetzgeber der Auffassung, dass eine so weit gehende Beschränkung der Rechte des Nachbarn nicht mehr angebracht sei, namentlich wenn berücksichtigt werde, dass diesen Grundstücken gegenüber mit Pflanzanlagen ein Abstand nicht eingehalten zu werden braucht (§ 19). Die Regelung des § 23 I in Verbindung mit § 910 II BGB erscheine auch für diese Fälle ausreichend (RegBegr. vom 12.12.1958, Beil. 2220 zu den Sitzungsprotokollen der 2. Legislaturperiode, S. 3558).

2. Durch Art. 1 Nr. 13 des Gesetzes zur Änderung des NRG vom 26.7.1995 (GBl. 605) 5 wurde Abs. 3 geändert, um die Regelung an das Zerstörungsverbot in § 29 III NatSchG (heute: § 39 V 1 Nr. 2 Hs. 1 BNatSchG) anzupassen (RegBegr. vom 1.3.1993, LT-Drs. 11/1481, 14).

3. Durch Art. 1 Nr. 4 des Gesetzes zur Änderung des NRG vom 4.2.2014 (GBl. 65) wurde 6 die in Abs. 2 für den Fall bestehende Rückausnahme, dass das von den herüberragenden Zweigen beeinträchtigte Grundstück erwerbsgartenbaulich genutzt wird, auf den Fall ausgedehnt, dass das benachbarte Grundstück **landwirtschaftlich** genutzt wird. Dadurch sollte sichergestellt werden, dass auch in den Randbereichen eines landwirtschaftlich genutzten Grundstücks das für einen effizienten Maschineneinsatz erforderliche Lichtraumprofil bestehen bleibt und eine effektive Bewirtschaftung landwirtschaftlich genutzter Grundstücke auch dort möglich ist (LT-Drs. 15/4384, 14).

III. Anmerkungen

7 1. Siehe zunächst → Vor §§ 23–25 Rn. 1 ff. sowie die Übersichten in → Rn. 25 und → § 24 Rn. 22; zur Ermächtigungsnorm (Art. 122 EGBGB) → Vor §§ 23–25 Rn. 14.

8 2. Zur eingeschränkten Geltung der Vorschrift im ehemals badischen Landesteil vgl. die Ausführungen unter → § 35 Rn. 3 f.

9 3. Sofern herüberhängende Zweige den Nachbarn stören, sieht das BGB entweder die Möglichkeit vor, die Beseitigung gem. § 1004 BGB zu verlangen, oder das weniger aufwändige Recht zur Selbsthilfe nach § 910 BGB. Beide Vorschriften sind aufeinander abgestimmt (→ Vor §§ 23–25 Rn. 10). Wenn § 23 von § 910 BGB abweichen will, aber nur in Abs. 3 S. 4 mit einer Regelung zum Selbsthilferecht, ansonsten durch die Formulierung als Anspruch („kann verlangen"), so erklärt sich dies nicht nur historisch (schon §§ 21, 22 WürttGLN enthielten diese Formulierung), sondern auch damit, dass nicht allein auf § 910 BGB, sondern auf die Gesamtregelung der §§ 1004, 910 BGB Bezug genommen ist. Die Vorschrift ist insoweit also nicht verunglückt (so aber Dehner B § 21 III 1; GLS NachbarR-HdB/Lüke Kap. 2 Rn. 396 in Fn. 972).

10 4. § 23 beschränkt das Recht des Besitzers eines Grundstücks, die Beseitigung von Zweigen eines Obstbaumes verlangen, die auf sein Grundstück herüberragen.

11 **Abs. 1 S. 1** bestimmt, dass der Besitzer eines Grundstücks die **Beseitigung** von herüberragenden **Zweigen eines Obstbaums** nur **bis zu einer Höhe von 3 m** verlangen kann. Die Regelung soll sicherstellen, dass der Nachbar den Grenzraum möglichst gut bewirtschaften kann (→ Rn. 2). Gemessen wird der Abstand vom Boden bis zu den untersten Zweigspitzen in unbelaubtem (abgeerntetem) Zustand (Abs. 1 **S. 2**).

12 Zum Begriff des **Besitzers eines Grundstücks** → Rn. 21. Zum Begriff des **Obstbaums** → § 16 Rn. 27; Obststräucher gehören nicht dazu (Pelka NachbarR BW 218, wohl aber Walnussbäume (aA Reich NRG BW Rn. 2, mit dem Hinweis auf die Unterscheidung in § 16 I Nr. 4b). Zum Begriff des **Zweigs** → Vor §§ 23–25 Rn. 2.

13 Da § 23 auf die Regelung des § 910 I BGB mit seiner Beschränkung in Abs. 2 Bezug nimmt, muss die Nutzung des fremden Grundstücks durch das Herüberragen der Zweige objektiv und gegenwärtig **beeinträchtigt** sein (Birk NachbarR BW Anm. 2; Pelka NachbarR BW 219; ebenso wohl VKKKK §§ 23, 24 Rn. 3, 4); die Bezugnahme bildet insoweit eine Rechtsgrundverweisung. Die Frage, wann eine Beeinträchtigung anzunehmen ist, wird kontrovers erörtert (→ Vor §§ 23–25 Rn. 7). Richtigerweise genügt jeder Nachteil, der objektiv zu negativen Folgen für das Nachbargrundstück führt. Das Vorliegen einer Beeinträchtigung ist konkret festzustellen und wird durch die Fassung des Abs. 1 S. 2 nicht vermutet (aA Reich NRG BW Rn. 2). Erforderlich ist ferner, dass dieser Beeinträchtigung durch das Beseitigen der herüberragenden Zweige **begegnet** werden kann.

14 **Abs. 2** gibt **Rückausnahmen** zu Abs. 1. Hiernach kann die Beseitigung auf die volle Höhe verlangt werden (Abs. 1 gilt also nicht), sofern das benachbarte (= angrenzende) Grundstück intensiv genutzt wird; Abs. 2 spricht vom Baum, meint damit aber ersichtlich nur den Obstbaum iSd Abs. 1 (Dehner B § 21 III 1; Reich NRG BW Rn. 4).

15 Der volle Abstandsschutz kommt dem Nachbarn zu, sofern sein Grundstück
– **erwerbsgartenbaulich** genutzt wird; zu diesem Begriff → § 28 Rn. 21;
– **landwirtschaftlich** genutzt wird; zum Begriff der landwirtschaftlichen Nutzung → § 7 Rn. 19, zum Hintergrund dieser, seit dem 12.2.2014 geltenden Regelung → Rn. 6;
– **Hofraum** ist; zum Begriff des Hofraums → § 19 Rn. 17. Nach Sinn und Zweck der Vorschrift muss der Hofraum im Grenzbereich liegen; direkten Bezug zu einem Gebäude muss der Hofraum nicht haben (Reich NRG BW Rn. 4). Anders als nach § 19 I 1 muss der Platz nicht auch als Hofraum „dienen" (LG Baden-Baden 28.10.2013 – 3 S 57/13, BeckRS 2014, 00361). Es kann sich dabei somit auch um eine Durchfahrt handeln (OLG Karlsruhe 17.7.2020 – 12 U 113/19, BeckRS 2020, 16776 Rn. 168);

Überragende Zweige § 23

- mit einem **Gebäude** bebaut ist, das **von Zweigen berührt** wird. Die Beeinträchtigung besteht vor allem im Schlagen der Zweige auf die Ziegel und deckt sich daher mit der folgenden Alternative. Zum Begriff des Gebäudes → § 7 Rn. 11;
- mit einem **Gebäude** bebaut ist, das durch die Zweige im Bestand (zB durch Schädigung von Putz oder Ziegel) oder in der Benutzung (= Nutzbarkeit) **beeinträchtigt** wird; die Nutzbarkeit wird etwa durch Lichtentzug oder Geräusche, die das Schlagen der Äste verursacht, beeinträchtigt;
- **mit einem Gebäude bebaut werden soll** und die Zweige dies **unmöglich machen oder erschweren;** gemeint ist vor allem der Entzug von Arbeitsfläche (Birk NachbarR BW Anm. 2).

Abs. 3 S. 1 begrenzt die Beseitigungspflicht auf die Zeit **vom 1. Oktober bis Ende** **16** **Februar** des Folgejahres. Dies entspricht den Anforderungen des § 39 V 1 Nr. 2 Hs. 1 BNatSchG (auch → Rn. 5). Die Vorschrift spricht vom Baum, meint aber auch hier **nur** den **Obstbaum** iSd Abs. 1 (vgl. → Rn. 13). Während der Wachstumsperiode soll sich der Baum frei entfalten können; in den kalten Monaten vertragen die Bäume das Abschneiden von Zweigen noch am besten.

Abs. 3 S. 2–5 regeln das **Selbsthilferecht** des Nachbarn hinsichtlich der Obstbaumzweige, **17** die in einer Höhe von über 3m über die Grenze wachsen. Dieses Recht lehnt sich im Wesentlichen an die Vorschrift des § 910 I 2 BGB an (dazu → Vor §§ 23–25 Rn. 7). Auch hier kann der Nachbar erst dann zur Selbstvornahme schreiten, wenn er dem Besitzer des Baums erfolglos eine angemessene **Frist zur Beseitigung** gesetzt hat. Für dieses Verlangen gelten die §§ 104ff. BGB (Reich NRG BW Rn. 2). Gibt der Nachbar nicht an, in welchem Umfang er zurückgeschnitten haben will, ist das volle Ausmaß gefordert. Einschränkungen im Rückschnittsverlangen beziehen sich nur auf die aktuelle Situation und haben daher im Zweifel keine Bindungswirkung für die Zukunft (Reich NRG BW Rn. 2). Der Nachbar muss sein Beseitigungsverlangen nicht mit einer Ablehnungsandrohung verbinden. Die Länge der Frist muss dem Umfang der Arbeit entsprechen (S. 2). Ist die Frist zu kurz bemessen, gilt eine angemessene Frist als gesetzt. Die in Abs. 3 S. 2 genannte Jahresfrist ist nicht die angemessene, sondern hat nur als Höchstfrist Bedeutung; angemessen ist eine viel kürzere Frist (→ Vor §§ 23–25 Rn. 7). Sofortige Beseitigung kann verlangt werden, wenn die Angelegenheit drängt (S. 3). Das ist etwa der Fall, wenn das Grundstück bebaut werden soll, was jedoch üblicherweise nicht in den Wintermonaten geschieht.

Hinsichtlich des Betretungsrechts gilt dasselbe wie zu § 910 BGB (→ Vor §§ 23–25 **18** Rn. 7).

Verstreicht die angemessen gesetzte Frist ohne Erfolg und ohne Verschulden des Nachbarn **19** (zB durch Verweigerung des Zutritts zu seinem Grundstück), oder hat der Besitzer des Baums das Zurückschneiden verweigert, oder ist das Zurückschneiden im Eilfall (S. 3) nicht sofort nach Aufforderung erfolgt, darf der Nachbar die Zweige selbst abschneiden (S. 4). Der Rückschnitt darf nur bis zur Grundstücksgrenze erfolgen, auch wenn ästhetische oder gärtnerische Gründe dagegensprechen (ebenso GLS NachbarR-HdB/Lüke Kap. 2 Rn. 386, zu § 910 BGB); in jedem Fall muss dies fachgerecht erfolgen.

Hinsichtlich der **Kosten** trifft Abs. 3 eine differenzierende Regelung: Sind die Anforde- **20** rungen für die Ausübung des Selbsthilferechts geschaffen, darf der Nachbar die Äste entweder abschneiden und behalten (S. 4: „nach § 910 Abs. 1 Satz 2 BGB" = **1. Alternative**), oder aber auf Kosten des Besitzers des Baumes schneiden, muss ihm dann aber, quasi als Gegenleistung, die abgeschnittenen Zeige überlassen (S. 4 und 5 = **2. Alternative**). Aus der Gegenüberstellung in S. 4 wird deutlich, dass der Nachbar in der 1. Variante, also im Anwendungsbereich des § 910 I 2 BGB, die Kosten selbst zu tragen hat. Die Bezugnahme auf § 910 I 2 BGB beschränkt sich dabei nur auf das Aneignungsrecht und erfasst nicht auch die Kostenfolge, da der Störer nach Bundesrecht (dazu → Vor §§ 23–25 Rn. 7) immer für die ersparten Beseitigungskosten aufzukommen hat. Die Wahl braucht der Nachbar erst dann zu treffen, wenn er zur Selbsthilfe schreiten darf; er muss dies also nicht schon mit der Fristsetzung ankündigen. Entscheidet sich der Nachbar für die 2. Variante, steht ihm kein Vorschuss

§ 23   4. Abschnitt. Einfriedigungen, Spaliere, Pflanzungen

zu (aA Birk NachbarR BW Anm. 4b), ebenso wenig eine Sicherheitsleistung (aA VKKKK § 25 Rn. 5 für die vergleichbare Regelung des § 25).

21   **5. Berechtigt** ist der **Grundstücksbesitzer** (vgl. Abs. 1 S. 1), also der Grundeigentümer, aber auch derjenige, der das Grundstück aufgrund eines (nicht unbedingt wirksamen) schuldrechtlichen Besitzmittlungsverhältnisses zur Miete, Pacht oder Ähnlichem nutzt (→ Rn. 3; Reich NRG BW Rn. 2). Sofern Abs. 3 S. 4 den **Nachbarn** als Berechtigten bezeichnet, ist nichts anderes gemeint (→ Rn. 3). Im Gegensatz zu § 910 BGB, aber wie bei § 1004 BGB, ist Inhaber der in § 23 geregelten Rechte und Ansprüche somit nicht nur der Eigentümer des Nachbargrundstücks (Pelka NachbarR BW 220; VKKKK §§ 23, 24 Rn. 12; Birk NachbarR BW Vor Anm. 1). Schon die kodifizierten alten Landesrechte kannten – wie das gemeine Recht und der Code Civil – den Unterschied zwischen Besitz und Eigentum.

22   Wer **verpflichtet** ist, sagt das Gesetz nur für den Fall des Abs. 3. Verpflichtet ist hiernach der **Besitzer des Baums;** das ist neben dem Eigentümer des Baumgrundstücks auch derjenige, der das Grundstück aufgrund eines (nicht unbedingt wirksamen) schuldrechtlichen Besitzmittlungsverhältnisses zur Miete, Pacht oder Ähnlichem nutzt. § 23 verpflichtet aber generell den Besitzer (→ Rn. 3). Allerdings ist zweifelhaft, ob Art. 122 EGBGB überhaupt eine Einschränkung von Besitzrechten zulässt (mit guten Gründen ablehnend Dehner B § 21 III 1; auch → Einl. Rn. 21); der Umstand, dass § 910 BGB auch den Besitzer in die Pflicht nimmt, beantwortet diese Frage nicht. Die Formulierung des § 23 ist insoweit unglücklich, als § 910 BGB immer den Nachbarn als Verpflichteten bezeichnet, diese Sichtweise aber nur in § 23 I aufgegriffen wird; die anderen Absätze sehen das benachbarte Grundstück bzw. den Nachbarn als geschützt an.

23   **6.** Der Anspruch aus Abs. 1 ist als Selbsthilferecht der Verjährung nicht unterworfen (LG Freiburg 22.1.2015 – 3 S 143/14, NJOZ 2015, 727 (728)) oder aber gem. § 26 III zeitlich unbegrenzt durchsetzbar. Gleiches gilt für das in Abs. 3 S. 4 geregelte Selbsthilferecht (→ Vor §§ 23–25 Rn. 8). Aufgrund des unterschiedlichen Anwendungsbereichs vermag § 23 daher den Anwendungsbereich des § 26 III auch nicht einzuschränken (LG Freiburg 22.1.2015 – 3 S 143/14, NJOZ 2015, 727 (728)).

24   **7.** Ändern sich die Verhältnisse auf den beteiligten Grundstücken (zB aufgrund einer Grenzänderung), gilt die Bestandsschutzvorschrift des § 22 III 1 nicht, da jedes Wachsen von Zweigen zu einer Erneuerung der Pflanzung führt (§ 26 II 2).

25   **8.** Überhängende Zweige müssen dulden
– Besitzer eines Grundstücks, das dadurch keine Beeinträchtigung erfährt (§ 910 II BGB),
– Besitzer eines Grundstücks gegenüber den Zweigen eines Obstbaums aus einem Nachbargrundstück ab einer Höhe von 3 m, falls das (eigene) Grundstück nicht erwerbsgartenbaulich oder landwirtschaftlich genutzt wird oder ein Hofraum ist oder die Zweige auf ein auf dem (eigenen) Grundstück stehendes Gebäude hereinragen oder den Bestand oder die Benutzung eines Gebäudes beeinträchtigen oder die Errichtung eines Gebäudes unmöglich machen oder erschweren. (Abs. 1, 2); im Landesteil Baden (vgl. Anh. III) nur, wenn der Obstbaum den Grenzabstand gem. § 16 I wahrt (§ 35);
– Besitzer eines Grundstücks gegenüber den Zweigen von Bäumen, die auf öffentlichen Wegen oder deren Zubehörden (Nebenwegen, Dämmen, Böschungen) oder nach polizeilicher Vorschrift in regelmäßiger Anordnung längs der Straße auf den angrenzenden Grundstücken gepflanzt sind, ab einer Höhe von 3 m, falls das (eigene) Grundstück nicht erwerbsgartenbaulich oder landwirtschaftlich genutzt wird oder ein Hofraum ist oder die Zweige auf ein auf dem (eigenen) Grundstück stehendes Gebäude hereinragen oder den Bestand oder die Benutzung eines Gebäudes beeinträchtigen oder die Errichtung eines Gebäudes unmöglich machen oder erschweren (§ 25 I iVm § 23 II);
– Besitzer eines württembergischen Waldgrundstücks gegenüber den Zweigen von Bäumen oder Sträuchern auf einem zur Zeit des Inkrafttretens des BGB bereits mit bis heute unverbürgtem Wald bestandenen (ebenfalls württembergischen) Nachbargrundstück, es sei

Eingedrungene Wurzeln § 24

denn, dass das (eigene) Grundstück ein Hofraum ist oder dass die Zweige auf ein auf dem (eigenen) Grundstück stehendes Gebäude hereinragen oder den Bestand oder die Benutzung eines Gebäudes beeinträchtigen oder die Errichtung eines Gebäudes unmöglich machen oder erschweren, oder dass die Nutzung des (eigenen) Grundstücks dadurch wesentlich beeinträchtigt wird, vor allem die Beseitigung der Zweige zur Herstellung oder Unterhaltung eines Wegs, eines Grabens, einer baulichen Anlage, einer Drainage oder einer sonstigen Leitung erforderlich ist (§ 34 I, III, IV iVm §§ 23 II, 24);
– Besitzer eines württembergischen Waldgrundstücks gegenüber den Zweigen von Bäumen oder Sträuchern, die auf einem Nachbargrundstück am südwestlichen, westlichen oder nordwestlichen Trauf von am 1.1.1894 bereits und noch heute unverjüngt vorhandenen, rein oder vorwiegend mit Nadelholz bestockten Waldungen stehen, wenn hierdurch der Fortbestand der Bäume gefährdet würde, die zum Schutz des dahinter liegenden Waldes erforderlich sind, es sei denn, dass das (eigene) Grundstück erwerbsgartenbaulich oder landwirtschaftlich genutzt wird oder ein Hofraum ist oder dass die Zweige auf ein auf dem (eigenen) Grundstück stehendes Gebäude hereinragen oder den Bestand oder die Benutzung eines Gebäudes beeinträchtigen oder die Errichtung eines Gebäudes unmöglich machen oder erschweren, oder dass die Nutzung des (eigenen) Grundstücks dadurch wesentlich beeinträchtigt wird, vor allem die Beseitigung der Zweige zur Herstellung oder Unterhaltung eines Wegs, eines Grabens, einer baulichen Anlage, einer Drainage oder einer sonstigen Leitung erforderlich ist (§ 34 II–IV iVm §§ 23 II, 24).

§ 24 Eingedrungene Wurzeln

(1) Abweichend von § 910 Abs. 1 BGB ist der Besitzer eines Obstbaumguts oder eines Grundstücks der in § 19 Abs. 1 Satz 1 genannten Art, in das aus einem angrenzenden Obstbaumgut Wurzeln eines Obstbaums eingedrungen sind, zu deren Beseitigung nur insoweit befugt, als dies zur Herstellung und Unterhaltung eines Weges, eines Grabens, einer baulichen Anlage, eines Dräns oder einer sonstigen Leitung erforderlich ist.

(2) Die Beseitigung von sonstigen eingedrungenen Baumwurzeln ist bei einem Grundstück in Innerortslage nur dann zulässig, wenn durch die Wurzeln die Nutzung des Grundstücks wesentlich beeinträchtigt wird, insbesondere Arbeiten der in Absatz 1 genannten Art die Beseitigung erfordern.

I. Inhalt der Regelung

Die Vorschrift schränkt das Selbsthilferecht des § 910 I 1 BGB hinsichtlich bestimmter, in das Grundstück eingedrungener Wurzeln ein. 1

II. Normgebung

1. Abs. 1 übernimmt einen Teil des Regelungsgehaltes des Art. 215 II WürttAGBGB 1931. 2
Nach Ansicht des Gesetzgebers hält sich die Vorschrift im Rahmen des Art. 122 EGBGB. Art. 215 II WürttAGBGB 1931 sah vor, dass Besitzer eines Obstbaumguts Wurzeln, die aus einem angrenzenden Obstbaumgut eingedrungen sind, nur insoweit beseitigen darf, als dies bei einem Wegebau, der Ziehung eines Grabens, der Ausführung eines Bauwesens, einer Wasserleitung, einer Drainierung oder einer elektrischen Leitung erforderlich wird. Der Inhalt dieser Vorschrift sollte vor allem insoweit erweitert werden, als der Nachbar auch Obstbaumwurzeln beseitigen darf, die ihn bei der Unterhaltung eines Wegs, einer Leitung usw behindern (RegBegr. vom 12.12.1958, Beil. 2220 zu den Sitzungsprotokollen der 2. Legislaturperiode, S. 3559).

Der Anspruch des Nachbarn, der durch eingedrungene Wurzeln geschädigt worden ist, 3
gegen den Eigentümer des Obstbaumes auf Beseitigung dieser Wurzeln und Ersatz des ihm durch diese entstandenen Schadens sollte sich nach allgemeinem Bürgerlichen Recht beur-

§ 24   4. Abschnitt. Einfriedigungen, Spaliere, Pflanzungen

teilen (RegBegr. vom 12.12.1958, Beil. 2220 zu den Sitzungsprotokollen der 2. Legislaturperiode, S. 3559).

4 2. Durch Art. 1 Nr. 14 des Gesetzes zur Änderung des NRG vom 26.7.1995 (GBl. 605) wurde Abs. 2 neugestaltet. Unter Berufung auf Art. 111 EGBGB, wonach der Landesgesetzgeber im öffentlichen Interesse die tatsächliche Verfügungsmacht des Eigentümers beschränken darf, sollte auf diesem Wege das Recht des Nachbarn aus § 910 I BGB auf die Fälle beschränkt werden, in denen die Benutzung des Nachbargrundstücks durch die eingedrungenen Wurzeln wesentlich beeinträchtigt wird (s. hingegen § 910 II BGB, wonach jede Beeinträchtigung ausreicht), da aus ökologischen Gründen ein Interesse der Allgemeinheit an der Erhaltung von Bäumen bestehe und das Abschneiden von Wurzeln oft die Lebensfähigkeit oder Standsicherheit eines Baumes in Frage stelle. Da bei landwirtschaftlich genutzten Grundstücken solche Beeinträchtigungen in der Regel (ohnehin) gegeben seien, sollte sich die neu eingeführte Beschränkung nur auf Grundstücke in Innerortslage beziehen (RegBegr. vom 1.3.1993, LT-Drs. 11/1481, 14).

III. Anmerkungen

5 **1.** Siehe zunächst → Vor §§ 23–25 Rn. 1 ff. und den Überblick in → Rn. 22. Zur Ermächtigungsnorm für Abs. 1 (Art. 122 EGBGB) → Rn. 13, für Abs. 2 (Art. 111 EGBGB) → Vor §§ 23–25 Rn. 15.

6 **2.** Zur **beschränkten Anwendbarkeit** der Vorschrift **im ehemals badischen Landesteil** auf Obstbäume, die die Abstände nach § 16 nicht wahren, vgl. die Ausführungen unter → § 35 Rn. 3 f.

7 **3.** Abs. 1 beschränkt das Selbsthilferecht des § 910 I 1 BGB hinsichtlich **Wurzeln von Obstbäumen,** die **auf einem Obstbaumgut** stehen, sofern das benachbarte (= angrenzende) Grundstück ebenfalls Obstbaumgut ist oder sich im Außenbereich befindet und Wald, Heide oder Ödung ist oder landwirtschaftlich oder gartenbaulich sonst nicht genutzt wird und weder bebaut ist noch als Hofraum dient (§ 19 I 1).

8 **Obstbaumgut** ist ein Grundstück, das landwirtschaftlich genutzt wird und vorwiegend mit Obstbäumen bestückt ist (einschränkend VKKKK §§ 23, 24 Rn. 8; Birk NachbarR BW Anm. 1a: keine landwirtschaftliche Nutzung erforderlich). Zum Begriff des **Obstbaums** → § 16 Rn. 27; Obststräucher gehören nicht dazu, wohl aber Walnussbäume (aA Reich NRG BW Rn. 2, mit dem Hinweis auf die Unterscheidung in § 16 I Nr. 4b). Zum Begriff der **Wurzel** → Vor §§ 23–25 Rn. 3.

9 Da die Beseitigung von Wurzeln einen massiven Eingriff in die Baumsubstanz bedeuten kann, besteht Anlass, dies bei der landwirtschaftlichen Nutzung von Obstbäumen besonders zu begrenzen. Die Abwägung mit dem Eigentumsrecht am Nachbargrundstück fällt zugunsten dieser Bäume aus, soweit das Nachbargrundstück entweder selbst Obstbaumgut ist und damit den gleichen Schutz beanspruchen kann, oder wenn das Nachbargrundstück im Außenbereich liegt und sich nicht sinnvoll bewirtschaften lässt, also ein Grundstück der in § 19 I 1 genannten Art ist.

10 Die Aufhebung des Selbsthilferechts gilt nicht uneingeschränkt. Ausnahmsweise dürfen nach Abs. 1 Wurzeln, die auf das Nachbargrundstück wachsen, beseitigt werden (bis zur Grundstücksgrenze und unabhängig von den Folgen für den Bestand des Obstbaums), wenn dies zur Herstellung und Unterhaltung
– eines Wegs erforderlich ist; zum Begriff des **Wegs** → § 5 Rn. 4; dieser Begriff deckt sich mit dem in § 21 I 1 Nr. 1 gebrauchten Begriff der Straße (hierzu → § 21 Rn. 10; dort muss die Straße aber einem öffentlichen Zweck gewidmet sein); die Tragfähigkeit des Unterbaus und die Geschlossenheit der Oberfläche müssen erhalten bleiben (Birk NachbarR BW Anm. 2a); weiter geht der Schutz nicht;
– eines Grabens erforderlich ist; **Graben** ist eine dem Abfluss von Oberflächenwasser und anderen Flüssigkeiten dienende Erdvertiefung; sicherzustellen sind ein freier Abfluss und

Eingedrungene Wurzeln § 24

die Aufrechthaltung des Querschnitts (Birk NachbarR BW Anm. 2b); weiter geht der Schutz nicht;
– einer baulichen Anlage erforderlich ist; zum Begriff der **baulichen Anlage** → § 7b Rn. 7; die Wurzeln dürfen nicht in die Anlage oder den zur Erstellung der Anlage nötigen Bereich gelangen (Birk NachbarR BW Anm. 2c); weiter geht der Schutz nicht;
– eines Dräns (= Drainage) erforderlich ist; ein **Drän** dient der Abführung von drückendem Wasser entlang erdberührter Teile einer baulichen Anlage (vgl. die Zeichnung zu § 9 I (→ § 9 Rn. 8); aA Reich NRG BW Rn. 2, wonach die Abführung keiner baulichen Anlage zugeordnet sein muss); der Drän muss von Verstopfungen und Verwachsungen freigehalten werden können (Birk NachbarR BW Anm. 2d); weiter geht der Schutz nicht;
– einer sonstigen Leitung erforderlich ist; **sonstige Leitungen** sind Kabel oder Rohre, die der Durchleitung von Medien dienen (zB Wasserrohre, Telefonkabel, elektrische Leitungen, so explizit die Vorgängerregelung in Art. 215 II WürttAGBGB 1931, dazu → Rn. 2); die Leitungen müssen zugänglich bleiben und dürfen von den Wurzeln nicht beschädigt werden (Birk NachbarR BW Anm. 2e); weiter geht der Schutz nicht.

In diesen Fällen besteht zwar immer auch eine Beeinträchtigung iSd § 910 II BGB. Allerdings wird das Selbsthilferecht aus § 910 BGB (auf der Grundlage des Art. 122 EGBGB durch Abs. 1 gerade eingeschränkt. 11

Die Begriffe der **Herstellung** und **Unterhaltung** erfassen alle baulichen Maßnahmen einschließlich Teilerneuerung, Instandsetzung/Reparatur und Instandhaltung/Wartung (Reich NRG BW Rn. 2). 12

Übt der Nachbar in diesen Fällen sein Selbsthilferecht aus, ist er befugt, die abgeschnittenen Wurzeln zu behalten (§ 910 I 1 BGB). Insofern gilt das in → Vor §§ 23–25 Rn. 6 Gesagte. Die Regelung des § 910 BGB wird durch Abs. 1 insoweit nicht eingeschränkt. 13

4. Der zum 1.1.1996 eingefügte **Abs. 2** beschränkt das Selbsthilferecht des § 910 I 1 BGB für „sonstige" eingedrungene Baumwurzeln (OLG Karlsruhe 17.1.2023 – 12 U 92/22, NJW-RR 2023, 656 Rn. 23). In diesem Umfang besteht auch kein Beseitigungsanspruch gem. § 1004 I 2 BGB (OLG Karlsruhe 17.1.2023 – 12 U 92/22, NJW-RR 2023, 656 Rn. 27). Die Frage, ob das Wurzeln von (Obst)bäumen sind, die nicht in Obstbaumgütern stehen, oder von Bäumen, die nicht zu den Obstbäumen zählen, ist mit dem historischen Gesetzgeber in letzterem Sinne zu entscheiden (→ Rn. 4; → Vor §§ 23–25 Rn. 16; ebenso OLG Karlsruhe 17.1.2023 – 12 U 92/22, NJW-RR 2023, 656 Rn. 23; Dehner § 21 III 1 in Fn. 25 eb; Pelka NachbarR BW 221; VKKKK §§ 23, 24 Rn. 1, 9; iErg OLG Karlsruhe 27.5.2014 – 12 U 168/13, BeckRS 2014, 11 226, das die Vorschrift auf Fichten anwendet); andernfalls hätte der Gesetzgeber die Neuregelung nicht auf Art. 111 EGBGB, sondern auf Art. 122 EGBGB gestützt. Da es hiernach aber keinen Grund gibt, Wurzeln von Obstbäumen weniger zu schützen, ja sie ausweislich des Abs. 1 sogar stärkeren Schutz verdienen, sind nach Abs. 2 **alle Baumwurzeln geschützt**, sofern sie in Innerortslage die Nutzung des benachbarten (= angrenzenden) Grundstück nur geringfügig stören. Anders als in § 910 BGB („Baum oder Strauch") betrifft Abs. 2 nur Baumwurzeln, nicht auch Wurzeln anderer Gehölze (zum Begriff des Baums → § 16 Rn. 15). 14

Abs. 2 findet Anwendung „bei" einem Grundstück in Innerortslage. Damit ist unklar, welches der Grundstücke zur **Innerortslage** (§ 12 II 2) gehören muss: das Grundstück, auf dem der Baum steht, oder das Grundstück, in das die Wurzeln eingedrungen sind. Dehner (B § 21 III 1 in Fn. 25 eb) befürwortet im Hinblick auf den Gesetzeszweck, Grundstücke in Innerortslage zu privilegieren, die 1. Alternative. Dagegen spricht aber der weitere Wortlaut des Abs. 2, der auf die Beeinträchtigung der Nutzung „des" Grundstücks Bezug nimmt (iErg Birk NachbarR BW Anm. 1c). Anders wäre auch nicht verständlich, warum sich § 34 III auf den gesamten § 24, also nicht nur auf dessen Abs. 1, bezieht. Diese Sichtweise teilt ferner § 25 II, wonach eine entsprechende Beschränkung für Grundstücksbesitzer besteht, in deren Grundstück Baumwurzeln eingedrungen sind. Geschützt sind alle Grundstücke in Innerortslage, nicht also nur Obstbaumgüter wie in Abs. 1 (weitergehend Reich NRG BW Rn. 3, 15

§ 24   4. Abschnitt. Einfriedigungen, Spaliere, Pflanzungen

wonach auch der Besitzer eines iSd § 19 I 1 landwirtschaftlich nicht genutzten Grundstücks geschützt sein soll, obwohl Abs. 2 den Schutzbereich ausdrücklich auf Grundstücke in Innerortslage beschränkt).

16 In Verschärfung zu § 910 II BGB lässt das NRG Abwehrmaßnahmen gegen eingedrungene Baumwurzeln nur zu, wenn die Nutzung des Grundstücks dadurch „wesentlich" beeinträchtigt wird. **Wesentlich beeinträchtigt** ist die Nutzung, wenn die Wurzeln den Gebrauch des (innerorts gelegenen) Grundstücks mehr als nur merklich behindern (OLG Karlsruhe 27.5.2014 – 12 U 168/13, Juris-Rn. 41 = BeckRS 2014, 11226). Dies ist gem. Abs. 2 vor allem in den in Abs. 1 genannten Fällen zu bejahen, also wenn die Beseitigung der Wurzeln zur Herstellung und Unterhaltung eines Weges, eines Grabens, einer baulichen Anlage, eines Dräns oder einer sonstigen Leitung erfolgen muss (→ Rn. 10). Weitere Fälle sind möglich, müssen hinsichtlich ihrer Auswirkungen wertungsmäßig den vorgenannten Beispielen aber gleichkommen (OLG Karlsruhe 27.5.2014 – 12 U 168/13, Juris-Rn. 41 = BeckRS 2014, 11226). Auf die Ortsüblichkeit der Nutzung der Grundstücke auf der einen oder anderen Seite kommt es dabei nicht an (OLG Karlsruhe 27.5.2014 – 12 U 168/13, Juris-Rn. 49 = BeckRS 2014, 11226). Entscheidend ist, dass die Beeinträchtigung über die in § 910 II BGB geforderte Störung hinausgeht (→ Rn. 4). Ein solcher Fall liegt zB vor, wenn die Nutzung des beeinträchtigten Grundstücks in dem von der Durchwurzelung betroffenen Bereich weder als Zier- noch als Nutzgarten möglich ist (OLG Karlsruhe 27.5.2014 – 12 U 168/13, Juris-Rn. 45, 49 = BeckRS 2014, 11226). In diesem Fall besteht das Selbsthilferecht selbst dann, wenn durch die Entfernung der überwachsenden Wurzeln die Standfestigkeit der Bäume massiv bedroht wird, so dass zu erwarten ist, dass die Bäume vollständig entfernt werden müssen (OLG Karlsruhe 27.5.2014 – 12 U 168/13, Juris-Rn. 61 = BeckRS 2014, 11226; auch → § 25 Rn. 3).

17 Für die Ausübung des Selbsthilferechts gilt auch hier das in →Vor §§ 23–25 Rn. 6 zu den Wurzeln Gesagte.

18 **5. Berechtigt** ist der Besitzer des jeweils gestörten Grundstücks (Obstbaumgut, Grundstück der in § 19 I 1 genannten Art oder Grundstück in Innerortslage); das ist der Eigentümer des Grundstücks, aber auch derjenige, der es aufgrund eines (nicht unbedingt wirksamen) schuldrechtlichen Besitzmittlungsverhältnisses, vor allem zur Pacht, nutzt (→ § 23 Rn. 3).

19 Zur Person des **Verpflichteten** gelten die Ausführungen in → § 23 Rn. 22 entsprechend.

20 6. Die in Abs. 1 und 2 modifizierten Selbsthilferechte sind der Verjährung nicht unterworfen (→Vor §§ 23–25 Rn. 8).

21 7. Ändern sich die Verhältnisse auf den benachbarten Grundstücken (zB wegen einer Grenzänderung), gilt die Bestandsschutzvorschrift des § 22 III 1 nicht, da jedes Wachsen von Wurzeln eine Erneuerung der Pflanzung bedeutet (§ 26 II 2).

22 8. Eingedrungene Wurzeln müssen dulden
– Besitzer eines Grundstücks, das dadurch keine Beeinträchtigung erfährt (§ 910 II BGB),
– Besitzer eines Obstbaumguts gegenüber den Wurzeln eines Obstbaums aus einem angrenzenden Obstbaumgut, falls die Beseitigung der Wurzeln nicht zur Herstellung oder Unterhaltung eines Wegs, eines Grabens, einer baulichen Anlage, einer Drainage oder einer sonstigen Leitung erforderlich ist (Abs. 1); im Landesteil Baden (vgl. Anh. III) nur, wenn der Obstbaum den Grenzabstand gem. § 16 II wahrt (§ 35);
– Besitzer eines Grundstücks der in § 19 I 1 genannten Art gegenüber den Wurzeln eines Obstbaums aus einem angrenzenden Obstbaumgut, falls die Beseitigung der Wurzeln nicht zur Herstellung oder Unterhaltung eines Wegs, eines Grabens, einer baulichen Anlage, einer Drainage oder einer sonstigen Leitung erforderlich ist (Abs. 1); im Landesteil Baden nur, wenn der Obstbaum den Grenzabstand gem. § 16 II, II wahrt (§ 35);
– Besitzer eines Grundstücks in Innerortslage (§ 12 II 2) gegenüber den Wurzeln eines Baums auf einem angrenzenden Grundstück, falls die Nutzung des (eigenen) Grundstücks dadurch nicht wesentlich beeinträchtigt wird, vor allem die Beseitigung der Wurzeln nicht

zur Herstellung oder Unterhaltung eines Wegs, eines Grabens, einer baulichen Anlage, einer Drainage oder einer sonstigen Leitung erforderlich ist (Abs. 2);
- Besitzer eines Grundstücks gegenüber den Wurzeln von Bäumen, die auf öffentlichen Wegen oder deren Zubehörden (Nebenwegen, Dämmen, Böschungen) oder nach polizeilicher Vorschrift in regelmäßiger Anordnung längs der Straße auf den angrenzenden Grundstücken gepflanzt sind, falls die Nutzung des (eigenen) Grundstücks dadurch nicht wesentlich beeinträchtigt wird, vor allem die Beseitigung der Wurzeln nicht zur Herstellung oder Unterhaltung eines Weges, eines Grabens, einer baulichen Anlage, einer Drainage oder einer sonstigen Leitung erforderlich ist, und eine dazu gesetzte Abhilfefrist ungenutzt verstrichen ist (§ 25 II);
- Besitzer eines württembergischen Waldgrundstücks gegenüber den Wurzeln von Bäumen oder Sträuchern aus einem zur Zeit des Inkrafttretens des BGB bereits mit bis heute unverjüngtem Wald bestandenen (ebenfalls württembergischen) Nachbargrundstück (§ 34 I, IV).

§ 25 Bäume an öffentlichen Wegen

(1) [1]**Abweichend von § 910 Abs. 1 BGB kann der Besitzer eines Grundstücks die Beseitigung herüberragender Zweige von Bäumen, die auf öffentlichen Wegen oder deren Zubehörden (Nebenwegen, Dämmen, Böschungen) oder nach polizeilicher Vorschrift in regelmäßiger Anordnung längs der Straße auf den angrenzenden Grundstücken gepflanzt sind, nur bis zur Höhe von 3 m verlangen.** [2]**Die Bestimmungen des § 23 Abs. 1 Satz 2, Abs. 2 und 3 gelten auch hier.**

(2) **Zur Beseitigung der in sein Grundstück eingedrungenen Wurzeln dieser Bäume ist der Besitzer des Grundstücks nur entsprechend § 24 Abs. 2 und nur dann befugt, wenn er dem Eigentümer des Baumes eine angemessene Frist zur Beseitigung der Wurzeln gesetzt hat und die Beseitigung nicht innerhalb der Frist erfolgte.**

I. Inhalt der Regelung

Die Vorschrift privilegiert Bäume, die an der Grundstücksgrenze auf öffentlichen Wegen stehen. Hinüberragende Zweige dieser Bäume sind – wie bei Obstbäumen gem. § 23 I 1 – nur bis zu einer Höhe von 3 m bis an die Grenze zurückzuschneiden. Die Beseitigung der Zweige kann auf die volle Höhe des Baums verlangt werden, wenn dies zur Durchführung von Bauarbeiten oder Ähnlichem erforderlich ist. Sofern Wurzeln solcher Bäume in sein Grundstück eingedrungen sind, darf der Nachbar sie nur dann entfernen, wenn sie die Nutzung seines Grundstücks wesentlich beeinträchtigen. Der Nachbar hat den Besitzer des Baumgrundstücks zuvor unter Setzung einer angemessenen Frist aufzufordern, die Zweige selbst zu kürzen. Dies gilt im Gegensatz zu § 910 I 1 BGB auch für Wurzeln, die auf das Nachbargrundstück hinüberwachsen.

1

II. Normgebung

1. Die Vorschrift knüpft an Art. 244 WürttAGBGB 1899 (= Art. 216 WürttAGBGB 1931) bzw. dessen Vorgängerregelung in Art. 23 I, IV und V WürttGLN an. Nach Ansicht des Gesetzgebers war die Übernahme im Hinblick auf § 21 erforderlich. Wenn die Bäume an öffentlichen Wegen ohne Einhaltung eines Abstands gepflanzt werden dürfen, dann müsse sich der Nachbar auch mit einem beschränkten Beseitigungsanspruch bei überhängenden Zweigen und eingedrungenen Wurzeln begnügen. Die Vorschrift sollte sich auf Bäume jeder Art beziehen, nicht nur auf Obstbäume (RegBegr. vom 12.12.1958, Beil. 2220 zu den Sitzungsprotokollen der 2. Legislaturperiode, S. 3559). Zu Art. 216 WürttAGBGB 1931 hatte der Gesetzgeber darauf hingewiesen, dass die Beschränkung des Beseitigungsumfangs eine erhöhte Ausnützung der Grundstücke erlaube und damit zu einer Steigerung der Grundstückswerte führe (RegBegr. vom 20.12.1930 zu Art. 208 – im Gesetz: Art. 216 – WürttAG-

2

§ 25　　　　　　　　　　　4. Abschnitt. Einfriedigungen, Spaliere, Pflanzungen

BGB, Beil. 297 zur 3. Legislaturperiode des Landtags des Freien Volksstaates Württemberg, S. 521).

3　　2. Durch Art. 1 Nr. 15 des Gesetzes zur Änderung des NRG vom 26.7.1995 (GBl. 605) wurde Abs. 2 neu gefasst. Nach Auffassung des Gesetzgebers sollte damit das Recht des Grundeigentümers, eingedrungene Wurzeln von (bisher schon privilegierten) Bäumen an öffentlichen Wegen selbst abzuschneiden, nunmehr von der vorherigen Aufforderung des Baumeigentümers und dem fruchtlosen Ablauf einer angemessen gesetzten Frist abhängig sein. Diese, wie § 24 II auf Art. 111 EGBGB beruhende Einschränkung der Rechte des Grundeigentümers aus § 910 BGB sei geboten, da das Abschneiden von Wurzeln nicht selten die Vitalität und insbesondere die Standsicherheit des Baums beeinträchtige, weshalb der Baumeigentümer nicht nur ein Interesse an der Information über das Abschneiden der Wurzeln habe, sondern im jeweiligen Einzelfall entscheiden können müsse, ob er den Baum erhalten kann oder – wegen der zu erwartenden Beeinträchtigungen der Standsicherheit – entfernen muss und ggf. durch eine Neupflanzung zu ersetzen hat (RegBegr. vom 1.3.1993, LT-Drs. 11/1481, 15).

III. Anmerkungen

4　　1. Siehe zunächst → Einl. Rn. 24, → Vor §§ 23–25 Rn. 1 ff. sowie die Übersichten in → § 23 Rn. 25 und → § 24 Rn. 22; zur Ermächtigungsnorm (Art. 111 EGBGB) → Vor §§ 23–25 Rn. 15.

5　　2. **Abs. 1** bestimmt, dass zum Schutz vor herüberhängenden **Zweige** Bäume, die auf öffentlichen Wegen oder deren Zubehörden (Nebenwegen, Dämmen, Böschungen) oder nach polizeilicher Vorschrift in regelmäßiger Anordnung längs der Straße gepflanzt sind, wie Obstbäume (§ 23 I 1) behandelt werden. Auch hinsichtlich dieser Straßenbäume wird das Selbsthilferecht aus § 910 I 2 BGB somit beschränkt. Damit ergänzt § 25 den Abstandsschutz aus § 21 (→ Rn. 2). Bäume auf Privatstraßen sind nicht erfasst. Auf die Art der Bäume kommt es nicht an. Da Abs. 1 die wirtschaftliche Nutzbarkeit von Bäumen fördern soll, gilt sie nicht für Wildlinge (LG Heidelberg 30.11.1966 – 3 S 35/66, NJW 1967, 1917).

6　　Zum Begriff des **Zweigs** → Vor §§ 23–25 Rn. 2. Zum Begriff des **Baums** → § 16 Rn. 15. Zum Begriff des **öffentlichen Wegs** → § 5 Rn. 4 und 6. Die Vorschrift erfasst in S. 1 Alt. 1 Bäume, die an öffentlichen Wegen einschließlich des gesamten Verkehrsraums mit Nebenwegen, Dämmen und Böschungen (**„Zubehörden"**) stehen; hierzu gehören auch Straßengräben (Reich NRG BW Rn. 6). Erfasst sind ferner Bäume, die „nach polizeilicher Vorschrift in regelmäßiger Anordnung längs der Straße", mithin als Alleenbäume gepflanzt sind (S. 1 Alt. 2). Diese altertümlich wirkende, aber erstmals im NRG verwandte Formulierung ist im Grunde überflüssig, da Bäume auf privatem Grund kaum einmal nach öffentlich-rechtlichen Vorgaben mit Alleenbäumen bepflanzt werden. Der Begriff der **Straße** deckt sich mit dem des Wegs in S. 1 Alt. 1 (aA Reich NRG BW Rn. 7).

7　　Wie bei Obstbäumen müssen Zweige von Straßenbäumen nur **bis zu einer Höhe von 3 m** geschnitten werden. Für das weitere Prozedere verweist Abs. 1 S. 2 auf § 23 I 2, II und III. Zu messen ist damit vom Boden bis zu den unteren Zweigen, bei Laubbäumen in unbelaubtem Zustand (§ 23 I 2). In bestimmten Fällen (vgl. § 23 II) kann bis zur vollen Höhe geschnitten werden. Der Nachbar hat die Kürzung unter Setzung einer angemessenen Frist zu verlangen, bevor er selbst und auf Kosten des Baumbesitzers abschneidet (vgl. § 23 III 2). Im Einzelnen gilt das in → § 23 Rn. 17 Gesagte.

8　　3. **Abs. 2,** der die in Abs. 1 genannten Bäume auch hinsichtlich ihrer **Wurzeln** erfasst, bezieht die in § 24 II getroffenen Einschränkungen des Selbsthilferechts zum Schutz von Bäumen, die an Grundstücke in Innerortslage (§ 12 II 2) grenzen, auf Straßenbäume. Geschützt sind alle Straßenbäume, nicht nur diejenigen, deren Wurzeln auf ein benachbartes Grundstück in Innerortslage wachsen (so aber Pelka NachbarR BW 223, wegen der angeordneten Anwendung des § 24 II; ebenso Reich NRG BW Rn. 10). Dagegen spricht schon die Bezugnahme in Abs. 2 auf „diese" Bäume, mithin alle Straßenbäume. Andernfalls wäre die Vorschrift (bis auf die neue Fristsetzungsregelung, → Rn. 3) überflüssig, da gegenüber Grundstücken in Innerortslage alle Bäume, also auch Straßenbäume, Schutz finden.

Das Selbsthilferecht des § 910 I 1 BGB besteht gem. Abs. 2 nur dann, wenn durch die **9** Wurzeln die Nutzung des Nachbargrundstücks wesentlich beeinträchtigt wird, insbesondere Arbeiten der in § 24 I genannten Art die Beseitigung erfordern. Zum Begriff der **wesentlichen Beeinträchtigung** → § 24 Rn. 16.

Ergänzend ist in Abs. 2 bestimmt, dass der Nachbar die Beschneidungsmaßnahmen **anzu-** **10** **kündigen** hat. Dies gilt auch dann, wenn eine Bestandsgefahr für den Baum nicht besteht. Dazu hat der Nachbar dem Eigentümer des Baumgrundstücks eine angemessene Frist zur Beseitigung zu setzen (näher →Vor §§ 23–25 Rn. 7). Damit gilt die (nur) für herüberragende Zweige geschaffene Regelung des § 910 I 2 BGB auch für eindringende Wurzeln von Straßenbäumen mit dem Unterschied, dass die Frist dem **Eigentümer** des Baumgrundstücks, nicht aber – soweit abweichend – dessen Besitzer zu setzen ist.

Für die Ausübung des Selbsthilferechts gilt das in →Vor §§ 23–25 Rn. 6 Gesagte. **11**

4. Allgemein zum Inhalt des Beseitigungsanspruchs vgl. → Einl. Rn. 42 ff. Für die Durch- **12** setzung des Anspruchs (hierzu → Einl. Rn. 140 ff.) sind in der Regel die Zivilgerichte anzurufen (vgl. BGH 7.3.1986 – V ZR 92/85, BGHZ 97, 231 = NJW 86, 2640 (2641); VG Freiburg 16.12.1991 – 4 K 391/91, VBlBW 1992, 314).

Berechtigt ist der Besitzer des Nachbargrundstücks; das ist der Eigentümer des Grund- **13** stücks, aber auch derjenige, der es aufgrund eines (nicht unbedingt wirksamen) schuldrechtlichen Besitzmittlungsverhältnisses, vor allem zur Pacht, nutzt (→ § 23 Rn. 3).

Zur Person des **Verpflichteten** gelten die Ausführungen in → § 23 Rn. 22 entsprechend. **14**

5. Der Beseitigungsanspruch aus Abs. 1 ist der Verjährung nicht unterworfen (§ 26 III). **15** Gleiches gilt für das in Abs. 2 geregelte Selbsthilferecht (→Vor §§ 23–25 Rn. 8).

6. Ändern sich die Verhältnisse auf den Grundstücken (zB infolge einer Grenzänderung), **16** gilt die Bestandsschutzvorschrift des § 22 III 1 nicht, da jedes Wachsen von Wurzeln zu einer Erneuerung der Pflanzung führt (vgl. § 26 II 2).

5. Abschnitt. Allgemeine Bestimmungen

§ 26 Verjährung

(1) ¹Beseitigungsansprüche nach diesem Gesetz verjähren in fünf Jahren. ²Sind Gehölze im Sinne des § 16 Absatz 1 Nummer 4 oder 5 betroffen, so beträgt die Verjährungsfrist zehn Jahre. ³Bei Pflanzungen beginnt der Lauf der Verjährungsfrist mit dem 1. Juli nach der Pflanzung. ⁴Bei an Ort und Stelle gezogenen Gehölzen beginnt sie am 1. Juli des zweiten Entwicklungsjahres. ⁵Bei späterer Veränderung der artgemäßen Ausdehnung des Gehölzes beginnt die Verjährung von neuem; dasselbe gilt im Falle des § 16 Absatz 1 Nummer 4 Buchstabe c, wenn die Umtriebszeit von zehn Jahren überschritten wird.

(2) ¹Die Berufung auf Verjährung ist ausgeschlossen, wenn die Anlage erneuert oder in einer der Erneuerung gleichkommenden Weise ausgebessert wird. ²Dasselbe gilt, wenn eine Pflanzung erneuert oder ergänzt wird.

(3) Der Anspruch auf das Zurückschneiden der Hecken, auf Beseitigung herüberragender Zweige und eingedrungener Wurzeln sowie auf Verkürzung zu hoch gewachsener Gehölze ist der Verjährung nicht unterworfen.

Parallelvorschriften (Verjährungs- oder Ausschlussfristen): Bayern: Art. 52 I 2 BayAGBGB (fünf Jahre); Berlin: § 32 BlnNachbG (fünf Jahre); Brandenburg: § 40 BbgNRG (zwei Jahre); Bremen: –; Hamburg: –; Hessen: § 43 I 2 HessNachbRG (drei Jahre); Mecklenburg-Vorpommern: –; Niedersachsen: § 54 I, II NNachbG (fünf Jahre); Nordrhein-Westfalen: § 47 I NachbG NRW (sechs Jahre); Rheinland-Pfalz: § 51 III 1 RhPflNRG (fünf Jahre); Saarland: § 55 I SaarlNachbG (fünf Jahre); Sachsen: § 31 I, II 1 SächsNRG (drei Jahre); Sachsen-Anhalt: § 40 I LSANbG (fünf Jahre); Schleswig-Holstein: § 40 II Nr. 1 NachbG Schl.-H. (fünf Jahre) bzw. § 44 I Nr. 3 NachbG Schl.-H. (drei Jahre); Thüringen: § 51 III 1 ThürNRG (fünf Jahre).

I. Inhalt der Regelung

1   Die Vorschrift bestimmt, dass Beseitigungsansprüche nach dem NRG einer fünf- bzw. zehnjährigen Verjährung unterliegen. Wird eine Anlage erneuert bzw. eine Pflanzung erneuert oder ergänzt, läuft die Verjährungsfrist neu an. Nicht der Verjährung unterliegen Ansprüche, nach denen Gehölze zu beschneiden sind.

II. Normgebung

2   1. Die Vorschrift knüpft an Art. 248 WürttAGBGB 1899 (= Art. 220 II–IV WürttAGBGB 1931) bzw. dessen Vorgängerregelung in Art. 27 I, II und IV WürttGLN an. Nach Ansicht des Gesetzgebers sollte die allgemeine (damals dreißigjährige) Verjährungsfrist wesentlich abgekürzt und einheitlich für alle Beseitigungsansprüche (zunächst nur aus §§ 11–18) festgesetzt werden (RegBegr. vom 12.12.1958, Beil. 2220 zu den Sitzungsprotokollen der 2. Legislaturperiode, S. 3559).

3   Für Pflanzungen hielt der Gesetzgeber die Festsetzung eines kalendermäßig terminierten Beginns der Verjährungsfrist für sachgerecht, weil dann nicht geprüft zu werden braucht, wann genau gepflanzt wurde. Der 1. Juli eigne sich deshalb, weil zu diesem Zeitpunkt jedenfalls die Einpflanzungen der vorherigen Periode abgeschlossen sind (RegBegr. vom 12.12.1958, Beil. 2220 zu den Sitzungsprotokollen der 2. Legislaturperiode, S. 3559).

4   Bei Bäumen, die an Ort und Stelle aus Samen, Stecklingen oder Ausläufern entstehen, sollte zunächst auf den Begriff der Baumform (sog. einjährige Serie) abgestellt werden (RegBegr. vom 12.12.1958, Beil. 2220 zu den Sitzungsprotokollen der 2. Legislaturperiode, S. 3559). Schon in der Begründung zu Art. 220 WürttAGBGB 1931 hatte der Gesetzgeber darauf hingewiesen, dass die Verjährung erst dann beginnen könne, wenn sich erkennen lässt,

Verjährung § 26

welche Form der Besitzer dem Baum geben will. Hier könne also nicht der erste krautartige Trieb maßgebend sein, wie er aus dem Boden treibt (RegBegr. vom 20.12.1930 zu Art. 212 – im Gesetz: Art. 220 – WürttAGBGB 1931, Beil. 297 zur 3. Legislaturperiode des Landtags des Freien Volksstaates Württemberg, S. 522). Werde die ursprüngliche Baumform verändert, müsse die Verjährungsfrist von neuem anlaufen, damit eine Umgehung der gesetzlichen Vorschriften verhindert wird (RegBegr. vom 12.12.1958, Beil. 2220 zu den Sitzungsprotokollen der 2. Legislaturperiode, S. 3559). In der Begründung zu Art. 220 WürttAGBGB 1931 hatte der Gesetzgeber zudem darauf hingewiesen, dass es häufig vorkomme, dass die ursprüngliche Baumform verändert wird, indem zB aus einem ursprünglichen Niederstamm auf Wildlingsunterlage ein Hochstamm herangezogen wird (RegBegr. vom 20.12.1930 zu Art. 212, S. 522).

Der Anspruch auf Zurückschneiden von Hecken auf das nach § 13 II 1 (heute: § 12 II 1) **5** vorgeschriebene Maß sollte nicht verjähren. Die Regelung einer Ausnahme von den Verjährungsvorschriften auch für den Anspruch auf Verkürzung zu hoch gewachsener Gehölze sei gerechtfertigt, da zum einen das Wachstum der Pflanzen verschieden ist und im Einzelfall künstlich zurückgehalten werden kann, zum anderen sich eine Überschreitung der Höhengrenze vielfach nicht ohne Weiteres feststellen lässt (RegBegr. vom 12.12.1958, Beil. 2220 zu den Sitzungsprotokollen der 2. Legislaturperiode, S. 3559; ebenso bereits RegBegr. vom 20.12.1930 zu Art. 212, S. 522).

2. Durch Art. 1 Nr. 16 des Gesetzes zur Änderung des NRG vom 26.7.1995 (GBl. 605) **6** wurde Abs. 1 neu gefasst. Da sich die bisherige Bestimmung über die Verjährung nach Auffassung des Gesetzgebers nur auf Beseitigungsansprüche hinsichtlich Einfriedigungen, Hecken, Bäumen und dergleichen bezog, verjährten andere Beseitigungsansprüche (zB wegen Nichteinhaltung der Abstände nach §§ 8–10) erst 30 Jahre nach ihrem Entstehen (§ 195 BGB aF; vgl. OLG Karlsruhe 21.12.1979 – 6 U 232/78, Die Justiz 1980, 142 (143)). Diese Differenzierung erschien dem Gesetzgeber nicht gerechtfertigt. Im Interesse der Sicherung des Rechtsfriedens sollten deshalb alle Beseitigungsansprüche, die sich aus dem NRG ergeben, nach fünf Jahren verjährt sein. An der Unverjährbarkeit der Ansprüche auf Zurückschneiden von Hecken und sonstigen Pflanzungen nach § 26 III sollte sich dadurch nichts ändern. Ebenso sollte der Ausschluss des Rechts des Nachbarn durch Fristablauf nach §§ 3 III und 7 III unberührt bleiben (RegBegr. vom 1.3.1993, LT-Drs. 11/1481, 15).

Abs. 2 wurde auf alle Beseitigungsansprüche nach dem NRG erstreckt und so der Änderung des Abs. 1 angepasst (RegBegr. vom 1.3.1993, LT-Drs. 11/1481, 15). **7**

In Abs. 3 wollte der Gesetzgeber zur Klarstellung auch den Anspruch auf Beseitigung eingedrungener Wurzeln aufnehmen, ihn mithin ebenso wie den Anspruch auf Zurückschneiden von Zweigen behandeln (RegBegr. vom 1.3.1993, LT-Drs. 11/1481, 14). **8**

Mit Art. 2 II des Gesetzes zur Änderung des NRG vom 26.7.1995 (GBl. 605 (608)) schuf **9** der Gesetzgeber eine Übergangsvorschrift wegen der Ausdehnung der Verjährungsregelung des § 26 auf alle Beseitigungsansprüche; diese hat heute keine Bedeutung mehr (näher dazu 1. Aufl., → Rn. 9, 10).

3. Durch Art. 1 des Gesetzes zur Änderung des NRG vom 4.2.2014 (GBl. 65) wurde die **10** Verjährungsfrist in Abs. 1 S. 2 hinsichtlich artgemäß mittelgroßer und großwüchsiger Gehölze (Kategorien V und VI) auf 10 Jahre verlängert. Dem Gesetzgeber erschien hinsichtlich dieser Gehölze, die im Allgemeinen höher wachsen, die fünfjährige Verjährungsfrist zu kurz. Er verlängerte die Frist, um den Rechtsschutz des Nachbarn gegen rechtswidrig zu nahe an der Grundstücksgrenze gepflanzte mittelgroße und großwüchsige Gehölze, die oft erst nach Ablauf der 5-jährigen Verjährungsfrist eine störende Ausdehnung erreichen, effektiver zu gestalten und dadurch auch eine effiziente Nutzung von Photovoltaik- und sonstigen Solaranlagen, die auf Gebäudedächern und -fassaden angebracht sind, zu ermöglichen. Grundstückseigentümer sollten länger die Möglichkeit haben, gegen solche Bepflanzungen des Nachbargrundstücks vorzugehen und so auch Hindernisse für eine effektive Solarnutzung auf dem eigenen Grundstück zu beseitigen. Das sollte dazu beitragen, dass die Nutzung von

Solarenergie auf Privatgrundstücken weiter zunimmt (LT-Drs. 15/4384, 9f.). Ferner wurde in einem neuen Halbsatz am Ende von Abs. 1 S. 5 bestimmt, dass die Verjährung für Pappeln in Kurzumtriebsplantagen nach 10 Jahren automatisch neu beginnt, auch wenn der Umtrieb noch nicht abgeschlossen ist.

III. Anmerkungen

11 **1.** Soweit der Landesgesetzgeber befugt ist, neue Abwehransprüche des Grundeigentümers zu begründen, darf er auch die zeitlichen Grenzen der Rechtsausübung bestimmen (Dehner A § 2 S. 7). Rechtsgrundlage ist Art. 124 EGBGB (BGH 22.2.2019 – V ZR 136/18, NJW-RR 2019, 590 Rn. 20, 21; 7.5.2021 – V ZR 299/19, NJW-RR 2021, 1170 Rn. 34).

12 **2.** Die Gesetzestechnik sieht vor, dass Ansprüche auch nach ihrer **Verjährung** bestehen bleiben. Erst wenn der Anspruchsgegner die Verjährungseinrede erhebt, lässt sich der Anspruch nicht mehr durchsetzen (§ 214 I BGB). Anders bei Ausschlussfristen: Bei dieser Lösung, für die sich andere Landesgesetzgeber entschlossen haben (zB in § 47 I NachbG NRW; wie hier hingegen Art. 52 I 2 BayAGBGB), verfällt der Anspruch mit Zeitablauf. Ausschlussfristen sind von den Gerichten im Gegensatz zur Verjährung von Amts wegen zu beachten.

13 Unabhängig von der Verjährung kann der Anspruch bereits vor Ablauf der Verjährungs- oder Ausschlussfrist **verwirkt** und damit nicht mehr durchsetzbar sein. Der Verwirkung unterliegen dingliche Rechte nicht, wohl aber die daraus folgenden Ansprüche (BGH 21.10.2005 – V ZR 169/04, NJW-RR 2006, 235 (236)), also alle mit der Eigentums-ausübung zusammenhängenden Ansprüche. Verwirkung setzt ein Zeit- und ein Umstandsmoment voraus. Das Umstandsmoment wird oft übersehen. Der Anspruchsinhaber muss durch sein Verhalten zu erkennen gegeben haben, dass er auf den Anspruch keinen Wert legt, und der Anspruchsgegner muss sich darauf eingerichtet haben (BGH 21.10.2005 – V ZR 169/04, NJW-RR 2006, 235 Rn. 10; 24.4.2015 – V ZR 138/14, NJW-RR 2015, 1234 Rn. 9 ff.). Das kommt nur selten vor (vgl. → Vor §§ 1, 2 Rn. 6). Allein der Umstand, dass zB ein Anspruch auf Heckenkürzung jahrelang nicht ausgeübt wird, sich das Verhalten des Berechtigten also in der Nichtgeltendmachung des Anspruchs erschöpft, begründet noch nicht das für eine Verwirkung erforderliche Umstandsmoment (OLG Celle 2.2.2005 – 4 U 237/04, NJOZ 2006, 1323 (1326); LG Freiburg 5.11.2014 – 3 S 101/14, NJOZ 2015, 579 (580)).

14 **3. Abs. 1** betrifft **Beseitigungsansprüche.** Dies betrifft Ansprüche auf Entfernung und Zurücksetzen von Pflanzungen und Einrichtungen. Erfasst sind zudem die wesensgleichen, nur weniger weit reichenden Ansprüche auf **Unterlassung** (aA Reich NRG BW Rn. 1) und **Duldung,** letztere allerdings nur, soweit der Duldungsanspruch vom Beseitigungsanspruch abhängt (→ Einl. Rn. 55). Ohnehin normiert das NRG einen direkten Beseitigungsanspruch nur an wenigen Stellen. **Nicht** erfasst werden **Sekundäransprüche** wegen Nichtbeseitigung. Zum Inhalt der Ansprüche auf Beseitigung, Unterlassung und Duldung → Einl. Rn. 42 ff.

15 § 26 betrifft Beseitigungsansprüche **„nach" dem NRG.** Damit sind nicht nur die in §§ 23, 25, 34 III ausdrücklich genannten Beseitigungsansprüche gemeint, sondern auch die sich indirekt aus Abstandsvorschriften (auch §§ 6, 11) ergebenden Beseitigungsansprüche (→ Einl. Rn. 30). Jedenfalls seit der Gesetzesnovelle von 1995, mit der die einzelnen Verjährungsfristen auf 5 Jahre angeglichen wurden (→ Rn. 6), bezieht sich § 26 nicht mehr nur auf Beseitigungsansprüche hinsichtlich Einfriedungen, Hecken, Bäume und dergleichen (§§ 11–18), sondern auf alle Beseitigungsansprüche aus dem NRG. Die Gesetzesbegründung bezieht den Fall der Nichteinhaltung von Abständen nach §§ 8–10 ausdrücklich mit ein (LT-Drs. 11/1481, 15; → Rn. 6; s. auch BGH 22.2.2019 – V ZR 136/18, NJW-RR 2019, 590 Rn. 18 mAnm Bruns LMK 2019, 417828), was einem Umkehrschluss entgegensteht (iErg BGH 7.5.2021 – V ZR 299/19, NJW-RR 2021, 1170 Rn. 33). Dies entspricht der weiten Betrachtungsweise, die bereits Art. 248 II WürttAGBGB 1899 (= Art. 220 II WürttAGBGB 1931) zugrunde lag. Damit wird auch der Anspruch aus § 7f I 1 erfasst (→ § 7f Rn. 42).

Verjährung § 26

Sofern verbreitet ergänzend § 1004 I BGB herangezogen wird, gilt auch dann die Sonderverjährung des § 26 (LG Karlsruhe 16.2.1983 – 2 O 490/82, Die Justiz 1983, 254) und nicht die Regelverjährung des § 195 BGB, die für § 1004 BGB anzuwenden ist. § 924 BGB, der für gewisse, im BGB geregelte nachbarrechtliche Ansprüche die Unverjährbarkeit bestimmt, gilt für Beseitigungsansprüche allgemein nicht. Gleiches gilt für § 902 I 1 BGB (BGH 28.1.2011 – V ZR 141/10, NJW 2011, 1068 Rn. 7 ff. mAnm Bruns LMK 2011, 317531; BGH 22.2.2019 – V ZR 136/18, NJW-RR 2019, 590 Rn. 13).

Entsprechende Anwendung findet § 26 im Verhältnis zwischen Bruchteilseigentümern, **16** sofern sie ihre Eigentumsanteile in Alleingebrauch nehmen dürfen, da § 743 II BGB damit abbedungen wird und ihre Rechtsstellung so der von Grundstücksnachbarn gleichkommt (BGH 28.9.2007 – V ZR 276/06, BGHZ 174, 20 = NJW 2007, 3636 Rn. 12 – Koniferen). Gleiches gilt im Bereich einer Wohnungseigentumsgemeinschaft, sofern die Wohnungseigentümer für das Verhältnis untereinander eine weitgehende Gleichstellung mit Realeigentümern vereinbart haben (BGH 28.9.2007 – V ZR 276/06, BGHZ 174, 20 = NJW 2007, 3636 Rn. 12 – Koniferen; 4.3.2010 – V ZB 130/09, NJW-RR 2010, 807 Rn. 21 – Heckenrückschnitt).

4. Die **Verjährungsfrist** beträgt **fünf Jahre** (Abs. 1 S. 1). Hinsichtlich artgemäß mittel- **17** großer und großwüchsiger Gehölze (Kategorien V und VI) beträgt die Verjährungsfrist seit dem 12.2.2014 (auch für den Altbestand, sofern an diesem Stichtag noch keine Verjährung eingetreten war, s. Art. 2 III des Gesetzes zur Änderung des NRG vom 4.2.2014, GBl. 65) **10 Jahre** (Abs. 1 S. 2), um den Rechtsschutz des Nachbarn insbesondere gegen zu nahe an der Grundstücksgrenze gepflanzte Bäume zu stärken. Die bisherige Frist erschien zu kurz, soweit von den Beseitigungsansprüchen Gehölze der Kategorien V und VI betroffen sind. Denn diese im Allgemeinen höher wachsenden Gehölze entfalten ihre für Nachbarn störende Wirkung regelmäßig erst ab einer bestimmten Höhe, die sie in vielen Fällen erst nach Ablauf von fünf Jahren erreichen. Die Verlängerung der Verjährungsfrist verhindert, dass der Beseitigungsanspruch bereits verjährt ist, wenn das betreffende Gehölz aufgrund beginnender Beeinträchtigungen von den Nachbarn wahrgenommen wird, und soll der im Hinblick auf die Nutzung solarer Energie zunehmenden Bedeutung der Sonneneinstrahlung auf Grundstücke Rechnung tragen. In der Regierungsbegründung wird die Verlängerung als „maßvoll" bezeichnet (LT-Drs. 15/4384, 14). Tatsächlich wird die Verjährungsfrist damit nicht nur verdoppelt, sondern auf einen Umfang erstreckt, der in Deutschland einmalig ist (s. die Auflistung vor → Rn. 1: zwei bis fünf Jahre).

Abs. 1 verändert die Regelfrist des § 195 BGB in zulässiger Weise, da er nur landesrechtli- **18** che Ansprüche ausformt (Dehner A § 2, B § 22 II 3; GLS NachbarR-HdB/Lüke Kap. 2 Rn. 359). Die Berechnung erfolgt taggenau (zum Beginn s. Abs. 1 Sätze 2–4); eine Anlaufhemmung wie in § 199 BGB zum Jahresende sieht § 26 nicht vor; mangels Regelungslücke ist § 199 BGB auch nicht analog anwendbar. Anwendbar sind aber die BGB-Tatbestände der Hemmung und des Neubeginns, dazu → Rn. 24 ff. Die Frist gilt auch dann, wenn innerhalb der Verjährungszeit auf der einen oder anderen Seite eine **Rechtsnachfolge** stattfindet, da der Anspruch dadurch nicht verändert wird (BGH 23.2.1973 – V ZR 109/71, BGHZ 60, 235 = NJW 1973, 703 (704); vgl. § 198 BGB). Ist der Anspruch rechtskräftig festgestellt oder ergibt er sich aus einem vollstreckbaren Vergleich (§ 794 I Nr. 1 ZPO) bzw. einer vollstreckbaren Urkunde (§ 794 I Nr. 5 ZPO), verjährt er in **30 Jahren** (§ 197 I Nr. 3, 4 BGB). Für den Beginn dieser Sonderverjährung gilt § 201 BGB.

5. Die Fristen des Abs. 1 laufen an, sobald der Beseitigungsanspruch **fällig** ist. **19**

Bei **baulichen Anlagen** ist dies der Fall, wenn die Beeinträchtigung eintritt, also mit dem **20** Bau begonnen wird. Das ist der Fall, sobald die Baustelle eingerichtet ist.

Bei **Pflanzungen** beginnt der Lauf der Verjährungsfrist mit dem 1. Juli nach der Pflanzung **21** (Abs. 1 S. 3). Zum Begriff der Pflanzung → § 20 Rn. 5. Dieser Zeitpunkt wurde gewählt, weil zu diesem Zeitpunkt jedenfalls die Einpflanzungen der vorherigen Periode abgeschlossen sind (→ Rn. 3).

§ 26 5. Abschnitt. Allgemeine Bestimmungen

22 Bei **an Ort und Stelle gezogenen Gehölzen** beginnt der Lauf der Verjährungsfrist am 1. Juli des zweiten Entwicklungsjahres (Abs. 1 **S. 4**). Zum Begriff des **Gehölzes** → § 15 Rn. 21. An Ort und Stelle gezogen ist ein Gehölz, wenn es (auch als Wildling) aus Samen, Stecklingen, Ausläufern oder Ähnlichem gewachsen, also nicht gepflanzt worden ist (→ Rn. 4). In diesem Fall wird das Aufwachsen des Gehölzes erst nach dem ersten Entwicklungsjahr für den Nachbarn deutlich erkennbar. Das **Entwicklungsjahr** beginnt mit der Einsaat bzw. mit dem Einbringen der Pflanzung.

23 Nicht auf den Zeitpunkt der Anpflanzung oder den Ablauf des ersten Entwicklungsjahres lässt sich abstellen, wenn sich der rechtswidrige Zustand erst aus der Entwicklung der Pflanzung ergibt. In diesen Fällen beginnt der Lauf der Verjährungsfrist für den Beseitigungsanspruch erst mit **Eintritt des gesetzwidrigen Zustands** (OLG Karlsruhe 17.7.2020 – 12 U 113/19, BeckRS 2020, 16776 Rn. 118; Dehner B § 22 II 3; ebenso BGH 18.11.1977 – V ZR 151/75, BeckRS 1977, 31117291, zu § 42 NachbG NRW aF; s. auch KG 22.2.1999 – 25 U 6860/98, NJW-RR 2000, 160 (161)). Gleiches gilt für die Regelung des Abs. 1 S. 5 (dazu → Rn. 26) und für die Beseitigungsansprüche gem. §§ 23 I, II, 25 I hinsichtlich herüberragender **Zweige,** da das Gesetz einen anderweitigen Beginn nicht vorsieht (anders etwa § 54 II NNachbG, dazu BGH 14.11.2003 – V ZR 102/03, BGHZ 157, 33 = NJW 2004, 1037 (1038) – Kiefernadeln). Ist die Grenzabstandsverletzung bei objektiver Betrachtung zweifelhaft, beginnt die Verjährung erst, wenn die Verletzung eindeutig wird (BGH 2.6.2017 – V ZR 230/16, NJW-RR 2017, 1427 Rn. 10 – Thujenhecke).

24 **6.** Die Verjährung kann gehemmt oder neu angelaufen sein. Die entsprechenden Regelungen ergeben sich aus dem BGB.

25 **Neubeginn** (ursprünglicher Begriff im BGB: Unterbrechung) der Verjährung bedeutet nach § 212 I BGB, dass die Verjährungsfrist ohne Ansehung der bislang verstrichenen Zeit neu zu laufen beginnt. § 212 BGB sieht nur noch **zwei Fälle** des Neubeginns vor: zum einen bei einem Anerkenntnis des Anspruchs (§ 212 I Nr. 1 BGB), zum anderen, wenn der Gläubiger eine gerichtliche oder behördliche Vollstreckungshandlung beantragt hat bzw. diese vorgenommen wird (§ 212 I Nr. 2 BGB).

26 Daneben nennt auch § 26 Fälle des Neubeginns: Geht es um an Ort und Stelle gezogene Gehölze, beginnt die Verjährung bei späterer **Veränderung der artgemäßen Ausdehnung des Gehölzes** von neuem (Abs. 1 **S. 5**). Zum Begriff des **Gehölzes** → § 15 Rn. 21. Zur **artgemäßen Ausdehnung** → § 16 Rn. 19. Verändert wird die artgemäße Ausdehnung eines Gehölzes durch künstlichen Eingriff in den Wuchs, zB durch Veredelung (Aufpfropfen). Die Veränderung muss – wenn sie Abwehransprüche begründen soll – zum Nachteil des Nachbarn erfolgen, also zu einer **Erweiterung** der Ausdehnung führen (Pelka NachbarR BW 202).

27 Zu einem Neubeginn der Verjährung kommt es ferner nach **Abs. 2** (trotz seines missverständlichen Wortlauts: „Die Berufung auf Verjährung ist ausgeschlossen"), wenn die zu beseitigende **Anlage erneuert** oder **in einer der Erneuerung gleichkommenden Weise ausgebessert** wird (Abs. 2 **S. 1**), ferner dann, wenn eine **Pflanzung erneuert oder ergänzt** wird (Abs. 2 **S. 2 Hs. 1**). Anlagen sind bauliche Anlagen; zum Begriff der baulichen Anlage → § 7b Rn. 7. Zu den Begriffen der Erneuerung, der Ausbesserung in einer der Erneuerung gleichkommenden Weise und der Ergänzung einer Pflanzung → § 22 Rn. 10.

28 Eine **Hecke** verliert nicht schon durch Höhenwachstum ihren Charakter als Hecke (→ § 12 Rn. 19). Allerdings gilt ab dem Zeitpunkt, in dem die Hecke zur bloßen Baumreihe wird, der für Solitäre anwendbare Grenzabstand (OLG Karlsruhe 7.5.2020 – 12 U 52/19, BeckRS 2020, 8812 Rn. 35; 17.7.2020 – 12 U 113/19, BeckRS 2020, 16776 Rn. 118); erst durch diese ‚Entwidmung' entsteht der für einen Beseitigungsanspruch erforderliche rechtswidrige Zustand, wenn der Grenzabstand für Solitäre nicht eingehalten ist (VKKKK § 12 Rn. 3). Gleiches gilt, wenn die Hecke unter Beibehaltung einzelner Heckenbestandteile beseitigt wird, für diese Einzelgehölze (zB ein Baum). Auch wenn die **Hecke** durch **Ausdünnung** bzw. Entfernung von Einzelteilen ihren Heckencharakter verliert, läuft ab diesem Zeit-

punkt für die verbliebenen Gehölze die Verjährungsfrist des § 26 I neu an (OLG Karlsruhe 7.5.2020 – 12 U 52/19, BeckRS 2020, 8812 Rn. 35; ebenso Bauer/Schlick RhPflNRG § 45 Rn. 3 für die Parallelregelung in § 45 RhPflNRG). Gleiches gilt bei Herausbildung neuer Triebe in Richtung Grundstücksgrenze. Allein durch Ausbildung eines grenznäheren Triebes einer Heckenpflanze wird die Hecke zwar noch nicht iSd Abs. 2 S. 2 ergänzt; allerdings wird dadurch ein neuer Grenzabstand begründet und eine neue Verjährungsfrist in Lauf gesetzt. Der Heckenbesitzer hat es in der Hand, durch Beseitigung grenznaher Heckentriebe die nach § 12 einzuhaltenden Abstände zu modifizieren (→ § 22 Rn. 5).

Die mit der NRG-Novelle von 2014 eingefügte Vorschrift des § 16 I Nr. 4c machte die 29 Folgeregelung in Abs. 2 **S. 2 Hs. 2** notwendig, wonach die Verjährung eines Beseitigungsanspruchs im Hinblick auf **Pappeln in Kurzumtriebsplantagen** von Neuem beginnt, wenn die nach § 16 I Nr. 4c höchstzulässige Umtriebszeit von 10 Jahren überschritten wird und die betreffende Pappel abstandsrechtlich deshalb statt in Kategorie V in Kategorie VI einzuordnen ist. Die Regelung verhindert, dass der Beseitigungsanspruch in diesen Fällen praktisch leerläuft (LT-Drs. 15/4384, 14). Die Regelung gilt für alle am Tag des Inkrafttretens der Gesetzesnovelle (12.2.2014) bestehenden und noch nicht verjährten Beseitigungsansprüche (Art. 2 III des Gesetzes zur Änderung des NRG vom 4.2.2014, GBl. 65).

Abs. 2 lässt sich **nicht** entsprechend auf den Fall anwenden, dass die Grenzabstände durch 30 **Grundstücksteilung** verändert werden. In anderen Bundesländern hat der Gesetzgeber dies ausdrücklich klargestellt (§ 44 HessNachbarRG; § 48 NachbG NRW; § 16 SächsNRG; § 56 SaarlNachbG; § 52 RhPflNRG). Gleiches gilt für Grenzänderungen im Wege der Flurbereinigung, zumal die Rechte der betroffenen Eigentümer im Flurbereinigungsverfahren ohnehin abgewogen werden (→ § 21 Rn. 7, 18).

Abs. 2 enthält denselben Rechtsgedanken wie §§ 22 III, 33 II und 34 IV. 31

Die Verjährungsfrist wird nicht nur durch Regelungen zum Neubeginn beeinflusst, son- 32 dern auch durch **Hemmungstatbestände.** Die Wirkung der Hemmungstatbestände wurde durch die Schuldrechtsmodernisierung nicht verändert. Bis auf die beiden in § 212 BGB geregelten Fälle des Neubeginns sind alle früheren Unterbrechungstatbestände nach neuem Recht Hemmungstatbestände (§§ 203 ff. BGB). Die Eröffnung eines Gerichtsverfahrens führt nur noch zur Verjährungshemmung. Darüber hinaus bewirkt die gerichtliche Veranlassung der Bekanntgabe (auch durch formlose Übersendung: BGH 27.1.2011 – VII ZR 186/09, NJW 2011, 1965 Rn. 46 f.) des Antrags auf Durchführung eines **selbstständigen Beweisverfahrens** – ohne Rücksicht auf den (späteren) Streitgegenstand – und die gerichtliche Veranlassung der Bekanntgabe des erstmaligen Prozesskostenhilfeantrags die Hemmung. Im Gegensatz zum alten, bis 2001 geltenden Recht führt nach § 204 I Nr. 9 BGB auch der Antrag auf Erlass einer einstweiligen Verfügung nur zu einer Hemmung der Verjährung. Wie im alten Recht hemmen nach neuem Recht Verhandlungen über einen Schadensersatzanspruch oder die den Anspruch begründenden Umstände die Verjährung (§ 203 BGB). Die Frage, wann die Verjährung bei einem ‚**Einschlafen' der Verhandlungen** weiterläuft, lässt auch das neue Recht unbeantwortet. Ist das Ende der Verhandlungen nicht durch eine Mitteilung dokumentiert, wonach die Verhandlungen als gescheitert erklärt werden, wird – wie nach altem Recht – auf den nächsten nach Treu und Glauben zu erwartenden Verhandlungsschritt abgestellt werden müssen (BGH 8.11.2016 – VI ZR 594/15, NJW 2017, 949 Rn. 16, 25; s. auch BT-Drs. 14/6040, 112). Sind die Verhandlungen beendet oder als beendet anzusehen, tritt die Verjährung gem. § 203 S. 2 BGB frühestens nach drei Monaten ein. Durch gerichtliche Geltendmachung kann der Gläubiger die Verjährung erneut hemmen.

7. Abs. 3 bestimmt als **Ausnahmen** zu Abs. 1 S. 1, dass bestimmte Ansprüche aus dem 33 NRG (nur solche!) der **Verjährung nicht unterworfen** sind. Das sind
– der Anspruch aus § 12 II auf **Zurückschneiden einer Hecke,**
– die Ansprüche gem. §§ 23, 25 I auf **Beseitigung herüberragender Zweige und eingedrungener Wurzeln,**

Vor §§ 27–29 5. Abschnitt. Allgemeine Bestimmungen

– die Ansprüche aus § 12 III (aA Reich NRG BW Rn. 7) und § 16 III auf **Verkürzung zu hoch gewachsener Gehölze**.

34   In diesen Fällen kommt allenfalls eine **Verwirkung** in Betracht (→ Rn. 13). Der Anspruch verjährt auch dann nicht, wenn die Verkürzung auf das gesetzliche Maß zwangsläufig zu einem Absterben der Pflanzung führt, was den Folgen eines Beseitigungsanspruchs gleichkommt (OLG Stuttgart 14.11.2006 – 12 U 97/06, Juris-Rn. 30 = BeckRS 2011, 17674; LG Baden-Baden 8.5.2003 – 3 S 1/03, nv; aA LG Mosbach 9.2.1988 – S 168/87, AgrarR 1992, 28; LG Hechingen 29.8.1990 – 1 O 285/89, AgrarR 1992, 27 (28)). Hierfür spricht nicht nur der enge Wortlaut des Abs. 3, sondern auch die Überlegung, dass der Gehölz- bzw. Heckeninhaber es selbst in der Hand hat, durch regelmäßiges Kürzen der Gefahr eines Absterbens der Pflanzung zu begegnen (LG Baden-Baden 8.5.2003 – 3 S 1/03, nv; ferner → § 12 Rn. 19, 29).

Vorbemerkungen zu §§ 27–29 – Öffentlich-rechtliches Nachbarrecht

1   Das NRG enthält privates, zwischen Bürgern geltendes Recht. Dieses findet auch dann Anwendung, wenn der Staat als beteiligter Nachbar privatrechtlich tätig wird (→ Einl. Rn. 24). Außerdem enthält das NRG kaum Regelungen zur Störungsabwehr. Auch aus diesem Grund werden öffentlich-rechtliche Normen, die Dritt- und damit Nachbarschutz vermitteln, im NRG nicht erwähnt. Da viele Regelungsgegenstände aus dem Nachbarrecht (vor allem Grenzabstände) Inhalt öffentlich-rechtlicher Bestimmungen sind, muss das NRG aber ihr Verhältnis regeln, wenn es vermeiden will, dass die Vorschriften beider Rechtskreise uneingeschränkt zur Anwendung kommen (→ Einl. Rn. 3 ff.). Sieht etwa das öffentliche Baurecht größere Grenzabstände vor als das NRG, würden sich (auf Betreiben des Nachbarn) die Regelungen des NRG durchsetzen. Dies könnte das planerische Anliegen des öffentlichen Baurechts beeinträchtigen. Daher bestimmt das NRG in Einzelvorschriften (§§ 3 III, 4 II, 7 III, IV, 7a I, 7b I, 7d I, 7f I 2, 27, 30) den generellen **Vorrang des öffentlichen Baurechts**.

2   Ob **Nachbarklagen** vor den Verwaltungs- oder den Zivilgerichten zu führen sind, bestimmt sich nach den Abgrenzungsmerkmalen, die zu § 40 I 1 VwGO entwickelt wurden (dazu Unruh in Fehling/Kastner/Störmer, Verwaltungsrecht, 5. Aufl. 2021, VwGO § 40 Rn. 99 ff.). Regelmäßig kommt es nach einer Entscheidung des Gemeinsamen Senats der obersten Gerichtshöfe des Bundes darauf an, ob die Beteiligten zueinander in einem hoheitlichen Verhältnis der Über- und Unterordnung stehen und sich der Träger hoheitlicher Gewalt der besonderen Rechtssätze des öffentlichen Rechts bedient (Beschl v. 10.4.1986 – GmS-OGB 1/85, NJW 1986, 2359).

3   **Nachbarschutz** besteht **im öffentlichen Recht** gem. § 113 I 1 VwGO, wenn sich der Nachbar auf eine Vorschrift des öffentlichen Rechts berufen kann, die ihm Drittschutz vermittelt (sog. **Schutznormtheorie**). Nachbarn iSd öffentlichen Rechts sind nur (Mit-)Eigentümer oder Erbbauberechtigte, nicht auch schuldrechtlich Berechtigte wie Mieter oder Pächter. Eine (ungeteilte) Erbengemeinschaft ist Nachbar iSd öffentlichen Rechts, weil die Erben über ihre Nachbarrechte nach § 2040 BGB nur gemeinsam verfügen können (VGH Mannheim 10.7.1991 – 8 S 1589/91, NJW 1992, 388). Da Vorschriften selten ausdrücklich Drittschutz gewähren (zB § 37 VII 2 BWLBO), ist die Schutzrichtung einer Norm im Wege teleologischer Auslegung zu ermitteln. So weisen die Festsetzungen in Bebauungsplänen über die Art der baulichen Nutzung Drittschutz auf (sog. Gebietserhaltungsanspruch, s. etwa BVerwG 16.9.1993 – 4 C 28/91, NJW 1994, 1546; BGH 18.12.2007 – 4 B 55/07, NVwZ 2008, 427 Rn. 5). Im Bauordnungsrecht vermitteln vor allem die Vorschriften über seitliche Baugrenzen (Abstandsflächen) in §§ 5–7 BWLBO und den Brandschutz in § 27 IV BWLBO iVm § 7 I Nr. 1, 3 Nr. 1 BWLBOAVO Drittschutz (zu Vorschriften über Abstandsflächen VGH Mannheim 30.10.1995 – 3 S 2418/95, VBlBW 1996, 145; zu Vorschriften über Brandwände VGH Mannheim 1.8.2016 – 3 S 1082/16, BeckRS 2016, 50520 Rn. 33; VGH Mann-

heim 27.7.2017 – 5 S 2602/15, ZWE 2017, 469 Rn. 46). Mitunter verläuft die Grenze zum Drittschutz quer durch eine Norm. So dient § 33 II 2 BWLBO, wonach unter anderem Anlagen zur Beseitigung des Abwassers und des Niederschlagswassers so herzustellen und anzuordnen sind, dass Gefahren sowie erhebliche Nachteile oder Belästigungen nicht entstehen, auch dem Nachbarschutz, während § 33 I 1 BWLBO, der das (bauordnungsrechtliche) Erfordernis einer gesicherten Erschließung konkretisiert, ausschließlich Interessen der Allgemeinheit verfolgt (VGH Mannheim 8.4.2014 – 5 S 2179/13, NVwZ-RR 2014, 732 Rn. 9, 11). Gegen einen Verstoß gegen eine nachbarschützende Norm kann sich der Nachbar selbst dann wehren, wenn er hiervon nicht unzumutbar betroffen ist (BVerwG 2.2.2000 – 4 B 87/99, NVwZ 2000, 679; BVerwG 18.12.2007 – 4 B 55/07, NVwZ 2008, 427 Rn. 5).

Ganz ausnahmsweise kann sich auch aus dem **Gebot der Rücksichtnahme,** das in verschiedenen baurechtlichen Vorschriften eine gesetzliche Ausprägung gefunden hat, etwa in dem Begriff des „Einfügens" in § 34 I BauGB oder in dem Begriff der „schädlichen Umwelteinwirkungen" in § 35 III 1 Nr. 3 BauGB eine gesetzliche Ausprägung gefunden hat, Drittschutz ergeben, „soweit in qualifizierter und zugleich individualisierter Weise auf schutzwürdige Interessen eines erkennbar abgegrenzten Kreises Dritter Rücksicht zu nehmen ist" (stRspr seit BVerwG 25.2.1977 – IV C 22/75, NJW 1978, 62; allg. zum Gebot der Rücksichtnahme Kment NVwZ 2024, 955). Unter diesem Gesichtspunkt wurde einem Nachbarn zB ein Abwehrrecht gegen die Genehmigung einer Garage bei einer unangemessen langen Zufahrt entlang der Grundstücksgrenze eingeräumt (BVerwG 7.12.2000 – 4 C 3/00, NVwZ 2001, 813, 814). 4

Überdies kann die Verletzung nachbarschützender Vorschriften des öffentlichen Baurechts einen (quasinegatorischen) verschuldensunabhängigen **Unterlassungsanspruch** des Nachbarn gem. § 1004 I 1 BGB analog iVm § 823 II BGB begründen; zu diesen Vorschriften zählt auch das Gebot der Rücksichtnahme (BGH 27.11.2020 – V ZR 121/19, NZM 2021, 321 Rn. 16). Ein (quasinegatorischer) verschuldensunabhängiger **Beseitigungsanspruch** des Nachbarn kann darauf ebenfalls gestützt sein (BGH 13.12.2019 – V ZR 152/18, NZM 2020, 811 Rn. 21; zur Anwendbarkeit im WEG-Bereich BGH 8.3.2024 – V ZR 119/23, NJW 2024, 1817 Rn. 12). Liegt ein solcher Verstoß vor, bedarf es für den quasinegatorischen Unterlassungs- bzw. Beseitigungsanspruch keiner über die Verletzung des Schutzgesetzes hinausgehenden Beeinträchtigung des Nachbarn. Denn Schutzgesetze iSd § 823 II BGB verlagern den Schutz des Nachbarn vor und knüpfen gerade nicht an einen Verletzungserfolg an; insbesondere ist die Rechtswidrigkeit der Schutzgesetzverletzung im Fall von Immissionen nicht am Maßstab des § 906 BGB zu messen, weil dadurch die spezifische und abstrakte Regelungsfunktion der Schutznorm leerliefe (BGH 27.11.2020 – V ZR 121/19, NZM 2021, 321 Rn. 17; 21.1.2022 – V ZR 76/20, NVwZ 2022, 898 Rn. 7). 5

Kann sich der Nachbar auf eine ihn schützende Vorschrift berufen und wird sie verletzt, darf er eine insoweit rechtswidrige Baugenehmigung anfechten (BGH 8.3.2024 – V ZR 119/23, NJW 2024, 1817 Rn. 13). Ferner kann er bei der Baubehörde beantragen, dass sie gegen einen Nachbarn vorgeht, der mit einem Bauvorhaben gegen nachbarschützende Vorschriften verstößt. Die Behörde hat dann nach pflichtgemäßem Ermessen zu entscheiden, ob (Entschließungsermessen) und wie (Auswahlermessen) sie gegen den baurechtswidrigen Zustand vorgeht (§ 65 S. 1 BWLBO: Abbruchanordnung, § 65 S. 2 BWLBO: Nutzungsuntersagung). Erzwingen kann der Nachbar ein solches Einschreiten nur, wenn das Eingriffsermessen der Behörde auf „Null" reduziert ist. Das ist der Fall, wenn die verletzte Norm unzumutbare Beeinträchtigungen des Nachbargrundstücks verbietet, ein rechtmäßiger Zustand nicht auf andere Weise hergestellt werden kann und die Behörde keine sachlichen Gründe für ihre Untätigkeit nennen kann (VGH Mannheim 20.5.2003 – 5 S 2750/01, BeckRS 2003, 22400). Hiervon ist etwa dann auszugehen, wenn ein Gebäude den Mindestgrenzabstand von 2,50 m (§ 5 I 1, II 1, VII 2 BWLBO) nicht einhält und kein gerechtfertigter Sonderfall vorliegt (VGH Mannheim 24.3.2014 – 8 S 1938/12, BeckRS 2014, 52773). Betroffen oder gar schwer betroffen muss der Nachbar durch den Verstoß nicht sein (aA OVG Lüneburg 28.3.2014 – 1 LA 216/12, NordÖR 14, 390 (392)). Insbesondere darf die 6

Behörde ein Tätigwerden ablehnen, wenn der Antragsteller sich selbst behelfen kann (→ Einl. Rn. 4).

7 Im **WEG-Recht** ist nach dem Innen- und dem Außenverhältnis zu trennen. Für das **Verhältnis der Wohnungs- bzw. Teileigentümer untereinander** gilt, dass ihnen die Klagebefugnis für eine Anfechtungsklage gem. § 42 II VwGO fehlt, wenn sie sich gegen eine bauaufsichtliche Genehmigung für das Grundstück wehren, da sie dadurch nach Auffassung des BVerwG nicht in eigenen Rechten verletzt werden. Diese Ansicht vertritt das BVerwG in ständiger Rechtsprechung für Maßnahmen am Sondereigentum wie auch am gemeinschaftlichen Eigentum unabhängig davon, ob die Baugenehmigung einem Sonder- bzw. Teileigentümer oder dem Verband erteilt worden ist (Baugenehmigung an die Eigentümergemeinschaft: BVerwG 4.5.1988 – 4 C 20/85, NJW 1988, 3279 (3280); Baugenehmigung an Sondereigentümer: BVerwG 28.2.1990 – 4 B 32/90, NVwZ 1990, 655; 20.8.1992 – 4 B 92/92, Juris-Rn. 9 = BeckRS 1992, 31262402; bestätigt durch BVerfG 7.2.2006 – 1 BvR 2304/05, NJW-RR 2006, 726 (727); Baugenehmigung an einen Teileigentümer: BVerwG 12.3.1998 – 4 C 3/97, NVwZ 1998, 954 (955)). Während die Begründung dabei zunächst inhaltlich geprägt war und auf den fehlenden Schutzbedarf des beeinträchtigten Miteigentümers sowie den Vorrang der §§ 15 III, 22 I 1 WEG aF abstellte (BVerwG 4.5.1988 – 4 C 20/85, NJW 1988, 3279 (3280)), wird sie inzwischen auf den formalen Aspekt beschränkt, der Ausschluss öffentlich-rechtlicher Schutzansprüche durch das WEG sei nicht personen-, sondern grundstücksbezogen (BVerwG 12.3.1998 – 4 C 3/97, NVwZ 1998, 954 (955)). Der Sondereigentümer ist insoweit in die Gemeinschaft der Wohnungseigentümer eingebunden, deren Konflikte nach besonderen Regeln zu lösen sind. Insbesondere enthält das WEG auch für das Verhältnis der Sondereigentümer zueinander spezielle, den Inhalt des Sondereigentums bestimmende Regelungen sowohl materiell-rechtlicher Art über die Abgrenzung der gegenseitig zustehenden Befugnisse als auch verfahrensrechtlicher Art darüber, wie diese Befugnisse durchzusetzen sind. Soweit sie greifen, ist für eine öffentlich-rechtliche Nachbarklage des Sondereigentümers kein Raum (BGH 8.3.2024 – V ZR 119/23, NZM 2024, 516 Rn. 13); etwaige öffentlich rechtliche Drittschutzansprüche werden durch das Zivilrecht überlagert und verdrängt (BGH 8.3.2024 – V ZR 119/23, NZM 2024, 516 Rn. 13). Da die Baugenehmigung hiernach alle Miteigentümer begünstigt, entstehen Nachteile erst aus dem Vollzug der Genehmigung (BVerwG 28.2.1990 – 4 B 32/90, NVwZ 1990, 655 (656); ebenso BVerwG 27.4.1988 – 4 B 67/88, NJW 1988, 2056, für eine einfache Miteigentümergemeinschaft). Folgerichtig darf der Wohnungs- bzw. Teileigentümer im Wege des Drittschutzes auch nicht gegen eine Baugenehmigung vorgehen, die zB sein Mieter erwirkt hat, sondern ist insoweit auf die Durchsetzung privatrechtlicher Abwehransprüche angewiesen (VGH München 6.6.2005 – 25 ZB 04.924, NVwZ-RR 2006, 303 (304)). Die interne Abstimmung schafft auch Klarheit, wenn es darum geht, öffentlich-rechtlich relevante Erklärungen im Außenverhältnis zu Nachbarn abzugeben, etwa eine Zustimmung zur Unterschreitung des Bauwichs (BGH 6.11.2009 – 5 ZR 73/09, NJW 2010, 446 Rn. 20: § 22 I WEG aF analog). Gleiches wird für eine Verpflichtungsklage zu gelten haben, mit der die Baubehörde zu einem Einschreiten gegen einen materiell illegalen Bau veranlasst werden soll.

8 Im Gegensatz dazu ist jedes Mitglied einer WEG berechtigt, durch öffentlich-rechtliche Klage Beeinträchtigungen abzuwehren, die ihre rechtliche Grundlage in einer Baugenehmigung haben, die einem **außerhalb der Eigentümergemeinschaft** stehenden Dritten erteilt wurde, sofern es um sein Sondereigentum geht, zB bei Verletzung von Abstandsvorschriften, wenn das **Bauvorhaben an seinen Sondereigentumsbereich heranreicht** (BVerwG 20.8.1992 – 4 B 92/92, Juris-Rn. 10 = BeckRS 1992, 31262402; VGH München 8.7.2013 – 2 CS 13.807, NVwZ 2013, 1622 (1623); OVG Bremen 13.2.2015 – 1 B 355/14, NJOZ 2015, 1619 Rn. 23; ähnlich bereits BVerwG 14.10.1988 – 4 C 1/86, NVwZ 1989, 250 (251); krit. zur Dogmatik Elzer NVwZ 2013, 1625; Müller AnwZert MietR 23/2014 Anm. 2) oder soweit heranreicht, dass eine Beeinträchtigung jedenfalls nicht auszuschließen ist (VGH Mannheim 27.7.2017 – 5 S 2602/15, ZWE 2017, 469 Rn. 32: Entfernung 12–14 m). Sondernutzungsflächen sind gemeinschaftliches Eigentum und zählen nicht dazu.

Nach § 13 I WEG aE, demzufolge das Sondereigentum privatrechtlichen Schutz gegenüber Beeinträchtigungen von außen vermittelt, lässt sich den übrigen Bestimmungen des WEG oder den zum öffentlichen Nachbarrecht entwickelten Grundsätzen kein Gesichtspunkt entnehmen, der den Ausschluss des öffentlich-rechtlichen Nachbarschutzes für das Sondereigentum rechtfertigen könnte. Insbesondere spielt es keine Rolle, dass der Miteigentümer bei der Verwaltung des gemeinschaftlichen Eigentums nach §§ 20 ff. WEG Beschränkungen durch die Rechte des Verwalters und der WEG unterliegt. Diese Abwehrrechte hat der Eigentümer, nicht aber der Besitzer, der wie zB ein Mieter sein Nutzungsrecht vom Eigentümer nur ableitet (BVerwG 11.7.1989 – 4 B 33/89, NJW 1989, 2766; 12.3.1998 – 4 C 3/97, NVwZ 1998, 954 (956); anders, sobald für den Besitzer eine Auflassungsvormerkung im Grundbuch eingetragen ist: BVerwG 29.10.1982 – 4 C 51/79, NJW 1983, 1626).

Für den Fall, dass die vom Nachbarn beantragte Genehmigung zu einer **Beeinträchti-** 9 **gung von gemeinschaftlichem Eigentum** führt, ist durch die zum 1.12.2020 in Kraft getretene Neuregelung des § 9a II WEG klargestellt worden, dass die Rechtsverfolgung allein Sache des Verbandes ist (VGH Mannheim 24.2.2021 – 3 S 2373/20, NVwZ-RR 2021, 524 Rn. 22; OVG Berlin-Brandenburg 6.10.2023 – OVG 10 S 25/23, BeckRS 2023, 28472 Rn. 6.). Hiernach kann ein Miteigentümer Drittschutz bei einer Beeinträchtigung von gemeinschaftlichem Eigentum allenfalls im Rahmen einer Notgeschäftsführung (§ 18 III WEG = § 21 II WEG aF) oder in gewillkürter Prozessstandschaft für die Eigentümergemeinschaft geltend machen (VGH München 2.10.2003 – 1 CS 03.1785, NZM 2004, 235). Das Problem ist damit indes nur verlagert worden, da sich jetzt die Frage stellt, wann nicht nur gemeinschaftliches Eigentum, sondern auch oder vorwiegend Sondereigentum betroffen ist. Da die nach außen weisenden Sondereigentumsbereiche immer nur marginal sind, wird man einen Sondereigentümer im Zweifel nicht klaglos stellen dürfen.

§ 27 Vorrang von Festsetzungen im Bebauungsplan

¹Enthält ein Bebauungsplan oder eine sonstige Satzung nach dem Baugesetzbuch oder dem Maßnahmengesetz zum Baugesetzbuch oder eine Satzung nach § 74 der Landesbauordnung Festsetzungen über Böschungen, Aufschüttungen, Einfriedigungen, Hecken oder Anpflanzungen, so müssen hierfür die nach diesem Gesetz vorgeschriebenen Abstände insoweit nicht eingehalten werden, als es die Verwirklichung der planerischen Festsetzungen erfordert. ²Dies gilt nicht gegenüber landwirtschaftlich genutzten Grundstücken.

I. Inhalt der Regelung

Die Vorschrift bestimmt den Vorrang von Festsetzungen in Satzungen nach dem BauGB 1 gegenüber den Abstandsregelungen des NRG, sofern dies zur Verwirklichung dieser Vorgaben erforderlich ist.

II. Normgebung

§ 27 wurde durch Art. 1 Nr. 18 des Gesetzes zur Änderung des NRG vom 26.7.1995 2 (GBl. 605) in das NRG eingestellt. Im Anschluss an § 27 WürttGLN bzw. § 220 I Württ-AGBGB 1899 (= § 212 I WürttAGBGB 1931) war in § 26 aF zunächst nur die Möglichkeit vorgesehen, auf die Einhaltung von Abständen zu verzichten. Diese Regelung wurde durch Art. 1 Nr. 17 des Gesetzes zur Änderung des NRG vom 26.7.1995 (GBl. 605) aufgehoben. Die Verjährungsvorschrift, die ursprünglich in § 27 gesetzt war, wurde zu § 26 und § 27 damit frei. Mit der neuen Vorschrift wollte der Gesetzgeber regeln, dass Festsetzungen in einem Bebauungsplan hinsichtlich Böschungen, Aufschüttungen, Einfriedigungen, Hecken oder Anpflanzungen Vorrang vor den allgemeinen Abstandsvorschriften des NRG haben. Diese Einschränkung der Rechte des Nachbarn erschien dem Gesetzgeber ratsam, weil derartige Festsetzungen im Bebauungsplanverfahren abgewogen werden müssen, die Grundei-

§ 27   5. Abschnitt. Allgemeine Bestimmungen

gentümer dort Anregungen und Einwendungen vorbringen können und der Plan gerichtlich überprüft werden kann. Der Bestandsschutz zugunsten der landwirtschaftlich genutzten Grundstücke mache es erforderlich, den Vorrang von Festsetzungen im Bebauungsplan nur gegenüber solchen Grundstücken einzuführen, die nicht landwirtschaftlich genutzt werden (RegBegr. vom 1.3.1993, LT-Drs. 11/1481, 14).

III. Anmerkungen

3   1. **Satz 1** stellt von den Abstandsregelungen des NRG frei, sofern **Satzungen** nach dem BauGB und dem „Maßnahmengesetz zum BauGB" Festsetzungen zu Böschungen, Aufschüttungen, Einfriedigungen, Hecken oder Anpflanzungen trifft, und soweit die Verwirklichung der planerischen Festsetzungen dies erfordert (zu diesem Erfordernis → Rn. 13). Durch Art. 11 I, II Bau- und Raumordnungsgesetz vom 18.8.1997 (BGBl. I 2081) wurde dieses Maßnahmegesetz zum 1.1.1998 außer Kraft gesetzt bzw. in das BauGB integriert. Als Satzungen kommen nunmehr in Betracht
– einfache und qualifizierte Bebauungspläne (§ 30 I, III BauGB),
– vorhabenbezogene Bebauungspläne (sog. Vorhaben- und Erschließungspläne gem. § 12 BauGB),
– Satzungen für den unbeplanten Innenbereich nach § 34 IV BauGB (Klarstellungs-, Entwicklungs- und Ergänzungssatzungen),
– Außenbereichssatzungen nach § 35 VI BauGB (zum Begriff des Außenbereichs → § 7 Rn. 14).

4   Ohne die Regelung in S. 1 dürften Bebauungspläne mit den Vorschriften des NRG, insbesondere den dort geregelten Grenzabständen, nicht in Widerspruch stehen; ansonsten wäre der Bebauungsplan nichtig (Dehner B § 22 II 7). S. 1 begründet den Vorrang von Satzungsrecht nach dem BauGB. Hierfür müssen die Belange der betroffenen Anrainer bei Erlass der Satzung abgewogen sein (vgl. § 1 VI BauGB); dazu gehört, dass offengelegt wird, wenn Festsetzungen Abstandsvorschriften des NRG verdrängen (Birk NachbarR BW Anm. 2b). Um eine Vorrangwirkung zu begründen, muss die Satzung auch darüber hinaus rechtsgültig sein (Dehner B § 11 II 2; Birk NachbarR BW Anm. 2b; zu den möglichen Fehlerquellen s. VKKKK Rn. 3). §§ 214 und 215 BauGB geben Regelungen, um die Folgen von Fehlern zu begrenzen und Fehler zu beheben, die beim Satzungserlass aufgetreten sind. Sie beschränken die richterliche Kontroll- und Verwerfungskompetenz, ohne die verfahrensrechtlichen und inhaltlichen Anforderungen an die Bauleitpläne und Satzungen zu verändern (Battis in BKL BauGB Vor §§ 214 ff. Rn. 1). Die Kontrollkompetenz der Aufsichtsbehörde bleibt dadurch unberührt (§ 216 BauGB).

5   Die **Freistellung** erfasst nach S. 1 nur **Festsetzungen** zu Böschungen, Aufschüttungen, Einfriedigungen, Hecken oder Anpflanzungen. Zum Begriff der **Böschung** → § 10 Rn. 10; Stützmauern sind Böschungen iSd § 27 (Birk NachbarR BW Anm. 1a). Zum Begriff der **Aufschüttung** → Vor §§ 9, 10 Rn. 7, zum Begriff der **Einfriedigung** → § 11 Rn. 12, zum Begriff der **Hecke** → § 12 Rn. 12 ff. Der Begriff der **Anpflanzung** deckt sich mit dem der Bepflanzung iSd § 9 I Nr. 25 BauGB bzw. der Pflanzung (→ § 20 Rn. 5).

6   Diese Festsetzungen müssen zulässig sein. Grundsätzlich erlauben nur Bebauungspläne einen effektiven Baumschutz. Bäume werden vor allem aufgrund von Baumaßnahmen in Mitleidenschaft gezogen. In der Regel hat die Bauaufsichtsbehörde dazu ein vereinfachtes Baugenehmigungsverfahren durchzuführen. Hierbei wird die Übereinstimmung des Vorhabens mit den Vorschriften über die Zulässigkeit baulicher Anlagen gem. §§ 30–37 BauGB sowie den Bestimmungen der jeweiligen kommunalen Baumschutzverordnung geprüft (§ 29 II Alt. 2 BauGB). Dies setzt einen Bebauungsplan voraus. Im unbeplanten Innenbereich existiert faktisch kein Baumschutz, vor allem weil Baumschutzverordnungen Bauvorhaben aufgrund der Eigentumsgarantie in der Regel nicht entgegengehalten werden können (dazu Timmermann/Wieringer ZUR 2020, 521 (522 f.)). Für die in S. 1 genannten Satzungen erlaubt **§ 9 I BauGB** Festsetzungen **aus städtebaulichen Gründen.** Solche Gründe können zB iSd

Vorrang von Festsetzungen im Bebauungsplan § 27

Nr. 25 (dazu sogleich) gegeben sein, wenn ein bestimmtes Ortsbild, eine zum Teil bebaubare Landschaft in ihrer Eigenart oder ein besonderer Übergang von der Bebauung zur umgebenden Landschaft geschützt werden soll, ferner, wenn die Festsetzung die Verbesserung des städtischen Klimas bezweckt und damit die natürlichen Lebensgrundlagen und gesunde Wohn- und Arbeitsverhältnisse in dem Gebiet entsprechend § 1 VI Nr. 1 BauGB gefördert werden sollen (BKL/Mitschang/Reidt BauGB § 9 Rn. 153; zu diesen Gründen ausführlich Steinberg NJW 1981, 550). Sofern die städtebaulichen Gründe in Frage gestellt werden, muss dies auf dem Verwaltungsrechtsweg geschehen, letztlich also durch einen (zeitlich begrenzt zulässigen) Normenkontrollantrag nach § 47 VwGO. Sofern Zivilgerichte mit der Auslegung des § 27 befasst sind, können sie die Frage bei Bestandskraft der (nicht unwirksamen) Satzung nicht eigenständig prüfen und zB städtebauliche Gründe verneinen.

Soweit hier von Bedeutung, können festgesetzt werden 7
– gem. **§ 9 I Nr. 25 BauGB** für einzelne Flächen oder für ein Bebauungsplangebiet oder Teile davon sowie für Teile baulicher Anlagen mit Ausnahme der für landwirtschaftliche Nutzungen oder Wald festgesetzten Flächen
  a) das Anpflanzen von Bäumen, Sträuchern oder sonstigen **Bepflanzungen** (zB **Hecken**, Dach- und Fassadenbegrünung, Gräser, Stauden); vorgesehen werden kann auch das Anpflanzen bestimmter Arten von Bäumen, Sträuchern und sonstigen Pflanzen sowie ein bestimmtes Mischungsverhältnis und eine bestimmte Dichte der Anpflanzungen (BVerwG 24.4.1991 – 4 NB 24/90, NVwZ 1991, 877 (878); OVG Lüneburg 6.4.2006 – 9 KN 267/03, BeckRS 2006, 22847);
  b) Bindungen (Sicherungsmaßnahmen) für Bepflanzungen, zB in Bezug auf Art (etwa nur einheimisch oder ortsüblich) und Stärke der Pflanzen, deren Anordnung, Abstände voneinander usw; ferner Bindungen für die Erhaltung (auch Unterhaltung) von Bäumen, Sträuchern und sonstigen Bepflanzungen (unabhängig ob gepflanzt oder nicht) sowie von Gewässern; erfasst sind damit allgemein **Hecken und Anpflanzungen;** Baumschutzsatzungen bzw. -verordnungen (dazu → § 16 Rn. 54 ff.) gelten hiervon unabhängig (Gaentzsch NuR 1990, 1 (4 f.); Schink DÖV 1991, 7 (8); Söfker/Wienhues in EZBK BauGB § 9 Rn. 217a).
Zur Verwirklichung der Festsetzungen kann die Gemeinde den Eigentümer verpflichten, 8 eine entsprechende Bepflanzung vorzunehmen, in der Regel durch ein Pflanzgebot gem. **§ 178 BauGB,** oder aber durch eine Nebenbestimmung in der Baugenehmigung (BKL/Mitschang/Reidt BauGB § 9 Rn. 156). Für Aufwendungen oder Wertminderungen kann der Eigentümer von der Gemeinde gem. § 41 II BauGB ggf. eine **Entschädigung** verlangen (BKL/Mitschang/Reidt BauGB § 9 Rn. 156).
– Gemäß **§ 9 I Nr. 26 BauGB** können im Bebauungsplan Flächen für **Aufschüttungen,** 9 soweit sie zur Herstellung eines Straßenkörpers erforderlich sind, festgesetzt werden; die Straße darf aber keine Privatstraße sein (Birk NachbarR BW Anm. 1a). Damit sind auch Festsetzungen zu **Böschungen** zulässig, sofern diese nicht als Verkehrsflächen nach § 9 I Nr. 11 BauGB festgesetzt werden sollen, gleichwohl aber zur Herstellung eines Straßenkörpers erforderlich sind und im Eigentum der bisherigen Eigentümer belassen werden können (hierzu BKL/Mitschang/Reidt BauGB § 9 Rn. 157). Dabei spielt es keine Rolle, ob sie auf einem der Straße benachbarten Grundstück oder auf dem Straßengrundstück selbst festgesetzt werden (Birk NachbarR BW Anm. 1a). Ergeben sich als Folge sonstiger Festsetzungen Böschungen (zB aufgrund der Höhenlage eines Baugrundstücks), gelten die Abstandsvorschriften des NRG, da keine Böschung festgesetzt ist (Birk NachbarR BW Anm. 1a). Gemäß **§ 9 I Nr. 14 BauGB** können Flächen für Aufschüttungen zum Zwecke der Abfallbeseitigung festgesetzt werden, gem. **§ 9 I Nr. 24 BauGB** Flächen für Aufschüttungen als Lärmschutzwälle und gem. **§ 9 I Nr. 17 BauGB** sonstige Flächen für Aufschüttungen (näher dazu BKL/Mitschang/Reidt BauGB § 9 Rn. 94). Für Aufwendungen oder Wertminderungen kann der Eigentümer von der Gemeinde hier regelmäßig **keine Entschädigung** verlangen, weil das betroffene Grundstück durch die Festsetzungen nahezu uneingeschränkt privat nutzbar bleibt (BKL/Mitschang/Reidt BauGB § 9 Rn. 159).

§ 27 5. Abschnitt. Allgemeine Bestimmungen

10   Festsetzungen zu **Einfriedigungen** (= Einfriedungen) sieht das BauGB für die vorgenannten Satzungen nicht vor. Insoweit bestimmt allerdings **§ 74 I 1 Nr. 3 BWLBO**, dass die Gemeinden etwa zur Umsetzung baugestalterischer Absichten (Verunstaltungsschutz) oder zum Schutz bestimmter Bauten bzw. Straßen für Teile des Gemeindegebiets (grundsätzlich also nicht das gesamte Gemeindegebiet, vgl. OVG Münster 26.3.2003 – 7 A 1002/01, BauR 2004, 73 (74); aber auch für Einfriedungen, die vom öffentlichen Verkehrsraum aus nicht sichtbar sind: VGH Mannheim 11.10.2006 – 3 S 337/06, BauR 2007, 358 (359)) **Ortsbausatzungen** erlassen dürfen über
- die Notwendigkeit von Einfriedungen (zB durch Anordnung von Einfriedungen an einer belebten Schnellstraße, auch Hecken),
- die Zulässigkeit von Einfriedungen (zB durch Verbot einer Einfriedung in der Nähe einer Straßenkreuzung), sowie
- deren Art, Gestaltung und Höhe.

11   Da die Freistellung in S. 1 nur Satzungen nach dem BauGB erfasst, stellt sich die Frage, ob sie auch für Ortsbausatzungen nach § 74 BWLBO gilt. Bis zum Inkrafttreten der LBO-Novelle zum 1.1.1996 wurden solche örtliche Bauvorschriften als Festsetzungen in den Bebauungsplan aufgenommen (§ 74 VI BWLBO aF), so dass die Festsetzungen Teil des Bebauungsplans wurden. Auf diese Weise kam auch den Festsetzungen nach § 74 BWLBO Vorrang gegenüber den Abstandsvorschriften des NRG zu (Birk NachbarR BW Anm. 2c). § 74 VI BWLBO aF wurde 1995 dahingehend geändert, dass die örtlichen Bauvorschriften nur noch allein oder zusammen mit einem Bebauungsplan beschlossen werden können (§ 74 VII 1 BWLBO); das Verfahren für den Erlass von Ortsbausatzungen richtet sich in letzterem Fall nach den für den Bebauungsplan geltenden Vorschriften (§ 74 VII 1 BWLBO). Die dadurch entstandene Regelungslücke war nach hier vertretener Auffassung dahingehend zu schließen, dass auch örtliche Bauvorschriften, die Festsetzungen zu Einfriedungen vorsehen und allein oder (gem. § 9 IV BauGB) zusammen mit einem Bebauungsplan beschlossen werden, Vorrang zu den Abstandsvorschriften des NRG begründen, Da dies von Birk (NachbarR BW Anm. 2c) jedoch bezweifelt wurde, weil der Wortlaut des § 27 mit der NRG-Novelle 2014 beibehalten, die Regelungslücke also nicht geschlossen wurde, hat der Gesetzgeber S. 1 mit Wirkung zum 1.1.2023 nach den Worten „Maßnahmengesetz zum Baugesetzbuch" um die Worte „oder eine Satzung nach § 74 der Landesbauordnung" ergänzt (Art. 15, 16 IV des Gesetzes zur Digitalisierung des Hinterlegungswesens, zur Anpassung des Landesrechts an das Gerichtsdolmetschergesetz und zur Änderung weiterer Vorschriften vom 6.12.2022, GBl. S. 617 (622)). Damit wurde die Rechtslage iSd hier vertretenen Auffassung klargestellt, nämlich dass auch die Gestaltungssatzungen der Gemeinden nach § 74 BWLBO in ihrem räumlichen Geltungsbereich Vorrang gegenüber den allgemeinen Vorgaben des Nachbarrechts besitzen, wenn es insbesondere um nähere Vorgaben zu den Einfriedungen von Grundstücken geht (LT-Drs. 17/3436, 4). Die als Gestaltungssatzung zu erlassenden örtlichen Bauvorschriften nach § 74 BWLBO enthalten typischerweise Vorgaben insbesondere zu toten Einfriedungen wie Mauern, Zäunen oder Sichtschutzwänden, die von der hierzu bestehenden Regelung in § 11 abweichen können. In Bebauungsplänen sind Vorgaben dieser Art in Baden-Württemberg demgegenüber nicht (mehr) erlaubt. Die gemeindlichen Bauvorschriften in Gestaltungssatzungen vermögen wie schon die Bebauungspläne auf der Grundlage einer umfassenden Abwägung den ortsspezifischen Gegebenheiten – Bebauungssituation oder sonstige Lage sowie Beschaffenheit – sowie den damit verbundenen Interessen von Grundstücksnachbarn ausgewogen und individuell Rechnung zu tragen (LT-Drs. 17/3436, 5).

12   Solche Ortsbausatzungen sind nur dann zulässig, wenn die Rechtfertigung der Inhaltsbestimmung des Eigentums für alle von der Satzung erfassten Fälle gilt (hierzu Schlez BWLBO § 74 Rn. 13 ff. mwN). Auch können in Ortsbausatzungen festgelegte Einfriedungen über § 9 BauGB untersagt sein (Birk NachbarR BW Anm. 1c), zB durch die Festsetzung einer unüberbaubaren Fläche oder eines Pflanzgebots (§ 9 I Nr. 10 und Nr. 25a BauGB).

2. Die Freistellung gilt nach S. 1 nur insoweit, als die Verwirklichung der planerischen 13
Festsetzungen dies **erfordert**. Das bedingt eine Einzelfallprüfung. Wird etwa eine Fläche zur
Anpflanzung von Laubbäumen festgesetzt, die mit dieser Vorgabe nicht genutzt werden kann,
wenn die Grenzabstände aus § 16 I zu beachten sind, findet § 16 I keine Anwendung. Der
Gemeinde steht so die Möglichkeit offen, die neu eingeführte Regelung des § 16 II 1 (dazu
→ § 16 Rn. 38) zu umgehen. Der Einklang mit dem Planungsziel ist bei der Auslegung des
§ 27 (durch die Zivilgerichte) voll nachprüfbar und von demjenigen, der sich auf § 27 beruft,
konkret zu begründen. Insofern spricht auch keine Vermutung für das Abweichungsbedürfnis.

3. **Satz 2** bestimmt als Rückausnahme zu S. 1, dass der Vorrang von Festsetzungen in einer 14
Bausatzung nicht gegenüber **landwirtschaftlich genutzten Grundstücken** gilt; zum Begriff der landwirtschaftlichen Nutzung → § 7 Rn. 19. Hier finden die Abstandsvorschriften
des NRG somit uneingeschränkt Anwendung.

§ 28 Erklärte Waldlage, erklärte Reblage und erklärte Gartenbaulage

(1) **Teile des Gemeindegebiets außerhalb des geschlossenen Wohnbezirks und des
Bereichs des Bebauungsplans können durch Gemeindesatzung zur Waldlage erklärt
werden (erklärte Waldlage), wenn ihre Aufforstung mit Rücksicht auf die Standortverhältnisse oder aus Gründen der Landeskultur zweckmäßig ist.**
(2) **Teile des Gemeindegebiets können durch Gemeindesatzung zur Reblage erklärt
werden (erklärte Reblage), wenn sie für den Weinbau besonders geeignet sind.**
(3) **Teile des Gemeindegebiets können durch Gemeindesatzung zur Gartenbaulage
erklärt werden (erklärte Gartenbaulage), wenn sie für den unter Verwendung ortsfester
Kulturvorrichtungen betriebenen Erwerbsgartenbau besonders geeignet sind.**
(4) **Die Gemeinde hat vor der Erklärung nach den Absätzen 1, 2 oder 3 die untere
Verwaltungsbehörde zu hören.**

Parallelvorschriften: Die Nachbarrechtsgesetze der anderen Bundesländer enthalten keine vergleichbaren Vorschriften.

I. Inhalt der Regelung

Die Vorschrift bestimmt, dass in geeigneten Fällen durch Satzung Teile des Gemeindegebiets zur Wald-, Reb- oder Gartenbaulage erklärt werden dürfen. Für Einfriedigungen bzw. 1
Pflanzungen gelten dann in erklärten Waldlagen die halben (§ 15 I 2), zugunsten erklärter
Reb- oder Gartenbaulagen die doppelten Grenzabstände (§ 18 S. 1).

II. Normgebung

1. Vorläufer der Regelung ist Art. 238 WürttAGBGB 1899 (entspricht Art. 209 und 211 2
WürttAGBGB 1931) bzw. dessen Vorgängervorschriften in Art. 17 I und 18 II WürttGLN.
Die Begriffe „erklärte Waldlage", „erklärte Reblage" und „erklärte Gartenbaulage" sind neu.
Der Gesetzgeber ging davon aus, dass es möglich und zweckmäßig sei, durch Gemeindesatzung die Gebiete, in denen die Landwirtschaft den Vorrang haben soll, von jenen abzugrenzen, in welchen die Forstwirtschaft den Vorrang haben soll. In den ersteren sollte ein größerer,
in den letzteren ein geringerer Abstand gelten. Die Weinberge sollten die bisherige Sondervergünstigung des württembergischen Rechts (erhöhte Abstände von benachbarten Anlagen)
nur genießen, wenn sie in einer erklärten Reblage, dh in einem Gebiet liegen, das durch
Gemeindesatzung in erster Linie dem Weinbau gewidmet ist. Die gleiche Begünstigung wie
den Weinbergen sollte den Erwerbsgartenbaugrundstücken in den durch Gemeindesatzung
besonders hervorgehobenen Gartenbaulagen zukommen, wenn diese Grundstücke für den
unter Verwendung ortsfester Kulturvorrichtungen betriebenen Erwerbsgartenbau besonders

§ 28 5. Abschnitt. Allgemeine Bestimmungen

geeignet sind. Der Bedeutung dieser Widmung entsprechend sollte die Erklärung durch Gemeindesatzung erfolgen. Die Erklärung nur einzelner Grundstücke zur Waldlage, Reblage oder Gartenbaulage sei zwar nach § 28 möglich, wurde aber als kaum erforderlich eingeschätzt (RegBegr. vom 12.12.1958, Beil. 2220 zu den Sitzungsprotokollen der 2. Legislaturperiode, S. 3554, 3559).

3   **2.** § 28 IV wurde durch Art. 63 Nr. 2 Verwaltungsstruktur-ReformG vom 1.7.2004 (GBl. 469, 507) neu gefasst. Die Änderung war erforderlich, weil die Aufgaben der Ämter für Landwirtschaft, Landschafts- und Bodenkultur und der Staatlichen Forstämter nach Maßgabe des Verwaltungsstruktur-ReformG auf die Landratsämter als untere Verwaltungsbehörden, der Staatlichen Forstämter auch auf die Stadtkreise übergingen. Im Zuge der Beteiligung der unteren Verwaltungsbehörde sollte in den Fällen der Abs. 1, 2 oder 3 die untere Landwirtschaftsbehörde, im Falle des Abs. 1 auch die untere Forstbehörde intern zu hören sein (RegBegr. vom 12.5.2004, LT-Drs. 13/3201, 322).

III. Anmerkungen

4   **1.** Die Vorschrift eröffnet den Gemeinden die Möglichkeit, **Teile des Gemeindegebiets**, also nicht die gesamte Gemeinde, zur Waldlage, zur Reblage oder zur Gartenbaulage zu erklären. Dies dient allein dem Zweck, die für diese Lagen nach dem NRG geltenden **Grenzabstände** von Pflanzungen zu **modifizieren,** nämlich bei Waldlagen zu halbieren (§ 15 I 2), ansonsten zu verdoppeln (§ 18 S. 1). Weitere Anordnungen, bei Reblagen zB ein Verbot der Bepflanzung mit Bäumen oder ein Rodungsgebot, lassen sich in der Erklärungssatzung nicht treffen. Nicht zuletzt deshalb haben die Gemeinden von dieser Möglichkeit bislang kaum oder gar keinen Gebrauch gemacht.

5   **2.** Die Erklärung hat durch Gemeindesatzung zu erfolgen.
6   Eine **Gemeindesatzung** ist eine Rechtsvorschrift, die von einer Gemeinde als kommunaler Gebietskörperschaft im Rahmen der ihr durch Art. 28 II 1 GG verliehenen Autonomie kraft öffentlichen Rechts mit Wirkung für die ihr angehörenden Personen erlassen wird (Gern KommunalR BW Rn. 116). Sie hat konstitutive Wirkung und darf nicht gegen höherrangiges Recht verstoßen, etwa gegen Festsetzungen für ein Natur- oder Landschaftsschutzgebiet (s. § 22 BNatSchG). Zum satzungsgebenden Verfahren → § 29 Rn. 3 ff.

7   Vor Erlass der Satzung hat die Gemeinde die untere Verwaltungsbehörde **anzuhören (Abs. 4).** Hierdurch sollen überregionale Gesichtspunkte erfasst und gebündelt werden. Zur Behördenzuständigkeit → Rn. 3. Diese Behörde hat kein Bestimmungs- bzw. Antragsrecht. Zudem ist gem. § 6 I 2 NatSchG die zuständige Naturschutzbehörde vor Erlass der Satzung anzuhören.

8   Teile des Gemeindegebiets können nach **Abs. 1** zur **Waldlage** erklärt werden. Die Regelung hat kaum Bedeutung. Soweit ersichtlich, bestehen in BW derzeit keine derartigen Satzungen.

9   **Waldlagen** (= Waldungen) sind **Gebiete mit nicht nur untergeordnetem und nicht nur vereinzeltem Baumbestand.** Der Begriff des Waldes wird in § 34 im Rahmen der Ermächtigung des Art. 183 EGBGB definiert, der eine geordnete Waldbewirtschaftung sichern will (→ § 34 Rn. 2). Da nicht anzunehmen ist, dass dem NRG bis auf § 19 (dazu → § 19 Rn. 9) verschiedene Waldbegriffe zugrunde liegen, muss die Absicht der **forstwirtschaftlichen Nutzung** auch im Rahmen des § 28 hinzutreten (vgl. Dehner B § 21 IV 1a; ferner → § 15 Rn. 8). Hierfür spricht auch die Absicht des Gesetzgebers, mit den Erklärungssatzungen die Interessen von Land- und Forstwirtschaft auszutarieren (→ Rn. 2).

10   Materielle Voraussetzung für die Erklärung ist zum einen, dass die Waldlage „außerhalb des geschlossenen Wohnbezirks und des Bereichs des Bebauungsplanes" gelegen ist. Gemeint ist damit der **Außenbereich** iSd § 35 BauGB (zum Begriff des Außenbereichs → § 7 Rn. 14). Wird der Außenbereich durch Erlass eines Bebauungsplans umqualifiziert, soll die Erklärungssatzung ohne weiteres aufgehoben sein (Birk NachbarR BW Anm. 5). Dies ist so aber

Erklärte Waldlage, Reblage, Gartenbaulage § 28

nicht richtig. Da es insoweit an einem Aufhebungsakt fehlt, bleibt die Ortssatzung bestehen, wird vom Bebauungsplan aber verdrängt (ebenso wohl VKKKK Rn. 7).

Materielle Voraussetzung der Erklärung ist zum anderen, dass die **Aufforstung** der von 11 der Erklärung erfassten Gemeindeteile **mit Rücksicht auf die Standortverhältnisse oder aus Gründen der Landeskultur zweckmäßig** ist. **Standortverhältnisse** sind die konkreten Rahmenbedingungen der Außenbereichsnutzung (Klima, Lage, Boden, so VKKKK Rn. 3). **Zweckmäßig** ist die Aufforstung schon dann, wenn sie im Vergleich zu anderen Nutzungsmöglichkeiten (zB als Ackerland, Obstanlage oder Wald) nahe liegt. Dies wird vor allem bei Brachland, Grenzertragsböden oder anders nur schwer zu bewirtschaftenden Flächen der Fall sein (Pelka NachbarR BW 207; vgl. auch § 23 II 1 LWaldG). **Gründe der Landeskultur** sind die allgemeinen Umweltbedingungen wie die Leistungsfähigkeit des Naturhaushalts und des Klimas, der Wasserhaushalt, die Reinhaltung der Luft, die Fruchtbarkeit des Bodens, das Landschaftsbild oder die Erholung der Bevölkerung (VKKKK Rn. 3). Aus solchen Gründen ist eine Aufforstung freilich immer **zweckmäßig**. Die Gemeinde hat bei der Abwägung zwischen Feld- und Waldbau eine weitreichende Einschätzungsprärogative.

Nur dann, wenn das Gebiet für die Aufforstung des Waldes **geeignet** ist, lässt sich die in 12 § 15 I 2 bestimmte Halbierung der Pflanzabstände mit den damit verbundenen Nachteilen für die angrenzende Landwirtschaft (Schatten- und Feuchtigkeitswirkung, „Brennen" an der Südseite des Waldes) rechtfertigen.

Sofern die Aufforstung bisher landwirtschaftlich genutzte Flächen betrifft, bedarf sie gem. 13 § 25 I 1 LLG einer **Genehmigung** durch die zuständige Verwaltungsbehörde. Genehmigung ist auch nicht wegen § 25 III 1 LLG entbehrlich, da die Erklärungssatzung keine Erstaufforstung festsetzt und die Waldlage auch nicht als Aufforstungsgebiet ausweist.

4. Nach **Abs. 2** können Teile des Gemeindegebiets zur **Reblage** erklärt werden. 14

Reblagen sind **Gebiete, die durch Anpflanzung und Bewirtschaftung einer gro-** 15 **ßen Anzahl von Rebstöcken in geschlossenen Anlagen** (Weinberge, Weingärten) **dem Weinbau dienen.** Das als Reblage zu erklärende Gebiet kann im Außen- oder im Innenbereich gelegen sein.

Die in § 18 S. 1 bestimmte Verdoppelung der Grenzabstände ist gerechtfertigt, da die Be- 16 wirtschaftung von Reblagen Raum und genügenden Lichteinfall benötigt (dazu → § 14 Rn. 11).

Die gesetzliche Voraussetzung, wonach die von der Erklärung erfassten Gemeindeteile **für** 17 **den Weinbau besonders geeignet** sein müssen, versteht sich von selbst. Das Gebiet muss also im Hinblick auf die klimatischen Verhältnisse, die Bodenbeschaffenheit und seine Lage (südliche Ausrichtung, Hanglage) günstige Anbaubedingungen gewährleisten. Die Eignung wird auch deshalb nicht problematisch sein, weil die Erklärungssatzung regelmäßig bereits vorhandene, in einem Rebenaufbauplan gelistete Reblagen erfasst (vgl. Pelka NachbarR BW 208).

Der Gegenstand einer „erklärten Reblage" nimmt Bezug auf bestehende Anbauflächen. 18 Der Begriff der Reblage ist neu und wird auch im Weinrecht nicht verwendet. Wie die Gesetzesbegründung zeigt, sollte in modifizierter Form die württembergische Regelung übernommen werden, die eine Sondervergünstigung von „Weinbergen" bezweckte (→ Rn. 2). Weinbau kann nur auf Flächen betrieben werden, die für den Weinbau freigegeben sind. Als das NRG in Kraft trat, gab es kein Gesetz, das Weinbaugebiete örtlich festlegte. Im Jahre 1935 wurden durch Anordnung des Reichsnährstandes außerhalb des damals geltenden WeinG die Weinbaugebiete abgegrenzt (Boch, Weingesetz, 2. Aufl. 2013, WeinG Einl. Rn. 7). Später wurden die für den Weinbau zugelassenen Flächen durch Rechtsverordnungen der Regierungspräsidien bestimmt (sog. **weinrechtliche Abgrenzung** des Rebgeländes, dazu VKKKK Rn. 5). Für die bestehenden deutschen Weinbaugebiete erfolgte die Abgrenzung aufgrund § 3 IV WeinG mit einer Ermächtigung der Länder, die Abgrenzungen im Einzelnen vorzunehmen (§ 54 I WeinG). In Baden-Württemberg wurden gem. § 1 II der Verordnung der Landesregierung zur Übertragung von Ermächtigungen nach dem WeinG vom 7.9.1982 (GBl. 397)

255

§ 28   5. Abschnitt. Allgemeine Bestimmungen

die Regierungspräsidien ermächtigt, entsprechende Rechtsverordnungen zu erlassen. Die Regierungspräsidien haben von dieser Möglichkeit im November 1983 (GBl. 730 ff.) durch Erlass entsprechender Rebenaufbaupläne Gebrauch gemacht. Die Verordnungen der Regierungspräsidien Karlsruhe und Stuttgart wurden in den Jahren 1985 und 1994 geringfügig geändert; neue Gebiete sind bislang nicht hinzugekommen und im Hinblick auf den seit Beginn der 90er Jahre des vorigen Jahrhunderts bestehenden Anbaustopp auch nicht zu erwarten. Abs. 2 gibt der Gemeinde hiernach nicht das Recht, zusätzliche Flächen auszuweisen, die mit Reben bestockt werden können. Die Festlegung als „erklärte Reblage" ist rein akzessorisch und folgt den weinrechtlich genehmigten Bewirtschaftungsflächen. Sofern im Zuge europarechtlicher Liberalisierungstendenzen Weinbauern erlaubt wird, auch **außerhalb** der weinrechtlich abgegrenzten Flächen zu bestocken, lassen sich ggf. auch solche, Flächen, die mindestens 1 Ar groß sein müssen (diese Grenze gilt für die Meldepflicht zur Weinbaukartei bzw. als Bagatellgrenze der EU), zum Gegenstand einer „erklärten Reblage" machen.

19 Entgegen früherem Recht lässt sich die Anpflanzung von Bäumen im Rebgelände nicht mehr verbieten. § 37 II Nr. 2 hatte zunächst Art. 209b WürttAGBGB 1931 in Geltung belassen, der die Gemeinden ermächtigte, durch Satzung ein Verbot des Anpflanzens von Bäumen in besonders bevorzugten Weinberglagen festzulegen. Diese Vorschrift wurde durch § 51 I Nr. 6 AGBGB zum 1.1.1975 (§ 52 AGBGB) jedoch aufgehoben.

20 Teile des Gemeindegebiets können zur **Gartenbaulage** erklärt werden, wenn sie für den unter Verwendung ortsfester Kulturvorrichtungen betriebenen Erwerbsgartenbau besonders geeignet sind **(Abs. 3)**.

21 **Gartenbaulagen** sind **Gebiete,** in denen **unter Verwendung ortsfester Kulturvorrichtungen Erwerbsgartenbau betrieben** wird. Mit dem Begriff **Erwerbsgartenbau** nimmt die Vorschrift wie § 7 I 1 (dazu → Vor § 7 Rn. 5) Bezug auf die ursprüngliche Begriffswahl des § 201 BBauG. In § 201 BBauG 1987 wurde der Begriff Erwerbsgartenbau in Anpassung an § 585 I BGB idF des Gesetzes zur Neuordnung des landwirtschaftlichen Pachtrechts vom 8.11.1985 (BGBl. I 2065) durch gartenbauliche Erzeugung ersetzt und damit auf das Erfordernis einer unmittelbaren Bodenertragsnutzung verzichtet (Battis in BKL BauGB § 201 Rn. 5). Eine entsprechende Angleichung hat der Gesetzgeber durch Art. 1 Nr. 2 des Gesetzes zur Änderung des NRG vom 26.7.1995 (GBl. 605) bei § 7 vorgenommen (→ § 7 Rn. 6), nicht aber bei § 28. Da die nunmehr bestehende Differenzierung keinen Sinn macht, ist davon auszugehen, dass der Gesetzgeber eine Anpassung hier schlichtweg übersehen hat – auch in Abs. 1 ist der Begriff „geschlossener Wohnbezirk" nicht geändert worden, obwohl § 12 II 2 diesen Begriff für das gesamte NRG durch den Begriff der Innerortslage ersetzt hat, was ebenfalls nur durch ein Versehen zu erklären ist – und daher auch § 28 jetzt so zu lesen ist, dass eine **gartenbauliche Nutzung** iSd § 201 BauGB erfolgen muss. **Gartenbau** bedeutet die Gewinnung hochwertiger pflanzlicher Erzeugnisse, zB Gemüse, Obst, Schnittblumen, Topfpflanzen, Stauden, Heil- und Gewürzkräuter, Edelpilze, Baumschulgehölze mit Ausnahme der Forstpflanzen (Pelka NachbarR BW 208). Wie bei § 201 BauGB bedarf es dazu keiner unmittelbaren Bodenertragsnutzung mehr; erfasst sind damit auch Tisch- bzw. Hydrokulturen und die Champignonzucht (→ Vor § 7 Rn. 5). Der Gartenbau muss **erwerbsmäßig,** also mit Gewinnerzielungsabsicht (aA Reich NRG BW Rn. 3), betrieben werden. **Ortsfeste Kulturvorrichtungen** sind Gewächshäuser, überglaste Flächen, Wasserleitungen, Keller, Einfriedigungen und andere Anlagen, die üblicherweise dem Erwerbsgartenbau dienen.

22 Unerheblich ist, ob die Fläche, auf die sich die Erklärung bezieht, sich im Innen- oder Außenbereich (vgl. §§ 30 ff. BauGB) befindet. Erforderlich ist hingegen, dass sich die von der Erklärung erfassten Gemeindeteile für den Erwerbsgartenbau **besonders eignen;** bloße Zweckmäßigkeit reicht nicht. Eine besondere Eignung wird vor allem dort zu bejahen sein, wo Erwerbsgartenbau bereits betrieben wird oder in einem Bauleitplan vorgesehen ist (Pelka NachbarR BW 208).

23 Die in § 18 S. 1 bestimmte Verdoppelung der Grenzabstände lässt eine bessere Belichtung und damit eine effektivere Bewirtschaftung der Gartenflächen zu.

§ 29 Erlaß von Gemeindesatzungen

(1) ¹Die Gemeinde hat den Entwurf einer Satzung nach § 28 öffentlich bekanntzumachen. ²Die Betroffenen können innerhalb eines Monats nach der Bekanntmachung Einwendungen erheben. ³Hierauf ist in der öffentlichen Bekanntmachung hinzuweisen.

(2) Über die Einwendungen ist gleichzeitig mit dem endgültigen Beschluß über die Satzung zu entscheiden.

I. Inhalt der Regelung

Die Vorschrift bestimmt, welche besonderen Formerfordernisse bei Erlass einer Satzung nach § 28 gelten. 1

II. Normgebung

Die Vorschrift knüpft an die Regelung des Art. 251 WürttAGBGB 1899 (entspricht Art. 223 WürttAGBGB 1931) an. Dem Gesetzgeber erschien es notwendig, den Betroffenen bereits vom Entwurf der Satzung Kenntnis zu geben, damit etwaige Einwendungen vor der endgültigen Beschlussfassung bekannt sind und ggf. noch berücksichtigt werden können (RegBegr. vom 12.12.1958, Beil. 2220 zu den Sitzungsprotokollen der 2. Legislaturperiode, S. 3559). 2

III. Anmerkungen

1. Für den Erlass von Erklärungsatzungen nach § 28 gelten die allgemeinen Vorschriften der GemO für den Erlass von Gemeindesatzungen (hierzu Gern KommunalR BW Rn. 132 ff.; VKKKK Rn. 2). Die Beschlussfassung über die Satzung erfolgt durch den Gemeinderat (§ 44 III 1 Hs. 2 GemO). Aus § 4 GemO sowie den Vorschriften der DVO GemO ergibt sich das für den Satzungserlass einzuhaltende Verfahren. Die Satzung kann mit Vorwirkung, nicht aber rückwirkend erlassen werden (Birk NachbarR BW Anm. 4). An den Erlass von Erklärungssatzungen sind keine besonderen Anforderungen gestellt. Daher sind sie auch nicht unwirksam, wenn die verschiedenen Interessen nicht richtig festgestellt und gewichtet werden (vgl. Gern KommunalR BW Rn. 152, 154; aA Birk NachbarR BW Anm. 3). 3

Ergänzend bestimmt § 28 ein vorgeschaltetes Anhörungsverfahren, das in Ansätzen dem Beteiligungsverfahren nach § 3 II BauGB entspricht. 4

2. **Abs. 1 S. 1** sieht vor, dass die **Satzung schon im Entwurf öffentlich bekannt zu machen** ist. Die Beteiligung macht nur Sinn, wenn die Gemeinde nicht lediglich eine Diskussionsgrundlage vorstellt. Entwurf ist damit der **verabschiedungsreife Satzungstext**. 5

Die **öffentliche Bekanntmachung** des Entwurfs erfolgt ebenso wie die hernach beschlossene Satzung (VKKKK Rn. 3) mit dem vollen Wortlaut, dem Hinweis gem. Abs. 1 S. 3 und in den Bekanntmachungsformen des § 1 I DVO GemO, nämlich 6
– durch Einrücken in den amtlichen Teil des gemeindeeigenen Amtsblatts;
– durch Einrücken in eine bestimmte, mindestens einmal pro Woche erscheinende (örtliche) Zeitung; kostenlose Anzeigenblätter erfüllen den Zeitungsbegriff nur dann, wenn gewährleistet ist, dass jeder Interessent Zugriff nehmen kann (Gern KommunalR BW Rn. 141);
– bei Gemeinden mit weniger als 5.000 Einwohnern auch durch Anschlag an der Rathaustafel; gleichzeitig ist in geeigneter Form (Amtsblatt, Zeitung, Ausrufen, nicht durch Aushang; vgl. Gern KommunalR BW Rn. 141) auf den Anschlag aufmerksam zu machen.

3. Abs. 1 S. 2 gibt den Betroffenen ein **Einwendungsrecht.** Dieses besteht für die Dauer **eines Monats,** gerechnet ab dem Zeitpunkt der Bekanntmachung (Erscheinen der Anzeige, Anschlag). Die Einwendungen sind zweckmäßigerweise schriftlich oder zu Protokoll der Gemeinde vorzubringen (vgl. Birk NachbarR BW Anm. 2), ein Formzwang besteht aber nicht. 7

§ 29   5. Abschnitt. Allgemeine Bestimmungen

8   **Betroffener** ist jedes Gemeindemitglied, das von der Satzung konkret, vor allem aufgrund seiner Grundstückslage, berührt ist (Reich NRG BW Rn. 2). An die damit zu fordernde Beschwer wird man allerdings einen großzügigen Maßstab anlegen müssen (so auch VKKKK Rn. 3) und auch nur mittelbare Betroffenheit ausreichen lassen, da sich in einer Gemeinde lokale Auswirkungen nur schwer abschichten lassen. Im Rahmen der Beschwer bestehen keine Anforderungen an das Gewicht der Einwendungen. Diese können auch darauf gerichtet sein, das Erfordernis einer Erklärungssatzung insgesamt in Frage zu stellen (Reich NRG BW Rn. 2).

9   4. Abs. 1 S. 3 bestimmt, dass in der öffentlichen Bekanntmachung „hierauf" **hinzuweisen** ist; damit ist der Inhalt des Satzes 2 gemeint, also die Möglichkeit, binnen eines Monats nach der Bekanntmachung Einwendungen zu erheben. Die Namen der Betroffenen sind ebenso wenig anzugeben wie die Stelle, bei der die Einwendungen vorzubringen sind. Der Hinweis muss auch keine Information zu den Einwendungsfolgen (vgl. Abs. 2) enthalten (so aber Reich NRG BW Rn. 3), da diese für die Prüfungsphase keine Rolle spielen; außerdem wäre Abs. 1 S. 2 sonst (mit Klammerwirkung) als Abs. 3 gefasst worden.

10   Das Gesetz regelt nicht, was im Fall der **Verletzung der Hinweispflicht** gilt. Richtigerweise hat dies weder Einfluss auf den Lauf der Einwendungsfrist – für eine Anwendung des § 58 II VwGO fehlt es an einer tragfähigen Analogiebasis (zur Parallelproblematik in § 211 BauGB im Grundsatz ebenso BGH 16.3.1964 – III ZR 85/63, BGHZ 41, 249 = NJW 1964, 1569, 1572; 10.12.1998 – III ZR 2/98, BGHZ 140, 208 = NJW 1999, 1113, 1115 f.) –, noch eröffnet das den Weg zu einer Wiedereinsetzung in den Vorigen Stand – dagegen stehen die Vorschriften zur Bestandskraft von Rechtssetzungsakten, hier insbesondere § 4 IV 1 GemO. Betroffene Grundstückseigentümer haben aber das Recht, diesen Verfahrensfehler binnen eines Jahres nach Erlass der Satzung im Wege der Normenkontrollklage nach § 47 I Nr. 2, II 1 VwGO iVm § 4 AGVwGO anzugehen, sofern sie darlegen können, durch die Rechtsvorschrift oder deren Anwendung in ihren Rechten verletzt zu sein oder in absehbarer Zeit verletzt zu werden (Reich NRG BW Rn. 2).

11   5. Die vorgebrachten Einwendungen müssen von der Gemeinde zur Kenntnis genommen und im Gemeinderat erörtert werden. Nach **Abs. 2** hat die Gemeinde deshalb **über die Einwendungen** auch zu **beschließen.** Selbst bei gewichtigen Einwendungen besteht aber kein Anspruch auf Umsetzung oder auch nur Verbescheidung. Der Beschluss ist kein Verwaltungsakt, der dem Betroffenen zuzustellen wäre und von ihm auf dem Verwaltungsrechtsweg angegriffen werden könnte (VKKKK Rn. 4). Der Betroffene kann allenfalls verlangen, über das Ergebnis seiner Eingabe **informiert** zu werden. Unabhängig davon kann er gegen die Satzung unter den Voraussetzungen des § 47 VwGO ein Normenkontrollverfahren anstrengen (→ Rn. 10); das ist auch dann möglich, wenn er keine Einwendungen nach Abs. 1 S. 2 erhoben hat (Reich NRG BW Rn. 2; anders im Fall des § 55 II 2 BWLBO, wo die materielle Präklusion ausdrücklich bestimmt ist). Kommt es in einem Zivilverfahren auf die verminderten oder erhöhten Abstände an, muss das Zivilgericht von der Bestandskraft der Satzung ausgehen, sofern diese weder unwirksam noch anfechtbar ist (→ Rn. 13 und → Einl. Rn. 3).

12   Die Entscheidung über die Einwendungen muss nach Abs. 2 **„gleichzeitig"** mit dem Satzungsbeschluss erfolgen. Diese Regelung soll sicherstellen, dass die Einwendungen tatsächlich berücksichtigt werden. Über diese kann die Gemeinde damit auch zeitlich vor dem Satzungsbeschluss entscheiden. Der Wortlaut des Abs. 2 ist insoweit missverständlich und um das Wort „spätestens" zu ergänzen (aA Reich NRG BW Rn. 4, der eine ablehnende Entscheidung zu den Einwendungen in derselben Sitzung fordert, in der die Satzung verabschiedet wird).

13   6. Jeder Verstoß gegen Anforderungen des § 29 führt zur **Rechtswidrigkeit** und damit zur Nichtigkeit der Satzung, da sich der Mangel immer auf die Willensentschließung des Gemeinderats auswirken kann. Allerdings werden solche **Mängel durch § 4 IV 1 GemO**

Erlaß von Gemeindesatzungen § 29

geheilt. Hiernach gelten Satzungen, die unter Verletzung von Verfahrens- oder Formvorschriften der GemO oder auf Grund der GemO zustande gekommen sind, **ein Jahr nach der Bekanntmachung** als von Anfang an gültig zustande gekommen; „auf Grund" der GemO kommen auch Erklärungssatzungen nach § 28 zustande, da für sie die allgemeinen Verfahrensvorschriften der GemO gelten (→ Rn. 3). Zu den Formen der (öffentlichen, s. § 4 III 1 GemO) Bekanntmachung → Rn. 6.

6. Abschnitt. Einwirkung von Verkehrsunternehmen

§ 30 [Einwirkung von Verkehrsunternehmen]

Die Vorschrift des § 14 des Bundes-Immissionsschutzgesetzes wird auf Eisenbahn-, Schiffahrts- und ähnliche Verkehrsunternehmungen erstreckt.

Parallelvorschriften: Bayern: Art. 54 BayAGBGB; Niedersachsen: § 24 Nds. AGBGB.

I. Inhalt der Regelung

1   Die Vorschrift bestimmt, dass Verkehrsunternehmen wie etwa Eisenbahnbetriebe als Grundeigentümer nach Möglichkeit Nachbargrundstücke vor schädlichen Immissionen zu schützen haben. Ansonsten hat das Verkehrsunternehmen Schadensersatz zu leisten.

II. Normgebung

2   Art. 125 EGBGB sieht vor, dass „die landesgesetzlichen Vorschriften, welche die Vorschrift des § 26 GewO auf Eisenbahn-, Dampfschiffahrts- und ähnliche Verkehrsunternehmen erstrecken", unberührt bleiben, lässt insoweit also eine landesrechtliche Einschränkung des § 1004 BGB bestehen. Das Land Württemberg kannte einen solchen Schutz (Begrenzung auf Entschädigung) schon in Art. 65 IV WürttNBO und übernahm die Regelung des § 26 GewO in Art. 218 WürttAGBGB 1899 (= Art. 224 WürttAGBGB 1931). Der Gesetzgeber des NRG wiederum übernahm die württembergische Regelung, um eine einheitliche und klare Rechtslage für das ganze Land zu schaffen (RegBegr. vom 12.12.1958, Beil. 2220 zu den Sitzungsprotokollen der 2. Legislaturperiode, S. 3559).

3   Durch § 68 I Nr. 1 BImSchG vom 15.3.1974 (BGBl. I 721) wurde § 26 GewO mit Wirkung zum 1.4.1974 aufgehoben und durch den inhaltsgleichen **§ 14 BImSchG** ersetzt. Diese Vorschrift lautet:

> ¹ *Auf Grund privatrechtlicher, nicht auf besonderen Titeln beruhender Ansprüche zur Abwehr benachteiligender Einwirkungen von einem Grundstück auf ein benachbartes Grundstück kann nicht die Einstellung des Betriebs einer Anlage verlangt werden, deren Genehmigung unanfechtbar ist; es können nur Vorkehrungen verlangt werden, die die benachteiligenden Wirkungen ausschließen.* ² *Soweit solche Vorkehrungen nach dem Stand der Technik nicht durchführbar oder wirtschaftlich nicht vertretbar sind, kann lediglich Schadensersatz verlangt werden.*

4   Durch Art. 1 Nr. 21 des Gesetzes zur Änderung des NRG vom 26.7.1995 (GBl. 605) wurde dementsprechend § 26 GewO durch § 14 BImSchG als Bezugsnorm ersetzt.

III. Anmerkungen

5   1. § 14 BImSchG soll den Bestand genehmigter Anlagen gegenüber bestimmten privatrechtlichen Ansprüchen sichern, weil Belange Dritter von der Behörde ohnehin geprüft werden und Dritte weit reichende Möglichkeiten haben, Einfluss auf das Genehmigungsverfahren zu nehmen (Jarass BImSchG § 14 Rn. 1). Daher bestehen gegen die Neufassung des § 30 im Hinblick auf höherrangiges Recht keine Bedenken; dies wird in § 71 BImSchG auch klargestellt (vgl. Jarass BImSchG § 14 Rn. 1, BImSchG § 71 Rn. 1). Durch § 14 BImSchG werden die aus Eigentum oder Besitz des betroffenen Nachbargrundstücks hergeleiteten gesetzlichen Ansprüche (zB aus §§ 1004, 862, 823 BGB, vgl. BGH 14.10.1994 – V ZR 76/93, NJW 1995, 132 (133); auch aus dem privaten Landesnachbarrecht, so Peine NJW 1990, 2442 (2443); Jarass BImSchG § 14 Rn. 10) auf Unterlassung des Betriebs einer nach § 4 BImSchG genehmigten (und genehmigungsbedürftigen) Anlage durch einen Anspruch auf Durchfüh-

[Einwirkung von Verkehrsunternehmen] § 30

rung wirtschaftlich zumutbarer **Vorkehrungen** (zB durch Einsatz von Filtern, Schalldämpfern, Schallschutzwänden, Verbesserung der Ableitungsbedingungen, Änderung der Produktionsweise), hilfsweise durch einen verschuldensunabhängigen Anspruch auf **Schadensersatz** iSd §§ 249 ff. BGB (Jarass BImSchG § 14 Rn. 27) gegen den Störer, also den Betreiber der emittierenden Anlage, ersetzt. Passivlegitimiert kann auch ein mittelbarer Störer (Zustandsstörer) sein, nicht aber der Staat unter dem Gesichtspunkt, dass er die Genehmigung nach § 4 BImSchG erteilt hat (BGH 10.12.1987 – III ZR 220/86, BGHZ 102, 350 = NJW 1988, 478).

2. § 30 erstreckt die Regelung des § 14 BImSchG auf **Eisenbahn-, Schifffahrts- und ähnliche Verkehrsunternehmungen** (= Verkehrsbetriebe). **Eisenbahnunternehmungen** (= Eisenbahnen) sind wie nach § 1 II 2 AEG Schienenbahnen mit Ausnahme der Magnetschwebebahnen, der Straßenbahnen und der nach ihrer Bau- oder Betriebsweise ähnlichen Bahnen, der Bergbahnen und der sonstigen Bahnen besonderer Bauart (ebenso Grziwotz/Saller BayNachbarR 3. Teil Rn. 9, zum gleich lautenden Art. 54 BayAGBGB). **Schifffahrtsunternehmungen** sind alle Unternehmen, die dem öffentlichen Verkehr durch Schiffe dienen. **Ähnliche Verkehrsunternehmungen** sind sonstige Unternehmen, die dem öffentlichen Verkehr dienen und wie nach § 4 BImSchG genehmigungsbedürftige Unternehmen über eine ortsfeste Anlage verfügen, etwa die in § 1 II 2 AEG ausgenommenen Bahnen, aber auch Flughäfen und Autobahnbetreiber (VKKKK Rn. 1). Ihr Betrieb muss zu **nachteiligen Einwirkungen** auf die Umgebung durch Zuführung unwägbarer Stoffe iSd § 906 I 1 BGB (zB Gerüche, Geräusche) führen, die Nachbarbelange nicht nur unwesentlich beeinträchtigen (vgl. § 906 I 2 BGB). Voraussetzung für den immissionsrechtlichen Bestandsschutz dieser Unternehmen ist deren öffentlich-rechtliche Zulassung als Verkehrsbetrieb (vgl. Grziwotz/Saller BayNachbarR 3. Teil Rn. 14). Diese ersetzt die zum Ausschluss privater Abwehrrechte führende immissionsschutzrechtliche Genehmigung. § 30 enthält mit seiner Bezugnahme auf § 14 BImSchG mithin keine Rechtsgrund-, sondern eine Rechtsfolgenverweisung.

§ 30 **gilt nicht,** wenn für das Verkehrsunternehmen spezielle Regelungen über den Ausschluss von Abwehransprüchen bestehen, die § 14 BImSchG für anwendbar erklären oder – wie bei Planfeststellungsverfahren (vgl. § 75 II BWLVwVfG) – eine entsprechende Regelung vorsehen (vgl. Grziwotz/Saller BayNachbarR 3. Teil Rn. 17, 18). Das dürfte für alle hier in Betracht kommenden Verkehrsunternehmungen der Fall sein (s. etwa §§ 18 S. 3, 18c AEG, § 21 I WaStrG, § 11 LuftVG, §§ 28 I 1, 41 I PBefG). Voraussetzung ist auch dort, dass die Verkehrsunternehmungen über eine öffentlich-rechtliche Zulassung als Verkehrsbetrieb verfügen. Damit findet § 30 im Wesentlichen nur noch für **Altbetriebe** Anwendung, die vor Erlass der vorgenannten Regelungen durch einfachen Verwaltungsakt genehmigt wurden (vgl. Grziwotz/Saller BayNachbarR 3. Teil Rn. 18).

7. Abschnitt. Übergangs- und Schlußbestimmungen

Vorbemerkungen zu §§ 31–37 – Übergangsrecht

Im 7. Abschnitt (§§ 31–37) regelt das NRG entsprechend dem allgemeinen Aufbau des NRG zunächst Tatbestände aus dem baulichen Nachbarrecht (§§ 31 und 32), im Anschluss hieran solche aus dem pflanzlichen Nachbarrecht (§§ 33–35). In §§ 36 und 37 finden sich abschließend die für alle Regelungen des NRG geltenden Übergangsvorschriften.

§ 31 Durch Zeitablauf entstandene Fensterschutzrechte

Hat im Geltungsbereich des badischen Ausführungsgesetzes zum Bürgerlichen Gesetzbuch der Eigentümer eines Gebäudes vor dem Inkrafttreten des Bürgerlichen Gesetzbuchs durch Zeitablauf das Recht erlangt, daß zum Schutz seiner Fenster Anlagen auf einem Nachbargrundstück einen bestimmten Abstand einhalten müssen, so gilt dieses Recht auch weiterhin als Grunddienstbarkeit.

I. Inhalt der Regelung

1   Nach dieser Vorschrift gelten im Gebiet des früheren Landes Baden zum Schutz des Lichtrechts des Nachbarn weiterhin die Abstandvorschriften für Grenzanlagen, die vor dem 1.1.1900 durch sog. Ersitzung Geltung erlangt haben.

II. Normgebung

2   Das französische Recht bzw. das damit identische Badische Landrecht gaben – ebenso wie das in Württemberg und Hohenzollern geltende gemeine Recht – kein **Lichtrecht**. Es musste daher durch ein besonderes Rechtsverhältnis, insbesondere durch eine Dienstbarkeit, erworben werden (Dehner B § 25 B, D II). Im Geltungsbereich des Badischen Landrechts schuf der dreißigjährige „öffentliche" Besitz von Aussichtsfenstern (auch Altanen und Erkern) in geringerer als der gesetzlichen Entfernung von 1,80 m (LRS 677, 678: 6 Fuß) Bestandsschutz. Damit musste der Eigentümer des Nachbargrundstücks mit Bauanlagen diese Grenzentfernung einhalten, durfte insoweit also die Aussicht nicht verbauen (Dorner/Seng 290). Diese Regelung galt unabhängig davon, wie weit die Aussichtsmöglichkeit reichte (vgl. RG 30.4.1886 – II. 508/85, RGZ 15, 328, für die Aussicht nur auf ein mit keiner Öffnung versehenes Dach). Die nicht unbestrittene Rechtsnatur des so erlangten Rechts (selbstständige offene Dienstbarkeit einerseits, nachbarrechtliche Eigentumsbeschränkung andererseits) wurde entsprechend dem Vorbehalt des Art. 218 EGBGB iVm Art. 184 EGBGB in Art. 22 BadAGBGB 1899 (= Art. 17 BadAGBGB 1925) dahingehend klargestellt, dass das Recht als Grunddienstbarkeit anzusehen war (Dorner/Seng 290). Diese Regelung wurde in § 31 übernommen. Nach Auffassung des Gesetzgebers war die Beibehaltung zum Schutz bestehender Rechte erforderlich. Im Interesse der Gesetzesbereinigung wollte er diese Vorschrift nicht einfach aufrecht halten und im BadAGBGB belassen, dessen übrigen nachbarrechtlichen Vorschriften durch § 37 II aufgehoben werden sollten. Vielmehr sollten die Bestimmungen des privaten landesrechtlichen Nachbarrechts in einem Gesetz zusammengefasst werden (RegBegr. vom 12.12.1958, Beil. 2220 zu den Sitzungsprotokollen der 2. Legislaturperiode, S. 3559).

III. Anmerkungen

3   1. Die Vorschrift ist von Art. 115 EGBGB gedeckt und verstößt damit nicht gegen Bundesrecht (Art. 1 II EGBGB).

2. Die Regelung gilt im Geltungsbereich des BadAGBGB und damit nur im **Gebiet des** 4
ehemaligen Landes Baden (VKKKK Rn. 1). Dieses entspricht dem Hoheitsgebiet des
Großherzogtums Baden am 1.1.1900, also ohne die damals großherzoglich hessischen Enklaven Wimpfen (am Berg und im Tal), Finkenhof, Helmhof und Hohenstadt (Dehner
B § 21 III 1; zur Gebietsübersicht vgl. den Anh. III).

3. Inhalt des Rechts, das weiterbesteht, ist das an den Nachbarn gerichtete Gebot, zum 5
Schutz der Sicht aus Fenstern in Gebäuden auf dem angrenzenden Grundstück mit seinen
Anlagen bestimmte Abstände einzuhalten (sog. Licht- oder Fensterschutzrecht, so VKKKK
Rn. 1; auch → Vor §§ 3–5 Rn. 4). Zum Begriff des **Gebäudes** → § 3 Rn. 9. **Fenster** sind
Lichtöffnungen, die dazu bestimmt sind, Licht von außen in das Gebäude eindringen zu
lassen. Unerheblich ist, ob sie auch der Luftzufuhr dienen und ob sie sich öffnen lassen. Sie
müssen auch keine Aussicht ins Freie ermöglichen (BGH 13.7.1960 – V ZR 90/59, MDR
1960, 914 (915); Dehner B § 25 H I 1). Andere Lichtöffnungen werden von § 31 nicht erfasst
(vgl. Dorner/Seng 291). Die **Anlagen** müssen einen Bezug zur Nutzung durch den Menschen aufweisen und sind daher (wie in §§ 2–5) Gebäude iSd § 2 II BWLBO. Welche Abstände maßgeblich sind, ergibt sich aus der tatsächlichen, weit zurück in das 19. Jahrhundert
reichenden Situation.

4. Rechtsgrund ist der „Zeitablauf", mithin die **Ersitzung** des Rechts. Dabei muss es 6
vor Inkrafttreten des BGB, also vor dem 1.1.1900, entstanden sein (vgl. Art. 184 EGBGB).
Nach § 31 („Recht erlangt") muss auch vor diesem Zeitpunkt die dreißigjährige Ersitzungszeit abgelaufen sein; zu den Voraussetzungen der Ersitzung → § 2 Rn. 9. Durch Vollendung
einer zuvor begonnenen Ersitzung ist ein Erwerb solcher Rechte, von den Fällen des § 900 II
BGB (Tabularersitzung) abgesehen, seit 1900 (also nicht erst seit Inkrafttreten des Grundbuchrechts, vgl. Art. 189 EGBGB) nicht mehr möglich.

5. Das Recht gilt als **Grunddienstbarkeit** fort (vgl. → Rn. 2). Aufgrund dieser Fiktion 7
kommen die BGB-Vorschriften zur Begründung von Grunddienstbarkeiten, insbesondere
die Pflicht zur Eintragung im Grundbuch (§ 873 I BGB), nicht zur Anwendung (vgl.
Art. 187 I 1 EGBGB). Dem Berechtigten steht es aber frei, die Eintragung zu erwirken
(Art. 187 I 2 EGBGB; zu den Eintragungsmodalitäten s. Dehner B § 36). Dies ist anzuraten,
wenn ein gutgläubig lastenfreier Erwerb des Grundstücks verhindert werden soll (hierzu
→ § 2 Rn. 8), insbesondere keine Offenkundigkeit vorliegt (vgl. OLG Karlsruhe 27.1.1988
– 6 U 58/87, BWNotZ 1988, 94 (95)). Zur Eintragung berechtigt iSd Art. 187 EGBGB ist
nicht nur der Eigentümer des herrschenden Grundstücks, sondern jeder, ohne dessen Willen
über die Grunddienstbarkeit nicht verfügt werden kann, zB der Nießbraucher (Dehner
B § 36). Anwendbar sind hingegen die BGB-Vorschriften, die an das Bestehen einer Grunddienstbarkeit anknüpfen, etwa § 1004 BGB oder §§ 1020 ff. BGB (vgl. Art. 184 S. 2 EGBGB).
Auch eine Übertragung ist (zusammen mit dem Grundstück) möglich.

§ 32 Alte Mauerrechte

Hat der Eigentümer eines Grundstücks vor dem Inkrafttreten des Bürgerlichen Gesetzbuchs auf Grund des Badischen Landrechtssatzes 663 von seinem Nachbarn verlangt, daß er zur Erbauung einer Scheidewand beitrage, so bleiben für das Recht und die Pflicht zur Errichtung derselben die bisherigen Vorschriften maßgebend.

I. Inhalt der Regelung

Die Vorschrift sieht für das Gebiet des ehemaligen Landes Baden die Pflicht des Nachbarn 1
vor, an der Errichtung einer Grenzwand mitzuwirken, wenn dies vom Grundeigentümer vor
Beginn des 20. Jahrhunderts verlangt wurde.

§ 32 7. Abschnitt. Übergangs- und Schlußbestimmungen

II. Normgebung

2 Die Vorschrift übernimmt wortgleich die Regelung des Art. 9 BadAGBGB 1925. Hiernach gilt im badischen Landesteil **LRS 663** des Badischen Landrechts, sofern ein Nachbar vor dem 1.1.1900 die Forderung nach einer Grenzwand erhoben hat. Diese Vorschrift lautet:

> [1] *In Städten und Vorstädten kann jeder seinen Nachbar anhalten, daß er zur Erbauung und Unterhaltung der Scheidewand ihrer dasigen Häuser und Gärten beitrage.* [2] *Die Höhe der Scheidewand wird nach Ortsverordnungen oder Gebräuchen bestimmt; wo es an sichern Gebräuchen oder Verordnungen fehlt, soll jede Scheidewand unter Nachbarn, die in Zukunft erbaut oder wiederhergestellt werden mag, mit Inbegriff der Mauerkappe 8 Fuß hoch sein.*

3 Nach Auffassung des Gesetzgebers war die Beibehaltung dieser Vorschrift wie die des Art. 17 BadAGBGB 1925 in § 31 (dazu → § 31 Rn. 2) zum Schutz bestehender Rechte erforderlich (RegBegr. vom 12.12.1958, Beil. 2220 zu den Sitzungsprotokollen der 2. Legislaturperiode, S. 3559).

III. Anmerkungen

4 **1.** Anders als die privaten Nachbarrechte anderer Bundesländer enthält das NRG außer dieser Übergangsvorschrift keine Regelungen zu Grenzwänden (= Scheidewände). Das BGB sieht in §§ 921, 922 BGB zwar die gemeinsame Unterhaltung solcher „Grenzanlagen" vor, normiert aber – anders als LRS 663 S. 1 – keine Pflicht des Nachbarn, zu ihrer Errichtung beizutragen, also eine Scheidewand zu bauen. Im Gegensatz zum Badischen Landrecht (LRS 663 S. 2) trifft das BGB auch keine Bestimmungen zur Ausgestaltung solcher Wände.

5 **2.** § 32 schafft eine Eigentumsbeschränkung und ist daher von Art. 124 S. 1 EGBGB gedeckt (vgl. Dehner A § 2, S. 5).

6 **3.** Die Regelung gilt nur im **Gebiet des ehemaligen Landes Baden** (dazu → § 31 Rn. 4).

7 **4.** § 32 gilt nur in **städtischen Bereichen** (LRS 663 S. 1). Nach Art. 9 BadAGBGB, der gem. § 37 I, II Nr. 1 zum 1.1.1960 außer Kraft getreten ist, konnte jeder Grundeigentümer von seinem Nachbarn fordern, **am Bau einer Scheidewand** (finanziell oder durch eigene Mitarbeit) **mitzuwirken** (LRS 663 S. 1, sog. **Mauerrecht**). Diese Regelung gilt nach § 32 fort, sofern das Begehren vor dem 1.1.1900 erhoben worden ist. Ob der Bau vor Inkrafttreten des BGB erfolgt ist oder begonnen wurde, spielt keine Rolle (Birk NachbarR BW Anm. 3). In aller Regel wird sich eine solche Aufforderung heute nur noch urkundlich nachweisen lassen.

8 Hinsichtlich der **Ausgestaltung** der Scheidewand findet sich in LRS 663 S. 2 eine Bezugnahme auf die einschlägigen Ortsverordnungen und Gebräuche, ansonsten nur eine Sollvorschrift zur Höhe („mit Inbegriff der Mauerkappe 8 Fuß"). Aus der Höhenvorschrift und dem Hinweis auf eine „Mauerkappe" folgt, dass es hier um ein selbstständiges Bauwerk als Grundstückseinfriedigung geht, nicht also um eine Kommunmauer (= gemeinsame Giebelmauer zweier aneinanderstoßender Häuser) oder eine Grenzmauer (= an die Grenze gesetzte Abschlusswand eines Hauses; aA Reich NRG BW Rn. 1). Der Fuß als Längenmaß betrug in Baden 0,3 m, was zu einer **Sollhöhe** von **2,40 m** führt. Aus der Beitragspflicht der Nachbarn ist zu folgern, dass die Scheidemauer im Zweifel auf die Grenze zu setzen ist, also auf beiden Grundstücken stehen muss. Für die konkrete Ausgestaltung des Bauwerks ist das damalige Ortsrecht mitsamt Gebräuchen zu befragen, das insoweit nicht durch die Außerkraftsetzung in § 37 II betroffen ist. Ansonsten liegt das Bestimmungsrecht bei demjenigen, der die Scheidemauer fordert. Dieses ist gem. §§ 315 f. BGB nach **billigem Ermessen** auszuüben; notfalls entscheiden die Zivilgerichte (§ 315 III 2 BGB). Damit wird sichergestellt, dass die Baulast im Zweifel beide Nachbarn gleichermaßen trifft.

9 **5. Berechtigt** ist der Grundeigentümer, der den Anspruch aus LRS 663 geltend gemacht hat, bzw. sein Rechtsnachfolger (Reich NRG BW Rn. 1).

Bestehende Einfriedigungen, Pflanzungen, bauliche Anlagen § 33

Verpflichtet ist der Eigentümer des (angrenzenden) Nachbargrundstücks bzw. sein 10 Rechtsnachfolger, nicht aber der bloße Besitzer, auch wenn er zum Besitz berechtigt ist (→ Einl. Rn. 21).

§ 33 Bestehende Einfriedigungen, Spaliervorrichtungen, Pflanzungen und bauliche Anlagen

(1) ¹Für die Abstände von Einfriedigungen, Spaliervorrichtungen und Pflanzungen, die bei Inkrafttreten des Gesetzes bereits bestehen, bleiben die bisherigen Vorschriften maßgebend, soweit sie in der Beschränkung des Eigentümers weniger weit gehen als die Vorschriften dieses Gesetzes. ²Dasselbe gilt für die Abstände von baulichen Anlagen, die bei Inkrafttreten des Gesetzes bestehen, mit deren Bau begonnen worden ist oder die genehmigt sind.

(2) ¹Wird die Einfriedigung, Spaliervorrichtung oder Pflanzung erneuert, so greifen die Bestimmungen dieses Gesetzes Platz. ²Dasselbe gilt, wenn in einer der Erneuerung gleichkommenden Weise die Einfriedigung oder Spaliervorrichtung ausgebessert oder die Pflanzung ergänzt wird.

I. Inhalt der Regelung

Die Vorschrift bestimmt, dass für Einfriedigungen, Spaliervorrichtungen, Pflanzungen und 1 bauliche Anlagen, die bei Inkrafttreten des Gesetzes bereits bestanden, die damaligen Abstandsregelungen anwendbar bleiben, soweit sie dem Eigentümer mehr Freiheit erlauben als die Vorschriften dieses Gesetzes. Wird eine der vorgenannten Anlagen oder Pflanzungen erneuert, gilt das neue Recht.

II. Normgebung

1. Die Vorschrift knüpft an Art. 250 WürttAGBGB 1899 (= Art. 222 WürttAGBGB 1931) 2 bzw. dessen Vorgängerregelung in Art. 29 WürttGLN an. Mit dieser Übergangsregelung sollte vermieden werden, dass in unerträglicher Weise in bereits bestehende Verhältnisse eingegriffen wird (RegBegr. vom 12.12.1958, Beil. 2220 zu den Sitzungsprotokollen der 2. Legislaturperiode, S. 3560). Bei Erneuerung von Einfriedigungen, Spaliervorrichtungen und Pflanzungen sollten die neuen Vorschriften gelten. Für genehmigte, begonnene oder bestehende bauliche Anlagen sollte es auch in diesen Fällen beim bisherigen Rechtszustand bleiben. Als bauliche Anlagen im Sinne dieser Bestimmung seien nur die Anlagen anzusehen, von denen die möglichen Beeinträchtigungen des Nachbarn unmittelbar ausgehen können (Lichtöffnungen, Galerien usw). Die neuen Vorschriften sollten deshalb immer dann eingreifen, wenn an einem bestehenden Gebäude eine neue Anlage (zB Lichtöffnung) angebracht oder wenn eine solche erweitert wird. Der Gesetzgeber nahm dabei in Kauf, dass die sehr unterschiedlichen bisherigen Vorschriften noch einige Zeit anwendbar bleiben würden (RegBegr. vom 12.12.1958, Beil. 2220 zu den Sitzungsprotokollen der 2. Legislaturperiode, S. 3560).

2. Durch **Art. 2 I des Gesetzes zur Änderung des NRG vom 26.7.1995** (GBl. 605 3 (608)) wurde Folgendes bestimmt:

Soweit auf Anlagen, Einrichtungen und Pflanzungen die bisherigen Bestimmungen des Nachbarrechtsgesetzes anzuwenden sind und diese den Eigentümer weniger beschränken als die Vorschriften dieses Gesetzes, gilt § 33 des Nachbarrechtsgesetzes entsprechend.

Der Gesetzgeber sah sich zur Aufnahme dieser Vorschrift veranlasst, da Einzelfälle nicht 4 auszuschließen seien, in denen eine nach bisherigem Recht zulässige Anlage oder Anpflanzung künftig unzulässig wird, obwohl durch die weiteren Neuregelungen die Rechte der Eigentümer von Anlagen, Einrichtungen und Pflanzungen durchweg erweitert wurden. Vorsorglich wurde deshalb in dieser Übergangsvorschrift auf die entsprechende Regelung in § 33 verwiesen (RegBegr. vom 1.3.1993, LT-Drs. 11/1481, 16).

§ 33   7. Abschnitt. Übergangs- und Schlußbestimmungen

III. Anmerkungen

5   **1. Abs. 1** bestimmt, dass die Abstandsvorschriften für Einfriedigungen, Spaliervorrichtungen, Pflanzungen und bauliche Anlagen, die am 1.1.1960 schon bestanden, trotz ihrer Aufhebung in § 37 II gültig bleiben, sofern sie den Eigentümer weniger beschränken als §§ 11–17 **(S. 1).** Mit dem Eigentümer ist der Eigentümer der Einfriedigungen, Spaliere, Pflanzungen und baulichen Anlagen gemeint (vgl. BGH 29.1.1982 – V ZR 157/81, NJW 1982, 2385; OLG Karlsruhe 27.1.1988 – 6 U 58/87, BWNotZ 1988, 94 (95)). Für bauliche Anlagen gelten die alten Abstandsvorschriften, wenn mit der Erstellung des Baus vor dem 1.1.1960 begonnen oder der Bau wenigstens schon (baurechtlich) genehmigt war **(S. 2).** Entsprechend dem Grundsatz, dass jede Partei dasjenige darlegen und beweisen muss, was für ihre Position günstig ist, trägt derjenige, der sich auf das ihm günstige Altrecht beruft, die Darlegungs- und Beweislast (LG Freiburg 5.11.2014 – 3 S 101/14, NJOZ 2015, 579 (580)). Sind im Einzelfall Abstandsvorschriften des NRG für den Eigentümer günstiger, gelten diese. Zum Begriff der **Einfriedigung** → § 11 Rn. 12, zum Begriff der **Spaliervorrichtung** → § 13 Rn. 8, zum Begriff der **Pflanzung** → § 20 Rn. 5, zum Begriff der **baulichen Anlage** → § 7b Rn. 7.

6   Die bisherigen Abstandsvorschriften ergeben sich für den badischen Landesteil aus Art. 10, 11, 14–16 BadAGBGB 1925 (s. etwa OLG Karlsruhe 17.7.2020 – 12 U 113/19, BeckRS 2020, 16776 Rn. 140 f.), für den württembergischen Landesteil (direkt oder als Satzungsrecht) aus Art. 194, 196, 199, 200–212, 219, 220 und 222 WürttAGBGB 1931 und für den hohenzollerischen aus Art. 66, 70 FPO bzw. örtlichem Gewohnheitsrecht (VKKKK Rn. 2; Birk NachbarR BW Anm. 3). Regelmäßig waren die alten Grenzabstände kleiner und beschränkten den Eigentümer damit weniger. Die alten Vorschriften haben gleichwohl keine Bedeutung mehr, da Abwehrrechte des Nachbarn, die auf diese Vorschriften gründen, inzwischen verjährt sind (vgl. § 195 BGB aF bzw. § 195, 199 BGB iVm Art. 229 § 6 I 1 EGBGB, ferner Art. 2 II des Änderungsgesetzes 26.7.1995, dazu → § 26 Rn. 6; vgl. OLG Karlsruhe 27.1.1988 – 6 U 58/87, BWNotZ 1988, 94 (95)). Eine (nach dem Vorgesagten nur noch theoretische) Ausnahme bildet der (gem. § 26 III unverjährbare) Anspruch auf Verkürzung und Zurückschneiden, der sich bei Althecken nicht nach § 12 II, sondern nach den Altvorschriften richtet; von diesen sah Art. 202 III Württ-AGBGB 1931 für den württembergischen Landesteil vor, dass Seitenzweige bis zur Hälfte des in Art. 202 I vorgeschriebenen Abstands („Hecken müssen von der Grenze 1m abstehen und dürfen bei diesem Abstand nicht höher als 1,50 m werden. Bei größerem Abstand darf ihre Höhe das Maß von 1,50 m um so viel überschreiten, als der Abstand mehr als 1m beträgt") zurückzuschneiden sind, ging in der Beschränkung der Eigentümerbefugnisse also weniger weit als die Regelung des § 12. Für den badischen Landesteil galt nach Art. 15 I BadAGBGB 1925, dass hochstämmige Bäume 1,80 m, andere Bäume und Sträucher 45 cm von der Grundstücksgrenze entfernt zu halten waren; diese Vorschrift galt auch für Hecken (LG Freiburg 5.11.2014 – 3 S 101/14, NJOZ 2015, 579 (581)), so dass auch insoweit keine Privilegierung für Hecken Platz greift, die vor 1960 gesetzt wurden.

7   Für Anlagen, Einrichtungen und Pflanzungen, die zwischen 1960 und einschließlich 1995 geschaffen wurden und von Änderungen der Abstandsregeln im Gesetz zur Änderung des NRG vom 26.7.1995 (§§ 7, 10 II, 11 I, II, 12, 13, 14, 16, 19 I, II und 21 I) betroffen sind, gilt aufgrund Art. 2 I dieses Gesetzes die bisherige Rechtslage nach dem NRG fort, sofern sie den Eigentümer weniger belastet als die neuen Abstandsvorschriften (→ Rn. 3, 4). Dies betrifft indes nur wenige Fälle aus §§ 14 und 16, da durch die Neuregelungen die Rechte der Eigentümer von Anlagen, Einrichtungen und Pflanzungen allgemein erweitert werden sollten (RegBegr. vom 1.3.1993, LT-Drs. 11/1481, 16).

8   **2. Abs. 2** nimmt den Rechtsgedanken der §§ 22 III, 26 II sowie 34 IV auf und bestimmt, dass der Bestandsschutz dort endet, wo von einem **Altbestand nicht mehr gesprochen werden kann,** weil die Einfriedigungen, Spaliere, Pflanzungen oder baulichen Anlagen inzwischen wesentlich verändert oder ausgetauscht wurden. Für den von 1960 bis einschließlich 1995 geschaffenen Bestand, der von Änderungen der Abstandsregeln betroffen ist, die

zum 1.1.1996 in das NRG eingefügt wurden, gilt Gleiches aufgrund Art. 2 I des Gesetzes zur Änderung des NRG vom 26.7.1995 (→ Rn. 3, 4). Zu den Begriffen der **Erneuerung, der Ausbesserung in einer der Erneuerung gleichkommenden Weise** und der **Ergänzung einer Pflanzung** → § 22 Rn. 10. Mit der Ergänzung einer Pflanzung ist auch deren Auswechslung gemeint (aA Reich NRG BW Rn. 4). In diesen Fällen gelten für den gesamten, nicht nur geänderten Bestand die neuen Abstandsvorschriften des NRG.

§ 34 Bäume von Waldgrundstücken

(1) **Im Geltungsbereich des württembergischen Ausführungsgesetzes zum Bürgerlichen Gesetzbuch und zu anderen Reichsjustizgesetzen muß der Eigentümer eines Waldgrundstücks, in das Zweige und Wurzeln der Bäume und Sträucher eines anderen zur Zeit des Inkrafttretens des Bürgerlichen Gesetzbuchs bereits mit Wald bestandenen Grundstücks herüberragen, die Zweige und Wurzeln dulden.**

(2) **Die Beseitigung herüberragender Zweige von Bäumen und Sträuchern, die an dem südwestlichen, westlichen oder nordwestlichen Trauf von am 1. Januar 1894 bereits vorhandenen, rein oder vorwiegend mit Nadelholz bestockten Waldungen stehen, kann nicht verlangt werden, wenn hierdurch der Fortbestand der Bäume gefährdet würde, die zum Schutz des hinterliegenden Waldes erforderlich sind.**

(3) **In diesen Fällen finden die Bestimmungen der § 23 Abs. 2 und § 24 entsprechende Anwendung.**

(4) **Diese Vorschriften gelten nur, soweit nicht seit dem Inkrafttreten des Bürgerlichen Gesetzbuchs eine Verjüngung des Waldes stattgefunden hat und, wenn dies nicht der Fall war, bis zur nächsten Verjüngung.**

I. Inhalt der Regelung

1 Die Vorschrift trifft Sonderregeln für alte Wälder im Gebiet des früheren Landes Württemberg. Hiernach dürfen Bäume und Sträucher mit ihren Wurzeln und Ästen in Nachbargrundstücke eindringen, sofern es sich dabei ebenfalls um alte Waldbestände handelt. Ferner schützt die Vorschrift das Vorholz von alten Nadel- und Mischwäldern hinsichtlich der Zweige, die auf ein Nachbargrundstück hinüberragen.

II. Normgebung

2 Art. 183 EGBGB sieht vor, dass zugunsten eines Grundstücks, das zur Zeit des Inkrafttretens des BGB mit Wald bestanden war, die landesgesetzlichen Vorschriften, welche die Rechte des Eigentümers eines Nachbargrundstücks in Ansehung der auf der Grenze oder auf dem Waldgrundstück stehenden Bäume und Sträucher abweichend von den Vorschriften der §§ 910, 923 II, III BGB bestimmen, „bis zur nächsten Verjüngung des Waldes in Kraft" bleiben. Solche Regelungen traf nur der württembergische Gesetzgeber in §§ 21 III, 23 III sowie 23 IV und V WürttGLN. Diese Regelungen wurden in Art. 244, 245 WürttAGBGB 1899 übernommen und in Art. 217 WürttAGBGB 1931 so modifiziert, wie sie sich jetzt in Abs. 1–3 finden. Nach Auffassung des Gesetzgebers sind diese Änderungen von Art. 218 EGBGB iVm Art. 183 EGBGB gedeckt. Der Regelungsinhalt des Art. 217 WürttAGBGB 1931 sollte nicht wiederum verändert werden, da diese Vorschrift aufgrund der Vorgabe des Art. 183 EGBGB ohnehin nur noch bis zur nächsten Verjüngung des Waldes erhalten bleiben sollte (RegBegr. vom 12.12.1958, Beil. 2220 zu den Sitzungsprotokollen der 2. Legislaturperiode, S. 3559f.).

III. Anmerkungen

3 1. Siehe zunächst die Übersichten in → § 23 Rn. 25 und → § 24 Rn. 22. Die Regelung des **Abs. 1** gilt im Geltungsbereich des WürttAGBGB und damit nur im **Gebiet des ehemaligen Landes Württemberg** (VKKKK Rn. 1; zur Gebietsübersicht vgl. den Anh. III).

§ 34   7. Abschnitt. Übergangs- und Schlußbestimmungen

4   Abs. 1 trifft eine **Duldungspflicht** hinsichtlich über die Grenze wachsender **Zweige und Wurzeln von Bäumen und Sträuchern** in einer **Wald-an-Wald-Situation** und beschränkt insoweit §§ 1004, 910 BGB. Zum Begriff des **Waldes** → § 19 Rn. 9; dabei muss es sich um ein forstwirtschaftlich genutztes Grundstück handeln (Dehner B § 21 IV 1; GLS NachbarR-HdB/Lüke Kap. 2 Rn. 397; aA Grziwotz/Saller BayNachbarR 2. Teil Rn. 96 für die Parallelregelung in § 51 BayAGBGB; ebenso wohl BayObLG 8.3.1993 – 1 Z RR 280/92, Juris-Rn. 28 = BayObLGZ 1993, 100). Zum Begriff des **Zweiges** → Vor §§ 23–25 Rn. 2, zum Begriff des **Baums** → § 16 Rn. 15, zum Begriff der **Wurzel** → Vor §§ 23–25 Rn. 3, zum Begriff des **Strauchs** → § 16 Rn. 16.

5   Begünstigt sind Grundstücke, die **am 1.1.1900 mit Laub- oder Nadelwald bestockt** waren und dies heute noch sind, ohne dass inzwischen eine Verjüngung des Waldes stattgefunden hat (Abs. 4). Bei Kleinstgrundstücken, die zusammen mit anderen Grundstücken eine funktionelle Einheit bilden, ist auf die gesamte Einheit abzustellen; in solchen Fällen muss nicht jede Parzelle Waldbestand aufweisen. Duldungspflichtig sind die Eigentümer der benachbarten (= angrenzenden) Grundstücke, sofern diese Flächen ebenfalls mit Laub- oder Nadelwald bestanden sind. Auf das Alter des Waldes kommt es hier nicht an. Wird das Nachbargrundstück iSd § 23 II oder des § 24 I, II genutzt, gelten die Abwehr- und Selbsthilfemöglichkeiten des BGB hinsichtlich der Zweige und Wurzeln allerdings uneingeschränkt (Abs. 3, dazu → Rn. 10).

6   **2. Abs. 2** steht im systematischen Zusammenhang mit Abs. 1 und gilt damit ebenfalls nur für das Gebiet des ehemaligen Landes Württemberg (Birk NachbarR BW Anm. 1).

7   Abs. 2 dient dem **Schutz des Waldsaums**. Dieser wird – wie der Vergleich zu Abs. 1 zeigt – nicht als Waldbestandteil gewertet. § 15 II mit der Erlaubnis zur Anlegung eines Windschutzes aus Gehölzen (sog. Traufgehölze, von Trauf = Windschutz; Pelka NachbarR BW 175) im Bereich des Waldsaums erlaubt nicht auch ein Überwachsen von Zweigen und Wurzeln. Dem Nachbarn verbleiben damit die Rechte aus §§ 1004, 910 BGB. Davon abweichend bestimmt Abs. 2 eine **Duldungspflicht** hinsichtlich über die Grenze wachsender **Zweige von Bäumen und Sträuchern,** die in einer rein oder vorwiegend mit **Nadelholz** bestockten **Waldung an der Ostseite** (von Südosten bis Nordosten) des Nachbargrundstücks stehen. Wie das Nachbargrundstück genutzt wird, spielt keine Rolle; insbesondere ist keine Wald-an-Wald-Situation gefordert. Für Wurzeln gilt diese Vorschrift nicht (VKKKK Rn. 2).

8   Zum Begriff des **Zweiges** → Vor §§ 23–25 Rn. 2, zum Begriff des **Baums** → § 16 Rn. 15, zum Begriff des **Strauchs** → § 16 Rn. 16, zum Begriff der **Waldung** → § 15 Rn. 8 (= Wald iSv Abs. 2 und 4 sowie von § 19, dazu → § 19 Rn. 9; = Waldlage iSd § 28, dazu → § 28 Rn. 9). **Nadelholz** sind Nadelbäume (sog. Koniferen von lat. conifera = Zapfenträger). Diese stehen im Gegensatz zu den Laubbäumen und zeichnen sich dadurch aus, dass ihr Blattwerk nicht flächig, sondern nadelförmig ist. Hiernach gehört zB auch der Ginkgobaum zum Nadelholz.

9   Voraussetzung für die Duldungspflicht nach Abs. 2 ist, dass
– die herüberwachsenden Gehölze (Bäume oder Sträucher) **Traufgehölze** sind, also dem Schutz einer dahinter liegenden Waldung dienen,
– die **Waldung** (nicht unbedingt das Gehölz, dessen Zweige herüberragen) **am 1.1.1894** also bei Inkrafttreten des WürttGLN, bereits **bestand,**
– inzwischen **keine Verjüngung** der Waldung stattgefunden hat (Abs. 4, dazu → Rn. 12),
– die **Beseitigung der Zweige,** auch wenn dies nur bis zur Grenze erfolgen kann (hierzu → Vor §§ 23–25 Rn. 7), den **Fortbestand** der Gehölze **gefährden würde.**

10 **3.** Liegen diese vier Voraussetzungen (kumulativ) vor, bestehen nach **Abs. 3 Rückausnahmen.** Hiernach wird mit der Bezugnahme auf §§ 23 II, 24 die **Nichtanwendbarkeit der Absätze 1 und 2** bestimmt, sofern
– das benachbarte Grundstück erwerbsgartenbaulich genutzt wird oder ein Hofraum ist oder die Zweige auf ein auf dem benachbarten Grundstück stehendes Gebäudes hereinragen

Zweige und Wurzeln von bestehenden Obstbäumen § 35

oder den Bestand oder die Benutzung eines Gebäudes beeinträchtigen oder die Errichtung eines Gebäudes unmöglich machen oder erschweren (**§ 23 II**), oder
– die Beseitigung der Wurzeln auf dem Nachbargrundstück zur Herstellung und Unterhaltung eines Weges, eines Grabens, einer baulichen Anlage, eines Dräns oder einer sonstigen Leitung erforderlich ist (**§ 24 I**), oder
– sich das Nachbargrundstück in Innerortslage (§ 12 II 2) befindet und seine Nutzung durch die Wurzeln wesentlich beeinträchtigt wird (**§ 24 II**).

Zu diesen Voraussetzungen gilt das in den Anmerkungen zu § 23 II und § 24 Gesagte. 11
Ohne die Duldungspflicht aus Abs. 1 bzw. 2 gelten die §§ 23 II, 24 uneingeschränkt.

4. Die Abs. 1 und 2 gelten nach **Abs. 4** ferner nur dann, wenn seit dem 1.1.1900 (in den 12
Fällen des Abs. 2 dürfte der 1.1.1894 gemeint sein) keine **Verjüngung des Waldes** auf dem geschützten Grundstück stattgefunden hat. Eine Verjüngung des Waldes kann durch Saat, Pflanzung oder Naturverjüngung erfolgen (VKKKK Rn. 2). Ob dies der Fall ist, lässt sich regelmäßig nur schwer bestimmen, da Verjüngungen selten in einem Zuge (zB durch Rodung) geschehen und auch kaum einmal den gesamten Waldbestand erfassen. Wie bei § 22 III, § 26 II und § 33 II wird auch hier anzunehmen sein, dass eine Verjüngung vorliegt, wenn mehr als die Hälfte des Bestands ausgetauscht ist. Schätzungen zufolge werden im Jahr 2050 etwa 90 % der vor 1900 begründeten Waldbestände erneuert sein (Mayer in Staudinger EGBGB Art. 183 Rn. 1).

5. Berechtigt ist der Eigentümer des Waldgrundstücks, auf dem die grenzüberschreiten- 13
den Gehölze wachsen, bzw. sein Rechtsnachfolger (Reich NRG BW Rn. 1).
Verpflichtet ist der Eigentümer des benachbarten (angrenzenden) Waldgrundstücks bzw. 14
sein Rechtsnachfolger.

§ 35 Überragende Zweige und eingedrungene Wurzeln von bestehenden Obstbäumen

Im Geltungsbereich des badischen Ausführungsgesetzes zum Bürgerlichen Gesetzbuch sind die Vorschriften der §§ 23 und 24 für bestehende Obstbäume nicht anzuwenden, wenn mit diesen nicht mindestens die Abstände dieses Gesetzes eingehalten werden.

I. Inhalt der Regelung

Die Vorschrift bestimmt für den badischen Landesteil, dass Obstbäume, die bei Inkrafttre- 1
ten des NRG bereits bestanden, aber nicht mindestens die Grenzabstände des § 16 wahren, auch nicht in den Genuss der Privilegierungen der § 23 (Beseitigung von über die Grundstücksgrenze ragenden Zweigen nur bis zu einer Höhe von 3 m) und § 24 I (Beseitigung von in das Nachbargrundstück eingedrungenen Wurzeln nur dann, wenn für eine Baumaßnahme oder Ähnliches erforderlich) kommen sollen. Da Obstbäume zwar über 100 Jahre alt werden können, aber regelmäßig nur 30 bis 40 Jahre lang Früchte tragen (Äpfel, einige Aprikosen, Birnen, zum Teil auch Kirschen können im extensiv betriebenen Obstbau bei entsprechender Pflege und Beschneidung selbst nach 50 Jahren noch gute Erträge bringen, wie die Streuobstwiesen zeigen), hat die Vorschrift für die betroffenen, inzwischen über 50 Jahre alten Obstbäume nur noch geringe praktische Bedeutung.

II. Normgebung

Art. 183 EGBGB sieht vor, dass „die landesgesetzlichen Vorschriften, welche die Rechte 2
des Eigentümers eines Grundstücks in Ansehung der auf der Grenze oder auf dem Nachbargrundstück stehenden Obstbäume abweichend von den Vorschriften des § 910 und des § 923 Abs. 2 des Bürgerlichen Gesetzbuchs bestimmen", unberührt bleiben. Für das badische

§ 36 7. Abschnitt. Übergangs- und Schlußbestimmungen

Rechtsgebiet gab es solche Regelungen bei Inkrafttreten des NRG nicht. Dies führte dazu, dass der Eigentümer eines Grundstücks die Beseitigung herüberragender Zweige auch von Obstbäumen in voller Höhe verlangen sowie deren Wurzeln abschneiden konnte. Eine Einschränkung dieses Rechts, wie es in §§ 23 und 24 vorgesehen ist, lehnte der Gesetzgeber für bestehende Obstbäume ab, da dies zu unbilligen Ergebnissen führen würde, wenn es sich um Obstbäume handelt, die unter Geltung der unzureichenden Abstandsvorschriften des BadAGBGB nahe an der Grenze gepflanzt worden sind und die der betroffene Nachbar grundsätzlich zu dulden hatte. Der Gesetzgeber hielt daher eine besondere Übergangsvorschrift für erforderlich (RegBegr. vom 12.12.1958, Beil. 2220 zu den Sitzungsprotokollen der 2. Legislaturperiode, S. 3560).

III. Anmerkungen

3 1. S. zunächst die Übersichten in → § 23 Rn. 25 und → § 24 Rn. 22. Die Regelung gilt im Geltungsbereich des BadAGBGB und damit nur im **ehemaligen Land Baden** (hierzu → § 31 Rn. 4; zur Gebietsübersicht vgl. den Anh. III).

4 2. Art. 10 I BadAGBGB 1925 sah vor, dass hochstämmige Bäume 1,80 m, andere Bäume 0,45 m von der Grundstücksgrenze entfernt zu halten waren. § 16, der für Obstbäume Abstände bis zu 4m vorsieht, geht im Nachbarschutz damit weiter. Da die Privilegierungsvorschriften der §§ 23 und 24 I für Obstbäume (der neue § 24 II betrifft Obstbäume nicht, → § 24 Rn. 14) nur im Hinblick auf die neuen Abstandsregeln eingeführt wurden, lag es nahe, diese für am 1.1.1960, mithin bei Inkrafttreten des NRG (§ 37 I) an der Grenze stehende Obstbäume, die die Abstandsvorschriften des § 16 verletzen, nicht zur Anwendung kommen zu lassen. Diese Bäume dürfen gem. § 33 I 1 zwar stehen bleiben; allerdings gelten für sie die Vorschriften des § 910 BGB (dazu → Vor §§ 23–25 Rn. 5 ff.) und des § 1004 BGB (dazu → Einl. Rn. 31 ff.) uneingeschränkt. Für Obstbäume, die am 1.1.1960 schon an der Grenze standen und (zufälligerweise) die neuen Grenzabstände einhalten, gelten hingegen §§ 23 und 24 I; diese haben daher einen größeren Schutz vor Abschneiden grenzüberschreitender Zweige und Wurzeln.

§ 36 Verweisung auf aufgehobene Vorschriften

Soweit in Gesetzen und Verordnungen auf Vorschriften verwiesen ist, die durch dieses Gesetz aufgehoben werden, treten an ihre Stelle die entsprechenden Vorschriften dieses Gesetzes.

I. Inhalt der Regelung

1 Die Vorschrift dynamisiert gesetzliche Bezugnahmen auf Altvorschriften, die durch eine Neuregelung im NRG ersetzt wurden. Maßgeblich sind nunmehr die entsprechenden Neuregelungen im NRG.

II. Normgebung

2 Nach Ansicht des Gesetzgebers dient die Vorschrift allein der Klarstellung (RegBegr. vom 12.12.1958, Beil. 2220 zu den Sitzungsprotokollen der 2. Legislaturperiode, S. 3560).

III. Anmerkung

3 Soweit ersichtlich, bezieht sich keine Vorschrift des Landesrechts auf eine Vorschrift, die gem. § 37 II aufgehoben wurde. Daher dient § 36 nur der Klarstellung (so auch die Erläuterungen bei VKKKK § 36, Birk NachbarR BW § 36).

§ 37 Inkrafttreten

(1) Das Gesetz tritt am 1. Januar 1960 in Kraft, mit Ausnahme der §§ 15 Abs. 2, 27, 28 und 29, diese treten mit der Verkündung des Gesetzes in Kraft.

(2) Gleichzeitig treten alle entgegenstehenden landesrechtlichen Vorschriften sowie die ortsrechtlichen Bestimmungen über das private Nachbarrecht außer Kraft:
1. die Artikel 8 bis 19 des badischen Ausführungsgesetzes zum Bürgerlichen Gesetzbuch vom 17. Juni 1899 in der Fassung der Bekanntmachung vom 13. Oktober 1925 (GVBl. S. 281),
2. die Artikel 191 bis 224 des württembergischen Ausführungsgesetzes zum Bürgerlichen Gesetzbuch und zu anderen Reichsjustizgesetzen vom 29. Dezember 1931 (ReGBl. 545), mit Ausnahme des Art. 209 Buchst. b,
3. die §§ 64 bis 71 der Feldpolizeiordnung für das Fürstentum Hohenzollern-Hechingen vom 22. März 1845 (Verordnungs- und Anzeigenblatt für das Fürstentum Hohenzollern-Hechingen 1845 Nr. 19).

I. Inhalt der Regelung

Die Vorschrift regelt, wann das NRG in Kraft tritt. Ferner bestimmt sie das Außerkrafttreten entgegenstehender landesrechtlicher Vorschriften sowie der ortsrechtlichen Bestimmungen über das private Nachbarrecht in BW. In der Bekanntmachung der Neufassung des NRG 8.1.1996 (GBl. 53) ist § 37 nicht mehr aufgeführt, gilt aber weiter, weil eine Neubekanntmachung (nur) deklaratorischen Charakter hat (vgl. die Erläuterungen bei Jarass BImSchG § 74; aA Klein, Die Neubekanntmachung von Gesetzen, 2010, 171, wonach die Neubekanntmachung eines Gesetzes zur widerlegbaren Vermutung führt, dass sie die noch wirksamen Regelungen des Gesetzes enthält).

II. Anmerkungen

1. Zum **Inkrafttreten:** Das NRG ist am **15.12.1959** verkündet worden. An diesem Tag sind die Vorschriften der § 15 II (erlaubt Bepflanzungen im Abstandsbereich von Waldungen), § 27 (regelt den Vorrang von Festsetzungen in Satzungen nach dem BauGB), §§ 28 und 29 (erlaubt den Gemeinden, Teile des Gemeindegebiets durch Satzung zur Wald-, Reb- oder Gartenbaulage zu erklären) in Kraft getreten. Das Inkrafttreten der übrigen Vorschriften folgte kurz danach, nämlich am **1.1.1960.** Nach Auffassung des Gesetzgebers musste das NRG sofort in Kraft gesetzt werden, soweit es Ermächtigungen zum Erlass von Rechtsvorschriften enthielt (RegBegr. vom 12.12.1958, Beil. 2220 zu den Sitzungsprotokollen der 2. Legislaturperiode, S. 3560). Warum auch §§ 15 II und 27 sofortige Geltung erhielten und es gerade auf wenige Wochen ankam, ist nicht erklärt. Die später eingefügten §§ 7a–7e (§ 7e = § 7f nF) sind gem. § 119 BWLBO vom 6.4.1964 (GBl. 151, 190) seit dem **1.1.1965,** die Änderungen der §§ 3 III, 7, 10 II, 11 I, II, 12, 13, 14, 16, 19 I, II, 21 I, 22 II, 23 III 1, 24, 25 II, 26, 27, 29 I und 30 gem. Art. 4 des Gesetzes zur Änderung des NRG vom 26.7.1995 (GBl. 605 (608)) seit dem **1.1.1996,** § 28 IV (betr. die Anhörung der unteren Verwaltungsbehörde vor Erlass einer Satzung nach § 28) gem. Art. 187 I Verwaltungsstruktur-ReformG vom 1.7.2004 (GBl. 469, 576) seit dem **1.1.2005** und § 7c nF sowie die Änderungen der §§ 16 I Nr. 4, II, III, 23 II, 26 I gem. Art. 2 I des Gesetzes zur Änderung des NRG vom 4.2.2014 (GBl. 65) seit dem **12.2.2014,** dem Tag nach ihrer Verkündung im Gesetzblatt, in Kraft. Für an diesem Tag bereits bestehende Gehölze ist bestimmt, dass § 16 II aF (Abstandshalbierung für bestimmte Gehölze) weiterhin Anwendung findet (Art. 2 II des Gesetzes zur Änderung des NRG vom 4.2.2014, GBl. 65). Die aktuelle Fassung des § 26 (kombinierte fünf- und zehnjährige Verjährung) gilt für alle am Tag des Inkrafttretens bestehenden und noch nicht verjährten Ansprüche (Art. 2 III des Gesetzes zur Änderung des NRG vom 4.2.2014, GBl. 65).

2. **Außer Kraft getreten** sind nach **Abs. 2** zum **1.1.1960 entgegenstehende** bisherige **landesrechtliche Vorschriften** (des privaten Nachbarrechts). Landesrechtlich waren die

Vorschriften, die bis zum Inkrafttreten des NRG in Württemberg, Baden, Hohenzollern-Hechingen und in den preußischen Enklaven galten. Diese Vorschriften wurden nur insoweit aufgehoben, als sie Vorschriften des NRG entgegenstanden. Dies bedeutet, dass eine alte Vorschrift, die nur zum Teil mit einer Vorschrift des NRG kollidiert, insofern erhalten geblieben ist, als dieser Teil für sich allein stehen kann. Insofern lässt sich der Rechtsgedanke des § 139 BGB heranziehen. Inhaltlich gilt das neue Recht damit auch für Grenzpflanzungen und Einfriedigungen, die 1960 schon bestanden, so dass das Alter regelmäßig ungeklärt bleiben kann. Zum Bestand an verbliebenen altrechtlichen Landesvorschriften → Einl. Rn. 9.

4   Außer Kraft getreten sind nach Abs. 2 zum **1.1.1960** ferner die **ortsrechtlichen Bestimmungen** über das private Nachbarrecht. Ortsrechtlich sind Bestimmungen, die kommunalen Ursprungs sind, sei es, dass eine Gemeinde Satzungsrecht geschaffen hat, sei es, dass es als Gewohnheitsrecht in einer Gemeinde bzw. einem abgrenzbaren Gebiet mit Ortsbezug gegolten hat. Die ortsrechtlichen Vorschriften über das private Nachbarrecht sind im Gegensatz zu alten landesrechtlichen Bestimmungen unabhängig davon aufgehoben, ob sie den Vorschriften des NRG entgegenstehen oder nicht. Eine Ausnahme gilt für § 32, der das alte Ortsrecht für die Gestaltung von Scheidewänden ausdrücklich in Bezug nimmt. Damit bereinigt das NRG einen Gutteil der Rechtszersplitterung. Viele Gemeinden hatten ihre speziellen kommunalen Abstandsvorschriften. Auf der anderen Seite eröffnet das NRG den Gemeinden in § 28 die Möglichkeit, die im NRG sonst vorgesehenen Grenzabstände für bestimmte Fälle zu modifizieren. Nicht erfasst sind Vorschriften, die zwar Ortsbezug aufweisen, ihre Grundlage aber im Landesrecht finden wie zB Baumschutzsatzungen.

5   Abs. 2 enthält sodann eine **Auflistung** außer Kraft gesetzter Vorschriften. Nach der mit einem Doppelpunkt abschließenden Gesetzesfassung „Gleichzeitig treten alle entgegenstehenden landesrechtlichen Vorschriften sowie die ortsrechtlichen Bestimmungen über das private Nachbarrecht außer Kraft:" scheint es so, dass nur die nachfolgend genannten Vorschriften außer Kraft gesetzt werden sollten. Dann wäre der Eingangsteil aber nutzlos, weil die Bezugsvorschriften bis auf einen Teil des Nachbarrechts aus dem WürttAGBGB (Abs. 2 Nr. 2) insgesamt aufgehoben wurden. Dies gilt umso mehr, als es dem Gesetzgeber kaum möglich gewesen sein dürfte, alle verstreuten, vor allem ortsrechtlichen Vorschriften zu benennen. Deshalb ist anzunehmen, dass die Einfügung des Wortes „insbesondere" vor dem Doppelpunkt aufgrund eines Redaktionsversehens unterblieben ist (iErg Reich NRG BW Rn. 1). Die nachfolgende Aufzählung ist also nur **exemplarisch**. Mit aufgehoben ist vor allem das im Fürstentum Hohenzollern-Sigmaringen bestehende Nachbarrecht.

6   Außer Kraft getreten ist gem. § 52 AGBGB vom 26.11.1974 (GBl. 498 (506)) zum **1.1.1975** ferner die durch **Abs. 2 Nr. 2** ursprünglich in Anwendung belassene Vorschrift des Art. 209b WürttAGBGB (ermächtigte die Gemeinden, durch Satzung für bestimmte Weinberglagen Anpflanzungen von Bäumen zu untersagen; umgesetzt zB in der Satzung der Stadt Stuttgart über landwirtschaftliches Nachbarrecht 25.5.1970).

7   Außer Kraft getreten sind gem. Art. 1 Nr. 8, Nr. 11 und Nr. 17 des Gesetzes zur Änderung des NRG vom 26.7.1995 (GBl. 605 (606 ff.)) zum **1.1.1996** schließlich der ursprüngliche, den Verzicht auf Abstandsrechte regelnde § 26 sowie die ursprünglichen Fassungen der § 15 II (ermächtigte die Gemeinden, durch Satzung Abstände von Waldungen zu erhöhen) und § 21 II (regelte Abstände für bestimmte Straßenbäume).

Teil C. Anhang

I. Satzung der Landeshauptstadt Stuttgart über den Schutz von Landschaftsbestandteilen (Baumschutzsatzung)

Vom 5. Dezember 2013 (ABl. v. 19.12.2013)

Auf der Grundlage des § 4 der Gemeindeordnung für Baden-Württemberg, des § 29 des Gesetzes über Naturschutz und Landschaftspflege (Bundesnaturschutzgesetz – BNatSchG) und § 33 sowie § 73 Abs. 7 des Gesetzes des Landes Baden-Württemberg zum Schutze der Natur, Pflege der Landschaft und über die Erholungsvorsorge in der freien Landschaft (Naturschutzgesetz – NatSchG) hat der Gemeinderat am 5. Dezember 2013 folgende Satzung der Landeshauptstadt Stuttgart über den Schutz von Landschaftsbestandteilen (Baumschutzsatzung, Stadtrecht 3/7) beschlossen:

§ 1 Schutzzweck, Geltungsbereich

(1) Die Erklärung der Bäume zu geschützten Landschaftsbestandteilen erfolgt mit dem Ziel, sie zu erhalten, weil sie
– das Orts- und Landschaftsbild beleben und gliedern,
– zur Verbesserung der Lebensqualität und des Kleinklimas beitragen,
– die Leistungsfähigkeit des Naturhaushalts sichern und fördern,
– der Luftreinhaltung dienen oder
– vielfältige Lebensräume darstellen.

(2) Die Grenzen des Geltungsbereichs sind im Lageplan des Amtes für Stadtplanung und Stadterneuerung vom 7.8.2013 eingetragen.

(3) Die Baumschutzsatzung umfasst zwei Zonen:

Die Grenze der Zone 1 ist im Lageplan des Amtes für Stadtplanung und Stadterneuerung vom 7.8.2013 rot dargestellt. Die Zone 1 wird umgrenzt von den Straßen Panoramastraße (ausgenommen Chinagarten), Birkenwaldstraße, Wolframstraße, Heilmannstraße, Urbanstraße, Moserstraße, Olgastraße, Uhlandstraße, Alexanderstraße, Charlottenstraße, Blumenstraße, Rosenstraße, Weberstraße, Pfarrstraße, Hauptstätter Straße, Paulinenstraße, Rotebühlstraße, Silberburgstraße, Schloßstraße, Büchsenstraße, Schellingstraße, gedachte Verbindungslinie an den Gebäuderückseiten der Gebäude Keplerstraße 11 und 17 zwischen Schellingstraße und Kriegsbergstraße, Keplerstraße, gedachte Verlängerung bis zur Panoramastraße. Maßgeblich sind die Darstellungen im Lageplan.

Die Zone 2 umfasst den Geltungsbereich der Baumschutzsatzung ohne die Zone 1.

(4) Die Satzung mit dem zugehörigen Lageplan wird im Amt für Stadtplanung und Stadterneuerung, Planauslage, Eberhardstraße 10, 70173 Stuttgart, verwahrt. Sie kann während den Dienstzeiten eingesehen werden.

§ 2 Schutzgegenstand

(1) Bäume im Geltungsbereich dieser Satzung mit einem Stammumfang von mindestens 80 cm, gemessen 100 cm über Erdboden, werden zu geschützten Landschaftsbestandteilen erklärt. Mehrstämmig ausgebildete Bäume sind ebenfalls geschützt, wenn wenigstens ein Stamm einen Umfang von mindestens 50 cm, gemessen 100 cm über Erdboden, hat.

Zum Schutzgegenstand gehören der Baum sowie der Wurzelbereich nach § 3 (2) Satz 2.

Geschützt sind auch die nach dieser Satzung vorgenommenen Ersatzpflanzungen vom Zeitpunkt der Pflanzung an.

(2) Die Satzung gilt nicht für:
1. Bäume, die bereits aufgrund von Rechtsverordnungen nach dem § 28 BNatSchG (Naturdenkmale) geschützt sind,
2. gewerblichen Zwecken dienenden Bäumen in Baumschulen, Gärtnereien und Erwerbsobstanlagen oder

3. Wald im Sinne von § 2 des Landeswaldgesetzes Baden-Württemberg, mit Ausnahme von Wald auf Hausgrundstücken und anderen waldartig bestockten Flächen im Siedlungsbereich, die nicht zielgerichtet forstwirtschaftlich genutzt werden.

§ 3 Verbotene Handlungen

(1) Es ist verboten, gemäß § 2 (1) geschützte Bäume zu beseitigen, zu zerstören oder zu beschädigen. Verboten sind Eingriffe, die die typische Erscheinungsform der Bäume wesentlich verändern oder die Bäume in ihrem Bestand oder das weitere Wachstum der Bäume beeinträchtigen können.

(2) Beeinträchtigungen und Schädigungen sind insbesondere folgende Maßnahmen im Wurzel- oder Kronenbereich der geschützten Bäume:
1. Rückschnitt oder Kappen von Bäumen,
2. Mechanische Beschädigungen,
3. Anbringen von Verankerungen und Gegenständen, die Bäume gefährden oder schädigen können,
4. Abgraben, Ausschachten, Ausheben von Gräben, Verlegen von Leitungen und Aufschütten und sonstige Geländeanpassungen,
5. Verdichten des Bodens durch Lagern von Baumaterialien oder Abstellen von Containern, durch Überfahren oder Abstellen von Fahrzeugen/Baumaschinen,
6. Befestigen durch Asphalt, Beton, offenporige oder geschlossene Pflasterdecken,
7. Waschen von Kraftfahrzeugen oder Maschinen,
8. Lagern oder Ausbringen von Salzen, von Säuren, Laugen, Treibstoffen, Farben, Ölen oder anderen chemischen Substanzen,
9. Ausbringen von Herbiziden,
10. Freisetzen von Gasen und anderen schädlichen Stoffen aus Leitungen,
11. Grundwasserabsenken oder -anstauen vor allem im Zuge von Baumaßnahmen,
12. Errichten von baulichen Anlagen, von Spielflächen und Spielgeräten.

Als Wurzelbereich gilt die senkrechte Projektion der natürlichen Baumkronenaußenkante auf den Boden (Kronentraufe) zuzüglich 1,5m, bei Säulenform zuzüglich 5m nach allen Seiten.

(3) Nicht verboten sind
1. Formschnitte an Formgehölzen,
2. Pflegeschnitte zur Gesunderhaltung von Bäumen,
3. Entfernen von Totholz und beschädigten Ästen sowie Beseitigen von Krankheitsherden,
4. Belüften und Bewässern des Wurzelwerkes,
5. unaufschiebbare Maßnahmen zur Gewährleistung der Verkehrssicherheit bzw. Abwehr einer Gefahr für Personen und/oder zur Vermeidung bedeutsamer Sachschäden.

Bei allen Maßnahmen an Bäumen sind die Belange des Artenschutzes, insbesondere die Regelungen des § 39 Absatz 5 Satz 1 Nr. 2 BNatSchG (Vegetationszeit) sowie § 44 Absatz 1 BNatSchG (besonderer Artenschutz), zu beachten.

Müssen geschützte Bäume oder Teile von solchen zur Abwendung einer unmittelbar drohenden Gefahr beseitigt werden, so ist dies der Stadt gegenüber unverzüglich schriftlich anzuzeigen und durch eine Dokumentation nachzuweisen.

§ 4 Schutz- und Pflegemaßnahmen

(1) Eigentümer und Nutzungsberechtigte haben die auf ihren Grundstücken stehenden Bäume fachgerecht zu unterhalten und zu pflegen, schädigende Einwirkungen auf die geschützten Bäume zu unterlassen und ihre Lebensbedingungen so zu erhalten und zu fördern, dass ihre gesunde Entwicklung und ihr Fortbestand langfristig gesichert bleiben. Entstandene Schäden sind fachgerecht zu behandeln, bzw. zu beseitigen. Die Stadt kann den Eigentümer oder sonstigen Nutzungsberechtigten verpflichten, bestimmte Erhaltungs-, Pflege- und Schutzmaßnahmen an den geschützten Bäumen durchzuführen, soweit dadurch die Nutzung des Grundstückes nicht unzumutbar eingeschränkt wird.

(2) Besonders bei der Ausführung von Erdarbeiten oder Baumaßnahmen sind die Vorschriften der „DIN 18920 – Schutz von Bäumen, Pflanzenbeständen und Vegetationsflächen bei Baumaßnahmen" in der jeweils geltenden Fassung zu beachten.

Die DIN 18920 kann während der Dienstzeiten im Amt für Stadtplanung und Stadterneuerung, Planauslage, Eberhardstraße 10, 70173 Stuttgart, eingesehen werden.

(3) Die Stadt kann den Eigentümer oder sonstigen Nutzungsberechtigten verpflichten, die Durchführung bestimmter Erhaltungs-, Pflege- und Schutzmaßnahmen an den geschützten Bäumen zu dul-

den, soweit dadurch die Nutzung des Grundstückes nicht unzumutbar eingeschränkt wird. Die Kosten der Maßnahmen können dem Eigentümer oder Nutzungsberechtigten auferlegt werden, wenn er sich weigert, die Maßnahmen nach Abs. 1 selbst durchzuführen, obwohl sie ihm zumutbar sind.

§ 5 Befreiung

(1) Im Einzelfall kann auf Antrag eine Befreiung von den Verboten nach § 3 insbesondere dann erteilt werden, wenn
1. der Baum krank und die Erhaltung auch unter Berücksichtigung des öffentlichen Interesses daran mit zumutbarem Aufwand nicht möglich ist,
2. von dem Baum Gefahren für Personen und Sachen von bedeutendem Wert ausgehen und die Gefahren nicht auf andere Weise mit zumutbarem Aufwand beseitigt werden können,
3. der Vollzug der Vorschrift zu einer offenbar nicht beabsichtigten Härte führen würde und die Befreiung mit den öffentlichen Interessen, insbesondere dem Zweck der Schutzausweisung vereinbar ist,
4. überwiegend öffentliche Belange die Befreiung erfordern,
5. der Eigentümer oder Nutzungsberechtigte eines Grundstückes auf Grund von Vorschriften des öffentlichen Rechts verpflichtet ist, geschützte Bäume zu entfernen oder ihren Aufbau wesentlich zu verändern und er sich nicht in anderer zumutbarer Weise von diesen Verpflichtungen befreien kann,
6. eine nach den baurechtlichen Vorschriften zulässige Nutzung sonst nicht oder nur unter unzumutbaren Einschränkungen verwirklicht werden kann oder
7. der Baum einen anderen wertvollen geschützten Landschaftsbestandteil wesentlich beeinträchtigt oder der Baum sich an seinem Standort nicht arttypisch entwickeln kann.

(2) Die Befreiung wird durch eine nach anderen Vorschriften notwendige Gestattung ersetzt, wenn diese mit Zustimmung der Stadt ergangen ist.

(3) Bei Handlungen des Bundes, des Landes und der Stadt, die nach anderen Vorschriften keiner Gestattung bedürfen, wird die Befreiung durch das Einvernehmen der Stadt ersetzt. Bei hoheitlichen Maßnahmen aufgrund anderer Gesetze ist eine Befreiung nicht erforderlich.

(4) Die Befreiung ist auf 3 Jahre nach Erteilung der Befreiung befristet. Eine Verlängerung ist auf Antrag möglich.

§ 6 Antragstellung/Verfahren

(1) Der Antrag auf Befreiung ist vom Grundstückseigentümer oder sonstigen Nutzungsberechtigten schriftlich bei der Stadt zu stellen und hinreichend zu begründen. Dem Antrag sind die in der Anlage 1 genannten Unterlagen beizufügen.

(2) Die Befreiung erfolgt durch einen Bescheid, bei bauordnungsrechtlich genehmigungspflichtigen Bauvorhaben grundsätzlich als Bestandteil der Baugenehmigung. Bei Bauvorhaben, die keine Baugenehmigung erfordern oder die im Kenntnisgabeverfahren nach § 51 BWLBO durchgeführt werden, ist der Antrag direkt beim Amt für Stadtplanung und Stadterneuerung, Grünordnungsplanung, zu stellen und von dort zu entscheiden.

(3) Die Befreiung ergeht unbeschadet der Rechte Dritter und kann mit Nebenbestimmungen, insbesondere mit einem Widerrufsvorbehalt versehen werden. Wird die Befreiung mit Nebenbestimmungen versehen, so kann zur Gewährleistung der Erfüllung der Nebenbestimmungen eine Sicherheitsleistung gefordert werden.

(4) Bäume, die in Zusammenhang mit einem Bauvorhaben von den Verboten des § 3 befreit worden sind, dürfen nur unmittelbar vor Baubeginn gefällt werden. In begründeten Fällen kann die Stadt Ausnahmen erteilen.

§ 7 Ersatzpflanzungen

(1) Im Falle einer Befreiung nach §§ 5 und 6 ist der Antragsteller zu einem ökologischen Ausgleich durch Pflanzung von Ersatzbäumen verpflichtet.

(2) Die Anzahl der Ersatzbäume richtet sich nach dem Stammumfang des zu beseitigenden Baumes. Bis 100 cm Stammumfang des zu entfernenden Baumes, gemessen 100 cm über Erdboden, ist ein Ersatzbaum, darüber hinaus je weitere angefangene 50 cm Stammumfang jeweils ein weiterer Ersatzbaum zu pflanzen. Bei mehrstämmigen Bäumen ist die Summe aller Stammumfänge von mindestens 50 cm maßgeblich.

Ausnahmsweise können statt Neupflanzungen nicht durch die Baumschutzsatzung geschützte Bäume auf dem gleichen Grundstück als Ersatzpflanzungen festgesetzt werden.

(3) Die Anzahl der Ersatzpflanzungen muss angemessen und zumutbar sein. Zu berücksichtigen sind dabei insbesondere Alter oder Krankheit des zu befreienden Baumes. Schäden sind nur zu berücksichtigen, soweit diese auf natürliche Ursachen zurückzuführen sind.

(4) Ersatzpflanzungen sind grundsätzlich mit gebietstypischen, einheimischen und/oder standortgerechten Laubbäumen in handelsüblicher Baumschulqualität vorzunehmen. Der Mindeststammumfang der Ersatzpflanzung beträgt grundsätzlich 18–20 cm, bei Befreiungen zur Durchführung von Bauvorhaben 20–25 cm.

(5) Art, Anzahl und Pflanzgröße der Ersatzpflanzungen wird in der Befreiung festgesetzt.

(6) Die Ersatzpflanzungen sind auf dem betroffenen Grundstück auszuführen. Ist dies aus rechtlichen oder tatsächlichen Gründen nicht oder nur teilweise möglich, können die Ersatzpflanzungen nach vorheriger Zustimmung der Stadt auch auf einem anderen Grundstück in der gleichen Zone durchgeführt werden. Als Ersatzpflanzung kann nur anerkannt werden, wenn für den Ersatzbaum ein unverdichtetes Baumbeet von 16 m^2 oder eine wasser- und luftdurchlässig abgedeckte Baumscheibe mit einer Pflanzgrube von mind. 12 m^3 jeweils mit Erdanschluss zur Verfügung steht. Bei Bauvorhaben ist der Leitfaden des Tiefbauamtes und des Garten-, Friedhofs- und Forstamtes für Planende und Bauende „Straßenplanung baumgerecht" in der jeweils geltenden Fassung analog anzuwenden. Dieser kann beim Amt für Stadtplanung und Stadterneuerung, Planauslage, Eberhardstraße 10, 70173 Stuttgart, während der Dienstzeit eingesehen werden.

Ausnahmsweise können Baumpflanzungen auf unterirdischen Anlagen (zB Tiefgaragen) anerkannt werden, wenn auf der unterirdischen Anlage eine Erdüberdeckelung von mindestens 100 cm (ohne Drainage) besteht. Eine ausreichende Be- und Entwässerung sowie die Standsicherheit müssen auf Dauer gewährleistet werden.

(7) Die Ersatzpflanzung ist spätestens in der Pflanzperiode nach der Entfernung des Baumes, bei Bauvorhaben spätestens in der Pflanzperiode nach Fertigstellung des Bauvorhabens durchzuführen, sofern in der Befreiung nichts anderes bestimmt ist. Die Durchführung der Ersatzpflanzung ist schriftlich anzuzeigen und durch Belege nachzuweisen.

(8) Die Verpflichtung zur Ersatzpflanzung eines Baumes gilt erst dann als erfüllt, wenn der Baum zu Beginn der Pflanzperiode nach Ablauf von 5 Jahren nach der Pflanzung angewachsen ist. Ist dies nicht der Fall, so ist der Antragsteller zur Nachpflanzung verpflichtet. Für die Ersatzpflanzungen gilt § 2 (1).

Erfolgen Ersatzpflanzungen nicht oder nicht fristgerecht, kann nach vorheriger Ankündigung die kostenpflichtige Ersatzvornahme durch die Stadt oder durch einen von ihr Beauftragten durchgeführt werden.

§ 8 Ersatzzahlungen

(1) Ist die Erfüllung der Ersatzpflanzungsverpflichtung gemäß § 7 aus rechtlichen oder tatsächlichen Gründen nicht möglich oder nicht zweckdienlich, ist für jeden als Ersatz zu pflanzenden Baum eine Ersatzzahlung zu leisten. Von der Ersatzzahlungsverpflichtung kann abgesehen werden, soweit die Ersatzzahlung eine unbillige Härte bedeuten würde.

(2) Die Höhe der Ersatzzahlung richtet sich nach der Zone gemäß § 1 (3), in der der zu entfernende Baum steht. In der Zone 1 beträgt die Ersatzzahlung je Ersatzpflanzung pauschal 9700,– €, in der Zone 2 je Ersatzpflanzung pauschal 8200,– €.

(3) Die nach dieser Satzung zu entrichtenden Ersatzzahlungen sind an die Landeshauptstadt Stuttgart zu leisten. Sie sind zweckgebunden für städtische Baumpflanzungen, für die Erhaltung besonders wichtiger geschützter Bäume oder für die Pflege und Sanierungsarbeiten von Bäumen, die vom Eigentümer nicht mit zumutbarem Aufwand erhalten werden können, zu verwenden.

§ 9 Betreten von Grundstücken

Bedienstete oder Beauftragte der Landeshauptstadt Stuttgart sind berechtigt, zur Durchführung dieser Satzung, Grundstücke zu betreten und die im Rahmen dieser Satzung erforderlichen Maßnahmen durchzuführen. Sie sind verpflichtet, sich auf Verlangen des Grundstückseigentümers oder Nutzungsberechtigten auszuweisen.

§ 10 Folgenbeseitigung

(1) Hat der Eigentümer oder Nutzungsberechtigte eines Grundstücks geschützte Bäume ohne Befreiung von den Verboten des § 3 entfernt, zerstört, beschädigt, in ihrem Bestand beeinträchtigt oder ihren Aufbau wesentlich verändert, hat er die Schäden oder Veränderungen zu beseitigen oder zu mildern oder Ersatzpflanzungen entsprechend § 7 zu leisten, wenn der Schaden nicht mehr beseitigt oder der Bestand der Bäume auch durch Milderungsmaßnahmen nicht mehr gesichert ist. Ist das ganz oder teilweise unmöglich, so hat der Verpflichtete für die von ihm entfernten oder zerstörten Bäume eine Ersatzzahlung gemäß § 8 zu leisten.

§ 12 Ordnungswidrigkeiten bleibt hiervon unberührt.

(2) Werden von einem Dritten ohne Verschulden des Eigentümers oder Nutzungsberechtigten eines Grundstückes geschützte Bäume entfernt, zerstört, in ihrem Bestand beeinträchtigt oder in ihrem Aufbau wesentlich verändert, so entstehen diesem Dritten die Verpflichtungen gemäß Absatz 1. Der Eigentümer oder Nutzungsberechtigte hat diese Maßnahmen auf Kosten des Dritten durchzuführen bzw. zu dulden.

§ 11 Verkehrssicherungspflicht/Gefahrenabwehr

Die Verpflichtung der Grundstückseigentümer oder Nutzungsberechtigten, Bäume in einem verkehrssicheren Zustand zu halten, bleibt unberührt.

§ 12 Ordnungswidrigkeiten

(1) Ordnungswidrig im Sinne von §§ 69 (7) des Bundesnaturschutzgesetzes und 80 (1) Nr. 2 des Naturschutzgesetzes des Landes Baden-Württemberg handelt, wer vorsätzlich oder fahrlässig
1. eine nach § 3 (1) und (2) verbotene Handlung ohne die erforderliche Befreiung nach §§ 5 und 6 begeht,
2. der Anzeigepflicht nach § 3 (3) Satz 2 nicht nachkommt,
3. den Verpflichtungen nach § 4 (1) nicht nachkommt,
4. Nebenbestimmungen einer Befreiung nach § 6 (3) nicht erfüllt,
5. die Ersatzpflanzungen nach § 7 nicht fristgerecht durchführt und nicht dafür sorgt, dass eine gesunde Entwicklung und der Fortbestand der Ersatzpflanzung langfristig gesichert bleibt,
6. die Folgen nach § 10 nicht innerhalb einer angemessenen Frist beseitigt oder
7. bei der Antragstellung keine oder nicht korrekte Angaben über geschützte Bäume macht.

(2) Ordnungswidrigkeiten können nach § 80 (3) des Naturschutzgesetzes in Verbindung mit § 17 (1) und (2) des Ordnungswidrigkeitengesetzes mit einer Geldbuße von bis zu 50 000,– € geahndet werden. Die Zahlung einer Geldbuße befreit nicht von einer Verpflichtung zur Ersatzpflanzung, Ersatzzahlung oder Folgenbeseitigung.

§ 13 Gebühren

Entscheidungen nach dieser Satzung sind gebührenpflichtig. Die Höhe der Verwaltungsgebühr richtet sich nach § 1 der Verwaltungsgebührensatzung der Landeshauptstadt Stuttgart und dem Gebührenverzeichnis in der jeweils gültigen Fassung.

§ 14 Inkrafttreten

Diese Satzung tritt am Tag nach der öffentlichen Bekanntmachung in Kraft. Gleichzeitig tritt die Baumschutzverordnung des Bürgermeisteramtes der Landeshauptstadt Stuttgart, untere Naturschutzbehörde, zum Schutz von Grünbeständen vom 8. Januar 1985 außer Kraft.

Befreiungen, Anordnungen und Nebenbestimmungen, die aufgrund der Baumschutzverordnung des Bürgermeisteramtes der Landeshauptstadt Stuttgart, untere Naturschutzbehörde, zum Schutz von Grünbeständen vom 8. Januar 1985 erteilt wurden, gelten fort.

II. Satzung der Stadt Karlsruhe zum Schutz von Grünbeständen (Baumschutzsatzung)

Vom 8. Oktober 1996 (ABl. v. 11.10.1996 und ABl. v. 15.11.1996), in der letzten Fassung vom 29.1.2002 (ABl. v. 1.3.2002)

Aufgrund der §§ 25 Abs. 3 und Abs. 5, 58 Abs. 6, 59 Abs. 1–7, 11 und § 64 Abs. 1 Nr. 2 des Naturschutzgesetzes für Baden-Württemberg hat der Gemeinderat der Stadt Karlsruhe folgende Satzung beschlossen:

§ 1 Schutzgegenstand

(1) Auf dem Gebiet der Stadt Karlsruhe werden nach näherer Maßgabe dieser Satzung alle Bäume unter Schutz gestellt, die in Höhe eines Meters über dem Erdboden einen Stammumfang von mindestens 80 cm haben. Dem Schutz dieser Satzung unterstehen auch mehrstämmige Bäume, wenn die Summe ihrer einzelnen Stammumfänge in Höhe eines Meters über dem Erdboden mindestens 120 cm beträgt. Bei mehr als 4 Stämmen gilt Abs. 3 entsprechend.

(2) Bäume der Arten Buchsbaum, Stechpalme und Eibe unterstehen dem Schutz dieser Satzung, wenn sie in Höhe eines Meters über dem Erdboden einen Stammumfang von mindestens 40 cm haben.

(3) Dem Schutz dieser Satzung unterstehen auch Baumreihen und Baumgruppen mit mehr als 4 Bäumen, soweit diese in Höhe eines Meters über dem Erdboden einen Stammumfang von mindestens 40 cm erreichen.

(4) Abweichend von den Absätzen 1 und 3 sind Obstbäume geschützt, wenn sie in Höhe eines Meters über dem Erdboden einen Stammumfang von mindestens 150 cm haben. Dieser Absatz gilt nicht für Walnussbäume und Esskastanien.

(5) Ohne Beschränkung auf einen bestimmten Stammumfang unterstehen dem Schutz dieser Satzung auch solche Bäume, die aufgrund eines Bebauungsplanes oder einer Satzung gemäß § 7 des Maßnahmengesetzes zum Baugesetzbuch (Vorhaben- und Erschließungsplan) zu erhalten sind.

(6) Behördlich angeordnete Ersatzpflanzungen sind ohne Beschränkung auf einen bestimmten Stammumfang geschützt.

(7) Diese Satzung gilt nicht für Bäume, die zum Weiterverkauf in Baumschulen und Gärtnereien gezogen werden.

(8) Diese Satzung gilt nicht für Wald im Sinne von § 2 des Landeswaldgesetzes Baden-Württemberg.

§ 2 Wesentlicher Schutzzweck

Wesentlicher Schutzzweck dieser Satzung ist die Erhaltung der geschützten Bäume zur Sicherstellung eines ausgewogenen Klimas, zur Erhaltung von Lebensstätten der Tier- und Pflanzenwelt sowie zur Belebung, Gliederung und Pflege des Orts- und Landschaftsbildes.

§ 3 Verbote

Eingriffe in den Bestand, das Erscheinungsbild oder die natürlichen Funktionen, insbesondere das Wachstum, eines geschützten Baumes sind verboten. Verbotene Eingriffe in die natürlichen Funktionen eines geschützten Baumes sind auch Störungen des Wurzelbereichs unter der Baumkrone, insbesondere durch

1. Befestigung des Bodens im Kronenbereich mit einer wasserundurchlässigen Decke,
2. Verdichtung des Bodens im Kronenbereich,
3. Abgrabungen, Ausschachtungen oder Aufschüttungen im Kronenbereich,
4. Lagerung oder Ausbringung von Salzen, Ölen, Säuren oder Laugen unter der Baumkrone,
5. Anwendung von Unkrautvernichtungsmitteln unter der Baumkrone.

§ 4 Zulässige Handlungen

§ 3 gilt nicht
1. für Beeinträchtigungen, die mit der Erfüllung der gesetzlichen Räum- und Streupflicht gemäß § 41 des Straßengesetzes für Baden-Württemberg unvermeidlich verbunden sind,

Baumschutzsatzung Karlsruhe **Anh. II**

2. für Maßnahmen, die der Pflege und Erhaltung der geschützten Bäume dienen,
3. für Maßnahmen der bestimmungsgemäßen Nutzung und ordnungsgemäßen Unterhaltung von Grundstücken, die einem der in § 38 Abs. 1 des Bundesnaturschutzgesetzes genannten Zwecke dienen.

§ 5 Pflegemaßnahmen

Die geschützten Bäume sind so gut zu pflegen und ihre Lebensbedingungen so zu erhalten und zu fördern, dass ihr Fortbestand und ihre Leistungsfähigkeit langfristig gesichert bleiben. Die Stadt kann die zur Erfüllung dieser Pflicht erforderlichen Anordnungen treffen.

§ 6 Erlaubnis

(1) Eine nach § 3 verbotene Handlung kann erlaubt werden, wenn der Schutzzweck dieser Satzung hierdurch nicht erheblich beeinträchtigt wird und ein mit der verbotenen Handlung verfolgter vernünftiger Zweck anders nicht oder nur unter unverhältnismäßiger Erschwerung erreicht wenden kann.

(2) Eine nach § 3 verbotene Handlung ist unbeschadet weiter gehender öffentlich-rechtlicher Bestimmungen zu erlauben, wenn
1. die Antragstellerin/der Antragsteller aufgrund nachbarrechtlicher Bestimmungen oder eines auf ihrer Grundlage ergangenen rechtskräftigen Urteils verpflichtet ist, einen geschützten Baum zu beseitigen. Die Pflicht zur Beseitigung eines geschützten Baumes bleibt außer Betracht, wenn die Antragstellerin/der Antragsteller die Beseitigung infolge Verjährung des Beseitigungsanspruchs verweigern kann oder in einem vorausgegangenen Rechtsstreit hätte verweigern können.
2. die Antragstellerin/der Antragsteller gemäß § 910 BGB berechtigt oder gemäß § 1004 BGB verpflichtet ist, eingedrungene Wurzeln oder herüberragende Äste eines nachbarrechtswidrig gepflanzten geschützten Baumes abzuschneiden. Die Berechtigung und die Verpflichtung bleiben außer Betracht, wenn infolge der Schnittmaßnahme der Fortbestand des Baumes gefährdet oder sein Erscheinungsbild erheblich beeinträchtigt würde und der nachbarrechtliche Anspruch auf Beseitigung des geschützten Baumes verjährt wäre.
3. von einem geschützten Baum Gefahren für Personen oder Sachen ausgehen und die Gefahr anders nicht oder nur mit unzumutbarem Aufwand zu beheben ist.
4. ein geschützter Baum so krank ist, dass seine Erhaltung unzumutbaren Aufwand erfordern würde.

In den Fällen der Nrn. 3 und 4 besteht kein Erlaubnisanspruch, wenn die Stadt die Kosten möglicher Erhaltungs- und Sicherungsmaßnahmen ganz oder zu einem angemessenen Teil übernimmt.

(3) Die Erlaubnis ist schriftlich zu beantragen. Sie kann unter Bedingungen und Auflagen sowie widerruflich oder befristet erteilt werden. Bedarf eine erlaubnispflichtige Handlung nach anderen Vorschriften einer Gestattung, so entscheidet die hierfür zuständige Behörde im Einvernehmen mit der Stadt, soweit Bundes- oder Landesrecht nicht entgegensteht.

(4) Bei Handlungen des Bundes oder des Landes, die nicht nach anderen Vorschriften einer Gestattung bedürfen, wird die Erlaubnis durch das Einvernehmen mit der Stadt ersetzt.

§ 7 Befreiung

(1) Von den Bestimmungen dieser Satzung kann die Stadt gemäß § 63 Abs. 1 in Verbindung mit § 62 Abs. 1 NatSchG Befreiung erteilen, wenn
1. überwiegende öffentliche Belange, insbesondere Belange der öffentlichen Versorgung, Entsorgung oder Verkehrserschließung die Befreiung erfordern,
2. der Vollzug der Bestimmung zu einer offenbar nicht beabsichtigten Härte führen würde und die Abweichung mit öffentlichen Belangen vereinbar ist.

(2) § 6 Abs. 3 und Abs. 4 gelten entsprechend.

§ 8 Ersatzpflanzungen

Zum Ausgleich eines genehmigten oder eines nicht genehmigten bestandsmindernden Eingriffs im Sinne von § 3 kann die Stadt angemessene und zumutbare Ersatzpflanzungen standortgerechter Gehölze anordnen.

§ 9 Ordnungswidrigkeiten

(1) Ordnungswidrig im Sinne von § 64 Abs. 1 Nr. 2 NatSchG handelt, wer vorsätzlich oder fahrlässig eine nach § 3 verbotene Handlung begeht, ohne im Besitz einer Erlaubnis oder Befreiung nach dieser Satzung zu sein.

(2) Die Ordnungswidrigkeit kann mit einer Geldbuße bis zu 50 000 € geahndet werden.

§ 10 Schlussvorschriften

(1) Gestattungen, die vor dem In-Kraft-Treten dieser Satzung nach anderen Vorschriften erteilt worden sind, bleiben unberührt.

(2) Im Geltungsbereich eines Bebauungsplanes gemäß § 30 Abs. 1 des Baugesetzbuches oder einer Satzung gemäß § 7 des Maßnahmengesetzes zum Baugesetzbuch (Vorhaben- und Erschließungsplan) ist die Baumschutzsatzung nicht anzuwenden, soweit und sobald sie der Verwirklichung des Bebauungsplanes oder der Satzung gemäß § 7 des Maßnahmengesetzes zum Baugesetzbuch entgegensteht.

(3) Diese Satzung tritt am Tage nach ihrer Bekanntmachung in Kraft[1]. Gleichzeitig tritt die Satzung der Stadt Karlsruhe über die einstweilige Sicherstellung von Bäumen auf dem Gebiet der Stadt Karlsruhe vom 18. Oktober 1994 außer Kraft.

---

[1] Die letzte Fassung vom 29. Januar 2002 ist am 2. März 2002 in Kraft getreten.

III. Länderaufteilung des heutigen Baden-Württemberg am 1. Januar 1900

Sachverzeichnis

Die fetten Ziffern bezeichnen die Paragrafen, die mageren die dazugehörigen Randnummern

A
Abfalldeponie 9 7
Abgrabung 7d 34
Abgrenzung, weinrechtliche 28 18
Abhang 21 27
Ablaufrohr 2 5
Ableitung des Regenwassers/ Abwassers 1 11
Abort 6 10
Abschneiden
– von Wurzeln **Vor 23** 6
– von Zweigen **Vor 23** 7
Abstandsfläche 3 1, 11, 19; **4** 11
– Ausnahmen **3** 19
– nach Bauordnungsrecht **3** 14
– Tiefe **3** 12
Abstandsmessung 16 40
Abstandsschutz 23 14
– Bebauung **23** 15
– Gebäude **23** 15
– Hofraum **23** 15
Abstandsvorschriften 6 6; **15** 26; **33** 5
– Anlage, bauliche **33** 5
– Einfriedung **33** 5
– Pflanzung **33** 5
– Spaliervorrichtung **33** 5
Abwägungsgebot 24 9; **28** 12
Abwasser 1 6
Abwasserleitung s. Leitungsrecht
Abwehranspruch Einl. 30 ff.; **3** 27 ff.; **4** 14; **12** 33; **13** 19; **14** 12; **15** 25; **17** 18
– Beeinträchtigung **Einl.** 31
– Beseitigung **Einl.** 30
– Gemeinschaftsverhältnis, nachbarliches **Einl.** 26, 27
– Gläubiger **Einl.** 39
– Pächter **Einl.** 34
– Rechtswidrigkeit **Einl.** 40
– Sicherungspflicht **Einl.** 36
– Störer **Einl.** 34 f.
– tote Einfriedungen **11** 34
– Unterlassung **Einl.** 30
– gegen unwägbare Stoffe **Einl.** 33
– Verschulden **Einl.** 41
Alleenbaum 25 6

Allmend 5 2
Altane 4 9
Altvorschriften 36 1
Angrenzer Einl. 15
Anlage 6 11; **8** 8, 10, 12
– Ausblick gewährende **Vor 3** 1
– bauliche s. dort
– Beschaffenheit **8** 13
– gefährliche s. Schaden drohende
– genehmigungsbedürftige **6** 7
– Minderung des Vermögens **6** 11
– Mindestabstand **8** 10
– Nebenanlagen i. S. § 14 I 1 BauNVO **8** 24
– Schaden drohende **6** 11, 13
– Schädigung **6** 14
– störende **6** 12, 13
Anlage, bauliche Vor 1 9; **1** 20; **Vor 3** 1; **3** 19; **6** 9, 10; **7d** 7; **Vor 9** 4, 6, 9; **31** 5
– Abbruch **7d** 11
– Abstandsvorschriften **33** 5
– Änderung **7d** 9
– Anbringung **6** 13
– Bauteile, untergeordnete **7b** 7
– Errichtung **7d** 8
– Gefahr drohende **Vor 3** 1
– Luftraum **7b** 7
– Unterhaltung **7d** 10
Anpflanzung 21 14; s. Pflanzung
Anschluss 7f 14
– durch Anschluss **7f** 21
– Herstellung **7f** 17
– Unterhaltung **7f** 17
Anspruch auf
– Auskunft **Einl.** 27, 42; **2** 13, **6** 15; **7a** 17; **16** 49
– Herausgabe **Vor 23** 26
– Kürzung **12** 29; **14** 12; **15** 24; **16** 44
– Schadensersatz s. dort
– Verkürzung **12** 29; **14** 12; **15** 24; **16** 44
– Zurückschneiden **Einl.** 30, 133, 141 f.; **12** 29; **13** 9; **Vor 23** 6, 7; **23** 19; **26** 33
Anspruch aus
– nachbarlichem Gemeinschaftsverhältnis **Einl.** 27

Sachverzeichnis

Fette Ziffern = Paragrafen

Antennenanlage 7e 9
Anzeige 7d 20
Ast Einl. 38, 51, 133
Auffahrt 9 4
Aufforstung 15 18; **28** 11, 12
Aufpfropfung 26 26
Aufschichtung 8 6
– Mindestabstand **8** 9
Aufschüttung Vor 9 8, 10; **27** 5, 9
Ausbesserung 11 31; **22** 10
Ausblick Vor 3 1; **3** 5, 10, 15; **4** 3; **5** 2
Ausgleich Einl. 66 ff., 76, 89, 104
Ausgleichsanspruch, nachbarrechtlicher Einl. 66 ff., 80 ff.; **6** 20; **Vor 23** 23
– Mitverschulden **Einl.** 109
– Schmerzensgeld **Einl.** 108
– Umfang **Einl.** 71, 74 f.
– Unzumutbarkeit der Beeinträchtigung **Einl.** 73
– Verjährung **Einl.** 110
– Verwirkung **Einl.** 111
– Zurechnungszusammenhang **Einl.** 79
Auskunft s. Anspruch
Auskunftsanspruch 2 13
Auslucht 4 7
Ausschlussfrist 3 23 f.; **26** 12
Ausschlussgrund, formeller 3 23
Außenbereich 7 14; **Vor 9** 11; **12** 31; **19** 5; **28** 10
– Abstandsschutz **19** 6
Außenbereich, Grenzabstand Spalier 13 11
Außenwand 3 8
Außenwandhöhe 7 16
– mittlere **7** 4
– oberer Abschluss **7** 17
Aussichtsfenster 31 2
– Bestandsschutz **31** 2

B

Backofen 6 10
Baden, Geltungsbereich 31 4; **32** 6; **35** 3
Badisches Landesrecht Einl. 9
Badisches Landrecht 2 9
Balkon 4 5
Bambus 12 14; **15** 21; **16** 32; **Vor 23** 6
Baugerüst 8 23
Bauherr Einl. 20; **7** 33
Bauliche Anlage s. Anlage, bauliche
Baulichkeitswasser s. Niederschlagswasser
Baum 16 12, 37; **23** 15; s. auch Gehölz
– Ahorn **16** 34, 37
– artgemäß mittelgroßer **16** 32

– Aspe **16** 34
– Atlaszeder (Blauzeder) **16** 37
– Baumhasel **16** 32
– Baumweide **16** 37
– Birke **16** 32, 34
– Birken-Pappel **16** 32
– Blaufichte **16** 32
– Buche **16** 37
– Definition **16** 15
– Douglasie **16** 37
– Eberesche **16** 32
– Eibe **16** 32
– Eiche **16** 37
– Erle **16** 32, 34
– Esche **16** 34, 37
– Esskastanie **16** 37
– Feldahorn **16** 32
– Fichte **16** 33
– Fichte, orientalische **16** 33
– Flügelnuss **16** 33
– Ginkgobaum (Fächerblattbaum) **16** 37; **34** 8
– Gleditschie **16** 37
– Götterbaum **16** 37
– Gold-Ulme **16** 32
– Grautanne (Coloradotanne) **16** 37
– groß wüchsiger **16** 37
– Hänge-Esche **16** 32
– Haselnuss **16** 32
– Hemlock-Tanne **16** 32
– Kastanie **16** 37
– Kiefer **16** 32
– Kopf-Weide **16** 32
– Korea-Tanne **16** 32
– Korkenzieherweide **16** 32
– Kuchenbaum **16** 32
– Lärche **16** 37
– Lebensbaum **16** 32
– Libanon-Zeder **16** 37
– Linde **16** 37
– Mammutbaum **16** 37
– Mandelbaum **16** 30
– Maulbeerbaum **16** 32
– Nadelbaum **16** 37
– Ölweide **16** 32
– Pappel **16** 31, 34, 37
– Paulownie **16** 32
– Platane **16** 37
– Pyramideneiche **16** 32
– Robinie **16** 32, 34, 37
– Rosskastanie **16** 37
– Rotdorn **16** 32
– Salweide **16** 32

Magere Ziffern = Randnummern

Sachverzeichnis

- Scharlach-Eiche **16** 32
- Scharlach-Rosskastanie **16** 32
- Scheinbuche **16** 32
- schmaler **16** 32
- Schnurbaum **16** 37
- Schwarz-Kiefer **16** 37
- Serbische Fichte **16** 32
- Sichel-Tanne **16** 32
- Silber-Tanne **16** 32
- Silber-Weide **16** 37
- Sitka-Fichte **16** 37
- Stechpalme **16** 32
- Sumpfzypresse **16** 37
- Taubenbaum **16** 32
- Thuja **16** 12, 32
- Tränenkiefer **16** 37
- Traubenkirsche **16** 34
- Trauerweide **16** 37
- Trompetenbaum **16** 32, 37
- Tulpenbaum **16** 37
- Ulme **16** 37
- Waldhasel **16** 30
- Walnussbaum **16** 32
- Walnusssämlingsbaum **16** 37
- Weide **16** 34
- Weißbuche (Hainbuche) **16** 32
- Weißdorn **16** 32
- Weißtanne **16** 37
- Zierapfel **16** 32
- Zierkirsche **16** 32
- Zierpflaume **16** 32
- Zirbelkiefer **16** 32

Baumhaus 8 8
Baumschaden, Schätzung Vor 23 21
Baumschulbestand 18 7
Baumschulkultur 16 23
Baumschutzsatzung Vor 11 3; **16** 54 ff., 64; **Vor 23** 12
Baumwurzel, Eindringen Einl. 31, 42; **24** 14
Bauordnungsrecht 3 11
Baurechtliche Vorschriften 7c 12; **7d** 13; **7f** 19 f.; **Vor 9** 7 ff.; **Vor 11** 2; **11** 37; s. Vorschriften, öffentlich-rechtliche
Baurecht, öffentliches
- Vorrang **Vor 27** 1

Bauteil, untergeordneter 7b 7
Bauweise, geschlossene 3 11; **7a** 5; **7b** 6
Bauwerke Vor 9 5
Bebauungsplan 12 10, 30; **13** 6; **14** 5; **15** 7; **16** 10
- Festsetzungen **3** 20; **Vor 27** 3; **27** 3 ff.; **37** 2

Beeinträchtigung 3 17; **4** 12; **Vor 23** 7; **23** 13, 15
Befestigung 10 4
- Böschung **10** 6
- Mauer **10** 8

Behälter 6 10
Benachrichtigung nach § 55 LBO **3** 23 ff.; **4** 13; **7** 25
Benutzer Einl. 17, 40, 72 f.
Berechtigter Einl. 17
Beschneidungsmaßnahme 25 10
- Ankündigung **25** 10
- Fristsetzung ggü. dem Eigentümer **25** 10

Beseitigung 23 17
- geschlossene Einfriedung **20** 14

Beseitigungsanspruch 1 16; **6** 15; **7** 22; **8** 16; **11** 33; **12** 30, 35; **13** 19; **14** 12; **15** 24; **Vor 23** 10; **23** 10 f.; **26** 14
- Anlage, bauliche **26** 20
- Entwicklungsjahr **26** 22
- Fälligkeit **26** 19
- Gehölz **26** 22
- Hecke **26** 23
- Pflanzung **26** 21
- Rechtsnachfolge **26** 16
- Unzumutbarkeit **Einl.** 45
- Verjährung **Einl.** 46; **8** 19; **26** 17

Beseitigungsrecht Vor 23 6, 7
Beseitigungsschaden Vor 23 20
Besitz Einl. 17 ff., 34 ff.
Besitzverletzung Einl. 104
Bestand, geschlossener 16 39
Bestandsschutz 5 9; **7f** 41; **10** 13; **22** 11; **24** 22; **25** 16; **33** 8
Bestandsschutzvorschrift 23 24
Bestimmung, ortsrechtliche 37 4
Betreten des Nachbargrundstücks Einl. 27, 154; **7d** 18 ff., 37; **12** 34; **Vor 23** 6, 7
Betretungsrecht 23 18
Betrieb
- Binnenfischerei **Vor 7** 7
- Bodenertragsnutzung **Vor 7** 3
- erwerbsmäßiger **Vor 7** 9
- Forstwirtschaft **Vor 7** 4
- gartenbauliche Erzeugung **Vor 7** 5
- Imkerei **Vor 7** 7
- landwirtschaftlicher **Vor 7** 2; **7** 19
- Produktions-/Veredelungsstufen **Vor 7** 3
- Tierhaltung **Vor 7** 6

Beweisverfahren, selbständiges 26 32
Bienenstock 6 10
Binnenfischerei Vor 7 7

Sachverzeichnis

Fette Ziffern = Paragrafen

Blätterfall Vor 23 7
Blitzschutzanlage 7e 9
Bodenbewegung 9 5
Bodenerhöhung Vor 9 3 f.; **9** 4
Böschung 9 4; **10** 10; **21** 28; **27** 9
– Neigung **10** 11
Brennstoffbehälter 6 10
Brücke 4 9
Brunnen 7f 15
Bundesfernstraße 8 23; **11** 37; **12** 41; **14** 14; **15** 29; **16** 65; **17** 18

C
Chemikalien, Lager 6 10
Christbaum s. Weihnachtsbaumkultur

D
Damm 9 4
Deutsche Bahn 21 25
Dienstbarkeit 2 1, 6; **31** 2
– altrechtliche **2** 8
– Beeinträchtigung **2** 12
Drän (Drainage) 24 10
Dränwasser 1 6
Drahtzaun 11 14, 22
– Mindestabstand **11** 23
Druckgasbehälter 6 10
Düngerstätte (Dungstätte) 6 10
Duldungsanspruch Einl. 27, 52 ff.
– Ankündigung **Einl.** 54
– Klageantrag **Einl.** 159
– Nachbarrechtliches Gemeinschaftsverhältnis **Einl.** 27
– Verjährung **Einl.** 55
– Vollstreckung **Einl.** 161
Duldungspflicht Einl. 40, 52 ff.
– bei Baumaßnahmen **7d** 5, 13, 16
– nachbarliches Gemeinschaftsverhältnis **Einl.** 26
– tote Einfriedungen **11** 11
– Überbau **7b** 25
– Überbau durch Wärmedämmung **7c** 8 ff.
– Wurzeln und Zweige **34** 4
Dungstätte s. Düngerstätte

E
Ecksituation 5 8
EG-Recht 7 21
Eigentum Einl. 8, 17 ff.; **6** 17, 18; **7** 33; **7f** 23, 41; **Vor 23** 26
– Leitungen **7f** 41
– Sozialbindung **Vor 1** 3

Einfriedung (Einfriedigung) 7 28, 30; **9** 10; **Vor 11** 1; **11** 12, 17; **27** 10
– Anspruch **7** 34
– Erforderlichkeit **7** 31
– geschlossene **20** 6
– Kosten **7** 33
– Mindestabstand **11** 18
– öffentlich-rechtliche Vorschrift **7** 32
– tote **11** 8, 13, 17 ff.
Eingriff, enteignungsgleicher Vor 1 16; **6** 21
Einleiten von Stoffen Vor 1 19
Einrichtung 8 23
Einstweilige Verfügung Einl. 138; **26** 32
Einwirkung 30 6
Einziehung (Entwidmung) 5 9; **21** 30
Eisenbahnanlage 12 41; **14** 16; **15** 29; **16** 65; **17** 18; **21** 25
Enteignungsverfahren 7f 47
Entlüftungsanlage 6 10
Entschädigung Einl. 8, 45, 67 ff.; **27** 8
Entwidmung s. Einziehung
Erbbauberechtigter Einl. 17, 19
Erdaufschüttung Vor 9 4
Erdboden 6 10
Erhöhung Vor 9 9, 11
– Abstandshaltung **9** 8
Erker 4 7
Erklärte Gartenbaulage 18 6
Erklärte Reblage 18 6
Erneuerung 22 9, 10; **26** 27
Ersitzung 2 9, 10
– Lichtrecht **31** 6
Erstattung s. Kosten
Erwerb, gutgläubiger, lastenfreier 2 8
Erwerbsgartenbaugrundstück 28 20
– Grenzabstand **18** 5

F
Fenster Vor 3 1; **31** 5
Fensterrecht Vor 3 1
Fensterschutzrecht Vor 3 4; **31** 5
Fernmeldekabel Vor 23 27
Feuerstätte 15 29; **19** 21
FLL-Richtlinien 16 62
Flüssigkeit 1 7
Flurbereinigung 21 16 ff.
Flurneuordnung 12 41; **14** 16; **15** 29; **16** 65; **17** 18, **21** 17
Forstsamenplantage 16 29
Freisitz 4 6
Frist, angemessene Einl. 117; **7a** 16, 18; **Vor 23** 7; **23** 17; **25** 10

Magere Ziffern = Randnummern

Sachverzeichnis

Froschteich 6 10
Futtersilo 6 10

G
Galerie 4 8
Gartenbau Vor 7 8; **28** 21
Gartenbaulage, erklärte 11 24; **28** 21
Gartenpflege 16 62 ff.
Gasleitung s. Leitungsrecht
Gebäude
– im Außenbereich **7** 11
– Definition **1** 9; **2** 4; **3** 9; **7b** 14; **7e** 6
– Errichtung **7** 12
– Veränderung **7** 13
Gebäudeteil, begehbarer 4 9
Gebot der Rücksichtnahme Vor 27 3
Gebühren
– Klage **Einl.** 132
Gefahrenverdacht 7b 22
Gehölz 12 14; **15** 19, 21; **16** 14, 32; s. auch Baum
– Azalee, japanische **16** 21
– Berberitze **16** 21
– Bergkiefer **16** 21
– Buschrose **16** 21
– Deutzie **16** 21
– Felsenbirne **16** 21
– Feuerdorn **16** 21
– Fingerstrauch **16** 21
– Forsythie (Goldglöckchen) **16** 21
– Ginster **16** 21
– Knöterich **11** 14; **16** 21
– Kornelkirsche **16** 28
– Kugelakazie **16** 28
– Mahonia **16** 21
– Schirmtanne **16** 28
– Schneebeere **16** 21
– Seidelbast **16** 21
– Spierstrauch **16** 21
– Spiräe **16** 21
– Strauchrose **16** 21
– Trauerbirke **16** 28
– Verkürzung **26** 33
– Weigelie **16** 21
– Zierjohannisbeere **16** 21
– Zierquitte, japanische **16** 21
– Zwergmispel **16** 21
– Zwergnadelgehölz **16** 21
Gelände, landwirtschaftlich genutztes 15 7
Geldanspruch Einl. 56 ff.
Gemeindegebiet 28 4

Gemeindesatzung (Ortssatzung)
– Anhörung **28** 7
– Definition **28** 6
– Erlass **15** 15; **28** 6
Gemeingebrauch Vor 23 15
Gemeinschaftseigentum Einl. 25, 68, 112 ff.
Gemeinschaftsverhältnis, nachbarliches Einl. 25 f.; **Vor 3** 3; **7d** 37
Genehmigung 28 13
– immissionsschutzrechtliche **30** 6
Gerät 7d 19
Gerichtsstand
– dinglicher **Einl.** 134
Gerüst 7c 19; **7d** 19; **8** 10, 11
– Beschaffenheit **8** 13
Geschichte des NRG Einl. 169 ff.
Geschlossener Bestand 16 39
Geschützter Landschaftsbestandteil 16 55
Gestaltungssatzung 12 31; **13** 22
Gewässer 8 14; **16** 9; **21** 11, 31, 32
– Abstandsvorschrift **21** 32
– Grenzabstand **21** 31
– öffentliche **21** 12
Gewohnheitsrecht 11 19
Giebelwand 7b 7, 17; **7c** 9; **7e** 12; **20** 6
Glasbaustein 3 15
Graben 24 10
Gras 15 21; **16** 16
Grenzabstand 7 15; **Vor 11** 1; **19** 19; **22** 4; **28** 4
– Anrechnungsregel **22** 7
– Ausbesserung **22** 10
– Bestandsschutz **22** 11
– Ergänzung **22** 10
– Erhöhungen **22** 8
– Erneuerung **22** 9 f.
– Höhenmessung **22** 4, 8
– Innerortslage **22** 7
– Vertiefung **22** 8
Grenzanlage Vor 7a 1; **11** 11
Grenzbaum Einl. 38; **16** 53
Grenzbebauung
– öffentlich-rechtliche Zulässigkeit **7b** 13
Grenzeinrichtung 11 11; **12** 38
Grenzgarage 3 22
Grenzhecke 12 38
Grenzmauer (Kommunmauer) 32 4
Grenzständigkeit 7b 15
Grenzstrauch 16 53
Grenzwand 7c 6

Sachverzeichnis

Fette Ziffern = Paragrafen

Grenzwand (Scheidewand) 32 4
- Abgasleitung **7e** 8
- Antennenanlage **7e** 9
- Benutzung (Duldungspflicht) **7e** 10
- Blitzschutzanlage **7e** 9
- Lüftungsleitung **7e** 8
- Rauchbelästigung **7e** 3
- Schornstein **7e** 7

Grube 1 11; **6** 10

Gründungstiefe
- Baugenehmigung **7a** 8
- Einblick in Bauunterlagen **7a** 11
- Frist **7a** 9
- Grenzbebauung **7a** 5
- Schutzmaßnahme **7a** 6, 13
- Selbstnutzung **7a** 14

Grunddienstbarkeit 2 6; **31** 7

Grundeigentum
- Nutzung **Einl.** 13

Grundstück
- Bebauung **19** 16
- Erhöhung **11** 27; **16** 41
- Nutzung, forstwirtschaftliche **15** 8
- Nutzung, gartenbauliche **7** 20
- Nutzung, landwirtschaftliche **7** 20; **27** 14
- Splittergrundstück **3** 13; **5** 7
- Vertiefung **Vor 9** 7; **16** 41

Grundstücke
- hoheitliche Zweckbindung **16** 11

Grundstücksbesitzer 23 21

Grundstücksgrenze 16 53

Grundwasser Vor 1 17

H

Haftpflichtversicherer 7b 21; **7c** 25; **7d** 29

Haftpflichtversicherung Einl. 57, 82; **Vor 23** 19

Halde 9 4

Hammerschlagsrecht 7d 2, 17

Hammerschlags- und Leiterrecht
- Anzeigepflicht **7d** 20
- Aufstellen von Gerüsten/Geräten **7d** 19
- Aufwendungen, besondere **7d** 15
- Benutzungsrecht **7d** 19
- Betreten **7d** 18, 35 ff.
- Duldungspflicht **7d** 16
- Duldungstitel **7d** 21
- Forstliche Bewirtschaftung **7d** 40
- Gewässerunterhaltung **7d** 39
- Inanspruchnahme des Nachbargrundstücks **7d** 17 ff.
- Umfang **7d** 25
- Verhältnismäßigkeit **7d** 26
- Wohnungseigentum **7d** 36

Hangdruckwasser 1 13

Haufen 8 23

Haus 4 10

Hebebühne 6 10

Hecke 12 12, 14 ff.; **13** 9; **20** 9; **27** 7
- Ausdünnung **12** 18; **26** 23
- Dichtschluss **12** 18
- Erhöhung des Grundstücks **12** 28
- Grenzabstand **12** 21
- Höhenbegrenzung **12** 20
- Krähenfußformation **12** 19
- Messung **12** 24
- Mindestabstand **12** 22
- Rückschnitt **26** 33
- Vegetationsperiode **12** 27

Heide 19 11

Hemmungstatbestand 26 32

Heuhaufen 8 7

Höhenberechnung 11 26

Höhenlage Vor 9 7, 9

Hofraum 19 17

Hohenzollern 2 10

Holzaufschichtung 8 5

Hopfen
- Beseitigungsanspruch **17** 14
- Definition **17** 5
- Gartenbaulage, erklärte **17** 8
- Grenzabstand **17** 8, 10
- Innerortslage **17** 11
- Reblage, erklärte **17** 8
- Reihenabstand **17** 8

Hügel 9 4

Hundezwinger 6 10

Hutung 19 10

I

Imkerei Vor 7 7

Inkrafttreten 37 2

Innendämmung 7c 13

Innerortslage 12 31; **13** 17; **16** 38; **24** 15

J

Jauche 1 7

Jauchegrube 6 10

K

Kabel 24 10

Kahlhieb 15 29

Kamin 6 10

Kammerze 13 8

Magere Ziffern = Randnummern

Sachverzeichnis

Kategorien
– von Pflanzen **16** 18 ff.
Keller 1 6; **7a** 14; **28** 21
Kenntnisgabeverfahren 3 22
Kfz-Waschplatz 6 10
Kleinbau 3 22
Kommunmauer 7c 6; s. Nachbarwand
Kommunmauerzwang 32 4
Komposthaufen 6 10; **8** 7
Kompressor (Motor) 6 10
Kosten Vor 23 6, 7; **23** 20
Kostenersatz 2 14
Kostenerstattung Einl. 63
Kranausleger 7d 19
Kraut 15 21
Kübelpflanze 16 14
Kürzung s. Anspruch
Kulturvorrichtungen 28 21
Kurzumtriebsplantage 16 33 f.

L
Landeskultur 28 11
Landwirtschaft Vor 7 1 ff.; **7** 19; **27** 14
Landwirtschaftlicher Betrieb
– Begriff **Vor 7** 2 ff.
– Privilegierung **Vor 7** 1
Laubrente Einl. 96
Laubwald 34 5
Leistungsanspruch Einl. 29 ff.
Leiterrecht 7d 2, 19
Leitungshochführung 7e 10
– Betriebsfähigkeit **7e** 11
– Erforderlichkeit **7e** 11
– Reinigungsmaßnahme **7e** 17
– Unzumutbarkeit **7e** 14
Leitungsrecht 7f 4
– Abwasserleitung **7f** 7
– Anschluss **7f** 5
– Anschlussalternative **7f** 10
– Bestandsschutz **7f** 41
– Duldungspflicht **7f** 16
– Erschließungsanlage **7f** 48
– Erstattungsanspruch **7f** 25, 32
– Fernwärmeleitung **7f** 45
– Gasleitung **7f** 45
– Grunddienstbarkeit **7f** 47
– Herstellungskosten **7f** 25
– Stromleitung **7f** 45
– Telefonleitung **7f** 44; **24** 10
– Unterhaltskosten **7f** 36
– Unterhaltung **7f** 36

– Versorgungsleitung **7f** 6, 46
– Vorfluter **7f** 8
– Wasserleitung **6** 10; **7f** 45; **24** 10
Lianen 16 17
Lichtöffnung 3 2, 6 f., 15
– hoch angebrachte **3** 15
– undurchsichtige **3** 15
Lichtrecht 3 4; **31** 2
Loggia 4 5
Lüftungsleitung 7e 8

M
Mandelbaum 16 30
Mauer 10 8; **11** 12, 13, 31; **20** 6
– Abdachung **11** 31
Mauerrecht 32 7
Mauerrecht, altes 33 5
Messung der Abstände 3 13
– verglichene **7** 4
Methode Koch Vor 23 22
Mieterschutz Einl. 23, 25
Minderwert s. Wertminderung
Miteigentum Einl. 19, 112 ff.
Mitverursachung Einl. 109
Motor (Kompressor) 6 10

N
Nachbar Einl. 14 ff.
– Duldungsberechtigung **2** 15 f.
Nachbargrundstück, landwirtschaftlich genutztes 12 31; **13** 11
Nachbarklage Vor 27 2
Nachbarrechtlicher Ausgleichsanspruch s. Ausgleichsanspruch, nachbarrechtlicher
Nachbarrecht, pflanzliches Vor 11 4
Nachbarschaft
– Begriff **Einl.** 14 ff.
Nachbarwand 7a 1; **7c** 6; **7e** 1
Nadelholz (Koniferen) 34 8
Nadelwald 34 5
Naturdenkmal 16 64
Nebenanlagen 3 22; **8** 24
Negative Immission Einl. 32
Niederhecke 12 12
Niederschlagswasser 1 4
Notleitungsrecht s. Leitungsrecht
Notwegrecht, forstliches 7f 42
Nutzung
– Beeinträchtigung **24** 16
– gartenbauliche **19** 14
– Grenzabstand **10** 13

289

Sachverzeichnis

Fette Ziffern = Paragrafen

– landwirtschaftliche **10** 13; **11** 18, 23; **19** 13

O
Obst
– Aneignungsrecht **Vor 23** 28
Obstbaum 16 26, 27, 30; **Vor 23** 16 **23** 10 f.; **24** 7, 14; **35** 4
– Unterlage **16** 27
– Wurzel **Vor 23** 3
– Zweig **Vor 23** 2
Obstbaumgut 24 8, 10 ff.
Obstgehölz 18 7
Ödung 19 12
Öffentlicher Weg 22 6
Öffentliches Gewässer 22 6
Öffentliche Straßen 16 9
Örtliche Bauvorschriften 11 37
Ortsbausatzung 27 10
Ortsbaustatut 7 3
Ortsrecht 37 4

P
Parkanlage 15 8
Pflanzung 8 23; **Vor 11** 4; **12** 41; **14** 5, 16; **15** 29; **20** 5; **27** 5, 7
– Erneuerung **23** 24; **25** 16
– Vorratspflanzung **15** 29
Platz
– angrenzender **5** 7
– öffentlicher **5** 6
Pumpanlage 7f 12

R
Rädlesrecht 11 4
Rampe 6 10
Reblage 28 15
Reblage, erklärte 11 24; **28** 18
Rebstöcke 14 6; **16** 20
– Abstandsmessung **14** 8
– Grenzabstand **14** 7
Recht
– Ersitzung **31** 6
– Gleichrangigkeit **Einl.** 3
– öffentliches **Einl.** 2
– privates **Einl.** 2
– Verwirkung **3** 25; **Vor 23** 8; **26** 13
– Vorrang öffentliches **Einl.** 6
– zwingendes **Einl.** 28
Rechtsnachfolger Einl. 19, 36, 37
Rechtsschutzbedürfnis 12 30; **16** 46
Rechtswidrigkeit Einl. 40, 92
Regenwasser, Ableitung 1 4

Reihenabstand (Zeilenabstand) 14 7
Reinheitsgebot 17 7
Reinigungsaufwand Vor 23 25
Rhizomsperre Vor 23 6
Richtpflanzen 16 12
Rodung 28 4
Rohr 24 10
Rohrbruch Vor 1 20
Rückausnahmen
– Nichtgeltung der Abstandsprivilegierung **16** 39
Rückschnitt Vor 23 7; **23** 19

S
Sämling 16 13
Satzung 29 5
– Bekanntgabe (Bekanntmachung) **29** 6, 13
– Betroffener **29** 8
– Einwendung **29** 7
– Heilung **29** 13
– Hinweispflicht **29** 9 f.
– Information **29** 9
– Mangel **29** 13
– Rechtswidrigkeit **29** 13
– Satzungsbeschluss **29** 11
Satzungsrecht Einl. 3
Saumbereich
– erhöhter **15** 20
Schadensersatz
– bei Grenzwänden **7e** 25
– bei Hammerschlags- und Leiterrecht **7d** 28
– bei Leitungen **7f** 28
– bei Überbau **7b** 21
– bei Vertiefung **Vor 1** 17
Schadensersatzanspruch Einl. 56 ff.; **1** 16; **6** 24; **7** 37; **7d** 28; **Vor 23** 19, 20
– Ausgleichsanspruch **Einl.** 57
– Verschulden **Einl.** 56 ff.
Schalenobstbaum 16 30
Schattenwirkung 11 15; **13** 9, 13; **16** 4, 6, 14, 16, 32; **18** 3; **Vor 23** 7
Scheidewand 32 7 f.; s. Grenzwand
Schienenweg 21 24 ff.
Schikaneverbot Vor 11 4; **Vor 23** 7
Schlichtungsverfahren Einl. 130
Schmerzensgeld Einl. 108
Schneebrett 1 5
Schneefanggitter Vor 1 2
Schornstein 7e 7
Schornsteinfeger 7e 21
Schranken 11 14, 22
– Mindestabstand **11** 23

Magere Ziffern = Randnummern

Sachverzeichnis

Schuhschachtel-Theorie 3 11
Schutzgesetz Einl. 61; **Vor 1** 14, 17, 21; **1** 16; **2** 7; **6** 24; **7** 37; **7a** 21; **7d** 32; **8** 20; **Vor 9** 3; **11** 35; **12** 39; **13** 22; **14** 15; **15** 28; **16** 51, 57
Schutzwaldung 15 29
Schweinemästerei 6 10
Schwengelrecht 7d 40; **10** 13
Selbsthilferecht Vor 23 7 ff.; **23** 9, 17; **24** 7, 15
Sicherheitsleistung 7a 18; **7b** 22; **7d** 29; **7e** 24; **7f** 31; **Vor 23** 6, 7
Sicherungspflicht Einl. 36
Sichtprüfung 16 62
Söller 4 9
Sondereigentum Einl. 113 ff.; **Vor 27** 9
– Besitzschutz **Einl.** 125
Spalier (Spaliervorrichtung) 13 8, 11
– Messung **13** 15
– Mindestabstand **13** 11
Splittergrundstück 3 13; **5** 7
Spritzwasser Vor 1 2
Städtebaulicher Grund 27 6
Stall 6 10
Standortverhältnisse 28 11
Stapel 8 23
Staudengewächs 16 16
Steinbruch 6 10
Stilllegungsfläche 7 21
Störer Einl. 34 ff.
- mittelbarer **Einl.** 34, 36
Stoff Vor 1 19
Straße, öffentliche 5 4; **21** 10, 12, 31
Strauch 16 16
– Flieder **16** 28
– Goldregen **16** 28
– Haselnuss **16** 28
– Holunder **16** 28
– Philadelphus (Jasmin) **16** 28
– Sanddorn **16** 28
– Schmetterlingsstrauch **16** 28
– Schneeball **16** 28
– Tamariske **16** 28
Streitschlichtung s. Schlichtungsverfahren
Strohhaufen 8 7
Stromleitung s. Leitungsrecht
Stützmauer Vor 9 8, 9; **9** 10; **10** 15; **11** 13, 37
– für Weinberg **10** 15
Subsidiarität Einl. 98 ff.

T
Tatbestandswirkung Einl. 3
Taubenschlag 6 10; **8** 21
Teich 8 21
Telefonleitung s. Leitungsrecht
Telekommunikationslinie 7f 44; **Vor 23** 27
Tennisplatz 6 10
Terrasse 1 9; **4** 6; **9** 4
Tierhaltung Vor 7 6
Traufe 1 4
– Traufberechtigung **2** 5
Traufgehölz 34 9
Traufrecht 2 5
Traufwasser s. Niederschlagswasser
Treibstoffbehälter 6 10
Treppenaufgang 4 9
Trepprecht 7d 42; **11** 19
Treu und Glauben Einl. 25 ff.

U
Überbau 1 12
– Bauteil, untergeordneter **7b** 7
– Benutzung **7b** 9
– Duldungspflicht **7b** 8 f.
– Luftraum **7b** 7
Überbau durch Wärmedämmung
– Ankündigung **7c** 18
– Ausschlussgründe **7c** 14 ff.
– Betreten **7c** 19
– Duldung **7c** 1
– Erhaltung **7c** 22 f.
– Gerüst **7c** 19
– Grenzwand **7c** 6
– Sicherheitsleistung **7c** 25
– Verjährung **7c** 20
Überbaurente 7b 21; **7c** 21
Überfahrtsrecht 7d 42
Überfallrecht 16 52
Übergangsregelung 3 30; **7** 26
Überhang 16 52
Überschwemmungsgebiet Vor 9 11
Überwuchs Vor 23 6, 19
Uferschutz 16 9; **21** 27
Unterhaltslast 7f 35
Unterhaltungskosten 7f 36
Unterlassungsanspruch Einl. 27, 30, 50 f.; 155 f.; **1** 16; **Vor 3** 2 f.; **6** 15; **7** 22; **7f** 27; **11** 31
– Verjährung **Einl.** 51
Unterrichtung Vor 23 6

Sachverzeichnis

Fette Ziffern = Paragrafen

V

Vegetationsperiode 12 27; **Vor 23** 11
Vegetationszeit 16 65; **Vor 23** 11
Veränderung, bauliche 2 12
Veranda 4 9
Veredelung 26 26
Vereinbarung Einl. 28; **Vor 3** 4; **7f** 37
Verjährung Einl. 46f., 51, 59, 64, 96, 110, 186; **7b** 20; **7c** 20; **7d** 27; **7e** 23; **7f** 40; **8** 19; **9** 14; **12** 29, 28, 30; **20** 15; **Vor 23** 8; **24** 20; **25** 15; **26** 12
– Hemmung **26** 32
– Neubeginn **26** 25
– unvordenkliche **2** 9, 10
Verkehrsbetrieb 30 6
Verkehrsfläche, öffentliche 7d 12
Verkehrssicherungspflicht 16 62
Verkehrsunternehmen s. Verkehrsbetrieb
Verkürzung s. Anspruch
Verschulden Einl. 41, 56ff., 67; **7b** 21; **7d** 29; **7f** 29; **23** 19
– Mitverschulden **Einl.** 109
Versickern 1 11
Versorgungsleitung s. Leitungsrecht
Vertiefung Vor 1 17; **7a** 22; **Vor 9** 5; **13** 16
– Schadensersatzanspruch **Vor 1** 17
Verweisung, dynamische 3 18
Verwirkung 26 34; s. Recht
Viehstall 6 10
Vorbehalt des öffentlichen Rechts 3 21
Vorhaben
– genehmigungspflichtiges **3** 22
– verfahrensfreies **3** 22
Vorkehrung 9 6, 9
– Bezahlung **9** 9
– Unterhaltung **9** 9
Vorschrift
– bauplanungsrechtliche **3** 18
– landesrechtliche **37** 3
– öffentlich-rechtliche **7e** 15; **7f** 19
Vorschuss 7a 16; **Vor 23** 6, 7; **23** 20
– Abrechnung **7a** 17

W

Wachstumsperiode 23 16
Wärmedämmung
– nachträgliche **7c** 5
Wald
– Definition **19** 9
– Randstreifen **15** 22
– Verjüngung **34** 12
Wald-an-Wald-Situation 34 4

Waldhasel 16 30
Waldlage, erklärte 15 12; **28** 8 ff.
Waldsaum 34 7
Waldung (Waldlage) 15 8, 9; **34** 7
– Regelgrenzabstand **15** 9
– Verjüngung **15** 11
Wall 9 4
Wandhöhe, mittlere 7 4
Waschkessel 6 10
Wasserleitung s. Leitungsrecht
Wasserschutzgebiet 15 29
Wasser, wild abfließendes Vor 1 4
– Abdämmungsverbot **Vor 1** 8
– Abfall **Vor 1** 7
– Eigentümer **Vor 1** 12
– Eingriff, enteignungsgleicher **Vor 1** 16
– Gefahr des Nachteils **Vor 1** 11
– Schadensersatzanspruch **Vor 1** 14
– Schlamm **Vor 1** 7
– Schutzgesetz **Vor 1** 14
– Selbsthilfeanspruch **Vor 1** 13
– Unterlassungs-/Beseitigungsanspruch **Vor 1** 14
– Veränderung des Wasserablaufs **Vor 1** 10
– Veränderungsverbot **Vor 1** 10
– Wasserbehörde **Vor 1** 15
Weg
– Abstand **21** 32
– angrenzender **5** 7
– Definition **5** 4; **24** 10; **25** 6
– öffentlicher **5** 6; **8** 15; **21** 32
Weideland 19 10
Weidenpflanzung 16 25
Weihnachtsbaumkultur 15 8; **16** 4, 24
Weinbau 14 6; **28** 18
– erklärte Reblage s. Reblage
Weinberg (Weinfeld) 10 15; **14** 6
– Grenzabstand **18** 5
– Nutzung, erwerbsgartenbauliche **18** 8
– Rebstöcke **14** 6
Wertminderung Vor 23 21
Widmung 2 9
Wiederholungsgefahr Einl. 50
Wildling 16 13
Windenergieanlagen 7 17
Windschutz 15 19, 23
Wintermonat 23 16
Wohnbezirk, geschlossener 18 7
Wohnungseigentümer
– Nachbarklage **Vor 27** 2 ff.
Wohnungseigentum Einl. 17, 19, 112 ff.; **7d** 5; **Vor 23** 9
Württemberg Einl. 9; **2** 10

Magere Ziffern = Randnummern

Sachverzeichnis

Württemberg, Geltungsbereich 34 3
Wurstbude 6 10
Wurzel, eingedrungene Vor 23 3f., 16; **24** 7; **25** 8; **34** 4
– Abschneiden **Vor 23** 6; **24** 10
– Beeinträchtigung **Vor 23** 6; **25** 9
– Behalten **Vor 23** 6; **24** 10
– Beseitigung **26** 33

Z
Zaun 8 23; **11** 30; **11** 37; **20** 7
Zeilenbreite 14 11
Zivilprozess
– Abwehranspruch **Einl.** 131
– Beseitigungsanspruch **Einl.** 133
– Duldungsanspruch **Einl.** 135
– Gegenstandswert **Einl.** 132
– Leistungsanspruch **Einl.** 140

– Miteigentum **Einl.** 136f.
– Rechtsschutz, vorläufiger **Einl.** 138
– Schadensersatzanspruch **Einl.** 137
– Streitgenossenschaft **Einl.** 136
– Streitwert **Einl.** 132f.
– Unterlassungsanspruch **Einl.** 131
– Zuständigkeit, internationale **Einl.** 135
– Zuständigkeit, örtliche **Einl.** 134
– Zuständigkeit, sachliche **Einl.** 132
Zubehörde 25 6
Zurückschneiden s. Anspruch bzw. Rückschnitt
Zusammenlegungsgebiet 21 16, 19
Zusammenlegungsplan 21 20
Zweckbindung, hoheitliche Einl. 24
Zweig, grenzüberragender Vor 23 2; **23** 9, 10f.; **25** 5; **34** 4
– Duldung **23** 25; **34** 4